Karl Jaspers · Philosophie · Vierte Auflage
II. Existenzerhellung

Karl Jaspers

PHILOSOPHIE

II

Existenzerhellung

Vierte, unveränderte Auflage

Springer-Verlag
Berlin · Heidelberg · New York 1973

ISBN 3-540-06324-2 Springer-Verlag Berlin Heidelberg New York
ISBN 0-387-06324-2 Springer-Verlag New York Heidelberg Berlin
ISBN 3-540-02059-4 3. Aufl. Springer-Verlag Berlin Heidelberg New York
ISBN 0-387-02059-4 3rd edition Springer-Verlag New York Heidelberg Berlin

Das Werk ist urheberrechtlich geschützt. Die dadurch begründeten Rechte, insbesondere die der Übersetzung, des Nachdruckes, der Entnahme von Abbildungen, der Funksendung, der Wiedergabe auf photomechanischem oder ähnlichem Wege und der Speicherung in Datenverarbeitungsanlagen, bleiben, auch bei nur auszugsweiser Verwertung, vorbehalten. Bei Vervielfältigung für gewerbliche Zwecke ist gemäß § 54 UrhG eine Vergütung an den Verlag zu zahlen, deren Höhe mit dem Verlag zu vereinbaren ist.

© by Springer Berlin · Heidelberg 1932, 1948, 1956, 1973. Library of Congress Catalog Card Number 73-9202. Reproduktion und Druck: Weihert-Druck GmbH, Darmstadt Bindearbeit: Konrad Triltsch, graphischer Betrieb, Würzburg.
2142/3140-5

Inhaltsübersicht des Gesamtwerkes

Erster Band

Einleitung in die Philosophie

Kapitel Erstes Buch: Philosophische Weltorientierung
1. Welt
2. Grenzen der Weltorientierung
3. Systematik der Wissenschaften
4. Sich schließende Weltorientierung (Positivismus und Idealismus)
5. Ursprung der Philosophie
6. Daseinsform der Philosophie
7. Philosophie im Sichunterscheiden

Zweiter Band

Zweites Buch: Existenzerhellung

1. Existenz

Erster Hauptteil: Ich selbst in Kommunikation und Geschichtlichkeit

2. Ich selbst
3. Kommunikation
4. Geschichtlichkeit

Zweiter Hauptteil: Selbstsein als Freiheit

5. Wille
6. Freiheit

Dritter Hauptteil: Existenz als Unbedingtheit in Situation Bewußtsein und Handlung

7. Grenzsituationen
8. Absolutes Bewußtsein
9. Unbedingte Handlungen

Vierter Hauptteil: Existenz in Subjektivität und Objektivität

10. Die Polarität von Subjektivität und Objektivität
11. Gestalten der Objektivität
12. Existenz unter Existenzen

Dritter Band

Drittes Buch: Metaphysik

1. Transzendenz
2. Das formale Transzendieren
3. Existentielle Bezüge zur Transzendenz
4. Lesen der Chiffreschrift

Inhaltsübersicht des zweiten Bandes

Zweites Buch: Existenzerhellung

	Seite
1. Existenz	1

Weltdasein und Existenz ... 1

Die Unbefriedigung möglicher Existenz im Weltdasein ... 4
1. Zweifel am Sein der Existenz. S. 4 — 2. Unbefriedigung am Dasein als Ausdruck möglicher Existenz. S. 6 — 3. Der Durchbruch durch das Weltdasein wird in der Existenzerhellung vergewissert. S. 8

Methoden der Existenzerhellung ... 9
1. An die Grenze führen. S. 11 — 2. Objektivierung im psychologischen, logischen und metaphysischen Sprechen. S. 12 — 3. Das Erdenken eines für Existenzerhellung spezifischen Allgemeinen. S. 15

Vieldeutigkeit der Erscheinung der Existenz und Mißverstehbarkeit existenzerhellender Aussagen ... 19

Erster Hauptteil: Ich selbst in Kommunikation und Geschichtlichkeit

2. Ich selbst	24

Ich an der Grenze des Denkbaren ... 26
1. Ich überhaupt. S. 26 — 2. Ichaspekte. S. 27 — 3. Charakter. S. 32 — 4. Im Denkbaren werde ich meiner nicht als eines Ganzen gewiß. S. 33

Selbstreflexion ... 35
1. Ichsein und Selbstreflexion. S. 35 — 2. Auflösende Selbstreflexion. S. 38 — 3. Selbstreflexion und ursprüngliche Unmittelbarkeit. S. 39 — 4. Sichausbleiben und Sichgeschenktwerden. S. 42

Antinomien des Selbstseins ... 45
1. Der empirische und der existentielle Sinn des „ich bin". S. 46 — 2. Selbstwerden in Selbstüberwindung. S. 47 — 3. Selbstsein in der Welt und vor der Transzendenz. S. 48

3. Kommunikation	50

Kommunikation als Ursprung ... 50
1. Daseinskommunikation. S. 51 — 2. Das Ungenügen an der nicht existentiell gewordenen Kommunikation. S. 55 — 3. Grenzen der existentiellen Kommunikation. S. 58

Erhellung existentieller Kommunikation ... 60
1. Einsamkeit — Vereinigung. S. 61 — 2. Offenbarwerden — Wirklichwerden. S. 64 3. Liebender Kampf. S. 65 — 4. Kommunikation und Inhalt. S. 67 — 5. Das Dasein der Kommunikation als Prozeß. S. 69 — 6. Kommunikation und Liebe. S. 70

Mangel in der Kommunikation ... 73
1. Unbestimmte Erfahrung ausbleibender Kommunikation. S. 73 — 2. Schweigen. S. 74 — 3. Würdelosigkeit. S. 76 — 4. Einsamkeit. S. 79

Abbruch der Kommunikation ... 81
1. Angst vor der Kommunikation. S. 82 — 2. Widerstand des Eigendaseins. S. 83 — 3. Sinn des Abbruchs. S. 85 — 4. Gestalten des Abbruchs. S. 87 — 5. Unmöglichkeit der Kommunikation. S. 91

	Seite

Kommunikative Situationen 91
> 1. Herrschen und Dienen. S. 92 — 2. Geselliger Umgang. S. 95 — 3. Diskussion. S. 99 — 4. Politischer Umgang. S. 102

Die Bedeutung der Möglichkeit existentieller Kommunikation für das Philosophieren 105
> 1. Meiden harmonistischer Weltauffassung als Voraussetzung eigentlicher Kommunikation. S. 105 — 2. Mögliche Leugnung der Kommunikation. S. 108 — 3. Dogmatik und Sophistik. S. 110 — 4. Gemeinschaft des Philosophierens. S. 113 — 5. Folgen für die Form der Philosophie. S. 114

4. Geschichtlichkeit 118

Ursprung der Geschichtlichkeit 118
> 1. Historisches Bewußtsein und geschichtliches Bewußtsein. S. 118 — 2. Das absolute Sein und die Geschichtlichkeit. S. 120 — 3. Zusammenfassung. S. 121

Geschichtlichkeit als Erscheinung der Existenz 122
> 1. Geschichtlichkeit als Einheit von Dasein und Existenz. S. 122 — 2. Geschichtlichkeit als Einheit von Notwendigkeit und Freiheit. S. 125 — 3. Geschichtlichkeit als Einheit von Zeit und Ewigkeit. S. 126 — Kontinuität des Geschichtlichen. S. 127

Abheben des Sinns von Geschichtlichkeit gegen objektivierende Formeln . . . 130
> 1. Das Geschichtliche abgehoben gegen das Irrationale und das Individuelle. S. 130 — 2. Das Geschichtliche abgehoben gegen das Gliedsein in einem Ganzen. S. 132 — 3. Metaphysische Erweiterung der Geschichtlichkeit. S. 134

Verwirklichungen 135
> 1. Treue. S. 135 — 2. Enge und Weite geschichtlicher Existenz. S. 138 — 3. Alltag. S. 139 — 4. Ein Gleichnis. S. 141

Abgleitungen 142
> 1. Die Ruhe im Festen. S. 142 — 2. Selbstvergötterung. S. 144 — 3. Unwahre Rechtfertigung. S. 145 — 4. Unverbindliche Geschichtlichkeit. S. 147

Zweiter Hauptteil: Selbstsein als Freiheit

5. Wille 149

Psychologie des Willens und ihre Grenze 150
> 1. Phänomenologie des Willens. S. 150 — 2. Wirkung des Willens. S. 151 — 3. Angriffspunkte des Willens. S. 152 — 4. Wille und unwillkürliches Geschehen. S. 155 5. Gestalten des Willens. S. 158 — 6. Situation und Machtbereich des Willens. S. 161 — 7. Was ich nicht wollen kann. S. 162

Die Frage nach der Freiheit des Willens 163
> 1. Behauptung der Willensfreiheit. S. 164 — 2. Die Täuschung der Unabhängigkeit. S. 167 — 3. Leugnung der Willensfreiheit. S. 168 — 4. Der Irrtum in der Frage. S. 169

Der böse Wille 170
> 1. Konstruktion des Bösen. S. 170 — 2. Wirklichkeit des Bösen. S. 172

6. Freiheit 175

Erhellung existentieller Freiheit 177
> 1. Freiheit als Wissen, als Willkür, als Gesetz. S. 177 — 2. Freiheit als Idee. S. 179 — 3. Freiheit als Wahl (Entschluß). S. 179 — 4. Flucht vor der Freiheit. S. 183 — 5. Das Gedachtwerden existentieller Freiheit. S. 185

VIII

Seite

Dasein und Freisein 187

1. Die Frage nach dem Sein der Freiheit. S. 187 — 2. Gedankengänge, die das Dasein der Freiheit beweisen wollen. S. 188 — 3. Ursprung des Freiheitsbewußtseins. S. 191

Freiheit und Notwendigkeit 191

1. Der Widerstand des Notwendigen. S. 191 — 2. Das Phantom der absoluten Freiheit. S. 193 — 3. Einheit von Freiheit und Notwendigkeit (Freiheit und Müssen). S. 195

Freiheit und Transzendenz 196

1. Freiheit und Schuld. S. 196 — 2. Abhängigkeit und Unabhängigkeit. S. 197 — 3. Transzendenz in der Freiheit. S. 198.

Dritter Hauptteil: Existenz als Unbedingtheit in Situation, Bewußtsein und Handlung

7. Grenzsituationen 201

1. Situation. S. 201 — 2. Situation und Grenzsituation. S. 203 — 3. Grenzsituation und Existenz. S. 204 — 4. Stufen des Sprunges der in den Grenzsituationen werdenden Existenz. S. 204 — 5. Doppeltheit des Weltseins. S. 208 — 6. Systematik der Grenzsituationen. S. 209

Erster Teil: Die Grenzsituation der geschichtlichen Bestimmtheit der Existenz   210

1. Bestimmtheit. S. 210 — 2. Bestimmtheit als Enge. S. 211 — 3. Bestimmtheit als Tiefe des Existierens. S. 213 — 4. Das Bestimmte als Grenzsituation des Anfangs. S. 215 — 5. Das Bestimmte als Grenzsituation des Zufalls. S. 216 — 6. Mythisierende Erhellung in der Grenzsituation der geschichtlichen Bestimmtheit. S. 217

Zweiter Teil: Einzelne Grenzsituationen 220

Tod 220

1. Wissen vom Tod und Grenzsituation. S. 220 — 2. Tod des Nächsten. S. 221 — 3. Mein Tod. S. 222 — 4. Die zweifache Angst. S. 225 — 5. Der zweifache Tod. S. 227 — 6. Geborgenheit im Tode. S. 228 — 7. Wandel des Todes mit der Existenz. S. 229

Leiden 230

1. Das faktische Leiden. S. 230 — 2. Haltung des Daseins zum Leiden. S. 230 — 3. Erweckung der Existenz durch Leiden. S. 231 — 4. Aneignen des Leidens. S. 232

Kampf 233

1. Übersicht über die Gestalten des Kampfes. S. 233 — 2. Kampf mit Gewalt um Dasein. S. 235 — 3. Kampf in der Liebe um Existenz. S. 242

Schuld 246

Dritter Teil: Die Grenzsituation der Fragwürdigkeit allen Daseins und der Geschichtlichkeit des Wirklichen überhaupt 249

1. Die antinomische Struktur des Daseins. S. 249 — 2. Verhalten zur antinomischen Struktur. S. 250 — 3. Die Geschichtlichkeit des Daseins überhaupt. S. 252

8. Absolutes Bewußtsein 255

1. Bewußtsein als Erleben; Bewußtsein überhaupt; absolutes Bewußtsein. S. 255 — 2. Absolutes Bewußtsein und Existenz. S. 257 — 3. Seinsgewißheit im absoluten Bewußtsein und im Philosophieren. S. 259

Bewegung im Ursprung 261

1. Nichtwissen. S. 261 — 2. Schwindel und Schaudern. S. 264 — 3. Angst. S. 265 — 4. Gewissen. S. 268

Das erfüllte absolute Bewußtsein 276

1. Liebe. S. 277 — 2. Glaube. S. 279 — 3. Phantasie. S. 282

IX

Seite

Die Sicherung absoluten Bewußtseins im Dasein 284
    1. Ironie. S. 284 — 2. Spiel. S. 286 — 3. Scham. S. 287 — 4. Gelassenheit. S. 291

9. Unbedingte Handlungen 292
    1. Bedingte und unbedingte Handlungen. S. 292 — 2. Dasein und Unbedingtheit. S.294
    3. Unbedingtes Handeln als Durchbrechen des Daseins. S. 296 — 4. Richtungen un-
    bedingten Handelns. S. 299

Erster Teil: Unbedingte, das Dasein überschreitende Handlungen 300

Selbstmord 300
    1. Der Selbstmord als Faktum. S. 301 — 2. Die Frage nach dem Unbedingten. S. 303
    3. Warum bleiben wir am Leben? S. 307 — 4. Unerträglichkeit des Lebens. S. 308
    5. Verstrickung. S. 310 — 6. Existentielle Haltung zum Selbstmord in Helfen und
    Beurteilung. S. 310

Religiöses Handeln 314
    1. Möglichkeit einer realen Beziehung zur Gottheit. S. 314 — 2. Spezifisch religiöse
    Handlungen. S. 315 — 3. Religiöse Weltverneinung. S. 318

Zweiter Teil: Unbedingtes Handeln im Dasein 320

Inneres Handeln 322
    1. Psychotechnik und Unbedingtheit. S. 323 — 2. Philosophieren. S. 325 — 3. Un-
    bedingtheit im Nichtwollen. S. 328

Handeln in der Welt 329
    1. Gesetz und geschichtliche Bestimmtheit. S. 330 — 2. Die Zerstreuung und das Eine.
    S. 333

Vierter Hauptteil: Existenz in Subjektivität und Objektivität

10. Die Polarität von Subjektivität und Objektivität 336

Gliederung in der Subjekt-Objekt-Spaltung 338
    1. Objektivität. S. 338 — 2. Subjektivität. S. 339 — 3. Unlösbarkeit von Subjektivität
    und Objektivität. S. 340 — 4. Einswerden von Subjektivität und Objektivität. S. 342
    5. Existentielle Relevanz der Objektivität. S. 343

Existenz als Bewegung der Auflösung der Subjektivität zur Objektivität und der
Objektivität zur Subjektivität 344
    1. Verrat der Existenz an die Subjektivität (sich isolierender Eigenwille). S. 346 —
    2. Verrat der Existenz an die Objektivität (sich isolierende Sache). S. 347

Unvollendbarkeit des Daseins der Existenz 348

11. Gestalten der Objektivität 350

Anspruch des Sollens 354
    1. Das objektive und existentielle Sollen. S. 355 — 2. Ein Beispiel: du sollst nicht
    lügen. S. 356 — 3. Ethische Sätze und Rechtssätze. S. 359 — 4. Sollen und Transzen-
    denz. S. 361 — 5. Der Sinn des Forderns. S. 361 — 6. Möglichkeit einer philosophi-
    schen Ethik. S. 362

Anspruch der Daseinswirklichkeit in Staat und Gesellschaft 363

A. Die existentielle Relevanz von Staat und Gesellschaft 363
    1. Elemente der Daseinssorge (Herrschaft, Eigentum, Ordnung). S. 363 — 2. Das Ideal
    des Weltwohlfahrtsstaates. S. 366 — 3. Die Grenze der Weltwohlfahrt an der Existenz.
    S. 369 — 4. Gesellschaft und Staat. S. 371 — 5. Dienen, Organisieren, Handeln.
    S. 375 — 6. Ursprung von Staats- und Rechtsphilosophie. S. 376

  Seite

B. Die Spannung zwischen dem Einzelnen und der Objektivität der Gesellschaft 382

    1. Karitas und Liebe. S. 382 — 2. Öffentliche Meinung und Existenz. S. 386 — 3. Die objektive Institution und der Einzelne als Ketzer. S. 389

Anspruch der Wißbarkeit vom Menschen in seiner Geschichte und persönlichen Größe 393

A. Ursprung und Form der Geltung des Historischen 393

    1. Die universale Geschichtlichkeit. S. 393 — 2. Tradition. S. 395 — 3. Dokumente der Überlieferung. S. 395 — 4. Bildung. S. 397

B. Geltung der Historie 397

    1. Historie. S. 397 — 2. Geschichtsphilosophie. S. 400 — 3. Existenz im Kampf mit der Ganzheit der Geschichte und mit dem Willen zur Geschichtslosigkeit. S. 401

C. Geltung der Gestalten menschlicher Größe 403

    1. Wesen persönlicher Größe. S. 405 — 2. Verabsolutierung persönlicher Größe. S. 407 3. Objektive Größe und Existenz. S. 409 — 4. Mögliche Existenz und das Sein des Philosophen. S. 411

12. Existenz unter Existenzen 415

Die Wahrheit im Zueinandersein 416

    1. Wahrheit als eine und viele. S. 416 — 2. Wahl der Wahrheit. S. 418 — 3. Der Sinn der Nichtzählbarkeit der Existenzen. S. 419

Sein als Existenz und Sein für alle 421

    1. Totalität und Ursprünglichkeit. S. 422 — 2. Existenz und Betrachtung der erscheinenden Existenz. S. 423 — 3. Das allen Gemeinsame und existentielle Gemeinschaft. S. 426

Existenzerhellung ist nicht Ontologie 429

    1. Pluralismus und Monadenlehre. S. 429 — 2. Die Versuchung im Wissenwollen. S. 432

Glaube gegen Glaube 434

    1. Kampf um den Aufschwung des Glaubens. S. 435 — 2. Die Frage nach dem einen Glauben. S. 435 — 3. Kampf von Glaube gegen Glaube. S. 437 — 4. Das Sein der Existenz unter Existenzen als Grenze. S. 440

XI

ERSTES KAPITEL

Existenz

	Seite
Weltdasein und Existenz.	1
Die Unbefriedigung möglicher Existenz im Weltdasein	4

1. Zweifel am Sein der Existenz — 2. Unbefriedigung am Dasein als Ausdruck möglicher Existenz — 3. Der Durchbruch durch das Weltdasein wird in der Existenzerhellung vergewissert

Methoden der Existenzerhellung	9

1. An die Grenze führen — 2. Objektivierung im psychologischen, logischen und metaphysischen Sprechen — 3. Das Erdenken eines für Existenzerhellung spezifischen Allgemeinen

Vieldeutigkeit der Erscheinung der Existenz und Mißverstehbarkeit existenzerhellender Aussagen	19

Weltdasein und Existenz

Nenne ich Welt den Inbegriff alles dessen, was mir durch Orientierung des Erkennens als ein zwingend für jedermann wißbarer Inhalt zugänglich werden kann, so ist die Frage, ob alles Sein mit dem Weltsein erschöpft sei, und das erkennende Denken mit der Weltorientierung aufhöre. Was in mythischer Ausdrucksweise Seele und Gott heißt, in philosophischer Sprache Existenz und Transzendenz, ist nicht Welt. Sie sind nicht im selben Sinne wie die Dinge in der Welt als Wißbarkeiten, aber sie könnten auf andere Weise sein. Sie wären, obgleich nicht gewußt, nicht nichts und würden, wenn nicht erkannt, so doch gedacht.

Hier erfolgt die philosophische Grundentscheidung auf die Frage: *was gibt es dem gesamten Weltsein gegenüber?*

Das Sein, das — in der Erscheinung des Daseins — *nicht ist*, sondern *sein kann und sein soll* und darum zeitlich entscheidet, ob es ewig ist.

Dieses Sein bin ich selbst als *Existenz*. Sie bin ich, sofern ich mir nicht selbst Objekt werde. In ihr weiß ich mich unabhängig, ohne daß ich zu schauen vermöchte, was ich mein Selbst nenne. Aus ihrer

1 Jaspers, Philosophie II

Möglichkeit lebe ich; nur in ihrer Verwirklichung bin ich ich selbst. Will ich sie fassen, so entschwindet sie mir, denn sie ist nicht psychologisches Subjekt. In ihrer Möglichkeit fühle ich mich tiefer verwurzelt, als worin ich, mir objektiv werdend, mich als Anlage und Artung erfasse. Sie ist ein in der Polarität von Subjektivität und Objektivität als Dasein sich Erscheinendes; aber sie ist nicht Erscheinung von etwas, das als Gegenstand irgendwo gegeben wäre oder für eine Betrachtung als zugrundeliegend erschlossen würde. Sie ist Erscheinung nur für sich und für andere Existenzen.

Nicht mein Dasein also ist Existenz, sondern *der Mensch* ist *im Dasein* mögliche Existenz. Jenes ist da oder nicht da, Existenz aber, weil sie möglich ist, tut Schritte zu ihrem Sein oder von ihm hinweg ins Nichts durch Wahl und Entscheidung. Mein Dasein hat gegenüber anderem eine Umfangsverschiedenheit zwischen engem und weitem Weltsein, Existenz aber ist von anderer Existenz wesensverschieden aus dem Grunde ihrer Freiheit. Dasein als Sein lebt und stirbt; Existenz weiß keinen Tod, sondern steht zu ihrem Sein im Aufschwung oder Abfall. Dasein ist empirisch da, Existenz nur als Freiheit. Dasein ist schlechthin zeitlich, Existenz ist in der Zeit mehr als Zeit. Mein Dasein ist endlich, sofern es nicht alles Dasein ist, und doch für sich in sich beschlossen; auch Existenz ist nicht für sich allein und nicht alles; denn sie ist nur, wenn sie bezogen ist auf andere Existenz und auf Transzendenz, vor der als dem schlechthin Anderen sie sich bewußt wird, nicht durch sich selbst allein zu sein; während aber Dasein als relative Rundung eines Endlosen unendlich genannt werden kann, ist die Unendlichkeit der Existenz ohne Rundung als offene Möglichkeit. Für Dasein ist das Handeln aus möglicher Existenz fragwürdig, denn Daseinssorge um seinen Bestand in der Zeit muß sich gegen das Unbedingte wenden, dessen Weg ihr zweifelhaft ist, da er für das Dasein Verluste bringen und zur Vernichtung führen kann. Daseinssorge möchte das existentielle Tun unter Bedingungen seines eigenen Bestandes setzen; für mögliche Existenz aber ist das bedingungslose Ergreifen und Genießen des Daseins schon ein Abfall, weil sie ihrerseits ihre Daseinswirklichkeit unter Bedingungen stellt, in welchen sie sich selbst als unbedingt erfaßt. Der bedingungslose bloße Daseinswille aber muß, wenn ihm sein Dasein als Wirklichkeit des restlosen Scheiterns klar wird, verzweifeln.

Die Erfüllung des Daseins ist *Weltsein*. Mögliche Existenz ist in der Welt als dem Felde, auf dem sie sich erscheint.

Welt *als das Gewußte* ist das Fremde. Ich stehe zu ihr in *Distanz;* das für den Verstand Wißbare und das empirisch Erfahrbare stoßen mich als nur solches von sich ab; sie sind mir das Andere. Ich bin ihnen gleichgültig, überantwortet der übermächtigen Kausalität im Wirklichen und dem logischen Zwang im Gültigen. Ich bin darin nicht geborgen, denn ich höre keine Sprache des mir Verwandten. Je entschiedener ich die Welt auffasse, desto heimatloser fühle ich mich in ihr, die als das Andere, als nur sie, trostlos ist. Gefühllos, nicht barmherzig und nicht unbarmherzig, einer Gesetzlichkeit unterworfen oder taumelnd im Zufall, weiß sie nicht von sich. Sie ist nicht zu fassen; denn sie tritt mir unpersönlich entgegen, im Partikularen erklärbar, im Ganzen nie verstehbar.

Dennoch *kenne ich die Welt anders.* Dann ist sie mir verwandt, bin ich in ihr zu Hause, ja geborgen in ihr. Ihre Gesetzlichkeit ist die meiner Vernunft; ich werde ruhig, indem ich mich in ihr einrichte, meine Werkzeuge mache und sie erkenne. Sie spricht mich an; es atmet in ihr ein Leben, an dem ich teilhabe. Ich gebe mich ihr hin und bin ganz bei mir, wenn ich in ihr bin. Sie ist mir heimisch im Kleinen und Gegenwärtigen, hinreißend in ihrer Größe; sie macht mich arglos im Nahen oder will mich fortziehen in ihre Fernen. Sie folgt nicht Wegen, die ich erwarte, aber, wenn sie mich überrascht durch ungeahnte Erfüllung und unbegreifliches Versagen, behalte ich selbst noch im Untergang Vertrauen zu ihr.

Das ist nicht mehr die Welt, von der ich in bloß erkennender Orientierung weiß. Aber was mich befriedigt im Ergreifen der Welt, ist zweideutig: *Entweder* die Welt ist *begehrt* als das meine Daseinslust Erfüllende; der blinde Wille zum Leben verführt mich zu ihr und täuscht mich über sie; zwar ist mir unausweichlich, die Welt zu begehren, wenn ich da bin; aber als absoluter Antrieb wird dieses Begehren zerstörend für mich selbst; gegen ihn höre ich den Anspruch aus meiner möglichen Existenz: mich von der Welt zu lösen, an die zu verfallen ich in Gefahr bin. — *Oder* ich vollziehe *in der Welt,* welche als mir verwandt so nahe ist, *ein Transzendieren.* Ob ich sie sehe, denke, in ihr handle und liebe, in ihr hervorbringe und gestalte, ich ergreife in allem zugleich ein Anderes als Erscheinung der Transzendenz, welche zu mir spricht. Als solche ist die Welt nicht gewußt, sondern ist, als ob sie sich als Bestand verloren hätte. Diese Welt wechselt nach Zeiten und Personen und je nach meiner inneren Haltung; sie spricht nicht zu jedermann und nicht jederzeit gleich. Ich muß für sie bereit sein, wenn ich sie hören will. Komme ich nicht entgegen, so entzieht sich, wohin ich transzendieren könnte, weil es nur für Freiheit und durch Freiheit ist und gar nichts Zwingendes hat.

Daher *unterscheidet* sich mögliche Existenz von der Welt, um dann eigentlich in sie einzutreten. Sie löst sich von der Welt, um in ihrem Ergreifen mehr zu gewinnen als Welt sein kann. Existenz wird von der Welt angezogen als dem Medium ihrer Verwirklichung und abgestoßen als der Möglichkeit des Abfalls in bloßes Dasein. Welt und Existenz stehen in *Spannung*. Sie können weder eines werden noch voneinander sich scheiden.

Diese Spannung wird im Philosophieren aus möglicher Existenz vorausgesetzt. Welt als *das Wißbare*, Existenz als *das zu Erhellende* werden dialektisch unterschieden und wieder ineinsgefaßt.

Weltsein als Gewußtsein ist *allgemein*, weil allgemeingültig für jedermann; es ist das Gemeinsame für alle Vernunftwesen, die in ihm eine Gemeinschaft haben durch Intention auf die gleiche Sache; in ihm gilt, was in der Endlosigkeit des Wirklichen als ein Einzelnes unter eine Bestimmung fällt.

Existenz als sie selbst ist *nie allgemein*, darum nicht der Fall, der als ein besonderer unter ein Allgemeines subsumierbar ist. Aber in der *Erscheinung* objektiv geworden ist Existenz zugleich das Individuelle der historischen Besonderheit. Diese wird noch begriffen unter allgemeinen Kategorien; nur daß das Individuum wegen der Endlosigkeit seiner Tatsächlichkeit unerschöpflich und darum unaussagbar ist, setzt eine Grenze. Aber dies Individuelle ist als solches keineswegs Existenz, sondern zunächst nur der sichtbare Reichtum des Weltdaseins, der von keinem Wissen, jedoch vom Selbstsein des Fragenden auf seine existentielle Ursprünglichkeit angesprochen werden kann.

Das Einswerden von Existenz und Welt ist der unabsehbare Prozeß, der nur dem gewiß sein kann, der selbst darin für sich steht.

Die Unbefriedigung möglicher Existenz im Weltdasein

1. Zweifel am Sein der Existenz. — Wird Existenz abgehoben gegen Dasein, Welt und Allgemeines, so scheint nichts zu bleiben. Wenn sie kein Objekt wird, scheint es hoffnungslos, sie im Denken ergreifen zu wollen. Da dieses Denken nie Ergebnis und Bestand gewinnen kann, scheint der Versuch, die Existenz zu denken, sich selbst

vernichten zu müssen. Man kann am Sein der Existenz in jedem Sinne zweifeln und den gesunden Menschenverstand fordern lassen, sich an das Gegenständliche als an das Wirkliche und Wahre zu halten. Ist also der Versuch einem Hirngespinst entsprungen?

Der Zweifel an der Existenz ist nicht aufzuheben, da weder von ihr als einem Dasein zu wissen ist noch sie als Gültigkeit besteht. *Existenz ist zu leugnen*, wie man den Inhalt eines jeden philosophischen Gedankens leugnen kann im Gegensatz zu partikularer gegenständlicher Erkenntnis, die ihren Gegenstand vorzuzeigen vermag. Nie kann ich von mir selbst, als ob ich ein Bestand wäre, sagen, was ich sei. Alles, was sich von mir objektivierend sagen läßt, gilt von meiner empirischen Individualität, die, weil sie Erscheinung meiner selbst als Existenz sein kann, allerdings auch einer endgültig bestimmenden psychologischen Analyse sich entzieht; diese Grenze meines Wissens von mir weist indirekt auf ein Anderes, ohne je dessen Anschauung erzwingen zu können. Daher befreit wohl Existenzerhellung, aber sie erfüllt nicht durch Wissen; sie gewinnt Raum für mich, aber schafft nicht Substanz durch Aufweisen eines objektiv faßlichen Seins.

Ist also Existenz unzugänglich für den, der nach ihr im Medium des nur objektiven Verstandes fragt, bleibt sie dem dauernden Zweifel preisgegeben; kann aber kein Beweis mich zur Anerkennung des Seins der Existenz zwingen, so bin ich denkend doch nicht am Ende: über die Grenzen des gegenständlich Wißbaren hinaus gelange ich durch einen nicht mehr rational einsichtig zu machenden *Sprung*. Philosophieren beginnt und endet an einem Punkte, der durch diesen Sprung gewonnen ist. Existenz ist nicht Ziel, sondern *Ursprung* des Philosophierens, das in ihr sich ergreift. Ursprung ist nicht Anfang, über den hinaus ich doch immer nach weiterem Anfang fragen würde, nicht meine Willkür, in der ich verzweifeln müßte, nicht ein Wille als Ergebnis aus der Endlosigkeit der selbst fragwürdigen Motive, sondern *Sein als Freiheit*, zu dem ich transzendiere, wenn ich *im Nichtwissen philosophierend zu mir komme*. Die Hilflosigkeit des Philosophierens im Zweifel am Ursprung ist der Ausdruck der Hilflosigkeit meines Selbstseins, die Wirklichkeit des Philosophierens der beginnende Aufschwung dieses Selbstseins. Philosophieren hat darum das *Ergreifen* der Existenz zu seiner Voraussetzung, die anfangs nur das dunkle Streben nach Sinn und Halt ist, als Zweifel und Verzweiflung auf ihre Möglichkeit zurückweist und dann als die unbegreifliche Gewißheit auftritt, die sich im Philosophieren erhellt.

2. Unbefriedigung am Dasein als Ausdruck möglicher Existenz. — Die *Unbefriedigung*, die mich befällt, wenn ich theoretisch oder praktisch das Weltdasein Alles sein lasse, ist ein negativer Ursprung, der mich im Abheben der Existenz vom Weltdasein die Wahrheit dieses Abhebens fühlen läßt. Da die Welt sich für kein Wissen in sich schließt, keine richtige Einrichtung des Daseins als die endgültige möglich und kein absolutes Endziel in der Welt als das Eine für alle sichtbar ist, muß die Unbefriedigung um so entschiedener werden, je klarer mein Wissen und je redlicher der Sinn meines Handelns ist.

Diese Unbefriedigung ist *nicht* zureichend *begründbar*. Sie ist der Ausdruck des Seins möglicher Existenz, die, wenn sie ihre Unbefriedigung ausspricht, nicht ein Anderes versteht, sondern sich selbst. Unbefriedigung ist daher nicht das Unvermögen des Wissens, nicht die Leere am Ende aller meiner Leistung in der Welt, wo ich vor dem Abgrund des Nichts stehe, sondern sie wird als *Unzufriedenheit* zum Stachel meines Werdens.

Unbegründbare Unbefriedigung tritt aus dem bloßen Dasein heraus. Mit ihr trete ich in die *Einsamkeit des Möglichen*, vor der alles Weltdasein verschwindet. Diese Einsamkeit ist weder die Resignation des Forschers, der an eigentlicher Seinserkenntnis verzweifelt, noch die Unlust des Tätigen, der am Sinn allen Tuns irre wurde, noch das Leid des sich fliehenden Menschen, der nicht allein sein mag, sondern nach allen diesen Enttäuschungen die Unbefriedigung am Daseienden überhaupt als *der Anspruch, aus dem Ursprung meiner selbst zu sein*. Habe ich mit der Unbefriedigung als einem daseinsinadäquaten Zustand mich der Welt entgegengesetzt, so kehre ich im Überwinden aller Enttäuschung durch die Freiheit meiner selbst in die Welt zurück zum anderen Menschen, mit dem ich des Ursprungs gewiß werde. Das aber begreife ich nicht im überlegenden Nachdenken, sondern, von diesem grade im Stich gelassen, in der Wirklichkeit meines Tuns und im Scheitern.

Erst aus dieser Möglichkeit des Überwindens entspringt die Erfüllung der sonst unaufhebbaren Relativität des theoretischen *Wissens* und des praktischen *Tuns*.

Das *Allgemeine* theoretisch zu *wissen*, Weltbilder zu überblicken, die Gestalten des Daseins zu betrachten, und dies alles unter Ideen fort und fort zu erweitern, das gewährt wohl eine eigentümliche und tiefe Befriedigung; aus der Unbefriedigung aber erwächst mir das

6

Bewußtsein, daß diese ganze Welt trotz ihrer Allgemeinheit und Gültigkeit *nicht alles Sein* ist. Ich stehe in ihr nicht als Wissenwollen alles Besonderen mit dem Mitforscher, als wäre er auszuwechseln nach seiner Funktion, sondern als ursprüngliches Wissenwollen mit dem *Freunde* auf das Sein selbst gerichtet. Mich ergreift die Gemeinschaft im Fragen und Antworten, und was im objektiv Gültigen über es selbst hinaus indirekt mitgeteilt wird.

Wenn ich im *praktischen* Leben Aufgaben als objektiv vorfinde, ergreife und nach dem Sinne frage, so bricht die Unbefriedigung hindurch durch jeden in der Welt begreifbaren Sinn. Selbst wenn das bewußte Ergreifen in der Idee von einem Ganzen Nahrung findet, in dem ich an meinem Ort meine Sache tue, gelangt das Bewußtsein möglicher Existenz doch nicht zur Ruhe. Der Gedanke der Erfüllung in einem Ganzen wird zu einem nur relativen, wie eine Verführung zur Verdeckung der stets jede Ganzheit zerschlagenden *Grenzsituationen.* Ist die Idee des Ganzen jeweils auch ein Schritt über die Zersplitterung ins schlechthin Zufällige hinaus, so wird doch das Ganze nie übersehbar, sondern am Ende wieder dem Zufall des Weltdaseins überliefert. Eine Stelle im Ganzen, die dem Einzelnen Bedeutung als Glied des Körpers dieses Seins geben würde, ist stets fragwürdig. Aber mir als Einzelnem bleibt, was einem Ganzen nie einzuordnen ist; in der Wahl der Aufgaben und in der Bemühung um Leistung kommt zugleich ein *anderer* Ursprung zur Geltung, wenn ich nicht vor dem vernichtenden Gedanken der möglichen Sinnlosigkeit meines Tuns die Augen verschließe. Während ich die Hingabe meiner empirischen Individualität an die endliche Aufgabe vollziehe, bin ich als mögliche Existenz mehr als die empirische Individualität und mehr als die objektive unpersönliche Sachlichkeit in der Entfaltung von Leistungen im politischen, wissenschaftlichen, wirtschaftlichen Leben. Existenz steht, trotz Verwirklichung ihres Wesens allein durch diese Teilnahme am Weltdasein des geschichtlichen Prozesses, im Kampf gegen den dunklen Grund ihrer sie übergreifenden Welt, in dem sie sich findet und gegen den sie sich in der Ewigkeit eigentlichen Seins, in der Welt scheiternd, behaupten will.

Nur *aus* der Unbefriedigung möglicher Existenz, sowohl theoretisch am bloßen Wissen und Betrachten aller Dinge in der Welt, als auch praktisch an der bloßen Erfüllung einer Aufgabe in einem ideellen Ganzen, kann diese Unbefriedigung auch *ausgesprochen* und verstanden werden. Niemals wird sie *motiviert* aus allgemeingültigen

7

Gründen, welche vielmehr die Tendenz haben, zur Befriedigung und Ruhe in der Totalität eines von der Idee durchdrungenen und damit Geist gewordenen Weltdaseins zu verleiten. Die Unbefriedigung möglichen Selbstseins hat das Weltdasein durchbrochen und den Einzelnen auf sich zurückgeworfen in den Ursprung, aus dem er seine Welt ergreifen und als Existenz mit dem Anderen wirklich werden kann.

3. Der Durchbruch durch das Weltdasein wird in der Existenzerhellung vergewissert. — Will ich meine Unbefriedigung klären und dabei nicht bloß mich abheben, sondern *positiv* denken, worum es sich hier handelt, so komme ich zur *Existenzerhellung.*

Ist Existenz wirklich vollzogenes Durchbrechen des Weltdaseins, so ist Existenzerhellung die *denkende Vergewisserung* dieses Durchbruchs. Der Durchbruch erfolgt aus möglicher Existenz hin zu deren Verwirklichung, ohne die Grenze der Möglichkeit verlassen zu können. Diese Wirklichkeit im Tun selbst, obgleich sie nicht objektiv erweisbar ist, ist der Existenz die eigentliche. Die philosophische Erhellung wird jeden Gedanken suchen, der von irgendeiner Seite her auf diesen Durchbruch trifft:

a) Das Durchbrechen erfolgt auf den *Grenzen* des Weltdaseins. Der Gedanke führt bis an solche Grenzen, bringt die Erfahrung der Grenze und den aus ihr erfolgenden Appell zur Gegenwart. Aus den Situationen in der Welt führt er in die „*Grenzsituationen*", aus dem empirischen Bewußtsein zum „*absoluten Bewußtsein*", aus den zweckbedingten Handlungen zu den „*unbedingten Handlungen*".

b) Da aber der Durchbruch auf der Grenze doch nicht aus der Welt hinaus führt, sondern *in* der Welt sich vollzieht, verfolgt der philosophische Gedanke die Erscheinung der Existenz in der Welt, im „*geschichtlichen Bewußtsein*" und in der „*Spannung von Subjektivität und Objektivität*" ihres Daseins.

c) Der Durchbruch erfolgt aus einem *Ursprung.* In der Welt geschehen nur die Ereignisse; aber im Durchbruch wird etwas von mir entschieden. Der Existenz ist gewiß, daß ihr nichts eigentlich Seiendes als Erscheinung im Zeitdasein unentschieden bleiben kann; denn ich lasse entweder den Lauf der Dinge *über* mich entscheiden, und verschwinde als ich selbst, weil gar nichts eigentlich entschieden wird, sondern alles nur *geschieht;* oder ich ergreife das Sein aus selbstseiendem Ursprung mit dem Bewußtsein: es muß entschieden werden.

Der Gedanke sucht, auf den Ursprung gerichtet, die „*Freiheit*" zu erhellen.

d) Was aber entschieden werden soll, durch kein Weltwissen begründbar, ist in seinem Medium zu ergreifen. Das Weltdasein wird von der Existenzerhellung durchdrungen, nicht so, daß nun gewußt würde, worauf es ankommt, sondern so, daß Möglichkeiten fühlbar werden, durch die Wahrheit ergriffen werden kann, welche dadurch ist, daß ich sie *werde*. „*Ich selbst*" und das Selbstsein als nur in „*Kommunikation*" seiend werden in den für alle Existenzerhellung fundamentalen Gedanken zu treffen gesucht.

Methoden der Existenzerhellung

Das Sichabheben möglicher Existenz von bloßem Weltdasein, ihre Unbefriedigung an der Welt als solcher, das Bewußtsein des Durchbruchs zu ihrer Wirklichkeit im Entscheiden, all das bringt doch nur eine *Grenze* des Wissens zum Bewußtsein, läßt aber das Denken zunächst vor einem Raum stehen, in dem nichts zu sehen ist. Die *Denkmittel* zur Erhellung der Existenz müssen einen *eigentümlichen Charakter* haben, wenn Existenz nicht ein Objekt in der Welt und kein gültiger idealer Gegenstand ist.

Existenzerhellendes Denken richtet sich auf die *Wirklichkeit* des Existierens, welche in ihrer geschichtlichen Situation ein Transzendieren zu sich selbst ist. Der erhellende *Gedanke* aber bedarf als Mittel ein gegenständliches Denken, durch das er transzendiert zu jenem ursprünglichen Transzendieren der Existenz selbst. In der Existenzerhellung ist der philosophische Gedanke als solcher, wenn er in reinen Gegenständlichkeiten *nur gedacht* wird, seines Transzendierens beraubt und dann mißverstanden. Wenn er aber transzendierend gedacht wird, so ist er ein *Vollzug* zwar nicht der existentiellen Wirklichkeit, aber der *existentiellen Möglichkeit*. Angeeignet ist er durch eine *erste Umsetzung*, wenn er zu einer solchen Möglichkeit geworden ist. Das Existieren selbst aber ist nur als Wirklichkeit faktischen Tuns; die Aneignung in der Möglichkeit kann wohl in innerem Handeln ihre *zweite Umsetzung* beginnend vollziehen, doch bleibt zu unterscheiden, was mich nur beschwingt, von dem, worin ich wirklich *werde*. Wir wenden uns *philosophierend* der Existenz nur zu, sind noch nicht, sondern *denken* unser Sein. Wenn ich mich daher in diesen Gedanken verstehe als einen, der seine Möglichkeit denkt, eigne ich zwar die

Gedanken schon auf eine unübertragbare Weise an, und ohne solche Aneignung hätten existenzerhellende Gedanken als nur allgemein gedacht überhaupt keinen Sinn, ja blieben unverständlich. Aber diese erste Aneignung fordert erst noch das *Eigentliche*, das durch sie nur fühlbar, noch nicht wirklich geworden ist.

Seinsaussagen im existenzerhellenden Philosophieren treffen die Freiheit. Sie sagen im transzendierenden Gedanken aus, was aus Freiheit sein kann. Ihr *Wahrheitskriterium* ist statt eines objektiven Maßstabs, nach dem das Gesagte richtig oder falsch ist, oder statt eines gegebenen Phänomens, das darin treffend oder verfehlend gemeint ist, vielmehr der Wille selbst, der bejaht oder abstößt. Ich prüfe als Freiheit durch mich selbst, das, was ich nicht nur bin, sondern sein kann, und was ich sein will, aber nur wollen kann in der Helle des Bewußtseins. Philosophieren ist an den entscheidenden Punkten als Erhellung selbst *schon Willensäußerung* der Freiheit.

Die *Form jeder Aussage* ist gebunden an gegenständliche Inhalte und insofern an einen *allgemeinen* Sinn. Wird aber in der Aussage Existenzerhellung gesucht, so ist ihr über das Allgemeine solchen Sinns hinausreichender Sinn nicht mehr allgemein einsehbar. Existenzerhellendes Denken und Sprechen ist daher von allgemeiner Geltung und ganz persönlicher, je einzelner Erfüllung zugleich. Das Allgemeine als bloß Allgemeines bleibt hier gleichsam hohl und hat irreführenden Sinn. Existenz dagegen bliebe ohne Sprache, d. h. ohne irgendeinen Ausdruck des Allgemeinen unwirklich, weil ohne Selbstgewißheit.

Existenzerhellung blickt auf das Verhältnis der Existenz zu ihrem Allgemeinen, worin sie sich erscheint. Abgeleitet von dem, was sie erhellt und es zugleich mitschaffend durch Möglichkeit des Selbstverstehens, will sie in allgemeinen Gedanken treffen, was an sich nicht schlechthin allgemein werden kann. Mit ihren Gedanken meint sie grade nicht dieses Allgemeine, sondern transzendiert in ihm zur Existenz, welche nur ich selbst bin und der Andere, der in Kommunikation mir wie ich selbst nicht Gegenstand, sondern Freiheit ist; denn Existenz muß als Möglichkeit gegenwärtig sein, wenn allgemeine Gedanken einen transzendierenden Sinn als Existenzerhellung haben sollen. Diese stehen, im Allgemeinen sich bewegend, auf der *Grenze des Allgemeinen*. Die in ihnen sich kundgebende philosophische Energie bemüht sich nicht nur um logische Klarheit, welche nur Bedingung ist, für sich allein aber täuscht, sondern um solche Anordnung von

Frage, Gedanke und Anschauungen, daß sich durch sie hindurch im Mitdenkenden der Funke des Selbstseins entzündet, welchen direkt zu vermitteln unmöglich ist, da jeder er selbst aus sich oder gar nicht ist.

Mögliche Existenz, welche so im Denken sich erfaßt, hält wohl das Allgemeine ihres Denkens für gültig, weil dieses Allgemeine durch sie schon erfüllt ist; aber sie weiß zugleich, daß das schlechthin Allgemeine, das für jedermann identisch wißbar ist, einen anderen Charakter von Einsichtigkeit hat. Im Sagen des Allgemeinen als der Gestalt existenzerhellenden Denkens wendet sich mögliche Existenz an sich selbst und an Andere, um in beiden zu sich zu kommen. Sie wendet sich an *andere*, nicht wie wissenschaftliche Erkenntnis an *alle*. Nicht jeder in beliebiger Vertretbarkeit kann ihr zustimmen, sondern nur der Einzelne, sofern er als Möglichkeit sieht, was, im Allgemeinen nicht direkt sagbar, doch als die ergänzende Seite zu diesem Allgemeinen in ihm selbst gehört. Denn das existenzerhellende Denken hat zwei Seiten, deren eine für sich unwahr (das bloß Allgemeine), deren andere für sich unmöglich (die sprachlose Existenz) ist; als Ganzes finden sie ein glückliches Treffen im Ausdruck, der nicht mehr methodisch hervorgebracht werden kann. Methodisch ist dieses Denken zwar, sofern es als Wahrheit zu prüfen und im Zusammenhang darstellbar ist; aber die es tragenden Formulierungen sind die ineinsfassenden Griffe der zur Kommunikation drängenden möglichen Existenz. Es ist ein Denken, in dem *gleichsam zwei Flügel schlagen*, und das nur gelingt, wenn wirklich beide schlagen, die mögliche Existenz und das Denken des Allgemeinen. Versagt der eine, so stürzt die sich aufschwingende Erhellung zu Boden. In ihr als dem Philosophieren, dessen Flügel sie sind, treffen sich *das Allgemeine und ich selbst*.

Der Zugriff zur Erhellung der Existenz bleibt für den bloßen Verstand ein hoffnungsloser Versuch. Wo kein Gegenstand und kein Allgemeines das ist, worum es sich handelt, da scheint ihm nichts mehr zu sein, das erkannt, gewußt oder erhellt werden könnte. Soll ein Denken und ein dieses Denken gegenstandslos erfüllendes Nichtdenken zugleich sein, so wird scheinbar Unmögliches verlangt. Wie es trotzdem geschehen mag, ist methodisch an der *dreifachen Funktion des Allgemeinen* im existenzerhellenden Denken zu begreifen:

1. An die Grenze führen. — Man handelt in *negativer Methode* von Gegenständen, um von ihnen abzustoßen als dem, was nicht Existenz sei; man durchschreitet ein gegenständliches Gebiet, führt Schritt

für Schritt bis an die Grenze, an der kein Gegenstand mehr auftaucht, sondern nur Leere bleibt, sofern sie nicht aus anderem Ursprung erfüllt wird. Hier ist der Appell zum Transzendieren. Wenn dieses im Sprunge aus dem Allgemeinen heraus geschieht, so ist es der zweite Flügelschlag zu dem ersten, in welchem der Gegenstand nur gedacht wurde, um ihn auszuschließen, weil er das nicht ist, was im Ergreifen der Existenz gemeint war. Die Argumentation kann nicht Wahrheit erzwingen; sie will im Durchbruch des Weltdaseins unbestimmt mögliche Existenz treffen.

2. Objektivierung im psychologischen, logischen und metaphysischen Sprechen. — Das Gegenständliche, worin notwendig zu sprechen ist, auch wenn Existenz gedacht wird, wird nicht nur ausgeschlossen, sondern als eine Objektivierung vollzogen, in der sich mögliche Existenz wiedererkennt, ohne mit ihr identisch zu werden. Das Gegenständliche ist zugleich mehr als gegenständlich, weil es erfüllt zu einer Seite existentieller Möglichkeit geworden ist. Psychologische, logische und metaphysische Gegenständlichkeit wird als das Allgemeine zum einen Flügel der philosophischen Existenzerhellung.

Im philosophischen Gedanken wird mit dem Mittel *psychologischen Verstehens* ausgesprochen, wie Motiv und Sinn des Wirklichgewordenen erscheint. Existenz selbst ist unverstehbar. Sie wird in der Verstehbarkeit, durch die sie in die Sphäre des Allgemeinen tritt, zugänglich; sie selbst aber ist der *Prozeß* des Sichverstehens, in der Weise, daß sie an der Grenze des Verstehbaren erst wieder ursprünglich von neuem sich entgegenkommt. Daher ist die Verstehbarkeit zugleich eine Seite ihrer selbst, in der *sie* mitschwingt, und doch etwas, das wieder bis an seine Grenze zu verfolgen ist, um sie selbst nicht zu verlieren. Sie als Unverstehbarkeit wird sich im Verstehbaren hell und wird durch ein Maximum von Verstehbarkeit erst ihrer eigentlichen Unverstehbarkeit inne. — Im psychologischen Verstehen aus philosophischem Ursprung lassen sich ferner Möglichkeiten entwerfen, die sich bekämpfen. Sie werden dargeboten als Wege, zwischen denen zu wählen ist. Der Entwurf ist existenzerhellend durch die Möglichkeit dieser Wahl, in der jedoch die gewählte Möglichkeit als noch gedachte das Allgemeine bleibt, dessen Verständnis Ausdruck einer existentiellen Wahl, nicht diese selbst sein kann.

Im *logischen Bestimmen* wird von möglicher Existenz durch abstrakte Gedanken gesprochen, die aber, statt einen Gegenstand zu fassen, im Gebrauch sich wieder aufheben und dadurch eine erhellende

Funktion gewinnen. Ein Wissen scheint sich zu konstituieren, um sich grade im hellen Nichtwissen eines doch Gegenwärtigen zu vollziehen. Die logischen Bestimmungen sind das Allgemeine, das Nichtwissen ist in der die Bestimmung erst erfüllenden Bewegung möglicher Existenz. Die Argumentationen verlaufen nicht in linearer Verknüpfung, an deren Ende Wahrheit als ein Ergebnis steht. Während Denken im leeren Argumentieren versanden müßte, kann es als ein vom existentiellen Sinn erfülltes Argumentieren durch die Weise seines Scheiterns Ausdruck der Selbsterhellung möglicher Existenz sein. Es kann nicht durch Gründe erweisen, sondern nur appellierend überzeugen wollen.

Ein Mittel des Rückgängigmachens, das zugleich eine Vergegenwärtigung bringt, ist der objektive *Zirkel*, in dem das gegenständlich Gesagte seinen Grund verliert und verschwindet, während grade das bleibt, worum es sich handelt. Wenn ich z. B. sage, daß ich als Existenz nur bin durch andere Existenz, wie die andere durch mich, daß also Existenz als solche gar nicht ist, sondern nur durch und in Kommunikation, so ist der Sinn solchen Sprechens nicht als gegenständlich gültige Wahrheit zu halten. Sondern das Durch-einander-sein des Ich und des Anderen in der Kommunikation kann gegenständlich gedacht nur als Zirkel gelten. Werden allerdings die polaren Glieder fälschlich als fest für sich Seiende in Wechselwirkung gedacht, so werden zwar Behauptungen über objektiv betrachtbare Vorgänge des Austausches zwischen ihnen und der Einwirkung aufeinander möglich; diese gegenständlich begreifbare Weise des Durch-einander-seins träfe nur das psychologische und als solches erforschbare Dasein; in ihm sind das Ich und der Andere zwei Dinge, aus deren Wechselwirkung beide sich ändern. Aber das existierende Sein des Ich ist nie vorher in solcher Isolierung es selbst, sondern erst mit dem Anderen; die Kommunikation oder Kommunikationsbereitschaft wird der Geburtsmoment des „Ich selbst" in der Erscheinung. Fällt also die Voraussetzung der beiden Seienden als Existierender (nicht nur Daseiender), dann würde der Gedanke ihres Durch-einander-seins als ein bloß gegenständlicher sinnlos, da aus nichts an Existenz auch durch Wechselwirkung nichts werden kann. Die Aufstellung solcher Zirkel ist aber ein Versuch der Explikation des Seins der Existenz in Kommunikation im Unterschied von der Erkennbarkeit vitalen Daseins in seiner Wechselwirkung. Das Sein aus der Kommunikation, zwar für gegenständliches Wissen nichts, soll doch in den Bestimmungen des Durch-einander-seins, in denen zu ihm transzendiert wird, indirekt aussagbar werden. Der Versuch stellt vor Augen, was als ein gegenständlich in sich Zusammenfallendes die vollzogene Gewißheit des Selbstseins in Kommunikation erhellt.

Eine andere Weise, Existenz durch allgemeine Kategorien zu treffen, ist der *logische Widerspruch* der Aussage, in der doch Wirklichkeit gegenwärtig wird. Eine Spannung zwischen je zwei sich widersprechenden Begriffen, die grade als Begriffspaar erst in ihrer Ganzheit einen möglichen Ausdruck für Existenz geben, erfüllt darin ihre hier adäquate Ausdrucksfunktion, daß sie für den Verstand ein gegenständliches Fixieren und Definieren der Existenz unmöglich macht.

Begriffspaare eines jedesmal existentiell zusammengehörenden Gegensatzes sind z. B.: *Zeitlichkeit* und *Ewigkeit* im geschichtlichen Bewußtsein; aber nur Zeitlichkeit ist objektive Wirklichkeit; die zeitlich objektive Seite für sich allein genommen ist gleichsam ihrer Seele beraubt; Ewigkeit für sich ist nichts. *Einsamkeit* und *Kommunikation;* aber beide sind als objektive nicht, was sie existentiell sein können; objektiv ist Kommunikation nur verstehende Beziehung zwischen vertretbaren Subjekten, Einsamkeit nur Isoliertheit des atomistischen Individuums; objektiv ist das eine oder das andere, existentiell beides in einem. *Freiheit* und *Abhängigkeit;* aber nur Abhängigkeit ist wesentlich objektiv, Freiheit wird wohl objektiv und formal als Willkür gedacht; eigentliche Freiheit jedoch, welche nicht eine in der Welt vorkommende objektive Wirklichkeit ist, ist das Einswerden von Abhängigkeit und Freiheit.

Wenn ferner das Denken des *Ich* dieses als unmittelbaren Gegenstand dadurch auflöst, daß es das Sein dieser Unmittelbarkeit in der Verdoppelung des Sichaufsichbeziehens aussagt, so sagt es als Wirklichkeit eines Seins etwas aus, das logisch unmöglich ist; nämlich daß „Ich" eines ist, das zwei, und zwei, das eines ist. — Wenn ich aber über diese noch im Bewußtsein überhaupt gelegene Verdoppelung transzendiere zum Ich als möglicher Existenz in der Selbstreflexion, so entsteht der Abgrund dialektischen Kreisens im Widerspruch der Aussagen über das, was ich sei. Ich kann mich nur denken, indem ich mich als einen und indem ich mich als zwei Wesen und viele fasse, die mit sich kämpfen, nacheinander ausschauen, zueinander sprechen in unendlichen Gestalten; mir ausgesagt werde ich das Sein, das in jeder seiner Gestalten und auch in ihrem jeweiligen Gegner ist, im einen und im anderen, eines und nicht eines ist. —

Metaphysische Gegenstände als Objektivität in absoluter Gegenständlichkeit, welche erst das Thema der Metaphysik werden, sind zwar selbst methodisch nur *aus* der Existenzerhellung zu ergreifen. Sie können aber *in* ihr schon *vorweggenommen* werden (wenn von mythischen Gestalten, von dem Einen, von der Transzendenz die Rede ist), um mit ihnen rückwärts gerichtet Möglichkeiten zur Erhellung existentiellen Bewußtseins zu treffen.

3. Das Erdenken eines für Existenzerhellung spezifischen Allgemeinen. — Psychologisches, logisches und metaphysisches Sprechen bedeutet zugleich immer die Möglichkeit des Abgleitens: die in ihm benutzte Allgemeinheit kann als solche losgelöst bleiben — dann ist keine Existenzerhellung gelungen. Oder Existenz kann in dem Allgemeinen als einem Anderen, in dem sie sich erscheint, mitschwingen, aber auch ermatten — dann besteht das Allgemeine *mit* dem philosophischen Gedanken doch als allgemeines fort.

Anders ist eine letzte und eigentliche Weise existenzerhellenden Sprechens durch ein *Allgemeines*, das in *weltorientierendem* Wissen *gar nicht vorkommen* kann. Seine Kategorien sind ohne Macht, neue Gegenstände zu bestimmen, daher bloße *signa*. Diese Allgemeinheit besteht als losgelöste Allgemeinheit gar nicht. Es „gibt" z. B. keine Existenz, kein Selbstsein, keine Freiheit, keine existentielle Kommunikation, keine Geschichtlichkeit, keine unbedingten Handlungen, kein absolutes Bewußtsein. Denaturiert zum Gegenstand des Wissens vom menschlichen Dasein besagen die Worte etwas schlechthin Anderes, das nur verwirrend mit den existentiellen signa bezeichnet wird. Durch die signa spricht Existenzerhellung aus, was für mögliche Existenz wahres Sein ist, nicht als Feststellung dessen, was objektiv ist, sondern als das, was ich nicht erfassen kann, ohne es sogleich als eigentlich zu *wollen*, weil ich es der Möglichkeit nach bin. In den signa als allgemeinen ist also die Freiheit als die Aktivität desjenigen Seins getroffen, dessen Sein von ihm selbst abhängt.

Die in der Existenzerhellung spezifischen signa leiten zwar äußerlich als Worte ihre Herkunft aus Gegenständen der Weltorientierung ab — oft durch das Adjektiv „existentiell" ausdrücklich gekennzeichnet —, aber um am Ende nicht gegenstandformende Kategorien, sondern Zeichen für den an existentielle Möglichkeiten appellierenden Gedanken zu werden. Als signa haben sie ihre *Seite des Allgemeinen*, das als solches schon nicht mehr Weltsein, sondern bereits existentiell ist. Um sie eigentlich zu denken, bedarf es des Widerhalls der

15

allgemeinen Aussage in der Existenz, ohne die die signa nicht nur leer, sondern nichts sind.

So spricht Existenzerhellung vom Selbst zwar wie von einem Allgemeinen, dessen Strukturen sie aufweist, aber sie kann nur mich selbst treffen wollen, der ich unvertretbar bin: ich bin nicht das Ich, sondern ich selbst. Ich suche zwar *das* Selbst, aber um *mich* selbst zu finden, und *mich* selbst, um *des* Selbsts willen. Wenn ich nach mir selbst frage, so erfahre ich ursprünglich, daß ich von mir selbst durchaus nicht als dem Unvergleichbaren *sprechen* kann. Selbst wird das signum, durch das ich treffe, was ich als mich selbst und das Selbst *ineinsfassend* denke. — Existenzerhellung spricht weiter von den vielen Selbst als den Existenzen; sie kann es aber so nicht meinen, da es die Vielen als Exemplare eines Allgemeinen nicht gibt. — Sie spricht von Kommunikation und meint meine Kommunikation; sie meint entsprechend meine Freiheit, mein geschichtliches Bewußtsein, meine Grenzsituationen und kann von ihnen doch nur als allgemeinen sprechen.

Die Seite des Allgemeinen, die stets auch existentiell gegenwärtig ist, wird also zu einer *Sprache*, in der mitschwingt, was existentielle Möglichkeit ist, wenn es sich um Philosophieren in transzendierender Existenzerhellung handelt. Existenz ist das, was ich nur sein, nicht sehen oder wissen kann, was aber auch nur ist im allgemeinen Medium erhellenden Wissens. Wenn jedoch das Allgemeine an sich schon alles zu sein tendiert, so hebt wieder die Existenz als einzelne sich ab. Die philosophische Existenzerhellung kann daher wohl stets in Allgemeines übersetzen, aber nicht selbst allgemeingültig werden, wohl allgemeinverständlich sein, aber nur für mögliche Existenz.

Im Denken der Existenz durch signa wird ein *formales Schema der Existenz* konstruiert. Dieses verhält sich zur Existenz nicht wie ein Schema einer Objektgruppe zu diesen Objekten, sondern durchaus inadäquat. Da eine Existenz nicht zu subsumieren ist, kann das Schema nur dienen als Hinleitung zum Mitansprechen einer Existenz als einzelner; allein dadurch hat es Sinn. Die Betrachtung aber muß, weil sie nicht nur auf keine einzelne wirkliche Existenz trifft, sondern auch nicht auf den Gattungsbegriff eines existierenden Daseins, das Existenz hieße, auf das formale Schema einer Existenz gehen. Sie darf nur Wege des Erhellens versuchen, auf denen wirkliche Existenz, sofern sie mitgeht, sich jeweils selbst bewußter werden kann. Nur aus möglicher Existenz und dann auf eine einmalige, unvergleichbare

Weise kann der wahre Vollzug der Gedanken einer Existenzerhellung seine Erfüllung finden. Trotzdem sind, sofern überhaupt gesprochen wird, dieses Schema und seine Elemente als Analoga gegenständlicher Begriffe unvermeidlich. Die Sprache besitzt viele Worte der Art, daß sie weder Gegenstände bedeuten noch definierbar sind, oder die, wenn sie es sind, als definiert nicht ihren eigentlichen Gehalt bewahren (wie Freiheit, Wahl, Entscheidung, Entschluß, Bewährung, Treue, Schicksal). Auch die Sprache ermächtigt das Philosophieren zur Existenzerhellung, die sie *als* Sprache schon vollzogen hat.

Das spezifisch Allgemeine existenzerhellender signa deutlich zu machen, kontrastieren wir die zeitliche *Erscheinung* möglicher *Existenz* dem zeitlichen *Dasein* als allgemeingültiger *Objektivität*, oder anders ausgedrückt *Existenzbegriffe* den Kantischen *Kategorien*.

Die objektive Wirklichkeit der Welt und existentielle Wirklichkeit erscheinen beide in der Zeit. Kant hat seinen Kategorien zur Bestimmung der objektiven Wirklichkeit Anwendung auf das sinnliche Material der Wahrnehmung gegeben durch das Mittelglied der Zeit in seinen von ihm so genannten Schematen. Es ist möglich, diesen Kantischen Schematen der objektiven Wirklichkeit ganz heterogene Schemata existentieller Wirklichkeit gegenüberzustellen, weil beide der Zeit als Medium bedürfen, eine im Prinzip kontrastierende Parallele sonderbarer und bedeutender Art, die in kurzen Formeln ausgesprochen werden kann[1]:

Die objektive Wirklichkeit steht unter *Regeln* und ist unter diesen erkennbar, die existentielle ist ohne Regel absolut *geschichtlich*. — Die Regeln der Wirklichkeit sind *Kausalgesetze;* was geschieht, hat Ursache und Wirkung in der Zeitfolge; die existentielle Wirklichkeit hingegen ist aus eigenem Ursprung in der Zeit für sich erscheinend, d. h. sie ist *frei*. — Die Substanz ist das *Beharrliche in der Zeit*, das bleibt, weder vermehrt noch vermindert wird; die Existenz ist in der Erscheinung der Zeit verschwindend und anhebend, der objektiven Dauer entspricht aber in kontrastierender Parallele die *Bewährung* in der Zeit. — Der *wechselseitigen Kausalität* der Substanzen (Wechselwirkung oder Gemeinschaft) steht die *Kommunikation* der Existenzen gegenüber. — Objektive Realität ist, was einer *Sinnesempfindung* überhaupt korrespondiert; existentielle Wirklichkeit ist die *Unbedingtheit im entscheidenden Augenblick;* der *empirischen Wirklichkeit* steht gegenüber der *Gehalt* der Entscheidung. — Der objektiv bestimmten

---

[1] Aus *Kants* Text vor allem: Kritik der reinen Vernunft, 2. Auflage, S. 176—185.

2 Jaspers, Philosophie II

Größe in quantitativer Relation steht etwas gegenüber, das man Niveau oder *Rang* der Existenz nennt, ohne diesen objektiv bestimmen zu können. — Der *objektiven Möglichkeit* als Zusammenstimmung der Vorstellungen mit den Bedingungen der Zeit kontrastiert die *Möglichkeit der Wahl als Unentschiedenheit der Zukunft, die meine Existenz selbst ist.* — Der Notwendigkeit (Dasein eines Gegenstandes *zu aller Zeit*) steht gegenüber die *erfüllte Zeit des Augenblicks* (statt der endlosen Zeit). Der Zeit überhaupt (bei Kant als Form der Beharrlichkeit, deren Korrelat die Substanz ist) steht gegenüber diese erfüllte Zeit als ewige Gegenwart. Jene ist etwas Objektives, Meßbares und erfahrbar Wirkliches, diese die Tiefe der Existenz aus Freiheit in ihrem Ursprung. Jene ist gültig vorhanden für jedermann; hier wird Zeit mit Wahl und Entscheidung als Erscheinung zur jeweiligen Zeit. Existenz hat *ihre Zeit*, nicht *Zeit schlechthin.* Diese ist für das Bewußtsein überhaupt, jene nur für die Existenz in ihrem geschichtlichen Bewußtsein. — Objektiv kann als Substanz *nichts Neues* entstehen (denn die Einheit der Erfahrung würde aufgehoben, Erfahrung selbst unmöglich). Existentiell dagegen gibt es keine Objektivität als endgültigen Bestand, sondern es gibt *Sprünge und Neuentstehung* der Existenz in der Erscheinung.

Kant selbst lehnt manche der existentiellen signa, sie an seinen objektiven Kategorien prüfend, ausdrücklich ab, wenn er z. B. begründet, warum es in der Welt keinen Sprung (in der Zeit) und keine Lücke (im Raum) gibt, warum es nicht Zufall, d. h. kein blindes Ohngefähr des Geschehens, und nicht Schicksal gibt, d. h. keine Notwendigkeit, die nicht als notwendig nach Regeln verständlich wäre. In der Tat, all das gibt es nicht in der Welt als einer objektiven, nicht als Gegenstand der Erkenntnis. Wo aber eine Explikation der Existenz versucht wird, kehren alle diese Worte wieder. Es sind nicht zwei Welten nebeneinander; es gibt nur eine Welt. In ganz anderer Dimension, nur in scheinbarer Parallele (parallel nur, weil zum Ausdruck objektive Begriffe und Kategorien als Mittel unvermeidlich sind) und in anderem Sinne und anderen Formen explizierbar, wie Gegenstandserkenntnis sie fordert, erhellt sich für uns Existenz, ohne erkannt zu werden.

Vieldeutigkeit der Erscheinung der Existenz und Mißverstehbarkeit existenzerhellender Aussagen

Weil Existenz in ihrer Erscheinung objektiv wird, ist *Objektivität*, sofern in ihr mögliche Existenz spricht, *vieldeutig* gegenüber der Eindeutigkeit von Wißbarkeiten. Weil das Sprechen von Existenz eine Seite des Allgemeinen an ihr treffen muß, ist jede *Aussage*, welche Existenz erhellen möchte, ihrem Wesen nach *mißverstehbar*.

Existenz *beansprucht keine Allgemeingültigkeit*. Sie ist Sein in Unbedingtheit, nicht in Übertragbarkeit. Was sie ist, kann so nicht auch ein Anderer sein. In den Objektivierungen, welche sie wie allgemeingültige ausspricht, ob Seinsaussagen oder Forderungen und Wertungen ist zwar für den Aussagenden Unbedingtheit und Appell an andere mögliche Existenz, aber nicht begründbares Wissen für jeden, der da ist. Vielmehr: das Objektivwerden und damit das Allgemeinwerden der Existenz ist vieldeutig; es ist niemals dasselbe, sondern bleibt entweder Existenzerscheinung und dann gemeinsam mit seinem Grunde als dessen Seite im Medium des Allgemeinen *einmalig;* oder es wird eindeutig allgemeingültig und hört dann auf, in seiner Identität mit sich Existenzausdruck zu sein. Wo Existenz sich als in der Welt erscheinend in der Form des Allgemeinen ausspricht, ist dieses losgelöst nicht mehr, was es an seiner Wurzel war, d. h. in faktischer Existenz aus geschichtlicher Gegenwart. Wir drängen als Verstandeswesen mit unserem Bewußtsein überhaupt unablässig auf das Allgemeine; was wir auch tun und sagen, es gilt mit Recht nur soweit, als es allgemein werden kann; damit allein treten wir in die Welt und sind für die Welt. Aber dieses alles durchdringend und übergreifend sind wir noch selbst für anderes Selbst und in bezug auf Transzendenz, und sind eigentlich, wo das Allgemeine zum bloßen Medium herabsinkt. Mögliche Existenz überträgt sich in der Welt in ein Allgemeines, das von ihr sich lösen kann; aber Existenz ist nicht allgemein und nicht allgemeingültig.

Da ich, Existenzerhellung versuchend, in Objektivitäten sprechen muß, so muß alles, was existentiell philosophisch gemeint ist, als Psychologie, Logik, objektive Metaphysik *mißverstanden* werden können.

Die Folge ist, daß die äußersten Gegensätze zur Verwechslung kommen:

a) Die blinde Triebhaftigkeit des Augenblicks, die im Affekt und in der Willkür des „ich will nun einmal so" zum Ausdruck kommt, die undurchdringliche vitale Kraft bloßen Lebens und Lebensrausches (ohne Treue und Formung und ohne gestaltende Wirkung für die Folge des Daseins) stehen gegen das objektiv ebenso Irrationale, das sich aus dem Ursprung der Freiheit seine Wirklichkeit erbaut, in sich gebunden ist und nichts vergißt; was objektiv wie Willkür scheint, ist dann eingebettet in die nicht logische, aber existentielle Konsequenz eines Lebens, das das Bewußtsein ewiger Gewißheit kennt im Gegensatz zu dem vergehenden Rausch in der Scheingewißheit der augenblicklichen Befriedigung.

b) Wenn jemand vom Anderen sagt: er rede immer von sich selbst, auch wenn er die sachlichsten Probleme erörtere, so kann das beides bedeuten: den Vorwurf, daß er die egozentrische Interessiertheit empirischer Individualität nicht verläßt; oder die innerste Zustimmung, daß er nur wahrhaft und verbindlich, das heißt aus seiner Existenz, spreche. Daß jemand sich selbst unendlich wichtig nehme, kann die eitle Enge in der empirischen Individualität bedeuten oder das, worauf es entscheidend ankommt, die Bekümmerung um das eigentliche Selbst.

c) Im Leben der Wissenschaft sieht objektiv zum Verwechseln aus die unsachliche, aus fremden Motiven entspringende Interessiertheit eines Forschers an einem bestimmten Ergebnis und die enthusiastische Liebe als Grund der Forschung. Beide sind der unpersönlichen Leistung entgegengesetzt, die an Gehalt leer nur zufällig nützlich für Anderes ist. Die Sachlichkeit der Idee, die, einer Existenz dienend, die Forschung beherrscht, kann verwechselt werden mit der Scheinsachlichkeit, welche man sich als Vorbau in endlosen Argumentationen, Rechtfertigungen und festen, gültigen Resultaten sucht.

d) Existenz hat einen absolut unabhängigen Punkt des auf sich selbst Beruhens (aus dem sie notwendig in Kommunikation tritt). Objektiv ähnlich und täuschend verwechselbar ist die Selbsteinkapselung vor Anderen zur Sicherung bloß empirischer Individualität und Empfindlichkeit (aus der keine wahrhaftige Kommunikation mehr möglich ist).

e) Das Geschichtliche der einzelnen Existenz in ihrer objektiven Besonderheit ist die Erscheinung ihres Seins; die objektiv gleiche Besonderheit als schöne, aber endlose Mannigfaltigkeit ist Gegenstand des Reizes, der Neugierde und des Genusses. Die absolut geschichtliche Existenz kontrahiert sich in der Erscheinung eines Besonderen; die Endlosigkeit des Besonderen bleibt chaotisches Verwehen.

Diese Verwechslungen sind Beispiele für die durchgehende Zweideutigkeit der Existenz in ihrer Erscheinung und der Aussagen über sie. Diese Zweideutigkeit ist für kein Wissen, aber wohl für die selbstverantwortliche mögliche Existenz aufhebbar. Darum ist die Täuschung, obgleich sie durch keinen bloßen Intellekt eingesehen und verhindert werden kann, doch zu verantworten als Schuld. Das *kritische Gewissen* der möglichen Existenz steht gleichsam zwischen zwei Welten, die für den bloßen Verstand eins zu sein scheinen: der Erscheinung des Nichtigen und der Erscheinung der Existenz.

Das Leben dieses kritischen Gewissens ist das Auseinanderhalten dieser Mächte, deren Vermischung alles in Schein und Täuschung verwandelt; aber die Trennung ist stets neu zu vollziehen. Das Dasein als solches hat die bloß empirischen Kräfte zur Bedingung, die existentiellen kommen nur im Abstoßen und im Durchdringen zu Bewußtsein und Wirklichkeit: der Scheidungsprozeß, im Augenblick von vollendeter Klarheit, ist im Ganzen nie am Ende.

Daß insbesondere *die existenzerhellenden Aussagen* gesucht werden als ein Wissen um ein Bestehendes, dessen vermeintliches Dasein trösten und beruhigen könnte, entspringt aus dem *existenzwidrigen* Willen zur *objektiven Sicherheit*. Die Grundposition allen Philosophierens ist bestimmt dadurch, ob ich existenzlos Ruhe will im Wissen von etwas, das auch ohne Existenz so ist und besteht; oder ob ich aus dem Bewußtsein möglicher Existenz in diesem Willen einen Verrat der Existenz sehe. In der Gewißheit, daß eigentliches Sein nicht besteht, muß ich in der Unruhe und in der Gefahr meines Existierens alles bloß Bestehende übergreifen in dem ursprünglichen Gewissen: es kommt auf mich an —, und damit alles bestehende Sein relativieren.

Daß existenzerhellende Aussagen im Sinne eines Wissens vom Sein fixiert und mißverstanden werden können, läßt weiter ihren Mißbrauch in Argumentationen verstehen. Man benutzt, was in existenzphilosophischen Explikationen einen vorübergehenden und nie objektiven Sinn hat, fälschlich als Redensart zur Rechtfertigung. Man möchte Kriterien finden, welche Existentielles von Nichtexistentiellem, Echtes von Abgeglittenem objektiv im Einzelfall unterscheiden ließen. Das ist im Prinzip unmöglich. Alle Begründung und Verwerfung, Prüfung und Fixierung mit rationalen Mitteln durch Kategorien geschieht in der Welt, und geht grade nicht auf Existenz. In der Existenzerhellung gibt es nicht mehr das Verhältnis des gültig Allgemeinen zum Besonderen, worauf es angewendet wird. Aller Beweis ist nur in möglicher Existenz durch eigenes Gewissen in ihrer Kommunikation, während Begründung und Widerlegung nur im Bezug darauf, als Mittel und Ausdruck, Sinn haben.

Wenn die Verwechslung existenzerhellender Aussagen mit scheinbarem Wissen von konkreter Existenz im eigenen Dasein geschieht, so warnt und scheidet das untrügliche Gewissen. Wenn sie dem Anderen gegenüber geschieht, so löst sie sich in der Kommunikation, in der keine Argumentation ein Urteil über ein Sein bedeutet, kein Angriff und keine Rechtfertigung erfolgt, die sich nur vom Verstand an den Verstand, vom Bewußtsein überhaupt an das Bewußtsein überhaupt wenden. Denn Bewußtsein überhaupt hat nur Interesse an Philosophie, sofern sie zwingende Grenzen setzt, nicht sofern sie diese Grenzen sucht, um über sie zu transzendieren. Philosophie aber ist nicht als geltende Wahrheit für jedermann, sondern in der Kommunikation, um sich aus den Verwechslungen der Möglichkeiten zum Eigentlichen zurückzufinden.

Wenn die Zweideutigkeit alles Objektiven in Hinsicht auf Existenz erörtert, ihre Auflösung in das Gewissen geschichtlich bestimmter Existenzen gelegt wurde, so bedeutet das nicht eine Verwerfung objektiver Begründungen. Diese bleiben vielmehr das Medium, ohne das fragwürdige bloße Gefühle schon Wahrheit beanspruchen würden. Durch das Denken erst muß Gewissen die Situation gewinnen, in der es seine Empfindlichkeit entscheiden lassen kann.

Weil existenzerhellende Aussagen nicht im Subsumieren des Einzelnen unter eine allgemeine Erkenntnis zum Wissen führen, so ist auch der Satz: *ich bin eine Existenz*, ohne Sinn. Diese Aussage ist unmöglich; denn Sein der Existenz ist keine objektive Kategorie. Ich kann aus möglicher Existenz sprechen, sofern eine andere mich hört, dann ist beider Existenz zwar füreinander, aber dies Füreinandersein ist nicht für ihr Wissen. Existenz als Überzeugung, Glaube, absolutes Bewußtsein kann nicht gewußt werden.

Die Aussage: „ich existiere", in der Kommunikation als verschwindender Ausdruck erfüllbar, ist als Anspruch in der Welt, in der Forderungen, Rechtfertigungen und Gründe einen Sinn haben, anmaßend und zugleich sinnlos. Ansprüche habe ich in der Welt der Objektivitäten und Sagbarkeiten durch Objektivitäten, d. h. Leistungen, Eigenschaften, Begabungen, Rechte, gestellte Aufgaben; und ich habe im Kampfe um mein Dasein Geltung durch Macht. Wo ich aber in existentieller Kommunikation stehe, hört Anspruch und Geltung auf.

Würde ich jedoch dies umkehren und sagen: wenn ich keinen Anspruch erhebe, dann existiere ich, so wäre ich nicht weniger im Irrtum. Denn in der Zweideutigkeit der erscheinenden Existenz kann mein Verhalten ebensogut Schwäche der Ohnmacht oder ein vorgeschobener Trick sein als Mittel, um mit der Nutzung existenzphilosophischer Redewendungen durch Anspruchslosigkeit doch wieder Ansprüche zu machen.

Was Existenzerhellung aussagt für ein Bewußtsein überhaupt, ist nur negativ aus der Unbefriedigung an den gewonnenen Objektivitäten, wenn sie alles sein sollen; dadurch werden Grenzen gesetzt. Jeder positive Schritt über die Grenzen hinaus, das Eindringen in Existenz, kann im Aussagen weder Geltung haben noch Anspruch erheben, sondern bedeutet Frage und Erhellung durch indirekte Mitteilung.

ERSTER HAUPTTEIL

Ich selbst in Kommunikation
und Geschichtlichkeit

ZWEITES KAPITEL

Ich selbst

	Seite
Ich an der Grenze des Denkbaren	26

1. Ich überhaupt — 2. Ichaspekte — 3. Charakter — 4. Im Denkbaren werde ich meiner nicht als eines Ganzen gewiß

Selbstreflexion	35

1. Ichsein und Selbstreflexion — 2. Auflösende Selbstreflexion — 3. Selbstreflexion und ursprüngliche Unmittelbarkeit — 4. Sichausbleiben und Sichgeschenktwerden

Antinomien des Selbstseins	45

1. Der empirische und der existentielle Sinn des „ich bin" — 2. Selbstwerden in Selbstüberwindung — 3. Selbstsein in der Welt und vor der Transzendenz

In natürlicher Unbekümmertheit frage ich nicht nach mir; ich verwirkliche die mir nächsten Zwecke und denke an meine Aufgaben. Zwar sage ich „ich", aber bekümmere mich nicht, in welchem Sinne ich bin.

Dann erfahre ich, daß ich fragen kann. Ich möchte wissen, *was* ich sei — und denke den *Menschen* als eine Gattung des Seins, der auch ich zugehöre — oder *wer* ich sei — und frage damit, was ich meine, wenn ich sage: ich selbst.

Beide Fragen stelle ich nicht von ungefähr, als wenn ich mich für sie nur interessiere wie für zahllose Dinge in der Welt, die mir schon vorkamen und noch vorkommen werden. Mit diesem Fragen bin ich nicht nur wißbegierig, sondern *eigentlich beteiligt*. Ich erwache aus der Unbekümmertheit.

Unbekümmert war ich als Kind, damit aber nicht in einem Gleichgewicht meiner selbst. In der Dumpfheit meines Selbstbewußtseins war ich unfähig, mich zu finden, darum launisch; war ich durcheinander,

24

so brachten die Eltern, nicht ich, mich in Ordnung; ich lebte in naivem Daseinsbewußtsein, noch ohne entschiedenes Ich, aber doch als mögliches Ich; noch ohne Selbstreflexion, aber schon als Wesen, das ich sagt; wohl in Angst und augenblicklicher Ratlosigkeit, aber ohne Verzweiflung; bewegt von Affekten war ich vergeßlich von einer Stimmung zur anderen.

Ich *erwachte* dann nicht durch einen bloßen Gedanken, sondern durch eine Erschütterung in der Situation, durch die ich in der Wurzel betroffen war und den Anspruch fühlte, daß etwas entscheidend auf mich ankomme.

Ich kann schon eine ausgebreitete Kenntnis in der Welt und praktische Tüchtigkeit haben; es mag sein, daß das eigentliche Erwachen ganz ausbleibt, oder daß es schnell sich wieder zurücknimmt. Vor die Frage gestellt, was ich sei, meine ich dann wohl, das sei das Selbstverständlichste von der Welt. Diese Antwort kann naive Betroffenheit oder das Ausweichen bedeuten; man will über etwas nicht nachdenken. Sie kann aber auch den wesentlichen Sinn haben: es handelt sich hier um etwas, das, wenn ich es verstehe, ich nur durch mich selbst verstehe, nicht durch ein Anderes.

Will ich jedoch mir antworten, was dies Selbstverständliche sei, so werde ich verwundert. Ich sehe, daß ich es *nicht weiß*. Noch ohne Sprache für das Sein meiner selbst, suche ich Wege, es mir zur Klarheit zu bringen.

Ich wende mich zurück zum *ursprünglichen Innewerden meiner selbst*, das nicht als ein Bewußtsein von etwas, doch scheinbar als wirkliche Gegenwart mich unreflektiert erfüllte. In ihm schien aller Gehalt zu liegen; ich brauche nur zuzugreifen, so wird mir, was mich als ich selbst faktisch beseelte, bewußt werden. Aber will ich den Schatz heben, so verschwindet er sogleich. Die Dunkelheit meiner Ursprünglichkeit habe ich verlassen, indem ich nach ihr frage: das Licht, das in ihr als das Aufleuchten des Innewerdens meiner selbst schien, erlischt, sobald ich mit ihm zusehen will, was ist. Es wird mir klar, daß ich nicht nur die Dunkelheit, sondern den Ursprung selbst verlassen habe, vielleicht nicht wirklich und endgültig, aber doch als Bewußtsein, mit der Möglichkeit, ihn zu ergreifen oder zu verlieren. Dieses grade, daß ich nach mir *fragen muß*, zeigt mir, daß ich aus dem Ursprung getreten bin. Ich bin mir nicht selbstverständlich, noch finde ich mich im Rückgriff auf ein vermeintlich Verlorenes, sondern fühle die Aufgabe, vorwärtsgehend mich selbst zu ergreifen.

Ich an der Grenze des Denkbaren

1. **Ich überhaupt.** — So zur negativen Klarheit gekommen, wende ich mich an mich als Bewußtsein: ich will mich erfassen als „Ich überhaupt":

Ich ist das Sein, das *sich selbst erfaßt*. Es ist sich seiner bewußt als auf sich gerichtet, als Eines zugleich zwei, die in der Unterschiedenheit Eins bleiben. Es ist Subjekt, das sich selbst zum Objekt macht. Als Objekt ist es *sich gegeben*, nicht wie die *Dinge* der Welt als ein Fremdes und Anderes, sondern auf einzigartige Weise, welche die Gegebenheit als Ichsein wieder *aufhebt*. Das Ich ist in Subjekt-Objekt-Spaltung seiner selbst, aber nicht radikal wie in der Trennung gegenüber den Dingen der Welt, und auch nicht in der Aufhebung dieser Spaltung, die es nur als mystisches Einssein wäre. Es ist seiner bewußt in einem Kreise bei sich selbst.

Das Ich erfaßt sich nur als das *„ich denke"*, das den Kern allen Ichbewußtseins ausmacht, insofern alles Andere wechseln kann, das „ich denke" aber bleiben muß. In ihm erfaßt es sich als mit sich identisch, als Eins im gegenwärtigen Augenblick und als Eins durch die Folge der erinnerten oder künftig gedachten Zeit.

Das Ich *erfaßt* sich nur *in bezug* auf das Andere, das nicht Ich ist, die Welt, in der es ist. Dieser Welt gegenüber, sofern in ihr die Dinge von ihm wahrgenommen und gedacht werden, ist es das Subjekt, für das alles Andere die Objekte sind. Es ist als solches ein Subjekt überhaupt, vertretbar durch jedes andere Subjekt, das Bewußtsein schlechthin, der Verstand als der Punkt, auf den alles Wißbare bezogen, und der selbst als bloßer Punkt nur noch genannt, nicht mehr selbst Objekt wird, für den vielmehr auch alles konkrete Ichsein Objekt ist. Dieses formale Subjekt überhaupt ist überall, wo Sein als Bewußtsein ist, als das übergreifend Allgemeine gegenwärtig.

Als das „ich denke" ist sich das Ich im Augenblick des Denkens seines *Daseins in seiner Welt* gewiß. Nicht, *was* es ist, weiß es, aber *daß* es ist in der ihm gegenwärtigen Zeit. —

Ein solches „ich überhaupt" bin ich nun in der Tat. Ich zweifle nicht, darin mit jedem anderen Ich übereinzustimmen. Aber ich bin nicht nur „ich überhaupt", sondern *bin ich selbst*. Ich erkenne in den Strukturen des Ich überhaupt Bedingungen meines Daseins als Formen, in denen ich bin, wenn ich mir erscheine; aber ich erkenne mich nicht schon in diesen Formen als mich selbst. Ich bin das „ich denke“, doch ich selbst bin es nicht, weil ich es nur als überhaupt bin. Zwar bin ich mir darin identisch, aber diese Identität ist nur die leere *Form* des bloßen: Ich bin ich; ich setze mich in ihr als ein punktuelles von mir entleertes Subjekt; sie spricht ohne Gehalt lediglich das Bewußtsein meiner als Eines in der Verdoppelung aus.

Die Unvergleichlichkeit des Ichseins, gemessen am Sinn von Gegenständlichkeit, spiegelt sich in der Sprache. „Ich“ ist Pronomen und eine Sprachform, in der die Einzigkeit des nicht Gegenstand seienden, sondern ichsagenden Seins Ausdruck sucht. „*Das* Ich“ hingegen, von dem wir hier sprachen, ist eine künstliche, sprachwidrige substantivische Bildung, die, im Philosophieren eingewöhnt, ein Objektsein des Ich imaginär ermöglicht. Sie ist die Folge der Unvermeidlichkeit, alles, wovon wir sprechen, zum Gegenstand zu machen, auch wenn es nie adäquat Gegenstand wird.

2. Ichaspekte. — Da ich im Ichbewußtsein als Bewußtsein überhaupt mich noch nicht finde, wende ich mich an die materielle Erfüllung meines Ichseins als *dieses Dasein*. Ich sehe nicht nur, daß ich meiner bewußt bin, sondern frage, *als was* ich mir bewußt bin. Ich bin mir selbst ein inhaltlich erfülltes, unverwechselbares Leben in Zeit und Raum, das mir zum Gegenstand werdend gegenübertritt. In solchen Gegenständlichkeiten als Aspekten meiner selbst werde ich mir bewußt wie in Spiegeln. In keinem sehe ich mich ganz und gar, sondern in Teilen; ich erblicke Seiten meines Seins, identifiziere mich partiell mit ihnen, aber ohne ganz und gar identisch mit mir in ihnen zu werden. Denn was ich auch in solchen Gegenständlichkeiten als Faktizitäten mir bin, es bleibt ihnen gegenüber das Bewußtsein dessen, was, weil möglich, auch hätte werden können. Da diese Gegenständlichkeiten die verwirklichte Erscheinung meiner Möglichkeit sind, heißen sie Ichaspekte, deren typische Gestalten als Ichschemata zu charakterisieren sind:

a) Ich meine, wenn ich „ich“ sage, mich als den *Körper*, der im Raum anwesend ist. Er bewegt sich, wenn ich ihn bewege; oder eine Gewalt bewegt ihn, und dann bin ich es, der in jedem Falle diese Bewegungen erfahren muß; wie ich aktiv nur durch ihn bin, so muß ich erdulden, was ihn trifft. Ich bin er oder doch mit ihm eins. Ich fühle mich, wie ich meiner leiblichen Vitalität bewußt bin, kräftig oder schwach, im Lebensjubel oder in Mißgestimmtheit, in aktiven Funktionen oder in Ruhe, genießend oder leidend.

So ist es im unbekümmerten Dasein, in welchem ich ohne ausdrückliches Bewußtsein bin. Frage ich aber, was ich bin, denke ich an mich ausdrücklich, so wird mein Körperichbewußtsein Gegenstand meiner Sorge. Ich weiß mich als ein spezifisches Dasein nach meiner besonderen Körpergestalt, ihrer Größe, Kraft und Bewegungsweise, und weiß mich als schwankend in allen Veränderungen, die mein Körper durch Situationen, Krankheit, Geschlechtlichkeit, Lebensalter erfährt. Sehe ich so meine Körperlichkeit, scheine ich mich zwar im Sehen von ihr zu scheiden und bleibe doch eins mit ihr. Aber dieses Einssein ist nicht Identischsein. Ich bin nicht mein Körper.

Wäre ich mein *Körperich*, so wäre es sonderbar, daß doch kein Körperteil wesentlich zu mir gehört. Ich kann Glieder, einzelne Organe, selbst Hirnteile verlieren; ich bleibe ich. Wohl mag meine Situation dadurch verändert werden; durch Defekte unter andere Lebensbedingungen versetzt, bin ich doch wesentlich derselbe geblieben. Nur wenn durch Zerstörung des Leibes mein Bewußtsein aufhört oder durch Veränderungen so gestört wird, daß mir Orientierung und Gedächtnis verlorengehen, Kommunikation unmöglich wird, Sinnestäuschung und Wahn mich ganz erfüllen, bin ich selbst nicht mehr. Dieses Nichtmehrsein aber bin ich nicht für mich selbst, sondern für den Beobachter. Ich selbst, sofern ich da bin, stehe, so sehr ich an meinen Leib gebunden bleibe, ihm zugleich gegenüber; noch im Strudel des Zerstörtwerdens, im Wahnsinn noch bin ich als mögliche Punktualität des mit mir identisch gebliebenen Ich. Ich erfasse den Leib als zu mir gehörig, weil von meinem Wesen durchdrungen, und ich stelle mich ihm als einer Last und einem Störungsfaktor gegenüber als mein Wesen bedrängend. In keinem Falle nehme ich ihn als mich selbst im eigentlichen Sinne. Er wird mich als Dasein in der Zeit vernichten, wie er mich in ihr getragen hatte.

Mein Körper erneuert seinen Stoff fortwährend. Seine Materie wird ausgewechselt, doch ich bleibe derselbe. Ich bin als Körper *Leben*, das als Gestalt und Funktion die Kontinuität dieses sich stets wandelnden Leibes ist. Ich will mein Leben und bin ohne es nicht da. Ich bin in seinen vitalen Funktionen gegenwärtig, aber ich bin nicht als diese Funktionen. Wäre ich nur Leben, so wäre ich nur ein Naturvorgang. Mache ich den Versuch, ganz Leben sein zu wollen, so mache ich als Mensch die Erfahrung, daß ich nicht Tier werden kann. Das Tier, ein ungebrochenes Dasein ohne Spaltung seines Wesens und daher ohne Möglichkeit, ist, was es ist. Der Mensch kann nur selbst sein oder muß sein Selbstsein im bloßen Leben aufgebend verrohen; denn es behält Möglichkeit, auch wer sie zu ruinieren trachtet. Bloßes Leben ist unvollziehbar. Dem Menschen knüpft sich Leben an Bedingungen, die nicht nur aus dem Leben, sondern aus ihm selbst kommen, an Entscheidungen, die er innerlich handelnd fällt und dann in der Wirklichkeit handelnd vollzieht. Diese Spaltung der Vitalität von seinem Selbstsein dadurch, daß er sie unter Bedingungen setzt, ist ihm so notwendig wie die Einheit mit ihr; denn sie bedeutet, daß er die Grundverfassung seines zeitlichen Selbstbewußtseins kennt: sein leibliches Dasein als leibliches ertragen und beherrschen zu müssen. Die Einheit aber bedeutet, daß er eigentlich lebt, wenn seine Vitalität die Erfüllung seines Selbstseins wird. Dann liebt er als sich selbst auch sein leibliches Dasein, wie oft er es auch als fragwürdig ansehen und mit ihm wie einem Anderen umgehen muß[1].

Wie ich aber mit meinem Körper *umgehe*, ihm Maß und unter Bedingungen seine Freiheit gebe, darin bin ich meiner entschiedener bewußt als in der Körperlichkeit als solcher. Sie ist in meiner Hand. Ich kann mich töten und darin mir beweisen, daß ich meine Körperlichkeit nicht als mich selbst anerkenne. *Ich* töte *sie*, die nur passiv sterben kann. Ich aber vermag zu fragen, ob ich selbst dadurch schlechthin nichts werde.

b) Ich kann mich meinen, *als was ich* im Zusammenhang des sozialen Lebens *gelte*. Meine Funktion im Beruf, meine Rechte und Pflichten drängen sich mir als mein Sein auf. Meine Wirkung auf andere läßt ein Bild meines Wesens entstehen. Dieses Bild, auf mich zurückgeworfen, schiebt sich mir unmerklich vor mich: ich meine zu sein, was ich für andere bin. Wie ein Jeder nur ist, wenn er Körper ist, so auch nur, wenn er in Gesellschaft ist, und sei es, daß er außerhalb der Gesellschaft gegen sie steht. Unser *soziales* Ich beherrscht uns so sehr, daß es scheint, als ob ein Mensch sein Wesen ändere mit den Änderungen seiner sozialen Lage und der Menschen, mit denen er umgeht. In primitiven Zuständen können Menschen gänzlich ihr Seinsbewußtsein verlieren, wenn sie plötzlich aus ihrer Umgebung gerissen werden. Sie können nicht mehr sie selbst sein, weil ihnen mit einem Schlage genommen ist, als was sie waren.

---

[1] Die *Auferstehung des Leibes*, an sich ein trostloser Gedanke, kann ein wahres Symbol sein durch die Idee einer Verklärung der möglichen Einheit der Körperlichkeit mit den Bedingungen eigentlichen Selbstseins, das nach dem Tode identisch mit ihr geworden ist auf eine für unsere Daseinserfahrung unvorstellbare Weise.

Aber als soziales Ich bin ich nicht ich selbst. Werde ich aus meiner Welt gerissen, so brauche ich nicht in Nichts zu vergehen, sondern kann noch in der Katastrophe zu mir selbst erwachen, wenn auch nur zu einem noch unbestimmten, nur möglichen Selbst.

Was und in welchem Ausmaß ich als soziales Ich bin, das wird mir in der unaufhebbaren Verkettung meines Lebens mit der Gesellschaft aufgeprägt. Ich bin in diesem Stande diese geschichtliche Besonderheit, *ein Dasein meiner Welt*, und ich bin, wofür mich in diesem Zusammenhang jeder hält. In rationalisierter Gesellschaft wird sogar die Substantialität des Besonderen mehr und mehr aufgehoben, bis im Grenzfall das Bewußtsein des Gehalts meines bestimmten Daseins mit dem Glauben an den geschichtlichen Sinn des Ganzen in diesem Staat zum Erlöschen kommt. Nichts bleibt als nur das gesellschaftliche Dasein, und ich bin darin, was ich in ihm an Rechten und Pflichten habe. Ein jeder ist im Prinzip wie der andere nur noch ein Exemplar, das auf die gleiche Art an den gesellschaftlichen Möglichkeiten, Versorgung, Arbeit und Genuß teilnehmen soll. Als dieses soziale Ich werde ich *wir alle*.

Wird mir daher mein soziales Ich auch aufgedrängt, ich kann mich doch *innerlich* gegen es wehren. Obschon ich unerbittlich an mein soziales Dasein gekettet bin und in ihm mein Selbstbewußtsein im Spiegel meiner Tätigkeit erhalte, kann ich mich ihm doch noch wieder als mich selbst gegenüberstellen. Trotz sozialen Gewinnes und Verlustes kann ich in allem Wandel ich selbst bleiben. Ich falle nicht mehr zusammen mit meinem sozialen Ich, wenn ich auch in jedem Moment zugleich in ihm bin. Jetzt kann ich in meinem sozialen Dasein das Bewußtsein gleichsam der *Rolle* haben, die ich ergreife oder ertrage. Ich und meine Rolle fallen für mich auseinander. Zwar weiß ich mich eigentlich seiend nur, wenn ich sie mit unbedingter Energie ergreife, tätig eingreife ins Dasein. Aber mein soziales Ich, das ich nicht aufhöre zu sein, so wenig ich aufhöre, als Körper da zu sein, wird mir selbst zum Gegenstand, aus dem ich mich zugleich zurückhalte. Ich bin nicht Ergebnis der soziologischen Konstellationen, denn ich bleibe, wenn ich auch in allem, was von mir objektiv in die Erscheinung tritt, durch mein soziologisches Dasein bestimmt bin, aus meinem Ursprung die Möglichkeit meiner selbst. Ich will nicht nur, um materiell da zu sein, meine Rolle ergreifen, sondern auch um ich selbst zu werden; ich kenne mich nur in ihr und bin doch mit ihr nicht identisch.

Wenn in jener Verdünnung des sozialen Ich zu dem „*wir alle*", das sich übermächtig durch die Allgemeinheit aufzudrängen strebt, das Selbstsein mit Entschiedenheit sich wehrt und den Vorrang beansprucht, so steht seine Unbedingtheit gegen alle Bedingtheiten des Seins als wir alle. Ich lebe zwar in einem Neben- und Miteinander mit allen, habe Funktionen in der gegenseitigen Dienstbarkeit, aber ich kenne einzelne Menschen, mit denen ich nicht nur in solchen Relationen, sondern unbedingt verbunden bin. Ich kann diese, mit denen ich als ich selbst in Kommunikation stehe, nicht in die gleiche Welt mit den Anderen, relativ zu ihnen Gleichgültigen stellen. Das Selbstsein mit ihnen kann ich nicht veräußern lassen an das Sein mit allen und stehe der Möglichkeit nach mit ihnen außerhalb von allen.

c) In der Gesellschaft habe ich Geltung durch das, was ich *leiste*. Es ist mir ein neuer Spiegel dessen, was ich bin. Was durch mich geschah, was ich als Erfolg und als Werk sehen kann, oder was mir als Mißerfolg und als Mißratenes vor Augen steht, darin werde ich mir auf eine eigne Weise gegenständlich. Im *Leistungsich* kann das Ichbewußtsein zusammenfallen mit dem Bewußtsein des Geleisteten.

Doch bin ich nicht das, was ich leiste. Ich kann zu ihm sogar in einen Gegensatz geraten. Da wir abhängig werden von den Dingen, die wir machten, stellen wir uns ihnen gegenüber. Wir sind in ihnen, aber wir sind nicht mit uns als bloß Leistenden identisch. Wenn andere nachmachen und nachreden, was wir schufen, kann einer kämpfen gegen sein eigenes Selbst, wie es in sein Werk einging. Ich mache die Leistung, die einmal war, zu einer, die sich von mir löste. Ich kann bei ihr weder stehenbleiben als bei etwas, das ich noch zu sein vermöchte, noch kann ich sagen: ich sei, was ich jetzt leiste. Denn jetzt und immer ist, was ich bin, und was ich leisten will, in einem, aber nicht identisch. Ich kann auch leisten, worin ich nicht bin. Keinesfalls bin ich erschöpft mit dem, was ich leiste. Ich selbst fliehe die Identifizierung mit meinen Werken — sie relativ als meine anerkennend und in Treue zu mir sie als eigen bewahrend — um so mehr als sie mich mir selbst zu rauben scheinen, als ich Zukunft fühle und Möglichkeit und gegenwärtig vorhabe, worin ich mir meiner gewiß werden kann.

d) Was ich bin, weiß ich schließlich durch meine Vergangenheit. Was ich erlebte, und was ich sah, was ich getan und gedacht habe, was man mir zufügte und wie mir geholfen wurde, das alles bestimmt ungewußt oder in bewußtem Erinnern mein gegenwärtiges

Ichbewußtsein. Von da her habe ich Achtung und Verachtung gegen mich, bin ich bewegt von Anhänglichkeiten und Gehässigkeiten. Aus der Vergangenheit spricht mich Gegenwärtiges an, das ich darum fliehe oder suche. Dieses *Erinnerungsich*, in unreflektiertem Zustand nicht befragt, wird mir, wie die anderen Ichaspekte, in unbestimmten Grenzen gegenständlich. Meine Vergangenheit wird mein Spiegel; ich bin, was ich war.

Versuche ich mich von allem Gewesenen zu lösen durch den Gedanken, daß alles anders hätte sein können, so verwandle ich mich in eine leere Möglichkeit zurück, bin ohne den Grund meiner Vergangenheit nicht mehr ich. Aber die Möglichkeit der Loslösung bedeutet, daß ich mich auch mit der Totalität meiner Erinnerungen nicht identifiziere. Denn ich bin gegenwärtig und habe Zukunft. Würde ich etwa mich identifizieren mit dem Bilde, das ich von meiner Vergangenheit habe, so würde ich mich verlieren. Ich würde mir meine Vergangenheit konstruieren zu einem Schema, das ich sein will; ich setze Gegenwart und Zukunft unter meine Vergangenheit als Maßstab und entwerte sie damit. Ich bin nicht, was ich werde, sondern meine zu sein, wofür ich mich als vergangen halte, so daß ich Gegenwart und Zukunft schon denke, als ob sie Vergangenheit wären.

Wohl kommt in den Erinnerungen die Kontinuität und dadurch allein die Substanz meines Wesens für mich zur Sichtbarkeit; das Maß für das Selbst ist die Tiefe der *wirksam gegenwärtigen* Erinnerung. Aber in der Erinnerung erscheine ich mir nur. Sie ist nicht als fixiertes Objekt ich selbst; denn sie ist, so lange ich lebe, in ihrer Wirkung zugleich in Wandlung. Jeder Augenblick meines eigentlichen Selbst, durch sie bestimmt, steht ihr zugleich gegenüber; er vermag ihren Sinn und ihre Bedeutung aus gegenwärtiger Lebensentscheidung noch einmal zur Entfaltung oder Verkümmerung zu bringen und aus eigentlicher Treue sogar im Sinn zu verwandeln. —

Will ich wissen, was ich bin, so bietet sich in den versuchten Gedankengängen mein objektives Dasein im Schema als mein Sein an. Ich erfasse mich in ihm, mache aber jedesmal die Erfahrung, daß ich es nicht ganz bin: das so *Objektgewordene* kommt *nicht zur absoluten Identität mit mir selbst;* denn ich bin übergreifend und müßte mich in solchen Schematen verlieren.

3. Charakter. — Was ich bin, frage ich im Hinblick auf mich, wie ich in der Erscheinung meiner selbst ein mir zugrunde liegendes

Sein bin für mich oder an sich und für mich. Denn ich bin mir zwar gegeben in meinen Erscheinungen, aber was mir darin gegeben ist, bin ich an mir selbst. Wohl *weiß* ich daher auf keine unmittelbare Weise, was und wie ich an mir *selbst* bin, aber ich *schließe* auf mein Sein als dasjenige, das all meiner Erscheinung *zugrunde liegt*. Es ist eine meiner ursprünglichen Erfahrungen, daß ich nicht bloß da und nicht die Möglichkeit von allem bin, was ich sein möchte, sondern daß ich mir auch *gegeben* bin als ein *Sosein*. Mit Staunen und mit Scham, mit Erschrecken oder mit Liebe erfahre ich aus meinem Tun, wie ich bin; ich kann in plötzlicher Besinnung wohl zu mir sagen: also so bist du! Ich erfahre täglich, daß ich abhängig bin von einem Sein meiner selbst, das ich nicht absolut in der Hand habe, mit dem ich umgehe, das ich dirigiere, fördere und hemme, das in seiner Gegebenheit mir sinnvollerweise zu einem Gegenstand psychologischer Erforschbarkeit wird, zu dem Sein, das ich *an mir selbst* bin, und das im Laufe meines Lebens zur Erscheinung kommt: es ist mein Charakter.

Was ich aber an mir selbst bin als dieses positive: ich bin nun einmal so, auch das ist mir dennoch nicht so gegeben wie die Dinge außer mir. Diese sind als das schlechthin Andere, nicht als sie selbst für mich da, ich aber bin *an* mir selbst das Sein, das tut und dadurch ist und sich erscheint als das, was es *zugleich* selbst zu sein aber erst in seiner Freiheit innewerden *kann*. Darum *sträubt* sich etwas in mir, mich als schlechthin nun so gegeben *anzuerkennen:* daß ich so bin, mache ich mir sogar zur Schuld. Wenn ich auch nicht weiß, wie ich in gegenwärtigem Willen es geradezu ändern soll: meiner Freiheit bin ich nicht nur im augenblicklichen verstandesmäßigen Zweckhandeln als technischem Eingreifen gewiß, sondern sie liegt so tief in mir, daß ein Leben durch die Folge einer für mein Wissen nicht mehr übersehbaren Menge von Handlungen sich in meinem gegenwärtigen Sosein als aus mir entstanden erscheint; und was ich bin durch Geburt, kann mir so erscheinen, als ob ich es in vorzeitlicher Wahl so gewollt hätte und dafür schuldig sei. Ich *nehme mich noch aus dem Sein an sich zurück*, als das ich mir wie eine Gegebenheit bin, und ergreife aus ihr oder gegen sie mich selbst.

4. Im Denkbaren werde ich meiner nicht als eines Ganzen gewiß. — Dreimal kam eine Antwort auf die Frage, was ich sei. In dreierlei Sinn sage ich „ich", aber jeder Sinn war nur eine Weise des Ichseins, nicht eigentlich ich selbst.

Ich bin das *Bewußtsein überhaupt;* denn wie jedes andere Bewußtsein kann ich verständig denken, das Allgemeingültige verstehen und anerkennen. Daß ich dieses Bewußtsein überhaupt und darin unpersönlich bin, gibt mir eine spezifische Würde. Ohne es könnte ich nicht ich selbst sein.

Ich bin in den Ichaspekten als erfüllten die *Wirklichkeit meines Daseins,* dies konkrete Individuum hier und jetzt. Außer in ihnen könnte ich überhaupt nicht erscheinen.

Ich bin in meinem *Sosein als Charakter* das relativ Beständige dessen, als was ich mir gegeben bin, zwar nur gedacht und erschlossen, aber unvermeidlich als Grund meiner Erscheinung vorausgesetzt, sofern ich mich erkenne. Ohne dieses Sosein fehlte mir jede Stabilität im Dasein.

Was ich bin, wird mir also nicht zur Totalität. Im Ichsein überhaupt, in den Aspekten meiner, in meinem Sosein als Charakter trete ich an Grenzen. Die unvermeidlichen Gedanken aber, in denen ich mich mir gegenständlich zu machen suche, führen indirekt zu einer Klarheit. Zunächst durch das Bemerken der *jeweiligen Unvollendung:* ich bin noch anderes. Dann durch *Ausscheiden* des jeweils Gedachten von mir selbst, der ich mich aus aller Gegenständlichkeit, durch sie erhellt, wieder zurücknehme. Es entsteht ein indirektes Wissen *um* mich, das nicht ein Wissen *von* mir ist. Das Selbst ist *mehr als alles Wißbare.* Auf den Wegen, durch die ich mir objektiv werde, vermag ich daher meiner selbst als einer Möglichkeit unobjektiv gewiß zu werden. Zwar ist das Objektivgewordene gleichsam die einzige Sprache, durch die ich bin. Aber mein aktives Bewußtsein, das im Ernst „ich selbst" sagen kann, ergreift diese Sprache, indem es zugleich jede aus sich in Erscheinung getretene Gegenständlichkeit relativiert.

Würde ich antizipierend mich mir im Zeitdasein zum Ganzen in einem Bilde machen, in dem ich durch das, was ich bin, wüßte, wer ich bin, so würde ich mich täuschen. Nur in einem *metaphysischen Transzendieren,* das erst auf Grund der in der Existenzerhellung noch zu ergreifenden Ursprünge erfolgen kann, wende ich mich wohl zu meinem Sein in der Vollendung des Zeitdaseins, als ob mein Wissen in der Ewigkeit sei. Angesichts jeder Vollendung eines Bildes von mir wird mir aber die faktische Unvollendbarkeit in der Zeit gradezu gewiß. Dadurch erst erwacht eigentlich mein Bewußtsein der Möglichkeit, ich selbst sein zu können, durch das ich mich statt als Sein vielmehr in der Fraglichkeit, als Werden und Zukunft, weiß. Die Vergewisserung meiner im metaphysischen Transzendieren geschieht durch einen Sprung, der einen anderen Sprung voraussetzt: von meinem mir Gegenständlichwerden zu mir als *Freiheit*. Allem von mir wirklich Gewordenen gegenüber bleibe ich selbst als Möglichkeit: dem objektiv gewordenen Ichbestand gegenüber bleibe ich selbst und damit als Freiheit.

Wäre ich selbst, der ich mir nicht Gegenstand werde, nur das Sein, für das alles Dasein der Gegenstände ist, das von ihnen, nicht aber von sich wissen kann, und das selbst doch in dieser Welt des Daseins schlechthin vergeht, so wäre ich in einer Situation, die ich ertragen müßte, aber nicht verwinden könnte. Diese Situation wird als vorgestellte *Ursprung der philosophischen Erhellung des eigentlichen Selbstseins*. Nicht mehr kann ich mich enttäuscht weiteren Möglichkeiten gegenständlichen Wissens von mir zuwenden, sondern nachdem ich sie alle ergriffen habe, trete ich mit ihnen als Mitteln auf einen neuen Boden der Möglichkeit des Selbstseins.

Selbstreflexion

1. **Ichsein und Selbstreflexion.** — Im Zurücknehmen aus dem Ichsein des Bewußtseins überhaupt, aus dem Reichtum der Aspekte, in denen ich mir empirisch erscheine, aus einem gegebenen Sosein meines Charakters liegt ein *Verhalten zu mir selbst* und darin der Ansatz für ein neues Ergreifen meiner selbst. Ich prüfe in sachlicher Objektivität, was ich bin, und finde nur eine Fülle stets partikularer Tatbestände; aber ich prüfe darüber hinaus, was ich eigentlich bin, und sehe, daß es *noch an mir selbst liegt*. Ich bin das Sein, das sich um sich bekümmert und im Sichverhalten noch entscheidet, was es ist.

Wenn ich nach dem Fehlgehen aller objektiven Bemühung sage „ich selbst", so meine ich nicht mehr bloß etwas, sondern tue etwas: zugleich einer und zwei, bin ich zu mir, d. h. ich beziehe mich auf mich, aber nicht nur mich betrachtend, sondern auf mich wirkend. Es entsteht die Frage, ob ich mich nur durch mein inneres Handeln wissen kann, ob ich demnach nicht nur bin, was sich erscheint, sondern auch, was *sich schafft*. Sie wird mit ja und nein zu beantworten sein: ich kann nicht ich selbst sein, wenn ich nicht will, und ich bin nicht schon ich selbst, wenn ich ich selbst sein will; ich werde zwar, indem ich mich schaffe; aber bin ich ich selbst, so habe ich mich nicht geschaffen. Mich zu mir verhalten heißt nicht schon ich selbst sein, sondern in einem inneren Handeln mich erwarten. Im Wesen dieses Sichzusichselbstverhaltens als Ursprung des Selbstseins ist die Möglichkeit der *Identität meiner mit mir* in einem gegenständlich gewordenen Bestand in der Wurzel *vereitelt*. Ich bin, weil ich mich zu mir aktiv verhalte, nur die *Möglichkeit* des Selbstseins. Darum bin ich in der Zeit für mich *nie Ende und Vollendung*, weiß ich mich selbst nicht, sondern bin mir lediglich gewiß, indem ich ich selbst bin.

Sage ich etwa, in den direkten Weisen des Wissens von mir beharrend, durch meinen Willen könne ich nicht sein, sondern ich sei in der Tat nur das, was ich feststelle als Bewußtsein überhaupt, als meine empirischen Erscheinungen und meinen Charakter, so ist zu fragen: wie lebe ich dann, wenn ich solches Sagen wirklich glaube? Entweder meiner Lust und Neigung, wie es grade kommt, oder in der Verzweiflung, *da kein Sinn ist*. Beides ist ohne Konsequenz. Zunächst: wirklich sinnlos zu leben, vermag ich keinen Augenblick: Schon der Weg zufälliger Neigung und Lust ist selbst eine Entscheidung; im Behaupten eines Soseins liegt zugleich der Willensakt, der die Sinnlosigkeit ergreift und unvermeidlich ein — zwar negativer — Sinn ist, bei dem aus möglicher Existenz die Frage bleibt, ob ich ihn wirklich will oder mich vielmehr täusche und vor mir verstecke. Dann: Die Verzweiflung drängt mich zum Selbstmord; mit ihm sage ich, daß mein Leben sinnlos sei, daß ich aber wolle, daß es einen Sinn habe, weil ich in der Sinnlosigkeit nicht ich selbst zu sein vermag. Selbstmord wird als aktive Handlung der Sinn, mit dem negativ das Dasein erfüllt wird; er ist eine Entscheidung, in der ein eigentliches, wenn auch negatives Selbstsein liegt, das nun erst beginnen könnte und den Selbstmord transzendierend wieder aufhöbe in der Ewigkeit. — Des Menschen Wesen und Situation ist, nach Sinn fragen und sinnhaft handeln zu müssen: ihm bleibt nur die Wahl, aber er kann nicht überhaupt nicht wählen, weil immer wieder eine Wahl ist, die er aktiv oder passiv vollzieht. *Will* der Mensch Konsequenz, so kann er, auch ohne den Sinn schlechthin zu wissen, nicht aufhören, nach Sinn zu fragen und jederzeit nach seinen Kräften Sinn zu verwirklichen. Er ist das Sein, das sich zu sich verhilft oder nicht verhilft, indem er seine Möglichkeit vergeudet oder ergreift. Will der Mensch aber *keine* Konsequenz, so wäre dies wieder ein negativer Sinnwille; er müßte damit aufhören, sinnhaft zu handeln, sich nicht mehr äußern; er bräche alles ab, wäre gleichsam absichtlich irrsinnig, sofern noch Sinnfetzen in seinem Dasein vorkommen.

Das Subjekt als Selbstbewußtsein im Sichzusichverhalten war der im gegenständlichen Bestehen des Ich stets *verschwindende* Gegenstand der früheren Erörterungen. Das nun ausgesprochene Sichzusichverhalten wäre aber als das Allgemeine der Subjektivität überhaupt leer. Es ist nur als das Zusichverhalten eines *einzelnen* Selbstseins, dessen Erfüllung ich suche in den aktiven Vollzügen, die in ihrer geschichtlichen Konkretheit ich selbst bin.

Ich bemerke, daß ich ich selbst nur bin, wenn ich mich in meiner Gewalt habe. Auch dann, wenn ich ganz bei einer Sache bin, und überhaupt nicht an mich denke, bin ich sachlich in dem Maße als meine Selbstkontrolle mich sachlich macht durch Absehen von meiner Subjektivität. Eigentliche Sachlichkeit meines Verhaltens ist nicht ohne das entschiedene Selbstsein, das sich in der Selbstkontrolle auswirkt. Dieser bedarf ich jedoch nicht nur bei gegenständlicher Forschung in der Welt, sondern überall bis zu dem keine Grenzen kennenden Fragen, in dessen Medium mir die Unbedingtheit meines ursprünglichen Tuns gewiß wird. Dieses Medium, in dem ich mich suche auf dem Wege über das Weltsein und mein Dasein in ihm, heißt *Selbstreflexion*. Diese würde als bloß betrachtende passiv bleiben und unfruchtbar, weil verloren in die Endlosigkeit. Sie ist eigentliche Selbstreflexion nur als aktive, in der ich auf mich wirke und die betrachtende zu dem unentbehrlichen Mittel mache, durch das allein ich sehen kann, während dieses Sehen durch die Aktivität Sinn und Ziel bekommt.

In der Selbstreflexion ist die Frage, wer ich sei, auf *neue* Weise gestellt. Das Wissen von sich ist nicht mehr als solches gemeint, sondern die Frage ist der Stachel, unter dem ich zu mir komme. In der existentiellen Selbstreflexion suche ich mich als hervorgehend aus meinem *Urteil* über mich. Es ist ein Ernst des Selbstrichtens im Selbstreflektieren, der nicht aus dem bloßen Wissenwollen von mir kommen kann, das dem Urteilen des Bewußtseins überhaupt zugrunde liegt. Im Selbstreflektieren entspringt eine Quelle meines Seins; ich werde mir in ihm mein eigener Ursprung. „Erkenne dich selbst" ist nicht Forderung, in einem Spiegel zu wissen, was ich bin, sondern auf mich zu wirken, daß ich werde, wer ich bin. Ich *prüfe* in der Selbstreflexion, von den Dingen in der Welt mich zu mir zurückwendend, mein Tun, meine Motive und Gefühle nach dem Maßstab, ob ich sie selbst bin und sein will. Ich frage etwa, ob ich in ihnen die Seelenruhe gewinne, als welche ich mich selbst erkenne, ob in ihnen meine Reinheit bewahrt wird, ob sie dem entsprechen, was ich als sittliche Vernunft anerkenne, ob ich in ihnen echt sei. Aber auch keiner dieser *Maßstäbe* ist gegenständlich wißbar, sondern jeder wird als formulierter und als angewandter sogleich in die prüfende Selbstreflexion mit aufgenommen und damit selbst in Frage gestellt.

2. Auflösende Selbstreflexion. — Selbstreflexion ist ein mir nirgends sich schließendes Medium; ich kann durch sie ins Bodenlose sinken. Als was auch immer ich mir innerlich entgegenkomme, ich kann diese meine Erscheinung stets befragen, ob dahinter etwas anderes steckt: Es ist möglich, daß mein Gefühl unbewußt ein anderes versteckt, daß hinter meinem bewußten Zweck ein anderes Ziel steht; vielleicht täusche ich mich selbst, weil ich mit mir zufrieden sein will und doch nicht lassen möchte, was mich mit mir unzufrieden macht. Aber in diesem Suchen nach dem Dahinter verstehe ich mich nur im *Aufheben* meiner täuschenden Unmittelbarkeit, nicht mich als Sein; ich bin so nur die Selbstreflexion, welche alle meine Masken durchdringt und nicht weiß, ob sie hinter ihnen überhaupt etwas findet. Dieses Verstehen in der Selbstreflexion wandelt mich durch die Aufhebung von Täuschungen, aber in der jeweils besonderen Weise des Auflösens kann es selbst wieder nach seinen Motiven befragt und dann als täuschend in Frage gestellt werden. So mich verstehend gerate ich in einen endlosen Progreß. In der trügenden Erwartung, so zu mir zu kommen, bleibt mir keine Ursprünglichkeit als die des Fragens selbst.

Auf diesem Wege verfalle ich der Selbstreflexion ohne selbst zu werden. Meine Redlichkeit erschöpft sich als *Klarheitswille*. Dieser ist noch kein Selbstsein. Er handelt als solcher noch nicht in die Zukunft, wagt noch keine Verwirklichung. Unter seiner absoluten Herrschaft würde ich der Gefahr ausweichen, die jedes Erscheinen meiner selbst für mich ist. Ich möchte wissen, was wahr ist, noch bevor ich es versuchte. Die Selbstreflexion zerstört jeden Anfang meines Wirklichseins, weil er durch sie sogleich fragwürdig wird. Ich kann keinen Schritt mehr tun; der Klarheitswille hat mich gelähmt.

Das konnte geschehen, weil ich Selbstreflexion wieder zu einem Wissenwollen verkümmern ließ. Meine Aktivität war nur noch ein Prüfen und Bewerten, sie handelte nur negativ. Ich wollte durch Negieren machen oder freilegen, was ich selbst bin. Ich bin aber nur als Ursprung einer erfüllten Aktivität, welche positiv die Reflexion trägt, durch welche sie zugleich wird. Ich bin, wenn ich bin, stets in irgendeinem Sinne unmittelbar; denn auch der Klarheitswille in der Verkümmerung meines Selbstseins zum negierenden Aufheben aller Täuschungen lebt als die Selbstgewißheit seiner *Redlichkeit* und kann sich noch im universellen Zerstören, im Blick auf die Maskenhaftigkeit von schlechthin allem seiner als das Wesen sicher sein, das sich doch wenigstens nicht täuschen läßt, nicht einmal durch sich selbst. Diese Unmittelbarkeit in der Selbstgewißheit der bloßen Redlichkeit ohne Fülle befragt wohl noch alle Inhalte ihres eigenen Fragens, nicht aber mehr ihr Fragen selbst. Darum kann es ihr geschehen, daß sie zwar ein Selbstsein glaubt verloren zu haben, da ja alles Täuschung ist, aber doch nicht verzweifelt, weil sie in ihrem Wissen ihrer gewiß ist. Ich bin in ihr noch bekümmert um mich in der Frage, nicht aber eigentlich um mich als erfülltes geschichtliches Wesen in seiner Wirklichkeit, und auch nicht um meine absolute Verlorenheit, sondern um meine Wahrhaftigkeit, welche zu der Punktualität des Negierenkönnens verdünnt ist. Ich drehe mich in einem immer leerer werdenden Wirbel um mich, ohne zu sein. Wie an die Ichaspekte, kann ich mich auch an die Selbstreflexion verlieren, dort in Bildern von mir, die nicht ich sind, hier in einer Funktion, die ihre Aktivität nicht mehr aus mir selbst auf mich richtet.

3. Selbstreflexion und ursprüngliche Unmittelbarkeit. Bevor ich in Selbstreflexion trete, bin ich in meiner Unmittelbarkeit unbekümmert. Werde ich dann ungewiß, so ergreife ich die Selbstreflexion, um durch sie in die selbstgewisse Unmittelbarkeit zurückzukehren.

Denn aus einer tieferen Gewißheit, als Selbstreflexion es sein kann, entscheide ich *in* ihr, daß ich *sie nicht* selbst *sei*. Sie hat ihre Wahrheit, wenn ich selbst in ihr gegenwärtig bleibe, also das bin, was ihrer bedarf zu seinem Sein, aber darum mit ihr nicht identisch ist: ich muß die *ursprüngliche Positivität* mitbringen, welche nicht nur auflöst, sondern ihr geschichtliches Zeitdasein ergreift und verwirklicht. Selbstreflexion ist nicht Zweck, sondern Weg. Es kommt darauf an, daß und *wie* ich jeweils aus ihr *hervorgehe*, der ich ohne sie nur ein Dasein möglichkeitsloser Unmittelbarkeit geistlos und selbstlos führen könnte. Selbstreflexion hat Motive, die ursprünglich aus mir selbst kommen. Sie ist nicht Selbststudium, sondern *Selbstkommunikation* und verwirklicht sich nicht als Erkenntnis, sondern als Selbstschöpfung.

39

Selbstreflexion ist also ihrem Sinne nach ein jeweils *transitorisches* Medium verlorengegangener und wiederherzustellender Unmittelbarkeit; selbstreflektierend bin ich jeweils einen Augenblick nicht mehr und noch nicht ich selbst; ich bin in der Möglichkeit als der Gespaltenheit, durch welche die unbekümmerte Unmittelbarkeit aufgehoben und die eigentliche Ursprünglichkeit meiner selbst möglich wird.

Selbstreflexion, *losgelöst von ihrem Boden* als der Möglichkeit des Selbstseins, wird beliebig: ich beobachte mich, stelle in Frage, erörtere Möglichkeiten, wie es grade kommt. Richte ich mich dagegen in meinem wirklichen Dabeisein reflektierend auf meine früheren Vollzüge und gegenwärtigen Haltungen, so will ich im inneren und äußeren Handeln zu Entscheidungen kommen. Denn ich weiß: Ich bin, was ich werde; nicht, als was ich wie das nur Lebendige passiv wachse, sondern, als was ich im Medium der Selbstreflexion zu mir kommend mich selbst will.

Einen festen *Bestand* meiner selbst, der mir in der endlosen Selbstreflexion verlorenging, finde ich durch keine etwa korrigierte, gleichsam zum Stehen gebrachte, aber doch nur in sich bleibende, vom Selbst gelöste Selbstreflexion wieder.

Nach dem Gang durch die Selbstreflexion finde ich mich allein im Vollzug des Rechten mit dem gewissen Selbstbewußtsein, es sei das Rechte: ich wolle es, weil ich es angesichts der Ewigkeit als das Wahre will. Dann wage ich zu sagen: es ist meine Bestimmung und Aufgabe. Solcher Vollzug wird durch Verstehen und Wissen nur vorbereitet und dann ermöglicht, aber er wird so nicht schon herbeigeführt. Werden Möglichkeiten geprüft, so sind sie nicht schon wie ein Objektives entschieden. Hinter dem Selbstreflektieren, in welchem ich von einem Urteil zum anderen gehe, scheide und auflöse, steht als Impuls der Wille zur *Einheit* des Entschlusses, der aus dem Ursprung des Selbstseins erfolgt. Solange ich im Selbstreflektieren bleibe, quäle ich mich entweder wie ein Tantalus: ich suche mich, doch alles weicht zurück; oder anders als Tantalus: ich habe die Hoffnung, daß in der Gestalt der Entscheidung ich mir selbst begegnen werde.

Man sagt wohl warnend, durch Selbstreflexion werde die natürliche Sicherheit des Lebens und Handelns gestört; aber gestört wird durch sie nur Willkür und brutaler Wille, da diese ihrer selbst unsicher sind. Nicht in einer unbefragten Unmittelbarkeit der dumpfen Instinktivität kann Sicherheit sein, sondern diese ist im *hellen*

Selbstbewußtsein, das auf *Grund* unerbittlicher Selbstreflexion erwächst, nicht von sich als einem Bestande weiß, aber seines Seins nun ohne Wissen und Frage in der Tat des Augenblicks gewiß ist, der die Kontinuität des Lebens ergreift.

Zwar auch die hellste Selbstgewißheit kann nicht anders als die blinde Willkür sagen: ich will, weil ich will; denn in jeder konkreten Lage wird eine bestimmte Willensrichtung auch objektiv wißbar. Diese aber ist wie alles objektiv Werdende in Hinsicht auf das Selbst *zweideutig*. Selbstreflexion stößt an zwei sinnverschiedene und verwechselbare Grenzen: Die eine ist das im Verstehen schlechthin undurchdringliche Dunkel der empirischen Gegebenheiten des inkommunikablen triebhaften Eigenwillens, der nur kräftiger oder schwächer, wie Naturmächte, nicht heller und dunkler, wie geisterschlossene Mächte sein kann; die andere ist die mögliche Existenz des Selbst, das im Medium der Verstehbarkeiten sich zur Erscheinung kommt. Die Zweideutigkeit steigert sich noch dadurch, daß die Existenz sich jener dunkel-vitalen Gegebenheiten bemächtigt, sie als den Leib ihrer Unmittelbarkeit verwendet; denn sie ergreift sie als das Ihre, verwandelt es aus blindem Sein in Freiheit, in zu ihr gehöriges Wesen und Schuld. Selbstreflexion spannt sich verstehend aus zwischen jenen beiden Grenzen, sie ins Unbestimmte verschiebend, aus dem Selbst neue Räume gewinnend, die sie mit ihren Mitteln erhellt. Aber Selbstreflexion als objektivierendes Verstehen ergreift nicht dieses Selbst selbst, das vor ihr vielmehr zurückweicht und in unangreifbarer Souveränität sich allem Gewußten und Gedeuteten gegenüberzustellen vermag.

Mein die Selbstreflexion *beendender* Wille ist daher nicht mehr der Ausdruck jener immer dunklen geistfremden und geistfeindlichen Willkür — als der bloßen Brutalität des Daseins, das sich selbst weder begreift noch liebt, aber unbekümmert sich befriedigt —, sondern des Selbstseins, das sich darin gewiß wird. Dieses tritt aus dem Ursprung des Dunklen in den unendlichen Prozeß des Hellwerdens im Sichdurchdringen als das absolute Bewußtsein der Existenz: aufgeschlossen dem Geiste, doch mehr als Geist. Solange ich feststellte, prüfte, urteilte, war Selbstreflexion Instanz; sie war es nicht, als ich angesichts ihrer wollte. Denn Selbstreflexion durchdringt mich nicht: Auf dem Wege unendlichen Offenbarwerdens führt sie bis an die rätselvolle Schwelle, wo ihr durch einen *Sprung* das „ich selbst" entgegentritt, von dem sie ihrerseits doch nur in Bewegung gehalten war.

4. Sichausbleiben und Sichgeschenktwerden. — Bleibt der ursprüngliche Vollzug aus, in dem das Selbst sich seiner gewiß wird, so kann der Mensch *verzweifeln*.

Verzweiflung droht nie, wenn Selbstreflexion bloß ein *zufälliges Sichbewußtwerden* ist ohne eigene Aktivität des Urteilens und Wirkens. Solche Scheinselbstreflexion übe ich unbekümmert um mich und komme aus ihr jedesmal schnell heraus in Vergessen. Ich wurde mir nur einen Augenblick bewußt, aber trat nicht zu mir in ein mich bestimmendes Verhältnis.

Verzweiflung droht auch nicht, wenn die alle Täuschungen aufhebende Selbstreflexion im *Klarheitswillen als solchen* ein unbefragtes negatives Selbstbewußtsein zu ihrem Träger behält.

Wird aber auch dieses fragwürdig, d. h. *bleibt* der Mensch, sich noch *erwartend*, sich selbst *aus*, dann wird Selbstreflexion, statt Stachel des Selbstwerdens zu sein, zum Feuer, das sich selbst verzehrt. Statt Funktion des werdenden Selbst in der Relativität auf den gegenwärtigen Augenblick zu bleiben, wirft Selbstreflexion sich, sich verabsolutierend und damit aufhebend, zum Urteil über mich als Ganzen auf. Sie wird, statt Instanz im Werden meiner selbst zu sein, Instanz für mein Sein schlechthin; statt aus möglicher Existenz mit dem Glauben an diese Möglichkeit mich zu suchen, ziehe ich diese Möglichkeit selbst in den Strudel des Zweifels. Aus der totalen Infragestellung meiner selbst scheine ich den Weg nicht mehr zurückfinden zu können. Die Selbstreflexion hat ihre Grenze überschritten, die durch ursprüngliches Selbstsein, das nur durch sie möglich ist, doch zugleich ihr gesetzt wird. *Verzweiflung* zeigt ihre von dem sie tragenden möglichen Selbstsein und von der eigentlichen Selbstreflexion freigewordene Gewalt. Ich werde absolut hoffnungslos, indem ich sie allein für wahr halte, ihr glaube im paradoxen Unglauben gegen alle Möglichkeit meiner selbst, mir ewig zu glauben scheine, daß ich mich ewig verleugnen muß.

Droht aber diese Verzweiflung, so kann ich ihr und darin mir selbst *auszuweichen* versuchen. Ich war vielleicht einmal wahrhaft in Selbstreflexion, bis ich über mich erschrak und nun *umdeutete* aus Sicherungsmotiven. Neue Möglichkeiten der Selbstreflexion wurden durch fixierte Formeln solcher Umdeutung vermieden oder abgebrochen. Ich hielt das mir Offenbarwerden nicht aus; seine Gefahr und der Anspruch daraus an mich ängstigen mich; ich floh vor meinen Möglichkeiten und bleibe mir als festgewordener *Vorbau*. Doch bin ich in solchem Ausweichen unbestimmt *unruhig.* Ich fixierte zwar die Sicherungen: mit mir darf niemand mehr rückhaltlos sprechen, alles wird in feste Ordnung gebannt, der „Takt" wird eine ganz unbestimmte oberste Kontrolle; ich verbot mir Gedankenmöglichkeiten. Aber in diesem Sichern war zugleich sein Versagen: ich sah in den Abgrund meiner Haltlosigkeit, nun ist mein Dasein in dieser Haltung nur Fassade; ich blicke, es mir nicht eingestehend, in *das Nichts* meines Selbst. Eine Rettung scheint die Autorität, die mir von außen gibt, was ich mir selbst nicht geben wollte. Sie soll mir sagen, was ich bin, was aus mir wird; ich will ein Selbstsein aus Gehorsam; ich begrenze meine mögliche Selbstreflexion: sie soll Kontrolle werden, nach einem festen Maßstab, der mir mit äußerer Hilfe gegeben wird. Meine Unruhe, in ihrem Ursprung absolut, vergrabe ich in der Unruhe der Endlichkeit. Das Selbstsein in der Bewegung eigentlicher Kommunikation von Selbst zu Selbst wird unhaltbar. Ich wagte nicht, ich selbst zu sein, und möchte mich gerettet wissen in einer anderen Seinsebene, wo dieses Fragen aufhört.

Oder ich *weiche aus* nach einer anderen Seite. Statt in der Selbstreflexion an die Grenze eigentlichen, sich stets erhellenden und nie endgültig hellwerdenden Selbstseins zu stoßen, lehne ich mich an die immer dunkle und dunkel bleibende Grenze meiner empirischen Gegebenheit. Ich entziehe mich meinem Selbst, das nur im Hören auf ein absolutes Bewußtsein ist, um jetzt radikal nur jenes dunkle Dasein selbst unbekümmert durchzusetzen. Ich vernichte mich durch meine Isolierung, und werde ein Sein, das kein Selbstsein mehr ist, das, weil es weiß und will, böse heißt, aber, weil es doch nicht eigentlich wissen und wollen kann, das hilfsbedürftige Wesen ist, dessen verborgenes Selbstsein unbewußt nur auf die Hand wartet, die es fassen kann, um wie ein Kind zu folgen.

Am Ende der Selbstreflexion steht also als Möglichkeit die *Verzweiflung,* und diese als Drang, sich selbst aufzugeben an die Autorität oder an das Dasein. In beiden Fällen ist nur noch ein Wesen, das mir entgegentritt, als ob sein Blick leer, seine Hand ohne Druck bliebe. Es antwortet kein Selbst mehr, sondern eine Redeweise, ein Schema oder eine Sentimentalität, eine Pathetik des Rechthabens, ein Mitleidheischen der Schwäche.

Existenz kann erst in der steten Gefahr der Endlosigkeit ihrer Reflexion, und in der vollkommenen Fraglichkeit von allem, als unerläßlichen Artikulationen möglichen Selbstseins, das darin die grenzenlose Offenheit wagt, zu sich kommen. Diese Offenheit, die ich auch dem Anderen gegenüber nur in dem Maße haben kann, als ich sie mit mir selbst wage, fördert in dem endlosen Medium der Wißbarkeiten und Reflexionen die jeweils unwißbare Einzigkeit zutage. In aller Allgemeinheit des Fragens und Antwortens ist sie als Ursprünglichkeit gegenwärtig. Weil jede Objektivierung meines Selbstseins wieder durch Reflexion in mögliche Schwebe kommt, ist es schleierlos als es selbst und, gleichsam Aug in Auge blickend, all seine Objektivität und Subjektivität durchdringend, *unmittelbar*. Zu mir als mir selbst kann aber nicht selbst sein, wer sich mir unterwirft, wer sich in die Allgemeingültigkeit zurückzieht, als ein vertretbares Verstandeswesen sich gibt, wer, weil er anderswo geborgen ist, mir gar nicht mehr im Ernst begegnet, sondern nur mit mir umgeht. *Das Wunderbare, das einzige eigentlich Seiende, das mir begegnet, ist der Mensch, der er selbst ist.* Nicht in der Starre eines objektiv gewordenen Gültigen hält er sich, sondern er erlaubt und vollzieht das Fragen ohne Grenze. Dieses tut er nicht beliebig, sondern so, daß er darin selbst spricht und antwortet. Er ist Vernunftwesen, das auf alle Gründe hören will und zugleich das einzige Selbst. Ihn liebe ich unbedingt. Er ist gegenwärtig und tut, was an der Zeit ist. Er hat die Ruhe des Wartens und die Sicherheit des Handelns ohne Zögern. In der Situation, in der er steht, setzt er sich ein, und wird doch nie mit ihr identisch. Er geht unter Menschen welcher Art auch immer, und wagt sich. Das Fremdeste, das Gegnerische, das, was ihn am meisten in Frage stellt oder verneint, zieht ihn an. Er sucht es auf, um zu erfahren, was er ist und wie er darin wird. Er wird sich nie ganz, denn er wäre nicht mehr er selbst als im Bilde gültige Gestalt. Er ist sich seiner Endlichkeit ebenso wie seiner unendlichen Ursprünglichkeit bewußt. Ihm lichtet sich das Dasein, um ihm das wahre Dunkel zu offenbaren. Er kommt in der Fraglichkeit der Selbstreflexion im konkreten Augenblick sich selbst aus seinem Grunde entgegen. Aus aller Reflexion geht er als wieder eigentlich selbst hervor, wenn er auch Zerrissenheit, Ungewißheit, Ratlosigkeit durchschreiten muß. Er kommt zu sich und weiß nicht wie. Doch kann seine unablässige Anstrengung sich selbst *nicht* erzwingen; er *kommt zu sich wie ein Geschenk*: es wird klar, es wird offenbar, nun ist es entschieden, nun ist es so unausweichlich und einfach — wie konnte so lange der Zweifel möglich sein! Selbstreflexion ist aufgehoben zum faktischen Existieren.

Wenn es aber nicht kommt? *Wenn er sich ausbleibt?* Wenn er sich verzweifelt quält und in den Endlosigkeiten stecken bleibt? Wenn er mit gutem Willen er selbst sein will, sich aber nicht findet?

Selbstsein ist frei. Ich will es sein; ich und mein Sein sind hier dasselbe. Ist also das Ausbleiben meiner selbst meine Schuld?

Die Paradoxie des Selbstseins im Ausgesprochenwerden, im Gegensatz zur Schlichtheit seines Seins, wird hier am größten. Das in der Identität des bloßen Ichseins artikulierte Doppelte ist erst hier eigentlich und einzig als Eines gegenwärtig: *Ich bin für mich verantwortlich*, weil ich mich selbst will, ich bin mir dieses Ursprünglichseins als Selbst gewiß; und *ich werde mir doch nur geschenkt*, weil dieses Sichselbstwollen noch eines *Hinzukommenden* bedarf.

Bleibe ich mir aus, so quält mich Schuldbewußtsein — sofern ich nicht Krankheit als ein mir Fremdes, das nicht ich selbst bin — für mich immer zweideutig — verantwortlich machen kann. Ich bleibe mir der Möglichkeit meines Seins wie einer gewesenen bewußt, erfahre mein Nichtsein als verscherzte Möglichkeit. Sofern dieses Ausbleiben mich als vorübergehend trifft, ist für die Zeit der Bodenlosigkeit die Bejahung durch den Freund, der nicht zweifelte, der einzige Halt. Er ließ mich mich selbst nicht vergessen, während ich für mich mir verloren schien.

Ein bleibendes Sichausbleiben aber ist Verzweiflung und diese vom Anderen aus gesehen nie endgültig vollziehbar. Es scheint mir, sie könnte als Faktizität endgültig sein, ich könne schlechthin zugrundegehen. Aber keinem Menschen erlosch je, sah er sie auch selbst nicht mehr, seine *Möglichkeit* schlechthin. Wie das *bleibende Sichausbleiben* nur in seiner absoluten Fragwürdigkeit bleibt, so ist auch jenes *Hinzukommende*, durch das ich ich selbst werde, das Dunkle, zu dem ich aufblicke, wenn es sich erhellt im Werden meines Selbst.

Komme ich zu mir selbst, so vollziehe ich mein eigentliches Seinsbewußtsein. Aber wenn ich mir nicht ausbleibe, so bin ich *nicht selbstzufrieden*. Denn grade meine eigentliche Freiheit erfahre ich als transzendent gegeben.

Antinomien des Selbstseins

Objektiv weiß ich nie, ob ich zu mir komme oder nicht. Ich erscheine mir in der Zeit, in der ich nie ganz sein kann. Wenn ich eigentlich bin, bin ich mir zugleich Aufgabe. Will ich trotzdem in der schwebenden Fraglichkeit meines Daseins wissen, was ich bin, so erfahre ich: ich muß wissen wollen und kann doch nicht wissen; ich kann mich nur verlieren an ein Scheinwissen oder zunichtewerden im Aufhören des Fragens. Von allem Äußeren als solchen verlassen, muß ich mich selbst doch in diesem Äußeren ergreifen, wenn ich sein will. Jedes Sprechen von diesem eigentlichen Selbstsein mußte ohne gewußtes Resultat bleiben. Denn da Erscheinung nicht das Selbst ist, das rein und ganz in ihr sich erschiene, so muß wegen einer nie aufhörenden Inadäquatheit sowohl die Erscheinung wie das Sprechen von ihr sich in unaufhebbaren Widersprüchen bewegen. In solchen lassen wir die Explikationen noch einmal verwandelt wiederkehren:

1. Der empirische und der existentielle Sinn des „ich bin". — Schon der Sinn des „ich bin" ist zwiefach: ich als *empirisches* Dasein bin noch nicht endgültig, ich habe Möglichkeit als Zukunft, da ich noch entscheide über das, was ich bin, durch das, was ich werde. Mein Wesen aber als *existierendes* ist in einem die Zeit transzendierenden Sinne. — Für gegenständliches Wissen und Handeln bin ich nur als *Erscheinung*. Aber die Form zeitlichen Werdens ist die Erscheinung eigentlichen Seins, das ich nie weiß. Das „ich bin", das das Selbst zu sich sagt, ohne „etwas" zu sagen, ist heterogen dem „ich bin", das ich, das empirische Individuum, als geltende Wirklichkeitsaussage über mich spreche. Dem Sein in der Zeit steht jenes als unbedingtes gegenüber, dem Sein auf eine Art (nämlich als empirische, zeiträumliche Wirklichkeit) jenes als ein unbestimmbares Sein. — Der Zweifel am „ich bin", *empirisch* gemeint, löst sich sofort durch den Denkakt des Zweifels selbst. Daß ich zweifle, schließt in sich ein, daß ich in diesem Augenblick da bin. Allerdings muß auch hier schon zum bloßen Denken etwas hinzukommen: die Erfüllung mit vitalem Daseinsgefühl. Bleibt dieses unter pathologischen Umständen aus, so kann ich zu dem furchtbaren Schlusse kommen: ich bin tot, ich bin gar nicht mehr, und muß als tot endlos sein. Der Zweifel am „ich bin" im *existentiellen* Sinne aber löst sich überhaupt in keinem Gedanken, sondern nur in den grundlosen Vollzügen, in denen ich meiner als frei verantwortlich und als Ursprung bewußt bin. Die Formel „ich bin" ist dann nicht Aussage eines Wissens, sondern signum für das Wesen der Erscheinung, dessen ich, wo ich unbedingt entscheide, in jeder Erfüllung absoluten Bewußtseins inne werde. — Was in der Aussage „ich bin" als ewiges Sein ungegenständlich gedacht wird, daher für das Wissen stets verschwindet, *erscheint* mir als noch nicht endgültige *Entscheidung*, so daß ich in der denkenden

46

Erhellung je nach dem Wege dieses Denkens Zukunft oder Ewigkeit, Werden oder Sein bin. In der Erscheinung bin ich nur, indem ich mich gewinne; in der Ewigkeit, indem ich zur Erscheinung komme. Ich schaffe mich selbst in der Erscheinung und habe mich gar nicht selbst geschaffen in der Ewigkeit.

2. Selbstwerden in Selbstüberwindung. — In der Erscheinung wurde ich mir selbst nur durch Selbstüberwindung. Ich konnte empirisch mein Sein als meine Anlage, mein Nun-einmal-Sosein auffassen; für mich als eigentlich selbst ist mein Charakter nicht Ich; ich habe ihn und verhalte mich zu ihm. Sein blindes, weil *gegebenes* Sein verwandle ich kämpfend in ein *frei gewolltes*, entfalte in ihm mich selbst und übernehme es als meine Schuld. Das „ich selbst" stellt sich über den Charakter — von einer rein formellen Unabhängigkeit in passiver Betrachtung aufsteigend bis zu aktiver Einwirkung. Das Darüberstehen bewirkt, daß kein Motiv, das mir durch die Gegebenheit meines Charakters als Impuls gegenwärtig wird, zwingend ist; daß es kein stärkstes Motiv gibt, welches in einem Kampfe durch quantitative Macht zum Übergewicht gelangen müßte; denn dessen Übergewicht wäre ein solches über mich selbst. Vielmehr lasse ich alle Motive zur Wirkung kommen und zurücktreten, ohne selbst Motiv zu sein, sie übergreifend, sie beherrschend oder auch ihnen erliegend. Bin ich selbst in den Motiven, so ist doch ohne Selbstüberwindung in der Erscheinung kein wahrhaftes Ich. Es stößt Schalen seines Selbst, die von ihm als unwahr beurteilt werden, ab, aber um das tiefere und eigentliche, unendliche, wahre Selbst zu gewinnen. Im Untergehen zu sich Kommen ist die Erscheinung des Selbstseins.

Funktion der Selbstüberwindung ist die *Selbstreflexion*. Diese ist als solche ihrerseits in Widersprüchlichkeit: In der Selbstreflexion richte ich mich auf mich, aber treffe stets nur eine Erscheinung. Ich bin durch sie auf ein Besonderes gerichtet, will in ihr aber ganz mich selbst. — Ich meine mich als Zukunft, indem ich den Blick in meine Vergangenheit richte. — Ich urteile richtend über mich und bin nicht Richter als nur im Ursprung der Selbstreflexion, welche als vollzogen in ihrem Richten selbst schon wieder der Frage und dem Gerichtetwerden unterworfen ist. — Ich vollziehe Selbstreflexion ursprünglich aus Freiheit, aber suche durch sie erst die Bedingungen, unter denen ich selbst als frei zu mir komme.

Selbstüberwindung kann *abgleiten* in eine *Selbstauflösung* überhaupt. Das Ich wird überwunden und vernichtet, aber mit dem Ziel der Ichlosigkeit. Statt meiner in der Erscheinung objektiver Gestaltungen bewußt zu werden, in nicht aufhörender Umgestaltung den Widerschein meines Wesens zu sehen, will ich jedes Selbst verlieren und dahin kommen, wo nicht mehr von Ich zu reden ist und Erscheinung aufhört; aber nur weil das Selbst nicht wißbar werden kann, ist diese Abgleitung möglich. Das Verschwindende jeder objektiven Erscheinung des Selbst wird durch sie auf das Entschiedenste ausgedrückt, aber zugleich das Selbstsein in jedem Sinne verloren. Im mythischen Ausdruck: Sein ist in der *Abgleitung* vom Selbst das Lichtmeer, in dem alles Ich versunken und zergangen ist; Sein ist als *Selbstsein* das Scheinen der Seelen ineinander, die in ewiger Gegenwart sich offenbar sind.

3. Selbstsein in der Welt und vor der Transzendenz. — In dem möglicherweise leerwerdenden Zirkel von Selbstsein und überwindender Selbstreflexion gibt mir *Stützpunkte des Aufschwungs* mein Dasein in der Welt; ich *durchbreche* aber den Zirkel nur angesichts der Transzendenz.

Ich selbst bin nichts, wenn ich nur bin. Selbstsein ist die Einheit des Doppelten: auf sich zu stehen und hingegeben zu sein an Welt und Transzendenz. Allein vermag ich nichts, aber verloren an Welt und Transzendenz bin ich als ich selbst verschwunden. Ich bin als selbst zwar eigenständig, nicht aber mir selbst genug.

Ich komme zu meinem *Dasein* nur durch Teilnahme an der *Welt*, in der ich wirke; ich bin nur Glied und übergreife doch in der Möglichkeit das Ganze. — Ich kann ihm trotzen, aber in meiner Isolierung wird meine Unabhängigkeit leer; denn die Weite meiner selbst ist nur mit der Weite meiner Welt; aber die Weisen des Daseins ergreife ich nur, wenn ich mich ihnen einen Augenblick gegenübergestellt hatte. — Wie ich zur Welt in Beziehung trete, das bleibt widersprüchlich; nur im Zusammenhalten des Gegensätzlichen werde ich. Selbstsein ist nur eigentlich wirklich, sofern es in der Objektivität des Weltseins sich erscheint.

Wie ich nicht *da* bin ohne Welt, so bin ich nicht ich *selbst* ohne *Transzendenz*. Wohl werde ich mir durch eigene Entscheidung selbst Grund, ich bringe mich im vernünftigen Erkennen und autonomen Handeln hervor. Aber der Ursprung meines Selbstseins wird mein durch diese Vernunft erleuchtetes Sein in der Erscheinung nur so, daß ich selbst mir zugleich darin gegeben bin: mir gegeben als der empirische Stoff meines soseienden Daseins, mit dem ich mich aufzubauen habe, werde ich in dem Ursprung, in dem ich mir frei entgegenkomme, geschenkt. Ich stehe vor der Transzendenz, die nicht als Dasein in der Welt mir begegnet unter den Erscheinungen der Dinge, die aber mich anspricht als Möglichkeit aus allem Daseienden und am entschiedensten aus meinem Selbstsein. Die Tiefe meiner selbst hat ihr Maß in der Transzendenz, vor der ich stehe.

Die Frage, wer ich sei, wird zu der Frage: *bin ich überhaupt?* Mit ihr ist nicht mehr gemeint die Frage, ob ich im Augenblick, wo ich die Frage stelle, empirisch da sei. Vielmehr ist es das Fragen nach dem eigentlichen Sein, das in mythischer Sprache die Frage nach der Unsterblichkeit ist. Daß der Leib, das Bewußtsein, das Gedächtnis, irgendeine Erscheinung meines Daseins als in Zeit und Raum endlos und unzerstörbar fortbestehend unsterblich sei, wird im Ernst niemand behaupten wollen; das eigentliche Selbst aber kann sich seiner Unsterblichkeit bewußt sein in dem Sinne, daß Sein und Unsterblichkeit dasselbe seien. Ein Selbst hat dies Bewußtsein durch kein Wissen, in keiner zureichenden Vorstellung oder objektiven Garantie, sondern in dem Maße, als es eigentlich selbst angesichts seiner Transzendenz im Entscheiden und Wirken auf sich in der Welt ist. Es ist sich bewußt, von einer Transzendenz abhängig zu sein, die das Äußerste, was möglich scheint: ein freies Selbstsein, das selbst sich Ursprung wird, gewollt hat als ein Sein, das in der Vergänglichkeit des zeitlichen Daseins sich zur Erscheinung kommt. Das Selbst ist sich daher seiner ohne Grund gewiß nur in bezug auf Transzendenz, ohne die es in den Abgrund des Nichts gleitet. Sehe ich mich in den Erscheinungen des Daseins, so sehe ich mich nie als eigentlich selbst; alles endlich Erscheinende bekommt erst durch mein Transzendieren ein Gewicht, das es als bloßes Dasein nicht haben könnte. — Ich sehe Transzendenz und werde meines Seins gewiß, selbst wenn sie nicht zu mir spricht und ich im Trotz gegen sie stehe. Sehe ich sie nicht mehr, so fühle ich mich selbst versinken. —

Machen wir den Versuch, Selbstsein weiter zu erhellen, so wird der Sinn: Selbstsein hört auf als isoliertes Ichsein; es ist in *Kommunikation.* Es hört auf als vertretbarer reiner Verstand; es ist nur in *geschichtlicher* Einmaligkeit zu dieser Zeit an dieser Stätte. Es hört auf als empirisches Sosein; es ist nur als *Freiheit.*

4 Jaspers, Philosophie II

DRITTES KAPITEL

Kommunikation

Seite

Kommunikation als Ursprung   50
1. Daseinskommunikation — 2. Ungenügen an der nicht existentiell gewordenen Kommunikation — 3. Grenzen der existentiellen Kommunikation

Erhellung existentieller Kommunikation   60
1. Einsamkeit — Vereinigung — 2. Offenbarwerden — Wirklichwerden — 3. Liebender Kampf — 4. Kommunikation und Inhalt — 5. Das Dasein der Kommunikation als Prozeß — 6. Kommunikation und Liebe

Mangel in der Kommunikation   73
1. Unbestimmte Erfahrung ausbleibender Kommunikation — 2. Schweigen — 3. Würdelosigkeit — 4. Einsamkeit

Abbruch der Kommunikation   81
1. Angst vor der Kommunikation — 2. Widerstand des Eigendaseins — 3. Sinn des Abbruchs — 4. Gestalten des Abbruchs — 5. Unmöglichkeit der Kommunikation

Kommunikative Situationen   91
1. Herrschen und Dienen — 2. Geselliger Umgang — 3. Diskussion — 4. Politischer Umgang

Die Bedeutung der Möglichkeit existentieller Kommunikation für das Philosophieren   105
1. Meiden harmonistischer Weltauffassung als Voraussetzung eigentlicher Kommunikation 2. Mögliche Leugnung der Kommunikation — 3. Dogmatik und Sophistik — 4. Gemeinschaft des Philosophierens — 5. Folgen für die Form der Philosophie

Kommunikation als Ursprung

Auf die Fragen: warum ist Kommunikation? warum bin ich nicht ich allein? ist so wenig wie auf die Frage nach dem Selbstsein eine begreifende Antwort möglich, wenn der Kern getroffen werden soll. Der Sinn des Satzes: ich bin nur in Kommunikation mit dem Anderen, kann zwar objektiv und subjektiv für das in Verstehen und Tun sich verbindende Dasein genommen werden und ist dann ein bestimmter, der durch Tatbestände des Miteinanderseins aufzeigbar ist. Ist er aber existentiell gemeint, so trifft er den in der Aussage paradox werdenden *Ursprung* des Selbstseins, das *aus sich selbst* doch *nicht aus sich und mit sich allein* ist, was eigentlich ist. Diese existentielle Kommunikation

50

würde jene Daseinskommunikation zu ihrem Leibe haben, in dem sie erscheinen kann.

1. **Daseinskommunikation.** — Kommunikation, d. i. das Leben mit den Anderen, wie es im Dasein auf mannigfache Weise vollzogen wird, ist in Gemeinschaftsbeziehungen da, die zu beobachten, in ihren Besonderheiten zu unterscheiden, in ihren Motiven und Wirkungen durchsichtig zu machen sind. Jede Weise der Gemeinschaft, unentbehrlich für Dasein und darum für mögliche Existenz im Dasein, ist aber als solche nie schon diejenige, welche ich als mögliche Existenz eigentlich will. Diese vielmehr ist zu erfragen an der *Grenze* der zu *betrachtenden* Kommunikation. Die psychologisch und soziologisch wirklichen Beziehungen sind Gegenstand der Forschung; die wahre Kommunikation, in der ich eigentlich erst mein Sein weiß, indem ich es mit dem Anderen hervorbringe, ist empirisch nicht vorhanden; ihre Erhellung ist philosophische Aufgabe.

a) Das *naive, fraglose Dasein* des Menschen *in der Gemeinschaft* läßt sein einzelnes Bewußtsein zusammenfallen mit dem allgemeinen Bewußtsein der ihn umgebenden Menschen. Er fragt nicht nach seinem Sein, die Frage schon brächte die Spaltung. Mag der Mensch auch triebhaft und instinktsicher seinen Vorteil zu finden wissen, alles was ihn bindet und was er weiß, ist doch das Gemeinsame, worin sein eigenes Daseinsbewußtsein gegründet ist. Die Substanz des gemeinschaftlichen Lebens, die Welt und das Denken der Menschen, denen er angehört, steht nicht als ein Anderes, Befragbares und Prüfbares einem besonderen Selbstbewußtsein des Einzelnen gegenüber. Im naiven Dasein tue ich, was alle tun, glaube, was alle glauben, denke, wie alle denken. Meinungen, Ziele, Ängste, Freuden übertragen sich von einem zum anderen, ohne daß er es merkt, weil eine ursprüngliche, fraglose Identifizierung aller stattfindet. Sein Bewußtsein ist hell, sein Selbstbewußtsein liegt unter einem Schleier[1]. — Das Selbst steht, soweit es im Medium dieser Gemeinschaft lebt, noch nicht in Kommunikation, weil es noch nicht als es selbst sich bewußt ist. Will ich Kommunikation, so will ich nicht zurücktauchen in diese Unbewußtheit.

b) Es ist ein Sprung, wenn das Ich *als seiner sich bewußt den* Anderen und seiner Welt sich *gegenüberstellen* kann. Es unterscheidet sich und

---

[1] Die psychologisch-soziologische Untersuchung dieses primitiven Zustandes, der als relativierter Hintergrund stets wirklich und als Ganzes eine Möglichkeit bleibt, ist unter mehreren Gesichtspunkten erfolgt, von Tarde, Le Bon, Levy-Brühl, Preuß u. a.

ergreift damit eine ursprüngliche Unabhängigkeit. Dieser Sprung ist gebunden an die Entwicklung zum klaren und zwingenden, allgemeingültigen *logischen Denken*, in dem die vorher traumhafte Welt sich kristallisiert zu bestimmten, festzuhaltenden und wiedererkennbaren Gegenständen und Regelmäßigkeiten[1].

Nach der Loslösung eines unabhängigen Ich ist die Frage, wie sich Ich und Ich *verstehen* und miteinander *umgehen*. Denken wir jene im primitiven Dasein deutlichste, fraglose Gemeinschaft verschwunden, so gibt es die Menschen als daseiende Ichatome und ihre Beziehung als die Beziehung von Verstand zu Verstand und von Dasein zu Dasein:

Es gibt erstens ein Verstehen von Ich zu Ich durch *gemeinsames Verstehen einer objektiven Sache* als eines Denkinhaltes, in dem eine Richtigkeit als solche begriffen und anerkannt, oder das Tun, in dem ein Zweck mit den dazugehörenden Mitteln gemeinsam ergriffen wird. Diese Gemeinschaften sind unpersönlich, in ihnen ist jedes Ich trotz seiner formalen Eigenständigkeit durch ein anderes Ich im Prinzip vertretbar, alle Ichpunkte auswechselbar.

Es gibt zweitens die Möglichkeit des losgelösten Ich, jedes andere *Ich als Sache* zu behandeln. Das gemeinsame Verstehen von Sachinhalten ebenso wie ein psychologisches Verstehen der Motive des Anderen werden nur als Mittel benutzt, den Anderen dahin zu bringen, wohin man ihn aus irgendeinem Zwecke, den man für sich bewahrt, haben will. Es wird der Andere nicht durch Mitteilung des eigenen Wollens als ein Dasein von gleichem Range anerkannt, sondern es wird auf ihn wie auf ein zu beherrschendes Naturobjekt eingewirkt durch Veranstaltungen, deren letzten Sinn er nicht begreift, durch ein Behandeln und Umgehen mit ihm, dessen Zwecke er nicht kennt. Auch hier tritt keine persönliche Beziehung ein. Während man aber im gemeinsamen Verstehen einer Sache den Anderen als eigenes Ich unpersönlich gelten läßt, wenn auch ganz auf die Sache gerichtet und den Anderen nur in der Sache sehend, so wird hier der Andere selbst zur Sache und alle Mitteilung und Beziehung nur Mittel einer Beherrschung des Anderen wie in der Sachbeherrschung. Wenn diese Beziehung gegenseitig ist, so entsteht ein Kampf darum, *wer* von beiden durch die Mittel des Verschweigens und des Scheins der Kommunikation die dirigierte Sache wird.

---

[1] Das Problem der *faktischen* Entstehung und Entfaltung des Ichbewußtseins und des logischen Denkens ist ein prähistorisches Problem, das in allem, was über Trivialität hinausgeht, mangels positiver Überlieferung auf Hypothesen angewiesen ist.

c) In diesen Kommunikationen bin ich nur als Verstand eines Bewußtseins überhaupt gedacht. Die Möglichkeit dieser universalen Rationalität ist aber nur das Medium, worin ich noch als Existenz möglich bleibe. *Durch* die ratio bin ich zwar nicht ich selbst, aber *ohne* sie kann ich es nicht werden. Ich ergreife die Kommunikation in den Sachen, welche für jedermann identisch sind, greife aber schon über sie hinaus, indem ich die Sache *rein* erfasse.

Denn der Mensch ist nie ein nur formales Ich des Verstandes und nie nur Dasein als Vitalität, sondern er ist Träger eines Gehalts, der entweder in dem Dunkel einer primitiven Gemeinschaftlichkeit bewahrt oder durch eine *geistige*, bewußt werdende und nie zureichend gewußte Ganzheit verwirklicht wird. Diese als *Idee* übergreift die Gemeinsamkeit der verstandesklaren Bestimmtheit und Zweckhaftigkeit, aber wesensverschieden von der egozentrischen Interessiertheit des dumpfen, triebgebundenen Einzelnen. Sie lenkt nicht durch bestimmte, begründbare Zwecke, sondern durch Einfügung in einen Sinn, in dem der Einzelne sich zur Welt erweitert findet, an die sich hinzugeben ihn erfüllt.

Die beherrschende Idee ist selbst keine gegenständliche Sache, aber sie ist doch durch ihre Ganzheit allgemein, darum wegen ihrer Unpersönlichkeit an Verwirklichung in Subjekten gebunden, die sie in einem gesteigerten, ungegenständlichen Sinne ihre „Sache" nennen. Was von außen gesehen wie primitive Gemeinschaft aussieht, kann der Leib der Idee werden, aber erst durch das Mittelglied des bewußten unabhängigen Selbst des Ich überhaupt, welches dann jene Primitivität und Fraglosigkeit durchaus verwandelt. Die Gemeinschaft in der Idee eines Ganzen — dieses Staates, dieser Gesellschaft, dieser Familie, dieser Universität, dieses Berufes — bringt mich erstmalig in eine *gehaltvolle Kommunikation*.

Doch bleibt die Identifizierung meiner mit mir auch in dieser Kommunikation noch aus. Zwar ist mein Leben in der Objektivität des Weltdaseins allein durch Teilnahme an Ideen mit Gehalt erfüllbar, aber der Einzelne behält eine Eigenständigkeit, welche diese Objektivität durchbrechen kann, und darum sich ihr noch gegenüberstellt, wenn er als empirisches Individuum auch ganz in ihr aufgeht. Die Kommunikation in der Idee und ihrer Verwirklichung durch Existenz bringt zwar den Menschen in eine größere Nähe zum Anderen als Verstand, Zweck und primitive Gemeinschaft, aber eine absolute Nähe des „ich selbst" mit dem anderen Selbst, in der schlechthin keine Vertretbarkeit mehr möglich wird, und die vom Standpunkt der Idee vielleicht als private gering geachtet werden könnte, wird so nicht möglich. —

Die *soziologischen Beziehungen* lassen sich nach ihrer in den Subjekten verankerten Seite in diesen drei aufeinander aufgebauten Richtungen verfolgen: der primitiven Gemeinschaftlichkeit, der sachlichen Zweckhaftigkeit und Rationalität, der ideenbestimmten Geistigkeit des Gehalts[1]. Gleichwohl: welche besonderen Wirklichkeiten soziologischer Beziehung man auch zum Gegenstand der Betrachtung macht, man wird stets nur in Grenzfällen zufrieden sein, etwas rein massenpsychologisch und aus primitiver Gemeinschaft, rein rational und zweckbestimmt, rein ideell und aus einer Ganzheit zu interpretieren. Ob es sich um gemeinsame Arbeitsziele (Berufssolidarität, Amtskollegenschaft), um das Verhältnis von Lehrer und Schüler, Arzt und Patient, Vorgesetzten und Untergebenen, Verkäufer und Käufer, Schalterbeamten und Kunden, ob um Verhandlungsgegner bei Verträgen, die Instanzen und Gegner vor Gericht, um die Ordnung von parlamentarischen und ähnlichen Debatten, ob um Geselligkeit und Feiern der Feste, ob um Freundschaft, Kameradschaft, um Kampfgenossenschaft und Bünde handelt, jedesmal ist eine psychologische Wirklichkeit die *Grundlage*, Zweckhaftigkeit und Verstand ein Geltung gewinnendes *Medium*, eine Idee der Ganzheit und Zugehörigkeit zu einem Übergreifenden die ordnende mehr oder weniger bewußte *Bindung*, die zwar bis zur Verleugnung sich verdünnen mag, aber wenigstens als mögliche bleibt. —

Doch in der Vergegenwärtigung der drei objektiv werdenden Kommunikationsweisen wurden Grenzen fühlbar; in ihnen wird die Richtung zur *existentiellen Kommunikation* artikuliert, diese selbst aber *noch nicht getroffen*. Bei der naiv-substantiellen Gemeinschaft war die Grenze: das auf sich selbst gestellte Ich; bei der Kommunikation dieses Ichs mit dem anderen Ich als vertretbarer Punkt die weitere Grenze: die übergreifende Idee von Ganzheiten, in denen sie wirken, durch die sie nicht kausal, sondern ideell gebunden sind. Die Grenze der unter

---

[1] Die Analyse von Ideen ist erfolgt durch historische Interpretationen, die den „Geist" oder die „Prinzipien" der Zeiten, Kulturen, Völker, Institutionen erfassen möchten, mögen sie voneinander sich auch so weit entfernen wie Montesquieu, Hegel, Ranke. Die Soziologie als Wissenschaft wird eigentlich fruchtbar durch Aufzeigung der ungewußten und ungewollten Folgen aller faktisch in der Geschichte auftretenden Kräfte dieser drei Richtungen, wenn es ihr gelingt, sie bestimmt zu fassen, was in allgemeingültiger Entschiedenheit nur in der zweiten Gruppe gelingt.

Ideen stehenden Kommunikation ist nun zuletzt: die Existenz. Erscheinend so an alle Stufen vorausgehender Kommunikationen gebunden, ist sie in keiner von ihnen beschlossen. Existenz in ihrer Ursprünglichkeit steht in den einzig zu ihr gehörigen Kommunikationen. Diese sind gegenüber den objektiven Kommunikationen, weil nur in der Existenz selbst erfahrbar, ohne Sichtbarkeit. Ich bin in ihr mit dem Einsatz meines ganzen Wesens, nicht schon mit dem Einsatz meines Daseins und nicht durch allgemein übertragbare Formen.

2. Das Ungenügen an der nicht existentiell gewordenen Kommunikation. — Erfahre ich in jeder Kommunikation eine *spezifische* Befriedigung, so doch in keiner eine absolute. Denn wenn ich der Partikularität meiner Kommunikation bewußt werde und damit an deren Grenzen stoße, befällt mich ein Ungenügen. Ich war nur in einer bestimmten Richtung, als bloßes Dasein, als Ich überhaupt, als Funktion eines ideellen Ganzen, als dieser Charakter engagiert, nicht als ich selbst.

Das Ungenügen an Kommunikation ist daher ein Ursprung für den Durchbruch zur Existenz und für ein Philosophieren, das ihn zu erhellen sucht. Wie alles Philosophieren mit dem Staunen beginnt, das Weltwissen mit dem Zweifel, so die Existenzerhellung mit der *Erfahrung des Ungenügens* der Kommunikation.

Das Ungenügen ist der Ausgang für die philosophische Reflexion, welche den Gedanken verstehen will, daß ich als ich selbst nur bin durch den jeweils unvertretbaren Anderen.

a) *Ungenügen in der Kommunikation des Bewußtseins überhaupt und der Überlieferung des Daseins.* — Als *Bewußtsein überhaupt* bin ich bereits mit anderem Bewußtsein. Wie Bewußtsein nicht ohne Gegenstand ist, so Selbstbewußtsein nicht ohne anderes Selbstbewußtsein. Ein einziges isoliertes Bewußtsein wäre ohne Mitteilung, ohne Frage und Antwort, daher ohne *Selbst*bewußtsein, das so als Sprache schon nur ist im Abheben seiner selbst von einem Anderen. Es muß im anderen Ich sich wiedererkennen, um sich als Ich sich selbst in der *Selbstkommunikation* gegenüberzustellen und um das Allgemeingültige zu fassen. — Aber diese Kommunikation ist noch beliebig vertretbar, nur Medium und nicht Sein des Selbst. Ich bin in ihr jedermann, d. h. das allgemeine Ich überhaupt; dieses will ich zwar sein, aber ich will auch ich selbst und nicht nur jedermann sein.

Denn schon als *empirisches Dasein* bin ich *nur* durch das andere Dasein in Wechselwirkung. Ein Mensch ist nicht durch Geburt und

Vererbung allein, sondern wirklicher Mensch erst durch die ihm seine Welt bringende Überlieferung. Ein isoliertes Menschenwesen ist nur als Grenzvorstellung, nicht faktisch. Man könnte es verkümmert denken: Früher waren Taubstumme schwachsinnig und von wirklichen Idioten nicht unterschieden; seitdem sie eine Zeichensprache bekamen und dadurch auch ihnen die Überlieferung zugänglich wurde, wurden sie ganze Menschen. — Aber in dieser Tradition als nur solcher bin ich, trotz aller Kommunikation mit dem geschichtlichen Gehalt des Menschseins, nicht in der eigentlichen, durch die ich selbst werde. In der objektiven Tradition sind die Individuen, die sie an mich heranbringen und bin ich selbst vertretbar, ohne daß in der Objektivität als solcher etwas geändert würde. Der Mensch aber ist mehr als nur ein Gefäß. Empfinge er nur das Überkommene, er müßte daran ersticken. Erst in seinem Ergreifen wird er selbst.

b) *Ungenügen an mir allein*. — Ergreife ich gegenüber dem Versagen der Kommunikation mich selbst, und versuche ein Bewußtsein, in dem ich allein auf mir stehe, so wird das Ungenügen — nunmehr im Sprung — verstärkt; es wird absolut und endgültig. Versuche ich den Lebenssinn als „ich allein" zu fassen, als ob ich schon für mich das Wahre wissen könnte, kümmere mich zwar wohl um die Anderen und leiste ihnen, was mir für sie recht scheint, aber so als ob sie mich eigentlich im Innersten nicht angingen, so verstricke ich mich. Ich kann das Wahre nicht finden; denn wahr ist, was nicht *nur* mir wahr ist; ich kann mich nicht lieben, wenn nicht dadurch, daß ich den Anderen liebe. Ich muß veröden, wenn ich nur ich bin.

Es ist zwar ein ursprünglich wahrer Drang in mir, auf *mir allein zu stehen;* ich möchte noch als ich selbst unantastbar leben können, wenn mir Kommunikation zerbrach. Verriet ich aber mögliche Kommunikation, sei es faktisch, sei es durch mangelnde Bereitschaft, setzte sich das Ungenügen nicht mehr um in einen Kommunikationswillen, so trat ich ins Nichts. Das Ungenügen wird dann das Bewußtsein, als ob ich wie aus dem Sein herausgefallen sei; es hat Grauen vor dem Alleinsein mit dem unheimlich gewordenen Dasein. Ich suche mir zu helfen in einem Philosophieren der Selbstgenügsamkeit eines verzweifelt entschlossenen Selbstseins und bejahe so nur als ein vermeintlich Unausweichliches, was ich ungewußt durch die Freiheit meines Negierens mir zugezogen habe. Das Dasein verfinstert sich mir.

Es ist ein innerer Kampf um die Möglichkeit des Auf-mir-allein-Stehens: Ich soll es aufgeben, den Lebenssinn zu erreichen von mir

56

allein aus; der Kampf führt jeweils zur Entscheidung meines Selbstseins in Kommunikation durch die Bindung an sie; in ihr, die aus der Tiefe meines möglichen Selbstseins, angesprochen von derselben Möglichkeit im Anderen, gefordert ist, werde ich, was ich bin, mit dem jeweils einzigen Anderen.

c) *Ungenügen am Anderen.* — Ich kann nicht ich selbst werden, wenn nicht der Andere er selbst sein will; ich kann nicht frei sein, wenn nicht der Andere frei ist, meiner nicht gewiß sein, wenn ich nicht auch des Anderen gewiß bin. In der Kommunikation fühle ich mich nicht nur für mich, sondern auch für den Anderen verantwortlich, als ob er ich, ich er wäre; ich fühle sie erst einsetzen, wenn der Andere mir ebenso begegnet. Denn auch den Sinn der Kommunikation erreiche ich nicht durch mein eigenes Tun allein; es muß das Tun des Anderen entgegenkommen. Ich muß in die quälende Beziehung ewigen Ungenügens kommen in dem Augenblick, wo der Andere, statt der mir Entgegenkommende zu sein, sich selbst mir zum Objekt macht. Wird der Andere in seinem Tun nicht eigenständig er selbst, so auch ich nicht. Unterordnung des Anderen in Gehorsam unter mich läßt mich nicht zu mir kommen, sein Herrschen über mich ebensowenig. Erst im gegenseitigen Anerkennen erwachsen wir beide als wir selbst. Nur zusammen können wir erreichen, was jeder erreichen will.

d) *Antrieb zur Kommunikation.* — Daß Kommunikation versagt, wird mir wesentlich *meine* Schuld. Kommunikation ist zwar offenbar nicht durch einen guten Willen des zweckhaften Verstandes allein zu erreichen, aber mit einem Einsatz des Selbstseins; denn ich komme selbst nur in ihr zu mir; sie gelingt nie, wenn ich mich in Reserve halte und relative und partikulare Kommunikationen schon als letzte Möglichkeiten behandle. Das Bewußtsein, selbst ein entscheidender Faktor für sich und den Anderen zu sein, *treibt* in die äußerste *Bereitschaft* zur Kommunikation.

Jede Beziehung zu einem Menschen geht uns möglicherweise über ihre bestimmte und darum begrenzte Realität hinaus an. Ein *Bewußtsein* einer wesentlichen *alle Begreiflichkeit* in der Welt *überschreitenden* Bedeutung im Sichtreffen möglicher Existenzen, ihres Sichberührens oder Aneinandervorbeigehens, drängt sich auf, oft ohne daß wir es recht verstehen. Ein Versäumen, das wie ein Verlorenhaben ist, weil eine ausgestreckte Hand von uns nicht eigentlich, sondern nur gesellschaftlich ergriffen wurde; das Bewußtsein, daß wir eine Kommunikation abbrechen oder ihren Abbruch dulden müssen; der Druck jeden Feindseins — ganz unabhängig von möglichen Daseinsschädigungen; die Neigung, alle Verstimmungen und Zerwürfnisse, wenn es angeht, für den Todesfall zu lösen; das Grausen vor der Gesinnung, aus der man noch für die Zeit nach dem Tode dem Gehaßten etwas zufügen möchte: diese Gefühle sind Hinweis auf ein existentielles Bewußtsein, dem Kommunikation eigentliches Sein, nicht nur zeitliche Verbindung ist. Jedes Verlieren und Versagen in Kommunikation ist wie eigentlicher Seinsverlust. Sein ist Miteinandersein nicht nur des Daseins, sondern der Existenz, dieses aber in der Zeit nicht als bestehendes, sondern als Prozeß und Gefahr. Daher trifft so innerlich und leise wie an die letzte Wurzel rührend, was mir in Kommunikation wird und ausbleibt. Und daher ist das Ungenügen an der schon wirklichen Daseinskommunikation der Stachel, der mich zur tieferen, existentiellen Kommunikation *erweckt*.

e) *Existentielle Kommunikation*. — In der Kommunikation, durch die ich mich selbst getroffen weiß, ist der Andere nur *dieser* Andere: die *Einzigkeit* ist Erscheinung der Substantialität dieses Seins. Existentielle Kommunikation ist nicht vorzumachen und nicht nachzumachen, sondern schlechthin in ihrer jeweiligen Einmaligkeit. Sie ist zwischen zwei Selbst, die nur diese und nicht Repräsentanten, darum nicht vertretbar sind. Das Selbst hat seine Gewißheit in dieser Kommunikation als der absolut geschichtlichen, von außen unerkennbaren. Allein in ihr ist das *Selbst für das Selbst in gegenseitiger Schöpfung*. In geschichtlicher Entscheidung hat es durch Bindung an sie sein Selbstsein als isoliertes Ichsein aufgehoben, um das Selbstsein in Kommunikation zu ergreifen.

Der Sinn des Satzes, daß ich erst ich selbst in meiner Freiheit bin, wenn der Andere er selbst ist und sein will, und ich mit ihm, ist nur *aus Freiheit als Möglichkeit* zu ergreifen. Während die Kommunikationen im Bewußtsein überhaupt und in der Tradition erkennbare Daseinsnotwendigkeiten sind, ohne die ein Versinken ins Unbewußte unausweichlich würde, ist die Notwendigkeit existentieller Kommunikation nur eine solche der Freiheit, darum objektiv unbegreiflich. Der eigentlichen Kommunikation ausweichen wollen, bedeutet Aufgeben meines Selbstseins; entziehe ich mich ihr, so verrate ich mit dem Anderen mich selbst.

3. Grenzen der existentiellen Kommunikation. — Die Verwirklichung existentieller Kommunikation ist gebunden an ein

nicht zu Erzwingendes, das ausbleiben kann; sie ist verknüpft mit einer *objektiven Enge* ihrer Erscheinung.

a) *Ausbleiben der Kommunikation.* — Wenn die Gewißheit, ich könne nur mit dem Anderen ich selbst werden, im Ursprung meines Seinsbewußtseins liegt, so ist doch, als ob eine Verdammung der Kommunikationslosen abgewehrt werden müsse, zu hören: Es sei nicht jedem beschieden, einen Freund zu finden; man habe stets gesucht, aber niemals sei es gelungen; alle Menschen hätten enttäuscht; der andere habe das Glück gehabt, daß ihm ein Freund begegnet sei; man selbst sei wohl bereit, aber es komme niemand.

Mit solchen Gedanken wird die Kommunikation zu einem objektiven *Vorgang* gemacht, der einen treffen oder nicht treffen kann wie äußeres Geschehen; als ob einem ein Freund zukomme wie materielle Güter; als sei die Aufnahmebereitschaft selbstverständlich und das Fehlen des Freundes wie der Mangel einer Sache. Jedoch das *Finden* des Freundes, kein nur passiver Vorgang, ist selbst in der möglichen Existenz begründet; es bereitet sich in der Erscheinung gleicherweise vor durch Wagen der Kommunikation wie durch die Scheu, zu antizipieren, durch die Redlichkeit, eine bloß gesellige Berührung in der Solidarität gemeinsamer Vergnügungen und Interessen nicht zu verwechseln mit Kommunikation. Es bereitet sich auch vor durch das frühe leidvolle Ertragen der Einsamkeit, ein Sichbewahren und Wartenkönnen. Das Gegenteil von all dem hindert den Ursprung wahrer Kommunikation. Diese wird unmöglich durch das Herankommen mit objektiv fixierten Idealen. Kommunikation mit freier Existenz verlangt Vermeiden aller endgültigen Maßstäbe. Alles Prüfen bleibt sekundär und wird nur Medium der Kommunikation, nicht ihre Bedingung. Das instinktive Verlangen, die anderen sollten wie Götter und Heilige sein, verhindert alle Kommunikation. Nur der inneren Spannung in der Wirklichkeit der weiten Sicht, in der Möglichkeit des absoluten Ernstes, ist der Freund beschieden.

Würde ich aber selbstzufrieden mir den Freund und die Kommunikation als mein *Verdienst* zurechnen, so würde ich in tiefere Unwahrheit sinken und eigentlich beide verlieren; was zuletzt nicht an mir allein liegt, darf ich nicht mir zurechnen. Ja, die größere Kraft unbedingter Existenz kann sein, wo das Glück ausblieb.

Hier am Ursprung ist weder von Schuld noch Verdienst zu sprechen. Hier gibt es keine *Rechtfertigung* für den Mangel — denn ich habe es immer auch an mir fehlen lassen — und keine *Legitimierung* eines vermeintlichen Besserseins durch Erfüllung — denn es mußte immer hinzukommen, was nicht an mir lag. Alles Existentielle steht außerhalb der Objektivitäten, die ich zweckhaft wollen oder nicht wollen kann. Das geschichtlich Einmalige der Kommunikation ist ein Ganzes, das nicht entsteht, indem ich selbst schon bin und nun etwas hinzugewinne, sondern worin ich selbst erst eigentlich werde; aber als unobjektives Ganzes ist sie grundlos. Kommunikation ist Existenzursprung; soviel in ihr an meiner Freiheit liegt, ist in ihr Verdienst und Schuld. Ich kann den sich entwickelnden Keim leichtfertig preisgeben und an ihm vorbeigehen, oder so leben, daß dieser Keim alsbald abstirbt. Wenn bei abgebrochener und nicht entwickelter Kommunikation sich Schuldgefühle aufdrängen, so erfüllt mich in der Verwirklichung der Kommunikation auch das Bewußtsein des Unverdienten als des unbegreiflich Gewordenen und Geschenkten und in der Nichtverwirklichung wieder das Bewußtsein einer gar nicht endgültigen Einsamkeit, in der ich, da ich sie wahrhaft zu durchbrechen versuchte, mir meinen Freund in der Transzendenz selber schaffe.

b) *Geschichtliche Enge der Kommunikation.* — Es ist, als ob jeder an jeden den Anspruch habe. Wie das Sichverweigern einem Kommunikationswillen gegenüber meine Schuld ist, hat der Eintritt in wirkliche Kommunikation den Ausschluß anderer Möglichkeiten zur Folge. Ich kann nicht alle Menschen erreichen.

Aber ich zerstöre schon Kommunikation, wenn ich sie mit möglichst Vielen suche. Will ich allen, d. h. jedem, der mir begegnet, gerecht werden, so erfülle ich mein Dasein mit Oberflächlichkeiten und versage mich wegen einer imaginären universalen Möglichkeit der je einzigen geschichtlichen Möglichkeit in ihrer Begrenzung.

Mit dem Ursprung des kommunikativen Seinsbewußtseins ist die objektive Enge seiner Erscheinung als unausweichliche Schuld verknüpft; aber in ihr entspringt auch erst echte Weite.

Erhellung existentieller Kommunikation

Gegen die Neigung zur Selbstgenügsamkeit, gegen die Zufriedenheit im Wissen des Bewußtseins überhaupt, gegen den Eigenwillen des Individuums, gegen den Drang des sich in sich schließenden Lebens, gegen das Verlorensein an bestehende Überlieferung als gewohnte Lebensformen will Philosophieren die Freiheit erhellen, welche vor dem immer drohenden Solipsismus oder Universalismus des Daseins ursprünglich durch Kommunikation das Sein ergreift. Dieses Philosophieren appelliert aus mir an mich, mich offenzuhalten und dann die verwirklichte kommunikative Bindung unbedingt zu nehmen. Es sucht die *Möglichkeit* zu *bewahren*, welche im Solipsismus und im Universalismus des Bewußtseins überhaupt trostlos geleugnet wird.

1. Einsamkeit — Vereinigung. — Komme ich zu mir selbst, so liegt in dieser Kommunikation beides: Ichsein und Mit-dem-Anderen-Sein. Bin ich nicht auch als ein Eigenständiger unabhängig ich selbst, so verliere ich mich ganz im Anderen; die Kommunikation hebt mit mir selbst zugleich sich auf. Umgekehrt: beginne ich mich zu isolieren, so wird die Kommunikation ärmer und leerer; ich höre im Grenzfall ihres absoluten Abbruchs auf, selbst zu sein, weil ich zu punktueller Leere verflüchtigt bin.

Einsamkeit ist nicht identisch mit soziologischem Isoliertsein. Wer etwa in primitiven Zuständen und ohne eigenständiges Selbstbewußtsein aus seiner Gemeinschaft ausgestoßen wird, lebt in dieser Gemeinschaft innerlich fort oder hat ein dunkles Verzweiflungsbewußtsein des Nichtseins; er ist weder in der Geborgenheit noch im Ausgeschlossensein einsam, weil er nicht ein Ich für sich selbst ist.

Erst im hellen Bewußtsein entwickelter Zustände gilt: Ich selbst sein heißt einsam sein, jedoch so, daß ich in der Einsamkeit noch nicht ich selbst bin; denn Einsamkeit ist das Bereitschaftsbewußtsein möglicher Existenz, die nur in Kommunikation wirklich wird.

Kommunikation findet jeweils zwischen Zweien statt, die sich verbinden, aber zwei bleiben müssen — die zueinander kommen aus der Einsamkeit und doch Einsamkeit nur kennen, *weil* sie in Kommunikation stehen. Ich kann nicht selbst werden, ohne in Kommunikation zu treten und nicht in Kommunikation treten, ohne einsam zu sein. In aller Aufhebung der Einsamkeit durch Kommunikation wächst eine neue Einsamkeit, die nicht verschwinden kann, ohne daß ich selbst als Bedingung der Kommunikation aufhöre. Ich muß die Einsamkeit wollen, wenn ich selbst aus eigenem Ursprung zu sein und darum in tiefste Kommunikation zu treten wage. Zwar kann ich mich aufgeben und distanzlos in dem Anderen zerfließen; aber wie Wasser, das nicht gestaut wird, in dünnem Rinnsal kraftlos dahinfließt, so das Ich, das nicht mehr die Härte des Selbstseins und Distanzierens will.

Im Dasein ist die Polarität von enthusiastischer Hingabe seiner selbst und strengem Ansichhalten in der Einsamkeit existentiell unaufhebbar. Mögliche Existenz ist im Dasein nur als die Bewegung zwischen beiden Polen in einer Bahn, deren Ursprung und Ziel dunkel bleibt. Will ich die Einsamkeit nicht in Kauf nehmen, um sie immer von neuem zu überwinden, so wähle ich entweder chaotisches Zerrinnen oder Fixierung in selbstlosen Formen und Gleisen; will ich die Hingabe nicht wagen, so werde ich zunichte als erstarrtes, leeres Ich.

Bleibt daher auch eine Unruhe im Dasein des Selbst, die nur in Augenblicken sich löst, um alsbald in neuer Gestalt zu entstehen, so ist diese Bewegung doch keine endlose Wiederholung in hoffnungslosem Getriebensein, sondern in ihr ergreift mögliche Existenz Richtung und Aufstieg, deren Ziel und Grund, wenngleich sie für keine Einsicht bestehen, für Existenz im Transzendieren erhellbar werden.

Gegen diese Kommunikation der Einsamkeit wendet sich eine ihr ursprünglich fremde Grundhaltung: Solche Kommunikation sei nur der hoffnungslose Versuch einer Gemeinschaft der Einsamen; es sei darin nur das eigenwillige Selbstsein, das sich der Wahrheit verschließe, welche in echter Gemeinschaft liege; der schuldhaft Einsame schaffe sich ein Philosophieren als seinen Wahn, Gefährten der Einsamkeit zu haben. Auf die Frage aber, was denn die echte Gemeinschaft sei, ist die Antwort: Was alle Menschen verbinden kann. Dies ist entweder die offenbare Wahrheit, der gehorsam zu folgen ist in der Gemeinschaft der Gläubigen; oder es ist eine Idee richtiger Welteinrichtung, ausschließender staatsnationaler Zusammenfassung aller Kräfte zu einer von einem einzigen Willen gelenkten Macht, erobernder Weltgestaltung als des Glückes aller usw.; der Mensch habe sich selbst zu entsagen; diene ich dem Ganzen, so stehe ich in wahrer Gemeinschaft; Selbstsein heiße selbstlos sein.

Beide, die philosophische Haltung zur Kommunikation und diese Gegner, sind überzeugt von dem Satze: *Wahrheit ist, was Gemeinschaft stiftet;* Religion und Philosophie sind auch darin einig, daß das bloß Verstehbare nur Scheingemeinschaften in einem objektiv Gewußten herstellt. Das Verstehbare ist in Wahrheit das Medium für die Gemeinschaft im Unverständlichen, das es zu dem unendlichen Prozeß des Klarwerdens bringt. Das bloß Verstehbare aber als Gewußtes wird unverbindlich, weil vom Selbstsein distanziert; es lockert die Gemeinschaft, wenn es zur Hauptsache wird. In wasserheller Rationalisierung von allem würde die Kommunikation als Gemeinschaft verschwunden sein.

62

Die *Scheidung* setzt ein in bezug auf den *Ort und Ursprung des Unverständlichen,* das die Gemeinschaft stiftet. Es liegt für ein philosophierendes Dasein in der Wirklichkeit des Selbstseins faktisch sich begegnender Menschen, für ein gehorsames Dasein in der objektiv fixierten Offenbarung Gottes oder in der autoritativen Richtigkeit eines Weltbildes, wie des Marxismus. Entweder gilt mir die geschichtliche Wirklichkeit meiner Kommunikation zu leibhaften Menschen, deren Selbstsein ich verdanke, daß ich selbst bin, mehr als das, was ich als objektive Wahrheit hören kann, oder ich lasse meine mögliche Kommunikation zu Menschen in eine allgemeine Nächstenliebe zu allen versinken, die ihren Halt in meiner weltlosen Liebe zur Gottheit oder einem rationalen und nichtsdestoweniger unverständlich dunklen Bewußtsein der Bestimmung der Menschheit hat. Entweder wage ich immer von neuem die Einsamkeit, um Selbstsein in Kommunikation zu gewinnen, oder ich habe mich endgültig in einem anderen Sein aufgehoben.

Die Scheidung wird *vertieft* in der Haltung zur Möglichkeit der *Gemeinschaft aller.* In empirischer Betrachtung drängt sich zwar immer wieder die Wahrheit des Satzes auf: je mehr Menschen etwas verstehen, desto weniger Gehalt hat es. Da aber philosophische Wahrheit alle Menschen als mögliche Andere sieht, mit denen Kommunikation gefordert bleibt, so ist ihr der Anspruch unaufhebbar: tiefste Wahrheit ist, was alle Menschen verstehen könnten, so daß sie eine einzige Gemeinschaft würden. In diesem Dilemma scheidet sich die Grundgesinnung, welche gewaltsam die Einheit erzwingen will und mit dem oberflächlichsten Verständnis, ja mit verständnislosem Gehorsam sich zufriedengibt, von der anderen Gesinnung, welche um der Wahrheit willen nichts täuschend antizipieren will, und darum anerkennt, was faktisch ist und nur in wahrhafter Kommunikation in einem unabsehbaren Prozeß zu überwinden wäre. Zwar muß die Gemeinschaft, welche in ihrer Ordnung für Daseinsmöglichkeit sorgt, Zwecke haben, die alle verstehen. Aber diese Gemeinschaft ist grade nicht diejenige, in der ich das Bewußtsein eigentlichen Seins gewinne, sondern die Ordnung der Menschenwelt, in der sich auch gegenseitig respektieren kann, was sich nicht verständlich wird, und in der Aufgabe bleibt: sich näher und näher zu kommen in sich erweiternder Kommunikation.

Die Möglichkeit der Existenz in der Spannung von Einsamkeit und Kommunikation ist die Wahl, die nicht allgemeingültig für jedermann, aber für das Selbstsein unbedingt als Ergreifen des ihm zugänglichen Seins im Menschen gemeint ist.

2. Offenbarwerden — Wirklichwerden. — In der Kommunikation werde ich mir mit dem Anderen offenbar.

Dieses Offenbarwerden ist jedoch zugleich erst Wirklichwerden des Ich als Selbst. Denke ich etwa, daß das Offenbarwerden eine Erhellung des angeborenen Charakters sei, so verlasse ich mit solchem Gedanken die Möglichkeit der Existenz, die in dem Offenbarungsprozeß sich noch schafft, indem sie sich hell wird. Für gegenständliches Denken kann freilich nur offenbar werden, was *vorher* ist. Ein Offenbarwerden aber, das mit diesem Werden zugleich das Sein bringt, ist wie ein Hervorgehen aus Nichts, ist also nicht im Sinne bloßen Daseins. Stelle ich mich auf den Standpunkt: ich bin so, wie ich geboren wurde; meine Anlage kann ich im Leben erkennen, aber ich bleibe, was ich bin, so verhalte ich mich psychologisch betrachtend und setze voraus, daß eine vollendete empirische Kenntnis mir schon früh über mich sagen könnte, was ich bin. Das ist richtig für Anlagen und Eigenschaften; diese zu kennen, gehört zur Orientierung in meiner Situation. Das *entscheidende* Bewußtsein *möglicher Existenz* ergreift aber diese Gegebenheiten; die Klarheit über sie zu suchen, ist nur Voraussetzung des existentiellen Offenbarwerdens, durch das in der Welt hell wird nicht nur, was ich als empirisches Dasein bin, sondern was ich selbst bin. Für dieses Offenbarwerden bedeutet die Anerkennung der realen Grenzen in der Situation des Gegebenen, daß ich in ihm doch nur das Material einer anderen Verwirklichung gewinne; daher schließt eine solche Anerkennung des Gegebenen, weil kein Wissen endgültig ist, doch zugleich die für den empirischen Blick unwahrscheinliche Möglichkeit der Überschreitung jeder Grenze ein. — Der existentielle *Wille zur Offenbarkeit* faßt das scheinbar Entgegengesetzte in sich: die unerbittliche Klarheit über das Empirische und die Möglichkeit, dadurch zu werden, was ich ewig bin; die Fesselung durch das Unausweichliche des empirisch Wirklichen und die Freiheit, im Ergreifen es zu wandeln; die Anerkennung des Soseins und die Verleugnung jedes fixierten Soseins.

Dieser Wille zur Offenbarkeit wagt sich ganz in der Kommunikation, in der allein er sich verwirklichen kann: er wagt, alles Sosein hinzugeben, weil er darin die eigene Existenz als erst zu sich kommend weiß. Der Wille zur Verschlossenheit (zur Maske, zum Vorbauen von Sicherungen) tritt dagegen nur scheinbar in Kommunikation und wagt sich nicht, weil er sein Sosein mit seinem ewigen Sein verwechselt und das Sosein retten will. Ihm wäre Offenbarwerden Vernichtung, während dem Selbstsein Offenbarwerden Ergreifen und Überwinden des bloß empirisch Wirklichen zugunsten möglicher Existenz ist. Denn im Offenbarwerden verliere ich mich (als bestehendes empirisches Dasein), um mich zu gewinnen (als mögliche Existenz); in der Verschlossenheit bewahre ich mich (als empirischen Bestand), muß mich aber verlieren (als mögliche Existenz). Offenbarkeit und existentielle Wirklichkeit stehen in dem Verhältnis, daß sie in Gegenseitigkeit aus dem Nichts zu entstehen scheinen und sich selbst tragen.

Dieser Prozeß des Wirklichwerdens als Offenbarwerdens vollzieht sich nicht in isolierter Existenz, sondern nur mit dem Anderen. Ich bin als Einzelner für mich weder offenbar noch wirklich. Der *Prozeß des Offenbarwerdens* in der Kommunikation ist jener einzigartige *Kampf*, der als Kampf zugleich *Liebe* ist.

3. Liebender Kampf. — Als Liebe ist diese Kommunikation nicht die blinde Liebe, gleichgültig welchen Gegenstand sie trifft, sondern die kämpfende Liebe, die hellsichtig ist. Sie stellt in Frage, macht schwer, fordert, ergreift aus möglicher Existenz die andere mögliche Existenz.

Als Kampf ist diese Kommunikation der Kampf des Einzelnen um Existenz, welcher ein Kampf um die eigene und andere Existenz in einem ist. Während es im Daseinskampf die Nutzung aller Waffen gilt, List und Trug unvermeidbar werden und ein Verhalten gegen den Anderen als Feind — der nur das schlechthin Andere gleich der Widerstand leistenden Natur ist —, handelt es sich im Kampf um Existenz um ein davon unendlich Verschiedenes: um die restlose Offenheit, um die Ausschaltung jeder Macht und Überlegenheit, um das Selbstsein des Anderen so gut wie um das eigene. In diesem Kampf wagen beide rückhaltlos sich zu zeigen und infragestellen zu lassen. Wenn Existenz möglich ist, so wird sie erscheinen als dieses Sichgewinnen (das nie objektiv wird) durch kämpfendes Sichhingeben (das zum Teil objektiv wird und aus Daseinsmotiven unbegreiflich bleibt).

Im Kampf der Kommunikation ist eine unvergleichliche *Solidarität*. Diese erst macht jenes Äußerste an Infragestellung möglich, weil sie das Wagnis trägt, zu einem gemeinsamen macht und mithaftet für das Resultat. Sie begrenzt den Kampf auf die existentielle Kommunikation, die immer das Geheimnis jeweils zweier ist, so daß für die Öffentlichkeit die nächsten Freunde sein können, die am entschiedensten um

5 Jaspers, Philosophie II

Existenz miteinander ringen in einem Kampfe, bei dem Gewinn und Verlust gemeinschaftlich sind.

Für diesen Kampf um Offenbarkeit könnte man *Regeln* aufstellen: Es wird nie Überlegenheit und Sieg gewollt; treten diese ein, so werden sie als Störung und Schuld empfunden und ihrerseits bekämpft. Es werden alle Karten aufgedeckt, und gar keine berechnende Zurückhaltung wird geübt. Die gegenseitige Durchsichtigkeit wird nicht nur in den jeweiligen sachlichen Inhalten, sondern auch in den Mitteln des Fragens und Kämpfens gesucht. Jeder dringt in sich selbst mit dem Anderen. Es ist nicht der Kampf zweier Existenzen gegeneinander, sondern ein gemeinsamer Kampf gegen sich selbst und den anderen, aber allein Kampf um Wahrheit. Dieses Kämpfen kann nur auf völlig gleichem Niveau stattfinden. Beide stellen bei Differenz der technischen Kampfmittel (des Wissens, der Intelligenz, des Gedächtnisses, der Ermüdbarkeit) die Niveaugleichheit her durch ein gegenseitiges Sichvorgeben aller Kräfte. Aber die Gleichstellung verlangt, daß jeder es sich selbst und auch dem Anderen existentiell so schwer wie möglich macht. Ritterlichkeit und alles Erleichtern gilt hier nur als vorübergehende Sicherung — mit Billigung beider — in den Bedrängnissen, die für begrenzte Zeiten in der Erscheinung unseres Daseins eintreten. Wird sie dauernd, so ist die Kommunikation aufgehoben. Das Schwermachen gilt aber allein in bezug auf die eigentlichsten Gründe des Entscheidens im Gehalt der Entschlüsse. Wo eine größere Kraft der seelischen Werkzeuge siegt, wo gar Sophistik möglich wird, hört die Kommunikation auf. In der existentiell kämpfenden Kommunikation stellt jeder *alles* dem *Anderen* zur Verfügung.

Nichts, was als relevant gefühlt wird, darf in der Kommunikation unbeantwortet bleiben. Existierend nehme ich die gehörte Wendung in ihrer Nuance ernst und reagiere auf sie, sei es, daß der Andere bewußt, wenn auch indirekt fragt und Antwort will, sei es, daß er eigentlich instinktiv verschweigen wollte und gar keine Antwort suchte, aber nun hören muß. Was ich selbst sage, ist als Fragen gemeint; ich will Antwort hören, niemals aber bloß einreden oder aufzwingen. Grenzenlose Rede und Antwort zu stehen gehört zur echten Kommunikation. Wenn die Antwort nicht im Augenblick sogleich vollzogen ist, bleibt sie Aufgabe, die nicht vergessen wird.

Da der Kampf auf gleichem Niveau stattfindet, liegt im Kampf als solchem schon Anerkennung, in der Infragestellung schon Bejahung. Daher offenbart sich in existentieller Kommunikation die

Solidarität grade im heftigsten Kampfe. Dieser Kampf, statt zu trennen, ist der Weg der wahrhaften Verknüpfung der Existenzen. Regel dieser Solidarität ist daher, daß diese Menschen sich absolut vertrauen, und daß ihr Kampf kein für Andere sichtbarer, objektiver ist, der Parteien stiften könnte. Er ist Kampf um Wahrheit der Existenz, nicht um Allgemeingültiges.

Wahrhaftigkeit in kämpfender Kommunikation ist schließlich nicht zu gewinnen, die Freiheit von Existenz zu Existenz nicht zu sichern, ohne gleichzeitige Anerkennung der Wirklichkeit jener geistigen Eigengesetzlichkeiten und psychologischen Triebe, die das Selbst auf sich zentrieren und isolieren. Diese Mächte stören und binden, hindern die freie Aktivität der Kommunikation, der sie Grenzen setzen oder die sie unter Bedingungen stellen möchten. Ohne jene Mächte zu kennen und sie zu enthüllen, kann der Mensch ihrer nicht Herr werden. Wohl mag er für Höhepunkte seiner Existenz frei von ihnen sein, sinkt aber zurück und weiß nicht, wie ihm geschieht.

4. Kommunikation und Inhalt. — Wenn durch alles Äußerliche hindurch der Mensch als er selbst zum anderen Selbst tritt, die Täuschungen fallen, das Eigentliche offenbar wird, so könnte es Ziel werden, daß Seele mit Seele schleierlos ohne alle Bindung in der Äußerlichkeit des Weltdaseins in Eines schlage.

Jedoch kann *in der Welt* Existenz mit Existenz sich nicht unmittelbar, sondern nur durch die Medien der Inhalte treffen. Das Ineinsschlagen der Seelen bedarf der Wirklichkeit des Handelns und des Ausdrucks. Denn Kommunikation ist nicht wirklich als die widerstandslose bestehende Helligkeit eines seligen Seins ohne Raum und Zeit, sondern die Bewegung des Selbstseins im Stoff der Wirklichkeit. Wohl ist es in Augenblicken, als ob die Berührung unmittelbar sei; sie kann im Transzendieren über alles Weltdasein sich erfüllen. Aber auch dann ist Weite und Klarheit des objektiv gewordenen und nun transzendierten Inhalts das Maß für die Entschiedenheit des Augenblicks der eigentlichen Kommunikation. Diese gewinnt ihren Aufschwung durch Teilnahme an Ideen in der Welt, an Aufgaben und Zwecken.

Eine Neigung, schon die Unmittelbarkeit des Kontaktes für echte Kommunikation zu nehmen, läßt Menschen in bloßen Sympathien und Antipathien, von denen man sich keine durchsichtige Rechenschaft geben kann, nahe sein. Von einem vitalen Miteinander bis zu erotischen Spannungen, von dem Angesprochenwerden durch einen

Habitus des Menschen bis an die Grenze des Aufblitzens einer Möglichkeit inneren Zusammengehörens, noch ohne ein Wort vernommen zu haben, geht diese Unmittelbarkeit als ein kaum übersehbarer Bereich. In jedem Falle hat sie etwas Unpersönliches und Typisches; es ist noch keine Gegenseitigkeit in der Bewegung des eigentlichen Selbst. Unmittelbarkeit ist schon vollendet in der vitalen Bewegung, mit der sie verschwindet; oder sie ist nur Möglichkeit, die sich noch offenbaren und bewähren muß. Ohne Inhalt bleibt jeder unmittelbare Kontakt leer. Die bloß vitale Jugendgemeinschaft, das bloße Beieinander ohne Tätigkeit in der Welt, die Kameradschaft ohne Ziel und Idee, die gemeinsame Daseinsfreude in Spiel und Sport gibt eine spezifische Befriedigung im Augenblick des Erlebens. Aber diese ist nicht genug und hinterläßt eine notwendige Unbefriedigung für ein das Leben als Entscheidung ergreifendes Selbst.

Wenn Liebe zwischen Menschen im Transzendieren über alles Äußerliche ihre hohen Augenblicke hatte, so kann, obgleich das entschiedenste Selbstsein ergriffen wurde, doch wieder eine Neigung entstehen, die liebende Kommunikation als solche in *neuer* Unmittelbarkeit auf ihre reine Innerlichkeit zurückzuführen und als solche zu pflegen. Dann ermattet Liebe. Sie kann nicht in direkter Kommunikation ohne die Medien des relevanten Weltdaseins in der Zeitfolge existentiell bleiben. Der Versuch ist das zerstörende Hinausgreifen über die Härte des undurchdrungenen Daseins oder das sich selbst aufhebende Verharren in bloßer Möglichkeit. Die gegründetste Liebe wird daher am seltensten von sich sprechen.

Unmittelbarkeit des Kontakts ist sowohl Ursprung als Resultat aller echten Kommunikation. Aus ihrem Dunkel kommen die Antriebe, welche in der Welt des bestimmten Handelns und artikulierten Denkens zur Klarheit des Selbstseins gelangen. In ihrer Gestalt bleibt erworbene Kommunikation als Atmosphäre aller Objektivität des Daseins und als Bereitschaft zu neuer Verwirklichung. Es ist eine falsche Alternative in der Unterscheidung: ob ich *durch die Sache zur Seele* des Anderen komme oder ob erst *durch die Seele* des Anderen *die Sache* mein Interesse darum gewinnt, weil sie ihn beschäftigt. Im letzten Falle würde eine fortschreitende Verarmung eintreten, da die Sachen nur Beiläufigkeiten wären; im ersten Falle dagegen würde die Seele zu einem unpersönlichen Subjekt herabsinken, für das Sachen Geltung haben. Da Seele und Sache, Selbstsein und Welt Korrelate sind, ist es ein Mißverständnis, daß das Leben als mögliche Existenz in einem gegenseitigen Seelenverstehen aufgehen könnte, wie es ein Mißverständnis ist, daß es im gegenseitigen Anerkennen von Leistungen und Resultaten bestünde. Ohne Weltinhalte hat existentielle Kommunikation kein Medium ihrer Erscheinung; ohne Kommunikation werden Weltinhalte sinnlos und leer. Daß Weltinhalte ernst genommen werden, gibt der möglichen Existenz erst Dasein; daß es auf das Sein möglicher Existenz ankommt, nimmt in der Kommunikation den Weltinhalten erst ihre sonst aus Vergänglichkeit und Gleichgültigkeit entspringende Öde.

5. Das Dasein der Kommunikation als Prozeß. — Kommunikation hört nie auf, eine kämpfende zu sein. Nur partikular kann der Kampf zu einem Ende kommen, im Ganzen niemals: wegen der Unendlichkeit der Existenz, die, in der Erscheinung nie sich vollendend, nicht aufhört zu werden, soweit sie auch kommt.

In der Solidarität kämpfenden Suchens gibt es immer nur die größere Nähe und Ferne zwischen den Einzelnen; denn die absolute Kommunikation ist in der Zeit nur als die Gewißheit des Augenblicks; sie wird unwahr als festgehaltenes objektives Resultat und bleibt wahr als die aus ihm hervorgehende Treue. Was eigentlich und wahr wird, hat am wenigsten bestehendes Sein, ist als Erscheinung nur im Werden und Verschwinden.

Zwischen Menschen ist es grade im Wesentlichen nicht möglich, gleichsam in einem Schlage das Wahre zu erfassen. Der Mensch und seine Welt sind nicht reif im Augenblick, sondern *erwerben sich* durch eine *Folge* von Situationen. Er muß durch vorläufige, halbe, unvollständige Positionen hindurch, damit sie sich ergänzen; durch ins Extrem übersteigerte, damit sie sich überschlagen. Wer nur richtig handeln und sprechen will, handelt gar nicht. Er tritt nicht ein in den Prozeß und wird unwahr, weil er unwirklich ist. Wer wahr sein will, muß wagen, sich zu irren, sich ins Unrecht zu setzen, muß die Dinge auf die Spitze treiben, oder auf des Messers Schneide bringen, damit sie wahrhaft und wirklich entschieden werden.

Da somit keiner an den Anderen oder an sich den Anspruch stellen kann, in der Zeit vollendet zu sein, so will die existentielle Solidarität *in Gegenseitigkeit sehen*, nicht, um aburteilend nur zu verwerfen, sondern um auch grade im Versagen und Verstricktsein die Hand zu halten. Sie ist zwar nicht lässig, vielmehr unerbittlich in der Forderung, aber auch der Möglichkeit bewußt, sich im Fordern zu irren. In der Kommunikation vernichtet die Forderung nicht wie ein starres

Gesetz; ihr gilt das eigentliche Selbstsein auch da, wo es fast wie verloren erscheinen könnte, in seiner Möglichkeit, aus der erst die Forderung kommt. Durch alle empirische Sichtbarkeit hindurch treffen sich diese Möglichkeiten, welche im Prozesse der Erscheinung ihres eigentlichen Seins gewiß werden wollen. Selbst zu werden, verlangt den Eintritt in den Prozeß, in welchem der Eine dem Anderen offenbar wird, um gemeinsam abzustoßen zum Aufschwung absoluten Verbundenseins; Schuld aber ist die stolze Isolierung eines sich verschließenden Selbstseins, das ohne Prozeß wäre wie ein Tod bei lebendigem Leibe.

Das Endziel ist in der Kommunikation nicht zu wissen. Die Frage nach dem *Erfolg* wäre von zweifachem Sinn: ob Erfolge gemeint sind als zweckbezogene Realisierungen durch Gemeinschaft in der Welt, oder ob Erfolg gemeint ist im Sinne dessen, das entschieden und damit zu ewiger Wirklichkeit gebracht ist. Materielle Erfolge im sichtbaren Dasein werden anerkannt und sind der mögliche Leib existentiellen Erfolgs, aber sie gehen alle auf in der Sinnwidrigkeit des Endlosen und Vergänglichen. Existentieller Erfolg aber hat kein objektives Kriterium; nur das Gewissen möglicher Existenz nimmt ihn wahr in kommunikativer Verbundenheit. Im Dasein hat sich Existenz verwirklicht als Selbst mit Selbst, wenn auch diese Wirklichkeit für kein Wissen besteht.

6. Kommunikation und Liebe. — Sofern daher Selbstsein erst in der Kommunikation wird, bin weder ich noch der Andere eine *feste Seinssubstanz*, die der Kommunikation vorherginge. Vielmehr scheint eigentliche Kommunikation grade dort aufzuhören, wo ich mich und den Anderen als solchen festen Seinsbestand nehme; dann ist sie nur wie eine für das Selbstsein im Wesentlichen folgenlose Berührung im Grunde solipsistischer Wesen.

Das Selbstwerden in Kommunikation erschien darum *wie eine Schöpfung aus nichts*. Es ist, als wenn in den Polaritäten von Einsamkeit und Vereinigung, von Offenbar- und Wirklichwerden ein solidarischer Kampf ohne erkennbaren Ursprung möglich würde, um aus sich das Selbstsein hervorgehen zu lassen. In der Tat ist allem fixierenden Behaupten eines für sich bestehenden Einzelseins als geschlossener Monade die Dialektik eines Werdens entgegenzusetzen, in welchem die Glieder nur sind, was sie als ihr Selbstsein miteinander hervorbringen. Aber die Aussage des existentiellen Werdens aus nichts hat nur negativ Geltung gegenüber dem Versuch objektiven Erklärens aus einem vorausgesetzten Dasein, nicht als Aussage, in der Selbstsein sich in einem Ursprung positiv getroffen wissen könnte. Es ist vielmehr zu fragen, in welchem Sinne das dem Sein der Existenz *Vorhergehende*, das in der Kommunikation als Selbstsein zutage tritt, zu fassen ist.

Die *Möglichkeit* geht vorher in der Gestalt des verzehrenden Ungenügens, das Bereitschaft für den Freund bedeutet und sich in der Vergewisserung jeder täuschenden Antizipation fähig macht, ihn zu finden. Die vorhergehende *Daseinswirklichkeit* ist das faktische Sichtreffen in der Zeit als Zufall. Die vorhergehende *Substanz* ist aber die grundlose *Liebe* zu dem Einzelnen. Wenn für die *objektive* Betrachtung das Nichts der Seinsursprung des Selbstseins ist, so für *existentielles Bewußtsein* die Transzendenz in dieser geschichtlichen Gestalt des vorbereitenden Ungenügens, des die Wirklichkeit ermöglichenden Zufalls, der das Selbstsein bewegenden Liebe.

Liebe ist noch nicht die Kommunikation, aber ihre Quelle, die durch sie sich erhellt. Das in der Welt unbegreifliche *Ineinsschlagen des Zueinandergehörens* läßt ein *Unbedingtes* fühlbar werden, das von nun an *Voraussetzung* der Kommunikation ist und in ihr den liebenden Kampf unerbittlicher Wahrhaftigkeit erst möglich macht.

Liebe ist als jeweils *einzige*. Sie hat zu ihrem Daseinsleibe die Wirklichkeit dieser Menschen mit ihrem *Dunkel*. Es ist als ob in dieser Erscheinung das Sein des Ursprungs zu sich spräche.

Die tiefste Berührung steht für sich in der Transzendenz. Die Zeitfolge ist wie ein Offenbaren dessen, was ewige Gegenwart ist, das *Sichwiederfinden* derer, die in der Ewigkeit schon sich gehören. Wie Plotin vom Einen sagt, daß es stets gegenwärtig sei, der meist in sich verschlossene Mensch sich ihm nur öffnen müsse: denn es ist stets und ist nicht, es kommt nicht und geht nicht; so spricht im Lied die Liebende:

> Sag mir nicht willkommen, wenn ich komme,
> Nicht leb wohl, mein Liebster, wenn ich geh,
> Denn ich komme nimmer, wenn ich komme,
> Und ich gehe nimmer, wenn ich geh.

Ich und Du, im Dasein getrennt, sind eins in der Transzendenz, dort sich nicht treffend und sich nicht verfehlend, hier aber im Werden kämpfender Kommunikation, welche in Gefahr offenbart und bestätigt. Wo diese Einheit ist, da ist der Sprung aus dem schon Unbegreiflichen zum absolut Undenkbaren.

In der Erscheinung des Zeitdaseins aber bleibt die *Bewegung* der Liebe. Sie *entspringt* als motivlose Liebe und Geliebtwerden, erfährt sich im Anfang als Entscheidung wie über das Sein des Liebenden selbst, dann als Notwendigkeit, die sich ihrer gewiß ist. Das Erblicken des Seins in diesem Menschen ist wie das Erblicken des Seins selbst im Grunde der geschichtlichen Erscheinung; das Sehen des Menschen wird Verklärung ohne Illusion. Im *Fortgang* ist die eigene Liebe der Aufschwung, das Geliebtwerden der Appell an das eigentliche Selbstsein. Das Dasein bringt die harten Wirklichkeiten, welche zu durchdringen sind, die Kommunikation bringt die Offenbarkeit, vermöge der das Selbstsein erst zu sich kommt. In ihr wird man einander alles schuldig. Weil wahre Liebe unlösbar ist, bleibt die Schicksalsgemeinschaft, die Erfahrung nicht nur von Gefahr und Verlust in Dasein und Selbstsein, sondern des radikalen Scheiterns in der Erscheinung.

Obgleich Liebe sich ihrer gewiß ist, wird das Selbstsein des Menschen sich fragwürdig in der *Verwechslung:* wenn ich zu lieben glaube und eine entschiedene Ergriffenheit meines Wesens doch zur Verstrickung in Falschheiten zu führen scheint; wenn *Erotik,* übermächtig mich ergreifend, eine vitale und geistige Vereinigung bewirkt, die, weil sie als ein Geschehen unter Bedingungen erfahren wird, doch nicht unbedingt den ganzen Menschen verpflichtet; wenn der *Ausbruch aus der Einsamkeit,* der verzweifelt nach dem Anderen greift, ihn illusionär sich als das hinstellt, woran er seinen Willen zum Verpflichtetsein binden kann, um als Ersatz für die Bewegung wirklicher Liebe die aufreibende, weil täglich die Enttäuschung sich wegredende Fesselung an das Idol zu ergreifen; wenn schließlich der *Besitzwille,* der zu eigen haben und schützen will, was er zugleich zu lieben und zu achten meint, nicht eigentlich achten und lieben kann, weswegen er auf das Urteil der Anderen über sein Lieben und Geliebtwerden Wert legt und durch deren Negationen als er selbst getroffen wird. Keine die Kommunikation hemmende Macht kann Liebe sein.

Die Unzerstörbarkeit der Verwirklichung der Liebe in vorbehaltloser sich selbst restlos einsetzender Kommunikation bedeutet, daß Treue auch im Ende bleibt. Aber *ohne existentielle Kommunikation ist alle Liebe fragwürdig.* Wenn Kommunikation auch die Liebe nicht begründet, so ist doch keine Liebe, die nicht in Kommunikation sich bewährt. Wo Kommunikation endgültig abbricht, hört Liebe auf, weil sie Täuschung war; wo sie aber wirklich war, kann die Kommunikation nicht aufhören, sondern muß ihre Gestalt verwandeln.

Kommunikation ist die von der Liebe erfüllte *Bewegung* im Zeitdasein, welche auf das Einswerden zu gehen scheint, aber im Einsgewordensein aufhören müßte. Das *Zweisein* läßt die Liebe nicht zur Ruhe kommen. Was in der Transzendenz als Einssein zwar gedacht wird, würde, im Dasein für wirklich und in der Transzendenz für daseiend gehalten, die Liebe in der Prozeßlosigkeit eines vermeintlichen Bestandes zugrundegehen lassen.

Liebe, der *substantielle Ursprung des Selbstseins in der Kommunikation*, kann Selbstsein als die Bewegung ihres eigenen Offenbarwerdens hervorbringen, nicht zu einem Abschluß sich vollenden lassen.

Mangel in der Kommunikation

Da Kommunikation im Dasein als Prozeß, nicht als Vollendung ist, ist sie wirklich als Bewußtsein des Mangels ihrer selbst. Der Mangel nimmt Gestalten an, in denen er nur *Antrieb* ist, andere, in denen er selbst zum unentbehrlichen *Glied* des Offenbarwerdens wird, andere, in denen er als unbegreifliche *Grenze* das Seinsbewußtsein erschüttert.

1. Unbestimmte Erfahrung ausbleibender Kommunikation. — In der Jugend ist wohl die Erfahrung, die noch nicht weiß, was sie will: Ich sträube mich, mich innerlich zu fügen in die gesellige Liebenswürdigkeit und eine unverbindliche Interessiertheit bei Verschlossenheit eines noch unbekannten Wesentlichen — ein Genügen zu finden an der unpersönlichen Berührung mit den Menschen in bloß sachlichen Inhalten, in denen bei aller Befriedigung der Gemeinsamkeit doch nur ein distanziertes Verstehen von Inhalten stattfindet — zu ertragen die aufsaugende Tendenz der Interessengemeinschaft, die uns als Dasein zusammenführt nach der Art der Situation, in der sie besteht, und die daraus erfolgende Gegenseitigkeit im Anerkennen, ohne in sich zu dringen. In allem werde ich mir der *Distanz* zu Menschen bewußt, die sie ihrerseits oft gar nicht zu merken scheinen: Ich sehe das Gefühl des Nichtangesprochenwerdens wachsen bei äußerer Nähe und der Fülle der Worte.

In dieser Haltung ist ein hochgemutes Warten, das sich keiner Täuschung hingeben will. An die Wurzel aber greift das Bewußtsein des Ausbleibens dem Nächsten gegenüber. Ich bin mit meiner Liebe und mit dem Geliebtwerden als bloßer Herzlichkeit und Stabilität, die sich aussagt, nicht zufrieden, wenn sie nicht der Ursprung ist jenes unendlichen Prozesses, auf den alles anzukommen scheint, wenn das eigentliche Selbst mit dem Anderen erst entschieden werden soll. Ich möchte das Wort finden und bleibe beim Suchen: wenn wir sterben, das Wort ist nicht gesagt, das Wesentliche ist nicht getan..., die absolute Kommunikation ist in Wahrheit nicht vollzogen.

Menschen, die sich nahe sind durch lange Verbundenheit ihres Daseins, erfahren wohl in der konkreten Situation das Ausbleiben in seiner Unbestimmtheit als den Schmerz des Zerrinnens. Es entsteht nicht der hohe Augenblick, in dem die kommunikative Existenzgewißheit diesen Schmerz des Verschwindens aller Erscheinung in der Zeit so weit aufhebt, daß sie als eine Trauer der Vergänglichkeit nur noch an der Grenze das absolute Bewußtsein berührt. Es ist nur eine mögliche, nicht helle und wirkliche Kommunikation. In der sich vordrängenden Trauer ist ein Sehnen zur Kommunikation, aber Wort und Tat und Wahrheit sind nicht eigentlich gegenwärtig. Es scheint nichts da, das zu fassen wäre, kein realer Mangel, den man beheben könnte, keine Aufgabe, die zu ergreifen wäre; man ist gut zueinander, spricht, ist bereit, sieht sich; man will keine Oberfläche und wird still.

In unübersehbaren Gestalten bringen eigentümliche Gefühle den Schmerz nicht verwirklichter Kommunikationsmöglichkeiten zur Erscheinung. Sie bewegen eigentümlich das Innerste und haben doch keine Geltung in der Welt, scheinen unbedeutend und lassen sich doch als ein leises Ansprechen unbestimmter Forderung der Existenz deuten. Während sich unser vitales und geselliges Dasein an den Sinn der endlichen Dinge hält, spricht hier etwas Zweckloses, bei dem es sich doch wie um alles zu handeln scheint; es ist, als ob die ewige Bedeutung der Kommunikation als Entscheidung eigentlichen Seins gegenwärtig wäre.

2. Schweigen. — Schweigen ist das Nichttun, als das die nur daseiende Kommunikation ruht. Aber nicht immer. Denn Schweigen hat eine eigentümliche Aktivität, als die es Funktion im Kommunizieren selbst wird. Schweigenkönnen ist Ausdruck einer Stärke des zur Kommunikation bereiten Selbstseins.

Schweigen in echter Kommunikation ist nicht das *sich sichtbar machende Schweigen*, das wirken will, wenn es auftritt als das herausfordernde Stillbleiben, das den anderen sprechen macht, nicht das hochfahrende Schweigen, in welchem man Geltung und Bedeutung erstrebt, als ob man etwas wisse und sagen könne, nicht das Schweigen aus Mitleid, wenn man es vermeidet, zu sagen, was ist, stumm ohne Kommunikation handelt und hilft, endlich nicht das Schweigen, durch welches ich verletzend die Beziehung abbreche.

Schweigen ist als *Zeit des Schweigens* in der Kontinuität eines kommunikativen Werdens. Dieses Schweigen ist ein Druck wie eine Schuld. Merkt es der Andere, so muß auch er leiden. Nur die gemeinsame Suspension des Sprechens, die ihrerseits schweigend aufschiebt, würde das Schweigen versöhnlich machen. In dem unausweichlichen Distanzieren, das mit ihm einsetzt, wartet eine Bereitschaft, bis die Stunde der Offenheit erneut gekommen ist.

Dieses Schweigen, das in der Offenbarkeit wirklichen Sprechens sich wird lösen können, übergreift ein anderes: ein tiefes, nichts im Dunkel lassendes, darum gleichsam *offenbares Schweigen* wird ein über das stille Verstehen, welches sich aussprechen *könnte, hinausgelangendes* Zueinandersein. Zurückhaltung in der gegenseitigen Gewißheit, Blick und Hand statt der Sprache, sind, was übrig bleibt in den Vollendungen existentieller Kommunikation. Dieses Schweigen ist nicht zu wollen, wäre als Gebärde in falsche Umgangsform verwandelt; es ist nicht wiederholbar, nur jeweils ganz gegenwärtig; es wird bestimmt durch die Scheu vor dem Ausdruck, der der Situation inadäquat wäre, darum mehr verschütten als zeigen würde. Schweigen als diese Artikulation ist wie eigentliches Sprechen.

Es könnte noch ein Schweigen möglich sein, das aktiv, doch unabsichtlich ist als das Medium des Ursprungs innigster, aber, weil nie gesagter, auch nie gewußter Verbindung. Menschen, die keine Gemeinschaft im Schweigen haben, sind nicht fähig zu entschiedener Kommunikation. Der *Ursprung im Schweigen* verbindet, nicht das Gesagte, und das Gesagte in dem Maße als dieser Untergrund es trägt. Die leisesten Berührungen im Leben haben ihr Gewicht durch das Schweigen, in dem verpflichtend, aber nie einklagbar gehalten wird, was Menschen verband.

Trotz allem: Schweigen ist immer auch Mangel als gegenwärtige *Ausdrucksarmut.* Es gibt als leeres Schweigen die Stille, die nichts ausdrückt, weil sie nichts erfährt, und es gibt als verhaltenes Schweigen die Stille, welche nichts sagt, weil ihr die Gabe des Ausdrucks versagt ist. Zwar gewinnt Existenz, ohne ihn zu wollen, ihren indirekten Ausdruck. Aber *Ausdrucksfähigkeit* läßt die Grenze des notwendigen

Schweigens weiter oder enger ziehen. Der Satz: *das Innere ist nicht das Äußere*, gilt in einem doppelten Sinne:

Wenn Innerlichkeit nicht zur Kommunikation zu kommen vermag, weil die Gabe des Ausdrucks gering oder wenig entwickelt ist, so läßt den Liebenden doch ihr Leben und Handeln sichtbar werden, was sich selbst nicht kennend in ungewußter Qual nur Möglichkeit bliebe; es kann angesprochen leise, aber gewisse Antwort geben. Doch Scheu und Kraft des Selbstseins bewahrt eine schließlich unauflösbare Verschlossenheit: *das Innere wird nicht zum Äußeren.*

Umgekehrt geschieht es, daß die Welt des *Ausdrucks* sich wie die *Wortsprache verselbständigt* zu einer allgemeinen Sprache von Umgangsformen und Gebärden: Beide Sprachen können sich wie ein Schleier über die Existenz legen, alles unverbindlich und nichtssagend machen. Sie täuschen nur da nicht, wo sie als soziologisch und psychologisch unvermeidlich mit Bewußtsein vollzogen und hingenommen werden. Sonst sind sie ein Ausdruck, hinter dem kein Mensch als er selbst steht: *das Äußere ist nicht das Innere.*

Durch die *Verselbständigung einer Ausdruckswelt* kann ein scheinbarer Reichtum der äußeren Kommunikation die eigentliche versinken lassen, wenn der bloße Ausdruck als solcher eine Scheinbefriedigung schafft, welche den Mangel der Kommunikation zum Vergessen bringt. Daher steht ein Gewissen über dem Leben in den Ausdruckswelten, und vermag *Schweigen die Rettung der Möglichkeit des Existierens zu werden.* Der Einzelne kommt zwar als an seine Tradition gebundenes Dasein nur durch Aneignung der überkommenen Ausdruckswelten zu sich, aber er eignet sie sich an, um sie wieder ursprünglich zu verwirklichen. Er weiß und kann im Ausdruck fast immer mehr äußern, als er selbst ist. Sein Schweigen wird zur Prüfung seiner selbst. Die Gefahr des Verfallens an leeren Ausdruck wird nur überwunden in stets teilweisem Erliegen.

Mit dem vertiefenden Bewußtsein des Schweigens kommt die neue Gefahr, durch absolute Maßstäbe alle reale Erscheinung aufzuheben, in kritischer Besorglichkeit vor unwahrem Ausdruck schließlich dem *Schweigen zu verfallen.* Nur im Wagen der Abgleitungen verwirklicht sich das Ursprüngliche.

3. Würdelosigkeit. — Würde liegt in der Zuverlässigkeit des Menschen als *Vernunftwesen*, in der Festigkeit seines Wissens und Meinens. Er sorgt für Distanz im Persönlichen als dem Privaten, für Freiheit sachlicher Diskussion, für die Unbeugsamkeit seiner Entschlüsse. Er leistet und verlangt Anerkennung dieses Seins.

Diese Würde wird durch existentielle Kommunikation in Frage gestellt und bleibt zugleich unaufhebbar:

Weil mögliche Existenz in der Erscheinung gebunden ist an ihr Offenbarwerden und dieses an Kommunikation, so gibt es *für Existenz keine objektive Festigkeit*. Nichts ist an mir und dem Anderen, was als Bestand schlechthin zu respektieren wäre. Kommunikation verflüssigt alles, um neue Festigkeit hervorgehen zu lassen. Sie darf keine mit Gewißheit festhalten; denn sie übergreift alles Gewußte durch ihre noch dunkle Möglichkeit. Nur bei grenzenloser Standpunktsverschieblichkeit, darum hingabebereiter Unfestigkeit ist wahrhaft Kommunikation denkbar. Jede Festigkeit wird, wenn sie als Bedingung vorgeschoben ist, zu einer Mauer, die mich von dem Anderen und mir selbst trennt. An die Stelle des Offenbarwerdens in Kommunikation tritt die Verteidigung eines Fixierten. Der Wille zur Offenbarkeit bedeutet das Wagnis, alles Gewonnene in Frage zu stellen, ungewiß, ob und wie ich darin mich selbst gewinne.

Unfestigkeit aber hat eine Verletzung der Würde zur Folge; Würdelosigkeit wird an Wendepunkten unvermeidlich erfahren. War ich meiner gewiß in einer Unbiegsamkeit, so muß ich aus tieferem Seinswillen im Prozeß des offenbarenden Infragestellens mir in Augenblicken auch in haltlosem Zerrinnen zu nichts werden. In dieser Würdelosigkeit, durch sie in ihrer Überwindung, verwirkliche ich mich: Verwirklichungen sind an Niederlagen gebunden.

Weil Offenbarwerden an Kommunikation, also an Mitteilung gebunden ist, so muß mögliche Existenz zweitens das *Mißverständnis* wagen, durch das sie selbst in falsche Lage gebracht wird. Während rein sachliche Mitteilung eindeutig ist, ist Mitteilung als Medium der Kommunikation vieldeutig, wenn Existenz darin angesprochen werden soll. Wörtliche und isolierende Auffassung des Gesagten, abstrakte und generelle Auffassung des Getanen verhindern dann die Kommunikation. Die Mehrdeutigkeiten bestehen vor dem Anderen und vor mir selbst; sie verlangen noch den Weg des Suchens und Klärens. Denn niemals wird die existentielle Kommunikation, die in diesen Medien zur Erscheinung kommt, selbst objektiv gewußt; sie kann nur wirklich sein und wird dann in Gemeinsamkeit gewußt ohne Worte. Der erste Schritt rechten Verstehens über die Festigkeit begrifflicher Identität hinaus ist das Erfassen des Gesagten im Ganzen der Idee, der zweite Schritt der existentiellen Kommunikation ist die Aufnahme des in der Idee Gesagten in die geschichtliche

Gegenwärtigkeit. Beides kann versagen. Darum bedeutet das Wagen des Mißverständnisses, daß mir Fremdes untergeschoben werden kann, so daß ich mich und meine Sache falsch gesehen und mich mehr als vorher auf mich selbst zurückgeworfen weiß.

Durch den möglichen Mißverstand *wage* ich im Offenbaren würdelose Situationen: Ich teile mich mit und bleibe ohne Widerhall, werde mit dem Gesagten und Getanen verachtet, verlacht, dann wieder ausgenutzt und lebe in einem mir zugetragenen Bild von mir, das ich nicht bin. Ich wage die Aufdringlichkeit, ich trete zu nah; keine Seelennähe entsteht ohne einen Augenblick dieses Risikos einer würdelosen Situation. Denn wer sich nicht verschwendet und einmal erfährt, daß er sich schamvoll zurückziehen muß, dem wird kaum einmal existentielle Kommunikation gelingen. Scheue Distanz, unter allen Umständen kühl bewahrt, öffnet nie den Weg von Mensch zu Mensch.

Diese Würdelosigkeit ist aber selbst wieder *zweideutig*. Sie kann zwar die Erscheinung des Wagens sein, aber auch dem blinden Drang aus der Leere eigenen Wesens entspringen, die sich preisgibt, im Gesicht des Anderen Wert gewinnen möchte und schamlos die eigenen existenzlosen Erlebnisse ausbreitet; oder sie kann die Aufdringlichkeit sein, die ohne Kommunikationswillen nur unbekümmert fragen und zugreifend sich des Anderen bemächtigen will.

Dagegen hat der Kommunikationswille möglicher Existenz eine *Würde der Einsamkeit*, die er bewahrt, jedoch als das, was immer wieder durchbrochen werden muß. Sie ist der Ausdruck der Gesinnung, sich nicht vergeuden zu wollen. Wenn auch Wagnisse gefordert sind, sie sollen nicht beliebig gemacht werden und unvergeßlich sein. Aus der Einsamkeit zu treten, restlose Offenheit zu leisten und zu dulden, gestattet sich Existenz nur, wenn die Situation und der Andere und die Sache, welche zusammenführt, adäquat sind, und wenn seine Liebe erwacht. Gewissen unterscheidet das Beliebige und Notwendige, das Blinde und Besonnene. Existenz will jedenfalls die Profanation durch Fälschung als Schuld anerkennen. Diese Würde distanzierender Einsamkeit steht in Bereitschaft, wagt die Enttäuschung, ja tritt, sich in sich selbst verirrend, wohl einem Anderen in falschem Enthusiasmus entgegen, leidet Scham und trägt die Würdelosigkeit.

Die Würde der Einsamkeit, die sich in sich verschließt, ist wiederum *zweideutig*. Sie kann der Ausdruck eigenwilligen Machtinstinkts der Ohnmacht werden, die jede Blöße fürchtet. Es liegt in ihr ein

78

Distanznehmen und eigensinniges Fürsichsein gegenüber den Menschen, die man nicht erobern kann. Man schweigt, weil man sich und Anderen zeigen will, daß man vornehm sei. Wo äußerlich keine Überlegenheit möglich ist, genießt man innerlich vor sich diese Überlegenheit des Schweigens als ein Nichttun, das das eigene Dasein hinter einer bloßen Haltung leer läßt.

Daß Kommunikationswille Würdelosigkeit wagt, ist möglich, weil die darin verletzte Würde des befestigten Vernunftwesens keine unbedingte ist. Gegen sie steht die *andere* Würde der tieferen Eigenständigkeit, welche sich noch sucht im Offenbaren. Ihre Tapferkeit, verknüpft vollkommene Weichheit und Unfestigkeit mit der Gewißheit eines alle endliche Erscheinung transzendicrenden Selbst. Sie bleibt offen und biegsam und ist zugleich unerschütterlich in diesem Selbst, das nie gesagt, gedacht und gewußt werden kann und doch ganz gegenwärtig ist.

4. E i n s a m k e i t. — Einsamkeit ist erstens in der Kommunikation der *unaufhebbare Pol*, ohne den diese selbst nicht ist. Einsamkeit ist zweitens als die Möglichkeit *leerer Ichheit* eine Vorstellung eigentlichen Nichtseins am Abgrund, aus dem ich in geschichtlicher Entscheidung zur Wirklichkeit in Kommunikation mich errette. Einsamkeit ist drittens der gegenwärtige *Mangel kommunikativer Bindung* an Andere und die Ungewißheit seiner Aufhebbarkeit.

a) Das Selbstsein in der Polarität von Einsamkeit und Kommunikation forderte den Satz, daß ich selbst nur sein kann, wenn der Andere mit mir er selbst ist im Prozesse des Offenbarwerdens. Die Situation kann jedoch eine aus der Kommunikation hervorgehende bleibende Einsamkeit *erzwingen*, wenn der Andere seinen existentiellen Willen erlahmen läßt. Dann kann sich das Selbst in der *versagenden* Kommunikation zwar fast verbluten, den Anderen ewig zu verlieren fürchten, aber es kann auch dann noch in der Grenzsituation dieses Scheiterns es selbst sein. Zwar ist das Selbstsein jetzt nicht mehr als Selbstwerden, da es lebt, wie wenn es seine Möglichkeit verloren hätte. Aber dieses Nichtwerdenkönnen ohne das andere ihm im Ursprung geschichtlich verbundene Selbst ist ein neues einsames Selbstwerden in der Ungewißheit des niemals die Möglichkeit endgültig aufgebenden Harrens.

b) Auch inmitten aller Daseinsfülle kann sich mir plötzlich die Einsamkeit als der mögliche *Abgrund des Nichtseins* auftun. Wenn ich mich lange Zeit nur an die Objektivitäten hielt und mir selbst

79

entschwand, weil ich mich darin nicht anderen aufschloß, dann kann ich die Verzweiflung der Leere erfahren, wenn einmal für den Augenblick alles zusammenzubrechen oder fraglich zu werden scheint: die gesellschaftlichen Beziehungen, die alle im Ernst nichts bedeuten und gebrochen werden; die vielen sachlichen Kommunikationen, welche gar keine existentielle Folge haben; die freundschaftlichen Beziehungen, da sie nicht verbindlich, sondern ästhetisch waren, so daß sie in die geselligen Formen aufgelöst wurden. Dann sage ich wohl, ich sei einsam. Aber diese Einsamkeit ist nicht die Polarität von Einsamkeit und Kommunikation, welche eine unverlierbare Erscheinung des Selbstseins im Dasein ist, sondern der Ausdruck für das Bewußtsein möglichen eigenen Nichtseins trotz des Reichtums der geistigen Daseinshüllen. Dieses Bewußtsein kann zur radikalen Krise in der Weise des Selbstseins führen. Das Erschrecken vor dem Abgrund der Einsamkeit des Nichtseins erweckt alle Antriebe zur Kommunikation.

c) Werde ich mir der Situation des Mangels *nie erfahrener kommunikativer Bindung* gewiß, so sage ich zu mir: ich habe keinen Menschen, vielleicht: es gibt keine Menschen. Aber indem ich diese Einsamkeit illusionslos erfahre, bin ich nicht nichtig, sofern ich suchend hinstrebe zum Prozeß des Offenbarwerdens. Es gibt diese nicht trostlose, aber furchtbare Einsamkeit, die keine Kompromisse will, darum sich nicht täuscht, und doch nicht eigentlich wissen kann, was es ist, wozu sie drängt. Dann ist das unkenntliche Schweigen, in dem der Mensch ganz für sich bleibt, niemand davon weiß und ihn darin anerkennt, niemand es ihm erleichtert, wenn er sich aussprechen möchte, doch die Stärke möglicher Existenz, die sich nicht vergeudet, sondern bereit ist. Es gibt diese Möglichkeit einer unbegreiflichen Einsamkeit, und in ihr den Heroismus des Verzichts auf täuschende Surrogate. Es bleibt das unergründliche Weinen in der Stille, das abgründige Schweigen — das für die Ewigkeit die Bereitschaft möglicher Existenz zur Kommunikation auf einzige Weise ausdrückt. Wenn die Zeit kommt, wird der Schleier fallen. Aber über diese Einsamkeit zu reden, wird immer unmöglich sein.

Oder die Situation der Einsamkeit kommt wieder, wenn alle gestorben sind, mit denen ich in Kommunikation stand, *ich allein übrigbleibe*. Die Welt, in der der Mensch dann noch lebt, ist nicht mehr die seine. Doch seine Einsamkeit hat vor dem Abgrund des Existenz vernichtenden Vergessens die Möglichkeit des Transzendierens. Über die gegenwärtige Wirklichkeit hinaus kann er in dem Geisterreich zu Hause sein, das ihn schon aufgenommen hatte. Es ist nicht mehr die trostlose Einsamkeit, die in der Jugend die Möglichkeit denkt: vielleicht niemals —, sondern die leidvolle Einsamkeit des „nicht mehr", die zugleich geborgen ist in einem Sein für immer, das ihr als Erinnerung Gegenwart ist. Aus ihr trifft auf die neu herankommenden Menschen ein hingebendes Wohlwollen, aber sie können nicht wieder in die gleiche Nähe treten, die einst war.

Wird die Einsamkeit gegenüber dem Nichtwollen des Anderen und die Einsamkeit im Ausbleiben des Zufalls des Sichtreffens in der Zeitfolge zum Bewußtsein, einsam sterben zu sollen, so kann allein die *Transzendenz* die unerfüllte Kommunikation in sich aufheben. Da aber Einsamkeit nur in geschichtlicher Kommunikation wirklich und angesichts ihrer Möglichkeit noch nicht in der Transzendenz aufhebbar ist, kann ich aus ihr nur im Tode erlöst werden, bis zu dem ich bereit zur Kommunikation war: ich kann meine Einsamkeit transzendierend aufheben durch mein Selbstsein, wenn es sich nicht endgültig verschließt, sondern offen bleibt und leidet bis zum Ende.

Abbruch der Kommunikation

Wie Kommunikation das Selbstwerden mit dem Andern ist, ist ihr Abbruch die ursprüngliche Gefährdung der versagenden Existenz. Ist Kommunikation das Ineinsschlagen aus je einzigem Ursprung, so ist Abbruch die *Verschüttung* dieses *Ursprungs* selbst. Verschüttung ist nicht als ursprüngliches Verschüttetsein, sondern als das *Tun* dessen, der sich verschließt.

Abbruch der Kommunikation ist daher im selben, woraus *ich selbst* bin. Wie der Ursprung unaussagbar bleibt und nur zu erhellen ist, was aus ihm wirklich wird, so auch der Abbruch.

Ich kann mein Selbstwerden erhellen; denn ich erhelle ein Hervorgehendes. Ein Negatives aber kann ich nicht erhellen. Will ich Abbruch erhellen, so nur, *soweit* ich mein *Selbstsein* erhelle.

Da der Bruch in gleicher Tiefe erfolgt wie das Wirklichwerden der Kommunikation, so ist die Rückführung auf ein *Motiv*, das den Abbruch allgemein verstehbar macht, unmöglich. Unzugänglich im Grunde bricht die Kommunikation.

Daher ist der Abbruch *einsam*. Wie keine Kommunikation ohne Einsamkeit möglich wird, so kann Kommunikation nicht in ihr brechen, sondern jeweils in mir. Ich selbst zerbrach, als mir Kommunikation zerbrach. Ich brach mit ihr, ehe ich mit dem Andern brach. Der Bruch setzt voraus, daß ich im Kampf mit mir selbst ermattete und damit kampfunfähig wurde im kämpfenden Sein mit dem Anderen.

Verschüttung aber ist nicht Vernichtung des Ursprungs, der vielmehr *bleibt* als die *Möglichkeit* meiner selbst. Die Erhellung bedeutet den Appell an meine Möglichkeit, sofern ich in die Verschüttung gerate.

1. Angst vor der Kommunikation. — Kommunikation hat nicht begonnen, existentiell zu werden, wenn noch gar nicht die Gefahr des Abbruchs in ihr bewußt wurde, weil kein wirklicher Kampf war. In ihm soll ich mit dem Andern und vor dem Andern offenbar werdend erfahren und anerkennen, daß ich, wie ich mir jetzt bin, nicht ich selbst bin. Hier ist die Wende aller Kommunikation, in der ich das Wagnis ertrage, vor dem Andern als Wirklichkeit versinke, um aus meiner eigentlichen Möglichkeit erst wieder hervorzugehen, oder mich verstecke, weil ich nicht nackt sein will, nicht vor dem Andern und nicht vor mir selbst. Entweder ergreife ich mich in meiner Möglichkeit mit dem Andern oder ich sinke — allein — zurück in mein bloßes Dasein.

Aber ich *werde* nicht bloßes Dasein, sondern vollziehe eine widerspruchsvolle Bewegung: Ich wünsche so zu bleiben, wie ich da bin, während ich eigentlich fürchte so zu sein, wie ich da bin. Während mein Sein, dunkel gefühlt, nicht mein Sosein ist, will ich doch so sein, wie ich da bin, aber so nicht vor dem Andern sein.

Der Widerspruch verschärft sich: Aus meinem nicht vernichteten, aber verschütteten Ursprung weiß ich dunkel, daß ich nicht ich selbst bin. Aber ich denke, daß ich, erst einmal dem Andern entronnen, auch wohl noch Zeit habe, wofern ich nur nicht gar nicht bin. Aber im Alleinsein versinke ich mir vollends. Ich entschließe mich, mich zu sichern vor mir als vor der Möglichkeit meines Selbstseins und vor mir als dem Sosein. Ich suche die Festigkeit in der Fassade meiner selbst, die beides verdeckt. Sie schützt mich vor der Gefahr des Offenbarwerdens, die mich nackt vor mich und den Andern bringt; und sie schützt mich vor dem Anblick meines so seienden Daseins, so daß ich es in seiner Endlosigkeit und Beliebigkeit sein kann. So mich nach allen Seiten verhüllend, versinkt mit mir selbst mir auch der Andere. Obwohl ich noch eben auf ihn zugehen mochte, wandte ich mich im letzten Augenblick, in dem ich mich vor ihm hätte offenbaren müssen, von ihm. Was ich dunkel als seine Forderung verstand, meine ich nicht leisten zu können, weil ich es nicht leisten will. Die Angst vor der Enthüllung in der Kommunikation läßt die Verschlossenheit von mir totalen Besitz ergreifen. Ich erliege mir, meinem Freiseinsollen ausweichend, meinem Sosein mich hingebend, von beiden wegsehend. Ich meine jetzt, ich wäre nicht ich selbst geworden, wenn ich den Weg mit dem Andern gegangen wäre und seine Forderungen gehört hätte; nicht wie er, sondern wie ich es will, so will ich sein — mit solcher Formel verkehre ich mir den Sinn der Kommunikation. Ich bin nicht mehr für ihn da, sondern bin für mich. Die Brücke, die uns verband, zog ich empor. Der Angst vor der Kommunikation glaube ich entronnen zu sein, indem ich sie meide.

2. Widerstand des Eigendaseins. — In der Angst steckt die Macht des Eigendaseins; als das sich selbst dunkle, eigenmächtige Wollen des Soseins ohne Grund und ohne Kommunikation ist es in jedem Dasein jeweils das, was ich mir vital zugeeignet habe. Aus ihm entspringt das Interesse an materiellem Gut, an Geltung und Genuß, das selbst dem Nächsten gegenüber zu isolieren vermag.

Dieses Eigendasein, das außer der Kommunikation steht, begründet doch das empirische Dasein jedes Menschen. Es tritt in Konfliktsfällen scharf hervor, kann in glücklichen Situationen *verschleiert* bleiben, ist dann aber in Worten und Handlungen für den Hellhörigen zu ahnen und zu fürchten. Mag noch so oft verzichtet und geopfert werden, es gibt *äußerste Konflikte*, in denen der Eigenwille unausweichlich zutage tritt, sofern der Mensch leben will. Denn ich bin nur mit meinem Lebensraum, der die Bedingung meines Lebenswillens ist. Auf ihn verzichten, bedeutet, auf mein Leben verzichten.

Zum Beispiel kann das Verhalten zum *Gelde* ein Ausdruck dieses Behauptens des Eigendaseins sein. Es ist eine unwahre Wendung: Geld sei gleichgültig, oder auf das Geld käme es nicht an. Denn das Verhalten zum Geld, das im Verhältnis zur verfügbaren Menge nicht erheblich oder wenigstens nicht entscheidend ist, offenbart noch nicht die Situation. Alles wird anders, wo es sich um Geldmengen handelt, die für das beanspruchte Individuum schlechthin Dasein oder Zerstörung bedeuten oder auch nur fühlbare Relevanz haben. Die Klärung in seiner konkreten Situation führt den wahrhaftigen Menschen an die Grenzen, an denen er das Eigendasein bei sich selbst und dem Anderen, sein Maß und seine Artung wahrnimmt. Irgendwann stoße

6*

83

ich in mir und jedem Anderen auf den starren Widerstand des Eigendaseins, wenn dieses nicht mehr unter Bedingungen der Existenz, sondern fraglos als es selbst gilt.

Würde ich aus möglicher Existenz schlechthin fordern, dieses Eigendasein solle nicht sein, so vergäße ich, daß Existenz ihre Verwirklichung nur im Dasein hat. Würde ich umgekehrt aus der Vitalität des bloßen Daseins das Interesse meines und jeden Eigendaseins in seinem unausgesprochenen Sichselbstverständlichnehmen anerkennen, so vergäße ich Existenz. Die gradlinigen Haltungen zum Eigendasein, die es nur verneinen oder bejahen, sind keine Lösung dieser Grenze, aus der immer wieder der Abbruch der Kommunikation erfolgt:

Indem der Mensch *den Widerstand seines Eigendaseins aufgibt*, nichts für sich will, gar nicht leben will, hat er der Welt entsagt. Mag er unter metaphysischen Gesichtspunkten ein Heiliger sein, in Kommunikation kann er nicht mehr treten. Er kann als eigentlich daseinslos nicht mehr als selbständiges Wesen mit dem Anderen existieren. Seine Hingabe, Hilfe und Liebe sind blind und unpersönlich; sein Dasein bleibt zufällig oder ist verloren. Kommunikation ist nur, wo ein erhaltenes Eigendasein zu unendlicher Offenheit bereit dem Anderen verbunden ist. Es ist ein Hellwerden bei bleibendem dunklem Grunde. Die materiellen Mittel des Daseins erfahren hier die Anerkennung ihrer Wirklichkeit, daher Ordnung und Kompromiß, und in Höhepunkten geschieht das große Opfer. Aber nie gibt sich der Eine als daseiend auf, ohne auch die Kommunikation abzubrechen.

Ist aber das *Eigendasein als das selbstverständlich Unberührbare genommen*, so ist wiederum die Kommunikation vereitelt. Diese als aus möglicher Existenz kommend, stellt vielmehr das Eigendasein unter Bedingungen, befragt es, schränkt es ein.

Der dunkle Grund des Eigendaseins wird möglicher Körper der Existenz. Als bloßes Eigendasein ist er das blinde *Lebenwollen*, das nur mehr und mehr will; als Körper möglicher Existenz wird er der *Wille zu seinem Schicksal*. Der Lebenswille ist überall identisch, nur in den Inhalten veränderlich nach Situation und Zeit. Der Schicksalswille ist geschichtlich, gleichsam der ewige Grund, nicht der Gegensatz zur Existenz. Der bloße Lebenswille ist endgültig dunkel und geistfremd als Bedingung des Daseins. Der Schicksalswille in ihm als seinem Körper ist hellwerdend und Bedingung des existentiellen Selbstseins in seiner sich erscheinenden Wirklichkeit.

Das Eigendasein wird zwar der *endliche* Grund zum Abbruch der Kommunikation. Es ist aber als Bedingung des Daseins *zugleich* auch ihre *Bedingung*.

Da ich *als Eigendasein* im Kampf um dieses wesentlich das bin, was ich vor Anderen und vor mir selbst gelte, *vergleiche ich mich*. Im Vergleich sucht sich der Einzelne zu heben, durch Abstandnehmen, oder er kränkt sich im Wahrnehmen seines geringeren Maßes, will aufsteigen und haßt aus Ressentiment. Dies Sichvergleichen, sinnvoll in bezug auf Leistungen und auf das Allgemeingültige, wird *sinnwidrig in bezug auf Existenz*. Existenz ist nicht Fall von mehreren, ist nicht eine als vertretbar in einer Anzahl, die sich summieren läßt. Das Sichvergleichen ist eine natürliche Haltung des Eigendaseins im Daseinskampf; wo es aber auf das eigene Sein geht, zeigt es an, daß keine Kommunikation sich verwirklicht. Weil in der Kommunikation eigentliches Selbstwerden sich vollzieht, hört in ihr das Sichvergleichen auf. Mögliche Existenzen sind zueinander und darin nur sie selbst. Es ist existentiell unmöglich, daß jemand ein anderer sein möchte, als er selbst ist. Es ist vielmehr Ausdruck des Existenzbewußtseins, daß ich mich selber will und gar nicht frage, ob ich ein Anderer sein könnte; daß ich mich wesentlich *nicht* vergleiche, sondern mit den Anderen als Anderer bin, mit jedem, sofern ich Kommunikation suche, auf gleiches Niveau trete, mag er sonst in vergleichbaren Dingen weit über mir oder unter mir stehen; denn in jedem, wie in mir, setze ich Ursprung und Eigensein voraus.

3. Sinn des Abbruchs. — Selbst die Heftigkeit eines Bruches kann in ihrem Sinn *vorübergehend* sein. Ein augenblickliches Versagen meint nicht den endgültigen Abbruch, selbst wenn es so aussieht, sondern braucht nur Zeit. Das Vereiteln der Kommunikation in der gegenwärtigen Situation muß nicht die Aufhebung dieser Kommunikation überhaupt zur Folge haben.

Wer die Kommunikation mit *einem* Menschen brechen läßt, braucht nicht die Kommunikation mit *anderen* zu brechen, obgleich das kommunikative Versagen meines Wesens mich auch für jede andere Kommunikation gefährdet.

Wer sich *schlechthin* der Kommunikation entzieht, wird zugleich *jeder* Möglichkeit seines Offenbarwerdens ausweichen. Wer jedoch nur *im Besonderen* resignieren oder abbrechen muß, erfährt seine *Mitschuld* an dem Verlust dieser existentiellen Möglichkeit, aber nicht den Verlust *allen* Offenbarwerdens.

85

Wie zwischen zwei Menschen der in der Zeit *endgültig* gemeinte Bruch geschieht, ist in seinem Sinn von keiner Seite zu fixieren. Breche *ich* ab, weil mir die Möglichkeit des Selbstwerdens mit dem Anderen verschwunden scheint, so kann ich doch nicht zureichend begründen, sondern schuldig verliere ich in eigenem Selbstsein, was ich als den Anderen von mir distanziere. Bricht der *Andere* mit mir, so muß ich es leiden, ohne die Notwendigkeit einzusehen. Brechen *beide* miteinander, so laufen sie entweder auseinander wie Tiere, die nicht einmal Abschied nehmen, oder sie bewahren in der Gemeinschaft des Nein in der Distanz ihre Möglichkeit.

Würde man die Notwendigkeit eines bewußten Bruches, statt ihn als existentielle von Schuld unlösbare Erfahrung anzuerkennen, als einsehbar behandeln, so ließe sich objektivierend sagen: Der existentiell notwendige, äußere Abbruch, der zwischen zwei Menschen etwas zur Entscheidung bringt, ist ohne unwahres Wollen, wenn er die wahrhafte Anerkennung einer gewordenen Wirklichkeit bedeutet; in bestimmter Situation, in der es auf ein menschlich wesentliches Handeln ankommt, und zwei sich ohne Einigung und Verständnis gegenüberstehen, keiner zum Anderen ja sagt, wird der Abbruch nötig. Wenn etwa für den Einen ein Vertrauensbruch vorliegt, den der Andere nicht zugibt, also eine Verletzung der Bedingung der rückhaltlosen Kommunikation erfolgt ist, ohne daß in einem Klärungsprozeß Heilung möglich wird, so *fordert* die Wahrhaftigkeit die Entscheidung. Ist der Prozeß des Offenbarwerdens vernichtet, so *muß*, gerade um ihn als möglich zu bewahren, der geschehene Schritt fühlbar gemacht werden. Denn mit dem Abbruch will der Abbrechende nicht einen Strich unter das *Wesen* des Anderen machen, in dem ein verwerfendes Generalurteil vollzogen würde. Er bedeutet für ihn in *dieser* geschichtlichen Lage die Unvermeidlichkeit zwischen *diesen* beiden Menschen; nicht mehr. Ob die Folgen des Bruchs schweigend gezogen werden oder mit Anerkennung einer wahren Vergangenheit nach offener Aussprache, ist ein Unterschied der Form, der für die weiteren äußeren Beziehungen, nicht für den Sinn: daß der Bruch da ist, von Belang ist. Es gibt Situationen, die als soziologische Realitäten eine Aussprache widerraten. Der sichtbare, gewaltsame Akt wäre in der soziologischen Wirklichkeit eine nicht notwendige Erschwerung der zwischen Menschen fast immer fortbestehenden realen, äußeren Beziehungen. Eine schweigende Distanzierung bleibt zugleich die Bereitschaft für zukünftige Offenheit.

86

Denn so endgültig und existentiell entscheidend ein Bruch im Augenblick erscheint, es ist die Anerkennung der Begrenzbarkeit unseres Wissens und der Freiheit beider Seiten, daß die Möglichkeit der Klärung und des Einverständnisses nach jedem Handeln, das kränkte, nach jedem Vertrauensbruch und nach jeder Schädigung doch für die Zukunft *noch besteht*. Im Abbruch, der dem, der wahrhaft in Kommunikation stand, von einem nicht verwindbaren Schmerze ist, liegt für den Existierenden *nie* ein Recht, das er sich begründen könnte. Recht kann er sinnvollerweise nur in *partikularen*, objektiven Angelegenheiten zu haben meinen. Er hat das Wissen um seine Unfähigkeit, den Anderen aus den von ihm gesehenen *Verstrickungen* zu wahrem Kampf der Seelen zu befreien. Daß er ihn lassen muß in den Fesseln der künstlichen Selbstbewahrung und sichernden Ordnung, preisgegeben dem Zerrinnen seiner möglichen Existenz, empfindet er als *Schuld*. Aber grade dieser ihm im Bruch erscheinende Aspekt sieht für den Anderen anders aus. Für dessen Einsicht scheint eine zentrale Verfehlung im Sehen und Werten seiner durch mich vorzuliegen. In jedem Falle bin ich schuldig. Es ist kein Bruch in Helligkeit ohne Schuldbewußtsein zu vollziehen. Daher geht die Forderung an mich: bereit zu bleiben, nicht nur Vorwürfe zu machen; aber bereit nur zum Kampf im Medium des Vertrauens und der Infragestellung, nicht zu sentimentalen, täuschenden Versöhnungen. Zu allerletzt ist *der ewige Bruch nicht glaubhaft*, sofern ich einmal mit dem Anderen auch nur einen Augenblick verbunden war. Und das Grundprinzip kommunikativen Wollens mag sein, daß es so wenig ein unbegrenztes Nachtragen und Verwerfen geben solle wie ewige Höllenstrafen. Hier sind nur entscheidende Handlungen des jeweiligen Augenblicks und die Zukunftsbereitschaft möglich.

4. Gestalten des Abbruchs. — Der Eigenwille des Daseins in der Angst vor der Möglichkeit des ihn begrenzenden Selbstwerdens bricht die Kommunikation ab, wenn die Existenz ihn nicht einschränkt. Die *Gestalten*, in denen der existenzlose Abbruch erfolgt, sind Weisen des Täuschens seiner selbst und des Anderen. Reden und Tun bedeutet in ihnen nicht mehr — als was es sich dennoch geben muß — die als solche gemeinte Mitteilung. Die täuschenden Gestalten sind zahllos; nur Immerwiederkehrendes läßt sich kennzeichnen:

a) Wenn ich mich gegen Kommunikation eigensinnig sträube: „mich kann man nicht mehr ändern“, oder „ich muß nun mal so hingenommen werden“, so wird darin doch faktisch an den Anderen appelliert um Hilfe, als ob dem Ich noch ein zweites Ich gegenüberstehe, dem zu helfen sei unter der Voraussetzung, daß das andere Ich nun einmal so sei. Es wird eine Kommunikation *gesucht und* zugleich *abgebrochen:* denn dem existierenden Selbst läßt sich nicht helfen, sondern mit ihm ist nur in Kommunikation zu treten (was fälschlich Hilfe genannt würde), während Hilfe nur im Partikularen, in den Ordnungen und zweckmäßigen Behandlungen des Daseins möglich ist. Indem ich gegen das Offenbarwerden mich sträube, als ob ich mich mit einem objektiven Sein als Bestand (ich bin nun einmal so) identifiziere, mache ich mich zu einem unfreien Ding. Doch kann ich das faktisch nicht vollziehen, sondern nur sagen. In jenem so einfach klingenden und verhängnisvollen Satz ist das Aussprechen des Satzes doch ein freier Akt mit dem Bewußtsein des Selbstdaringegenwärtigseins; diese Freiheit steht im Widerspruch zum Inhalt des Satzes, durch welchen ich mich restlos zu einem unfreien bloßen Dasein mache. Indem ich, mich täuschend, den Satz zu glauben meine, ist sein Inhalt, sofern ich ihm folge, von der Bedeutung einer existentiellen Entscheidung, ich lasse mich gehen, werde passiv, warte — auf nichts, und vollziehe meine Freiheit nur noch im Beklagen meines Daseins, schließlich es anderen zeigend, damit sie in die Klage einstimmen. Ich wollte nicht Kommunikation, darum will ich schließlich Mitleid. —

b) Ist in realer Situation die Kommunikation bezogen auf jetzt zu treffende Entscheidungen des Handelns, so kehrt sich der Widerstand gegen die volle Klarheit, welche den *Vorteil* des dunklen Eigendaseins oder das in *festen Auffassungen* gesicherte Selbstbewußtsein gefährdet. Jeder andringenden Kommunikation wird vom starren Eigendasein die Grenze gesetzt durch Formeln, in denen die Situation gedeutet wird, mit dem Anspruch, solche Deutung sei als die allein richtige anzuerkennen. Diese Argumentationen sind verzweifelter Schein; sie werden sogleich sophistisch, weil endlos; sie sollen den Anderen, auf den ernstlich zu hören innerlich verweigert wird, zwingen. Der Abbruch der Kommunikation ist schon vollzogen, bevor ihre Möglichkeit ansetzte.

c) Wie die Angst vor Existenz, die aus der Sorge um das empirische Dasein in dem Grauen vor dem Abgrund des Nichts entspringt, die *Entscheidung meiden* möchte, wird Nebel als Trost des Nichtwissens gesucht und die Festigkeit beim Sachverständigen anerkannt, der, was jetzt zu tun ist, statt meiner entscheidet. Indem ich sage: „das verstehe ich nicht, ich bin nicht sachverständig", unterwerfe ich mich dem, der es nun am besten wissen muß, dem Rechtsanwalt, dem Arzt, dem Geschäftsmann, dem Lehrer, dem Priester. Dadurch entrinne ich der offenbaren Fragwürdigkeit in der Schwebe und Gefahr jedes konkreten Geschehens. Daß der Andere entscheiden soll, sichert das Nichtwissenwollen des Instinkts vor dem Selbstwerden in Kommunikation. Daß alles Wissen ein Moment des Ungewissen hat, daß zwar jedes Wissen ein spezifisches, aber darin verstehbar und übertragbar ist, und daß vor allem bezüglich der Entscheidung jedem philosophischen Menschen eine auf Verständnis beruhende Zustimmung oder Ablehnung zuzumuten ist, davor verschließe ich mich. Selbstsein in wahrer Kommunikation will lieber alles Leid und allen Schaden des Wissens, als sich dem Dunkel der fremden Entscheidung anvertrauen. — Umgekehrt hüllt man sich als Sachverständiger in Geheimnis, um seinem Urteilen und Handeln, statt es kommunikativ in der immer vorhandenen Problematik durchschauen zu lassen, die Macht der Autorität zu geben und infragestellende Erörterungen durch Berufung auf seine Sachverständigkeit bequem beiseitezuschieben.

d) *Sichberaten* vor der Entscheidung in konkreter Situation bedeutet selbst für mögliche Gegner die Bereitschaft, auf Gründe zu hören, sich von etwas zu überzeugen, das bei der eigenen Stellungnahme vielleicht bisher nicht zur Geltung kam. Der Grieche unterschied in diesem Sinne sich von den Barbaren als der Mensch, der auf Gründe hört. Naive Barbarei sagt dagegen auch heute: „Sie werden mich niemals von meiner Meinung abbringen."Ist dann durch die einfache Erklärung: „ich bin anderer Meinung" und durch das nicht weiter zu rechtfertigende: „so will ich" die Kommunikation offen abgebrochen, so tritt an ihre Stelle die Handlung des Überlegenen, wenn er kann, oder der stolze Übermut des Ohnmächtigen, der sich festrennt.

Anders gibt es *Gesprächsmanieren*, die noch den Schein einer möglichen Verständigung aufrechterhalten, aber nur der Abwehr dienen: Der Andere hört tatsächlich nicht mehr auf Gründe. In der Situation gemeinsamen Handelns hält er seinen bestimmten Zweck als über das Ganze seiner Gegenwart ausschließend herrschend fest und läßt ihn nur noch vorgeblich einer Prüfung unterwerfen. Indem er meine Gründe nach ihrer möglichen Wirkung auf dritte wertet, versetzt er sich willentlich gar nicht in die Idee meines Standpunktes, leugnet aber bei mir die Sachlichkeit, und setzt mich herab.

Im Gefolge solchen Verhaltens, in dem mit mir nur noch vorsichtig und zu anderen vernichtend über mich gesprochen wird, bleibt nicht einmal mehr die Solidarität des Verständigseins möglich; ich bin reines Objekt; mir bleibt nichts als Warten und Bereitschaft, wenn nicht Verteidigung in Notwehr gefordert ist.

e) Das Abbrechen der Kommunikation in konkreter Situation will, in *gesteigerter Daseinsnot*, triebhaft das Verhalten des Anderen zu eigenen Gunsten zu lenken versuchen. An die Nachsicht des Anderen appellierend („ich bin zu jung", „ich bin zu alt", ich bin nervenkrank"), will ich unwahrhaftig im Augenblick den Forderungen der Unbedingtheit ausweichen. Solche Äußerungen hätten ihren Sinn in bezug auf Begabungswerkzeuge, Kräfte, einzelne Tüchtigkeiten; zum Abbruch der Kommunikation in Fragen freier Entscheidung benutzt, erklärt so der Sprechende, während er den Anspruch seines Selbstseins aufrechterhält, das Ganze seines Wesens für unzurechnungsfähig. Er möchte mich zum Objekt seiner Wehrlosigkeit machen, macht damit aber nur sich zum Objekt.

Schließlich steigert sich die Unwahrhaftigkeit zum Aufschrei der Kommunikationslosigkeit im Bruche mit sich selbst: „ich halte das nicht aus", „es ist mir unerträglich", „ich werde zusammenbrechen", oder in jähem Umschlag: „ich bin nichts wert, ich tauge nichts, macht mit mir, was ihr wollt." Die Forderung der Kommunikation wird mit Verzweiflung beantwortet. Ich kann wohl einer physischen Anstrengung ausweichen dürfen; ich kann mir sagen: ich muß zunächst schlafen — eine Zeitverschiebung muß nicht ein Ausweichen sein. Wohl kann ich in bezug auf Ermüdungen, Affektausbrüche sagen: ich kann mich nicht auf mich verlassen und kann daher gewisse Pflichten, etwa solche politischen Handelns, nicht übernehmen. Aber niemals kann Klarheit im Offenbarwerden durch existentielle Kommunikation auf die Dauer so abgelehnt werden oder ich mich aus der Situation ausschalten, um nur gehen gelassen zu werden, ohne daß ich mich selbst völlig aufgebe.

f) In konkreter Situation wird *drastisch* abgebrochen, um eine sofortige Wirkung zu erzielen: „du kannst nicht verlangen, daß ich mit dir über so etwas diskutiere", „ich verbitte mir diese Worte", „ich will von diesen Sachen nichts mehr hören"; oder ich lasse den anderen stehen. Dieses willkürliche Abbrechen will als solches gesehen sein. Hier scheint durch die Einstimmung des Äußeren und Inneren die Haltung wahrhaftig. Doch grade in dem Ostentativen liegt das

Täuschende. Vorschieben von Stolz, Ehre und Würde will erreichen, daß die mögliche Existenz des so Erregten unberührt, weil ohne Einsatz bleibt. Dann wird wohl der Versuch gemacht, indirekt dennoch in Erfahrung zu bringen, was den Anderen betrifft, wie er sich hält, was er denkt, wodurch sich erst recht das nur Äußerliche, gar nicht Entscheidende der abbrechenden Handlung zeigt. Maßgebend ist nur das unmittelbare Interesse; der Abbruch ist ein Mittel. Eine gesellschaftliche Regelung, Entschuldigung und Versöhnung, können am Ende alles Wesentliche wieder auf neue Weise verdecken.

5. Unmöglichkeit der Kommunikation.— Vor typischen menschlichen Haltungen, welche eine echte Annäherung schon im Anfang für immer scheitern lassen, bleibt nur Verzicht:

a) der Mensch, der in einer versteinerten Objektivität lebt, als einer Welt materialisierter Inhalte, die ihm das Sein schlechthin bedeuten, ist als er selbst unzugänglich. Es sind die stumpfen und die *abergläubischen* Menschen, die gar nicht Kommunikation wollen, sich nie in wahrem Gespräch befinden, sondern vorbeireden an allem, was vom Anderen kommt. Sie können nur unpersönlich plaudern oder ihre Dogmen vortragen.

b) Der Mensch mit einer rational *fixierten* Moral, der weniger selbst handelt als beurteilt und fordert, erfährt kein ursprüngliches Leben, sondern begründet moralpathetisch vermeintlich zwingend die Resultate, die er auf jeden vorkommenden Fall anwendet. Er offenbart sein Wesen durch sein Leben: aus Prinzipien gradlinig entwickelte übersteigerte ethische Handlungen mischen sich mit Handlungen aus triebhafter Affektivität und aus instinktiver Schlauheit. Als er selbst kann er nicht in Kommunikation treten.

c) Der eigensinnige *Stolz* des Menschen, der nur er selbst sein will, wehrt Kommunikation ab. Er möchte mit sich die Welt identifizieren und kennt nur den Willen: die Welt zu besitzen. Er hört aus Neugier und Menschengier, erträgt nicht, eine Blöße zu zeigen oder in die Situation des Unterlegenen zu kommen. Zu Menschen sucht er nicht die Beziehung der Solidarität, er will sie erobern und zu eigen haben.

Kommunikative Situationen

Da existentielle Kommunikation Dasein nur hat in der Verkörperung durch das Medium der objektiven Kommunikationen, so ist sie in der soziologischen und psychologischen Wirklichkeit jeweils an meine Rollen gebunden. Sie tritt in sie ein und windet sich aus ihnen heraus zu ihrem eigenen Sein, das sich doch nie von ihnen loszulösen vermag. In den empirisch wirklichen soziologischen und psychologischen Daseinsverhältnissen entstehen auch die Situationen für das Sichtreffen möglicher Existenzen. Wird daher die Beschreibung dieser Situationen als Mittel der Erhellung existentieller Kommunikationen versucht, so ist das Mitschwingen der eigenen Möglichkeit in ihnen fühlbar zu machen; es ist die existentielle Kommunikation im Abstoßen von ihren Abgleitungen zu charakterisieren.

Keine dieser Analysen erlaubt eine Anwendung in dem Sinne eines durch sie erzielbaren Wissens über die Existentialität oder Nichtexistentialität eines einzelnen Falles. Der Verstand möchte zwar das Ideal sehen und gegenständlich aussagen, um daran zu messen und sich nach ihm zu richten. Die wahre Kommunikation, als Ideal im Bilde konstruiert, wäre aber nicht mehr sie selbst. Kommunikation als existentiell wirkliche muß eine Gewißheit in ihr selbst haben ohne Wissen. Nur als mögliche Klärungen im Dienst eines Kommunikationswillens haben konkrete Explikationen ihren Sinn.

1. Herrschen und Dienen. — *Macht* bringt — in jeder ihrer physischen, vitalen, geistigen, autoritativen Gestalten — Menschen in Beziehungen der Über- und Unterordnung. Diese sind eine universale Daseinswirklichkeit. In ihnen vollzieht sich eine Kommunikation auf *ungleichem Niveau;* Existenzen erhellen sich nicht gegenseitig, sondern gewinnen eine Befriedigung wohl in bezug aufeinander, aber in einer heterogenen Weise.

Zwar wer Sklaven hält und als Werkzeuge benutzt, steht nicht in diesem Machtverhältnis, sondern in der inneren Beziehungslosigkeit bloßer Gewalt; wohl aber ist ein lebendiges Machtverhältnis, wo von *beiden* Seiten seelische Kräfte im Spiele sind. In der Güte gegenüber dem Untergebenen, in der Demut gegenüber dem Herrn gibt es Kommunikation. Treue im Sorgen und im Dienen, Verantwortung für den Dienenden und Ehrfurcht vor dem Herrn binden gegenseitig. Die Situation macht als solche die gehaltvolle Kommunikation in Distanz möglich; existentielle Kommunikation verwirklicht auch in den Gestalten realer Abhängigkeit das gleiche Niveau.

Nicht die Wirklichkeit der Abhängigkeiten ist eine Gefahr für existentielle Kommunikation, aber die Versuchung, in dem Gehalt der niveauungleichen Kommunikation die Erfüllung des Selbstseins zu finden. Dann glauben beide, Herr und Knecht, auf entgegengesetzte

Weise für ihr Bewußtsein der Einsamkeit zu entrinnen: Der Eine flieht sein Selbst, indem er es in die Abhängigkeit vom Herrscher als Autorität bringt und darin vergeht. Der Andere dagegen entrinnt seinem einsamen Selbst als Herr, indem er die übrigen durch Unterwerfung assimiliert, dann aber als Glieder *seines* Ganzen gelten läßt; er entrinnt seiner Einsamkeit in dem Prozesse, sein Selbst zum Selbst der Welt zu erweitern. Beide können nie das Ziel *erreichen*.

Der sich Unterwerfende muß erfahren, daß der Herr doch nicht unverletzlich der Herr ist, dann auch, daß er ihn selbst nicht nur als assimiliertes Glied des Ganzen gelten lassen, sondern eines Tages je nach Situation auch vernichten will. Er setzt seinen Willen des Sichaufgebens daher um in ein ideelles Sichunterwerfen: einem objektiven Gotte und den von ihm, als gottgewollten, abgeleiteten menschlichen Institutionen gegenüber. Von daher findet er sich mit den Mängeln seines Unterwerfungszustandes in der Welt ab, solange er dem Herrn und seiner Erscheinung glaubt.

Dieser aber gewinnt entweder nicht die Herrschaft über alles; er lebt immer noch in dem Prozesse der Assimilation von Welt und Menschen in physischer oder geistiger Welteroberung. Die Richtung scheint dahinzugehen, wo seine Selbstheit ihr Leiden an sich aufgehoben hätte. Aber solange er in diesem Prozesse ist, steht ihm das Dasein Anderer, nicht Assimilierter im Wege. Er muß sie, die sich ihm nicht unterwerfen wollen, wider Willen vernichten und legt eine Wüste um sich, die ihn täuscht, als ob nichts gewesen sei. Wenn es möglich ist, reicht er noch im letzten Augenblick ritterlich dem Überwundenen die Hand, um ihn als Glied seines Wesens zu erhalten. — Oder es wird ihm im Prozesse bewußt, daß er nur von diesem Prozesse als solchem lebt: dessen Vollendung würde seine Einsamkeit nur zur Welteinsamkeit seines allumfassenden einen Selbst erweitern und ihn in unveränderter Qual lassen. In Höhepunkten seines Erfolges, wo alles ihm unterworfen scheint, sehnt er sich nach einem Feinde, der ihm ebenbürtig ist; denn er will nicht allein sein. Er empfindet sein furchtbares Schicksal, zerstören zu müssen, was er achten kann; aber er kann nicht in existentielle, liebende Kommunikation des Offenbarwerdens treten.

Beide aber, die Befriedigung im aufschauenden Unterwerfen, und die im aneignenden Assimilieren, Knecht und Herr, finden sich in der gleichen Kommunikationslosigkeit zusammen. Nur Existenz in wahrer Kommunikation tritt aus dieser Polarität kommunikationsloser

Beziehungen eines jeweils einsamen, sich nicht verstehenden Selbst heraus. Es bleiben nur bedingte und zweckhafte Beziehungen von Über- und Unterordnung in der Welt und ihre geschichtliche Erfüllung; unbedingte Kommunikation aber entfaltet sich allein, wo in den Hüllen der Daseinswirklichkeit Selbst und Selbst auf *gleichem Niveau* sich begegnen.

Gegenüber aller existentiellen Niveaugleichheit, die sich zur Verwirklichung der Kommunikation in den Abhängigkeiten der Daseinswirklichkeit durchsetzt, ist es etwas radikal anderes, die *Idee einer ewigen Hierarchie* zu fassen; ich denke über alle Kommunikation hinaus eine Rangordnung der Existenzen, die ich nie weiß.

Diese wäre im Wesen unterschieden von der Rangordnung vergleichbarer Eigenschaften und sogar des ganzen empirischen Daseins, der vitalen Wucht, der Leistung und Wirkung, der Geistigkeit und Bildung, der öffentlichen Geltung, der gesellschaftlichen Stellung, in denen überall ein ungewußtes, natürliches Sichunter- und Sichüberordnen stattfindet, oft sofort im instinktiven Reagieren auf den physiognomischen Eindruck. Rangordnung der Existenzen dagegen könnte nie verwirklicht und niemals, weder im Allgemeinen noch im besonderen Falle, gewußt werden. Sie würde in die Erscheinung treten als ein geheimes stets bewegliches Fühlen der bedeutenderen Tiefe und Entschiedenheit des Anderen und umgekehrt.

Dieses Fühlen bleibt sich nie gleich, sondern wandelt sich nach der Gewißheit des eigenen Entschiedenseins. Es ist inkommunikabel, weil es, ausgesprochen, durch Abgleitung in gewußte Objektivierung unwahr zu einem Vergleichen würde, worin die Niveaugleichheit, welche Bedingung echter Kommunikation ist, aufgehoben wäre. Um in Kommunikation zu treten, müßte der Höhere sich erniedrigen und der Niedrige sich erhöhen, und beide dürften es nicht merken. Nicht einmal sich selbst darf in der Bewegung jenes Ranggefühls der Einzelne nur einen Augenblick sich dieses fixierend aussprechen, ohne in Kommunikationslosigkeit zu versinken und den gefühlten Rang sofort zu verlieren.

Aber als Grenze, die nicht denkend beschritten, sondern nur als unbetretbarer Ort angegeben werden kann, besteht der Gedanke, der Eine sei gleichsam der Gottheit näher als der Andere. In der Erscheinung der Existenz aber besteht weder ein Gleichmachen — denn jede ist sie selbst und einmal — noch ein Abschätzen, sondern eine stets in Kommunikation vollzogene Niveaugleichheit, auf der alles Partikulare der Erscheinung, aber nicht Existenz selbst verglichen werden kann. Sofern ich ein Wesen als Ganzes abschätze, die Summe ziehe und die Bilanz nehme, ist es für mich keine Existenz mehr, sondern nur ein psychologisches oder geistiges Objekt.

2. Geselliger Umgang. — In welche Verstrickungen auch die geselligen Beziehungen führen können, sie sind eine *Daseinsbedingung*. Die Formen geselliger Konventionen bleiben notwendig *auch* für die existentielle Kommunikation in ihrer zeitlichen Entfaltung. Der Mensch bedarf der distanzierenden Haltungen, um sich zu bewahren. Es bedarf der Stufen des Näherkommens zum Schutz der inneren Würde bis zum Augenblick der Wahrhaftigkeit existentieller Kommunikation. Nur im verzweiflungsvollen Akt eines Einsamen, der die Besonnenheit verliert, kann zwar subjektiv wahrhaftig aber doch ungebärdig und objektiv unwahrhaftig die Haltung antizipierend durchbrochen werden. Der Mensch wirft sich dem Anderen gleichsam an den Hals, ohne noch eine Antwort abgewartet zu haben.

In dem Medium der Geselligkeit finden die unzähligen unverbindlichen Berührungen statt, unter denen dann einmal und ein andermal *der Augenblick* kommt, wo Situation und Gespräch die bis dahin unwesentliche Beziehung wesentlich entscheiden. Das Sichfinden bei erster Berührung ist in der Wurzel verschieden von dem vergeblichen langjährigen Bemühen bei ständigem Zusammensein. Der Augenblick des ersten Funkens wird das Wagnis. Oft zieht sich einer still wieder zurück, als ob nichts geschehen wäre. Oder in ihm gelangen Menschen vor eine Aufgabe, welche Wahrheit und Offenheit fordert. Der Augenblick entschied in unausgesagter, äußerlich kaum sichtbarer Form, was keiner bewußt wollte; in ihm wurzelt Treue und Solidarität ohne Wort und Vertrag, oder aus aktiver Abneigung geheimer Widerstand für immer.

Geselligkeit ist einerseits als *Daseinsbedingung* die Form der Berührung für gemeinsame Zwecke, gegenseitige Hilfe, entgoltene Dienste. Sie kann auch als zweckfreies, spielendes, weil unverbindliches Zusammensein Voraussetzungen für Kommunikation schaffen, weil sie Menschen in die Möglichkeit des Sichtreffens bringt.

Gesellige Formen *fangen* andererseits die Sichtreffenden, die in Kommunikation treten könnten, *auf*, wenn eine substantielle Verwirklichung unmöglich ist. Der Einzelne, dessen Möglichkeit nicht für beliebig viele Verbindungen ausreicht, kann nicht mit jedem Menschen, der ihm begegnet, in existentielle Kommunikation treten. Auch dem

Freunde gegenüber ist die Kraft existentieller Möglichkeit begrenzt. Nicht in jeder Stunde des Lebens kann das Äußerste einer existentiellen Nähe verwirklicht werden. Darum stehen auch existentiell verbundene Menschen in geformten Beziehungen des Umgangs. Durch Formen wird ihre Gemeinschaft in Zeiten ermattender Kommunikation gesichert.

Die geselligen Formen sind in ihrer besonderen Ausbildung *historisch bestimmte*, sie werden in der Erziehung zu einer zweiten Natur, können aber nur schwer bewußt gelernt und in der Situation gewollt werden. Es bedarf, wo sie als selbstverständlicher, gemeinsamer Besitz mangelhaft sind oder beim Übertritt in einen anderen Kulturkreis, der Anstrengung dauernder Selbsterziehung, sie überhaupt zu gewinnen.

Da nur durch lebenslängliche Erziehung in begrenzten Kreisen mit spezifischem Selbstbewußtsein und spezifischem Ehrbegriff eine zweite Natur geselligen Umgangs als eine durchgeführte Lebenshaltung entsteht, Massendasein aber ihren Bestand wieder bedroht, so ist jede solche Haltung nicht nur eine historisch bestimmte, sondern eine ursprünglich *aristokratische*. Die wirklich ausgebildeten Beziehungen pflegten daher stets eine Form des Umgangs bei gleichzeitigem Ausschluß der nicht Zugehörigen zu sein. Nur von da aus gingen sie auf ganze Völker über, indem sie zugleich verwässerten.

Dieser Prozeß der *Humanisierung* — die chinesischen Formen, die ritterlichen Formen des Mittelalters in ihren Weiterbildungen und Verzweigungen bis zum modernen gentleman, die humanistische Renaissancebildung sind Beispiele — darf selbst auf hoher Stufe nicht mit Gewinn der Existenz verwechselt werden. Wesentlich ist immer, daß sie als solche keine Verbindlichkeit als Treue bringen, sondern nur bestehen für die Dauer und die Sphäre der gesellschaftlichen Geltung selbst. Wer von der Gesellschaft fallen gelassen ist, der Deklassierte, ist nicht mehr. Für ihn bleiben nur die Formen kühler Reserve. Innerhalb der Gesellschaft aber werden auch die persönlichen Gehässigkeiten und Zuneigungen, die Feindschaften und Freundschaften in dem Medium dieser Formen auf ein gesellschaftliches Niveau gebracht, gleichsam abgestumpft, so daß sie entweder gehoben werden (daher die Zucht und Haltung des Feindseins im Vergleich zum Pöbel) oder erniedrigt werden (daher die tiefe Kränkung des Freundes, dem ich plötzlich in gesellschaftlicher Form der Liebenswürdigkeit komme). Die Beziehungen sind objektive und äußerliche, ihre Wirklichkeit ein wertgebendes Bildungsresultat, in dem Zufriedenheit des

Augenblicks als existenzloses Selbstbewußtsein möglich wird, Bosheit und Kränkung und elementare Triebhaftigkeit aber versteckt bleiben.

Während nur aristokratische Gesellschaften durchgeformt sind, ist Geselligkeit, wo überhaupt Menschen miteinander leben. *Überall* gibt es Weisen des Umgangs, denen sich kein Einzelner entziehen kann. Heute sind zum Beispiel Weltformen: die Weisen der Höflichkeit und Liebenswürdigkeit; die natürliche Offenheit, welche doch alles verschweigen darf; der unverbindliche Ausdruck von Vertrauen ohne praktische Konsequenzen; die Ordnung und die Biegsamkeit im Umgang; das Nichtberühren der Dinge, in denen Verletzungen leicht möglich sind; der Takt, der menschenfreundlich ohne Aufdringlichkeit ist; das Maßvolle in allem Verhalten; im Gegensatz etwa zu den Formlosigkeiten: der hochfahrenden Art, die persönliche Geltung beansprucht; dem Fühlenlassen, wie gleichgültig einem der Andere ist; dem Zeigen des Mißtrauens, mit welchem doch Menschen faktisch sich überall gegenüberstehen, wenn sie sich fremd sind; dem rücksichtslosen Benehmen in der Öffentlichkeit, als ob sonst niemand da wäre. Diese Weltformen aber bleiben oberflächlich. Sie sind, weil sie nichtssagend sind, geeignet, die Reibungslosigkeit im Umgang zu bewirken, aber sie vermögen nicht, Menschen in Kommunikation zu bringen.

Der gesellige Umgang als nur dieser bleibt in der Daseinssituation stecken; existentielle Kommunikation aber vollzieht sich, wohin keine Gesellschaft dringt. In ihr werden die geselligen Formen überwunden, indem sie relativiert werden. Die entschieden durchgeformte Gesellschaft macht es dem Einzelnen leichter, auch im Kontrast zur Gesellschaftlichkeit sich als mögliche Existenz den Raum zu verschaffen, dessen die Freiheit bedarf, welche für die Gesellschaft kein Dasein hat. Wo hingegen die Eigengesetzlichkeit gesellschaftlichen Lebens nicht zu disziplinierter Entwicklung gebracht ist, weil sie ungeistig blieb, da bleibt auch das Wesen der Existenz im Unklaren.

Faktisch ist überall die Verflechtung von Geselligkeit und Kommunikation, des sozialen Ich und der Möglichkeit des Selbstseins so unlösbar, daß eine *Spannung* beider und ein Kampf des Einzelnen *um* wahrhafte Kommunikation zum Wesen geselligen Daseins gehört. Dieser Kampf geht nicht um meine Geltung in der Gesellschaft, sondern *um mich* vor mir selbst. Meine Rolle und die Meinung, die man von mir hat, drängen sich mir auf, so daß ich sie auch innerlich verwirkliche; es ist eine Tendenz, daß ich so werde, wie man mich erwartet; ich habe daher ein Leben lang einen Kampf gegen sie um mich zu führen, der identisch ist mit dem Ringen *um existentielle Kommunikation*. In ihm liegen zwei *Gefahren:*

Solange ich die gesellschaftlichen Spielregeln nicht nur in Kauf nehme, sondern selbstverständlich mit dem Anderen auch vor mir bin, wofür man mich hält, werde ich in freundliche Tendenzen aufgenommen und merke nur in Grenzfällen die eigentliche Kommunikationslosigkeit. Wenn ich aber — noch ungewiß in mir selbst — bereits in instinktiver Helligkeit Verwechslungen der Kommunikation fürchtend, nicht mitmache, die Spielregeln nicht mit vitaler Wärme erfülle, so werde ich den Anderen unverständlich und hassenswert; die dumpfe Wahrnehmung der Möglichkeit meiner Selbstbehauptung aus eigenständigem Ursprung erbittert durch das Erfühlen meiner Bereitschaft zur Infragestellung in echter Kommunikation. Jetzt hat die Gesellschaft als das Dasein aller oder der Mehrzahl die Tendenz, *mich auszuschließen*. Um mögliche Kommunikation kämpfend, muß ich gesellige Kommunikation abbrechen und unfreundliche Auffassungstendenzen erleiden. Existentielle Kommunikation und geselliges Leben nach Spielregeln stehen so lange in Feindschaft, als nicht eine ursprüngliche Sicherheit oder die Klugheit des Erfahrenhabens versteht, nicht etwa auszugleichen, sondern Gesellschaftlichkeit zu üben mit dem Wissen, welche Bedeutung ihr zukomme und mit der Bereitschaft, sie im Konfliktsfalle (und nur dann) zu durchbrechen. Diese Klugheit, die nicht nach Regeln verfahren kann, ist nur aus der Situation. Wird der Konflikt im einzelnen Menschen sichtbar, so ist das Mißtrauen der Gesellschaft unüberwindlich. Ob ich dann auch sonst nachgiebig, liebenswürdig und für die Anderen bereit bin, ich gerate in Gefahr, bei jeder fühlbaren inneren Selbstbehauptung, in der ich nicht Repräsentant der Anderen, sondern ihnen fremd bin, als anmaßend und als Egoist zu gelten.

Die zweite Gefahr liegt *in mir selbst*. Ich weiche dem Kampf aus, indem ich mich isoliere und mit Gleichgültigkeit gegen alle Gesellschaft wappne, in unwahrer Verachtung der Gesellschaft vergesse, daß ich existierend nur in der Objektivität der Teilnahme an der Gesellschaft, im Ergreifen von Beruf und Rolle mir erscheine. Aus der Existenzlosigkeit in der passiven Hingabe an die mich überströmenden Tendenzen der Gesellschaft gerate ich in die Existenzlosigkeit leerer Ichheit ohne Gehalt. Diese gegen die Gesellschaft negativer Tendenz ist so gut ein aufgedrungenes Selbst wie die positive Hingabe an die

Gesellschaft. Wenn ich die Erfahrung mache, daß ich ein Mensch bin, wie andere, mit den Trieben und Eitelkeiten, an die auch gerade die Gesellschaft appelliert, mit dem gesunden Menschenverstand, auf den sie rechnet, so gewinne ich mich nur dadurch, daß ich diese mich zum selbstlosen Selbst treibenden und dabei mich mir selbst entfremdenden Tendenzen erhelle und in einem fortwährenden Kampf überwinde. Trotzige Abschließung kann im Augenblick ein scheinbarer Aufschwung sein, aber sie ist in Wahrheit Schwäche der Existenz, die sich schützt gegen die Notwendigkeit der Bewährung in der geschichtlichen Prägung ihrer Erscheinung durch konkrete Situationen und Aufgaben. Mögliche Existenz erfüllt sich im Ergreifen der geselligen Zusammenhänge und in der Spannweite der geistigen Lebendigkeit, die ihr darin wird.

Wenn in glücklichen Umständen ein geistiger Reichtum und eine Machtsphäre außerordentlichen Maßes in einer bevorzugten Gesellschaft zu verwirklichen ist, so besteht zwar immer eine Tendenz, als Virtuose der Geselligkeit sich zu verlieren, aber auch die andere, gerade in den höchsten Spannungen des hier nur gesteigerten Kampfes einzigartige Tiefe und Helle der Existenz zu gewinnen.

Gerate ich indessen auf den Weg, mich selbst verlierend Welt als Welt zu ergreifen, so vielleicht in der *Überlegenheit* einer endlosen Welterfahrung: Ich suche die Menschen aus Lust an der Individualität, an der Mannigfaltigkeit der Charaktere und Schicksale, aus Neugier und Hörenwollen. Es flackert vorübergehend eine Beziehung auf, am Ende aber lasse ich den Anderen liegen; ich kenne ihn nun und meine Lust ist befriedigt. — Habe ich vor einem Individuum ungewöhnlichen Respekt, will ich ihm sichtbar werden und gefallen, so folgt eine Phase außerordentlicher Bemühung, in der ich mich in den besten Aspekten zeige, im Augenblick aber, wo ich den Anderen erobert zu haben meine, das leere Bewußtsein, von ihm wertgeschätzt zu sein. Situationen dieser Art münden in eine Atmosphäre der Gleichgültigkeit, die mit dem Ausbleiben weiteren Interesses anzeigt, daß von Anfang an kein Kommunikationswille da war. Wohl bin ich souverän im Prozeß des Aussaugens und Eroberns, aber grade diese unbekümmerte Souveränität isoliert mich, macht aus meinem geistigen Dasein eine verzweifelte, nie befriedigte Jagd, und hält ein isoliertes Selbst ich sich geschlossen.

3. Diskussion. — Für sachliche Verständigung ist die Situation das Miteinandersprechen, in dessen Folge ein Wahres herausgebracht

werden soll. Während im politischen Verhandeln das Endziel eine bestimmte Willensentscheidung ist, ist sachliche Diskussion auf Verständnis oder Finden eines gültigen Inhalts gerichtet. Etwas wird in Behauptung und Gegenbehauptung, dann in Gründen und Gegengründen deutlich.

Ein praktisches Ziel ist noch beim „*Beratschlagen*" im Auge: wenn mehrere bei gleichem Ziel und gleicher Gesinnung über die Mittel sich klar werden wollen. Macht die Beratschlagung offenbar, daß die Ziele gar nicht dieselben waren, so wird die Diskussion alsbald zu politischem Verhandeln oder vertieft sich zu existentieller Kommunikation.

Die *theoretische Diskussion* will eine zwingende Gewißheit ganz unpersönlich zur Einsicht bringen. In ihr wird geprüft und gesichert. Die existentielle Berührung beschränkt sich auf das Vertrauen, das Menschen ineinander setzen, welche die Selbstdisziplin reiner Sachlichkeit üben, und auf die Gemeinschaft von Ideen, aus denen heraus die untersuchten Probleme Sinn und Wert haben.

Die Diskussion ist daher ein *Mittel eigentlicher Kommunikation*, noch nicht ihre Erfüllung. Mögliche Existenz tritt in Diskussion, um über den Sinn eigenen Glaubens und Wollens klar zu werden. Die Diskutierenden wissen beide noch nicht, was sie eigentlich meinen; in ihrer Diskussion suchen sie auf jene Ursprünge zu kommen, in denen sie einig oder nicht einig sind, und die in Gestalt ausgesprochener Prinzipien durch die Diskussion erst Deutlichkeit erhalten sollen. Doch Prinzipien sind ihnen sogleich relativ; keines ist an sich absolut, sondern als rationales ein nur vorläufiges Ende. Jetzt beginnt ein neues Befragen und Versuchen. Wenn das Bewußtsein des Vertrauens in existentieller Verbundenheit aus anderen Ursprüngen schon mächtig geworden ist, dann ist diese Form der Diskussion der Weg zu unablässiger philosophischer Erhellung eines Selbstseins mit anderem Selbstsein. Grade die entschiedenste Uneinigkeit ist dann nicht existentielle Trennung, sondern aneinanderbindendes Problem.

Bei jeder Diskussion, sowohl bei der nur sachlichen ohne Einsatz des Selbstseins wie bei der von existentieller Möglichkeit getragenen, ist eine Voraussetzung das wirkliche *Dabeisein* der Diskutierenden. Rationale Diskussion als solche hat die Tendenz, von *Sophismen* durchsetzt zu werden, wenn sie nicht in der Hand des Menschen bleibt, welcher mit ihr im Ernst die jeweilige Sache oder sich selbst sucht. Sophistische Verschiebungen bleiben nur aus, wenn ein redliches intellektuelles Gewissen sie schon im Keime zerstört. Wer es dem Anderen überläßt, seine Sophismen aufzulösen, hat die Möglichkeit existentieller Kommunikation vereitelt. Sophismen sind wie die Köpfe der Hydra: es kostet schon Anstrengung, ein einzelnes zu vernichten, und für jedes vernichtete wächst eine mehrfache Anzahl neuer. Sie sind nicht nur als logische, sondern sie treten als Verschiebungen von Wertsetzungen und Gefühlen und Willensrichtungen auf. Sie verstricken in ein unlösbares Netz und werden sogleich Mittel, den Anderen zu verwirren, zu überreden und zu eigen zu gewinnen. Nur wenn mögliche Existenz in ihrem Selbstsein überall den Sophismen aufpaßt, ist eigentliche Kommunikation möglich.

Während also rationale Diskussion an sich ins Endlose verläuft und damit leer wird, ist sie als Erscheinung existentieller Kommunikation in sich gebunden, weil gehaltvoll. Der Hörende greift im *entgegenkommenden Verstehen* schon voraus, nicht mit dem bloßen Intellekt, sondern weil seine substantiellen Antriebe getroffen sind, von denen aus er sogleich nur das Wesentliche erfaßt. Was die umständlichste Gedankenentwicklung nicht erreichen könnte, gewinnt seine Helle im Augenblick. Dadurch erst erhält die Diskussion Begrenzung und Notwenigkeit.

Diskussion ist nur in *Wechselrede;* weder im einseitigen Einreden auf den Anderen, das keine Antwort mehr versteht, diese vielmehr nur als Reiz zum weiteren Sprechen hört, noch im Nichtantworten. Wer zu Monologen im einseitigen Überschütten des Anderen neigt, pflegt auch unwahr zu schweigen. Die Sprache wird erst in der Bewegung zwischen zuhörendem Verstehen und antwortendem Denken schöpferisch. Jede Gebundenheit an einen Plan in der Wechselrede schränkt die Bereitschaft zum Hören ein; überläßt man sich aber dem zufälligen Einfall, so gerät man in ein Chaos, das den Gang einer Wechselrede zerstört. Daher ist ein spezifisches kommunikatives Gewissen als Beherrschung des sich mir aufdrängenden Auszusprechenden und in dem selbstdisziplinierten Suchen von Kürze und Prägnanz. Bei gegenseitigem Bemühen um diese Wesentlichkeit des Mitteilens erwachsen wirkliche Folgen des Sprechens, in dem der Eine die Klarheit des Anderen, weil er sie aufgreift, erhöht. Es ist eine einzigartige Befriedigung in dem Hin und Her kommunikativen Diskutierens. Die gewöhnliche Abgleitung ist das abwechselnde Anhören eines beliebigen Plauderns ohne Richtung und Gehalt oder das Aneinandervorbeireden, bei dem sich wohl fühlt, wer gerade spricht.

4. Politischer Umgang. — Im Dasein ist die Situation unaufhebbar, daß ich und der Andere mögliche Gegner im Kampf um Daseinsraum oder mögliche Partner zu gemeinsamer Verwirklichung greifbarer Zwecke sind. In der Situation politischen Umgangs wollen beide etwas erreichen, etwas Einzelnes jetzt, unbestimmt Vieles im Laufe der Zeit. Da die Willensentscheidung des Anderen Bedingung für das Gelingen eigenen Wollens ist, bemühe ich mich, sie entweder zu meinen Gunsten zu bestimmen oder in ihrer Auswirkung zu lähmen.

Aus der Kollision der Daseinsinteressen der Existenz folgt nicht, daß das politische Medium unwahrhaftig sein müsse. In dem Maße aber, in welchem durch Macht sich für mich und meinen Gegner nicht zugleich Wahrheit entscheidet, wird auch das politische Medium selbst unwahrhaftig. Entweder werden beide Gegner unwahrhaftig, weil sie nichts wollen als Macht; oder der eine Gegner, welcher auch Wahrheit will, wird dem Anderen gegenüber ohnmächtig, wenn nicht die Wahrheit selbst zugleich Macht sein kann. Weil Dasein als solches gegen Wahrheit gleichgültig ist, Daseinsinteressen als solche nicht wahrhaftig in ihrem Sichzeigen und Kämpfen sind, und weil jeder als Dasein mit Dasein in Kollision steht, muß ich, wenn ich Dasein will, die politische Wirklichkeit ergreifen und in das Medium der Unwahrheit eintreten. In dem Zwielicht von Sein und Schein ist die Aufgabe möglicher Existenz im Dasein, den Weg echter Verwirklichung des Menschseins auch in der Ebene kämpfender Daseinsinteressen zu finden.

Wo der politische Umgang Mittel eigentlicher Seinsverwirklichung und dann eine Kunst ist, deren ich Herr bleibe, stehe ich als ich selbst in ihm. Hier tritt der Mensch als im entscheidenden Augenblick er selbst hervor, macht sich als Existierenden gleichsam zum politischen Faktor, es riskierend, Politik mit der Existenz zu verbinden. Dann durchdringt, ja durchbricht den politischen Umgang ein ihm fremder Impuls, obgleich er seinen Gesetzen gehorsam bleiben muß: es ist die äußerste Spannung der Erscheinung möglicher Existenz im Dasein. Der unaufhebbare mit der unausweichlichen Schuld der Unwahrheit belastete politische Umgang ist nun gebunden an das Sein der Transzendenz; in ihm bleibt die existentielle Bereitschaft zu einem auf den Grund allen menschlichen Daseins gerichteten kommunikativen Verhalten bewahrt, das zwar in utopischer Idealität den politischen Umgang überhaupt aufheben würde, im Zeitdasein aber nur möglich ist

102

durch den politischen Umgang selbst hindurch, der als Forderung der Situation bleibt.

Während existentielle Kommunikation alle Anwendung von Mitteln, Macht und Trug verschmäht, verlangt politischer Umgang *spezifische Mittel des Kämpfens und Täuschens*, welche jederzeit die mögliche Existenz in ihrem Wirklichwerden zu überwältigen drohen:

Eine *intellektuelle Argumentation*, in der sich alles begründen und widerlegen läßt, steht im Dienst der Interessen; die Kunst besteht darin, sophistisch zu erzwingen, was sich nicht mehr ohne weiteres widerlegen läßt. Wenn das Fangen in den Argumentationen und darin fälschliches Überzeugen nicht gelingt, so wirkt in der Auseinandersetzung die Endlosigkeit des Verschiebens, des Herbeiholens neuer Möglichkeiten, des Übertragens an andere Instanzen, die entscheiden sollen, als Ermüdung; es bleibt nur die Frage, wer es länger aushält.

Beim *Verhandeln* wird, sei es, daß man im Besitz der Übermacht ist oder der Andere sie in der Hand hat, in der Form stets Rücksicht auf das Urteil des Anderen genommen. Es gibt ungeschriebene Gesetze dessen, was sich gehört, wenn der Andere bei guter Laune bleiben soll. Die Form der Aussage wird möglichst fragend und hypothetisch gewählt, der Andere soll das Positive sagen. Dann hat er sich entweder gegen seinen Vorteil festgelegt oder man kann gegen das Gesagte sich empören; es kommt alles darauf an, wie etwas wirkt. Die Kunst ist, das größte Entgegenkommen mit stillem Festhalten des eigenen nicht kundgegebenen Ziels zu vereinigen. Es wird ein intensives Verständnis für die besondere Lage des Anderen ausgesprochen; man läßt sich auf sie ein, lernt sie dadurch besser kennen und hat die Maske größter Bereitwilligkeit. Um diese in scheinbarer Nachgiebigkeit zum Ausdruck zu bringen, kommt es auf Beweglichkeit im Verhandeln an. Starres Festhalten ist meist ein Fehler des Umgangs. Immer neue Vorschläge und Kompromisse zu finden — die vielleicht faktisch wenig ändern, aber doch unbedingt den Schein dieses Anderswerdens erwecken müssen —, schafft die Atmosphäre des Entgegenkommens. In dieser bleibt rücksichtslos der eigene Wille maßgebend, solange der Umgang politisch ist. Die Beweglichkeit als solche, zunächst nur Mittel der Anpassung und Höflichkeit, dient dem eigenen Vorteil: im Schaffen und Ausnutzen neuer Situationen, im Wirkenlassen des Ungesagten, durch unmerkliches ins Unrecht Setzen des Anderen, dessen Schuld dann plötzlich offenbar gemacht wird.

Bei jedem Daseinskampf sind *Zuschauer:* anderes Dasein, das durch eigene Interessen beteiligt ist und möglicherweise mitwirken kann. Da ferner das kämpfende Dasein *sich selbst* nicht nur als solches auffassen, sondern als Recht begründet wissen möchte, so ist eine *öffentliche Meinung* der Faktor, der im politischen Umgang wesentlich berücksichtigt wird. Das Leben läßt sich auf die Dauer nicht mit brutaler Gewalt allein dirigieren; was sich durchsetzt, muß sich auch rechtfertigen und ein Bild seiner selbst schaffen. Daher wird in den politischen Argumentationen appeliert an das, was man allgemein für gültig hält, an das Selbstverständliche, Gehörige, Anständige, Moralische, wie es jedermann eingänglich ist. Eine Pathetik des Menschlichen als des Durchschnittlichen enthebt weiterer Begründung, weil damit zu rechnen ist, daß niemand wagt, dem zu widersprechen, es sei denn, daß er so geschickt ist, noch schlagendere Selbstverständlichkeit dagegen auszuspielen.

Im politischen Umgang wird das Eigentliche, Ziele und Interessen, je nach Situation verdeckt. In der Spannung von Unbedingtheit des Erfolgswillens und der Unmöglichkeit der Wahrhaftigkeit kann Existenz die *Schuld der Unwahrheit* auf sich nehmen im Dienst für ein Dasein, dessen existentielle Möglichkeit zwar nie die Mittel heiligen kann. Das Leiden an der Schuld läßt für das Bewußtsein der Existenz den Zwiespalt nie aufhören. In der persönlichen Begegnung der politisch Handelnden scheint es daher gleichsam die Schicklichkeit zu gebieten, sich nicht als Existenz zu berühren; denn es handelt sich um Daseinsinteressen; man soll nicht wesentlich werden, wenn es um Politik geht.

Jeder Mensch tritt in politischen Umgang, der nicht nur die Form der Staatsaktionen, sondern Situation für alles Menschendasein ist. Wie der Umgang im privaten Verkehr der Interessen und im Großen sich zeigt, das erhellt sich gegenseitig.

Würde die Form politischen Umgangs die allein herrschende, so wäre die Möglichkeit existentieller Kommunikation vernichtet. Existenz berührt Existenz erst, wo der Verkehr der Menschen als Kampf der um ihr Dasein gegeneinander kämpfenden *Feinde* durchbrochen wird. Aber die Verabsolutierung der Formen des politischen Umgangs bis in die Kleinigkeiten des Alltags, ja bis zum Umgang mit sich selbst ist die Verführung, ein Zusammenleben in relativer Ruhe zu ermöglichen, in dem nichts offen zu wirklicher Entscheidung gebracht wird. Die Entscheidungen sind dann hinterrücks die stillen Vorgänge, in denen sich nicht mehr Existenz mit Existenz berührt. Politischer Umgang zur Lebensform gemacht, läßt hinter seinem Schleier mögliche Existenz verschwinden. Es bleiben die vitalen Daseinsantriebe unter der Decke des beruhigten und geordneten Daseins. Jeder gilt auf Gegenseitigkeit, nicht als er selbst. Es gibt keine Verehrung und Liebe, sondern nur die Form der geordneten, objektiven Macht- und Rangverhältnisse. Im Grunde herrscht Selbstverachtung und im Geheimen Verachtung aller Anderen. Respekt besteht nur vor Macht, Geltung in öffentlicher Meinung, vor Geld und Erfolg. Empörung bricht aus, wo die Ruhe der gegenseitigen Täuschung in der allgemeinen Befriedung gestört wird, wo jemand sagt, was ist, und die Dinge bei ihren unheiligen Namen nennt.

Die Verabsolutierung politischen Umgangs ist daher im einzelnen Menschen Ausdruck seiner existentiellen Haltlosigkeit. Wenn seine innere Leere sich mit der des Anderen zusammenfindet, bilden sich eigentümliche Solidaritäten der Existenzlosigkeit. Die charaktermäßig, durch gemeinsame Interessen, Situationen und in gemeinsamem Hasse zueinander Passenden haben ein Zutrauen auf Gegenseitigkeit, das doch stets mit Mißtrauen einhergeht und an möglichen Verrat denkt. Diese Haltung kann dann so sehr zu ihrem Wesen werden, daß sie auch mit sich selbst politisch umgehen, wenn sie vor sich eine instinktive Sicherheit des Verdeckens, des Zurechtrückens, des zweckbestimmten sophistischen Argumentierens finden. Wird aber schließlich einmal die politische Umgangsform als die Ordnung des Daseins durchbrochen, so nicht mehr zur Möglichkeit existentieller Kommunikation, sondern entweder zu demütiger Selbstpreisgabe oder zu bloßer Unverschämtheit des Eigendaseins.

Die Bedeutung der Möglichkeit existentieller Kommunikation für das Philosophieren

1. Meiden harmonistischer Weltauffassung als Voraussetzung eigentlicher Kommunikation. — Das Leiden an der nie genügend verwirklichten Kommunikation und damit der Wille zum Selbstsein in offenbarender Kommunikation ist gebunden an eine ursprüngliche Weltanschauung, die nicht harmonisch sein kann.

Wenn ich in der *Ruhe eines übergreifenden Ganzen* als Person mit Personen ein durch das Ganze geordnetes Gemeinsamsein in Sympathien, Mitteilungen und Handlungen bin, so doch ohne den das

Selbstsein offenbarenden Prozeß der Infragestellung; es ist eine ursprünglich unbewegte Gemeinschaft, getragen von der Größe und Schönheit dieses durchsichtigen Ganzen. Erst wenn ich solche Geborgenheit nicht habe, erfahre ich den eigentlichen Antrieb zur Kommunikation. Nun bleibt mir als Wirklichkeit, worin allein auch jene Harmonie eines Ganzen als Chiffre des Seins sichtbar werden könnte, allein das Offenbarwerden in dem sich gegenseitig begründenden und haltenden Existieren. Weiß ich im voraus, daß im Ende alles gut sei, so brauche ich mich dessen nur zu vergewissern, ohne daß es auf mich ankommt. Nur wenn für ein Wissen die Substanz unzugänglich und fraglich ist, kämpfe ich um ihre Verwirklichung in der Erscheinung für mich im Selbstwerden durch Kommunikation.

Isoliere ich aber das Bewußtsein, es komme noch auf mich an, in dem Sinne, daß es für mich auf mich allein ankomme, so handle ich nur nach sittlichen Gesetzen in der Gewißheit des Rechten, als ob ein Mensch *für sich allein das Wahre* sein und tun könne. Glaube ich dann, daß dieses sittliche Handeln aus bloßer Gesinnung und ohne Blick auf den wirklichen Erfolg metaphysisch nur gute Folgen habe, so scheine ich mir durch Rechthandeln auch in meiner Isolierung schon dem eigentlichen Sein anzugehören. Mein sittliches Verhalten als nur dieses gibt mir schon Ruhe; die Kommunikation ist nicht entscheidend, denn die Wahrheit ist, analog mystischer unio, in der ethischen Einsamkeit des autonomen Selbst gegenwärtig. Dieser Glaube ist als ein harmonistischer Glaube auf moralischer Basis tatsächlich eine Funktion des Sichabschließens. Die Grenzsituationen sind verdeckt. Erst in ihnen, die jedes sich schließende Sein zerreißen und damit von allem, was wir kennen, die Fragwürdigkeit zeigen, beginnt die unbedingte Aktivität, die sich vom Selbst an das andere Selbst wendet. Darin wird gesucht, was Vergewisserung der Existenz bringt, auf deren Grunde der Blick in die Transzendenz möglich wird, welche als vorausgesetztes Wissen oder Glauben die Kommunikation und damit mögliche Existenz vereitelt.

Kommunikation ist für den Menschen entscheidender Ursprung nur, wenn die *endgültige* Geborgenheit in selbst-losen Objektivitäten: in der Autorität eines Staats und einer Kirche, in einer objektiven Metaphysik, einer gültigen sittlichen Lebensordnung, einem ontologischen Seinswissen *fehlt*. Diese Geborgenheiten können für mich unter Bedingungen gestellte Daseinsformen meines Wissens und Wollens sein, in denen ich lebe, aber sie bleiben nicht unbedingte und Leben begründende Gewißheiten, wenn sie nicht in der existentiellen Kommunikation geschichtlich verwurzelt werden.

In dieser aber ist das Seinsbewußtsein des Daseins zu ertragen: nicht selbst alles zu sein; nicht mit allen in wirkliche Kommunikation treten zu können; in Beziehungen ohne Kommunikation stehen zu müssen.

Es kann auch keine *endgültige* Wahrheit als philosophisches System geben, wenn Mensch und Mensch in echter Kommunikation stehen; denn auch das System der Wahrheit wird durch den Prozeß im Selbstwerden erst errungen, und kann nur im transzendierenden Gedanken verwirklicht sein am Ende der Tage, an dem Zeit und Prozeß aufgehoben wären.

Es wäre jedoch sinnwidrig, wollte man nun die objektive Geborgenheit und die existentielle Kommunikation, welche für sich eine harmonistische Weltauffassung meidet, als zwei Möglichkeiten *zur Wahl* stellen oder die eine fordern und als wahr beweisen. Diese Alternative geht nicht. Denn denke ich sie, so habe ich schon das Eine unter die Bedingung des Anderen gestellt; tatsächlich sehe ich nicht zwei Wege in ihrer Wirklichkeit auf gleicher Ebene vor mir, schon *indem ich die Alternative mir klarmachen will, gehe ich auf dem einen.* Jeder Weg ist das Wagnis für die Ewigkeit; auf jedem kann es täuschende Selbstgewißheit in der Versteinerung geben, auf jedem den Aufschwung des Bewußtseins, in der Wahrheit sich zu bewegen. Zu fordern ist nur, daß an den Abgrund getreten wird, an dem nicht in einem Urteil über bestehende Wahrheit entschieden, sondern an dem der Impuls der Lebensführung gewählt wird. Nichtig ist allein die unklare Halbheit, die alles und nichts ergreift. In der Wahl, die in lebendigem Denken, nicht in intellektueller Alternative, vollzogen wird, wird auch unausweichlich entschieden, daß ich nur des *in der Wahl gewonnenen* Ursprungs eigentlich inne werde; ihn verstehend berühre ich zugleich seinen Grund als das Unverständliche, während das Andere nur in der Erscheinung, nicht als es selbst in seinem möglichen Ursprung verstanden wird. Der Wille zur Kommunikation aber muß auch als Wille zur *Kommunikation mit* diesem Anderen als dem *Fremden* bleiben. Ihm gegenüber möchte ich fragen, hören und fordern: überzeuge mich und ziehe mich in Deine Welt hinüber oder erkenne die Unwahrheit der Weise Deines Selbstverstehens. Zwar ist es so unmöglich, daß ich etwa alle Anderen wahrhaft sehe, wie es unmöglich ist, daß sie mich sehen. Aber diese Unmöglichkeit läßt mir keine Ruhe. Ich kann mich nicht damit abfinden als einer Gegebenheit, sondern ich möchte aus dem Willen zur Wahrheit jede Infragestellung mir angedeihen lassen, und möchte, wen ich unwahr gebunden glaube, aus seiner eigenen Freiheit heraus erwecken. Jede Gesinnung, die diese Infragestellung meidet — wenn etwa von einer Autorität die Disputation mit denen, die für sie Ketzer sind, verboten würde —, hätte in diesem Verbot das Stigma der Unwahrheit an sich.

2. Mögliche Leugnung der Kommunikation. — Daß die ursprüngliche Kommunikationsbereitschaft der Existenz sich als philosophische Voraussetzung aussprechen läßt, hat zur Folge, daß sie auch geleugnet und umgedeutet werden kann.

a) Es läßt sich sagen: in der Existenzphilosophie breite sich ein haltungs- und haltloser *Subjektivismus* aus; sie sei ein anmaßendes Wichtignehmen der eigenen Person, ein verrannter Individualismus; der heimatlose Mensch in trostloser Isolierung baue sich eine phantastisch-illusionäre Kommunikation zurecht, die es in Wahrheit gar nicht gäbe; er mache sich, alles verwechselnd, selbst zum Gotte.

Solche Kritik trifft in der Tat zu auf *mögliche Abgleitungen*. Es ist in ihr die Verwechslung von möglicher Existenz und empirischer Person, die auch eintritt, wenn ich etwa mit Gedanken der Existenzphilosophie irgend etwas in meinem Dasein rechtfertigen wollte. Existenz gibt es nur als selbstgewisse Kommunikation, in der allein ich meine Isolierung aufhebe und den Ursprung gewinne, der sich nicht mehr begründen läßt.

Aber wer nicht aus eigener möglicher Existenz entgegenkommt, wird solche kritischen Wendungen einleuchtend finden müssen. Sie sind das an die Wurzel greifende Fragezeichen für die Existenzphilosophie. Sie gehen ihr als ihr fremd zwar gar nicht nahe, wo sie wirklich ist, wohl aber wird die Kritik gefährlich, wo Existenzphilosophie in objektiven *Formeln als Wissen* genommen wird und nicht als Möglichkeit des Appells.

Im *philosophischen Transzendieren* aber wandelt sich gegenüber sachlichem Wissen der Sinn der Diskussion; im Medium von Begründungen bewegt sie sich über alle Begründung hinaus. Hier gibt es Zustimmung nur als Antwort und in der Bewegung eigenen Transzendierens. Sowohl Widerlegungen wie Fixierungen einer Existenzphilosophie zu einer Lehre tun hier das erste Unwahre, Sätze aus dem Zusammenhang herauszunehmen und bloß gegenständlich und verstandesgemäß zu denken. Daß philosophische Wahrheit sich allgemein ausspricht, ist unvermeidlich, aber die Wahrheit dieses Allgemeinen besteht nicht für sich. Obgleich sie nicht eine relative im Sinne des Nichtigen wird, ist doch die objektive gedankliche Erscheinung relativ. Weil das Sein nicht als ein Allgemeines absolut ist, sondern alles Allgemeine nur in ihm; weil es nicht als übersehbares Objekt in sich schließbar, sondern zerrissen ist; weil ferner unser letzter Ursprung mögliche Existenz, und diese nur als Existenz mit Existenzen und nie das Ganze ist, darum kann es absolute Wahrheit nicht als objektive geben, muß vielmehr alles Objektive relativ werden. Während die zwingende Diskussion nur das Allgemeine treffen kann, kann philosophische Wahrheit hingegen nur darüber transzendierend aus dem Ursprung der Existenz in Kommunikation sich hell werden. Es kann daher *nicht sinnvoll* sein, die gehörten Einwendungen als solche *logisch zu widerlegen*. Es ist nur zu fragen, ob ich mich durch die Wirklichkeit möglicher Existenz in mir selbst überzeuge, daß sie wahr sind, oder ob sie gar nicht das betreffen, worauf alles existenzerhellende Denken zielt.

b) Es ist eine andere Leugnung der Kommunikation denkbar, die so spricht: Der Mensch sei schließlich doch nur er selbst. *Humanitas* gewinnen, heiße nur, den Reichtum der Welt in sich fassen. In Wahrheit sei der Mensch als Monade fensterlos. Kommunikation sei eigentlich unmöglich, da der Mensch *nicht aus sich heraus* könne; er bleibe dem Anderen und dieser ihm im Grunde fremd und ein Rätsel. Kommunikation sei nichts anderes als die eigene Weite, die Fülle der Welt in mir. Alles sei mir schließlich nur ein Bild, könne mich tief erschüttern, ich aber bliebe an mich gebannt. Jene Weite meines Selbstseins als Weltsein könne ich erstreben, nicht Kommunikation, die es gar nicht gebe.

Auch hier ist eine Widerlegung *logisch* nicht möglich, da es sich nicht um ein Wissen, sondern in Behauptung und Gegenbehauptung um sich selbst erhellende Akte möglicher Freiheit handelt. Wer so spricht, leugnet im Augenblick des Sprechens seine Bereitschaft zur Kommunikation. Der Gegensatz von Reichtum und Armut der Lebensinhalte ist *heterogen* dem von Offenheit und Verschlossenheit des Selbstseins. Kommunikation vollziehe ich mit dem Anderen gerade, indem er mir *nicht* zum Bilde wird, er ganz er selbst, und ich ich selbst bleibe, keiner sich in den Anderen verwandelt, und doch jeder weiß, daß er darin eigentlich zu sich kommt.

c) Die Leugnung der Kommunikation nimmt die kühle Form an, daß man unwirsch fragt, was sie sei und wie man sie erreichen könne.

Man wolle bündig hören, worum es sich handle und was man zu tun habe. Wenn darauf keine klare, zu Handlungen und Verhaltungsweisen führende Antwort erfolge, so sei sie offenbar nichts. Der Mensch brauche Aufgaben, aber kein Gerede. Aufgaben zu zeigen und zu ergreifen, darauf komme es an. Aber: Andere zu verstehen, das sei gar nicht meine Aufgabe.

Wer so fragt und spricht, *verhält sich als das Bewußtsein überhaupt eines vitalen Daseins*, noch nicht als mögliche Existenz. Denn das Bewußtsein überhaupt will das Sein als Gegenstand vor Augen haben, wenn es denkt; und es will einen bestimmbaren Zweck nach übertragbarem Plan verwirklichen, wenn es handelt. Darum wendet es sich auf seinem Standpunkt mit Recht gegen alle existenzerhellenden Aussagen mit der vernichtenden Feststellung, es werde darin nichts gesagt.

Wenn aber der Mensch, der als solcher mögliche Existenz ist, sich nur als Bewußtsein überhaupt verhält, so entzieht er sich durch endgültiges Verneinen dem inneren Anspruch an Kommunikation. Indem er sich auf den Standpunkt der Objektivität stellt, bleibt ihm alles Eigentümliche unsichtbar. —

Die *grundsätzliche Leugnung* der existentiellen Kommunikation, wenn ernst gemeint und wirklich geglaubt, ist Ausdruck der Weltanschauung, mit deren Angehörigen nur auf dem Boden der *handgreiflichen Objektivitäten* oder der Irrationalität des *dumpf Vitalen* zu verkehren ist.

Der *Wille zur Kommunikation* aber bedeutet das Wissen der Freiheit: in der Erscheinung des Daseins bin ich mögliche Existenz, die ihr Sein im Offenbarwerden gewinnen kann. Es ist der Weg der Erfüllung und die Bedingung alles Anderen.

In der Weise des Philosophierens geht der stille Kampf um Offenbarkeit. Für das Philosophieren aus dem Ursprung des Selbstwerdens muß ein spezifisches Wahrheitskriterium nicht objektiver Art gelten: *Philosophisch wahr ist ein Gedanke in dem Maße, als der Denkvollzug Kommunikation fördert.* Unter Verleugnung dieses Kriteriums setzt das Sichverschließen die Wahrheit in die reine, *losgelöste* Objektivität und verfällt der *Sophistik*. Unter der Instanz dieses Kriteriums ergreift das Philosophieren die Wahrheit als *angeeignete* Objektivität in *Gemeinschaft*.

3. Dogmatik und Sophistik. — Philosophie, die als objektives Gebilde von ihrem Schöpfer oder vom Schüler für die *richtige* gehalten wird, ist in ihrer Wurzel *kommunikationslos*. Denn sie gibt

dogmatisch das Wahre kund, das besteht. Ihre Form ist die der Einzelwissenschaft: die Wahrheit, die objektiv gültig für jedermann ist, ist zu untersuchen und fortschreitend zu finden; sie wird mitgeteilt in Beweis und Widerlegung.

Da jedoch Philosophie im Unterschied von Einzelwissenschaften auf das Ganze des Seins geht, kann sie auch selbst nur ganz oder gar nicht sein. Wäre sie in dieser Form des Ganzseins als Wissen für immer wahr, so müßte ich philosophierend als isolierter Einzelner in der Tat wie ein Forscher erkennen und an jedes Vernunftwesen den Anspruch richten können, das mir Einsichtige auch für sich anzunehmen. Wer die Wahrheit in dieser Form besäße, würde sie, als ob er die Gottheit wäre, als die einzige besitzen, welche andere Wahrheit ausschließt und damit sich *selbst* als der einzige gelten, der die Wahrheit erkannt hat. Andere haben sie noch nicht; sie müssen sie von *ihm* annehmen, ihm *folgen* oder beim Unwahren bleiben. — Da das Seinsbewußtsein dieses Philosophen an die rationale Allgemeingültigkeit seiner Wahrheit gebunden ist (nicht an die Wahrheit der geschichtlichen Chiffre für ihn) muß er angesichts des Ausbleibens der Zustimmung eine zu echter Kommunikation unwillige Haltung einnehmen. Er kann nur Schüler nicht Freunde haben, nur Gegner und nicht mit ihm in kämpfende Kommunikation tretende Eigenexistenzen.

Die Weisen der *philosophischen Diskussion* begrenzen sich in dieser Haltung auf die Harmlosigkeit gewohnter und fixierter Objektivitäten im intellektuellen Spiel. Aber gegen den Versuch, durch die Harmlosigkeiten hindurch an die Ursprünge zu dringen, erwachsen auch hier Formen der Diskussion, die das Sichsträuben gegen Offenbarkeit ausdrücken.

Die *Technik endloser Reflexion*, die im Gespräch nicht Kommunikation sucht, sondern die Rechtfertigung des eigenen Nichtseins will, das sich aber als Sein gibt und die Bejahung durch den Anderen möchte, gestattet ein unter keiner Idee stehendes Argumentieren über ein vermeintlich Wißbares und Gewußtes, ohne daß irgendein Schritt vorwärts erfolgt. Es gelten jederzeit irgendwelche rationalen Formeln und werden wieder durch andere ersetzt; oder es besteht eine Begriffsapparatur, die für schlechthin gültig erklärt wird und in diesen endlosen Erörterungen zu schützen ist. Wird dann dieser dumpfen Selbstbehauptung die Forderung der Offenbarkeit zu deutlich, dann nämlich, wenn das Argumentieren in die Enge getrieben ist, wo es halten und wirklich Rede und Antwort stehen soll, so bleiben nur noch abbrechende Wendungen, die im Kontrast zu dem bis dahin zudringlichen, die Zustimmung des Anderen herbeizwingenden Sprechen den faktischen Mangel an Kommunikationswillen wie selbstverständlich ohne rechtes Bewußtsein konstatieren. Wendungen, man verstehe das nicht, könne damit nichts anfangen, das interessiere nicht, man sei zu verschieden, um sich verstehen zu können, sind Fixierungen, die im wesentlichen Philosophieren immer unwahr sind.

Im Unterschied von diesen groben Methoden des Sichsträubens gibt es *feinere*, welche als schwer durchschaubare lange täuschen können:

In der philosophischen Diskussion ist stets die Sache an die Person geknüpft; denn eine von der Person losgelöste Sache wäre bloße Richtigkeit, immer partikular und nicht Philosophie. Der zurückweisende Vorwurf, daß man die Dinge *persönlich* nehme, eine Technik des Ausweichens, ist eine Zweideutigkeit. Das triebhafte Persönlichnehmen in der Beziehung auf meine empirische Individualität durch egozentrische Betroffenheit wäre in der Tat ruinös; aber das Persönlichnehmen möglicher *Existenz* in der Beziehung auf das Sein der Seele im Anderen und in sich ist geradezu die Wahrheit im Philosophieren. Wer in diesem Sinne *nicht* persönlich nimmt, ist gar nicht dabei. Die Abweisung oder die gütige Beschwichtigung mit diesem Vorwurf kann recht sein im ersten Sinne, kann aber ebensowohl das unwahre Sichverschließen ausdrücken im zweiten Sinne. Im Symphilosophieren ist das Persönliche der stets mitschwingende Hintergrund als das Gewissen und die Kritik bei den den unmittelbaren Inhalt des Gesprächs bildenden Sachen.

Eine zweite Technik ist, *nicht* zu *antworten*, sondern das vom Anderen Gesagte als bloßen Inhalt zu *subsumieren*. Die Fülle der rationalen Formulierungen aus der Geschichte der Philosophie als intellektuellen Besitz zu haben, ist Sache der fleißigen Rezeptivität, bei der jede Berührung mit dem Ursprung jener Formulierungen verloren sein kann. Wenn nun jemand im Zusammenhang kommunikationssuchenden Gesprächs aus ursprünglich philosophischen Impulsen etwas sagt, so ist es ein billiges und logisch scheinbar einleuchtendes Manöver, das Gesagte für sich loszulösen und als eine bestimmte schon bekannte philosophische Position zu fixieren. Der Andere fängt die Äußerung auf, spießt sie gleichsam auf und packt sie in eines seiner Fächer, reißt sie von Person, Ursprung und Situation los, bis dem Anderen dieses Spiel offenbar wird. Man ist bei dieser Methode nie selbst da, sondern nur als ein Begriffsapparat (der freilich heimlich getrieben wird von schlecht-persönlichen Affekten). Die Verwandlung der Philosophie zur Sache einer rein rationalen Objektivität, die zeitlos besteht, ermöglicht diese existenzferne Unwesentlichkeit und intellektuell geschulte Barbarei.

Eine dritte Methode des Ausweichens im philosophierenden Miteinandersein ist an die durch das 19. Jahrhundert herrschend gewordene *Weltschematik* gebunden: die Vielfachheit der geistigen *Sphären* in ihrer Eigengesetzlichkeit. Nur wenn alle Sphären Mittel sind und zuletzt in jeder ich selbst mit dem Wahrheitsgehalt einstehe, ist echte Kommunikation möglich. Werden aber die Eigengesetzlichkeiten der Sphären als ein letztes behandelt, das *absolut* gilt, so wird mit ihnen auf *zwei*fache Weise Kommunikation vereitelt. Die Eigengesetzlichkeiten behalten ihren Geltungscharakter, der subjektiv als wechselweise Negation der einen durch die andere in Erscheinung tritt, wodurch sie sich als ebenso viele *Scheidewände* aufrichten, die ein Hinandringen an die eigentliche Wahrheit in der Existenz verhindern. Oder das Umspringen von einer Sphäre zur anderen dient auch noch zum Ausweichen, weil ich zwar mein Sein in einer Sphäre aufgehen lasse, diese Sphäre aber beliebig *wechsle*. Was etwa eben gesellschaftlich war, nehme ich plötzlich amtlich oder freundschaftlich und umgekehrt; was eben ethisch war, behandle ich nun politisch und plötzlich als ästhetisch. Ich tauche in eine Sphäre und verlasse sie, wenn es ernst wird, ich entschlüpfe und bin eigentlich nie da. Es ist, als ob ich viele Seelen hätte ohne selbst zu sein.

4. Gemeinschaft des Philosophierens. — Echte philosophische Diskussion ist ein Symphilosophieren, durch das im Medium sachlicher Inhalte Existenzen sich berühren und aufschließen. Da wir aber als Menschen mehr durch Leidenschaften und durch leeren Verstand als durch gegenwärtige Liebe und besonnene Vernunft bewegt sind, machten Philosophen seit alters mit Recht das philosophische Verständnis abhängig von einem ursprünglich ethischen Wesen des Einzelnen (nicht etwa einer besonderen Begabung und einer einzelnen Kunstfertigkeit). Sie waren überzeugt, daß die Wahrheit in philosophischer Gestalt nicht einfach jedermann zugänglich sei. Die philosophische Diskussion ist ihnen ein *Sicherringen* aus den Abgleitungen *zur Offenbarkeit*.

Wesentliche, das Sein treffende Wahrheit entspringt nur in der Kommunikation, an die sie gebunden ist. Während in wissenschaftlicher

Sachforschung die Person so gleichgültig ist, daß sich hier persönliche Gehässigkeit mit faktischer Förderung der Sache verträgt, ist philosophische Wahrheit eine *Funktion* der Kommunikation mit mir selbst und mit dem Anderen. Sie ist die Wahrheit, mit der ich lebe, und die ich nicht nur denke; die ich überzeugt verwirkliche und nicht nur weiß; von der ich mich wiederum durch Verwirklichung überzeuge und nicht durch Gedankenmöglichkeiten allein. Sie ist die Bewußtheit der Solidarität in der Kommunikation, die sie hervorbringt und entfaltet. Daher kann wahre Philosophie nur in *Gemeinschaft* zum Dasein kommen. Die Kommunikationslosigkeit des Philosophen wird ein Kriterium der Unwahrheit seines Denkens. Die ehrfurchtgebietende Einsamkeit großer Philosophen ist keine gewollte, sondern ihr Gedanke die eine ungeheure Anstrengung zur Kommunikation, die sie als eigentliche, und nicht in täuschenden Antizipationen und Surrogaten, wollen.

Die Gemeinschaft des Philosophierens ist in *erster Stufe* die Bereitschaft des Hörens und der Zugriff auf das als wesentlich Erfaßte; sie bringt so zu einem glücklichen Erhorchen noch ohne gehaltvolle Solidarität. Sie ist in *zweiter Stufe* die Solidarität des Sichaneinanderbindens durch die Kontinuität gemeinsamen Denkens; dann wird sie im gefährlichen Zweifel, als der unerläßlichen Artikulation des auf den Grund gehenden Denkens, der Ursprung kommunikativer Gewißheit.

5. Folgen für die Form der Philosophie. — Sofern philosophische Wahrheit Ursprung und Wirklichkeit in der Kommunikation hat, liegt es nahe, im Gegensatz zum dogmatischen Entwickeln den *Dialog* für die adäquate Mitteilungsform des Philosophierens zu halten. Wenn Philosophie als objektives Gebilde keinen Bestand hat, wenn sie nur wahr ist, wo sie wieder Ursprung in einer Kommunikation wird, so bedarf die Mitteilung der Philosophie nicht bloß des sachlichen Verstehens ihrer Inhalte, sondern des Entgegenkommens und Antwortens, damit des Aneignens und Umsetzens. Nun könnte es scheinen, als ob die Objektivierung der Kommunikation zum Dialog gleichsam die ganze Philosophie zur Mitteilung brächte: der Leser wird zu möglicher Teilnahme an einer faktischen existentiellen Kommunikation, die in diesem Dialog Erscheinung geworden ist, eingeladen.

Doch ist es nicht so. Der Dialog als sprachlich fixierter ist ebenso nur eine Mitteilungsform an den Leser, wie andere philosophische Sprachgebilde. Auch der Dialog als ein Werk bedarf, sofern er philosophisch ist, der Ergänzung und Verwirklichung im Aufnehmenden.

Eine Teilnahme an der existentiellen Kommunikation anderer gibt es nie durch bloßes Verstehen, sondern nur durch eigenes neues Verwirklichen.

Dann aber kommt existentielle Kommunikation nicht schon im Dialog als einem dialektischen Argumentieren in Beschränkung auf sachliche Probleme zum Ausdruck. Daher sind die Platonischen Dialoge nicht Ausdruck der Kommunikation möglicher Existenzen, sondern nur der dialektischen Struktur des denkenden Erkennens. Daß die Wahrheit nur zwischen Freunden zu guter Stunde aufleuchtet, aber in keinem Sprachwerk auszudrücken ist, weiß zwar Plato. Das Gastmahl liest sich für uns wohl einmal, als ob es eine Offenbarung echter Kommunikation sei. Daß aber bei Plato getroffen werde, was wir Kommunikation nennen, ist fraglich. Dem hochgemuten, gestaltgebundenen Griechen scheint sie außerhalb dessen zu liegen, was ihm als Sein bewußt wurde. — Noch weniger ist die Künstlichkeit des Dialogs bei Giordano Bruno, Schelling, Solger Ausdruck kommunikativen Philosophierens. Es wird weder Existenz in wirklicher Berührung zur Erscheinung gebracht, noch bleibt die bewegte Dialektik der früheren Platonischen Dialoge.

Sollte der Dialog objektiv werdende Gestalt der Kommunikation sein, so müßte die rationale Bewegung des Denkens nur Element der Erscheinung einer Kommunikation in wirklichen Lebenssituationen werden. Das heißt: der Dialog einer Dichtung, welche die Persönlichkeit in einer Welt vor uns bringt, und sie darin dann sich aussprechen und argumentieren läßt, wäre etwa die Erscheinungsform eines solchen eigentlich philosophischen Dialogs. In diesem wäre das Gespräch nicht bloß eine endliche Form der Mitteilung, sondern Ausdruck für das Existenzverhältnis zweier Menschen. Philosophisch wäre solcher Dialog in dem Maße, als wirklich eine eindringende rationale Bewegung sein Inhalt wäre (nicht, wie meist in Dichtungen, ein Gespräch als Erscheinung unmittelbarer auf das Nur-Wirkliche und auf aphoristische Bemerkungen beschränkter Kommunikation), vor allem aber in dem Maße, als kein sich loslösendes Argumentieren eintritt, sondern alles Gedachte in der existentiellen Wirklichkeit der agierenden Persönlichkeiten wurzelt. Aus diesem Gesichtspunkt sind Dostojewskis Romane, vor allem die Brüder Karamasoff, ein philosophisches Werk eigentümlicher Art. Unter ästhetischem Gesichtspunkt enthalten sie zuviel Argumentation, unter philosophischem zuviel bloße Geschichte, die beiläufig und philosophisch unerheblich wird. Diese doppelte Unbefriedigung beim Leser hindert nicht die Betroffenheit durch den philosophischen Gehalt, der hier als geknüpft an das Kommunikationsproblem in einer eindringlich appellierenden Weise spricht. Man findet bei Shakespeare an Wendepunkten des Dialogs philosophische Sätze, die durch Situation, Augenblick und teilnehmende Charaktere, nicht durch ihren losgelösten Inhalt allein, ihr Gewicht haben. Aber kaum irgendwo findet man wie in den Karamasoffs die durchgehende Knüpfung philosophischen Gesprächs an reale Handlungen und Haltungen. Doch bleibt die letzte Befriedigung beim Leser aus. Er erfährt das Scheitern einer wahren Idee, welche Gestalt sucht und nicht finden kann. Die sparsamen und unvergeßlichen Wendungen bei Shakespeare ergreifen als Indirektheit an der Grenze aller Gestaltung philosophisch tiefer als die rational so viel ausführlicheren Dialoge Dostojewskis. Denn das Tiefste der menschlich möglichen Existenz vermag nicht Gestalt zu werden.

Der Dialog kann philosophisch wirksam sein. Aber er ist nicht die adäquate Form, in der Philosophie mitgeteilt wird. Denn es ist unmöglich, daß Philosophieren in seiner Ganzheit Gegenstand werde wie des Künstlers Gestalten. Wäre dies möglich, so würde allerdings der Dialog die wahre Form sein, weil Philosophie in der Kommunikation entspringt und sich in ihr wieder verwirklicht und vergewissert.

Wenn die Form der Philosophie weder dogmatisch, wie die der Wissenschaften, noch dialogisch, wie die von Dichtungen, zureichen kann, so ist allerdings auch *nicht eine* andere einzige wahre Form für sie aufzustellen. Sie muß nur von der Art sein, daß die *Frage der Mitteilbarkeit* als solche bewußt bleibt und darum die Kommunikation als Ursprung und Ziel nicht verlorengeht.

Die Befriedigung an jeder Mitteilbarkeit als solcher ist noch für das *Bewußtsein überhaupt;* was nicht mitteilbar ist, gilt uns, sofern wir Bewußtsein überhaupt sind, als ob es gar nicht wäre; schon aus der Vernünftigkeit unseres Daseins ergibt sich die Forderung, das Maximum von Mitteilbarkeit zu erzielen; Mitteilbarkeit ist ein Merkmal der Wahrheit. Sofern aber die Mitteilbarkeit objektive Sachinhalte betrifft, ist sie partikularer Art und alsbald Gegenstand einer Einzelwissenschaft. Der philosophische Gedanke geht jedoch auf das Ganze des Seins; aber dieses trifft er nur dadurch, daß er es *stiftet.* Während das vernünftige Bewußtsein überhaupt erkennt, was ihm gegeben wird, bringt der philosophische Gedanke im Denkenden als Wirklichkeit hervor, was er *ergreift: diese Wirklichkeit ist ursprünglich die existentielle Kommunikation,* der Gedanke die Gemeinschaft stiftende Kraft für eigentlich selbst seiende Wesen — im Unterschied von der Gemeinschaftsbildung durch Interessen, Gewalten, Autoritäten.

Wenn die Form des Philosophierens der Verwirklichung der existentiellen Kommunikation dienen soll, ist von dieser Form *negativ* zu sagen, daß sie nicht vollendbar als ein Ganzes ist, daß sie die Bruchfläche behält, an der die Umsetzung in die Wirklichkeit des Denkens erfordert bleibt, daß sie, statt in einer Gestalt sich zu fixieren, vielmehr sich verwandelnd in *alle* möglichen Formen eingehen kann, da sie sich aus jeder Gestalt wieder zurücknehmen muß. *Positiv* wird die Form des Philosophierens der Forderung der Mitteilbarkeit gerecht durch die Bewußtheit der Weisen des Wissens und der Gewißheit, der Wahrheit und der Denkbarkeit, der Methoden: die Vieldimensionalität der Helligkeit des Daseins und der Existenz im Dasein wird in einer *philosophischen Logik* klar, welche das Zentrum des Philosophierens ist, obgleich sie als solche noch keinen Gehalt der auf Transzendenz bezogenen Existenz selbst ausspricht. Diesen Gehalt suchen die *Formen des Transzendierens* durch das Indieschwebebringen in der Welt, das Appellieren an Existenz, das Beschwören der Transzendenz, ohne daß irgendeine Form für sich die Ruhe absoluten Wissens werden könnte. Weil das Philosophieren, wo es am Grunde seiner Wirklichkeit ist, wieder die bestimmten Formen auch verlassen muß, wird es alle Formen, sie sich distanzierend, zu seinen möglichen kommunikativen Verwirklichungen haben, *in keiner aber aufgehen.*

Das unobjektivierbare Maß der Wahrheit allen Philosophierens ist jederzeit die durch es erhellte und bewirkte Kommunikation. Zur Grundfrage wird: *welche Gedanken sind notwendig, damit die tiefste Kommunikation möglich werde?*

Wenn mir alles zusammenbricht, was Geltung und Wert zu haben beanspruchte, *bleiben die Menschen, mit denen ich in Kommunikation stehe* oder möglicherweise stehen kann, und bleibt erst mit ihnen, was mir eigentliches Sein ist.

VIERTES KAPITEL

Geschichtlichkeit

	Seite
Ursprung der Geschichtlichkeit	118

1. Historisches Bewußtsein und geschichtliches Bewußtsein — 2. Das absolute Sein und die Geschichtlichkeit — 3. Zusammenfassung

Geschichtlichkeit als Erscheinung der Existenz. 122

1. Geschichtlichkeit als Einheit von Dasein und Existenz — 2. Geschichtlichkeit als Einheit von Notwendigkeit und Freiheit — 3. Geschichtlichkeit als Einheit von Zeit und Ewigkeit — 4. Kontinuität des Geschichtlichen

Abheben des Sinns von Geschichtlichkeit gegen objektivierende Formeln 130

1. Das Geschichtliche abgehoben gegen das Irrationale und das Individuelle — 2. Das Geschichtliche abgehoben gegen das Gliedsein in einem Ganzen — 3. Metaphysische Erweiterung der Geschichtlichkeit

Verwirklichungen 135

1. Treue — 2. Enge und Weite geschichtlicher Existenz — 3. Alltag — 4. Ein Gleichnis

Abgleitungen 142

1. Die Ruhe im Festen — 2. Selbstvergötterung — 3. Unwahre Rechtfertigungen — 4. Unverbindliche Geschichtlichkeit

Ursprung der Geschichtlichkeit

1. Historisches Bewußtsein und geschichtliches Bewußtsein. — Wir nennen historisches Bewußtsein das Wissen von der Geschichte. Aber nicht als dieses Wissen von etwas, das geschah, wie jederzeit überall irgend etwas geschieht, sondern dieses Wissen erst, sofern es das Geschehene erfaßt als die objektiven Voraussetzungen unseres gegenwärtigen Daseins, und zugleich als ein Anderes, das, indem es selbst gewesen, für sich einmalig und einzigartig war. Dieses historische Bewußtsein ist erfüllt in den Geschichtswissenschaften. Es bewährt sich in dem umfassenden panoramischen Bilde einer Weltgeschichte und in der — immer nur begrenzten — Fähigkeit, gegenwärtig Bestehendes aus seinem Vergangenen zu interpretieren. Im historischen Bewußtsein stehen wir wissend und forschend dem Geschehenen doch immer nur gegenüber, es betrachtend und nach

118

seinen Ursachen befragend. Auch das Gegenwärtige wird, indem es darin zum Objekt wird, betrachtet, als ob es schon geschehen wäre. Das historische Wissen ist ferner auf das Öffentliche gerichtet, auf das Soziologische, Politische, auf die Einrichtungen und Sitten, auf Werke und Wirkungen. Es ist für mich nicht als für diesen Einzelnen da, sondern für mich als den Fall eines gegenwärtigen Menschen, oder gar für den Fall eines Menschen überhaupt, der nur zufällig heute lebt, darum zwar begrenzt ist im Wissen auf die *Inhalte* des bisher Geschehenen, nicht aber begrenzt in der *Art* des Wissens. Ich als Einzelner bin in diesem Wissen nicht ich selbst, sondern Bewußtsein überhaupt, bin als Wissender getrennt von dem Objekt, das ich weiß.

Etwas anderes ist das eigentlich *geschichtliche Bewußtsein*, in dem das Selbst seiner Geschichtlichkeit, als die allein es wirklich ist, inne wird. Dies geschichtliche Bewußtsein der Existenz muß ursprünglich persönlich sein. In ihm bin ich mir meiner in der Kommunikation mit anderem geschichtlichen Selbstsein bewußt; ich bin als ich selbst in der Erscheinung zeitgebunden an ein Nacheinander in Einmaligkeiten meiner Situationen und Gegebenheiten. Während aber das historische Sein von Objekten, so wie ich es wissend meine, historisch ist für mich, nicht für sich selbst, weiß ich mich dagegen in meinem geschichtlichen Sein als geschichtlich für mich. Hier sind im Ursprung Sein und Wissen untrennbar verknüpft. Was wir dann denkend erst scheiden, das geschichtliche Sein und dieses Wissen von ihm, ist existentiell so sehr das gleiche, daß das eine nicht ohne das andere ist: ohne Wissen, das heißt helles Ergreifen und Dabeisein, ist kein geschichtliches Sein, und ohne geschichtliche Wirklichkeit kein Wissen. Die Trennung würde mich mir zum gewußten Objekt machen. Was ich theoretisch von mir weiß, das ist als ein Partikulares und als Objekt-geworden nicht mehr ich selbst. Als ergriffen und übernommen wird es wieder zu mir, eingeschmolzen in den aktiven geschichtlichen Prozeß meines möglichen Existierens. Diese Identität des Selbst als Wissen im geschichtlichen Bewußtsein und als Geschichtlichkeit im Wirklichwerden ist auf eine widerspruchslos denkbare Weise nicht darzustellen; sie ist das Gewisseste und Hellste in der Existenz, das Unbegreiflichste für die Theorie.

Aus diesem geschichtlichen Ursprung wird auch *das Historische* erst eigentlich *geschichtlich*. Ohne ihn hätte es nur den Sinn von beliebigem Geschehen, das auf ein positiv oder negativ bewertetes

Dasein der Gegenwart bezogen ist. Mein theoretisches Wissen von der Historie wird aber über alle Geschichtswissenschaft hinaus Funktion möglicher Existenz, sofern ihre Inhalte und Bilder zu mir sich richten, mich ansprechen, fordern oder mich abweisen, nicht als nur ferne Gestalten für sich geschlossen bestehen, oder anders: sofern sie *angeeignet* in einem geschichtsphilosophischen Bewußtsein zur Funktion ewiger Gegenwart des Existierens werden. Das geschichtliche Bewußtsein des Einzelnen erfüllt sich, sich erweiternd in diesen ungeheuren Raum, aber wahrhaft nur, soweit aus ihm wirksame Gegenwart wird, unwahr, soweit es bloß betrachtetes Bild bleibt. Allein im geschichtlichen Bewußtsein behält historisches Wissen die Quelle seines Sinns. Die historischen Wissenschaften bringen das Wissen herbei, damit es wieder Element dieses Bewußtseins werde. Alle Distanzierung und gegenständliche Aufreihung, alle nur objektive kausale Untersuchung ist ein Zwischenstadium reiner Theorie. Sie erweist ihre Stärke in der Fähigkeit ihrer Ergebnisse, umgesetzt werden zu können in echtes geschichtliches Bewußtsein eines gegenwärtig existierenden Selbst.

Geschichtliches Bewußtsein ist die Helligkeit der faktischen Geschichtlichkeit der Existenz im Dasein.

2. Das absolute Sein und die Geschichtlichkeit. — Versuche ich das Sein als ein absolutes zu *denken*, so scheitere ich damit:

Entweder denke ich es als *Transzendenz*. Sobald diese aber für mich nicht nichts ist, ist sie, wie sie mir erscheint, ein Besonderes; mein Denken ergreift eine Chiffre der Transzendenz in der Welt, nicht sie selbst. Nur in einem abstrakten, unerfüllbaren, sich selbst wieder aufhebenden Gedanken kann ich das Absolute geradezu behaupten. Doch wenn dieser Gedanke auch an sich leer bleibt, so kann dadurch, daß ich ihn überhaupt fasse, mein Dasein als ein schlechthin beschränktes deutlich werden: denn gemessen an dem Gedanken eines bestehenden absoluten Seins bin ich nicht nur begrenzt als ein einzelnes Dasein, das anderes Dasein außer sich hat, sondern als mir gegeben zugleich bezogen auf das Sein, vor dem ich in unendlicher Abhängigkeit bin.

Oder ich denke, diese Abhängigkeit durch die Erfahrung des aktiven Michhervorbringens überwindend, das absolute Sein als mich in der Möglichkeit meines *Selbstseins*. Indem ich mich der Transzendenz gegenüberzustellen vermag, ist meine Ohnmacht nicht vollkommen. Ich kann vor ihr bewirken, daß Dasein auch an mir liegt, und ich kann mich des Daseins berauben. Ich unterscheide im Dasein dieses nicht nur in seiner Beschränkung vom absoluten Sein, das ich als Transzendenz dachte, sondern ich als Dasein dieses auch von meinem Selbstsein als einem absoluten Sein, dessen Verwirklichung möglich ist. Ich bin mir wie eingeschränkt in die Zeit, gezwungen in Situationen und Aufgaben, gefesselt an Bedingungen, und kann mich doch nicht als schlechthin in der Zeit denken.

Das Sein ist mir als *losgelöstes* (absolutes) Sein, sei es der Transzendenz, sei es des Selbstseins, unzugänglich. Wenn ich es *in Unterscheidung* vom Dasein verwirklichen möchte, verliere ich es. Ich muß die Erfahrung machen, daß ich auf diesem Wege mein Dasein nur entwerte, als ob es ein Abstieg in eine schlechtere Welt wäre; aber daß zugleich das Bewußtsein meines Seins ärmer und ärmer wird, um sich im punktuellen Nichts zu verlieren, da es sich in keiner anderen besseren Welt wiederfindet.

Ich werde mir meiner selbst und darin der Transzendenz nur gewiß *im Dasein*. Das Gegebene, die Situation, die Aufgaben bekommen den Sinn, in ihrer jeweiligen *Bestimmtheit* und *Besonderheit* zu *mir selbst* zu werden. Wovon ich mich unterschied, es als bloßes Dasein erniedrigend, wird zu mir selbst als meiner *Erscheinung*. Nur in der Erscheinung, nicht außer ihr in einem imaginären, losgelösten Selbstsein und einer abstrakten Transzendenz ist der Gehalt meines Wesens gegenwärtig. Diese *Einheit* meiner mit meinem Dasein als Erscheinung ist meine *Geschichtlichkeit*, ihrer *inne* zu sein, ist *geschichtliches Bewußtsein*.

3. Zusammenfassung. — Als Dasein bin ich im Raum an begrenzten Ortsmöglichkeiten eine unauswechselbare Körpergestalt. Ich bin beschränkt durch anderes Dasein, auf das ich wechselweise bezogen bin; ich begehre es, und stoße es ab, bekämpfe und verwende es, erliege ihm und werde vernichtet. Ich komme und verschwinde in der Zeit, die ich lebe in unablässig bewegter Unruhe. Ich finde mich in einer Welt von unerschöpflichen Möglichkeiten, in der ich eine Welt als die meine hervorbringe. In diesem Zeitdasein bin ich als mögliche Existenz ein Sein dem Zeitdasein gegenüber, sofern es nur Dasein ist, mit ihm identisch, sofern es Erscheinung meiner selbst wird, in jedem Falle aber ein Einzelner, nicht durch mich allein; die Einheit von Existenz und Dasein, als Erscheinung in ihrer Geschichtlichkeit, ist als solche nur, indem Selbstsein im Dasein vor seiner Transzendenz steht, deren Absolutheit ich nicht kennen kann außer

in der Chiffre der eigenen Geschichtlichkeit. Geschichtlichkeit ist für mich als Zeitdasein die einzige Weise, in der das absolute Sein mir zugänglich ist.

So ist, was zunächst als Beschränktheit meines endlichen Daseins gedacht werden konnte, als Erscheinung grade die mögliche Erfüllung. Was für den Gedanken eines zur Welt schlechthin vollendeten Daseins und den unersättlichen Lebenstrieb wie bloße Begrenzung aussah, wird die *einzige* Wirklichkeit der als Möglichkeit unbegrenzten Existenz, welche sich darin im Blick auf ihre Transzendenz erst ihres Seins gewiß wird.

In der Geschichtlichkeit wird also mir die Doppeltheit meines Seinsbewußtseins hell, das erst in der sie ausmachenden Einheit wahr ist: Ich bin nur als Zeitdasein und bin selbst nicht zeitlich. Ich weiß mich nur als Dasein in der Zeit, aber so, daß dieses Dasein mir Erscheinung meines zeitlosen Selbstseins wird.

Aber die paradoxe Doppelheit geschichtlichen Bewußtseins besteht *nur für das Denken*. Ohne die Trennung zu denken, ohne den Weg, komme ich nicht zur Helligkeit. Das objektive Wissen vom Zeitdasein und die appellierenden Gedanken vom Eigensein des Selbst sprechen auf heterogenen Ebenen von etwas, das im existentiellen Bewußtsein *ursprünglich eines* ist. Ich und meine Erscheinung trennen sich und identifizieren sich, je nachdem ich denkend auf dem Wege oder augenblicklich bei mir selbst bin.

Geschichtlichkeit als Erscheinung der Existenz

1. Geschichtlichkeit als Einheit von Dasein und Existenz. — Die Einheit geschichtlichen Bewußtseins vermag zugleich dem Dasein als vom Selbstsein ergriffen absolutes Gewicht zu geben und es doch als bloßes Dasein in der Schwebe der Relativierung zu halten. Das existentiell ergriffene Dasein ist dem Einzelnen als *unendlich wichtig* und in echter Kommunikation gegenseitig anerkannt, und doch zugleich sich selbst vor der Transzendenz *wie nichts*. In dieser Spannung zu stehen, ist Geschichtlichkeit: in der einmaligen zeitlichen Wirklichkeit wird unvertretbar die Tiefe eigentlichen Seins wie aus seinem Grunde gegenwärtig.

Weiß ich mich also im geschichtlichen Bewußtsein ursprünglich als im Dasein Gebundenen, so doch zugleich in diesem als Erscheinung möglicher Existenz.

Gefesselt an das Dasein bin ich ohne Existenz, wenn es mir als *Dasein absolut* wird in dem Sinne, daß ich es *nicht* mehr als Erscheinung weiß. So ist es in Zuständen ohne helles geschichtliches Bewußtsein, in denen der Mensch sich schon verliert, wenn er aus seiner besonderen Daseinswelt in eine andere gebracht wird; oder wenn er einer Umgebung, in der er Entscheidendes erlebte, nicht frei gegenüber treten kann, weil er an die sinnlichen Dinge sich kettend ihnen verfällt, als ob sie sein Leben schlechthin wären. Auch noch diese Bindungen sind existentiell, wenn ich sie zulasse und festhalte, aber ihnen zugleich als einem Dasein gegenüberstehe, durch das ich nicht schlechthin gezwungen bin; sie sind nicht mehr Fesselung, wenn ich wissend sie übergreife; denn sie werden gelöst durch die *freie Aneignung* des Daseins als der geschichtlichen Bestimmtheit meiner selbst.

Es setzt ein Prozeß ein, durch den eine *Rangordnung* der Bestimmtheiten meiner Lage, meiner Chancen in den objektiven Bedingungen der Gegebenheiten in meinen Anlagen und in den mir begegnenden Menschen erwächst. Denn in meiner Daseinswelt bin ich nicht überall mit der gleichen Unbedingtheit als ich selbst gegenwärtig. Es bleibt nur wesentlich für mich, daß ich mir in der Erscheinung meiner selbst mit dem Dasein als meiner geschichtlichen Bestimmtheit *irgendwo ohne* Objektivierbarkeit *eins bin*. Wo jeweils der unbedingte Punkt in der Identität ergriffen wird, dafür gibt es kein Kriterium, sondern in diesem Zugriff verwirklicht Existenz durch ihr Schicksal ihr Wesen.

Wollte sie sich frei halten in einem absoluten Sinne, kein Dasein als Erscheinung ergreifen, so würde sie hinaustreten aus der Welt und ins Bodenlose fallen. Aber nur indem ich im Dasein etwas unbedingt bin und tue, offenbart sich mir auch Transzendenz als das *Nichtsein der Welt*, und nur dann, wenn ich dieses Dasein zugleich als Erscheinung weiß. Jeder Verrat an der Transzendenz ist mir in Gestalt des *Verrats an einer Daseinserscheinung* gegenwärtig und wird gebüßt mit Verlust an Existenz. Die Vernichtung der Existenz wäre erreicht, wenn nur noch Dasein auf gleicher Ebene der Nichtigkeit übrigbliebe, in dem ich mir keiner Transzendenz mehr gewiß bin, weil mir nichts mehr unbedingt ist.

Im geschichtlichen Bewußtsein ist also die Einheit von Dasein und Existenz ursprünglich so vollzogen, daß die *faktische* Gebundenheit als *eigene* ergriffen ist. Im geschichtlich Besonderen bin ich aus Freiheit mit ihm identisch, während ich zugleich darin die Möglichkeit der Nichtidentifizierung habe.

Ohne erscheinende Gegenständlichkeit sind wir nicht. Setzen wir aber diese anders als im geschichtlichen Augenblick und bestimmter Situation absolut, so *fixieren* wir unsere Existenz an ein allgemein Wahres, das zeitlos und unwirklich besteht, und angesichts dessen wir selbst nicht nur als Dasein, sondern als Existierende gleichgültig geworden sind. Machen wir jedoch wiederum alle Gegenständlichkeit in der Erscheinung zu bloßem Dasein in seinen Bedingtheiten, so *verlieren* wir die Existenz, weil wir die Unbedingtheit und damit jeden Ursprung verlieren. Die Konzentration der Unbedingtheit auf die geschichtlich-konkrete Gegenwart läßt diese Unbedingtheit allein *wahr* bleiben. Die Wahrheit, die Existenz sich hier, zu ihrem Selbst kommend, erwirbt, ist nur in der Erscheinung, aber die Erscheinung als solche, objektiv gedacht und festgehalten, ist nicht diese Wahrheit; sie war es nur, weil in ihr zugleich Transzendenz war. Das aber war geschichtlich und nicht allgemein als diese objektive Erscheinung, wie und wo sie nun auch wieder vorkomme.

Darum wird im geschichtlichen Selbstwerden nicht ein aussagbar bestehender Besitz errungen, sondern eine Existenz verwirklicht, die, als Dasein wieder in Frage gestellt und Verführungen ausgesetzt, solänge sie erscheint, in Gefahr bleibt, ins Nichts zu versinken. Die größte Täuschung entsteht grade an der unbedingten Stelle, wo Erscheinungen in geschichtlicher Situation absolut sind, und wo sie dann als bloße Erscheinungen, als leere Hülsen in der fortdauernden Zeit fixiert werden können. Es kommt darauf an, alles Erscheinende wieder zu *relativieren* aus den absoluten Ursprüngen geschichtlichen Selbstwerdens heraus. Man darf mit keiner Erscheinung als dauernder, allgemeingültig werdender zufrieden sein und muß doch, sofern man existiert, stets mit einer absolut identisch sein.

Es *entspricht* dieser existentiell-geschichtlichen Wahrheit die formale Unvermeidlichkeit des Denkens: man kann mit *keinem Standpunkt* als objektiv *gültig* ausgesprochenem zufrieden sein und muß doch in jedem Augenblick *auf einem Standpunkt* stehen, wenn man überhaupt denkt. Während sich jedoch die Gesamtheit der *Denkstandpunkte* wohl formal in Kategorien- und Methodenlehre versuchsweise übersichtlich machen und beherrschen läßt, sind dagegen die *geschichtlichen* Standpunkte *Schritte einer Freiheit*, in der Existenz wird; sie sind weder übersehbar noch nach Anfang und Ende, Ursprung und Ziel abschätzbar oder theoretisch vorauszusehen. Sie sind als existentielle Schritte die Wahrheit, die in Kommunikation und in

124

bezug auf Transzendenz sich ihrer gewiß ist, nicht aber eine Wahrheit, die theoretisch und allgemein gewußt werden kann.

2. Geschichtlichkeit als Einheit von Notwendigkeit und Freiheit. — Im geschichtlichen Bewußtsein sehe ich durch gegebene Notwendigkeiten bedingte Situationen als Möglichkeiten der Freiheit. Es ist schon entschieden, ich stehe in dem Entschiedenen darin, und zugleich habe ich noch zu entscheiden ein Leben lang. Durch das Entschiedene erscheine ich mir unausweichlich bestimmt, durch die Möglichkeit eigener Entscheidung erscheine ich mir ursprünglich frei. Sehe ich auf die Gegebenheiten, so bin ich nur gebunden; sehe ich auf die Freiheit, so sind selbst die endgültigen Entscheidungen nur so, wie ich sie jetzt sehe, endgültig: sie sind zwar durch neue Entscheidungen nicht aufzuheben, aber in ihrer Bedeutung zu lenken, weil mit noch nicht gewußtem Sinne zu beseelen; sie scheinen noch voll Möglichkeit zu sein. Ich kann die Notwendigkeit über alles breiten und mich als so seiend für restlos gebunden erachten. Und ich kann die Freiheit über alles verbreiten und jede Endgültigkeit mit einem Schimmer der Möglichkeit versehen. Mein wissendes Übernehmen des anscheinend nur Gegebenen verwandelt dieses sonst nur Gegebene in ein Eigenes.

Existenz kann *nicht* im Dasein gradezu erscheinen. Sie würde ohne den Widerstand des Stoffes sich so wenig verwirklichen können, wie ein Vogel im luftleeren Raum zu fliegen vermöchte; sie würde daseinslos sich verzehren lassen im Feuer ihres Grundes. Die Gebundenheit ist ihre zeitlich-geschichtliche Erscheinung, in der es jeweils gegebene und erworbene Notwendigkeiten gibt, die nicht jeden Augenblick in Frage gestellt werden.

Sowohl die *absolute Notwendigkeit* bloß objektiv gegebener Dinge als auch die *widerstandslose Freiheit* sind im *geschichtlichen* Bewußtsein aufgehoben zu dem ursprünglichen In-seinem-Grunde-Stehen, das verwirklicht wird vom eigentlichen Selbstsein.

Bin ich meiner existierend gewiß, so erscheine ich mir nicht als nur empirisch gegeben. Mein Sein erscheint mir vielmehr als Möglichkeit der Wahl und als Entscheidung. In meinem freien Ursprung bleibe ich aber geschichtlich, weil ich *nie von vorn* anfangen kann. Ich stehe in den Folgen von Entscheidungen, die weit über mein eignes bewußtes Tun hinaus vor meinem Leben liegen und in den Grund des Daseins führen, den ich wissend nicht erreiche. An ihn bin ich gebunden. Gewinne ich das hellste Bewußtsein der Freiheit in meiner Geschichtlichkeit, so wird schließlich offenbar, daß auch das *Dasein überhaupt* nicht endgültig entschieden ist, sondern noch entschieden wird; zwar im begrenzten Freiheitsbewußtsein meines Daseins bin ich in der Welt, die in ihrem Sein endgültig erscheint, nur relativ für mich im engeren Kreise frei. Das *übergreifende* geschichtliche Bewußtsein aber, in welchem keine Gegebenheit ohne Freiheit und keine Freiheit ohne Gegebenheit bleibt, ist der Grund meines Respekts vor der Wirklichkeit als Wirklichkeit und zugleich der grenzenlosen Bereitschaft, alles Wirkliche mit Möglichkeit zu durchleuchten. Es weiß sich in einem Grunde des Daseins, an den gebunden Freiheit allein Wahrheit hat; und es verwirft alle geschichtslose Utopie, welche aus vermeintlicher allgemein geltender Richtigkeit zeitlos entwickelt wird. Das geschichtliche Bewußtsein hält die Nähe zum Wirklichen, weil es frei als Notwendigkeit seine Wurzeln bewahrt, aus denen es im Handeln den Sinn und Gehalt seines Tuns schöpft.

3. Geschichtlichkeit als Einheit von Zeit und Ewigkeit. Existenz ist weder Zeitlosigkeit noch die Zeitlichkeit als solche, sondern das eine im anderen, nicht das eine ohne das andere.

Existieren ist die Vertiefung des *Augenblicks*, so daß die zeitliche *Gegenwart Erfüllung* ist, die, Vergangenheit und Zukunft in sich tragend, weder auf die Zukunft noch auf die Vergangenheit abgelenkt wird: Nicht auf die *Zukunft*, als ob die Gegenwart bloß Durchgang und Stufe im Dienste eines Zukünftigen wäre (dieses Verhältnis hätte Sinn nur in bezug auf bestimmte Leistungen und partikulare Ziele, wenn Weg und Ziel als Ganzes eingebettet sind in das Umfassende des Existierens); nicht auf die *Vergangenheit*, als ob nur Bewahrung und Wiederholung vergangener Vollendung der Sinn meines Lebens sei (dieses Verhältnis hat wahren Sinn als Erweckung und Aneignung, nicht aber so, daß sich darin das ganze Leben des Selbstseins, das aus eigenem Ursprung ist, erschöpfen könnte).

Der Augenblick als die Identität von Zeitlichkeit und Zeitlosigkeit ist die Vertiefung des faktischen Augenblicks zur *ewigen Gegenwart*. Im geschichtlichen Bewußtsein bin ich mir des *Vergehens* als Erscheinung und des *ewigen Seins* durch diese Erscheinung *in Einem* bewußt: nicht so, daß eine zeitlose Gültigkeit zufällig jetzt und möglicherweise gradeso zu beliebiger anderer Zeit ergriffen, Zeitlichkeit und Zeitlosigkeit disparat nebeneinander stehen würden, sondern so, daß die einmalig erfüllte zeitliche Besonderheit als Erscheinung

126

ewigen Seins ergriffen wird; diese Ewigkeit ist an *diesen* Augenblick absolut gebunden.

Der Augenblick ist als bloßer *Moment* des Zeitlichen fließend; objektiv vorgestellt ist er nur verschwindend, ist er nichts; er kann als Erlebnis in seiner Isolierung begehrt sein und muß doch als bloßes Erlebnis nichtig werden durch seine Unverbindlichkeit vermöge seiner Selbstgenugsamkeit. Es kommt vielmehr darauf an, daß er sich als geschichtliche Erscheinung der Existenz *bewährt* durch Hingehören in eine erscheinende *Kontinuität*. Der eigentliche Augenblick als der *hohe Augenblick* ist Gipfel und Artikulation in dem existentiellen Prozeß. Er wird weder Mittel noch ist er selbstgenugsam außerhalb dieser substantiellen Gebundenheit an das erscheinende Zeitdasein in seiner Folge. Gegen den bloßen Augenblick und das Schwelgen des Erlebens steht Existenz, die wohl im Augenblick gegenwärtig, aber nicht vollendet ist; die den Augenblick hervorbringt und aufnimmt; und die als stille Unerbittlichkeit und schweigende Zuverlässigkeit sich durch die in den Augenblick hineinscheinende Kontinuität weiß. Hier erst wird das Geschichtliche der Erscheinung der Existenz sich deutlich: Existenz kommt nicht unmittelbar fertig zur Erscheinung, sondern erwirbt sich durch ihre Schritte als Entscheidungen in der Zeitdauer; statt des einzelnen Augenblicks ist die geschichtliche Folge der Augenblicke in ihrem Zueinander ihre Erscheinung. Ihr Zueinander ist ihnen selbst gegenwärtig — im *Warten* auf den hohen Augenblick, in einer Haltung, die sich nicht vergeudet — im *Bezogensein* der gegenwärtigen Höhe auf ihre *Vorausetzungen*, die bewahrt und nicht verraten werden — im *nachhaltigen Leben aus dem hohen Augenblick*, der als vergangen doch gegenwärtiger Maßstab bleibt.

4. Kontinuität des Geschichtlichen. — Existierend habe ich in objektiver Situation aus eigener Wesensentwicklung zu unterscheiden, was gegenwärtig zu ergreifen ist, von dem, was erst in der Zeitfolge in einer Reihe von Entscheidungen hell oder wirklich werden kann. Daß ich geschichtlich existiere, bedeutet, daß es die Gefahr des *Antizipierens* gibt: nämlich schon sogleich als ein vermeintlich jederzeit Richtiges zu erfassen und zu tun, was nur in einem Aufbau wirklich werden kann; und die Gefahr des *Verpassens*, nämlich das geschichtlich Reifgewordene, das doch für Existenz nie von selbst wirklich wird, nicht zu ergreifen. Ich bin existierend so tief eingesenkt, ja identisch mit der zeitlich ausgebreiteten Wirklichkeit, daß ich nur im innigsten Gegenwärtigsein wirklich bin, im Vorwegnehmen

und im Fahrenlassen aber ebenso wie in aller Jenseitigkeit und Zeitlosigkeit die Wege zum Unwirklichwerden meiner selbst beschreite.

Dieser Aufbau zeitlicher Verwirklichung ist nur in bezug auf einzelne Zwecke und Mittel *technisch* zu planen; der *existentielle* Aufbau ist grade *nicht* zu planen und nach dem Entwurfe zu machen. Vielmehr erscheint die geschichtliche Wahrhaftigkeit in dem *doppelten* Aspekt: aus dem Anerkennen dessen, was gegenwärtig da ist, im wirklichen Entscheiden und Schaffen einer Endgültigkeit, und zugleich im Offenbleiben für die Zukunft, die alles Getane wieder in Frage stellen, es zwar niemals rückgängig machen, aber mit neuen Bedeutungen belasten kann. Dieses Offenbleiben und Nichtfestgelegtsein ist wie die gegenwärtige Entscheidung die *Voraussetzung* für Geschichtlichkeit; zum Beispiel in der Entfaltung einer Kommunikation: es kann eine Freundschaft vielleicht erst auf dem Grunde eines Bruches echt verwirklicht werden, doch kann ich das in keiner Weise planen; ich kann den Bruch als Mittel niemals wollen; nur die Existenz, die das Äußerste wagt und zur Entscheidung bringt, kann faktisch, doch ohne Berechnung dahin kommen, daß das Negative ihr zum Positiven ausschlägt. Das Wagnis allen Existierens ist, in der Zeit zuzugreifen, ohne zu wissen, was der eigentliche Erfolg ist und wohin der Weg führt. Durch Krisen und daraus hervorgehende Offenbarkeiten, nicht durch technische Pläne; durch dialektisch-gegensätzliche Bewegungen, nicht durch berechenbare Gradlinigkeit; in unvoraussehbarem Hervorgehen, nicht in vorweg zu konstruierender Dialektik — verwirklicht sich, was nun geschichtlich der Wirklichkeit eingegraben ist, nicht nur beliebiges Wellenspiel auf der Oberfläche war.

War der Augenblick als Erscheinung der Existenz aufgenommen in geschichtliche Kontinuität, so ist diese Kontinuität wieder bedroht, sich in die existentiell unwahre Kontinuität als den Fluß der Zeit ziehen zu lassen. Geschichtlichkeit wird mißverstanden als *endlose Dauer*. Sagt man etwa: „der Sinn meines Tuns ist ein Gewinnen, auf dem andere weiterbauen, mein Ende ist nicht das Ende der Sache, der ich diene; Fortschritt und Fortleben als Stufe im Fortschritt ist der Sinn der Geschichte", so sprechen solche Sätze unter partikularem Aspekt den Sinn bestimmter Leistungsentwicklungen aus, die nach ihrem Gehalt in den geschichtlichen Gang aufgenommen sind oder gehaltlos bleiben. Auf das Ganze meines Daseins bezogen, in der Meinung, mich selbst in meinem Sinn zu erschöpfen, verleugnen sie existentielle Geschichtlichkeit. Ich *täusche* mich so nicht nur real über das Ende von allem, das fern aber gewiß eintritt, sondern ich täusche mich existentiell, wenn ich zum Ganzen und Wesentlichen mache, was ein Einzelnes und Werkzeughaftes ist.

Geschichtlich ist nur, was noch angesichts seines Endes *Substanz* hat, weil es durch sich selbst ist und nicht wegen eines Zukünftigen. Nicht der anfangs- und endlose Ablauf der Zeit und ihrer Ereignisse ist geschichtlich, sondern die erfüllte Zeit, die als Erscheinung zur Rundung und Gegenwart bringt, was in sich ist durch Beziehung auf seine Transzendenz. Ist der Augenblick existentiell als Glied einer Kontinuität, so diese Kontinuität als die Verwirklichung dessen, was in jedem Augenblick ihres zeitlich begrenzten Ganges auf unersetzliche Weise da ist: Kontinuität kann als der *umfassend* gewordene Augenblick gedacht werden, als die in sich begrenzte Zeit, welche nicht endlose Zeit, sondern in zeitlicher Ausbreitung erfüllte Zeitlosigkeit, *wahrhafte Dauer zwischen Anfang und Ende* als Erscheinung des Seins ist.

Wenn aber Ranke scheinbar gleichsinnig sagt, jede Zeit sei unmittelbar zu Gott und nicht nur Stufe für spätere Zeiten, so ist hinzuzufügen: dies unmittelbar zu Gott Sein ist für den historischen Betrachter als solchen nicht sichtbar, denn es ist nicht als Bild da, sondern nur fühlbar als Existenz für Existenz, die in Kommunikation aus eigener Geschichtlichkeit dem Vergangenen sich naht.

Die Paradoxie des geschichtlichen Bewußtseins der Existenz, daß die verschwindende Zeit Sein der Ewigkeit in sich schließe, bedeutet nicht, daß die Ewigkeit auch noch außerdem anderswo sei, als wo sie zeitlich erscheint. Aber sie bedeutet, daß im Dasein das Sein nicht einfach *ist*, sondern erscheint als das, was entschieden wird, und zwar so, daß, was entschieden wird, ewig ist.

Was in diesem geschichtlichen Bewußtsein ewiger Gegenwart erfahrbar wird, hat in den spekulativen Gedanken von der *ewigen Wiederkehr* Ausdruck gefunden. Das Dasein als bloßes Dasein zu wiederholen, graut dem Menschen; die endlos kommende Wiedergeburt ist der Schrecken, dem er entrinnen möchte. Jedes Dasein als Erscheinung der Existenz zugleich ewig zu sein, ist Selbstgewißheit; die ewige Wiederkehr wird der Gedanke des Sinns eigentlichen Seins. Weil der Daseinswille als bloßer Lebensdrang blind ist, ergreift er begierig den Gedanken der Wiedergeburt als Erfüllung einer sinnlichen Unsterblichkeit. Der helle Seinswille der Freiheit dagegen läßt die ewige Wiederkehr nur zu als bildhafte Chiffre im Medium zeitlicher Vorstellung, als den Ausdruck seiner unbegreiflichen Zeitlosigkeit.

9 Jaspers, Philosophie II

Objektiv gleiche spekulative Gedanken können also Entgegengesetztes bedeuten. Im uns vertrauten Dasein wird die *Wiederholung* in der Zeit sowohl Mechanisierung, Gewohnheit, Öde, als auch geschichtliche Steigerung des existentiellen Gehalts: man kann sie als schal verwerfen, man muß sie als Bewährung wahren Selbstseins suchen. Wiederholung wird die Dauer als Erscheinung geschichtlichen Seins.

Abheben des Sinns von Geschichtlichkeit gegen objektivierende Formeln

Das Sein als gedachtes wird ein allgemeines oder ein ganzes. Das Sein im geschichtlichen Bewußtsein ergriffen ist *nie das Allgemeine*, aber auch nicht dessen Gegenteil: das Allgemeine ist ihm Inhalt, aber es selbst weiß sich in seinem Eigentlichen als das Übergreifende. Das Sein im geschichtlichen Bewußtsein ist ferner *nie das Ganze*, aber auch nicht dessen Gegensatz, sondern ein auf seine Ganzheit hin Werdendes, das auf anderes Ganzes und Nichtganzes sich bezieht. Ist keine Geschichtlichkeit allumfassend, weder als das Allgemeine noch als die eine Ganzheit, so ist sie doch ebensowenig durch Verneinung des Allgemeinen und Ganzen auszusprechen.

1. Das Geschichtliche abgehoben gegen das Irrationale und das Individuelle. — Dem Allgemeinen sich hinzugeben ist für das geschichtliche Bewußtsein Durchgang. Wäre das Allgemeine das Wahre schlechthin, könnte man das Wahre wissen, so käme man als Selbst nur hinzu, zufällig und auswechselbar; denn es wäre selbst das Allgemeine, das allüberall wäre. Das Selbst muß das Wahre werdend sein, ohne es *wissen* zu können. Aus ihm heraus ergreife ich meine Situation, die ich vorher nicht weiß, sondern im Ergreifen erst erfahre — wobei alles Wissen vom Allgemeinen nur eine Voraussetzung ist, welche Möglichkeiten zeigt und Prüfung für Partikulares bleibt. Es ist unmöglich, im Allgemeinen als dem *Absoluten* zu leben, ohne als Selbst verblasen zu werden.

Wenn das Geschichtliche der Existenz nicht ein Allgemeines ist, dann ist es, so sagt man, *irrational*. Das ist nicht unrichtig, aber irreführend. Das Irrationale ist etwas *nur Negatives*, die Materie im Verhältnis zur allgemeinen Form, das Willkürliche im Verhältnis zur gesetzlichen Handlung, das Zufällige im Verhältnis zur Notwendigkeit. Das Irrationale ist als das Negative jeweils der sei es undurchschaute,

130

sei es zu verwerfende Rest. Das Denken strebt, diesen Rest auf das Minimum einzuschränken, und mit Recht. Die Irrationalitäten sind ihm nicht selbst etwas, sondern als nur Negatives die Grenze oder der beliebige Stoff des Allgemeinen. Das absolut Geschichtliche aber ist als *positiv* es selbst Träger des Existenzbewußtseins, ist Quelle nicht Grenze, ist Ursprung nicht Rest. Es wird unübertragbar einmaliger Maßstab. Es ist das eigentlich Wahre, durch das alles nur Allgemeine zum Richtigen, alles Ideelle zum Vorletzten degradiert wird. Es nicht erkennen, heißt nur, es nicht in Allgemeines und nicht in Verneinung des Allgemeinen übersetzen zu können. Es erkennen heißt, der für sich selbst verantwortliche Prozeß der Selbsterhellung möglicher Existenz zu sein durch ihre eigene Verwirklichung. In ihr wird das Allgemeine und Nichtallgemeine zum Mittel in Ausdruck und Erscheinung herabsinken.

Irrational ist ferner nicht nur die Grenze des Allgemeinen, sondern sind auch die *nichtrationalen Allgemeinheiten,* wie die Gültigkeit in Gestalten von Dichtung und Kunst. Geschichtlichkeit aber hat als nicht allgemein gültige Gestalt ihren stets hell werdenden, nie hellen Grund. Sie hat das Rationale und das Gestalt gewordene Irrationale als ihr Medium. Sie ist *überrational,* nicht irrational.

Das Wissen um das Irrationale als das Negative des Allgemeinen oder als nicht rational gültige Allgemeinheit kann zu einem Denken führen, das das Irrationale in den *Begriff* aufzunehmen sucht. Dieses Denken, das virtuos von Hegel entwickelt ist, vermag auf einzigartige Weise philosophisch relevante Sachen auszusprechen, geht jedoch am ursprünglich geschichtlichen Bewußtsein vorbei, das sich denkend nicht in der Objektivierung einer Sache, sondern im Appell an Möglichkeit ausdrückt. Die scheinbar größte Nähe zum Geschichtlichen ist der existentiellen Geschichtlichkeit unversehens vielmehr ganz fern durch die entstandene Täuschung des Wissens. —

Irrational ist auch das Individuelle. Existenz in ihrem Dasein ist als einzelne zwar ein *Individuum,* aber Individuum sein bedeutet nicht Existenz sein. Individuum ist eine objektive Kategorie. Es ist das jeweils eine Ding, sofern dieses vermöge der *Endlosigkeit* des Wirklichen faktisch nicht in allgemeine Gesetze auflösbar ist; es ist, weil endlos, auch unwiederholbar einmalig. Es kann ferner als lebendiges Individuum *unteilbare* Einheit als ein Ganzes sein, das nicht allgemein durchschaut wird wegen der zur *Unendlichkeit* gewordenen Endlosigkeit. Diese Begriffe des Individuums sind wieder der Ausdruck für den Rest, der bleibt, wenn die Wirklichkeit als allgemeine erkannt werden soll.

Auch der Gedanke der Konstituierung des geschichtlichen Individuums durch Bezogenheit auf einen bestimmten Sinn erfaßt nur die logische Struktur objektivierender *historischer* Darstellungen (nach Auswahl des Stoffes, Konstruktion der Zusammenhänge, Unterscheidung des Wichtigen und Unwichtigen in den Tatsachen), aber er trifft gar nicht das Einmalige im geschichtlichen Bewußtsein. Denn er löst es in ein neues Allgemeines, das nur einmal realisiert wurde, auf, während er das Existenzbewußtsein verschleiert. —

Geschichtlichkeit der Existenz ist also nicht schon das Nichtallgemeine, weder als das *Irrationale* noch als das *Individuum*. In beiden würde es entweder bloße Grenze und Rest oder eine neue Weise des Allgemeinen selbst. Jedesmal würde die Geschichtlichkeit der Existenz in eine Objektivität verwandelt, welche ausgesprochen werden müßte in negierenden Formeln oder in allgemeinen Bezogenheiten. Ihre eigene Positivität verschließt sich dem objektivierenden Erkennen.

Alle Aussagen über Geschichtlichkeit müßten daher wörtlich und logisch genommen unwahr werden; denn sie haben immer die Form des Allgemeinen — nur in ihr läßt sich denken und sprechen —, während das geschichtliche Bewußtsein selbst nur in seiner Einzigkeit ursprünglich ist. Denn wäre es als Fall einer allgemeinen Gattung oder als Verwirklichung eines zeitlos gültigen Bestehenden oder als Annäherung an einen Typus, so würde es jedesmal nicht aus eigenem Ursprung sein, sondern subsumierbar. Es würde ein Gegenstand sein, statt daß es Gegenständlichkeiten als seine Erscheinung durchdringt. Die Methode der Explikation konnte daher nur sein: mit den Mitteln des Allgemeinen an die Grenze zu führen; erst durch einen Sprung, nicht des Gedankens, sondern des Bewußtseins selbst, durch Umsetzung des Gedankens in Bewußtseinswirklichkeit kann geschichtliches Bewußtsein aufleuchten. Dieser Sprung muß im Einzelnen auf stets unvergleichbare Weise gelingen. Denn ich kann nur mich selbst in meinem geschichtlichen Bewußtsein erfassen und damit offen werden auch für den Anderen in seiner Geschichtlichkeit. Das Allgemeine — in Negationen, Zirkelverhältnissen, Bildern und inadäquater Verwendung von Kategorien — bleibt Weg als Mitteilungsform und Erweckungsmittel.

2. Das Geschichtliche abgehoben gegen das Gliedsein in einem Ganzen. — Geschichtlich bin ich in diesen Situationen vor

132

diesen Aufgaben; Geschichtlichkeit ist meine Verwurzelung in der einmaligen Lage meines Daseins und der Besonderheit der Aufgabe, die hier liegt, wenn sie meinem Bewußtsein auch in Gestalt einer allgemeinen Aufgabe erscheint. Diese Erfüllung meines Daseins scheint gebunden an die *Ganzheit*, in der ich als ihr *Glied* den bestimmten Platz habe, und aus der die Besonderheit meiner Aufgabe erwächst. Aber mein Platz ist nicht als Ort in einer geschlossenen Welt übersehbar. Ich würde, nähme ich meine Verwurzelung in diesem Sinne, mich auflösen in ein neues Allgemeines als in ein absolutes Ganze. Gerade die absolute Geschichtlichkeit meiner Verwurzelung ist aber das, was schlechthin weder unter ein Allgemeines subsumierbar noch in ein Ganzes einzugliedern ist. Subsumierbarkeit und Einordnung besteht nur relativ für Daseinsaspekte. Immer nur imaginär ließe sich die Ordnung der Ganzheit und allen Daseins als gegliedert in der Verteilung an die ihm zukommenden Plätze in einem Ganzen entwickeln. In dieser unwirklichen Phantasie würden wirkliche Existenzen, mit denen ich in Kommunikation stehe, und damit ich selbst, ausfallen. Der blinde Glaube aber an ein solches Ganze, auch ohne es zu wissen, *hebt* die Geschichtlichkeit in ihrer Tiefe *auf*. Diese ist im Zueinandersein von Existenzen in objektiv werdenden einzelnen Ganzheiten ohne Ganzheit der Welt und ohne Ganzheit eines sich schließenden Geisterreichs. Statt der alles Einzelne zu Gliedern in sich aufhebenden Totalität eines möglichen Weltdaseins ist für Existenz nur die Transzendenz des selbst geschichtlich erscheinenden Einen. Alles Allgemeine und Ganze bleibt untergeordnet und wird nicht verwechselt mit der Transzendenz. Nur als mögliche Existenz ergreife ich das Allgemeine und die mir zugänglichen Ganzheiten. Durch sie hindurch übernehme ich mein Dasein, das zur Geschichtlichkeit meiner Existenz wird. Es ist auszusagen als Erscheinung, nicht aber als Sein zu vergegenständlichen.

Ganzheit als die eine unbedingte für alle würde bedeuten die Möglichkeit des *Endziels* als Zweck im Zeitdasein oder bei einer Weltverdoppelung als andere Welt im Jenseits: die richtige Einrichtung der Welt oder Welt als anderswo bestehende Ewigkeit. Aus dem Ursprung der Geschichtlichkeit aber zerfällt die Möglichkeit einer richtigen Welteinrichtung, wird bestehende Ewigkeit als Gedanke zur Chiffre. Es ist kein Endziel als das eine für alle. Das bedeutet nicht eine Verneinung alles Allgemeinen und Ganzen, das vielmehr partikular gewichtig bleibt; es ist sogar geschichtlich, wenn ich es als ein gegebenes und notwendiges übernehme und will. Aus der Geschichtlichkeit der Existenz aber ist es nicht abzuleiten, weil in dieser kein Ganzes umfassend wird. Nicht nur stehe ich in Kommunikation mit Fremden, sondern wir sind zusammen in einem Anderen, für uns zunächst Existenzlosen als der empirischen Wirklichkeit, dem Allgemeingültigen, den partikularen Ganzheiten als vorgefundenen oder hervorgebrachten.

Geschichtliches Bewußtsein als ein sich verwirklichendes Sein ist kein möglicher *Standpunkt*, den man neben anderen Standpunkten klassifizieren könnte. Geschichtlichkeit als Bewußtsein eines in sich selbst nicht zu ergründenden Ursprungs kann als ein in der Erscheinung gewußter nicht zureichend ausgesprochen werden; nur in der Verwirklichung kommt sie zu sich selbst. Statt im Zirkel der Selbsterhellung durch Kommunikation in sich zu kreisen und als erscheinendes Weltdasein den Kreis unbestimmbar zu erweitern, würde Geschichtlichkeit zu einem objektiven festen Gebilde, in dem sie selbst verloren wäre. *Es ist unmöglich, noch hinter den Ursprung zu kommen;* denn existierend kann ich nicht hinter mich selbst treten, was ich wohl kann als Bewußtsein überhaupt. Ich würde den Ursprung verlieren und punktuelles Ich überhaupt, nicht mehr ich selbst sein.

3. Metaphysische Erweiterung der Geschichtlichkeit. — Sofern das geschichtliche Bewußtsein der Existenz das Andere, die Welt, das Allgemeingültige, die Ganzheiten, ins Auge faßt, liegt in ihm eine Tendenz, das Geschichtliche in allem und die Welt als Geschichtlichkeit zu sehen. Indem ich meinen Ursprung ergründen will, frage ich metaphysisch nach dem Ursprung der *Welt.* Zwar kann ich so wenig wie in meinen Ursprung in den Ursprung des Weltseins dringen, aber ich kann nicht lassen, danach zu fragen. Beide Fragen werden wie *eine.* Diese metaphysische Spekulation gehört zu einem geschichtlichen Existenzbewußtsein. Geschichtlichkeit auf alles Wirkliche auszubreiten, heißt: alles, was ist, ist so, wie es ist, hergekommen aus Entscheidungen; es ist nicht ewig und zeitlos in einer absoluten Welt. Die Naturgesetze selbst und alles Allgemeingültige sind als ein zeitloser Aspekt eines zeitlich Geschichtlichen entstanden. Zwar ist die Zeitlichkeit hier, gemessen an empirischer Zeitlichkeit, nur ein Bild als Chiffre, ebenso wie es die Zeitlosigkeit ist. Darin sich zu vertiefen zwingt aber zum Gedanken: für uns ist diese Welt zwar die allein mögliche, in zeitlosen Allgemeingültigkeiten erkannte und in Ganzheiten konstruierte, sofern wir in ihr als Bewußtsein überhaupt denken; und doch ist sie, was in ihrer radikalen Unbeständigkeit erscheint, geschichtlich.

134

Solche Spekulationen führen in einen Schwindel durch Gedanken, aus denen die Entschiedenheit geschichtlichen Bewußtseins wieder auftaucht, ohne sich begriffen zu haben. Sie suchen die Tiefe, vor der alles Allgemeine und alle Ganzheit als relativ versinkt und kein Gliedsein in einem Ganzen und keine Allgemeinheit die ursprüngliche Geschichtlichkeit adäquat erhellt.

Verwirklichungen

Da ich nur durch Eintritt ins Dasein geschichtlich werde, kann ich mich vor der Welt nicht zurückhalten, ohne dadurch mein Sein als Verwirklichung möglicher Existenz zu verlieren. Ich muß, wie in partikularen Daseinsinteressen, so überhaupt erst einmal als Dasein beteiligt sein, ohne damit schon zu wissen, was ich eigentlich will. Bin ich dabei, so stehe ich in Situationen, sehe, was ist und was herankommt und kann nun erst erfahren, was ich will, und dann durch mein Tun zur geschichtlichen Erscheinung meiner Möglichkeit werden. Der Impuls der Existenz, nicht allein der blinde Daseinswille, treibt in die Welt.

1. Treue. — In der Folge scheidet sich aus dem bloß beliebigen Nacheinander von Daseinssorgen und Daseinsbefriedigungen die Geschichtlichkeit meines Seins in der Treue. Je entschiedener ich im Dasein ich selbst bin, desto weniger kann ich ein einmal Ergriffenes verlassen. Mit der Verwirklichung aber beschränkt sich die Möglichkeit. Das Ende der Möglichkeit des nicht mehr aus sich heraustretenden Daseins ist der Tod. Treue schließt durch Beschränkung der Möglichkeit das Dasein der Existenz, als im Tode nur das Ende ihrer Erscheinung findend, in sich zur Vollendung ab.

Wenn Geschichtlichkeit der Existenz deren Treue ist, so doch *nicht* schon als Äußerlichkeit der befolgten Bindung. Ich kann zuverlässig meine Verträge und Versprechungen halten, durch Gewohnheit in den Bahnen, in denen ich einmal lebe, weiter leben; aber ich kann zugleich treulos sein. Treue hat wohl die feste Geltung des gesagten Wortes, die moralische Zuverlässigkeit und die Form von Gewohnheit zur Folge und wieder zur Voraussetzung. Aber Treue selbst ist die Geschichtlichkeit, welche den Gehalt ihres Daseins ergreift, indem sie sich an ihren Grund bindet, nicht vergißt, ihre Vergangenheit wirksam gegenwärtig hat.

Treulos vermag ich mich loszulösen und gleichsam endlos zu wandern in eine grundlose Leere. Ich verachte und verderbe meinen Ursprung, kämpfe gegen alles mich Begründende als gegen Bindungen, die mich hemmen und verunstalten; ich meine Allgemeines und Ideelles zu lieben und liebe darum nichts Konkretes in meiner Geschichtlichkeit unbedingt und ausschließend; ich beschränke mich auf ein gelegentliches spielerisches Abschätzen, was ich wohl am liebsten habe von all dem, von dem mich doch nichts innerlich wahrhaft angeht. Ich erstrebe etwa statt des geschichtlichen Ursprungs in meiner nach objektiven Maßstäben noch so kümmerlichen Tradition für die Nachkommen eine nur allgemeine Erziehung durch sachverständige Pädagogen. Alles geschichtlich Besondere gilt nur noch als Schrulle und egoistischer Eigenwille angesichts der allgemeinen Kultur; nenne man sie menschheitlich, europäisch oder deutsch, erkenne man eine Kultur an oder mehrere, sie bleiben allgemein. Ich kann das eigene Selbst zum Schauplatz und bloßen Werkzeug herabziehen und kenne dann keine existentielle Treue, sondern nur fälschlich so genannte Treue, nämlich triebhafte Zwangsläufigkeit und zweckhafte Anhänglichkeit als Brauchbarkeit und Zuverlässigkeit zur Erhaltung jener allgemeinen Kultur.

Der Umfang der Welt bestimmt zwar den Gehalt der Treue. Aber die Treue den großen und allgemein bedeutsamen Aufgaben und Menschen gegenüber kann nicht wahrhaft sein, wo die *einfache Treue des Ursprungs* fehlt. Es ist dann nicht Treue, sondern Gebanntsein an allgemeine Ideen und objektive Geltungen, an Rolle und Wirkung. Treue sammelt ihren Schatz im Kleinsten, ist ganz bei sich und will nichts Anderes, sucht nicht die Sichtbarkeit und ist sich ihrer gewiß in der Stille:

Stets gegenwärtige Treue gegen die *Eltern* ist ein Element meines Selbstbewußtseins. Ich kann mich selbst nicht lieben ohne meine Eltern zu lieben. Bringt die Zeit in neuen Situationen mit ihnen Konflikte, so ist das Äußerste, daß sich Treue umsetzt in Pietät als die Alltagsform zur Sicherung der Treue, die in ihrer Tiefe nicht jeden Augenblick vollzogen werden, aber als Bereitschaft gegenwärtig bleiben kann.

Treue verlangt, *Kindheits-* und *Jugend*erfahrungen für immer zu bewahren und ernst zu nehmen. Nur die Ratlosigkeit leerer Existenz kann die eigene Jugend verlachen, und, was wirklich war, als Jugendillusion beiseiteschieben. Wer sich selbst nicht treu ist, kann niemandem treu sein.

Es gibt noch im Kleinen eine Treue gegen die heimatliche Landschaft, gegen einen genius loci, die Voreltern, eine Treue gegen jede Berührung mit einem Menschen, wenn auch nur einen Augenblick die Existenz aufleuchtete, eine Treue gegen Orte, an die ich gern wiederkehre.

Gegen Allgemeines und Zeitloses gibt es keine Treue, darum ist sie *nie mechanische* Bindung. Berechenbare Konsequenz kann, aber muß nicht ihre Erscheinung sein. Nur in matten Augenblicken, sich selbst fast verlierend, kann sie vorübergehend die Form der Pflicht annehmen. Weil sie geschichtlich ist, ist sie zugleich im *Prozeß*. Sie ist nicht unwandelbar objektiv identisch, sondern im Wandel des Daseins der Existenz selbst ein Leben. Ich halte keinem toten bestehenden Etwas die Treue, sondern dem Sein, das in der Erscheinung unübersehbar anders wird. Der Kern der Treue liegt in dem Entschluß absoluten Bewußtseins, durch den *ein Grund gelegt* wurde: eine Identifizierung im Dasein mit sich selbst. Ich ließ mich als ich selbst ein, und jetzt ist Treue die Bewahrung meines Selbstseins mit dem Anderen. Sie wird objektiv in Forderungen, die im Ursprung Forderungen meiner selbst an mich sind.

Im Dasein zwar ist Infragestellung nie ausgeschlossen. Treue wurzelt in einer Ruhe, aber läßt nicht Ruhe; Treue *kann* Konflikt und Bruch *wagen*, aber ist dann sie selbst nur, wenn ein *Bruch* auch ein Brechen in der eigenen Existenz bedeutet. Treulos ist es, wenn ich in falscher Ruhe mir mein Recht konstruierend, den Menschen oder eine Sache als erledigt liegenlasse, als ob sie nicht gewesen wären; treulos ist es, wenn ich in Augenblicken, wo ich einstehen muß, mich der Kommunikation und eigenen Krisis entziehe etwa mit Worten: „das ist mir nun mal passiert", „das kommt vor"; „wir sind nun einmal Menschen"; „das habe ich vergessen". Treue verlangt die Unruhe, die den Weg an den Grund findet, in dem überwindend die Bindung vertieft, nicht gelockert oder verraten wird.

Die *zentrale* Treue, in der ich selbst so sehr dabei bin, daß ich mit ihr identisch wurde — denn ihre Vernichtung wäre existentielle Selbstvernichtung —, ist zu scheiden von einer *peripheren* Treue, deren Vollzug nicht gleichgültig, deren Erfahrungen aber mich im ganzen weder zum Sein bringen noch umwerfen können. Es gibt darum *absolute* und *relative* Treue und *Stufen*; mein Leben ist in der Bewegung, was oberflächliche Berührung war, enger und wesentlicher werden zu lassen, aber auch fixieren zu müssen und pietätvoll einzubetten, was einmal wesentlicher war.

Treue hat zur Voraussetzung eine *Zurückhaltung* als Sichbewahren vor dem Vergeuden, eine Vorsicht, die Schritt für Schritt geht — um nur im eigentlich entscheidenden Augenblick, welcher absolute Treue begründet, sich zu *verschwenden.* Denn volle Identität von Dasein und Selbstsein ist nur, wo das Eine gegenwärtig ist, dessen Transzendenz im geschichtlichen Abgrund des Daseins offenbar werden kann.

2. Enge und Weite geschichtlicher Existenz. — Welt als Erscheinung existentiellen Gehalts erweitert und verengt sich im Prozesse des geschichtlichen Selbstwerdens; denn die Weite der Existenz in ihr ist nur durch Aneignung. Was das ist, mit dem ich lebe, als ob es mein eignes Leben wäre, das ist nicht erwiesen durch meinen Daseinsumfang, meine faktische Machtsphäre und mein wissendes Orientiertsein über eine Welt. Ich kann viel zu wirken vermögen und doch nur betriebsam sein. Ich kann unermeßliche historische Welten sehen, ohne geschichtlich zu existieren.

Die Erweiterung vollzieht sich *praktisch:* Situationen, in die ich gerate, Aufgaben, die als mögliche sichtbar oder mir von außen gestellt werden, Traditionen, aus denen ich meine Selbstverständlichkeiten besitze, eröffnen eine stets begrenzte, meist sehr eng begrenzte Daseinssphäre. Die Rückhaltlosigkeit, mit der ich in ihr mich selbst einsetze, bringt mein geschichtliches Bewußtsein hervor.

Theoretisch erweitere ich mein Bewußtsein auf dem Wege über das historische Wissen. Das Wissen setzt sich zum geschichtlichen Bewußtsein in dem Maße um, als es eingeht in das praktisch-geschichtliche Gegenwartsbewußtsein. Bleibt das historische Wissen in Distanz und neben dem gegenwärtigen Leben, welches dabei in der Schätzung tief zu sinken pflegt, so ermöglicht es nur ein Dasein der Sehnsucht als romantischer Vergegenwärtigung ohne Eigenexistenz. Aber das historische Wissen in der Losgelöstheit muß auch für sich wachsen, um in Bereitschaft zu sein für Aneignung in wirklicher Existenz. Es muß sogar die Verführung zur Verabsolutierung meines historischen Bewußtseins, welches ohne Existenz in Vergangenem leben würde, erfahren sein, damit sie überwunden werde.

Das geschichtliche Bewußtsein der Existenz auszusprechen, wie es auf dem Wege über das Wissen von Vergangenem seiner Gegenwart innewird, ist *Geschichtsphilosophie.* Im Gegensatz zu einer distanzierenden Behandlung, in der auch die Gegenwart selbst wie Historie untersucht werden kann, als ob sie schon vergangen wäre, erhellt sie mit den Mitteln gegenständlich-historischen Wissens das Bewußtsein des angeeigneten geschichtlichen Gehalts. Durch Geschichtsphilosophie, welche Existenz in ihrer möglichen Weite erfaßt, entsteht weder eine Enzyklopädie historischen Wissens, noch kann sie als ein mögliches Ideal das einer Vollständigkeit haben. Denn da Existenz niemals auch nur im Ansatz aus sich heraustreten, also auch nicht die Welt der vielen Existenzen als eine Mannigfaltigkeit sich zum Bilde werden lassen kann, so bleibt ihr nur, sich in ihrem Gehalt selbst zu erweitern und bereit zu bleiben zur umfassenden Kommunikation. — Die geschichtsphilosophischen Konstruktionen haben ihre Wahrheit als Ausdruck für eine Existenz, die darin ihren Raum erhellt, Vergangenheit und Zukunft umgreift. Während aber für die Historie als Wissenschaft Vergangenheit nur vergangen ist und sie keine Zukunft sieht, bezieht Geschichtsphilosophie *alle* Zeit auf gegenwärtige Existenz. Sie kann aber nur eine jeweilige und nur als solche wahr sein; sie ist selbst geschichtlich und überblickt nicht alle Geschichte in aller Existenz. Vergangenheit und Zukunft bleiben zwar auch ihr disparat; dem Bildhaften als Begründenden wird das Bildhafte als das Mögliche gegenüberstehen. Aber das Vergangene rundet sich nicht und bleibt durch die Gegenwart hindurch offen; selbst das Entschiedene vermag noch seinen Sinn zu wandeln; das Zukünftige bleibt Möglichkeit und wird nicht zur unausweichlichen Notwendigkeit. Existentielles Gegenwartsbewußtsein expliziert sich daher nicht zum festen Gehalt, sondern darüber hinaus zur eigentlichen Frage. Seine gegenständliche Gestalt bedeutet einen Mythus, obgleich er an das Wissen gebunden ist. Das Faktische wird in ihm scheinbar noch einmal durchsichtig. Das Faktische als Faktisches unberührt lassen, nichts Faktisches, das relevant sein könnte, vergessen, das Mögliche erdenken, aber alles Faktische und Mögliche als Chiffre der Einheit von Existenz mit ihrer Transzendenz lesen, ist der Weg geschichtsphilosophischer Vertiefung des Gegenwärtigen zur ewigen Gegenwart.

3. Alltag. — Die Erstreckung des Daseins in der Zeitdauer bedeutet den Alltag, dessen Artikulation, Herkunft und Richtung existentiell durch das bestimmt ist, für was das Dasein Vorbereitung, dann Bedingung, schließlich Folge wird. Niemand kann absolut existieren in dem Sinne, daß jeder Augenblick und jede Objektivität seines Daseins auch Erscheinung seiner Existenz sei.

Das geschichtlich Werdende meiner Erscheinung erlaubt mir nicht, was ich nur kontemplativ als ein Richtiges und Ideales bewundere, wie vom Zaun gerissen unmittelbar auch zu verwirklichen. Wenn ich

139

mich noch ohne rechte Sicherheit und Zuverlässigkeit im Dasein weiß, noch keiner Treue lebendig gewiß bin, und mich schon in übermenschlichen ethischen Forderungen an mich und andere bewege, so geschieht mir, daß ich nur eine objektiv ethisch aussehende Handlung tue, aber ihren Sinn in der Tatsächlichkeit meines Alltags nicht einen Augenblick festzuhalten vermag. Ich bin aus der gleichsam noch schlafenden geschichtlichen Wirklichkeit meines Gewordenseins herausgetreten und ins Leere gefallen, wo ich mich dann monströs gebärde und nur Unheil anrichte. Das Recht zu meinen Handlungen habe ich *durch meinen Grund*, aber auch *durch die Bewährung*, daß ich ihre Konsequenzen trage als ein ihnen adäquates Existieren in der Zeitfolge. Die Welt und der Charakter des einzelnen Menschen ist weder nur gegeben noch auf eine übersehbare Weise richtig zu entwickeln, sondern verwirklicht sich in der Spannung, Schritt für Schritt das zu tun, was ich nicht nur objektiv für das Richtige halte, sondern was ich in meinem geschichtlichen Dasein aus der Fühlung meiner Wurzeln in ihm als das zu Verantwortende überzeugt erfasse. Das geschichtliche Bewußtsein, das im Augenblick nur zugleich durch seine Kontinuität ist, verwechselt nicht den momentanen Affekt und das momentane äußere Tun — die als bloße Erscheinung Schein sein können — mit der sich geschichtlich aufbauenden Existenz. Diese erscheint auch in Affekten, aber wesentlich in den Entscheidungen, die still den Alltag tragen durch ihre ruhige Selbstgewißheit.

Das Sehen von Möglichkeiten als Idealen ist nur ein geistiger Raum. Seinem Reichtum steht die *karge*, sich gewisse, verwirklichte *Existenz* gegenüber, die ihn weiß, aber nicht dieser Reichtum ist. Das Auseinanderhalten von Möglichkeit und Wirklichkeit, von Bild und Existenz vollzieht sich in der Wahl meines geschichtlichen Grundes, den als vorgefunden ich nur so weit zu mir selbst gemacht habe, als ich ihn frei übernahm und aneignete.

Alltag ist *Vorbereitung* und dann *Ausbreitung* geschichtlicher Existenz. Er hat sein Maß und seine Erfüllung an den hohen Augenblicken, die als vergangene ihre Wirklichkeit durch diese Ausbreitung erweisen, und als zukünftige, nur mögliche die Spannung in das Dasein bringen, welche es bereit macht, sie aufzunehmen, wenn die Zeit reif und die Situation gegeben ist. Durch sie hat der Alltag den Hintergrund, der ihn feierlich und gewichtig auch dann macht, wenn sein besonderer Inhalt arm ist, ihm auch Glanz verleiht, wo er nur disziplinierte Arbeit sein muß.

Ein Element der Aneignung des Daseins bleibt aber die den Alltag durchdringende *Resignation*. Sie ist als stoische das bloße Aushaltenkönnen; sie ist so die unvermeidliche Daseinstechnik für den Augenblick, aber sie wird sogleich der Weg ins Leere, wenn sie mehr sein will. Wahre Resignation ist aktiv, bringt hervor, wenn im Scheitern die Ohnmacht erfahren wird. In den Sprüngen des Lebens, die das Frühere: die Unschuld, die Heiterkeit, die noch den Tod nicht weiß, das Verlorene, das mir alles war, nicht wiederkehren lassen und durch die ich an die Grenze stoße, an der ausbleibt, woran alles zu liegen scheint — aus dieser Qual der Sprünge baut aktive Resignation ein Neues, in dem Vergangenes nicht absolut vergangen, sondern wie in ewigem Sein geborgen bleibt, unmögliche Zukunft in transzendente Möglichkeit aufgehoben wird. Während die Starre der stoischen Unerschütterlichkeit nur eine leere Zeit durchhält, eigentlich zeitlos, weil zeitfeindlich ist, Haltung gibt, aber weder bewahrt noch aufbaut, ist wahre Resignation geschichtlich, durchseelt den Alltag, weil sie das Mögliche angesichts des Unmöglichen aktiv ergreifen läßt.

4. Ein Gleichnis. — Will ich mir im Gleichnis das geschichtliche Dasein der Existenz vergegenwärtigen, wie sie gebunden bleibt an Welt, in der sie ist, und an Gegenstände und Geltungen, die sie vernichten wollen; wie sie darin keinen festen Punkt halten kann, sondern sich nur in unablässiger Bewegung durch ihre Erscheinung ihr transzendentes Sein erhellt, so versuche ich folgendes Bild:

Durch ein Tal sehe ich zwischen Felswänden eine Ebene in der Ferne. Auf der sonnigen Landstraße, die sich in jene Ferne zieht, sucht ein Reiter die freie Weite. In eine farbig erglänzende Staubwolke gehüllt, ist er weder ganz unsichtbar noch klar vor Augen. Es ist, als ob alle Farben und Gestalten magisch auf diesen Reiter bezogen wären, in dessen zielbewußtem Wirbel die ganze Landschaft lebt. Es scheint in ihr gleichsam alles zusammenstürzen und in einem einzigen Unermeßlichen sich auflösen zu können; stehen die Dinge zum Teil in ihrer gestalthaften Klarheit da, so doch nicht für sich allein, sondern hinblickend auf jene Bewegung, durch deren Dasein, von ihr an ihrer Grenze gefordert, sie selbst erst zu sein scheinen. Es ist eine Spannung zwischen ihrer festen Bestimmtheit und dem lösenden Antrieb der scheinbar alles einschmelzenden und wieder hinstellenden Bewegung. Nur der vollkommene Wirbel, in dem alle Festigkeit aufhörte und nichts mehr wäre, oder die vollkommene

Gestaltung, die als starre, tote durchsichtige Kristallisierung alle Bewegung in endlosen Bestand verwandelte, würde diese Spannung aufheben.

Abgleitungen

1. Die Ruhe im Festen. — Geschichtlichkeit als Einheit von Dasein und Selbstsein macht Abgleitung nach zwei Seiten möglich. Suche ich das *Dasein ohne Selbstsein,* so verliere ich mich in Zufall, Willkür, Vielfältigkeit unter Einbuße eigenständigen Seinsbewußtseins, ich bin schlechthin nur verschwindend. Suche ich das *Selbstsein ohne Dasein,* so kann ich nur negieren, bis nichts mehr ist als dieser negierende Akt selbst; ich bin geworden wie nichts.

Das sich verlierende Selbstsein und der blinde Daseinswille erwecken *Motive,* um ein *Festes zu verabsolutieren,* das Sein und Gehalt zu haben scheint. In der Geschichtlichkeit der Spannung einer Bewegung überliefert, in der alles auch noch auf eigenes Entscheiden aus dem dunklen Grunde des Selbst ankommt, flieht man angstvoll diese Spannung: man möchte befreit sein von der Geschichtlichkeit: Sofern wir am Dasein als solchem hängen, möchten wir zeitliche Dauer und das bestehende Wahre statt ewiger Existenz; sofern wir als Selbstsein leer geworden sind, möchten wir es im Sein des Andern wiederfinden: ein Festes soll uns Garantie für Zeit und Ewigkeit schaffen.

Das Feste ist das Wahre als das *richtig Gewußte* und als *Autorität.*

Ich suche *positivistisch* die Ruhe im *Wissen.* Richtigkeit ist das Absolute, aus dem entschieden wird. Es ist, als ob, was unabhängig von Situation und Augenblick richtig zu machen ist, der Maßstab für das Ganze meines Daseins wäre: mein Dasein könnte nach richtigem Plan gleich am Ende sein; es ist ein Überfluß, daß das gefundene Wahre uns auch verwirklicht werden soll, ohne daß darin eine neue Erfahrung nötig wird. Aus der unendlichen Bedingtheit der Situation werde ich negativ befreit durch eine allgemeine und abstrakte richtige Welt. Der Geschichtlichkeit des Daseins gehe ich durch richtiges Denken aus dem Wege. Das eigentlich Wirkliche ist das Allgemeine und Kausalgesetzliche; das geschichtlich Besondere ist dagegen als Kreuzung von Kausalketten und als jeweiliger Fall der Typen und Formen des Seins zu nehmen. Mein geschichtliches Bewußtsein wird Illusion. Ich werde mir selbst ein Schauplatz, nicht eigenständiger Ursprung. Es gibt keine geschichtliche Tiefe, keine Existenz, sondern nur das Sein als objektives. Ich bin Selbstsein als das richtige Denken in einer widerstandslosen leeren Freiheit, die, wenn sie in die Wirklichkeit tritt, diese nur als widerstrebenden Stoff, darum als Material für gewaltsame Herrichtung zu behandeln vermag. Für eigentliches Selbstsein im Dasein ist dagegen Wirklichkeit durchdrungen von Freiheit, d. h. sie ist geschichtlich und der Blick des Selbstseins wesentlich auf Existenz gerichtet, mit der es Kommunikation sucht, statt alles nur wie Material zu behandeln.

In der Philosophie des *Idealismus* wird die Ruhe im Wissen der Idee gefunden und daraus gefordert, „die Sache in sich walten zu lassen, nur das Allgemeine zu tun, in welchem ich mit allen Individuen identisch bin" (Hegel). Die Sache, die die Befreiung von sich selbst bringt, ist hier die Idee als das Allgemeine, und damit zwar mehr als das bloß Richtige. In der geschichtlichen Erscheinung aber wird die Sache wohl als verstandesmäßig gewußter Inhalt wie als Gehalt der Idee zum Medium möglicher Existenz, die nicht in ihr zerfließt, wenn sie in ihr sich findet.

Das Wahre als *Autorität* wird gefunden durch Verabsolutierung des Historischen als eines objektiv Fixierten, an das ich bedingungslos gebunden bin. Statt geschichtlich zu existieren, verliere ich mögliche Existenz an historische Objektivitäten. Durch Rationalisierung des existentiell Geschichtlichen zum Vergangenen als dem gewußt Historischen kann jeder Gehalt unter Verlust seines Ursprungs und Lebens autoritativ aufgerichtet werden. Statt des Bewußtseins, geschichtlich auf seinem Grunde zu stehen, aber in ihm aus eigenem Ursprung zu leben, zwar unfähig, den Grund neu zu legen, aber fähig, ihn anzueignen und darin zu verwandeln, wird jetzt für mich das Vergangene starr. In der Folge wird die Patina der Vergangenheit um Objektivitäten gegenwärtiger Macht gelegt, um ihnen Autorität zu geben. Statt des Innewerdens der Existenz in ihrer geschichtlichen Erscheinung wird eine vergangene zu ihrer Vernichtung.

In der Fixierung des *Wissens* und der *Autorität* wird die Nähe zum geschichtlichen Dasein in der Erscheinung geflohen, um die innige Verwurzelung in der Wirklichkeit, welche so aufreibend und beunruhigend ist, aufzuheben und das Dasein bloße Wiederholung werden zu lassen. Die Zeit bleibt nur als qualitativ gleichgültige Ausbreitung, als die technisch unvermeidliche Dauer der Verwirklichung, als die auszufüllende Zeitspanne bis zum Ende, als Fortschritt dessen, was man im Prinzip und in allem Sinn schon weiß.

Suche ich die Festigkeit im *Wissen* von den allgemeinen Notwendigkeiten, so kann ich verzweifeln an seiner Gehaltlosigkeit. Suche ich sie in der *Autorität* des Historischen, so kann ich verzweifeln an meiner Unfreiheit. Als mögliche Existenz habe ich aber die ursprüngliche Wahl über mich selbst: zu wagen, geschichtlich zu sein, und in die Tiefe zu blicken, deren Grund kein allgemein wissendes Bewußtsein sieht; zu wagen, auf beide Festigkeiten zu verzichten, ohne sie darum in partikularer und relativer Geltung aufzuheben; denn an ihre *Ordnungen* ist alles empirische Dasein gebunden. Dann handelt es sich darum, die *innere Festigkeit* nicht zu verlieren, die in der Stimme absoluten Bewußtseins, das selbst nur geschichtlich ist, zur Erscheinung kommt.

Wenn ich mich aus der Spannung des geschichtlichen Prozesses zur Ruhe der Endgültigkeit sehne, soll, was ist, entschieden sein und bleiben. Existenz aber baut sich in Entscheidungen auf, die für sie ein nicht mehr zu verwerfender Grund sind, ohne sich auf ihnen ausruhen zu können, so lange die Zeit dauert.

Die Neigung zum *Besitz des Wahren* könnte sich schließlich der Gedanken bemächtigen, welche Geschichtlichkeit erhellen sollten, als ob sie *wie ein Wissen zu gebrauchen* wären. Selbstvergötterung und unwahre Rechtfertigung würden die Folgen sein.

2. Selbstvergötterung. — Das geschichtliche Bewußtsein scheint zu der Konsequenz führen zu können, daß der Mensch sich selbst zum Höchsten mache und vergöttere. Fragen wir mit der Philosophie aller Zeiten nach dem Höchsten, so ist uns dieses weder in mystischer Ekstase und unio mit der Gottheit, noch als Leben der Idee, weder als Erlebnis eines Anderen, noch als erkennendes Denken des richtigen Allgemeinen, sondern in der Verwirklichung der Existenz durch Kommunikation als Geschichtlichkeit. Da jeder ihrer nur gewiß wird im Bewußtsein eigenen Daseins, wird sich jeder selbst das Höchste.

Aber das *Höchste* ist Existenz nur im *relativen* Sinne — nämlich allem gegenüber, was in der Welt, als Objektivität, als Gegenstand, als Natur, als gültig mir entgegentritt, oder was ich als empirisches Dasein bin. Denn der Existenz, und nur ihr, nicht für das Bewußtsein überhaupt, erscheint als ein Höheres die Transzendenz, ohne die sich Existenz ihrer selbst nicht gewiß wird. Wenn zu allen Zeiten der Mensch sich nicht selbst als den Gipfel ansah, sondern sich beugte, so ist zwar, was von diesem Verhalten psychologisch und soziologisch von außen erkennbar ist, ein Leben mit selbstgeschaffenen Gebilden und Illusionen. Es ist das Wesen der Existenz, daß in ihr, zu ihr gehörig, ein Über-sie-Hinaus ist. Wenn aber diese Transzendenz in Aussage und Gestalt objektiviert wird, so ist sie in dieser mitgeteilten Form noch weniger allgemein als alles in einer Existenzerhellung Sagbare. Während Existenzerhellung, wenn auch schief, doch formell ein Gemeinsames der Existenzen erörtert, wird Transzendenz als die Eine so schlechthin unvergleichbar und absolut geschichtlich, daß jeder ihrer Aspekte inadäquat, nicht nur zweideutig, sondern sofort positiv täuschend ist. Hier ist das Geschichtliche noch einmal gesteigert. In Existenz, je echter sie bleibt, ist Schweigen.

Der Mensch kann sich *nicht zum Gotte* machen, am wenigsten, wenn er sich selbst so ernst nimmt, daß ihm nichts wichtiger ist von allem, was ihm in der Welt vorkommen kann, als er selbst. Er selbst aber ist nicht schon die Individualität seines Daseins, sondern die Möglichkeit des selbstdurchdrungenen Seins in Subjektivität und Objektivität, welche das eigentliche Ich und die eigentliche Sache heißen kann und beides in einem ist. Wo dieser Ernst scheinbar zu dem erschreckenden Bild der Selbstvergötterung zu führen scheint — weil alle allgemeine Objektivität und Autorität relativiert ist —, grade da und nur hier eigentlich wird ihm seine Abhängigkeit von seiner Transzendenz zu klarer und gegenwärtiger Erfahrung. Die Selbstvergötterung wäre die der Ruhe im Festen entgegengesetzte Abgleitung aus der Geschichtlichkeit der Existenz.

Aber so wenig sich der Mensch zum Gotte machen kann, so wenig kann er frei er selbst bleiben, wenn er irgendeine Erscheinung im Dasein vergöttert. Das Reden von den Objektivitäten als Mächten wird in dem Augenblick unwahr, wo es sich gegen den Menschen als mögliche Existenz wendet. Nur durch den Menschen als den persönlichen Einzelnen führt der Weg zur wahren Transzendenz. Wer sich aufgebend den Objektivitäten als vergötterten sich unterwirft, verliert sich als mögliche Existenz und damit die Möglichkeit des ursprünglichen Offenbarwerdens seiner Transzendenz. Er gewinnt nur festen Halt, Daseinsstruktur, und die Erbaulichkeiten der Scheintranszendenz.

3. Unwahre Rechtfertigungen. — Geschichtliches Bewußtsein kann auf doppelte Weise mißverstanden werden:

Die Erscheinung *meiner* Geschichtlichkeit setze ich als solche in ihrer objektiven Bestimmtheit als *für alle gültig*, statt in ihr für mich des Absoluten gewiß zu werden. Dann verwandelt sich das Geschichtliche

10 Jaspers, Philosophie II

aus werdender Erscheinung in Besitz. Durch seinen Besitz dünke ich mich besser als andere in ihrer ihnen eigenen Geschichtlichkeit. Ich leite aus ihm Ansprüche an andere her, benutze ihn zur Rechtfertigung als Kampfmittel im Argumentieren. Damit habe ich nicht nur gegen andere falsche Ansprüche erhoben aus Gründen, die diese nie, ohne sich aufzugeben, anerkennen können, sondern ich habe mich selbst in meiner Wurzel verfälscht, bin aus dem Unbedingten ins nur Endliche getreten, habe zu gültiger Sache gemacht, was nur als die Erscheinung der Existenz im Prozesse des Selbstwerdens wahr wäre.

Eine zweite Objektivierung gibt meiner Geschichtlichkeit an einer Stelle, anderer an anderer Stelle ihren *bestimmten Platz*. Es wird ein *Organismus* menschlicher Aufgaben in historischer Entfaltung gedacht. Aus diesem Gesamtbild einer ganzen Welt wird erst meine besondere Bestimmung als Beruf gerechtfertigt, und ihr ein Rang zuerkannt, der sie unter andere stellt und über andere erhebt, bis zur letzten Schicht der Bestimmungslosen, Ausgeworfenen, welche keinen Ort im Ganzen haben. Gegenüber der ersten Fixierung in Verallgemeinerung des eigenen Seins für alle, ist hier nur in verwickelterer Weise an Stelle des Geschichtlichen der Existenz ein Allgemeines gedacht. Das geschichtliche Leben des Selbst ist nur ein Leben in dieser allgemeinen Ordnung, seine Bestimmung eine nennbare, nicht eine undurchsichtige, geschichtlich erst zu erringende.

Beide Objektivierungen finden sich zusammen, obgleich sie zunächst widersprechend scheinen, in der *Rechtfertigung* des eigenen *besonderen* Daseins in seinem Wert und Anspruch. Mögliche Existenz ist verloren an eine bloße Objektivität, die um so täuschender ist, als sie sich geschichtlich gibt in einer zweideutigen Mimikry solcher Gedanken, die ursprünglich Existenz in ihrer Geschichtlichkeit für den Einzelnen durch Appell zu erhellen vermögen.

Beiden Objektivierungen tritt das *echte geschichtliche Bewußtsein* gegenüber. Seine Grundhaltung ist: die anderen, mit denen es in Kommunikation tritt, nicht nur *anzuerkennen*, sondern *sich angehen* zu lassen. Gerade die Nichtverallgemeinerung meines geschichtlichen Gehalts ist die Bedingung meiner Fähigkeit zur Kommunikation, während sich selbst zum Maßstab zu machen, den Verlust geschichtlichen Bewußtseins bedeutet und die Kommunikation abbricht. Jede Existenz hat ihre geschichtliche Verwirklichung aus *ihrem* Grunde, in der Liebe zu diesen Menschen, die in gleicher Weise von keinem

146

anderen geliebt werden, in dieser Transzendenz, wie sie sonst nicht offenbar wird. Sofern ich aber nicht in Kommunikation trete, vollzieht sich meine Anerkennung und die Anerkennung gegen mich als der Ausdruck dafür, daß man sich gegenseitig als Wesen gelten läßt, mit denen in Kommunikation getreten werden kann.

Geschichtliches Bewußtsein, statt seine Bestimmung als objektiv gültige abzuleiten und aufzudrängen, kann von der Unbedingtheit des in ihm erwachsenden Tuns nur sprechen, indem es die „Bestimmung" als bildhaften Ausdruck für die Notwendigkeit einer ursprünglichen Verwirklichung und der darin erfahrbaren Transzendenz nimmt. Nur als mein zugleich gewolltes Schicksal ist mir meine Bestimmung gegenwärtig. Wenn ich nach meiner Bestimmung im Augenblick der Entscheidung frage, so frage ich: Kannst du dies für die Ewigkeit wollen? Liebst du in aller Freiheit dich selbst in diesem Tun? Kannst du wollen, daß, was du tust, als Wirklichkeit in der Welt sei? Kannst du eine Welt wollen, in der dieses möglich und wirklich ist? Willst du dafür in alle Ewigkeit eintreten? — Fragen, die im Grunde alle dasselbe sagen, aber die an meinen Ursprung sich wenden und jede objektive Ordnung nur als sekundär anerkennen.

4. Unverbindliche Geschichtlichkeit. — Die Formeln der Erhellung existentieller Geschichtlichkeit können als Wissen vom richtigen Sein angewendet, grade in die tiefste Verkehrung führen: Ich treffe, losgelöst von allen Verbindlichkeiten, in souveräner Klugheit ein Arrangement sich gegenseitig begründender Situationen und Erlebnisse, berechne fast meine Affekte, wäge klug den Augenblick, ob er passend ist für die kunstvolle Folge der Ereignisse, bemerke den Wert der Kontraste und den Reiz der Benutzung von Zufällen. So mache ich mein Leben zu einem scheinbar geschichtlichen Gegenstand, den ich als Kunstwerk zugleich schaffe und genieße in einem grundlosen, durch nichts eigentlich gebundenen Wagnis. Es gelten ästhetisierende Maßstäbe für mein Handeln. Nur anscheinend frei wie eigenständige Existenz bin ich doch nur eigenmächtig aus meiner disziplinierten Willkür.

Dann kann in der Verzweiflung dieser bodenlosen Haltung eine Tendenz zu radikaler Zerstörung erwachsen; man meint, es müsse von Zeit zu Zeit alles ruiniert werden, um von vorn anzufangen. Hier tritt das schlechthin Ungeschichtliche, weil Unverwurzelte, in jenem nur scheinbar geschichtlichen Lebensarrangieren zutage. Um ich selbst zu werden, darf ich nicht dem Druck des Schicksalsbewußtseins ausweichen, dem Betroffensein von dem Getanen und seinen Folgen; ich werde unwahr, wenn ich, was war, und was ich tat, restlos erledigt sein lasse, als ob es mich nichts mehr anginge. Der Mensch, wenn er aus aller Geschichte heraustritt ins Leere, kann jene Gewaltsamkeit geschichtlichen Abreißens wohl vollziehen; er vergißt jedoch, daß der tiefste Grund gelegt ist, und er ihn geschichtlich ergreifen, aber nicht eine Welt neu schaffen kann.

Einzig im geschichtlichen Bewußtsein meiner Existenz bin ich weder Sklave des Vergangenen noch verloren in der Leere gewußter Richtigkeit und utopischer Ganzheit, noch nichtig in ästhetischer Abrundung von Erlebnisfolgen.

ZWEITER HAUPTTEIL

Selbstsein als Freiheit

FÜNFTES KAPITEL

Wille

	Seite
Psychologie des Willens und ihre Grenze	150

1. Phänomenologie des Willens — 2. Wirkung des Willens — 3. Angriffspunkte des Willens — 4. Wille und unwillkürliches Geschehen — 5. Gestalten des Willens — 6. Situation und Machtbereich des Willens — 7. Was ich nicht wollen kann

Die Frage nach der Freiheit des Willens	163

1. Behauptung der Willensfreiheit — 2. Die Täuschung der Unabhängigkeit — 3. Leugnung der Willensfreiheit — 4. Der Irrtum in der Frage

Der böse Wille	170

1. Konstruktion des Bösen — 2. Wirklichkeit des Bösen

Freiheit hat Dasein als Wille. Wille ist nicht die nur vorwärts drängende Aktivität, sondern seine Freiheit ist, daß er zugleich *sich selbst will.*

Man kann wohl sagen: ich *will,* und ich *will zugleich nicht.* Dann hat sich Freiheit im Willen gespalten zu fragwürdiger Zweideutigkeit; ich handle gegen mich selbst und schwanke hin und her, wer ich denn sei: ob der, der so handelte, weil er sich so zu wollen schien, oder der, der nicht wollte, als er einen Augenblick schwieg?

Man kann wohl ratlos sagen: ich *kann nicht wollen.* Dann bin ich selbst nicht gegenwärtig, bleibe in den Möglichkeiten der endlosen Reflexion hängen, komme nicht zu dem Entschluß, als der ich wirklich bin, wenn ich mein Wollen will.

Der Wille hat seinen Grund in der Freiheit, die ihn selbst in die Schwebe bringt, aus der er durch dieselbe Freiheit zum Entschluß kommt. Der Wille, der sich selbst will, ist nicht der Wille, der etwas

149

will. Der Wille, der *etwas* will, läßt sich als psychologisches Phänomen beschreiben. Der Wille, der sich selbst will, ist die aus dem Grund der Freiheit hervortauchende aktive Gewißheit des Seins im Wollen *von* etwas.

Psychologie des Willens und ihre Grenze

1. **Phänomenologie des Willens.** — Möchte man den Willen empirisch fassen, so sieht man ihn wohl als die oberste Stufe eines Systems von reaktiven Äußerungen. Von hier aus gesehen ist aber Wille unvermittelt ein Anderes. *Reflexbewegungen* geschehen ungewollt und ohne Bewußtsein in mechanisch bestimmter Weise auf bestimmte Reize. Der Mechanismus, zwar unendlich verwickelt durch Hemmungen und Bahnungen der Reflexe und durch ihre Zueinanderordnung in Ganzheiten, bleibt dennoch nur Mechanismus. *Instinkt- und Triebhandlungen* sind zwar bereits begleitet von einem Bewußtsein des Strebens, eines Drängens zu Verwirklichung und Erfüllung, das erst erweckt wird durch den Widerstand, der sich einem Trieb als Hemmung entgegensetzt, so daß er sich nicht unmittelbar verwirklichen und damit auflösen kann; dieses triebhafte Streben ist noch blind und weiß sein Ziel nicht. Zum *Willen* erst gehört eigentliches Bewußtsein als ein Wissen des Zwecks. Weder bloßes Gefühl der Reaktivität oder des strebenden Drängens noch nur das pragmatisch indifferente Voraugenhaben eines gegenständlichen Inhalts, ist er vielmehr die Einheit beider: die Helligkeit des Ziels, auf das ich in strebender Bewegung gerichtet bin.

Das Dasein des Willens setzt voraus die Reflexbewegungen des Organismus und die Bewegtheit des triebhaften Strebens. Er selbst ist erst mit dem *unterscheidenden Denken* da. Die äußere Hemmung des Strebens treibt ihn im Rückgang vom Ziel, das jetzt als Zweck bewußt wird, auf die Mittel. Zweck und Mittel werden Gegenstand des Nachdenkens: die Mittel, ob es die für den Zweck geeigneten sind; der Zweck, ob er der wahre sei, d. h. ob er auch wirklich und dann mit diesen Mitteln gewollt werden soll. Wenn der Sprung vom bloß registrierenden zum aktivierenden Denken getan ist und nun der Wille in Selbsterhellung sich vollzieht, so ist in ihm etwas Bewegliches, das prüfend allen Zwecken sich gegenüberstellen kann, weil es selbst an keinen festen Standpunkt gebunden ist. Keine Wahl ist ohne das Bewußtsein dieser bewegten Rationalität.

150

Fragt man nach den *Motiven der Wahl*, so antwortet man etwa: es sind mehrere Motive da, diese kämpfen miteinander, das stärkste von ihnen siegt; dies sei die Wahl. Jedoch ist das eine falsche Beschreibung. Gäbe es diesen Kampf um mich, der ich ihn erleide, so wäre die Handlung blind. Die blinde Handlung aber ist nur reaktiv oder triebhaft. Sie bedeutet für den Sinn des Beobachters eine Wahl, nicht für den Willen. Die Wahl ist nicht das Überwiegen einer Kraft — denn ich kann mich für das psychologisch in Affektivität und Trieb schwächste Motiv entscheiden —, sondern Entscheidung auf Grund reflektierenden Hin- und Hergehens, indem ich in meiner Situation mich orientierte und hinhörte auf alle Kräfte in mir. Wohl gibt es den Vorgang des Kampfes motivierender Kräfte, die ohne eigentliche Wahl zum Überwiegen der einen führen. Von Willen aber sprechen wir erst, wo die Klarheit des „*ich wähle*" da ist. Darin ist der entscheidende Augenblick der, in dem die Verwirklichung des Strebens noch suspendiert, seine Richtungen geprüft werden: in ihm wird der Mensch nicht nur von Motiven bewegt, sondern steht ihnen gegenüber als das „*ich will es so*".

Dieses als zum Wesen des Willens gehörig entzieht sich schlechthin phänomenologischer Beschreibung und phychologischer Erkenntnis, wenn es auch in der Wirklichkeit des Vollzugs gewiß ist. Wille ist *als Beziehung auf sich selbst*. Er ist ein Selbstbewußtsein, in dem ich mich nicht betrachtend sehe, sondern in dem ich mich aktiv zu mir verhalte. Dieses Ich ist nicht schlechthin, sondern nur als diese Selbstschöpfung. Kierkegaards Satz: Je mehr Wille, desto mehr Selbst, trifft diesen Ursprung. Für diesen Willen in der ursprünglichen Wahl, welche nicht mehr eine Wahl zwischen etwas ist, sondern das Selbst im Dasein zur Erscheinung bringt, ist eine zureichende Motivierung nicht möglich.

2. Wirkung des Willens. — Das triebhafte Leben unterscheidet noch nicht Illusion und Wirklichkeit. In beiden wird ihm Befriedigung. Der Mensch hat eine ursprüngliche und bleibende Tendenz, sich an Illusionen genügen zu lassen. Erst der Wille als denkendes Bewußtsein macht die *Unterscheidung* von Traum und Wirklichkeit folgenreich. Zwischen Trieb und Befriedigung schiebt sich der Wille als Weg, auf dem Verwirklichung als sie selbst gesucht wird. Dann ist die unmittelbare Geschlossenheit und die Verlorenheit des Daseins gleicherweise verlassen. Denkend und planend auf lange Sicht greift der Wille ein in das bis dahin sich selbst überlassene Dasein und tritt

in die *Geschichte*. Er schreitet über den Bereich eigenen Daseins nicht nur faktisch, sondern auch wissend hinaus. Seine Wirkung geht als spezifisch im *Sinn* seines Tuns sich gründende nach ihrer Möglichkeit in unbegrenzte Zeiten. Der Wille, nicht mehr allein überantwortet dem Kreis der Natürlichkeit, sondern dies sich bloß verwandelnde Dasein des Lebens durchbrechend, wird *Schicksal*. Er will nicht nur seine augenblickliche Zufriedenheit, sondern den Grund der sich weitergebenden Wirklichkeit erreichen.

Dieser mit Entschiedenheit auf das Wirkliche bezogene Wille distanziert sich von allem Wünschen, Vorstellen, Träumen. Damit kennt er seine gegenüber der Anstrengung auf dem Niveau des bloßen Strebens *ursprünglich andere Kraft*. Strebend strenge ich mich psychologisch an und gebrauche vitale Kräfte; diese Anstrengung ist in ihrer eindeutigen Anspannung leichter als die Willensenergie, die in der besonnenen *Direktive der Innerlichkeit* in bezug auf die wirkliche Situation in ihrer Vieldeutigkeit liegt. Solche Willensenergie ist grade nicht als mächtige Wirkung im Augenblick und in begrenzter Dauer wirklich, sondern in der disziplinierten, offenen Hellhörigkeit und Lenkung bei ganz unauffälliger physischer Macht. Sie ist Dauer als Kontinuität des Sinns; sie faßt Ziele nicht ad hoc, sondern für ein Leben ins Auge, die letzten Ziele noch über alles Gewußte hinaus suchend.

3. Angriffspunkte des Willens. — Die gradlinige Aktivität des Strebens hat *unmittelbare* Wirkungen in meinen körperlichen Bewegungen und in dem augenblicklichen Fortgang meines seelischen Lebens. *Mittelbare* Wirkungen entstehen in meiner zur Welt erweiterten Situation, sowohl zufällig aus der blinden Aktivität, wie geplant durch den Willen. Die sichtbaren Folgen physischer Äußerung von der Art einer Armbewegung haben wir mit den Tieren gemeinsam; durch ihre Vermittlung ist Kundgabe von Sinn, technisch planendes Tun, Handeln mit anderen Menschen als ein verstehbares Sichverhalten möglich und damit Perspektive im Dasein und die menschliche Wirkung in das Dasein überhaupt durch die Jahrtausende. Wir fragen, was eigentlich der Wille kann und nicht kann, und wo er seinen Hebel ansetzen muß.

Alle Wirkungen des Willens sind abhängig von außerbewußten Mechanismen im psychophysischen Dasein und in der Welt von Gegebenheiten und Zusammenhängen, die er nicht kennt, wenn er handelt.

Die erste unmittelbare Umsetzung des Willens in die körperliche Bewegung und in die Weise des Fortgangs seelischen Geschehens ist eine in ihrer *Augenblicklichkeit* uns ebenso vertraute, wie für das Nachdenken wunderbare Tatsache. Es ist die einzige Stelle in der Welt, wo das „Magische" wirklich ist, d. h. wo ein Geistiges sich unmittelbar in physische und psychische Wirklichkeit umsetzt und damit zugleich eine Veränderung seines eigenen Daseins bedingt. Wieviel man auch an mechanistischen und psychologischen Zusammenhängen kausal erkennen würde, diese Umsetzung bliebe ein Urfaktum, das nichts ihm zu Vergleichendes hat.

Dieses Urfaktum hat man der Forschung unterworfen, von Fällen ausgehend, in denen die *Umsetzung* nicht wie erwartet eintraf. Die Glieder oder die Gedanken gehorchen nicht; der Mensch kann nicht, wie er will. Er fragt den Arzt, wie er es machen, wo also sein Wille angreifen solle. Ähnlich fragt, wer etwas noch nicht kann, es aber lernen und üben will. Oder man geht aus von verzwickten Aufgabestellungen bei Experimenten und untersucht an den Fehlleistungen das Mißlingen der aufgegebenen Willensziele. Was hier überall erforscht ist, ist wenig und in seinem Detail nur umständlich mitzuteilen. Es ist eine Sache der empirischen Psychologie.

Bei diesen Beobachtungen ist wenigstens deutlich geworden, daß der Wille nicht, wie der mechanisch denkende Verstand erwartet, eine elementare Leistung an die andere reiht und dann zusammensetzt; so macht man es wohl, aber auch nur teilweise, beim ersten Lernen, z. B. Maschinenschreiben, Auswendiglernen. Der Wille geht vielmehr, wie auch alles Vorstellen und Urteilen, sogleich auf zusammenhängende *Ganzheiten*, die mit einem einmaligen Willensakt sich als gesamte verwirklichen (ein Bewegungskomplex, der Einfall einer zusammenhängenden Erinnerungsganzheit). Es ist wichtig für den Erfolg, worauf sich der Wille unmittelbar zunächst und in jedem Schritt richtet und nicht richtet. Das bemerken wir gewöhnlich nicht, weil wir es instinktiv richtig machen. Dagegen beruht ein Versagen der „Geschicklichkeit" auf dem unrichtigen Ansetzen des Willens am Umsetzungspunkte. Es kommt darauf an, wo der Wille Energie anwenden soll, und wo er grade umgekehrt gehen lassen muß. So gibt es eine Geschicklichkeit der Bewegungen, des Sprechens, des Vorstellungsablaufs, der Gedächtnisreproduktion. Doch wie das im einzelnen sich verhält, ist so gut wie gänzlich unbekannt. Man kann wohl „Einstellungen" beschreiben, aber konkrete Vorschriften gibt es kaum, und es ist immer ein kunstvolles Ausnutzen von Zufällen und ein psychologisch nie berechenbares glückliches Zugreifen, wenn es gelingt, Störungen im Ansatz des Willens zu korrigieren.

Außer der augenblicklichen Wirkung kann der Wille *im Zeitverlauf langsam* Gestaltungen seines psychophysischen Daseins durch Gewöhnung, Übung, Lernen erzielen. Was als Leistung im Augenblick unmöglich scheint, geht im Laufe der Zeit leicht von der Hand. Was uns als Gefühls- und Lebensweise im Augenblick noch fremd ist und gemieden werden kann, verwandelt sich schließlich in unser Wesen. Es ist unabsehbar, was der Wille in der Zeit erreichen oder duldend zulassen kann. Beschränkt man die Betrachtung auf die Leistung des Augenblicks, so kann der Wille wenig. Aber durch die Regelmäßigkeit kleiner Handlungen gelingt das Außerordentliche. Nicht nur Fertigkeiten und Geschicklichkeiten werden erworben, die ganze Persönlichkeit, im Moment eine empirisch gegebene Größe des Soseins, wird umgeformt. Darum sind alle Handlungen des Alltags so wichtig, weil sie gewollt und ungewollt diese formende Wirkung haben. Folge des Willens und ihm empirisch zuzurechnen ist so nicht bloß das augenblickliche Tun unter der gegebenen Voraussetzung charakterologischer Anlage und außerbewußter Mechanismen, sondern auch die handelnd *erworbene* Anlage. Was der Mensch so oft als unerheblich und gleichgültig behandelt, dafür trägt er die Verantwortung in dem, was aus ihm wird. Wenn er später, die Schuld abschiebend, in augenblicklicher Situation sagt: „ich kann nicht", so ist dieses Nichtkönnen oft das Ergebnis früheren Wollens und Nichtwollens. Es ist eine verführende Selbsttäuschung, wenn der Mensch seine verantwortlichen Willensakte allein in die großen und in die Augen fallenden Handlungen verlegt und sich zu deren Gunsten überall sonst Lässigkeit und Willkür erlaubt. Dann werden vereinzelte Handlungen pathetische Übersteigerungen, auf die kein Verlaß ist, und deren Sinn nicht festgehalten werden kann. Wie im Kleinen ist schließlich der Mensch auch im Großen.

Die augenblickliche Wirkung des Willens im psychophysischen Dasein sowie seine langsame Wirkung in dessen Formung und Umgestaltung sind die Voraussetzung für die *mittelbare Willenswirkung* in der Welt. Was psychophysisch eine bloße Bewegung ist, seinem Sinn nach sich auf ein objektives Ziel richtet, wird in seinem Bezug auf Menschen und Sachen *Handlung* in der Welt. Durch die Handlung kann Ziel und Motiv in die Weite wirksam werden. Das psychophysische Dasein wird, bezogen auf das Weltdasein, gleichsam zur Klaviatur, auf der entweder nur blind und unbeholfen angeschlagen wird, oder der Wille sein zusammenhängendes Werk spielt. Dieses wird ein Ganzes in der Welt, das nicht schon in der Tastatur des Subjekts begründet ist. An ihrem in den gewußten oder faktischen Wirkungen sich erhellenden Sinn müssen die intendierten Handlungen in der Einordnung in die großen gesellschaftlichen Mechanismen und die Veranstaltungen zur technischen Naturbeherrschung sich brechen. Nur Voraussetzung bleibt die unmittelbare seelische und körperliche Umsetzung des Willens.

Wenn die Frage nach dem Ansatzpunkt des Willens auftritt, so bleibt die Anwort überall da aus, wo die Umsetzung des Gewollten nicht mehr in der Benutzung technischen Wissens von einem mechanischen Apparat sich erschöpft.

4. Wille und unwillkürliches Geschehen. — Im reibungslosen seelischen Geschehen besteht Einheit zwischen dem hellen Willen und den dunklen unwillkürlichen Kräften. Solange der Wille noch nicht freier Wille ist, also nicht gebrochen und zweideutig zu ursprünglichem Selbstsein sich wandelt, kann diese Einheit fraglos fortbestehen. Nach dem Bruch vermögen beide im ursprünglich existentiellen Willen von neuem eins zu werden. In der empirischen Erscheinung aber trennen sie sich. Sie treten in Kampf, prüfen sich, setzen sich in Beziehung, durchdringen sich.

Der Kampf kann zu einer *dauernden Spaltung* werden, die dann *fruchtlos* bleibt. Dem Willen folgt mein psychophysisches Wesen nicht mehr. Dieses setzt sich gegen den Willen in unwillkürlichen Vorgängen durch. Ich kann nicht, was ich will: keine Aufmerksamkeit dem Lesen bewahren, die natürlichen Bewegungen nicht ausführen; es befällt mich, was ich nicht suchte: Gefühle, Vorstellungen, mir fremd erscheinende innere Antriebe. Ich will mich beherrschen, und es wird nur schlimmer; ich gebe nach und gerate in eine Abhängigkeit, die schließlich unter Aufhebung des Willens zur Unterwerfung meines Daseins unter blinde Antriebe, wie Zwangserscheinungen und psychopathologisch zu erforschende Vorgänge führt. Der Mensch kommt zum Arzt, zunächst vielleicht mit der Naivität, daß es auch gegen solche Übel Verordnungen gebe, ohne daß seine Seele weiter betroffen werde. Ist diese Naivität geschwunden und die Bereitschaft da, auch in dieser Spaltung doch durch den eigenen Willen zu wirken, so ist die Frage: wo soll der Wille angreifen? Da das willensmäßige

„Zusammennehmen" die Sache nur verschlimmerte, muß offenbar auf andere Weise gewollt werden. Doch gibt es keine wirklichen Kenntnisse darüber, die zu allgemeinen ärztlichen Ratschlägen führen könnten. Man weiß nur, daß oft der Wille grade aussetzen muß, wo er bis dahin angriff, daß der Wille zwar auszusetzen vermag, aber an meist unbestimmbaren Stellen, die in plötzlichem glücklichen Griff getroffen wurden, daß Übung und Gewöhnung in einer für den Einzelfall geschickt zu suchenden Weise mitwirken müssen, wenn Umstellungen der Spaltung zum Miteinandergehen von unwillkürlichem Geschehen und Wille gelungen sind. Schließlich aber wird die Erfahrung gemacht, daß dieser unmittelbare, gradlinige Wille überhaupt wenig vermag, wenn nicht eine tiefere Erhellung der seelischen Hintergründe gelingt, wobei der Wille auf dem Wege der Selbstdurchleuchtung Klarheit und Kraft aus seinem ursprünglichen Gehalt gewinnt. Vom Psychophysischen führt so der Weg zum Psychologischen. Die Verstrickungen sind Gegenstand der Psychopathologie, die sie phänomenologisch kausal und verstehend erforscht, aber ihren Gegenstand nie als einen in sich gerundeten gewinnen kann, weil er zugleich Erscheinung eines Bruches auch in der Existenz ist. Darum hören sie schließlich auf, nur kausal erforschbar, nur psychologisch verstehbar und ärztlich heilbar zu sein. Allein der Philosoph im Menschen, der in existentieller Kommunikation zu sich selbst kommt, kann sich helfen, soweit zu helfen ist.

Statt sich unfruchtbar zu spalten, können Wille und unwillkürliches Geschehen fruchtbar sich entweder ohne Spaltung das *sich in sich fördernde Ganze* sein oder sich *bekämpfen, begrenzen* und erst dann wieder *zusammenfinden*.

Auf der einen Seite (dem unwillkürlichen Geschehen) stehen Wachsen und Werden, Fülle und Kraft; auf der anderen Seite (dem Willen): Machen und Zweck, Ausdenken und Konstruktion. Würden wir diese Gegensätzlichkeit statt als eine nur relativ gültige Abstraktion als bestehende nehmen, so wäre der Wille das gradezu Unschöpferische: er würde von dem gegebenen Stoff abhängig, den er nur ordnet und formt, würde wesentlich durch das, woran er arbeitet und was ihm gegeben sein muß. Wie aber die Maschine nur etwas leistet, wenn das zu verarbeitende Material ihr zugeführt wird, sonst aber leer läuft, so der Wille. *Klages* hat den Willen so gesehen und konstruktiv trefflich geschildert. Der Wille macht fest und bestimmt, er fällt zusammen mit dem Verstand. Gegenüber dem Leben in seiner unwiederholbaren

Rhythmik macht er das Regelmäßige und Nachahmbare. Durch sein Hemmen entsteht Maß und Einförmigkeit. Der Wille verengt der Fülle des Strebens gewaltsam den Spielraum, gibt ihr Gesetzlichkeit und macht sie nutzbar. Es ist das Bild einer verwüstenden Wirkung des Willens, das Klages entwirft.

Fragt man, was der Wille könne, so muß bei solchem Blick die Antwort lauten: nichts. Der Mensch kann, so gesehen, nicht über sich hinaus wollen, er kann nur seine Seelenkräfte gleichsam in geordnete Kanäle leiten. Sein eigentliches Wesen wären diese Kräfte, nicht im Willen wäre er er selbst. Wenn dieser Wille materialiter etwas schaffen möchte, so müßte eine Scheinwirklichkeit entstehen. Die Substanz meines Wesens bleibt unabänderlich gegeben, der Wille begrenzt sie, aber trifft keine eigentliche Wahl; er macht künstlich etwas, das nicht Substanz ist; alle Selbsterziehung würde durch die Künstlichkeit unecht; die Unwahrheit läge schon in diesem Willen selbst.

Etwas Richtiges wird hier dadurch getroffen, daß der Wille formalisierend den Schein von etwas erwecken kann, das nicht ist. Dieser Wille ist der von seinem Ursprung gelöste Wille, der übrig bliebe, wenn kein Ich als existierendes in ihm sich verwirklichte, sondern ein Bewußtsein überhaupt in der Endlosigkeit des Möglichen beliebig zugreifen würde.

Kann der Wille begrenzen und formen und dann entleeren, so vermag er doch schon als dieser formale Wille *mehr:* nicht nur hemmen und verdrängen, sondern fördern und hervorlocken, was in der Seele möglich ist.

Schließlich besteht die Trennung des Willens und des unwillkürlichen Geschehens *nur* für eine objektivierende psychologische Betrachtung, die zwei Mächte gegenüberstellt. Der Wille, von dem wir Freiheit aussagen, kann überhaupt nicht unmittelbar betrachtet, sondern grade in Unterscheidung von solcher gegenständlichen Betrachtung nur appellierend erhellt werden. Die Betrachtung aber führt bereits an die Grenze: Wenn der selbständige Wille leer arbeiten würde, woher hat er dann seine Kraft? Ist die Kraft seine eigene, dann wäre er selbst eine wesentliche Macht; ist sie eine andere, in deren Dienst er steht, so wäre er ein bloßes Werkzeug.

Es ist dagegen möglich, den Willen zu erhellen als das Umfassende, als die eigentliche *Macht* des Menschen in seiner Existenz, unendlich und selbst dunkel wie das Unwillkürliche, endlich und bestimmt in jeweiliger Klarheit als Willkür. Zwar wäre der Wille Erscheinung immer nur in der Form eines Wollens des Zwecks, in dem er sich für diesen Augenblick und diese Situation versteht. Jede Mechanisierung des Willens ist eine entleerte Form dieses seines eigentlichen Wesens, das die Mechanisierung in der ordnenden Disziplinierung als von sich abhängig noch zuläßt. Er selbst würde sich in der Fülle seines Gehalts, den er noch unwillkürlich in sich trägt, als das eigentliche Selbstsein unterscheiden von dem passiven Wachsen und Werden als dem natürlichen Sein des Lebens.

5. Gestalten des Willens. — Wenn der Wille als klares Zweckbewußtsein etwas will, muß der Verstand dieses Etwas und die Mittel zu ihm vor den Handelnden hingestellt haben.

Der Wille wird sich mit Hilfe des Verstandes, der seine eigenen Grenzen erfaßt, klar, daß er in seinem gewußten letzten Zweck nicht das Letzte an sich hat, sondern daß er eingebettet bleibt in das Umfassende. Der Wille begreift vollkommen nur das objektiv Bestimmte seiner Angriffsmöglichkeit; aber er kommt dabei überall an Grenzen. Mag die größte Klarheit der Zwecke und Motive erstrebt werden, diese Klarheit bleibt umschlossen von dem, woraus der Wille seine gehaltvollen Kräfte gewinnt. Versinkt dieser tragende Grund, wird der endliche Zweck absolut, so tritt die Mechanisierung ein. Ich weiß zwar nur in bezug auf die nächsten Ziele, was ich eigentlich will, und ich weiß es vielleicht in weiten Perspektiven; aber das so Gewußte ist nicht als dieses absolut.

An den Grenzen des klaren Willens sieht man in psychologisch zuschauender Betrachtung die ungewußten und verschleierten Motive, die aus allgemeinen Triebhaftigkeiten und individuellen Bedingungen verstehbar sind; man sieht ferner die äußere Autorität, der der Wille gehorcht, ohne sie in ihrem Gehalt zu begreifen. Diese Grenzen für den Betrachtenden sind als endliche *durchschaubar* und in ihrer Mannigfaltigkeit zu erforschen; soweit sie undurchschaut sind, sind sie Grenzen der gegenwärtigen Klarheit des Handelnden. *Nicht* durchschaubar aber ist das Getragensein des Willens von Idee und Existenz. Zur wissenden Klarheit des Handelnden für sein Bewußtsein überhaupt tritt, statt des bloßen Dunkels an der Grenze der Selbstbetrachtung, die mögliche existentielle Klarheit seiner Selbstgewißheit: so muß ich, wenn ich mir treu bin. Dieser Wille, der psychologisch unbegreiflich, in der Einheit von Klarheit des Zweckhaften mit der Klarheit der Existenz ursprünglich mich bewegen kann, weil ich selbst dieser Wille bin, ist indirekt zu erhellen:

158

Der *formale Wille* und der Verstand zusammen haben keine bewegende Kraft. Diese kommt aus jenen endlichen, psychischen Trieben, deren als eines Motors sich andere Kraft bedienen kann, z. B. aus dem Trieb zum Gehorsam. Oder aber sie kommt aus der Totalität der Idee; es ist gleichsam der *große Wille*, dessen Pathos über seine deutlich erfaßten Zwecke hinausgeht, dessen Einheit aber nicht rational durchschaubar ist. Der große Wille ist ein Wille durch Ideen auf dem Grunde der Existenz. Die Fragen: wozu? was ist der letzte Zweck? sind für den Verstand unbeantwortbar, aber in dem unendlichen Prozeß des Offenbarwerdens leuchten in der Folge des Lebens und Tuns die jeweiligen konkreten endlichen Zwecke auf. Vermag auch der Verstand keine Antwort auf die Frage nach dem Endzweck zu geben, das Pathos des Willens braucht keine Antwort, weil ihm im Endlichen das Unendliche gegenwärtig ist. Der nur endliche Wille ist formalisiert, der große Wille formend ohne Formalisierung. Er ist die Kraft des formalen Willens, sofern dieser ursprünglich gehaltvoll ist.

Da unser Dasein in der Zeit nie auf gleichmäßiger Höhe bleibt, geraten wir im Wollen immer auch in *abgleitende* Richtungen, die als fixierte ganz unwahr werden:

a) Wenn das Pathos der Idee und der Existenz vorübergehend erlahmt, kann mit dem *rationalen Willen* der Sinn hoher Augenblicke gleichsam mit einem Defensivapparat festgehalten werden. In den Niederungen des Daseins schütze ich in klarem Selbstbewußtsein mich selbst durch die Befolgung erworbener Regeln und Gesetze.

b) Statt der Idee gehorcht der Wille einer *Leidenschaft*. Trotz unerhörter Kraft der Auswirkung durch sie ist er, fixiert in einem Endlichen, wie verrannt. Leidenschaftlich ist zwar auch der große Wille, aber nicht durch ein endliches Ziel allein, sondern darin zugleich durch eine nie zureichend gegenständlich zu machende Idee.

c) In den formalen Eigenschaften der Disziplinierung, der klaren Zweck-Mittelverhältnisse sind alle Willensvorgänge miteinander übereinstimmend: das substanzlose sich selbst vollendet beherrschende Wesen, die disziplinierte endliche Leidenschaft und die von der Idee erfüllte Existenz. Abgleitend wird der Wille schon als *bloße Disziplinierung* mit einem Pathos beseelt, Ordnung als solche wird letzter Sinn. Mit dem Schwinden des Gehalts wird die Lust am Formen selbständig, ist schon in ihm ohne Idee sich genügend.

d) Der Wille wird *Gewohnheit*. Es bleibt der entleerte Rest des fleißigen, regelmäßigen, maschinenhaften Menschen. Die Gewohnheit des Willens ist wahr nur als Unterbau existentiellen Lebens.

So ist der Wille ursprünglich aus *Existenz*, hat die Größe seines Gehalts aus der *Idee*, ist beweglich im Dienste der *Leidenschaft* und vitaler *Zwecke*, maschinenhaft als *Endform* langer Disziplinierung. —

Man spricht von *Kraft des Willens*. Die Richtungen dieses Sinnes sind wieder heterogen:

a) Wir sprechen von einer *Intensität* des Willens, die als eine physisch-charakterologische Eigenschaft etwa der Muskelkraft zu vergleichen wäre. Es ist die Kraft des Augenblicks, die durch den Affekt bedingt ist; der Mensch steigert sich gar in einen solchen hinein, und dann geht es. Die Intensität des Willens fällt der Umgebung am meisten auf; sie täuscht den Handelnden, wenn sie ihm als Maß seines Seins erscheint. Mit ihr braucht keine Nachhaltigkeit verbunden zu sein; die Verwurzelung in Sein und Schicksal kann ihr ganz fehlen. Aber kein Wille kann etwas bewirken, der nicht auch eine im Augenblick gegenwärtige Energie entwickelt.

b) Die *Zähigkeit* des Willens ist seine Nachhaltigkeit in der Zeitfolge. Sie bekundet sich im Festhalten und Durchführen. Zwischen einer maschinenhaften und einer erfüllten Hartnäckigkeit ist in der Erscheinung äußere Ähnlichkeit. Ohne Zähigkeit verwirklicht sich keine Existenz, aber die Abgleitung zur Leere und die andere zum Eigensinn — in dem der Trotz im Endlichen ein formelles Selbstbewußtsein schafft — liegen ihr nahe.

c) *Gewaltsamkeit* des Wollens nennen wir ein Handeln, das die Bedingungen in sich und außer sich nicht beachtet und nicht verwendet. Ein Handeln aus den Prinzipien allgemeiner, vermeintlicher Einsichten oder aus beliebigem Einfall zerstört, weil es ohne Verwachsenheit mit der Situation, ohne Ursprung in der Existenz mit dem Kopf durch die Wand will. Aber Gewaltsamkeit ist auch das Merkmal des hohen Wagens und der Entscheidungen.

d) *Unbedingtheit* des Wollens offenbart sich im Handeln mit dem Einsatz der Existenz. Alle vorhergehenden Formen einer Willenskraft werden zu Gestalten dieser existentiellen Erscheinung. Dann fließt aus der Unbedingtheit die Kraft des Augenblicks, die Zähigkeit und die Gewaltsamkeit; sie leiht ihnen Sinn und Leben, indem sie ihnen ihre Fixiertheit in der Enge nimmt. Als die Unbedingtheit des Wollens in der absoluten Wahl verwirklicht sich Existenz.

6. Situation und Machtbereich des Willens. — Dem *Weltganzen* gegenüber ist der Wille ohnmächtig. Er kann nicht die Welt aus den Angeln heben und auf neuen Grund stellen; er ist der Wille endlicher Wesen in der Welt.

Jeweils hat der rationale Wille den *Horizont* seines Blicks; er hat nicht die absolute Einsicht in Wirklichkeit und Sinn; er sieht nicht das Ganze, sondern perspektivisch im Ganzen, und nicht in der Ewigkeit, sondern in der Zeit.

Innerhalb der gesehenen Welt wiederum hat der Wille einen noch *engeren Machtbereich.* Das denkende Erkennen ist im Prinzip unbegrenzt; der Wille als solcher ist immer begrenzt. Darum vermag er nur seinen Kreis zu erfassen, der individuell außerordentlich verschieden ist und in der Zeitfolge beim selben Individuum wechselt. In diesem Umfang seines möglichen Wirkungsfeldes findet der Mensch seine Zwecke.

Der Wille kann *nicht alles zugleich.* Mehreres schließt sich auch noch in der Zeit*folge* aus. Situation zwingt nach Raum und Zeit zur Wahl. Notwendigkeit der Wahl begrenzt und akzentuiert den Willen, so daß er darin erst eigentlich Wille als Ursprung der Existenz wird. Der eigentlich Nichtwollende möchte gern „das eine tun und das andere nicht lassen"; der Wollende ist sich bewußt, nur dort zu wollen, wo er wählt.

Wo wir, bewegt durch Ideen, fähig sind, ein sich rundendes gegenständliches Weltbild und in ihm alle Gegensätze aufgehoben zu sehen, da müssen wir *nicht mehr wählen,* sondern können alles an seinem Platze denken und kontemplativ aneignen und genießen. Wir haben denkend diesen unermeßlichen Hintergrund, an dem geprüft der Wille, der nur noch eines sein kann, eng und begrenzt scheint. Er sinkt als diese Beschränktheit gegenüber der unendlichen Kontemplation an Wert herab.

Aber das kontemplative Verhalten kann uns zugleich verführen, uns selbst zu vergessen. In der bemerkten Gefahr, als Existenz zu verflüchtigen, fällt der ganze Akzent grade dahin, aus der Existenz *dennoch zu wählen.* Das Pathos des Hegelschen Satzes wird eindringlich: „Die denkende Vernunft ist als Wille dies, sich zur Endlichkeit zu entschließen." Da wir nicht das Ganze, sondern nur im Ganzen wollen können (denn alles andere ist ein leeres Wünschen ohne Beziehung zur Wirklichkeit), so sind wir nur wirklich, wenn wir in ihm an unserem Ort die endliche Verwirklichung in ihrer Enge handelnd vollziehen. Der Unaufhebbarkeit dieser Grenze bewußt, gewinnt Existenz ihre Tiefe.

11 Jaspers, Philosophie II

Wir müssen allerdings handeln und bauen in begrenztem Bereich, ohne den Endzweck zu wissen. Aller Gehalt fällt so sehr in die Gegenwärtigkeit, daß der erfüllende Endzweck nicht erst in einer Zukunft, sondern, wenn auch dunkel, schon gegenwärtig erfahren wird: als die Gegenwart des Ewigen im Augenblick. Der Wille ist die Gegenwart des Ewigen im Augenblick. Der Wille ist die Gegenwart des Selbstseins, auf deren Grunde erst die alle Gegensätze aufhebende universale Kontemplation im Lesen von Chiffreschrift transzendenten Seins möglich wird.

Das Ergebnis ist nur als ein paradoxes wahr auszusprechen: wir handeln zweckhaft und erkennen keine Grenzen der Zweckhaftigkeit; wir handeln in der Zweckhaftigkeit existentiell und doch nur, wenn sie eingebettet ist in Zwecklosigkeit als das Umfassende. Nur auf dem Weg ihrer Zweckverwirklichungen wird Existenz im Dasein der wahren Zwecklosigkeit inne. Ich gleite ab in die sich isolierende Zweckhaftigkeit, welche alle Gegenwart imaginärer Zukunft opfert, wie in die Zwecklosigkeit des triebhaften sich isolierenden Augenblickserlebens.

7. Was ich nicht wollen kann. — Dem Willen, der etwas will, ist dieses Gegenstand und Hebelarm. Der Wille, der sich selbst will, hat als solcher weder Plan noch Mittel. Eigentliches Wollen ist als unbedingtes, grundloses, zweckloses das Sein der Existenz, das im Medium unendlicher Reflexion in der durch Orientierung zugänglich gewordenen Welt zu sich selbst im zweckhaften Wollen von Etwas durchbricht.

Da man gemeinhin von diesem „Wollen von Etwas" spricht, so gerät man, indem geradezu oder unbewußt zum Gegenstand des Wollens gemacht wird, was der ursprüngliche Wille selbst ist, in eine Täuschung. Man verwechselt, was ich wollen kann, mit dem Willen, der nur ist, weil er sich will.

Diese Verwechslung ist eine *Gefahr* gegenüber den Sätzen der Existenzerhellung. Was ich erhelle, das kann ich noch nicht zum Gegenstand oder gar zum Gegenstand meines zweckhaften Wollens machen. Existenz kann ich nicht gradezu wollen. Wo aus dem Ursprung erhellt wird durch Explikation, kann ich wohl ursprünglich wollen, aber nicht a tergo den Ursprung wollen. Wollen kann ich nur das schlechthin Gegenständliche. Ebensowenig wie Existenz kann ich Idee, sondern nur in der Idee und aus der Idee wollen. Daher mache ich in aller Kommunikation die Erfahrung, daß ich die gegenständlichen Zwecke meines Wollens wohl nennen, aber begründen nur kann, soweit sie Mittel zu anderen Zwecken sind. Zwecke als solche sind unbegründbar. Allein in der indirekten Mitteilung der Ideen und der Existenz erhellt sich der Grund, in dem und aus dem jene unbegründbaren Zwecke gewollt und gemeinsam gültig werden.

Wo ein direktes Wollen der Existenz propagiert wird, entwickelt sich unwahre Pathetik. Sie ist als das leere Reden von Leben, Persönlichkeit und Nation ein Schwelgen ohne existentiellen Vollzug, begründet auf falsche Vergegenständlichung. Was indirekt im Gegenständlichen und Partikularen sich realisieren kann, wird als vermeintlich direkt im Gefühl, Selbstbewußtsein, Volksbewußtsein ergriffen zu nichts.

Hierhin gehört eine wunderliche Verwechslung. Tod, Krankheit, Krieg, Unheil werden in ihrer existentiellen Aneignung und Überwindung appellierend erhellt. Dann erfolgt unter Verfälschung des existentiellen Sinnes solcher Erhellung der Schluß: man müsse das Furchtbare wollen. Es ist die Verwechslung der möglichen existentiellen Erfüllung durch Übernehmen von Ereignissen, nachdem sie ohne mich eingetreten waren, mit einem scheinbaren Wissen von einer Regel erwünschten Zusammenhangs, aus dem nun solche Ereignisse gewollt werden müssen.

Betrachtung wie Wollen sind unwahr, wo sie die geschichtliche Erscheinung einer Existenz nachträglich als allgemeingültig und richtig zu durchschauen meinen. Was geschichtlich wahr ist, wird erstrebt zur Unwahrheit. Es gehört zu den tiefen Erfahrungen der Existenz, daß ich dessen inne werde, daß nur nach einer undurchschaubaren Entwicklung und darum unberechenbar etwas möglich wurde. Nur fälschlich denke ich dann, daß ich es wohl hätte leichter haben können und Regeln für andere im ähnlichen Fall machen dürfe. Das geschichtlich Gewordene hat ein eigentümliches Gewicht. Es wird durch Krisis und wird existentiell fruchtbar. Daß aller Wille nur in der Welt wahrhaft bleiben kann, aber nicht in bezug auf das Ganze, zu dem er über die Grenzen des partikularen Daseins hinaus griffe, dessen ist sich das geschichtlich gebundene Freiheitsbewußtsein in existentieller Gegenwart gewiß.

Die Frage nach der Freiheit des Willens

Die Behauptungen von Willensunfreiheit und Willensfreiheit standen unter dem Namen des Determinismus und Indeterminismus in einem leidenschaftlichen Kampf. Es war, als ob des Menschen Wesen abhängen könne von einer theoretischen Entscheidung. In der Tat liegt in uns die Neigung, wenn von Willensfreiheit die Rede ist, ihr objektives Dasein aufgezeigt zu wünschen. Da aber Freiheit nicht das Sein des Daseins hat, und da trotzdem Behauptung und Leugnung der Freiheit in vermeintlich allgemeingültigen und beweisbaren Aussagen Freiheit als Sein objektivieren, so müssen diese sie in ihrem Sinn verkehren. Was sie als Gegenstand in der Hand behalten, ist nicht identisch mit dem, worum es sich ursprünglich in der Freiheit handelte. Erst von der Freiheit als objektivem Dasein könnten Argumentationen gelten, wird ihr Dasein behauptet oder geleugnet. In diesem Denken selbst ist aber wieder ein Wille gegenwärtig.

1. Behauptung der Willensfreiheit. — Die Behauptungen von Objektivitäten, die Freiheit heißen, haben ihren spezifischen Sinn, der jedesmal von der Antwort auf die eigentliche Freiheitsfrage zu scheiden ist.

a) Der objektivierende Gedanke, der die *Freiheit als Ursachlosigkeit* denkt, nimmt für die Willensfreiheit folgende Form an: Bei zwei gleichstarken Möglichkeiten müsse, wenn überhaupt ein Fortgang des Tuns stattfinden solle, durch die Wahl die eine verstärkt werden und sich darum, nicht durch Notwendigkeit, realisieren (das sogenannte liberum arbitrium indifferentiae). Das wurde bewiesen in der Geschichte vom Esel des Buridan, der zwischen den zwei Heubündeln, von beiden gleich weit entfernt, von beiden gleich stark angezogen, verhungern würde, wenn er nicht den freien Willen hätte, zu entscheiden, zu welchem er sich zuerst wenden wolle. — Solche Argumentationen sind leere Gedanken, die nichts beweisen. Auch hätte, was durch sie bewiesen würde, mit Willensfreiheit nichts zu tun; Freiheit als Zufall und Willkür, nicht eigentliche Freiheit, würde dadurch aufgewiesen. Vom Behaupten und Leugnen dieser Freiheit ist der Appell an Willensfreiheit unabhängig.

b) Setzt man die Willensfreiheit nicht in einen Anfang aus nichts, will sie aber doch behaupten, so wird sie psychologisch als *Freiheit* des Tuns *ohne von außen kommende Störung* bestimmt. Wie man vom freien Fall spricht, vom freien Wachsen eines Baumes, wäre Freiheit hier das Tun aus eigenem Wesen. Alles Daseiende kann unter diesem Gesichtspunkt als frei und als abhängig betrachtet werden. Damit aber wäre Freiheit banalisiert. Sie wäre die psychologische Freiheit des Handelns und Wählens: Freiheit des *Handelns*, soweit ich meine Absicht ungestört in Wirklichkeit umsetzen kann (die Grenzen dieser

Freiheit fallen zusammen mit den Grenzen des Machtbereichs meines Willens); Freiheit des *Wählens* dort, wo ich zu besonnener Entscheidung dessen kommen kann, was ich will, indem ich dies aus den mir bewußten Möglichkeiten ohne Störung in Ruhe auswählen kann (diese Freiheit wird eingeschränkt durch Furcht vor angedrohter Gewalt, durch Prämien auf bestimmte Handlungen, durch Müdigkeit und Verstimmung, dann durch Kürze der Zeit, gefördert durch Besinnen und zur Wirkung kommen lassen aller nur möglichen Motive). Daß es eine mehr oder weniger große Freiheit des Handelns und des Wählens in diesem Sinne gibt, ist nicht strittig.

Diese psychologischen Freiheitsbegriffe, als objektive für den Augenblick einleuchtend, enttäuschen durch ihre Gehaltlosigkeit. Eine Antwort auf die Frage nach der Willensfreiheit sind sie nicht. Bei keinem handelt es sich um das „ich will es selbst".

Noch bei psychologischer Betrachtung wird die Grenze eigentlicher Freiheit mit der Frage berührt, ob ich über die von außen bedingte Freiheit des Handelns und Wählens hinaus eine innere Freiheit des Wollens selbst habe (die Begriffe der Freiheit des Handelns, Wählens und Wollens sind erörtert in der Schrift *W. Windelbands* über Willensfreiheit). Beim Wählen und Handeln müssen *schon* Motive und Ziele *da* sein, zwischen denen gewählt wird. Die entstehenden Fragen sind: Bin ich frei in Art und Gehalt meiner Motive? Bin ich ferner frei in der Wahl des Maßstabs der Entscheidung zwischen ihnen? und weiter: Kann ich etwas für meinen Charakter? Kann ich auch anders wollen? Hängt es also überhaupt von einem freien Willen ab, was ich will? Ist in der Wahl ein letzter Ursprung? Mit solchen Fragen trete ich bereits in die Existenzerhellung meines Selbst: Indem ich sie aber objektiv stelle und für die Antwort objektive Alternativen aufstelle, bin ich mit ihnen sofort wieder im Medium des Gegenständlichen. Hier werden diese Fragen jedoch entweder als sinnlos erkannt: Ich kann nicht objektivierend noch einmal hinter den Willen treten; jene Verdoppelung des Willens zum „ich will, daß ich will" ist objektiv eine Tautologie; es ist daher sinnlos, zu fragen, ob ich frei bin im Wollen meines Wollens. Oder die Fragen werden als Alternativen anerkannt und dann geantwortet, daß es diese Freiheit objektiv nicht gibt. Es gibt als daseiend wohl Freiheit des Handelns und Wählens, aber nicht die des Wollens in sich selbst nach seinem Gehalt und Grund.

Trotzdem sind diese Fragen weder sinnlos noch führen sie notwendig zur Leugnung der Freiheit. In der psychologischen Betrachtung zwar haben sie keinen Platz. Sie vermag nicht zu begreifen, worum es sich hier eigentlich handelt. Freiheit kann mir nicht als wissenschaftlich erkannte gegenübertreten, während wohl einzelne Willensmotive und Ziele gegenständlich werden können. Wo ich selbst bin in dem ursprünglichen Sinn, der nicht mehr Gegenstand wird, ist der Ort der Freiheit, den Psychologie nie erreicht. Jene Fragen sind weder gegenständliche Fragen noch Alternativen für das Wissen, sondern im Medium der Gegenständlichkeit indirekter Ausdruck für das Sein eines Ungegenständlichen. Das gegenständlich forschende Fragen überschlägt sich in ihnen.

c) Eine dritte objektive Freiheit wird vom Willen ausgesagt in bezug auf Machtverhältnisse unter Menschen in Gesellschaft und Staat. *Soziologisch* kann man persönliche, bürgerliche und politische Freiheit unterscheiden; die persönliche der privaten Lebensführung, die unter Voraussetzung des Besitzes ökonomischer Mittel auch bei bürgerlicher und politischer Unfreiheit bestehen kann (z. B. im zaristischen Rußland); die bürgerliche, die bei politischer Unfreiheit als Rechtssicherheit sich entfalten kann (z. B. im kaiserlichen Deutschland); und die politische, in der jeder Staatsbürger mit entscheidet, durch wen er geführt wird (z. B. in den Vereinigten Staaten). Die Frage nach dem Dasein dieser Freiheit erweckt im Falle der Verneinung alsbald den Willen, sie herbeizuführen. Diese Freiheiten sind soziologische *Situationen;* für den Einzelnen sind sie Chancen. Daß es sie gibt, kann nicht bezweifelt werden. Aber ihr Dasein ist keine Antwort auf die Frage nach der Freiheit, die die Existenz selbst ist. Denn diese kann trotz jener in Frage gestellt bleiben. Umgekehrt wäre zu sagen, daß der Einzelne, zwar ohne Breite der Verwirklichung, Existenz sein könne, auch wenn er in diesen drei objektiven Richtungen unfrei wäre. —

In den objektiven Freiheiten ist also das, dessen Möglichkeit oder Dasein gezeigt wird, nicht das, worum es sich handelt, wenn die Frage nach der Willensfreiheit mit der Leidenschaft gestellt ist, in der es auf das Sein selbst ankommt. Wenn die Freiheit in Zweifel gestellt wurde, und dann auf dem Wege objektivierenden Denkens gesucht werden sollte, so ist mit der Aufstellung derjenigen Freiheitsweisen, die erörtert wurden, nicht genützt:

Die psychologischen und soziologischen Freiheiten, die nie die Freiheit selbst sind, sind dieser dennoch nicht gleichgültig. Ich will ihre Wirklichkeit. Ich muß sie wollen, wo ich mich ursprünglich frei weiß; denn sie sind Bedingungen der Erscheinung der Freiheit im Dasein, wenn ich Verwirklichung in der Welt, nicht bloße Möglichkeit und Innerlichkeit will. Die objektiven Freiheiten werden gehaltvoll in ursprünglicher Freiheit; sie werden zur Täuschung, wenn sie dieser Erfüllung beraubt sind. Wo ich objektive Freiheit will und, sofern ich sie herbeigeführt habe, in ihr meine Freiheit schon errungen zu haben meine, habe ich mich grade verloren. Dies zeigt sich in der Zweideutigkeit aller Freiheitsworte.

2. Die Täuschung der Unabhängigkeit. — Ein Beispiel ist die Vieldeutigkeit des Sinns von Unabhängigkeit.

Unabhängigkeit ist Ziel meines Freiheitswillens in der Welt. Ich möchte ein Dasein, in dem mein Wille sich entscheidend *auswirken* kann. Daher gehe ich aus auf Sicherung und Erweiterung meines Daseins durch Berechnung, Voraussicht und Klugheit. Unabhängig bin ich in dem Maße, wie ich selbst über meine Daseinsbedingungen bestimmen kann. Aber die Gefahren kann ich nicht bannen. Angesichts ihrer Möglichkeit erstrebe ich eine andere Unabhängigkeit, in der ich nur will, was bei mir selbst steht: Die Unabhängigkeit meiner *inneren* Bewußtseinshaltung. Freiheit wird zum Trotz eines formalen Selbst des Bewußtseins überhaupt oder zum eigensinnigen Sichaufsichselbststellen eines empirischen Individuums.

Werde ich vom Sicherungsgedanken beherrscht, so verstricke ich mich in die *äußere* Freiheit, um von mir Abhängiges im Besitz zu haben. In Daseinsangst beruhige ich mich durch die Vergewisserung meiner Verfügungsmacht; im Daseinsstolz bin ich befriedigt durch Fühlen meiner Machtwirkung. In jedem Falle *bleibe* ich irgendwo abhängig.

Ziehe ich mich auf mich selbst zurück und lasse mir gleichgültig werden, was nicht unter allen Umständen nur von mir abhängt, so gerate ich in die Unabhängigkeit, welche der Stolz des leeren Selbstseins auf seine Unerschütterlichkeit ist. Wenn ich aber als Dasein angewiesen bleibe auf ein Minimum äußerer Lebensbedingungen und der Mitteilung, so schlägt der sich isolierende Stolz faktisch um in ein Bedürfnis nach Geltung durch die vermeintliche Unabhängigkeit, die sich irgendwo als Abhängigkeit vom Spiegel des Anderen erweist.

Diese *Scheinunabhängigkeiten* einer absoluten *Daseinssicherung* und einer *sich isolierenden Unberührbarkeit* müssen als Gefahr beschworen, als Verführung bestanden, in ihrer Relativität angeeignet sein, um ihnen nicht anheimzufallen.

167

Existentielle Unabhängigkeit kann sich nicht in einen festen Bestand bringen. Die Unabhängigkeit des Einzelnen bedeutet ihr nicht mehr Sicherung durch Berechnung, sondern grade nicht beherrscht zu sein von der Sicherungsfiktion, sie vielmehr zu beherrschen, d. h. ihr in ihren Grenzen zwar zu folgen, aber zu wagen, im Schicksal zu stehen. Sie bedeutet nicht in Beziehungen zu Anderen zu leben, durch die ich sie zugleich beherrsche und mir fernhalte, sondern in Kommunikation zu treten, so daß auf ihrem Grunde die Gemeinschaft in Ideen und in absteigender Stufenreihe die Regelung des Daseins durch Institutionen für mich entscheidend wird.

Die Unabhängigkeit der Existenz im Dasein ist im Äußeren und als Härte des Selbstseins begrenzt, unbegrenzt aber als Echtheit geschichtlicher Verwirklichung des Selbstseins in seiner Kommunikation. Die unabhängige Existenz kann einsam sein mit ihrer Transzendenz; sie kennt den archimedischen Punkt außerhalb der Welt als einen möglichen, aber sie kehrt zurück in das Dasein und zu ihrer Kommunikation als der einzigen Stätte der Vergewisserung und Bewährung dessen, was sie einsam und jenseits erfuhr. Sie lebt in der Welt und außer der Welt; sie kennt die Grenzen und bewegt sich wesentlich an ihnen.

Eigentliche Unabhängigkeit sieht darum ihr Dasein in der Polarität: das Leben in gemeinsamer Gattungssubstanz, in Weltlauf und Gesetz — und das persönliche Heraustreten der Existenz als einer einzelnen; das Geborgensein in einem Ganzen — und das an die Grenze Drängen; das in sich runde Dasein — und das Dasein in der Zeit; das Schauen einer gegebenen Welt in ihrer Ordnung und Hierarchie — und das auf Abenteuer Gehen in einem fragwürdigen Dasein. Kein Anfang und kein Ende ist in dieser Unabhängigkeit gewußt, kein Ziel das letzte.

3. Leugnung der Willensfreiheit. — Wird Willensunfreiheit behauptet, so wird in einer Objektivierung etwas widerlegt, das nicht ist, was in der Selbstgewißheit der Freiheit deren Wesen ausmacht.

Gegen die Willensfreiheit wurde gesagt, daß sie nicht möglich sei, da alles, was geschehe, *restlos kausal verursacht* würde. Insbesondere bringt man Beispiele: Der Wille des Menschen ergebe sich naturnotwendig im Kampf der Motive durch das stärkste Motiv. Wenn aber nach allen Merkmalen psychischer „Stärke" andere Motive stärker waren und eines nur darum, weil es in der Wahl ergriffen wird, nun das stärkste heißt, so ist durch die Tautologie die Wahl nicht begreiflich gemacht; bloße Benennung macht nicht zu objektiver Naturnotwendigkeit.

Gegen die Willensfreiheit führt man weiter die Moralstatistik dafür an, daß alle Handlungen Gesetzen unterstehen: naturnotwendig finden jährlich diese Anzahl von Selbstmorden, Verbrechen, Eheschließungen statt. Diese Gesetze seien so sicher, daß Voraussagen mit geringen Fehlergrenzen zutreffen. Es ist aber längst zwingend eingesehen, daß diese statistischen Regeln nichts gegen die Freiheit des Einzelnen beweisen. Der Einzelne nimmt sich nicht infolge eines statistischen Gesetzes das Leben. Aber er stirbt auch nicht infolge des statistischen Gesetzes am Krebs. Die Statistik erfaßt den Einzelfall weder als frei noch als notwendig. Sie sagt über den Einzelfall gar nichts aus.

Solche Argumente sind schließlich durch den einen Kantischen Gedanken hinfällig, daß, was wir erkennen, und was wir kausal erkennen, Gegenstand in unserer Erscheinungswelt ist, in die wir als Freiheit nicht aufgehen.

4. Der Irrtum in der Frage. — Solange durch jene objektiven Argumente eine Entscheidung über das Sein der Freiheit gesucht wird, muß der Kampf zwischen Determinismus und Indeterminismus dauern, bei dem beide Parteien eigentliche Freiheit aus dem Auge verlieren. Jeder objektive Beweis für und gegen Freiheit wird erstens widerlegt; zweitens revoltiert gegen ihn ein Bewußtsein, welches sich gewiß ist, daß mit dem Sein von Objekten nicht alles Sein erschöpft ist. Beweisen und Widerlegen führt erst durch einen Akt der Verabsolutierung zu den Behauptungen des Determinismus und Indeterminismus. Freiheit ist weder beweisbar noch widerlegbar. So meint es Kant, der sie unbegreiflich nannte, und unsere Einsicht mit dem Begreifen dieser Unbegreiflichkeit erschöpft sah.

Ob der Mensch frei oder nicht frei sei, wird im für und wider nicht aus einem primär theoretischen Interesse, sondern aus anderen Beweisgründen erörtert: Man müsse den Mut zur Wahrheit haben; als Illusion erkennen, was sich objektiv nicht halten lasse. Es sei die tiefste Beruhigung, alles als notwendig zu wissen, der Reue und der Schuld ledig zu sein. Oder umgekehrt: man müsse gegen die verderbliche Unfreiheitslehre die Verantwortung retten, da die Zerstörung aller Sittlichkeit sonst unvermeidlich sei.

Der Mut zur Wahrheit, der Trost der Notwendigkeit, die Sorge für die Sittlichkeit sind hier nicht am adäquaten Ort. Mut zur Wahrheit ist zwar ein für Existenz wesentlicher Impuls, jedoch durch existenzerhellende Freiheitsgedanken nicht in Frage gestellt. Der Trost der Notwendigkeit ist ein bedenklicher Trost, der die Freiheit einschläfert, wenn er sich nicht transzendent versteht und dann wieder nur auf Grund der Freiheit zugänglich ist. Die Gefährdung der Sittlichkeit durch die deterministischen Behauptungen besteht nur als Gefahr für den Autoritätsglauben, der die Möglichkeit des Gehorchens nicht in Frage gestellt sehen will; denn in der Existenz entspringende Sittlichkeit braucht keine objektiven Beweise und Widerlegungen ihrer selbst und ihrer Möglichkeit.

In jedem Fall aber führen Determinismus und Indeterminismus auf eine *falsche Ebene*. Sie machen existentiellen Ursprung abhängig. Der eine macht die Freiheit fälschlich objektiv und hebt sie, trotzdem er sie als bestehend behauptet, grade damit auf; eine Verteidigung von Freiheiten, die nicht eigentlich Freiheit sind, wird im Gelingen zur unbewußten Leugnung der Freiheit. Der andere verneint sie, aber trifft nicht sie, sondern ein gegenständliches Phantom. Beide haben unrecht, weil sie, das objektive Sein für alles Sein haltend, der Freiheit verlustig gehen.

Wir sehen jenem Streit als einem unerheblichen zu. Er ist eine *Abgleitung*, die unser Verstand im „Bewußtsein überhaupt" immer wieder gehen will, wenn mögliche Existenz ihrer ungewiß wird, oder wenn der Verstand noch nicht sein eigenes Feld in seinen Grenzen begriffen hat.

Der böse Wille

Im Sein hat alles einen Rang; das Niedrigere aber ist nicht das Böse. Im Dasein werden wir abgestoßen vom Häßlichen; das Häßliche aber ist noch nicht das Böse. Selbstsein kann abfallen, es ist nur im Sicherheben aus dem Abfall; aber das Abgeglittene, Leerwerdende, Zerrinnende ist nicht das Böse. Auch das Unwahre ist noch nicht das Böse, auch nicht das Triebhafte; auch nicht die Übel des Daseins, die es beschränken und vernichten. Alles dieses wird nur Mittel in der Hand des Bösen, von ihm beseelt mit der Negativität seines Wollens. Denn das Böse eignet keinem bestehenden Sein, keiner empirischen Wirklichkeit und keinem idealen Gelten, sondern es ist, weil Freiheit ist. Der *Wille allein* ist es, der *böse* sein kann.

1. Konstruktion des Bösen. — Der böse Wille ergreift als seine Sache die *Auflehnung* des empirischen *Eigendaseins* gegen das

mögliche Selbstsein der Existenz in Subjektivität und Objektivität. Diese Auflehnung an sich ist nur triebhaft, nicht böse. Aber die einverstandene Willensaktivität, welche sie bewußt als ihr Wesen verwirklicht, ist der böse Wille. Die Existenzlosigkeit des bloßen Daseins ist nicht böse, sondern nichtig. Böse ist der Wille, der sich gegen mögliche Existenz kehrt: er bejaht die Verabsolutierung des bloßen Daseins und verwirklicht sie als der für jedes mögliche Sein ruinöse Wille, der nur Dasein will, ohne es erfüllen zu können.

Ist Wille als das, „ich will, daß ich will" die Freiheit der Existenz, so ist böse der Wille in der *Umkehr gegen sich selbst;* er will sich nicht als Sichselbstwollen. Als böser wählend hebt er sich in seiner Freiheit auf; indem er sich will im Ruinieren der Existenz, will er faktisch sich selbst vernichten. Der Wille wählt nicht zwischen gut und böse, sondern er wird wählend gut oder böse. In der Wahl wird er als guter Wille frei und fesselt sich als böser. Er hat in beiden Fällen keine Wahl zwischen zwei Möglichkeiten, sondern ist in seiner Ursprünglichkeit seine Freiheit oder Gegenfreiheit. In der Wahl des Guten ist er frei zu unendlicher Entwicklung und Offenheit. In der Wahl des Bösen ist er aus Freiheit der Freiheit verlustig, verstrickt in das Verneinen alles Seins und seiner selbst. Der gute Wille ist der Weg der Freiheit im Aufschwung des Selbstseins im bloßen Dasein, der böse der der Selbstfesselung in der Verwechslung von Selbstsein und Dasein.

Gut und böse sind also *nicht inhaltlich bestimmbar,* sondern alle inhaltlichen Möglichkeiten beiden eigen. Es sind nicht bestimmte Werke als solche gut oder böse, sondern der Wille will oder vernichtet im Wollen von Etwas eigentliches Sein.

Das Böse als sich wollendes Dasein, das sich verabsolutierend gegen die eigene existentielle Möglichkeit kehrt, erscheint im Haß gegen alles, was Wahrheit aus möglicher Existenz zeigt: gegen die Unbedingtheit in der Geschichtlichkeit als Adel des Seins. Es schließt sich ein in Kommunikationslosigkeit. Indem es das Eigendasein in seiner Nichtigkeit will, ist es der *Wille zum Nichts.* Es ist nur zu erhellen als der Widerspruch: in voller Klarheit das Nichts zu wollen; in der Leidenschaft des Vernichtens von Anderem sich selbst vernichten zu wollen; ein Ziel zu verfolgen, das erreicht, sogleich verloren ist.

Der böse Wille ist unbegreiflich; *wissentlich* ergreift er sich, in verzweifelter Leidenschaft sich selbst nicht weniger hassend als alles andere. Aber in hellem Wissen kommt doch grade der gute Wille zu sich: wenn nur alles klar ist — so ist unsere Erwartung —, wenn nichts verschleiert bleibt, so wird der gute Wille als das eigentliche Selbstsein sich finden. Darum sind Wissenwollen, Kommunikation, Wille zur Offenbarkeit schon als solche Wege des Guten. Niemand könne wissentlich Böses tun, erscheint als einleuchtender Satz, aber das Böse ist grade, daß wissentlich der Wille gegen sich selbst sich kehrt. Das kann er nur, indem er sich irgendwo verschleiert, sein Wissenwollen hemmt und die Kommunikation abbricht. Aber es ist schon der böse Wille, der dies tut und sein Tun zugleich weiß oder wissen kann.

Das Böse legt sich die Fesseln des Eigendaseins an und sagt ja dazu. Es ist die Leidenschaft ohne Gehalt, keinem Gotte dienend, keinem himmlischen und keinem unterirdischen. Es ist eine Energie, die dem Guten Widerpart hält, und in der Unbedingtheit des Zerstörens vom Sein im Dasein sich selbst mit einsetzt. Es hat Größe nur gegenüber dem Lauen und Unentschiedenen durch die Radikalität seines Zerstörens.

2. Wirklichkeit des Bösen. — Gibt es dieses Böse? Seine Konstruktion stellt vor Augen, was ich in keinem wirklichen Dasein wiedererkenne. Das Teuflische wäre als das Widergöttliche selbst von einer Größe, die im Dasein nicht wirklich sein kann. Es ist uns vertraut nur in mythischer Gestalt, oder ist Projektion aus dem, worin es ohnmächtig, ohne die Unbedingtheit des Selbsteinsatzes begegnet. Die *gewöhnliche Form* des Bösen ist, daß das Gute gewollt wird, aber unter der Bedingung, daß es dem Eigendasein dient; oder: da das Eigendasein in seiner empirischen Triebhaftigkeit als unbedingter *Wille* nicht unbedingt ist, so ist in der *mangelnden Unbedingtheit die Möglichkeit des Bösen* schon beschlossen. Denn Verschleierung, Haß gegen das Gute, Verzweiflung zum Nichts sind im Anzuge, sowie das Eigendasein sich bedroht fühlt, ohne daß es in der Hand eines Selbstseins ist. Der Mangel an Unbedingtheit ist noch nicht böse, sondern unentschieden. Der gute Wille ist unbedingt, der böse eine andere Unbedingtheit: gegen das Sein. Wird das Böse wirklich, so ist es aber schon unklar und nicht mehr absolut böse.

Dieses Böse ist im konstruktiven Gedanken das Phantom dessen, was dem guten Willen *wie hinterrücks da* ist. Einmal seiner ansichtig gewesen, gewinnt der Mensch keine Ruhe mehr vor seiner Möglichkeit. Während die Konstruktion des dämonisch Bösen, als des wirklichen Teufels, in ihm das Wissen seiner selbst mitdenkt, ist das menschlich wirkliche Böse in seiner unklaren Fesselung zwar durch einen Sprung davon geschieden, aber im Wesen verwandt. Daher wird das Böse im Bewußtsein als das gefährliche Andere meiner selbst um so gegenwärtiger, je mehr der Wille gut wird. Ich erfasse mich in meinem Willen als im Grunde böse, wenn der Wille dem Bösen sich abkehrt. In der Unentschiedenheit dagegen verstricke ich mich in Zweideutigkeiten; gut und böse nicht unterscheidend, kläre und kämpfe ich nicht mehr, sondern hasse mich heimlich, nehme teil am Zerstören und finde im instinktiven Verneinen des Guten den Halt des Eigendaseins. Ich drehe mich unwissend und doch mit übertäubtem schlechten Gewissen endlos im Kreise des Nichtigen.

Das Böse, nie wirklich festzustellen, gedanklich nicht zu fassen, erweist sich faktisch in seinem *plötzlichen* Dasein als *unüberwindlich*. Aber wo es begegnet, kann es *nicht für endgültig* gelten. Im Gegner wie in mir selbst ist der Wille zur Offenbarkeit der Weg, der mit Hoffnung beschritten wird. Ich versage ebenso, wenn ich das Böse für besiegt, als wenn ich es für endgültig bestehend halte. Der Gang im Zeitdasein führt durch verwandelte Gestalten des immer neu erscheinenden Bösen. Der Sieg ist ein jeweils augenblicklicher; er verstärkt seine Möglichkeit auf dem Wege, aber seine vermeintliche Vollendung wäre zugleich die Verführung durch das Böse.

Niemals allein in der rationalen Technik meines planmäßigen Wollens, aber auch nie ohne sie, nähere ich mich dem zeitlich unerreichbaren Ziel, das ich jeweils gewinne nur im Mirentgegenkommen meines Selbstseins, dem allein die Zweideutigkeiten im geschichtlichen Augenblick sich lösen zum eindeutigen Entschluß.

Da das Böse nicht vernichtet und nur im Kampfe mit ihm das Gute wirklich wird, so ist im Zeitdasein dem Willen die *Selbstzufriedenheit* mit dem eigenen Gutsein unmöglich. Noch im höchsten Augenblicke des Ergreifens des Wahren als Akt meines guten Willens schwingt leise: was mir gelang, gelang nicht mir allein. Was mir als das Gute gelang, wird zum Mittel des Bösen, wenn es als Besitz zu Ruhe und Anspruch wird. Darum liebe ich mich selbst zwar in der Aktivität des guten Willens, aber ich verliere mich sogleich, wenn ich diese wahrhaftige Selbstliebe transformiere in ein zusehendes Wissen von meinem Sein, das ich im Spiegel meines Tuns befriedigt zu erkennen glaube. Im ersten Augenblick des Zusehens wird mir mein Handeln sogleich auch fragwürdig, oder, wenn bejaht, ein Anspruch, dem ich im gleichen Augenblick mir schon nicht mehr sicher gewachsen scheine.

Guter und böser Wille gehören wie Freiheit allein dem *erscheinenden Zeitdasein* möglicher *Existenz* an. Hier sind sie aneinander gebunden, unübersehbar sich gegenseitig erweckend. So klar und entschieden im geschichtlichen Augenblick das Gute als Forderung offenbar sein, so schlicht, einfach, unzweideutig es dem willigen Gemüte gegenwärtig sein kann — es ist nicht objektiv als das Gute allgemein und für immer zu wissen. Als so gewußt, wird es sogleich mögliche Gestalt des Bösen.

Es ist eine immer wieder erstaunliche Parodie, daß das Böse am entschiedensten in moralpathetischer Gestalt begegnen kann. Diese Rolle eines *gespenstigen Doppelgängers* geht durch alles Sein der Freiheit im Dasein als eine unauslöschliche Zweideutigkeit. Das Böse ist in seinem Scheitern wie eine unbegreifliche Fratze des echten Scheiterns möglicher Existenz als Erscheinung im Dasein; seine verzweifelte Entschlossenheit ist wie eine Mimikry des existentiellen Entschlusses, seine Selbstzufriedenheit in der Betrachtung seines Daseins die Mimikry der Selbstliebe des von sich fordernden adligen Wesens des eigentlichen Selbst.

SECHSTES KAPITEL

Freiheit

	Seite
Erhellung existentieller Freiheit	177

1. Freiheit als Wissen, als Willkür, als Gesetz — 2. Freiheit als Idee — 3. Freiheit als Wahl (Entschluß). — 4. Flucht vor der Freiheit — 5. Das Gedachtwerden existentieller Freiheit

Dasein und Freisein	187

1. Die Frage nach dem Sein der Freiheit — 2. Gedankengänge, die das Dasein der Freiheit beweisen wollen — 3. Ursprung des Freiheitsbewußtseins

Freiheit und Notwendigkeit	191

1. Der Widerstand des Notwendigen — 2. Das Phantom der absoluten Freiheit — 3. Einheit von Freiheit und Notwendigkeit (Freiheit und Müssen)

Freiheit und Transzendenz	196

1. Freiheit und Schuld — 2. Abhängigkeit und Unabhängigkeit — 3. Transzendenz in der Freiheit

Daß ich nach Freiheit *frage*, entspringt nicht daher, daß sie mir als Begriff vorkäme, dessen Gegenstand ich erkennen möchte; die Frage, ob Freiheit überhaupt sei, würde vielmehr mit den Mitteln gegenständlicher Forschung grade zur Leugnung der Freiheit führen; daß ich selbst nicht Gegenstand werde, wird mir zur Möglichkeit der Freiheit. Die Frage, ob sie sei, hat ihren *Ursprung* in mir selbst, der ich *will*, daß sie sei.

Bei jedem Fragen ist das Subjekt in irgendeinem Sinne Bedingung der Art des Fragens und der Weise der gegenständlichen Antwort; bei der Frage nach Freiheit aber ist das eigentliche Selbstsein in seiner Möglichkeit zugleich das Fragende und das Antwortende. Frage ich daher, ob Freiheit sei, so wird die Frage zugleich mein Tun, ob und wie ich mich ergreife oder fahren lasse; ich suche nicht umher, ob mir etwa Freiheit irgendwo in der Welt vorkäme. Darum wird die Frage, ob Freiheit sei, nichtig als Frage des Bewußtseins überhaupt; sie hat ihr Gewicht nicht auf immer gleichbleibender Höhe, sondern nur wachsend mit der Gegenwart eigentlichen Selbstseins; ich frage nicht abstrakt, sondern im Maße wie ich selbst dabei bin.

Wer auf die Frage nach Freiheit die Wahrheit schon in einer bloßen Begrifflichkeit zu haben glaubt, nennt Freiheit schlechthin den *Grundbegriff* der Philosophie. Wer jedoch hier nicht *weiß*, darum gar nicht ein Ergebnis erwartet, sondern klar werden will, weil er er selbst werden will auf seinem geschichtlichen Wege, diesem wird Freiheit zum eigentlichen *signum* der Existenzerhellung.

Wenn ich mich umsehend Revue passieren lasse, was alles Freiheit *genannt* wird, so gerate ich in ein Vielerlei von Tatbeständen und Definitionen, ohne daß ein objektives Sinnbewußtsein mich wählen ließe, was und wo Freiheit sei und was nicht. Nur wenn mein eigentliches *Interesse* an der Freiheit mich lenkt, werde ich in diesem Vielerlei gewahr, was mich als Freiheit anspricht, weil ich in der Möglichkeit selbst schon frei bin. Aus dieser Möglichkeit eigenen Freiseins kann ich erst nach Freiheit fragen. Freiheit ist also entweder gar nicht, oder sie *ist* schon im Fragen nach ihr. Daß sie aber als ursprünglicher *Wille zum Freisein* fragt, nimmt im Faktum des Fragens dieses Freisein vorweg. Es kann sich nicht erst *beweisen* und dann auch wollen, sondern Freiheit will sich, weil ihr ein Sinn ihrer Möglichkeit schon gegenwärtig ist.

Das Philosophieren aus der *Möglichkeit* des Freiseins gerät auf den Weg, sich argumentierend der Freiheit — nämlich, daß es sie gibt — vergewissern zu wollen. Diese Argumentationen — gleichsam mit dem Sein der Freiheit geboren — sind dem Philosophen unentbehrlich, um sich von ihnen zur eigentlichen Freiheit abzustoßen. Sie zu erhellen, bedeutet darum negativ, die Freiheit nicht als ein Dasein beweisen zu wollen. Freiheit erweist sich nicht durch meine Einsicht, sondern durch meine Tat. In der Sorge um das Sein der Freiheit ist schon die Aktivität beschlossen, aus der Freiheit sich verwirklicht.

Ist aber Freiheit Möglichkeit, so ist sie zugleich die Möglichkeit meiner Unfreiheit, das Leiden unter ihr der *negative Impuls* der Freiheit. Ich ertrage als Selbstsein nicht die Möglichkeit der Unfreiheit. In dieser Unerträglichkeit werde ich meiner selbst inne: weil ich als ich selbst da bin, dem es auf etwas, das von ihm abhängt, unbedingt ankommen kann, muß ich frei sein können. Das aber ist kein Schluß von einem Faktum auf seine Bedingung, sondern der Ausdruck des Selbstseins selbst, das sich seiner Möglichkeit als eines Seins bewußt ist, welches über sich noch entscheidet. Es fordert sich, indem es von sich fordert. Es muß Forderungen erfüllen können, wenn es sein will.

Freiheit als das erste und letzte der Existenzerhellung spricht durchaus nur hier, nicht in der Weltorientierung, nicht in der Transzendenz. In der *Weltorientierung* gibt es das Sein als Bestand, als gegenständlich und gültig; soweit Erkenntnis reicht, gibt es noch keine Freiheit. In der *Transzendenz* ist keine Freiheit mehr; Freiheit wäre zu transzendentem Sein fälschlich verabsolutiert; sie ist nur als Existenz im Zeitdasein. Zwar ist in der Freiheit eine Bewegung mit dem Ziel, sich selbst überflüssig zu machen; das Letzte in der Erscheinung des Zeitdaseins der Existenz, will sie sich aufheben in der Transzendenz. Freiheit ist immer noch Sein der Existenz, nicht einer Transzendenz; sie ist der Hebel, an dem Transzendenz die Existenz ergreift, jedoch allein dadurch, daß diese Existenz sie selbst ist in ihrer Unabhängigkeit.

Erhellung existentieller Freiheit

1. **Freiheit als Wissen, als Willkür, als Gesetz.** — Was nur besteht oder geschieht, ist unfreies Dasein. Wie durch einen Sprung finde ich mich in ihm. Ich bin nicht nur ein Ablauf von Ereignissen, sondern weiß, daß ich bin. Ich tue etwas und weiß, daß ich es tue. Ich muß sterben wie alles Lebendige, aber ich weiß, daß ich sterben muß. Das Wissen von dem, was passiv und notwendig geschieht, entzieht mich zwar keiner Notwendigkeit, aber es hebt das Ich, das weiß, im Wissen über das nichts als Notwendige hinaus; selbst dabei sein, als Sache verstehen, was ich tun muß, ist Moment der Freiheit. Ich bin im Wissen noch nicht frei, aber *ohne Wissen ist keine Freiheit.*

Wissend sehe ich einen Raum des mir Möglichen. Unter mehreren Möglichkeiten, die ich weiß, kann ich wählen. Wo mir mehreres möglich ist, ist meine *Willkür* Grund dessen, was geschieht. Zwar kann ich in objektiver Betrachtung versuchen, diese Willkür als ein zwangsläufiges Geschehen zu begreifen: Meine Wahl ist abhängig von der Weise meines Wissens, dessen Zustandekommen ich verfolgen kann. Ich wähle das vermeintlich Gewußte nur so, *wie* ich es weiß; da aber mein Wissen, gemessen an der Daseinswirklichkeit, die ich noch *nicht* weiß, immer auch falsch ist, so erfahre ich, daß Anderes eintritt als ich erwartete. Ferner ist meine Wahl abhängig von den psychologischen Triebkräften, welche ich beobachten kann (das psychologisch starke Motiv gibt den Ausschlag). Aber trotz beider Abhängigkeiten bleibt doch die Willkür eine Aktivität, die durch keine Erkenntnis

12 Jaspers, Philosophie II

begriffen, sondern vorausgesetzt wird; weder ihr Sein kann abgeleitet noch ihre faktische Entscheidung mit der Strenge kausaler Einsicht im Einzelfall als zwangsläufig bewiesen oder vorausgesagt werden. Selbst wenn ich als Wählender die Entscheidung in bloßen Zufall für mich verwandle, etwa durch Abzählen oder Würfeln, bleibt das Moment der Willkür, weil ich mich so der Passivität eines objektiven Zufalls freiwillig unterwerfe. Im letzten Fall zeigt sich prägnant, was der Willkür überhaupt eigen ist: Weil sie in objektiver Hinsicht beliebig verfährt, scheint sie *wahllos*, d. h. auch subjektiv beliebig; dies aber ist unmöglich zu denken; vielmehr ist in allem willkürlichen Entscheiden ein mit meinem Ichsein als Spontaneität Zusammenfallendes wirksam. Weil ohne Gehalt, ist Willkür noch nicht Freiheit; aber *ohne Willkür ist keine Freiheit.*

Wenn ich aber nicht mit dem Wissen der Willkür, nicht beliebig, sondern nach einem *Gesetz* entscheide, das ich als verbindlich anerkenne, so bin ich frei, sofern ich mich dem in mir selbst gefundenen Imperativ unterwerfe, dem ich mich auch nicht unterwerfen könnte. Gesetz ist nicht die unausweichliche Naturnotwendigkeit, der ich unterworfen bin, sondern die Notwendigkeit von Normen des Handelns und Motivierens, denen ich folgen kann oder auch nicht. In der Anerkennung und Befolgung solcher mir selbst als verbindlich offenbarer Normen bin ich mir meines Selbst als eines freien bewußt und realisiere eine Notwendigkeit, die an sich nur gilt und nicht ist. Welche Normen gelten, erfahre ich durch keine Autorität; denn dann würde ich mich willkürlich einem Fremden unterwerfen (dem ich entweder mit Vertrauen gegenüberstehe, ihm ohne Einsicht folgend, aber doch ich selbst bleibend; oder in das ich mich langsam, mich selbst aufgebend, gleichsam verwandle). Die Normen erfahre ich, weil mit meinem Selbst identisch, als evident gültig. Wenn auch die Form dieser Geltungen eine allgemeine ist, so spezifiziert sich doch der Gehalt der besonderen Geltungen bis in das Konkreteste und muß erst durch volle Gegenwart des Selbst jeweils gefunden werden. Diese, die *transzendentale Freiheit*, in der ich durch Gehorsam gegen geltende Normen mich frei als mich selbst finde, ist aktive Freiheit gegenüber dem bloß passiven Wissen, und ist getragen von einer Notwendigkeit gegenüber der relativen Beliebigkeit in der Willkür. In ihr liegt die Freiheit des Wissens und die Freiheit der Willkür enthalten. Wie ohne diese beiden keine eigentliche Freiheit sein konnte, so gilt: *keine Freiheit ohne Gesetz.*

Werde ich so in der transzendentalen Freiheit meiner selbst gewiß in der Befolgung eines Gesetzes, das ich aus eigener Evidenz als das meine anerkenne, so kann ich doch bei ihm als der eigentlichen Explikation der Freiheit nicht stehenbleiben. Das Gesetz sinkt zur formulierbaren endgültigen Regel herab als einem aussagbaren Imperativ, das Selbst zu einem Fall seiner Verwirklichung. In dieser Verallgemeinerung des Gesetzes und des Selbst zum Selbst überhaupt kommt mein konkretes Freiheitsbewußtsein nicht zu adäquater Erhellung. Die rational eindeutige Formel muß notwendig erstarren, Gradlinigkeit und Mechanisierung mit sich bringen.

Der *Gehalt* der Gesetzlichkeit in ihrer Spezifikation bei der Annäherung an das geschichtliche Selbst in bestimmter zeitlicher Situation wird durch das Gesetz der transzendentalen Freiheit nicht getroffen. Dieser entspringt in der Polarität zwischen der *Totalität* der führenden *Idee* und der geschichtlichen *Einmaligkeit* des Selbstseins in seiner *Wahl*.

2. Freiheit als Idee. — Ich werde frei, indem ich unablässig meine Weltorientierung erweitere, Bedingungen und Möglichkeiten des Handelns ohne Grenze mir zum Bewußtsein bringe, und indem ich alle Motive mich ansprechen und in mir zur Geltung kommen lasse. Aber aus dieser aggregathaften Anhäufung entspringt Freiheit nur in dem Maße, wie sich innere Bezogenheit der Welt, in der ich tätig bin, verwirklicht, alles mit allem nicht nur faktisch, sondern für mein Bewußtsein als das Auge möglicher Existenz zusammenhängt. Bezogenheit solcher Art schließt sich nicht zur runden und festen Gestalt; sie bleibt in jenem unendlichen Ganzen, das nicht ist, sondern als Idee wird. Aus endloser Mannigfaltigkeit im Anhäufen der Orientierung und der Motive wird durch die mir gegenwärtige Idee Struktur und Ordnung, ohne anders als in bloßen Schematen vertretungsweise zum Gegenstand zu werden. Mich in einem Medium unendlicher objektiver Beziehungen des Gegenständlichen und in unendlicher Reflexion in mir selbst zu bewegen, um darin ein Ganzwerden als Freiheit zur Gegenwart zu bringen, hat seinen Gegensatz in der Enge der Situation, der einseitigen Bestimmtheit eines Gesetzes, dem Isolierenden des Einzelwissens. Ich weiß mich um so freier, je mehr ich aus der *Totalität* heraus, ohne irgend etwas zu vergessen, die Bestimmung meines Sehens und Entscheidens, meines Fühlens und Handelns gewinne.

3. Freiheit als Wahl (Entschluß). — Wo immer ich entscheide und handle, *bin* ich jedoch nicht Totalität, sondern ein Ich mit seinen

12* 179

bestimmten Gegebenheiten in seiner objektiv partikularen *Situation*. Aus der grenzenlosen Orientierung in der Welt und aus der Erweiterung möglichen Selbstseins in unendlicher Reflexion ergibt sich noch nicht mein Handeln als ein Resultat. Ich bin nicht Schauplatz der allgemeinen Idee, aus der sich das zeitliche Geschehen meines Daseins als notwendige Folge entwickelte, sondern ich erfahre zunächst: während die Totalität nie vollendet und die Erweiterung möglichen Selbstseins nicht an ihre Grenze gekommen ist, *drängt* doch schon *die Zeit*. Ich könnte niemals handeln, wenn ich die Entwicklung der Idee in der Vergegenwärtigung sämtlicher Voraussetzungen und Möglichkeiten abwarten wollte. Aus dieser Reibung der Unvollendung der Totalität mit der Notwendigkeit, zeitlich bestimmt, jetzt oder gar nicht zu leben, zu wählen, zur Entscheidung zu bringen, entspringt zunächst ein spezifisches Bewußtsein der Unfreiheit als der Gebundenheit an Zeit und Ort, der Verengerung der möglichen ideellen Prüfungen und Sicherungen. Dann aber mache ich die Erfahrung, daß diese zeitlich bestimmte Wahl nicht *nur* das unvermeidlich Negative und Unfreie ist, das ohne Vollendung der Idee notgedrungen vollzogen werden muß, sondern in dieser *Wahl* bin ich mir erst der Freiheit bewußt, welche *ursprüngliche Freiheit* ist, weil ich erst in ihr mich eigentlich als mich selbst weiß. Alle *anderen* Momente der Freiheit scheinen von hier aus gesehen nur wie *Voraussetzungen*, damit diese tiefste, existentielle Freiheit sich zum Tage bringe. Diese ist jeder Vergegenständlichung und Verallgemeinerung entrückt. Nachdem ich die früheren Momente, sie anerkennend, zu eigen gemacht habe, öffnet sich erst jetzt die Grenze, wo ich entweder verzweifelnd mir bewußt werde, gar nicht zu sein oder eines ursprünglicheren Seins inne werde. Wer er selbst ist, wählt in seiner geschichtlichen Einmaligkeit, darin sich sich selbst und der anderen Existenz offenbarend:

Die *existentielle* Wahl ist nicht das Resultat eines Kampfes der Motive (dies wäre ein objektiver Vorgang), nicht die nur scheinbare Entscheidung nach Ausführung gleichsam eines Rechenexempels, das ein Resultat als das richtige ergibt (dieses wäre zwingend, ich kann es nur als evident anerkennen und mich danach richten), nicht Gehorsam gegen einen objektiv formulierten Imperativ (solcher Gehorsam ist entweder Vorform oder Abgleitung der Freiheit). Vielmehr ist das Entscheidende der Wahl, daß *ich* wähle. Den Raum der Bestimmtheit und Partikularität durchdringend bringt sich der geschichtliche, objektiv unübersehbare Gehalt mit dem Bewußtsein nicht der

Zufälligkeit und des Auchandersseinkönnens, sondern dem der ursprünglichen Notwendigkeit des eigentlichen *Selbst* zum Dasein.

Diese Wahl ist der *Entschluß*, im Dasein ich selbst zu sein. Entschluß als solcher ist noch nicht der rationale Wille, der trotz allem immer noch etwas Endliches „entschlossen" tun kann. Er liegt auch nicht in der unbekümmerten Durchführung eines in Blindheit mutigen Daseins. Sondern Entschluß ist, was sich dem Willen noch als das Geschenk gibt, daß ich wollend eigentlich sein kann: *aus* dem ich wollen, *den* ich aber nicht mehr wollen kann. Im Entschluß ergreife ich die Freiheit aus der Hoffnung, daß ich in mir am Grunde mich selbst antreffen werde dadurch, daß ich wollen kann. Der Entschluß offenbart sich aber in der konkreten Wahl:

Diese Wahl ist durchaus *vermittelt*. Angesichts aller Objektivitäten im Raum des Möglichen und erprobt in der unendlichen Reflexion des Subjekts, spricht die absolute Entscheidung der Existenz. Aber sie ist nicht das Ergebnis der Überlegungen, obgleich durch diese hindurchgegangen und darum nicht ohne sie. Der Entschluß als solcher ist erst im *Sprunge*. Auf Grund von Überlegungen käme ich allemal nur zu *Wahrscheinlichkeiten*. Würde aber mein Handeln allein durch die Wahrscheinlichkeit bestimmt, so faßte ich existentiell gar keinen Entschluß; denn der Entschluß ist *unbedingt*. Entscheidet ferner allein der Erfolg in der Berechnung der Chancen das Handeln, so ist der Entschluß überhaupt *verschwunden;* denn in ihm ist nicht mehr Erfolg das letzte Kriterium der Wahrheit, sondern wird ergriffen, was auch im Scheitern wahr bleibt. Entschluß ist schließlich erst recht nicht im Gegensatz zur Einsicht die bloß unmittelbare Willkür, sondern worin ich *weiß, was ich will* in der geschichtlichen Konkretheit meines Daseins. Habe ich nicht alles überlegt, bin ich nicht erwägend in die Möglichkeiten gegangen, nicht in der unendlichen Reflexion verloren gewesen, so fasse ich keinen Entschluß, sondern folge einer blinden Eingebung.

Trotzdem ist der Entschluß auch ganz *unmittelbar*. Aber er ist die Unmittelbarkeit nicht des Daseins, sondern des eigentlichen *Selbstseins*. Entschluß und Selbstsein sind eines. Unentschlossenheit überhaupt ist Mangel an Selbstsein; Unentschlossenheit in diesem Augenblick zeigt nur an, daß ich mich noch nicht gefunden habe. Wahl und Entschluß, Helligkeit und Ursprung aber schlagen in eins. Sieht Entschluß wie *Willkür* aus, so ist zwar objektiv kein Kriterium der Unterscheidung, subjektiv aber ist im Entschluß grade der äußerste

Gegenpol zur Beliebigkeit erreicht; was wie Willkür anmutet, ist die Freiheit dessen, der so muß, weil er er selbst ist.

Auf die Zeit gesehen, ist die Wahl des Entschlusses von dem Gewicht, daß das Ergriffene unbedingt *festgehalten* wird. Ich kann es nicht wieder aufgeben; denn ich stehe nicht etwa noch einmal als ein anderer hinter dem, was ich als ich selbst bin. Gebe ich es doch auf, als was ich in ihm war, so vernichte ich in einem mich selbst. Das im ursprünglichen Entschluß ergriffene Dasein ist der *Quell*, aus dem ich lebe, daraus alles Neue beseelt wird. Im Entschluß entspringt die *Bewegung*, welche dem Leben Kontinuität aus sich selbst in der Zerstreutheit seines Daseins zu geben vermag.

Freiheit dieser Wahl ist nicht die Freiheit des Wählens, welche nur in der Abwesenheit äußerer Störungen für das ruhige Sichverwirklichen der Wahl besteht, sondern gegenständlich *unbegreiflich*, sich in sich selbst aber als freier Ursprung bewußt, der *schlechthin* unvergleichbare und *eigentliche Sinn*. Denn in ihr mache ich mich selbst schlechthin verantwortlich für mich, während ich von außen verantwortlich gemacht werde für die Handlung nach ihrer bloßen Faktizität. Wahl ist der Ausdruck für das Bewußtsein, daß ich in freier Entscheidung nicht nur in der Welt handle, sondern mein eigenes Wesen in geschichtlicher Kontinuität schaffe. Ich weiß, daß ich nicht nur da bin und so bin und infolgedessen so handle, sondern daß ich im Handeln und Entscheiden Ursprung bin meiner Handlung und meines Wesens zugleich. Im Entschluß erfahre ich die Freiheit, in der ich nicht mehr nur über etwas, sondern über mich selbst entscheide, in der die Trennung nicht möglich ist von Wahl und Ich, sondern ich *selbst die Freiheit dieser Wahl bin*. Bloße Wahl erscheint nur als eine Wahl zwischen Objektivitäten; Freiheit aber ist als die Wahl meines Selbst. Ich kann darum nicht noch einmal gegenübertreten und zwischen mir selbst und dem Nicht-ich-selbst-sein wählen, als ob Freiheit nur ein Werkzeug von mir wäre. Sondern: indem ich wähle, bin ich; bin ich nicht, wähle ich nicht. Was ich selbst sei, ist zwar noch offen, weil ich noch entscheiden werde: insofern bin ich noch nicht. Aber dieses Nichtsein als Nichtendgültigsein in der Daseinserscheinung wird durchleuchtet von der existentiellen Gewißheit meines Seins, dort, wo ich wählend im Entschluß Ursprung werde.

Dieser Entschluß in der Wahl ist ursprünglich *kommunikativ*. Wahl meiner selbst ist mit der *Wahl des Anderen*. Aber die Wahl des Anderen ist nicht etwa von der Art, daß ich vorher mich als ein schon

Bestehendes absolut setzte und außerhalb der Menschen stellte, unter denen ich dann die Wenigen erwähle, mit denen ich mich verbinden will. Dann würde ich vergleichend abschätzen, als ob ich auch ohne den Anderen schon sei. Die eigentliche Wahl des Anderen ist nicht ein Auswählen, sondern der ursprüngliche Entschluß der bedingungslosen Kommunikation mit dem, mit dem ich mich als mich selbst finde. Ich finde nicht, indem ich mich umsehend suche, sondern durch die Bereitschaft zum Entschluß unbedingter geschichtlicher Kommunikation. Dann verflicht sich nicht nur mein äußeres Schicksal, sondern auch mein Sein mit dem anderen. Im Ursprung der Wahl als Entschluß gab es keine Alternative und Frage. Erst aus der Gewißheit dieses Ursprungs werden Alternativen entschieden und Fragen beantwortet.

4. Flucht vor der Freiheit. — Der Mensch, welcher die ursprüngliche Freiheit, Grund seiner selbst werdend, gekostet hat, kennt jetzt als eigentliches Sein *nur* noch das Sein der Freiheit. Er möchte in sich möglichst nichts als nur gegeben, möglichst ganz sich als seine Wahl und seine Verantwortung ergreifen. Dem Gegebenen gegenüber gewinnt er jene Stellung, in der er sich selbst für das Gegebene dadurch verantwortlich macht, daß er es nicht in Resignation hinnimmt, sondern, soweit ursprüngliche Freiheit sich ausbreitet, als sein Eigenes „*übernimmt*". Er weiß sein Selbstsein preisgegeben, wenn er seine Identität mit seinem Dasein in seiner Geschichtlichkeit verleugnet. In dieser Selbstidentifikation ist der Entschluß und damit der Einsatz, der unbedingt ist. In ihm verlasse ich die Möglichkeiten, um wirklich zu werden. Aus der Leere der reichen Welt, die sein könnte, trete ich in die Fülle der an jener gemessen armen, die, wirklich werdend, von Selbstsein getragen ist.

Doch vor diesem Einsatz *schrecke ich* zugleich *zurück:* ich will nicht wirklich werden, sondern möglich bleiben: meine Überlegungen und Entwürfe erzwingen als solche kein Resultat als Entscheidung; nicht nur die faktisch immer unzureichende Einsicht, sondern selbst die in der Idee vollendete Einsicht gibt keine ausreichende Begründung für den Entschluß. Wahl hat, solange sie nicht vollzogen ist, etwas Ungewisses und darum Unheimliches. Sie bedarf einer unvergleichlichen Gewißheit. Solange diese ausbleibt, schaudere ich vor der nie rückgängig zu machenden Entscheidung, die das Wesen meiner selbst einschließt, zurück; denn ich kann nicht *zusehend* wissen, wann mein Sein selbst in Frage steht.

Daher geht die *Krise des Nichtwissens* vor der Gewißheit vorher: die Angst, das momentane Zurückweichen, von dem ich nicht weiß: ist es letzter Versuch zur Vermeidung eines Irrwegs oder letztes Atemholen vor der Entscheidung. Weil ich diese Angst im Freiwerden nicht mit dem Andren teilen kann, ohne den mir doch die Wirklichkeit des Seins nicht wird, ist die vollkommene Einsamkeit in der Krise und tiefste Kommunikation in der Entscheidung möglich. Weil die Entscheidung der helle und besonnene Zugriff ist, in dem ich mein Sein erwerbe, erfolgt bei Ausbleiben einer ursprünglichen Freiheit das gewaltsame Hineintaumeln, in dem ich ohne Wissen und ohne Wahl im Leeren entscheide. Ich gebe mich selbst auf, um mit von außen bedingtem, nur sozialem, nicht existentiellem Selbstbewußtsein wieder aufzutauchen, eine Rolle durchzuführen, in der kein Selbst mehr ist.

Das Nichtsein meiner selbst muß ich dann erfahren, wenn ich nicht weiß, was ich soll; wenn weder Berechnung, noch Gesetz, noch die Entwicklung einer Idee mir als allgemeingültig sagt, was ich tun muß; wenn ich in all diesem stehend zuletzt, statt in Wahrheit zu wissen: so ist der Weg, der Freiheit entrinnen möchte; wenn ich, statt zu entscheiden, den Zufall über mich entscheiden lasse. Dann bin ich in der Tat nur Schauplatz geworden und sage, indem ich mein eigenes Sein in das Nichts verschwinden sehe, die zweideutigen Worte: auf mich kommt es gar nicht an. Hier löst oder bindet sich am tiefsten Ursprung die Kommunikation von Existenz zu Existenz. Wer sein Nichtsein solcherweise kundgibt, ist gleichsam entschlüpft.

Es ist aber das Wesen der Erscheinung der Existenz im Zeitdasein: es muß entschieden werden. Entweder entscheide ich (existierend), oder es wird über mich entschieden (wobei ich, in Material eines Anderen verwandelt, existenzlos bin). Nichts kann unentschieden bleiben. Nur einen begrenzten Spielraum zeitlicher Möglichkeit gibt es, über den hinaus eine Entscheidung nicht mehr aufgeschoben werden kann, ohne daß nun über mich, statt durch mich entschieden wird.

Die Freiheit, welche in Wissen, Willkür, Gesetz und Idee Möglichkeit ist, ließ noch gleichsam einen leeren Raum. Wenn die Frage nach der „Freiheit wovon" durch Zerschlagen aller Objektivitäten beantwortet ist, tritt die Frage nach der „Freiheit wozu" um so drängender hervor. Weiß ich nicht, was ich will, so stehe ich ratlos vor endlosen Möglichkeiten, fühle mich als Nichts, habe statt Angst in der Freiheit Angst vor der Freiheit.

In vielen kleinen Handlungen verwirkliche ich — im einzelnen unmerklich, im ganzen mein Wesen selbst bestimmend — die Schritte, in denen ich mich verliere oder gewinne. Entweder sträube ich mich gegen Entscheiden; mache mich blind, weil ich nicht wollen mag: die Freiheit, aus der ich mich binde, weil ich etwas für immer entscheide, erregt mir Grauen, ich möchte die Verantwortung abschieben und lasse geschehen. Oder ich gehe in den kleinen inneren und äußeren Handlungen, ruhig und ohne Gewaltsamkeit, ebenso unmerklich meinen Weg und werde reif, in den eigentlichen Entscheidungen ich selbst zu bleiben. Ob ich die Freiheit ergreife oder fliehe, ist die in der Zeit sich ausbreitende Erscheinung dessen, was ich bin.

5. Das Gedachtwerden existentieller Freiheit. — Formale Freiheit war Wissen und Willkür, transzendentale Freiheit die Selbstgewißheit im Gehorsam gegen ein evidentes Gesetz, Freiheit als Idee das Leben in einem Ganzen, die existentielle Freiheit die Selbstgewißheit geschichtlichen Ursprungs der Entscheidung. Erst in der existentiellen Freiheit, die schlechthin unbegreiflich, d. h. für keinen Begriff ist, *erfüllt* sich das Freiheitsbewußtsein. Sie vollzieht sich nicht ohne Wissen, nicht ohne sich einer Willkür als möglicher bewußt zu werden, die sich zunächst in der Erscheinung gesetzlicher Ordnung zur freien Wahl der Pflicht und zum Hören der Idee vertieft, um dann zuletzt von dem absolut einmaligen Ursprung, der sich an diesen Voraussetzungen erhellt, übergriffen zu werden. Was so nicht mehr in der Ferne des Gesetzes als das Wahre deutlich wird — wobei es nicht gegen ein Gesetz verstoßen muß, wohl aber kann, es damit als Gesetz aufhebend —, ist in der Nähe des Selbstseins mit dem anderen Selbstsein sich gewiß. Durch ihren Ursprung steht existentielle Freiheit gegen die Oberflächlichkeit des Zufalls, durch das existentielle Müssen gegen die Beliebigkeit des augenblicklichen Wollens, durch Treue und Kontinuität gegen Vergessen und Zerrinnen.

Anfang und Ende der Freiheitserhellung bleibt aber, daß *Freiheit nicht erkannt*, auf keine Weise objektiv *gedacht* werden kann. Ich bin ihrer *für mich* gewiß, nicht im Denken, sondern im Existieren; nicht im Betrachten und Fragen nach ihr, sondern im Vollziehen; alle Sätze über Freiheit sind vielmehr ein stets mißverstehbares, nur indirekt hinzeigendes Kommunikationsmittel.

Freiheit ist nicht absolut, sondern zugleich immer gebunden, nicht Besitz, sondern Erringen. Wie sie selbst, so ist *ihr Gedachtwerden* nur *in Bewegung*. Das Bewußtsein der Freiheit ist nicht mit einem einzigen charakteristischen Ausdruck auszusprechen. Erst in der Bewegung von einem Ausdruck zum anderen wird ein Sinn offenbar, der in keinem einzelnen Ausdruck für sich sichtbar ist. Wenn in dem *„ich wähle"* das Bewußtsein des Entscheidens die eigentliche Freiheit trifft, so ist diese Freiheit doch nicht in der Willkür der Wahl, sondern in jener Notwendigkeit, die sich ausspricht als *„ich will"* im Sinne des: *„ich muß"*. In beiden wird Existenz ihres ursprünglichen Seins im Unterschied von empirischem Dasein gewiß und würde in diesem Augenblick sagen können, *„ich bin"*, darin ein Sein treffend, welches das Sein der Freiheit ist. Alle Ausdrücke — ich bin, ich muß, ich will, ich wähle — sind als solche der Freiheit nur *zusammen*zunehmen. Denn jeder Ausdruck für sich, ohne Interpretation durch die anderen, würde entweder empirisches Dasein oder triebhaftes Müssen oder psychische Willkür bedeuten. Im Freiheitsbewußtsein sind alle Momente so in eins verschlungen, daß hier im Ursprung die Tiefe ist, woraus jene einzelnen Momente als Erscheinungsformen entspringen: Wahl ist nicht ohne Entscheidung, Entscheidung nicht ohne Willen, Wille nicht ohne Müssen, Müssen nicht ohne Sein.

Jede der Formeln trifft daher, *unmittelbar* verstanden, bloßes Dasein, erst in *transzendierender* Erhellung mögliche Existenz. Sage ich, Freiheit suchend: *„ich werde"*, so trifft dieser Ausdruck das Unfreie, sofern es nur mein Wachsen ist als das passive Sichentfalten in der Zeit, jedoch Freiheit, sofern darin die geschichtliche Kontinuität des gehaltvollen Wollens gemeint ist.

Das Wort *„ich kann"* oder *„ich kann nicht"* meint, im Einzelfall richtig oder falsch, zunächst die physischen und psychischen Kräfte des empirischen Individuums und den Machtbereich in einer Situation, nicht die Existenz. Mich mit dem empirischen Dasein schlechthin identifizierend, mache ich mich zum Objekt und gebe mich als Existenz auf. Dann ist im Sinne transzendentaler Freiheit der Satz möglich: *ich kann, denn ich soll;* im Sinn existentieller Freiheit: *ich kann, denn ich muß*. Dieses Können bezieht sich nicht mehr auf die faktische Verwirklichung eines Zieles in der Welt, sondern auf die innere und äußere Handlung, selbst wenn ich als empirisch darin scheitere. Es ist die Unbedingtheit des Könnens, die in dem Bewußtsein ursprünglicher Freiheit keine Grenze kennt.

Dasein und Freisein

1. **Die Frage nach dem Sein der Freiheit.** — Als *Kind* ist mir meine Unabhängigkeit noch nicht fraglich. In der Beziehung zu den Eltern bin ich auf einzige Art aufgehoben. Was später in Kommunikation aus Freiheit sein kann, ist noch in einer fraglosen Transzendenz: Eltern sind als ihre Bewahrer und Künder; Ahnen, Gott sind als die mythische Reihe des Seins, in dem ich geborgen bin.

Noch im Augenblick, in dem ich die *Frage* nach der Freiheit aufwerfe, scheint es mir, als sei ich von je der Möglichkeit nach frei gewesen, hätte aber schlummernd in einer dunklen Abhängigkeit gelebt, von der ich mich nun befreien müsse. Indem ich selbst fragen, prüfen und entscheiden kann, leuchtet mir im Entstehen unerklärlich die Notwendigkeit meiner eigenen Verantwortung auf. Das Ethos erwacht in der Möglichkeit des Auf-sich-selbst-stehens. Ein Schatten fällt auf die fraglose Transzendenz, die mich barg. Das erste Sein des Ich ist als Tat und Bewußtsein in einem Zerfallensein gegenüber der Welt und Erwartung meiner selbst im Anspruch an mich.

Die Frage nach der Freiheit läßt mich auf zweifache Weise gleich ursprünglich *betroffen* sein:

Ich sehe mich *ins Bodenlose* sinken, wenn ich mit dem Zerfallensein ernst mache. Als erwachende Freiheit schränke ich mich aber wieder selber ein aus dem Gehalt der geschichtlichen Substanz, in der ich naiv wurzelte und die ich nicht im Verrat fortwerfen kann und will. Freiheit prüft sich selbst in ihrer Verwirklichung. Sie sorgt aus dem Gehalt ihrer Herkunft für ihre Positivität an der Grenze ihrer formalen Nichtigkeit.

Dann drängt sich die *Möglichkeit der Unfreiheit*, die hinter mir zu liegen schien, von neuem auf. Ich fasse den Gedanken, daß es vielleicht überhaupt keine Freiheit gibt. Nach dem ersten Erwachen ratlos, wie ich mich ergreifen soll, noch ohne echte Eigenständigkeit, halte ich mich erneut an Führung und Gehorsam, wenn auch mit stillem Vorbehalt. Ich sehe mich in der Welt orientierend um. Vielleicht bin ich restlos abhängig, ohne es zu wissen, war Freiheit ein täuschender Gedanke von etwas, das es gar nicht gibt, die eigene Verantwortung, ohne die ich doch nun nicht mehr ich selbst sein kann, ein Phantom. Aus Betroffenheit über die Möglichkeit absoluter Unfreiheit erschrecke ich bis in die Wurzeln meines Wesens. Der Freiheit ungewiß möchte ich mir beweisen, daß es sie gibt; noch unfähig, durch mein Selbstsein mich ihrer handelnd zu vergewissern, will ich sie objektiv als Möglichkeit dargetan haben.

Dieser Impuls bleibt durch das Leben hindurch. Ist es mir nicht genug, der Freiheit inne zu werden, ohne sie zu wissen, wenn sie mir als Wirklichkeit meiner selbst verloren scheint, dann möchte ich sie auf objektive Weise *wiedergewinnen*. Daraus entspringen Gedanken, welche für sich scheitern, aber darin und durch Kontrast um so entschiedener auf die eigentliche Freiheit zurückwerfen, aus deren gefährdeter Möglichkeit sie in ihrer Frage zuerst entsprungen sind.

2. Gedankengänge, die das Dasein der Freiheit beweisen wollen. — Ich denke die Freiheit als einen *Anfang ohne Ursache*. Freiheit ist, wo eine Reihe aus dem Nichts begonnen wird. Die Welt überhaupt oder etwas in der Welt soll anfangen, ohne daß eine Ursache festzustellen oder auch nur zu erfragen wäre. Jedoch wäre ein erster Anfang, der die Grenze des Fragens nach einem Grunde wäre, ein objektiv haltloser Gedanke. Er ist in keiner empirischen Wirklichkeit zu vollziehen, denn wo etwa ein absoluter Anfang behauptet würde, muß ich doch unvermeidlich fragen nach dem woher und warum. Es ist ausgeschlossen, daß jemals ein Faktum gefunden würde, bei dem diese Frage unmöglich würde. Objektiv führen die Ketten der Ursachen überall ins Endlose, und ich kann objektiv weder sagen, daß ein Anfang sei, noch daß kein Anfang sei.

Ein absoluter Anfang, nach seiner Ursache befragt, ohne in der Antwort über ihn hinauszugehen, wäre die *causa sui*. Aber dieser Gedanke enthält etwas Unmögliches, weil er ein Zirkel ist oder ein Widerspruch in sich selbst. Er ist als Gedanke objektiv ohne Bestand und nur möglich als Ausdrucksmittel für Erhellungen, in denen er nicht mehr als Begriff eines objektiven Seins gemeint ist.

Weiter wird der Versuch gemacht, für die Freiheit, wenn auch ihr Dasein nicht besteht, gleichsam Raum zu schaffen durch Aufzeigung von *Lücken* in dem Gewebe zwingender Notwendigkeiten. Man sucht nach objektiven Grenzen der Kausalgesetzlichkeit, nach einem Rest, den sie nicht mehr beherrscht. Aber selbst wenn ein solcher aufzeigbar wäre, würde das ein schlechter Platz für die Freiheit sein, deren wir uns existierend bewußt sind inmitten der Kausalnotwendigkeiten. Es wäre zu wenig bewiesen, um unser Freiheitsbewußtsein zufriedenzustellen. Zu dem Versuche selbst ist aber zu sagen:

Die Voraussetzung der bis ins letzte kausalgesetzlich geordneten Welt ist sinnvoll für faktische Erkenntnis; denn nur soweit gesetzliche

Ordnung ist, ist allgemeingültige Erkenntnis möglich. Aber diese Ordnung bleibt grade deswegen doch unbeweisbar als Behauptung eines absoluten, objektiven Weltseins an sich. Objektivität heißt hier nur Erkennbarkeit unter Gesetzen. Was nicht unter Gesetzen stände, wäre nur blind als Gegebenheit hinzunehmen und in keiner Weise zu erkennen, so daß, wenn Freiheit außerhalb der Kausalität auffindbar gedacht werden könnte, sie dort jedenfalls nicht erkannt werden würde oder doch wieder ein noch nicht gefundenes Gesetz postuliert würde, das sie wieder aufheben müßte.

Es ist theoretisch durchaus möglich, daß an der Grenze der Erkenntnis ein unaufgelöster *Rest* auftaucht, in dem eine Grenze der Ordnung unter Gesetzen erfahren wird. Dann ist zwar Gegenstand der Erfahrung nur, was innerhalb dieser Grenze liegt; die Grenzerfahrung als solche bleibt leer, sie kann ihr „jenseits" nicht erkennen; denn sie kann von seinem Dasein keinerlei positive Behauptungen aufstellen. Eine solche würde, sobald sie sich als richtig erwiese, den Rest beseitigen, indem sie ihn in die Welt der gesetzlichen Ordnung hineinzieht. — Wenn nun aber dieser Rest, von dem sich nichts sagen läßt, als Grenze aufgewiesen wäre, so wäre die Frage möglich nach einer Beziehung zwischen diesem objektiv als Grenze der Kausalordnung erkennbaren Rest und der existentiellen Freiheit, ob nämlich durch diesen Restgedanken nunmehr insofern indirekt Freiheit *erwiesen* werden könne, weil etwas bestünde, wofür — wie für Freiheit — Kausalität nicht gelte. Aber zwischen dem angeblich kausalfreien Rest und der existentiellen Freiheit ist überhaupt keine Beziehung. Existentielle Freiheit, die sich selbst versteht, wird ihre Objektivität nicht nur nicht behaupten, sondern auch nicht suchen, weil sie weiß, daß jene objektive Möglichkeit etwas schlechthin anderes trifft, als das ist, dessen sie in sich selbst gewiß ist. Würden wir aber den Schritt tun, die existentielle Selbstgewißheit der Freiheit zu verwandeln in die objektivierende Behauptung, es gebe eine Freiheit, so würde die Beziehung zwischen dieser Freiheit und jenem Rest an der Grenze objektiver Gesetzlichkeit doch nie über die Möglichkeit hinausgehen, daß der *Anfang* als absolute Gesetzlichkeit im objektiven Sinne die äußere Hülle sein könne für den Ursprung im existentiellen Sinne. Es würde aber jede aufzeigbare Einzelbeziehung fehlen; es würde die Disparatheit des objektiven Anfangs und des existentiellen Ursprungs und damit die Schiefheit im ersten Schritt bleiben, der die existentielle Freiheit objektivieren wollte.

Diese Gedanken haben eine Aktualität gewonnen durch die Methoden in der Physik, gewisse ihrer *Gesetzlichkeiten als statistische* aufzufassen, welche unverbrüchlich gelten wegen der Unzahl der atomistischen Einzelvorgänge in der Materie, ohne daß irgendeiner dieser Einzelvorgänge als notwendig nach Gesetzen erkennbar wäre. Hier verhält sich ein physikalisches Gesetz zu atomistischen Einzelvorgängen wie eine statistische Regel zu den einzelnen persönlichen Handlungen in der menschlichen Gesellschaft. Die Bewegung des einzelnen Atoms ist so wenig erkannt wie die einzelne äußere Handlung der nur statistisch erfaßten Persönlichkeiten. Wie statistische Regeln nicht denknotwendig die Freiheit der einzelnen Persönlichkeit aufheben, so sind atomare Einzelvorgänge durch statistische Naturgesetze nicht erkannt. Während ich aber als Person eine Selbstgewißheit meines Tuns habe, in Kommunikation an der Freiheit des Anderen teilhabe, schließlich psychologisch objektiv eine ganze Welt dort sehe, wo die Statistik nur ein Äußerliches zählt, ist jener atomare Einzelvorgang für mich schlechthin nichts. Die *methodische* Analogie hat keine Vergleichbarkeit der Dinge selbst zur notwendigen Folge. Über diese hinaus fehlt jede Beziehung der Sachen selbst. Die Analogie würde ohne Folge für das Freiheitsdenken bleiben auch in der Objektivierung bei der Behauptung, in jenem nicht gesetzlichen atomistischen Einzelgeschehen wirke aus einem Jenseits von Raum und Zeit etwas in Raum und Zeit hinein, analog dem, wie ich selbst aus einem Diesseits von Raum und Zeit her in Raum und Zeit wirke. Die Aufhebung der handgreiflichen räumlichen und zeitlichen Dinglichkeit würde ein Objekt-sein als Jenseits und Diesseits hinstellen, das doch in der Tat für Erkenntnis nichts wäre. — Dem Philosophieren über Freiheit nützlich ist diese neuere Physik dadurch, daß sie die Verabsolutierung ihrer Welt zu einem Sein an sich, in das wir selbst restlos eingeschlossen sind, auf ihrem eigenen Boden unterbindet. Sie leistet handgreiflich und dadurch wirkungsvoll, was mit dem philosophischen Gedanken und darum nicht zwingend *Kant* uns geleistet hatte: die Einsicht, daß das Sein nicht erschöpft ist mit dem Sein als Bestand von Dingen unter Gesetzen.

Kants spezifische Lösung der Frage des Zusammenhangs von Freiheit mit dem Dasein in der Welt durch die Unterscheidung der Seinsarten der Erscheinung und des Dinges an sich, indem er sagte: dasselbe, das mir als Objekt in der Erscheinung restlos den Kausalgesetzen unterworfen ist (das psychologische Individuum und sein empirischer

190

Charakter), ist an sich frei (intelligibler Charakter), können wir, sofern in dieser Formulierung die Objektivierung zu zwei Welten liegt, rückgängig machen; denn es gibt nur eine Welt der Objekte. Aber sofern sie nur eine unvermeidlich objektivierende Formulierung für das Sein der Freiheit ist, bleibt sie uns wahr. Freiheit ist nicht in einer Lücke einer übrigens gesetzlich geordneten Welt gleichsam zugelassen. Ihre objektive Rettung fällt immer so kümmerlich aus, daß es grade so gut für sie ist, gar nicht gerettet zu werden. Aber schlimmer: ihre objektive Rettung macht sie auch selbst zu einem scheinbar Objektiven und damit zu einem ihr selbst Heterogenen.

3. Ursprung des Freiheitsbewußtseins. — Freiheit ist nicht außerhalb des Selbstseins. In der gegenständlichen Welt ist für sie weder Platz noch Lücke.

Wüßte ich aber das Sein der Transzendenz und aller Dinge in ihrer Ewigkeit, so würde damit Freiheit unnötig und die Zeit wäre erfüllt: ich stünde in ewiger Klarheit dort, wo nichts mehr entschieden zu werden braucht. Wie ich aber im Zeitdasein bin, weiß ich nur das Dasein, wie es sich mir in der Weltorientierung zeigt, nicht das Sein in seiner Ewigkeit.

Ich aber muß wollen, weil ich *nicht* weiß. Nur meinem Wollen kann sich das dem Wissen unzugängliche Sein offenbaren. Nichtwissen ist der Ursprung des Wollenmüssens.

Das ist die Leidenschaft der Existenz, daß sie unter dem Nichtwissen nicht absolut leidet, weil sie in Freiheit will. Ich würde am Nichtwissen verzweifeln im Gedanken einer unausweichlichen Unfreiheit.

Der Ursprung der Freiheit schließt sie aus von dem Dasein, das ich erforsche; in ihr hat seinen Grund das Sein im Dasein, das ich selbst sein kann.

Freiheit und Notwendigkeit

Jede Weise der Freiheit hat Sinn gegenüber einer Bindung, die als Notwendigkeit ihr *Widerstand* oder ihr *Gesetz* oder ihr *Ursprung* ist. Das Freiheitsbewußtsein entfaltet sich in der *Entgegensetzung* gegen Notwendigkeit oder in der *Einheit* mit ihr. Freiheit, die *allen* Gegensatz überwunden hat, ist ein Phantom.

1. Der Widerstand des Notwendigen. — Was nur *geschieht*, ist nicht frei. Was ich als *Natur* begreife, ist in seinem Geschehen durch

Notwendigkeit *bestimmt*. Es ist als *verursacht* der Beliebigkeit enthoben. Die Bestimmtheit seines Daseins ist notwendig, wie es ist, durch ein Anderes.

Nenne ich alles wirkliche Natur, identifiziere also alles Sein mit dieser Weise notwendigen Daseins, so bin ich selbst Natur. Bejahe ich wegen der Ausschließlichkeit und Einzigkeit dieser Notwendigkeit das Sein als Natur, so ist sie als solche gut, und ich bin gut, wie ich bin. Hingebend überlasse ich mich meinen Instinkten, Trieben, Neigungen, Launen und vertraue dem immer wiederkehrenden schönen Augenblick. Wenn ich aber argumentiere, so rechtfertige ich. Statt als Freiheit mich aus mir zu rechtfertigen, der ich aus allem Naturzusammenhang herausgenommen bin, rechtfertige ich aus dem Anderen als dem Gegebenen, worin ich selbst gegeben bin. Weil etwas wirklich ist, ist es gut (naturalistische Ethik).

Jedoch kann ich in dieser Auffassung nicht stehenbleiben. Ich behaupte die Selbständigkeit des Urteilens und Wollens gegen die natürliche Wirklichkeit. Die Wirklichkeit ist an sich fragwürdig; entweder ich sehe sie indifferent, weder gut noch schlecht, oder wesentlich als in der Wurzel verderbt. Es kommt mir darauf an, ihr nicht zu folgen, sondern etwas zu verwirklichen, das nicht nur da ist, weil es aus ihr als solcher hervorgeht. Was gut ist kann aus keiner Wirklichkeit bewiesen oder begründet werden, sondern erweist sich durch seine Verwirklichung. Der urteilende Wille steht auf einem Grunde gegen die Wirklichkeit, auch wenn er in der Wirklichkeit scheitert. Daß etwas natürlich ist, ist ihm kein Maßstab, daß etwas unnatürlich oder unwirklich oder unmöglich sei, kein Gegengrund. Er ist trotz allem. Das Unnatürliche wird ergriffen, wenn es aus der ursprünglichen Existenz als wahr gesetzt werden kann. Dieses Ethos ist oft nur verneinend, sein Gehalt selbst im Falle objektiver Verwirklichungen schlechthin transzendent. Die Härte und Gewaltsamkeit, die der Welt und dem Dasein, das nur in der Welt zu sich zu kommen vermag, entfremden, bedingen das Bewußtsein einer völligen Unabhängigkeit (heroische Ethik).

Die Unterscheidung von natürlich und unnatürlich wird ermöglicht durch eine Doppeldeutigkeit: das Natürliche ist einmal das nur Wirkliche und dann das Normierende. Das natürlich Wirkliche und das natürlich Normierende kann in konkreto nicht entschieden getrennt werden. In jedem Falle ist das Natürliche zugleich ein Wirkliches, mich als solches Bindendes (ob ich zu ihm Nein oder Ja sage), und

192

in jedem Falle ist das Wirkliche als solches von irgendeinem Charakter des Forderns. Ich bin weder bloßes Glied des Naturgeschehens noch der Natur als durchaus eigenständig entgegengesetzt. Jene Unterscheidung naturalistischer und heroischer Haltung trifft nur gedachte Extreme: im einen Falle die Grenze, daß Naturgegebenes noch nicht zu ernstlichem Konflikt mit dem Freiheitsbewußtsein gekommen ist; im zweiten Falle die Grenze, daß ein sich isolierendes Freiheitsbewußtsein bis zur Verachtung alles Bestehenden als des Naturgegebenen (in mir und außer mir) fortgeschritten ist. Diese Extreme erhellen die Situation, die ich durchaus *zwischen* ihnen erfahre. Freiheit ist, gegründet in einem Absoluten, in der Welt relativ: ihr steht stets ein Naturgegebenes gegenüber, das für sie Abhängigkeit, Widerstand, Anstoß, Stoff bedeutet. Aber sie ist auch nicht nichts, sondern im Entgegensetzen zur bloßen Natur, und sei es allein im Sichunterscheiden durch Wissen. —

Der Naturgegebenheit gegenüber handelt der Wille aus transzendentaler Freiheit im Bewußtsein einer anderen, nicht naturgesetzlichen, sondern sollensgesetzlichen Notwendigkeit. Diese Notwendigkeit formuliert sich in Sätzen als Geboten oder Verboten. Dann werden in der Folge diese Geltungen, die aus Freiheit in Anerkennung ihrer Evidenz entsprungen sind, zu einer bindenden Last der Gesetzlichkeit. Gegen sie erwachsen aus der ursprünglichen existentiellen Freiheit Konflikte. Eine neu erstehende Freiheit sieht sich einer Notwendigkeit gegenüber, die vorher selbst aus Freiheit war. Sie muß sich gegen das erstarrte Fordern durchsetzen, um neue Formen des Geltenden zu schaffen. —

Die existentielle Freiheit sieht sich daher zwischen zwei Notwendigkeiten, der Naturgesetzlichkeit als dem unaufhebbaren Widerstand des Wirklichen und der Sollensgesetzlichkeit als fixierter Form der Regel. Sie ist in Gefahr, zwischen beiden aufgerieben zu werden. Will sie sich aber ihnen schlechthin entziehen, statt in innigster Nähe in beiden sich zu bewegen, muß sie sich selbst verlieren in Phantasterei.

Das Freiheitsbewußtsein, das sich ganz auf sich gründen wollte, würde sich jedoch in dieser radikalen Eigenständigkeit nicht halten können. Es könnte sich nur halten, wenn sich in ihm eine absolute Freiheit bewähren würde, in die alles Sein aufgenommen wäre.

2. Das Phantom der absoluten Freiheit. — Der Gedanke einer absoluten Freiheit geht auf ein Sein, das die Einschränkung jeder Freiheit aufhebt, ohne die Freiheit selbst aufzuheben. Jede

13 Jaspers, Philosophie II   193

Freiheit, die Freiheit eines Einzelnen ist, muß aber im Gegensatz stehen, sich im Prozeß und Kampf entfalten, und darum immer beschränkt sein. Eine absolute Freiheit wäre die Freiheit einer Totalität, die nichts mehr außer sich, alle Gegensätze in sich hätte. Ist absolute Freiheit, so ist, was an sich ist, Freiheit. Dieser Gedanke einer absoluten Freiheit ist am vollkommensten durch *Hegel* entwickelt worden:

Das Subjekt hat in dem, was ihm gegenübersteht, nichts Fremdes mehr, darum keine Grenze und Schranke; sondern es findet sich selbst darin im Objekt. Soweit dies gelingt, ist das Subjekt in der Welt befriedigt. Jeder Gegensatz und Widerspruch ist gelöst. Freiheit ist, im schlechthin Anderen dennoch bei sich selbst zu sein. Eine nur subjektive Freiheit wäre Unfreiheit, weil sie ein nur Objektives als Notwendigkeit sich gegenüber hätte. Freiheit ist die Versöhnung; sie ist vollendet im reinen Denken des Menschen, in dem der Geist sich selbst denkt. Dieses reine Denken als absolute Freiheit ist die Philosophie, die keinen anderen Gegenstand als den Geist oder Gott hat und darum Gottesdienst ist. — Aber der Mensch kann im reinen Denken nicht aushalten, sondern bedarf des sinnlichen Daseins. In diesem entfaltet sich darum eine Stufenfolge relativer Freiheiten und Befriedigungen, die erst im reinen Denken des Philosophen oder dessen Vorstufe, der Religion, zur wahren Versöhnung kommen. So gibt es die unmittelbare Befriedigung durch Auflösung des Gegensatzes im System der sinnlichen Bedürfnisse (doch sind das Befriedigungen endlicher und beschränkter Art; weil die Befriedigung nicht absolut ist, geht sie zu neuer Bedürftigkeit rastlos fort). Dann gibt es die geistige Befriedigung und Freiheit im Wissen und Wollen, in Kenntnissen und Handlungen. Der Unwissende ist unfrei, denn ihm gegenüber steht eine fremde Welt; der Trieb der Wißbegierde ist das Streben, die Unfreiheit aufzuheben. Der Handelnde geht darauf aus, daß die Vernunft des Willens Wirklichkeit erlange. Diese Verwirklichung der Freiheit vollzieht sich im Staatsleben. Doch auch hier ist, weil es das Feld des Endlichen bleibt, überall Gegensatz und Widerspruch; die Befriedigung kommt über das Relative nicht hinaus. Absolute Freiheit ist nur in der Region der Wahrheit an sich selbst, die in Religion und Philosophie verwirklicht ist.

So Hegel. Diese absolute Freiheit ist offenbar entweder ein Mythus vom Sein der sich denkenden Gottheit (und hat hier als Chiffre einen Sinn), oder sie ist die Erhellung einer Form absoluten Bewußtseins, das im Erkennen sich verwirklicht (und trifft hier ein Wahres); sie ist in beiden Fällen gemeint als wirkliche Freiheit. Sie ist aber nicht, was sie zu sein vorgibt; denn weder im Mythus noch in der kontemplativen Erfahrung absoluten Bewußtseins kann der Mensch das Sein der Freiheit derart ergreifen, daß er, wie dieser Inhalt dem Sinn nach fordert, bei ihm bleiben könnte. Dies Erdenken absoluter Freiheit betritt ein Feld, das faktisch nicht absolut ist, sondern etwas außer sich hat, wohin der Denkende sogleich zurückfällt.

Die absolute Freiheit ist ferner keine eigentliche Freiheit, sofern in ihr Existenz aufgehoben ist zugunsten eines Allgemeinen und Totalen; nicht nur Subjekt und Objekt verschwinden, sondern mit allen Gegensätzen verdampft die Existenz selbst in Nichts.

Absolute Freiheit ist schließlich sinnwidrig: Freiheit wird leer, wo sie ohne Gegensatz ist; sie ist im Gegensätzlichen als Prozeß. Sie kann in keinem Erreichten bleiben; ihr eigener Inhalt ist im Verschwinden; in der Erscheinung der Existenz im Dasein, aber weder in der Transzendenz noch in der Natur ist ihr Ort. Mag ihr letzter Sinn sein, sich selbst aufheben zu wollen; das, wozu sie sich aufhebt, ist nicht mehr Freiheit, sondern Transzendenz.

3. Einheit von Freiheit und Notwendigkeit (Freiheit und Müssen). — Während Freiheit in ihrem objektiven Dasein als Willkür erscheinen kann, weiß sie sich im existentiellen Ursprung grade als notwendig. Wenn aber die Identität von Freiheit und Notwendigkeit sich nur im Ursprung des Einzelnen vollzieht, so ist auch sie keine absolute Freiheit.

Die Notwendigkeit, die durch das, was ich bisher tat, in mein kommendes Tun gelegt wurde, ist die eigene, die zugleich wie eine andere mich durch mich selbst bestimmt. Jede existentielle Wahl erhellt sich als etwas Endgültiges, das jeweils einmalig vollzogen nicht rückgängig zu machen ist. In der Wahl frei, binde ich mich durch sie, vollziehe und trage die Konsequenzen. Erst das helle Bewußtsein dieser Entscheidung macht die Wahl zu einer existentiellen. Damit wird jede Entscheidung ein neuer Grund in der Gestaltung meiner geschichtlichen Wirklichkeit. Nunmehr werde ich nicht gebunden durch das empirisch Wirkliche, das vermöge meines Handelns so wurde, sondern durch den Schritt, den ich als Selbstschöpfung im Augenblick der Wahl an mir selbst tat. Ich wurde so, wie ich mich gewollt habe. Wenn auch in der Zeit noch immer Möglichkeit bleibt, so ist doch mein Sein nun gebunden durch sich selbst und zugleich noch frei.

Diese Notwendigkeit, die in jeder neuen Wahl als Bindung durch den eigenen geschichtlichen Grund gegenwärtig ist, bringt die tiefere Notwendigkeit zur Erscheinung, die in dem Bewußtsein „hier stehe ich, ich kann nicht anders", d. h. in dem des „Müssens" gegenwärtig ist, das mit der ursprünglichsten Freiheitsentscheidung der Existenz verbunden ist. Hier ist der Punkt, wo jene merkwürdigen Wendungen ihren vollen Sinn haben: der Mensch wähle das eine, was not tue, aber es sei keine Rede von „freier" Wahl; die absolute Freiheit sei die absolute Notwendigkeit; die höchste Entschiedenheit für das Rechte sei ohne Wahl. Diese Notwendigkeit ist niemals eingesehen und abgeleitet; Naturnotwendigkeit und Sollensgesetzlichkeit lassen sich gegenständlich und gültig erfassen, diese existentielle Notwendigkeit jedoch nicht: daher das Risiko des ganzen Einsatzes auf Höhepunkten der Entscheidung; daher die Unmöglichkeit, von außen und durch Gründe die Entscheidung herbeiführen zu können; daher aber auch die Tiefe und Gewißheit des ursprünglichen Existenzbewußtseins in diesem Vollzug.

Freiheit und Transzendenz

1. Freiheit und Schuld. — Weil ich mich frei weiß, anerkenne ich mich als schuldig. Ich stehe ein für das, was ich tat. Da ich weiß, was ich tat, nehme ich es auf mich.

Nirgends kann ich den Ursprung finden, an dem als Anfang meine Verantwortung *begann*. Ich kann meine Schuld nicht so begrenzen, daß ich einen Anfang weiß, von dem an erst ich schuldig wurde.

In der Schuld, in der ich schon stehe, wenn ich mir ihrer bewußt werde, will ich, soweit es an mir liegt, nicht schuldiger werden, aber bin doch bereit, unvermeidliche Schuld wiederum auf mich zu nehmen.

Darin erfahre ich trotz der Helligkeit meiner freien Entscheidung und durch sie die Begrenzung meiner Freiheit, die ich gleichwohl als mein eignes Tun zugleich mit der Begrenzung als Schuld anerkenne. Ich *übernehme*, was ich doch nach all meinem Wissen nicht hätte meiden können. So übernehme ich den Ursprung meines Wesens, der vor jeder meiner bestimmten Handlungen als der Grund liegt, *aus* dem ich wollte und wollen mußte; so übernehme ich ferner in der Wirklichkeit, was ich tun muß, ohne in der Situation anders zu können. Es ist, als ob ich mich vor der Zeit gewählt hätte, wie ich bin, und ich diese faktisch nie vollzogene Wahl durch mein Tun im Übernehmen als die meine anerkennte, und als ob ich Wirklichkeiten, in denen ich mich finde, doch in meinem Schuldbewußtsein als durch mich hervorgebrachte fühlte.

Würde ich den Anfang meiner Schuld wissen, so wäre sie begrenzt und vermeidbar; meine Freiheit wäre die Möglichkeit, sie zu meiden. Ich brauchte nichts zu übernehmen, weder mich selbst im Sinne des Michwählens in dem, was getan zu haben ich mir nicht bewußt bin, noch das Dasein, in das ich eintrete und für das ich handelnd verantwortlich werde.

In meiner Freiheit stoße ich an ein Anderes als die Notwendigkeit der Schuld, welche die Freiheit aufzuheben scheint, aber doch nur dadurch für mich ist, daß ich im Übernehmen meine Freiheit durch Anerkennen meiner Schuld bewahre.

Meine Schuld ist *innerhalb* meiner Freiheit eine jeweils bestimmte und damit etwas, das ich versuche, nicht auf mich kommen zu lassen. Meine Schuld ist *durch* mein Freisein die unbestimmbare und darum unermeßliche, welche der Grund aller besonderen Schuld wird, sofern diese unvermeidlich ist. Während ich, weil ich frei bin, gegen Verschuldung kämpfe, bin ich schon durch meine Freiheit schuldig. *Dieser* Schuld aber kann ich nicht entrinnen ohne die Schuld, meine Freiheit selbst zu verleugnen.

Denn wir existieren in einer Aktivität, die sich ihr eigener Grund ist, oder wir sind nicht, weil Passivität nichtig ist. Ich *muß* wollen; denn Wollen muß mein letztes sein, wenn ich im Ende *sein* will. In der Weise aber, wie ich frei *will*, kann sich mir Transzendenz offenbaren.

2. A b h ä n g i g k e i t   u n d   U n a b h ä n g i g k e i t. — Wie ich bin, bin ich für mich verantwortlich und entdecke doch erst im Freisein, wer ich bin. Schien ich ganz auf mir zu stehen, so frage ich jetzt nach meiner letzten Abhängigkeit und Unabhängigkeit.

Entweder: ich bin *ganz abhängig*. Ein Gott hat mich ins Dasein geworfen. Mein Wille bin gar nicht ich selbst. Mein Wille hülfe mir nichts, wenn die Gottheit nicht ihn bewegen würde. Wem diese Gnade, die unverdient ist, nicht zuteil wird, der ist verloren.

Oder mein Selbstbewußtsein spricht still gegen eine solche Abhängigkeit. Im Willen *schaffe ich mich selber*, zwar nicht mit einem Male, aber in der Kontinuität eines Lebens; zwar nicht beliebig aus dem Leeren, sondern mit einem geschichtlichen Grunde meines

197

Soseins, das unbestimmte Möglichkeiten freier Umschmelzung bietet. Ich weiß mich in einem Zentrum unabhängig. Erst von ihm aus bin ich auf Transzendenz bezogen, die gewollt hat, daß ich ihr frei gegenüberstehe, weil ich nicht anders ich selbst sein kann. Ich bin selbst verantwortlich für das, was ich will und tue, und was ich ursprünglich bin. Auch für mein empirisches Dasein habe ich einzustehen, als träfe ich die Wahl meines Wesens, für die ich schuldig bin. Denn ein Ursprung ist in mir, der ganz ich selbst bin, von dem aus ich meine Erscheinung, obgleich sie verschuldet ist, als Dasein sehe, das ich zu gestalten habe. Freiheit verlangt, alles, was ich bin, in *meine* Freiheit und Schuld zu verwandeln.

Diese *beiden* metaphysischen Stellungen, in der Verabsolutierung der Gnade oder der eigenständigen Freiheit, erkennen wir in ihrer rationalen Bestimmtheit und eindeutigen Gradlinigkeit als notwendig inadäquate Ausdrucksweisen für das Geheimnis des transzendenten Grundes. Im Gnadenbewußtsein wird die Freiheit geleugnet zugunsten des allein wirkenden göttlichen Willens, als ob in dieser Gestalt *ohne* Freiheit noch Schuld sein könnte; im eigenständigen Schuldbewußtsein wird Freiheit bejaht zugunsten eigener Verantwortung, als ob ohne Transzendenz *in* der Freiheit noch Schuld sein könnte. Die Spannung beider Gedanken erst ist der Ausdruck für das Bewußtsein der Erfahrung der Willensohnmacht in der transzendenten Bezogenheit der Existenz zugleich mit der Erfahrung der Willensfreiheit in der uneingeschränkten Verantwortung meines Tuns und Seins.

3. Transzendenz in der Freiheit. — Wenn keine Transzendenz wäre, so wäre die Frage, warum ich dann wollen solle; es wäre nur noch Willkür ohne Schuld. Ich kann in der Tat nur wollen, wenn Transzendenz ist.

Wäre aber Transzendenz schlechthin, so würde mein Wille verschwinden im automatischen *Gehorsam*. Wäre umgekehrt schlechthin keine Transzendenz, so könnte mein bloßer Wille sie *nicht hervorbringen*.

Wie Freiheit schon ist, indem ich sie erfrage, so kann auch die Möglichkeit der Transzendenz nur *in der Freiheit selbst* sein. Indem ich frei bin, erfahre ich in der Freiheit, aber nur *durch* sie, die Transzendenz.

Freiheit ist in ihrer Verwirklichung *nie vollendet*, vielmehr in der entschiedensten Verwirklichung für sich selbst vor dem abgründigsten Mangel: ich bin wirklich, aber weder vollendet noch in Annäherung an mögliche Vollendung. In der Verwirklichung bin ich schon aus meinem Versagen, welches als Freiheit Schuld ist, auf meine Transzendenz bezogen.

Als frei bin ich ihr gegenüber, aber doch nicht losgelöst. Denn da ich ihr gegenüber nicht auf mich zeigen kann als auf eine wenn auch nur transitorische Vollkommenheit, bin ich wirklich für mich in meiner Freiheit als Unvollendbarkeit, bin ich frei im Müssen, das als Schuld bewußt wird; aber dieses Wirklichsein selbst ist schon in seiner Transzendenz. Transzendenz ist nicht meine Freiheit, doch gegenwärtig in ihr.

Diese übergreifende Freiheit mit dem Bewußtsein der Notwendigkeit, die ich selbst bin, indem ich sie schaffe, bleibt mir der existentielle Ursprung, über den hinaus keine Freiheit ist.

Grade im *Ursprung* meines Selbstseins, in dem ich die Notwendigkeiten des Natur- und des Sollensgesetzes zu übergreifen meine, bin ich mir bewußt, mich *nicht* selbst geschaffen zu haben. Wenn ich zu mir als eigentlichem Selbst in das nur und nie ganz zu erhellende Dunkel meines ursprünglichen Wollens zurückkehre, so kann mir offenbar werden: *wo ich ganz ich selbst bin, bin ich nicht mehr nur ich selbst.* Denn dieses eigentliche „ich selbst", in welchem ich in erfüllter geschichtlicher Gegenwart „ich" sage, scheine ich wohl durch mich zu sein, aber ich überrasche mich doch selbst mit ihm; ich weiß etwa nach einem Tun: ich allein konnte es nicht, ich könnte es so nicht noch einmal. Wo ich eigentlich selbst war im Wollen, war ich mir in meiner Freiheit zugleich gegeben.

Ich bin, wie ich werde, durch ein Anderes, aber *in der Form meines Freiseins.* Die Antinomie: ich kann nicht, was ich *aus* mir bin, *nur* durch mich sein; da ich es aus mir bin, bin ich schuldig; da ich es nicht nur durch mich bin, bin ich, was ich wollte, als mir zuteil geworden; — diese Antinomie ist der Ausdruck für das Einswerden von Freiheits- und Notwendigkeitsbewußtsein in der Transzendenz. Indem ich aus Freiheit mich ergriff, ergriff ich darin meine Transzendenz, deren verschwindende Erscheinung ich *in meiner Freiheit selbst* bin.

Im Dasein kann ich Freiheit *verlieren*, indem ich mich selbst verliere. Aber nur in der Transzendenz kann Freiheit *aufgehoben* werden. Durch Transzendenz bin ich als mögliche Existenz, d. i. als Freiheit im Zeitdasein. Die Entscheidung für die Freiheit und Unabhängigkeit gegen alle Gebilde dieser Welt, gegen jede Autorität, bedeutet nicht Entscheidung gegen die Transzendenz. Der ganz auf sich Stehende erfährt angesichts der Transzendenz am entschiedensten jene Notwendigkeit, die ihn ganz in die Hand seines Gottes legt. Denn jetzt erst wird ihm seine Freiheit bewußt als die zeitliche Erscheinung, die den Drang hat, sich selbst aufzuheben. Die Freiheit hat ihre Zeit. Sie ist noch ein Niederes, das sich selbst vernichten will. Jedoch hat dieser Gedanke nur Sinn für die transzendente Vorstellung eines Endes aller Tage, nicht in der Welt.

DRITTER HAUPTTEIL

Existenz als Unbedingtheit in Situation, Bewußtsein und Handlung

SIEBENTES KAPITEL

Grenzsituationen

Seite

1. Situation — 2. Situation und Grenzsituation — 3. Grenzsituation und Existenz — 4. Stufen des Sprunges der in den Grenzsituationen werdenden Existenz — 5. Doppelheit des Weltseins — 6. Systematik der Grenzsituationen

Erster Teil: Die Grenzsituation der geschichtlichen Bestimmtheit der Existenz 210

1. Bestimmtheit — 2. Bestimmtheit als Enge — 3. Bestimmtheit als Tiefe des Existierens — 4. Das Bestimmte als Grenzsituation des Anfangs — 5. Das Bestimmte als Grenzsituation des Zufalls — 6. Mythisierende Erhellung in der Grenzsituation der geschichtlichen Bestimmtheit

Zweiter Teil: Einzelne Grenzsituationen 220

Tod 220

1. Wissen vom Tod und Grenzsituation — 2. Tod des Nächsten — 3. Mein Tod — 4. Die zweifache Angst — 5. Der zweifache Tod — 6. Geborgenheit im Tode — 7. Wandel des Todes mit der Existenz

Leiden 230

1. Das faktische Leiden — 2. Haltung des Daseins zum Leiden — 3. Erweckung der Existenz durch Leiden — 4. Aneignen des Leidens

Kampf 233

1. Übersicht über Gestalten des Kampfes — 2. Kampf mit Gewalt um Dasein — 3. Kampf in der Liebe um Existenz

Schuld 246

Dritter Teil: Die Grenzsituation der Fragwürdigkeit allen Daseins und der Geschichtlichkeit des Wirklichen überhaupt 249

1. Die antinomische Struktur des Daseins — 2. Verhalten zur antinomischen Struktur 3. Die Geschichtlichkeit des Daseins überhaupt

1. Situation. — Eine bildhafte Vorstellung bringt Situation vor Augen als Lage der Dinge zueinander in raumtopographischer Anordnung. Am Leitfaden dieser räumlich-perspektivischen Vorstellung erwächst der Gedanke der Situation als einer *Wirklichkeit für ein an*

ihr als Dasein interessiertes Subjekt, dem sie Einschränkung oder Spielraum bedeutet; andere Subjekte und deren Interessen, soziologische Machtverhältnisse, augenblickliche Kombinationen oder Gelegenheiten kommen in ihr zur Geltung. Situation heißt eine nicht nur naturgesetzliche, vielmehr eine *sinnbezogene Wirklichkeit,* die weder psychisch noch physisch, sondern beides zugleich als die konkrete Wirklichkeit ist, die für mein Dasein Vorteil oder Schaden, Chance oder Schranke bedeutet. Diese Wirklichkeit ist nicht Gegenstand einer einzelnen Wissenschaft, sondern vieler. So werden Situationen methodisch untersucht durch die Biologie im Begriff der Umwelt der Tiere, etwa zur Erforschung der Anpassung; durch die Volkswirtschaftslehre in den Situationsgesetzmäßigkeiten von Angebot und Nachfrage, oder in anthropogeographischen Fragen; durch die Geschichtswissenschaft in den einmaligen, bedeutungsvollen Gestaltungen der Situationen. Situationen im Dasein sind also als *allgemeine, typische* oder als *historisch bestimmte einmalige* Situationen. Während das Typische eine Verallgemeinerung aus der immer besonderen Bestimmtheit unseres Daseins ist, wird das absolut Einmalige erst rückläufig sichtbar, wenn unser Interesse etwa an der einmaligen Weltlage, an der nie wiederkehrenden Gelegenheit den Ausschlag für die Betrachtung gibt.

Wenn ich als Dasein mich stets in Situationen finde, in denen ich handle oder mich treiben lasse, so bin ich doch weit entfernt, die Situationen, in denen ich faktisch bin, zu *kennen.* Ich weiß sie vielleicht nur im Schema verschleiert als typisch allgemeine oder nur einige Seiten der Situation, nach deren Kenntnis ich handle, während ein weiterschauender Beobachter und ich selbst nachträglich die Situation in größerem Umfange, wenn auch nie die ganze mit allen ihren Möglichkeiten, übersehe und die oft unerwarteten Folgen meines Handelns daraus begreife.

Situationen bestehen, indem sie sich *wandeln;* ein Augenblick tritt ein, wo sie nicht mehr bestehen. Ich muß Situationen zwar erleiden als Gegebenheit, doch nicht schlechthin; es bleibt in ihnen eine Möglichkeit der Verwandlung auch in dem Sinne, daß ich berechnend Situationen *herbeiführen* kann, um in ihnen dann als nunmehr gegebenen zu handeln. Dies ist der Charakter der zweckvollen Veranstaltungen; wir *schaffen Situationen,* im technischen, im juristischen, im politischen Handeln. Wir gehen auf ein Ziel nicht gradezu los, sondern führen die Situation herbei, aus der es sich ergibt.

Situationen hängen zusammen, wenn sie auseinander hervorgehen. Ich bin Situationszusammenhängen unterworfen, deren Regeln erst wissenschaftliche Forschung bewußt macht; diese werden nie ganz bewußt, weil das *Bewußtsein* von ihnen die Situation und damit jene Regeln selbst wieder ändert, indem es als ein *neuer Faktor* in die Situationsgestaltung eintritt. Kenne ich etwa für mich allein die bestimmte Seite einer Situation, die alle anderen nicht kennen, so kann ich berechnend mit einiger Sicherheit handeln; kennen alle die Situation, so ändert sich das Handeln aller und die Situation ist nicht mehr dieselbe; was der Andere, die Anderen, die Mehrzahl, Alle denken, gehört entscheidend mit zur Situation.

Weil Dasein ein Sein in Situationen ist, so kann ich niemals aus der Situation heraus, ohne *in eine andere einzutreten.* Alles Situationsbegreifen bedeutet, daß ich mir Ansätze schaffe, Situationen zu verwandeln, nicht aber, daß ich das In-Situation-Sein überhaupt aufheben kann. Mein Handeln tritt mir in seinen Folgen wieder *als eine von mir mit hervorgebrachte* Situation entgegen, die nun gegeben ist.

2. Situation und Grenzsituation. — Situationen wie die, daß ich immer in Situationen bin, daß ich nicht ohne Kampf und ohne Leid leben kann, daß ich unvermeidlich Schuld auf mich nehme, daß ich sterben muß, nenne ich Grenzsituationen. Sie *wandeln sich nicht,* sondern nur in ihrer Erscheinung; sie sind, auf unser Dasein bezogen, endgültig. Sie sind *nicht überschaubar;* in unserem Dasein sehen wir hinter ihnen nichts anderes mehr. Sie sind wie eine Wand, an die wir stoßen, an der wir scheitern. Sie sind durch uns nicht zu verändern, sondern nur zur Klarheit zu bringen, ohne sie aus einem Anderen erklären und ableiten zu können. Sie sind mit dem Dasein selbst.

Grenze drückt aus: es gibt ein anderes, aber zugleich: dies andere ist nicht für das Bewußtsein im Dasein. Grenzsituation ist nicht mehr Situation für das Bewußtsein überhaupt, weil das Bewußtsein als wissendes und zweckhaft handelndes sie nur objektiv nimmt, oder sie nur meidet, ignoriert und vergißt; es bleibt innerhalb der Grenzen und ist unfähig, sich ihrem Ursprung auch nur fragend zu nähern. Denn das Dasein als Bewußtsein begreift nicht den Unterschied; es wird von den Grenzsituationen entweder nicht betroffen oder als Dasein ohne Erhellung zu dumpfem Brüten in der Hilflosigkeit niedergeschlagen. Die Grenzsituation gehört zur Existenz, wie die Situationen zum immanent bleibenden Bewußtsein.

3. Grenzsituation und Existenz. — Als Dasein können wir den Grenzsituationen nur ausweichen, indem wir vor ihnen die Augen schließen. In der Welt wollen wir unser Dasein erhalten, indem wir es erweitern; wir beziehen uns auf es, ohne zu fragen, es meisternd und genießend oder an ihm leidend und ihm erliegend; aber es bleibt am Ende nichts, als uns zu ergeben. Auf Grenzsituationen reagieren wir daher sinnvoll nicht durch Plan und Berechnung, um sie zu überwinden, sondern durch eine ganz andere Aktivität, das *Werden der in uns möglichen Existenz;* wir werden wir selbst, indem wir in die Grenzsituationen offenen Auges eintreten. Sie werden, dem Wissen nur äußerlich kennbar, als Wirklichkeit nur für Existenz fühlbar. Grenzsituationen erfahren und Existieren ist dasselbe. In der Hilflosigkeit des Daseins ist es der Aufschwung des Seins in mir. Während dem Dasein die Frage nach dem Sein in den Grenzsituationen fremd ist, kann in ihnen Selbstsein des Seins inne werden durch einen *Sprung:* das von Grenzsituationen sonst nur wissende Bewußtsein wird auf einmalige, geschichtliche und unvertretbare Weise erfüllt. Die Grenze tritt in ihre eigentliche Funktion, noch immanent zu sein und schon auf Transzendenz zu weisen.

4. Stufen des Sprunges der in den Grenzsituationen werdenden Existenz. — Obgleich ich in der Welt bin, vermag ich mich *allem gegenüberzustellen.* Unlustig, an dem Treiben teilzunehmen, habe ich die Möglichkeit, in der Welt doch zugleich außerhalb der Welt sein zu können, wenn ich zwar nicht als Dasein, aber in denkender Betrachtung an den archimedischen Punkt dringe, von dem aus ich sehe und weiß, was ist. In einer erstaunlichen, wenn auch leeren Unabhängigkeit setze ich mich selbst auch *meinem eigenen Dasein wie einem fremden gegenüber.* Ich bin als ich selbst wie außerhalb meines daseienden Lebens und trete von da herzu in die Welt, mich in ihr zu orientieren nicht mehr als nur Lebender für meine partikularen Zwecke in meinen Situationen, sondern als ich selbst für mein Wissen von allem und vom Ganzen, das als Wissen sich genug ist.

So erobere ich mein eigenes Sein in der absoluten *Einsamkeit,* wo ich bei der Fragwürdigkeit des in der Welt Vorkommenden, im Versinken von allem und auch meines eigenen Daseins, außer der Welt doch noch vor mir so stehe, als wäre ich eine sichere Insel im Ozean, von der aus ich ohne Ziel in die Welt blicke wie in eine wogende Atmosphäre, die sich ins Grenzenlose verliert. Nichts geht mich eigentlich an, aber alles erblicke ich in dem Bewußtsein meines

Wissens, das der *sichere Halt* ist. In dieser Eingeschlossenheit meines Selbstseins bin ich die *Universalität des Wissenwollens*. Unerschütterlich blicke ich auf das Positive, das ich gültig erkenne, in diesem Wissen meines Seins gewiß. Die substantielle Einsamkeit des außerhalb aller Situation universal Wissenden ist wie das *bloße Auge*, das auf alles, aber nicht in sich sieht, und dem kein Auge begegnet. Heimisch in der Einsamkeit seines Selbstseins, bleibt es wie ein zum Punkt verschwindendes Sein ohne anderen Gehalt als die Ruhe seines Blickens. Si fractus illabatur orbis, impavidum ferient ruinae.

Diese Einsamkeit ist nicht endgültig; sie birgt andere Möglichkeit in sich. Sie ist Auge eines *Daseins*, das in ihr über sich in einem ersten Sprunge hinausdringt. Sie steht nicht wirklich auf dem Punkt außerhalb, sondern sucht nur den Weg dahin, und macht in dem Denken der Vollendung dieses Weges vielmehr bereit zu neuem Eintritt in die Welt. Denn nach diesem ersten Sprunge aus der Welt bleibe ich doch Dasein, das in Situationen steht als mögliche Existenz, die das, was wirklich ist, angeht. Das einsame Selbstsein wird zum Wissen, das mich im Dasein für die Grenzsituationen eigentlich offen macht; es kann bloßes Auge nur in vorübergehenden Augenblicken sein. Als mögliche Existenz, die in dieser einsamen Punktualität des Außerhalbgetretenseins sich wie in einem Keime birgt, tut es den *zweiten* Sprung zur Erhellung. Es macht sich die *Grenzsituationen*, die es im unerschütterlichen Wissen als sich fremd fallen ließ, *als Möglichkeiten*, die es selbst im Wesen seines Seins treffen, philosophierend deutlich. Die Welt ist mir nicht nur Gegenstand des Wissens, den ich mir gleichgültig bleiben lassen darf, sondern in ihr ist das mir eigene Sein, in dem ich erschüttert bin. Die Furchtlosigkeit in der Überwindung der blinden Hilflosigkeit des Daseins wird Ursprung der Furcht um das, worauf es im Dasein ankommt, und das in den Grenzsituationen in Frage gestellt ist.

Nach dem Versuch situationslosen Wissens mache ich mir also von neuem *meine Situation* zum Gegenstand, um zu erfahren, daß es Situationen gibt, aus denen ich in der Tat *nicht heraus kann*, und die mir *als Ganzes nicht durchsichtig* werden. Nur wo Situationen mir restlos durchsichtig sind, bin ich wissend aus ihnen heraus. Wo ich ihrer wissend nicht Herr werde, kann ich sie nur existentiell ergreifen. Jetzt scheidet sich mir das Weltsein, das ich wissend verlassen kann als eine nur spezifische Dimension des Seins, von Existenz, aus der ich nicht, sie betrachtend, hinaus, sondern die ich nur sein oder nicht sein kann. Wie sich in der Weltorientierung die Welt nicht schließt, das Geschichtliche, aus dem ich komme, kein Ganzes wird, ein Reich der Existenzen sich nicht bildhaft und konstruktiv denken läßt, die Vielheit des Wahren nicht als Vielheit gewußt, sondern nur dem Selbstsein eines Wahren fühlbar werden kann, so wird das In-Situationen-Sein nicht übersehbar. Der Sprung aus der Einsamkeit wissenden Selbstseins in das Bewußtsein seiner möglichen Existenz geht, statt gültig zu wissen, in die Erhellung der undurchsichtigen Grenzsituationen.

Die denkende Erhellung der Grenzsituationen ist jedoch als *erhellende Betrachtung* noch nicht *existentielle Verwirklichung*. Wenn wir die Grenzsituationen erörtern, so tun wir es nicht als Existenz — die erst in ihrer geschichtlichen Wirklichkeit selbst ist und nicht mehr in distanzierender Gelassenheit nachdenkt —, sondern als mögliche Existenz, nur in Sprungbereitschaft, nicht im Sprunge. Der Betrachtung fehlt die zugleich endliche und wirkliche Situation als der Leib der Erscheinung der Existenz. Sie hat die Wirklichkeit des Betrachtenden suspendiert und ist nur Möglichkeit. Sie hat den Charakter der Relevanz für Existenz ohne schon Existenz zu sein, weil sie mehr ist als nur objektive Vergegenwärtigung von Situationen. Denn was ich weiß, bereitet vor, was ich sein kann, und ich weiß nur in Gewinnung punktueller Existenz, aber ich bin noch nicht, was ich philosophierend weiß.

Wenn die Grenzsituationen objektiv auch wie Situationen erfaßt werden, die für den Menschen bestehen, so werden sie doch erst eigentlich Grenzsituationen durch einen *einzigartigen umsetzenden Vollzug im eigenen Dasein*, durch welchen Existenz sich ihrer gewiß und in ihrer Erscheinung geprägt wird. Gegenüber der Verwirklichung in endlicher Situation, welche partikular, durchsichtig und Fall eines Allgemeinen ist, geht eine Verwirklichung in der Grenzsituation auf das Ganze der Existenz, unbegreiflich und unvertretbar. Ich bin nicht mehr in besonderen Situationen als einzelnes Lebewesen nur endlich interessiert, sondern erfasse die Grenzsituationen des Daseins unendlich interessiert als Existenz. Es ist der dritte und eigentliche *Sprung, in dem mögliche Existenz zur wirklichen wird*.

Jede Gestalt des Sprunges führt in den Grenzsituationen aus dem Dasein zur Existenz — zur *keimhaft verschlossenen*, zur sich selbst *als Möglichkeit erhellenden*, zur *wirklichen*. Nach dem Sprung ist mein Leben für mich ein anderes als mein Sein, sofern ich nur da bin. Ich sage „ich selbst" in einem neuen Sinn. Der Sprung zur Existenz ist nicht wie das Wachsen eines Lebens, das reflektorisch nach erforschbaren Gesetzen jeweils zu seiner Zeit die gehörigen Schritte tut. Er ist das bewußte innere Tun, durch das ich aus einem Vorher in ein Nachher trete, so daß der Ursprung zwar ich selbst als mein Anfang bin, aber dergestalt, daß ich im Anfang schon mich als gewesen weiß: aus der Möglichkeit des Selbstseins, als welche ich mich nicht geschaffen habe, trat ich im Sprung zur Wirklichkeit, in der ich mir meiner als mir selber durch mich geboren bewußt werde.

Die drei Sprünge gingen vom Weltdasein angesichts der Fragwürdigkeit von allem zur *substantiellen Einsamkeit des universal Wissenden*, vom Betrachten der Dinge angesichts meiner notwendigen Teilnahme an der Welt des Scheiterns zum *Erhellen möglicher Existenz*, vom Dasein als möglicher Existenz zur *wirklichen Existenz in Grenzsituationen*. Der erste führt zum Philosophieren in Weltbildern, der zweite zum Philosophieren als Existenzerhellung, der dritte zum philosophischen Leben der Existenz.

Sie sind, *aneinander gebunden*, dennoch keine aufsteigende Reihe in nur einer Richtung, sondern sie treiben sich wechselweise hervor. Die *Einsamkeit des punktuellen Selbstseins im Wissen* ist nicht nur refugium, um im Versagen sich als Möglichkeit zu bewahren, sondern selbst positiv. Wenn im Blick auf Wirklichkeit der Existenz das Selbstsein sich aus dieser Einsamkeit hinaussehnt, ist sie sich selbst doch wert, sonst könnte sie sich auch nicht halten als Bereitschaft. Wenn sie an Existenz vergeht, ist sie doch deren Bedingung. Nur wer absolut allein war, kann Existenz werden. Ihr Vergehen aber ist wie ein Opfer der unabhängigen Nichtverflechtung in die Welt, die, wenn sie als Sein aufgegeben ist, als Möglichkeit bleibt.

Existenzerhellung als philosophierendes Denken schafft den Raum, in dem Existenz ihre Entschiedenheit zu artikulieren vermag. Ohne sie bleibt Existenz dunkel und ungewiß. Aus ihr holt sie ihre Bewußtheit im Selbstgewißsein. In ihr ist ein Leben der Möglichkeit, das empfindlich macht, der Vorbereitung auch dessen, was niemals wirklich wird, die Weite der Menschlichkeit wie in der punktuellen Einsamkeit die Weite des Wissens.

Wirkliche Existenz ist geschichtliche Wirklichkeit, die zu sprechen aufhört. Ihr Schweigen ist hinaus über Weltwissen und Philosophieren des Möglichen. Beides in sich tragend und hinter sich lassend steht sie, wo alles Denken seine offene Flanke hat. Ohne diese Wirklichkeit der Existenz ist auch nicht ihre Möglichkeit, welche im Wissenden und Philosophierenden das zum Punkt gewordene Minimum ihrer Wirklichkeit ist.

Jede Gestalt des Sprunges wird zur *Abgleitung*, wenn die Gestalten ihre *Beziehung aufeinander verlieren*. Das wissende Selbstsein kann zur harten Egozentrizität des Unbeteiligten werden, zur Gleichgültigkeit des „so ist es", die herzlos nur noch Wissen ohne Sein ist. Das die Grenzsituationen erhellende Philosophieren kann als ein Schwelgen im Möglichen aller Wirklichkeit sich verschließen, und als ein bloßes Erdenken des Existentiellen ohne Bereitschaft zur Existenz schamlos werden. Eine unmittelbare Wirklichkeit der Existenz kann versinken in verwirrender Leidenschaft als radikales Erschüttertsein ohne Klarheit der Transzendenz.

5. Doppeltheit des Weltseins. — Als Dasein bin ich in Situationen, als mögliche Existenz im Dasein in Grenzsituationen. Nach dem Sprunge ist die unauflösliche Doppeltheit: *Nicht mehr nur in der Welt* zu sein und doch nur zu existieren, sofern ich mir *in ihr* erscheine. Diese Doppeltheit kann scheinbar aufgegeben werden zugunsten der einen Seite und damit die Grenzsituation verloren sein: ich trete ganz hinaus aus der Welt in inkommunikabler und weltloser Mystik, oder ich versinke ganz in ihr zu faktischem Positivismus.

Aber der *Mystiker* lebt tatsächlich fort in dieser Welt. Sein mystisches Außer-der-Weltsein und sein alltägliches Leben gehen entweder ohne Beziehung nebeneinander her; das Mystische wird ihm zu einem Erlebnis als Rausch oder Ekstase, aber er sinkt im übrigen in den Zustand des bloßen In-der-Welt-seins hinunter; dann wurde die Verdeckung der Grenzsituation der Grund des bewußtlosen Widerspruchs. Oder sein Alltagsleben steht in inniger Beziehung zu seiner mystischen Erfahrung als der Erscheinung dieses Außer-der-Weltseins, und dann rückt es in die Doppeltheit, die in der Grenzsituation das Wesen des Weltdaseins für Existenz ist.

Auch der *Positivist* vermag umgekehrt in der Welt als bloßer Welt nicht zur Ruhe zu kommen. In steter Flucht vor der drohenden Grenzsituation jagt er nach Neuem, bis er anhält und in der Krisis steht, aus der er als mögliche Existenz emportaucht und nun die Welt als Grenze sieht.

Dasein als mögliche Existenz geht durch Augenblicke der Mystik und des Positivismus, von denen sich abstoßend sie *in die Doppeltheit*

208

zurückkehrt. Diese ist in den Erscheinungen nur indirekt, sofern sie eine immanente Unbegreiflichkeit haben, auszusprechen. Durch sie ist *scheinbar Widersprechendes zugleich;* die Kraft dieses Widerspruchs, wenn sie keine Seite schwächt, ist Wahrheit der Existenz: Alles in der Welt ist ganz gleichgültig und alles in der Welt kann von entscheidender Wichtigkeit werden; existentiell bin ich überzeitlich dadurch, daß ich in der Erscheinung schlechthin zeitlich bleibe; die Wesenlosigkeit der Zeit ist in der Erscheinung der Existenz ihre durch Entscheidung absolute Gewichtigkeit; die Leidenschaft im Handeln verbindet sich mit dem Bewußtsein: es ist alles nichts, doch so, daß der Ernst des Tuns vertieft und nicht gelähmt wird.

6. Systematik der Grenzsituationen. — Die erste Grenzsituation ist, daß ich *als Dasein immer in einer bestimmten Situation*, nicht allgemein als das Ganze aller Möglichkeit bin. Ich bin in dieser historischen Zeit in dieser soziologischen Lage, bin Mann oder Frau, jung oder alt, werde geführt durch Gelegenheit und Chancen. Die Grenzsituation der Gebundenheit an die einmalige Lage in der Enge meiner Gegebenheiten erhält ihre Schärfe durch den kontrastierenden Gedanken vom Menschen überhaupt und dem ihm in allen Vollendungen Zukommenden. Die Enge läßt jedoch zugleich Raum, daß in jeder Situation auch Möglichkeit als unbestimmte Zukunft bleibt. In dieser Grenzsituation ist die Unruhe, daß noch bevorsteht, was ich selbst entscheide; in ihr ist die Freiheit, Gegebenes zu übernehmen dadurch, daß ich es zu eigenem mache, als ob es gewollt sei.

Während die erste Grenzsituation das Geschichtliche in allem Dasein der Existenz zum Bewußtsein bringt, treffen *einzelne Grenzsituationen* jeden als allgemeine innerhalb seiner jeweils spezifischen Geschichtlichkeit: Tod, Leiden, Kampf, Schuld.

Diese Grenzsituationen ergeben drittens eine Perspektive in das *Dasein*, in der dieses *als Ganzes* befragt und als möglich oder nicht möglich oder anders möglich gedacht wird. Das Dasein überhaupt wird als Grenze erfaßt und dieses Sein in der Grenzsituation erfahren, welche die *Fragwürdigkeit des Seins der Welt und meines Seins in ihr* offenbar macht. Das Allgemeine, welches auch immer es sei, wird eingeschmolzen in ein Existenzbewußtsein, das alles Weltdasein als geworden, werdend und zukünftig sieht in absoluter Geschichtlichkeit. Das Seinsbewußtsein in dieser Grenzsituation wird aus der geschichtlichen Existenz des Einzelnen vertieft zum Bewußtsein des Seins überhaupt als geschichtlich erscheinend.

Der Weg unserer Vergegenwärtigung der Grenzsituationen wird also von dem bestimmt und endlich Geschichtlichen der Existenz über die einzelnen Grenzsituationen aufsteigen zum unbestimmt und absolut Geschichtlichen, wie es in der universalen Grenzsituation allen Daseins fühlbar wird.

ERSTER TEIL

Die Grenzsituation
der geschichtlichen Bestimmtheit der Existenz

Daß ich mich nicht nur in einer Welt überhaupt finde, sondern in bezug auf sie als ein einzelnes Dasein in jeweilig bestimmter Situation stehe, wird in den Ansprüchen vergessen, aus denen einer für sich alles fordert, als ob er das Dasein schlechthin in allen seinen Möglichkeiten wirklich zu sein beanspruchen könnte. Sich in bezug auf objektive Chancen mit den Anderen vergleichend möchte man wenigstens als Gleicher mit allen das Gleiche sein und wollen. Dagegen kann aus dem geschichtlichen Bewußtsein unvergleichbarer Ursprünglichkeit die bestimmte Situation aktiv als die meine in heller Bewußtheit ergriffen werden, wenn die Enge des Bestimmten als Grenzsituation mögliche Existenz in der Erscheinung ihres Daseins erweckt hat.

1. Bestimmtheit. — Situation ist eine bestimmte im Unterschied von einer gedachten allgemeinen Situation in einer Welt überhaupt, die als vollständiges Dasein zwar Inbegriff aller Bestimmtheiten, selber aber unbestimmt bliebe. Als bestimmte ist die Situation jedoch nicht so abzuleiten, daß sie als Fall von allgemeinen Momenten in deren Kombination restlos begriffen würde. Ich bin so sehr in dieser bestimmten Situation zugleich durch sie, daß ich eher aus ihr ein allgemeines Weltbild in den Perspektiven von Weltbildern gewinne, als daß ich aus dem allgemeinen Weltbild meine Situation zureichend für mein geschichtliches Bewußtsein ableiten könnte. Das Dasein in bestimmter Situation ist Einschränkung eines nur imaginären Allgemeinen; die Ableitung aus dem Allgemeinen, soweit sie gelingt, ist nur ein Weg des Begreifens, auf dem ich mich in der Situation über meine Situation stelle, als ob ich nicht in ihr sei. Denn indem ich sie, statt als Positivität in der Möglichkeit eignen Grundes, als eine

Möglichkeit begreife, die auch anders hätte sein können, bin ich gleichsam außerhalb ihrer. Dieser Weg, auf dem ich das Bestimmte durch Einschränkung als Fall von Allgemeinem denke, führt nicht zum Sein, sondern ist eine Weise der Orientierung. Übergreifend bleibt die erfüllte Wirklichkeit, welche nur aus dem Gesichtspunkt des Allgemeinen das Bestimmte heißt, doch dem Heraustreten aus der Situation in das Allgemeine faktisch eine Grenze setzt. Erst dieser vom Allgemeinen her nicht auflösbare Rest ist als der unendliche Abgrund des Wirklichen die volle Gegenwart des Seins. Daß diese für unser Denken die Form der jeweiligen Bestimmtheit als Enge hat, ist Grenzsituation für Existenz. Verstand, der nur Allgemeines begreift und die Voraussetzung macht, in endlosem Prozeß das Dasein unter Allgemeinheiten begreifen zu können, vermag diese Grenzsituation nicht zu sehen, sondern nur zu verdecken.

Was für die Betrachtung am Maße des Allgemeinen das Bestimmte als Besonderes ist, das wird für mögliche Existenz im Dasein zur *Bestimmung*. Wenn sich jedoch diese Bestimmung wieder ableiten will aus der Allgemeinheit eines Ganzen, durch das sie an ihrem Ort ihr Sein hat, so wirft die Grenzsituation, jedes Ganze relativierend, Existenz auf ihren dunklen Ursprung zurück. Denn weder das geschichtlich Bestimmte als Dasein der Existenz noch ein Ganzes, in dem es sein Wesen hätte, ist als Sein erkennbar. Statt nur nach den dem Ganzen entspringenden objektiven Regeln handeln zu dürfen, wird Existenz in der Grenzsituation ihrer Bestimmtheit zur Entscheidung ihrer Bestimmung aufgerufen. Statt schon in der Objektivität eines Ganzen, kann ihr Seinsbewußtsein durch die Gestalten der Objektivitäten hindurch nur in der Tiefe ihres eigenen Grundes Ruhe finden.

2. Bestimmtheit als Enge. — In jedem Augenblick bin ich da durch Gegebenheiten, und habe Gegebenheiten vor mir, in bezug auf welche ich will und handle; so bin ich als empirisches Dasein für mich selbst und ist meine mir zugängliche Welt in ihrer Bestimmtheit für mich als zu formende Gegebenheit da. Die wirkliche Situation ist durch ihren Widerstand Enge; sie begrenzt die Freiheit, bindet an beschränkte Möglichkeiten.

Die *Widerstände*, auf die in ihrer jeweiligen Bestimmtheit wir uns aktiv richten, sind allgemein in folgenden Gestalten da:

Das Gegenüber ist erstens *Material, das verwendet* wird, zweckgerecht für meine Verwendung, inadäquat vielleicht für es selbst, das für sich etwas anderes als dies Material ist. Lebendiges wird als Nahrungsmittel verzehrt; Menschen werden als Material zu Funktionen von Maschinen. — Das Gegenüber ist zweitens *Leben, das gepflegt* wird. Man schafft für das gewollte Leben Bedingungen und läßt es wachsen. Die Pflege ist Gewalt, welche das Sein des Gepflegten zum Zweck hat. Aber obgleich es dieses an sich, nicht als Material für anderes meint, steht das Gepflegte doch in Abhängigkeit ohne andere Selbständigkeit als diejenige, für welche der Pflegende Raum läßt oder schafft. Die Beziehung bleibt ohne Kommunikation. — Das Gegenüber ist drittens *Seele, die erzogen* wird. Auf dem Wege einer Kommunikation in dem Verhältnis von Autorität und Gehorsam bleibt ein Analogon der Pflege in der Abhängigkeit des Erzogenen, der in seiner Freiheit nur scheinbar, nicht grenzenlos, sondern bedingt anerkannt wird. In der Abhängigkeit legen Übung, Gewöhnung und Lehre einen Grund im Hinblick auf Möglichkeit künftigen Freiseins. — Als dieses wird das Gegenüber viertens *Geist, mit dem Kommunikation vollzogen* wird. Bei bedingungsloser Anerkennung der Eigenständigkeit des Selbstseins wird in Gegenseitigkeit das eigene Sein im Anderen ohne die Grenze eines verschwiegenen, einseitig gewußten Zwecks gesucht. Nicht Überredung und Suggestion, nicht Autorität sind maßgebend, sondern Überzeugung, selbstvollzogene Einsicht und Einstimmung. Das Vernünftige wird in einem unbegrenzten Prozeß denkender Dialektik hervorgeholt.

Jedes dieser Gegenüber bildet in jeweiliger Bestimmtheit *durch Widerstand* die Situation. Das Material sträubt sich, das Leben wächst anders als erwartet, die Seele setzt eigenen Ursprung entgegen, der Geist wird, statt nur das Allgemeine als das Vernünftige zu sein, getragen vom Selbstsein der Existenz. Wenn *Freiheit* die Überwindung des Widerstandes, die Aufhebung der Enge in die Weite *widerstandslosen* Daseins heißt, so sind zwei *Grenzfälle* dieser Freiheit denkbar. Freiheit als volle *Beherrschung des Gegenstandes* durch das Wissen bezwingt das Gegenüber als ein Fremdes; der Widerstand, der als undurchsichtige Natur in Eigenmacht und Zufall bestand, fügt sich in mein Denken, Bilden, Handeln ein. Freiheit als restloses *sachliches Einverständnis der Geister* vollzieht sich in der Helle des Bewußtseins zwischen absolut Unabhängigen, die sich gegenseitig nicht mehr widerstreben, weil sie in der Anerkennung einig und solidarisch geworden sind; das Wollen eigener Zwecke in seiner Widerständigkeit ist gegenseitig aufgehoben. Im ersten Fall bleibt die Gewalt einem bezwungenen Material gegenüber; es ist eine äußerliche Identität meiner mit dem Anderen in meiner Freiheit als Herrschaft. Im zweiten Fall ist Gemeinschaft sich durchdringender Geister; es ist inneres Einssein in der Freiheit als Einverständnis. Beides sind ideale Grenzfälle.

Wirklich ist *Geist* jedoch nur in *natürlich* gebundener Gestalt. In ihm als wirklichem bleibt der Widerstand des Unverstehbaren und des Nichtverstehenden in mir und im anderen. Abgesehen von Enklaven vollen Verstehens im Einstimmen muß Handeln mit diesem Widerstand rechnen und bezieht sich auf ihn. Der Widerstand als das von innen in verstehender Kommunikation nicht zur Einstimmung zu Bringende läßt sich nur beeinflussen, indem die Kräfte, die es in sich birgt, durch Herstellung geeigneter Bedingungen aufeinander bezogen, gegenseitig angesetzt, zu einem jeweiligen Ganzen angeordnet werden. Was an sich Geist ist, wird als Widerstand in Pflege und Erziehung wie Natur behandelt.

Diese selbst ist als das schlechthin Andere ihrerseits nur im idealen Grenzfalle in Freiheit beherrscht. Übersehbar und daher berechenbar sind nur geschlossene Systeme endlicher Wirklichkeit. Da aber in der Wirklichkeit alles mit allem zusammenhängt, ist stets die Möglichkeit der Störung eines jeweils beherrschten endlichen Systems gegeben. Die grenzenlose Zufälligkeit alles Geschehens bliebe auch dann noch der Widerstand, wenn die Elemente völlig gekannt und beherrscht wären. Das Wirkliche bleibt ein Unendliches; einmaliges Dasein bleibt als das undurchdringlich Andere, in das wir daseiend verstrickt sind.

Meine unvermeidbare Abhängigkeit von Naturgegebenheiten und von den Willenspositionen anderer ist das Gesicht der Grenzsituation, sofern sie mich einengt. So gesehen sind die Grenzen der Freiheit nur Hemmung und Widerstand. Aber erst in der dadurch entstehenden Bestimmtheit jeder Situation wird sichtbar, daß jene Freiheitsbegriffe als beherrschende Gewalt und als restloses Einverständnis in einer idealen abstrakten Freiheit Existenz aufheben. Sie sehen alle Bestimmtheit nur als Grenze und Einschränkung.

3. Bestimmtheit als Tiefe des Existierens. — Als Grenzsituation erfaßt wird die Bestimmtheit, die nur Widerstand und Enge schien, zur undurchdringlichen Tiefe der Erscheinung des Existierens selbst.

Diese Daseinstiefe der Existenz ist in der geschichtlichen Bestimmtheit der Situationen und mit dem geschichtlichen Bewußtsein als solchem *nicht einfach gegeben*. Sie wird erst verwirklicht durch die existentielle Erhellung der Situation als Grenzsituation. Diese Erhellung kann nicht übertragen werden, sondern in seinem unvertretbaren Ursprung *ist jeder, was er ist, sich selber schuldig*.

Da ich nicht in einer Welt überhaupt handle, diese jedoch für das Allgemeine an meiner Situation Orientierung bleibt, so bedeutet mein Dasein in immer bestimmter Situation für mein Handeln, daß ich um so entschiedener existiere, je mehr ich *in der einmaligen Situation als solcher* handle. In diesem Handeln bin ich frei weder im Sinne aufgehobenen Widerstands des Materials durch vollendete Herrschaft über es, noch im Sinne aufgehobenen Nichtverstehens in vollendeter geistiger Kommunikation und darin entspringendem Einverständnis; aber ich bin *frei* in dem transzendierenden Sinne ursprünglicher Geschichtlichkeit meiner Existenz im Dasein: als Selbstsein stehe ich in der *Unruhe des Wählenkönnens* zur möglichen Gewißheit einer Wahrheit, die über alle Helle und Begründung hinaus nur in dieser Situation liegt.

Bestimmtes Handeln, das begründbar ist, darum sich rechtfertigen kann, aussagt, was es tut, und daraus *zweckhafte* Forderungen für andere ableitet, ist angewiesen auf faßliche Einzelmomente in der Welt, die unter allgemeinen Regeln gedacht werden können. Man hat mit Partikularem zu tun; man ist angewiesen auf Dinge, mit denen man auf irgendeine Weise, und sei es wie mit einem Unbeherrschbaren, rechnen kann.

Wird durch solches zweckrationales Handeln der Widerstand zum Teil überwunden, so offenbart, wenn diese Möglichkeit des Handelns mit allen Kräften ergriffen wird und nur dann, der unüberwindbare Grund des Widerstands die Grenzsituation. Durch die Freiheitsideen der Widerstandslosigkeit und des vollkommenen Einverständnisses hindurch, sie nicht preisgebend aber zum Weg erniedrigend, erhebt sich mögliche Existenz in dem Augenblick, wo das Bestimmte, Zufällige, Auchandersseinkönnende frei als zu mir gehörig *übernommen* wird oder wo die Möglichkeit, diese Wirklichkeit zu übernehmen, *abgelehnt* wird wegen der Gefahr ewiger Verletzung des eigenen Wesens in dieser Schuld. Aus der unpersönlichen Kommunikation im Geiste, in der geschichtliches Bewußtsein nur als Möglichkeit ergriffen ist, erhebt sich, sie als Medium nutzend, die tiefere Kommunikation persönlicher Existenzen im Bewußtsein der Situation. Die Unverstehbarkeit wird zur Offenbarung der Geschichtlichkeit in der Situation meines Daseins. Die Freiheit der Existenz als *übergreifende* bleibt die durch

214

keine Richtigkeit und keine Idee genügend zu begründende *Wahl*, in der ich die Bestimmtheit meines Daseins als meine eigene *annehme* oder *verwerfe*.

Sofern ich als *Fall* eines Allgemeinen das bloß *Richtige* zweckhaft getan habe, ist am Ende die Seele leer und wundert sich ihrer Unzufriedenheit, die abwechslungsbedürftig sie die Zeit „vertreiben" läßt. Nur aus dem *geschichtlich* bestimmten *Ursprung* in der Grenzsituation ist Befriedigung als Erfüllung, die Zeit als erscheinende Verwirklichung, in der sich die Seele wundert ihres tiefen Einklangs mit sich selbst. Sofern ich nach dem Allgemeinen handle und denke, beherrscht mich die Sucht, mich zu *vergleichen* und zu messen. Sofern ich geschichtlich existiere, fühle ich mich selbst in der Stille des Seins, wo der Vergleich aufhört.

4. Das Bestimmte als Grenzsituation des Anfangs. — Ich kann mich nicht als absoluten Anfang denken; ich schuf mich nicht selbst; zwar ich ergreife mich als Ursprung, wenn ich ich selbst bin, aber ich bin bestimmt in meiner *Herkunft*. Diese hat ihre Möglichkeiten, aber sie beschließt nicht alle Möglichkeit in sich.

Wenn ich meine Herkunft als meinen Anfang *objektiviere*, so weiß ich, daß mein Dasein an das Sichtreffen meiner Eltern gebunden, durch Vererbung und Erziehung, durch soziologische und ökonomische Lage bestimmt ist. Mein Anfang ist nicht der Anfang. Ich blicke über meinen Anfang hinaus und sehe ihn als geworden; über meine Geburt führt der Blick in einen grenzenlosen Prozeß dieses Werdens, in dem kein Grund erreicht wird, der der erste Anfang wäre.

In dieser Objektivierung bleibt meine Herkunft für mich nicht, was sie eigentlich ist. Was als geschichtlicher Grund ins Unabsehbare taucht, ist als Grenzsituation das mich zugleich *Beschränkende* und *Erfüllende*. Ich *verhalte mich* zu meiner Herkunft, wenn ich, durch sie schon geworden, ihrer bewußt werde. In ihr ist etwas unobjektivierbar Unwandelbares, in dem ich durch Treue ich selbst bin oder verleugnend mich selbst verliere: „Ein Wesen, das verachtet seinen Stamm, kann nimmer fest begrenzt sein in sich selbst".

Nicht ich habe meine *Eltern* wählend bestimmt. In einem absoluten Sinn sind sie die meinigen. Ich kann sie, wenn ich etwa möchte, nicht ignorieren, ihr Wesen, selbst wenn es fremd erscheinen sollte, steht zu dem meinen in innigster Gemeinschaft. Der objektiv leere Begriff der Eltern überhaupt erfüllt sich nur bestimmt in meinen Eltern, die in unvertretbarer Weise zu mir gehören. Daher erwächst hier mein

Existenzbewußtsein in einer nicht zu ergründenden Mitverantwortung für ihr Sein oder im unheilbaren Bruch meiner Existenz in der Wurzel. Die Eltern sind jedoch kein objektiv fester Bestand ihres Soseins in dem Verhältnis von Generationen, sondern sie sind selbst existierend für mich als mögliche Existenz; es vollzieht sich von ihnen zu mir und mir zu ihnen ein Prozeß der Zugehörigkeit in wirklicher oder möglichbleibender Kommunikation. Die geschichtliche Bestimmtheit dieser Zugehörigkeit entfaltet sich nicht als bloßes Dasein und Wachsen, sondern vertieft sich in Spannungen und Krisen. Sie vollendet sich in der Liebe, die der unbedingte, nicht in Frage zu stellende Grund des Prozesses ist als die existentielle Erfüllung in der Grenzsituation meiner nicht ausgewählten Herkunft, in der ursprünglichen Wahl, durch die ich sie als die meinige übernehme.

Das unendlich Unbestimmte, existentiell in der bestimmten Gestalt der eigenen Eltern Übernommene schafft, in der Grenzsituation erfahren, Verbundenheit vor aller Kommunikation. Was auch geschieht, es bleibt die Liebe zu ihnen, selbst dann, wenn die Situation zwingt, auf Kommunikation zu verzichten. Die *Pietät* zu den Eltern würde daher als Kommunikation noch nicht zureichend begriffen sein; obgleich diese in ihr auf einzige Art erstrebt wird, ist sie als deren Grund zugleich mehr als Kommunikation. Den Eltern danke ich mich, wenn ich meines Lebens froh bin; sie liebe ich noch, wenn ich am Leben verzweifle; denn schließlich hat jeder Mensch einmal gern gelebt, selbst wenn er sich das Leben nahm.

5. Das Bestimmte als Grenzsituation des Zufalls. — Die bestimmten Bedingungen meiner Situation treten in der Folge der Zeit als Zufälle an mich heran. Was ich werde, welche Aufgaben ich ergreife, ist gebunden an Gelegenheiten, der Gang einer Entwicklung an eine zufällige soziologische und ökonomische Ausgangssituation, die Liebe zum Lebensgefährten an das zufällige Treffen im Dasein.

Stelle ich mich selbst dem Zufall gegenüber, als ob er sei, wofür ich nichts könne, so wird mir deutlich, daß eine unermeßliche Menge von Zufällen an mir vorbeigeht, und daß ich es bin, der sie sieht oder nicht merkt, sie ergreift oder fahren läßt; mein Weg in der Wirklichkeit scheint wesentlich an mir zu liegen. Aber es liegt doch keineswegs an mir allein, was wird; vielmehr kann ich mich als Spielball dieser Zufälle fühlen. Diese Grenzsituation, kaum ertragbar, wird gemieden in dem Trost, der blinde Zufall sei aufgehoben in der Ruhe einer Notwendigkeit, welche jedes einzelne Ereignis beherrscht. Zwar nicht die Erhabenheit einer metaphysisch gedachten Notwendigkeit, sondern die Notwendigkeit, welche das mich angehende Besondere bestimmt, wird bis zur astrologischen Vergewisserung gesucht. Wenn ich jedoch weiß, welche bestimmte Notwendigkeit für mich vorliege, so ist sogleich der Hintergedanke, diese Notwendigkeit nach Wahl annehmen oder überlisten zu können, also als Notwendigkeit aufzuheben. Wird die Notwendigkeit absolut, so ist sie unerträglich wie der Zufall. Der Mensch sucht sich abwechselnd durch das Eine von dem Anderen zu befreien, vom beliebigen Zufall durch den Gedanken der Notwendigkeit, von der erbarmungslosen Notwendigkeit durch Gedanken der Möglichkeit und Chance des Zufalls.

Erst in der Offenbarkeit der Grenzsituation vermag mögliche Existenz aus diesen Kreisen der endlichen Sorge ihres Daseins in ein anderes Bewußtsein zu treten: Die geschichtliche Bestimmtheit in der Grenzsituation wird, *statt nur Zufall* zu sein, *Erscheinung* dieses Seins, das mein Verstand nicht faßt, während es *als Ewigkeit in der Zeit* mir gewiß werden kann. Der Liebende sagt der Geliebten: „Ach, du warst in abgelebten Zeiten meine Schwester oder meine Frau". Als Handelnder bleibe ich mir nicht einfach ein Anderer *gegen* die Situationen, in die ich nur äußerlich geraten wäre; was ich ohne sie wäre, wird zur leeren Vorstellung; ich bin ich selbst in ihnen als dem erscheinenden Leibe dessen, was ich sein kann. Über jeden faßlichen Gedanken transzendierend, erfahre ich mich in der Grenzsituation erschüttert und dann *eins mit dem Zufall*, den ich als den *meinen* ergriffen habe.

6. Mythisierende Erhellung in der Grenzsituation der geschichtlichen Bestimmtheit. — Das Bewußtsein der vergegenwärtigten Grenzsituation spricht sich in mythischer Gestalt aus. Diese bleibt zur Selbsterhellung wesentlich. Kant sagt zwar: „Es gibt auch usurpierte Begriffe, wie etwa Glück, Schicksal, die zwar mit fast allgemeiner Nachsicht herumlaufen, aber doch .... keinen deutlichen Rechtsgrund weder aus der Erfahrung noch der Vernunft anführen" können; und in der Tat bestehen diese Begriffe für keine ihrer selbst methodisch bewußte objektive Einsicht. Sie sind aber Funktion der metaphysischen Existenzerhellung in Grenzsituationen. Als solche sind sie nicht begründend zu beweisen, sondern anzueignen oder abzulehnen.

a) *Glück*. — Der Zufall gilt jeweils als Glück oder Unglück. Den äußeren Umständen mich gegenüberstellend halte ich die *Spaltung meiner selbst von ihnen* fest. Der Zusammenhang der Umstände wird mythisch unter die Leitung der *Fortuna* als lenkender Macht gestellt. In dieser *Spaltung* gibt es *drei Möglichkeiten:*

Das Glück ist der günstige Zufall, der gute Ausgang, der in Kontinuität den Menschen begleitet, der „*Glück hat*". Er ist ein fortunatus, dem das Glück gleichsam gehört. Der Zufall wird zu dem Element eines Ganzen, dem zu trauen ist. Fortuna hält es mit ihm. Er hat seinen Stern und nennt sich selber Felix.

Das Glück ist das *Zweideutige,* blind nach der einen und anderen Seite scheinbar wahllos sich wendend. Ihm ist nirgends zu trauen. Auf keine Weise ist ihm zu entrinnen als nur durch Gelassenheit, die aus der Welt heraustritt, sich innerlich dem Treiben entzieht und in unstörbarer Ruhe Existenz jenseits von Glück und Unglück sichert.

Das Glück ist weder entschieden noch eine nur fremde Macht. Glück ist *zu ergreifen.* In der Aktivität des Könnens und Wagens wird das Glück etwas, das nicht dem Passiven zuteil wird, sondern das zu erobern ist. Das Glück ist ein Weib, sagt Macchiavelli, wer es ergreift und zwingt, den hat es gern und dient ihm.

b) *Amor fati.* — Die drei Glücksvorstellungen blieben in der Grenzsituation auf die endlichen Zwecke des Daseins in der *Spaltung* von Ich und den Umständen beschränkt. Gegenüber der Endlichkeit und Äußerlichkeit der Glückssituationen wird die Grenzsituation erst eigentlich hell, wenn die Zufälle innerlich angeeignet sind in der Tendenz, *jene Spaltung aufzuheben.* Ich und die Umstände gehören zusammen. Das geschichtliche Bewußtsein weiß sich so sehr identisch mit der Besonderheit seines Daseins, daß das Glück und das Unglück nicht mehr als nur Fremdes, Hinzukommendes, sondern als ein zu mir Gehörendes in dem tieferen Gedanken des *Schicksals* erfaßt wird.

Ich senke mich in meine geschichtliche Bestimmtheit ein, in der ich ja sage zu meinem Dasein, wie es ist, zwar nicht zu ihm als der nur empirischen, sondern als der existentiell durchdrungenen Objektivität. Es wird sinnlos, daß ich ein anderer sein möchte in einer anderen Welt; aber in der geschichtlichen Bestimmtheit bin ich und ist diese nicht endgültig, sondern in der Gestalt, daß ich zeitlich werde, der ich ewig bin. In dieser Einsenkung ergreife ich das Schicksal nicht als bloß äußerliches, sondern als meines im *amor fati.* Ich liebe es, wie ich mich liebe, da ich nur in ihm meiner existentiell gewiß werde. Im Kontrast zu der Verblasenheit des nur Allgemeinen und Ganzen, erfahre ich in dem, was objektiv Einschränkung ist, existentiell das

Sein. Das geschichtliche Bewußtsein als Schicksalsbewußtsein ist das Ernstnehmen des konkreten Daseins.

Scheinbare Reflexionen verstellen leicht dieses Schicksalsbewußtsein vor sich selbst:

Das Allgemeine macht das Besondere als Fall zu dem bloß Individuellen und Privaten, das sich nach jenem zu richten hat und selbst unwichtig ist. Aber Allgemeinheiten und Ganzheiten werden doch erst in ihrer Umschmelzung zum Dasein im absolut Besonderen als Existenz wirklich; der Einzelne als Existenz kann daher sein Pathos gegen das Allgemeine gewinnen, das nur Medium und Weg bleibt. Wenn dann aber die Tendenz fühlbar wird, sich wichtig zu nehmen in dem Sinne, daß die Besonderheiten als solche in ihrer beliebigen Mannigfaltigkeit verabsolutiert werden, wendet sich Existenzbewußtsein dagegen. Nicht die Besonderheit als solche ist existentiell relevant, wenn auch nur das im Besonderen zur Erscheinung Kommende absolut wichtig sein kann. Der Ernst, der die Verblasenheit im Allgemeinen und die bloße Lust an der Mannigfaltigkeit des Besonderen überwunden hat, ist die Wahrheit der *unlösbaren Einheit von Besonderheit und Existenz*, die sich im geschichtlichen Bewußtsein des amor fati erhellt.

Zwar ist nicht das Ernstfinden des Lebens in theoretischer Betrachtung nachdenkenden Philosophierens schon existentiell, sondern allein die Verwirklichung in einmaliger Bestimmtheit, die keiner Rechtfertigung vor Allgemeinheiten mehr bedarf. Entgegen der Vorstellung, es komme auf ein Vollendetes an (ein Maßstab, der für begrenzte Werke und Leistungsziele sinnvoll ist), das Dasein müsse einer allgemeinen Richtigkeit als objektiv gültiger Wahrheit gehorchen, vollzieht Existenz im geschichtlichen Bewußtsein des amor fati die Aneignung des Besonderen als die Verwandlung des Bestimmten in die Tiefe ihrer selbst.

Der amor fati hat in sich als überwundenes Moment und steten Gegner, der eine harmonische Ruhe in ihm nicht aufkommen läßt, das Neinsagen zu einzelnen Daseinsbedingungen, schließlich zu meinem ganzen Schicksal, die Möglichkeit des Selbstmords, dann des Haderns und des Trotzes.

ZWEITER TEIL

Einzelne Grenzsituationen

Tod

1. Wissen vom Tod und Grenzsituation. — Der Tod als objektives Faktum des Daseins ist noch nicht Grenzsituation. Für das Tier, das nichts vom Tode weiß, ist sie nicht möglich. Der Mensch, der weiß, daß er sterben wird, hat dieses Wissen als Erwartung für einen unbestimmten Zeitpunkt; aber solange der Tod für ihn keine andere Rolle spielt als nur durch die Sorge, ihn zu meiden, solange ist auch für den Menschen der Tod nicht Grenzsituation.

Als *nur Lebender* verfolge ich Zwecke, erstrebe ich Dauer und Bestand für alles, das mir wert ist. Ich leide an der Vernichtung realisierten Gutes, am Untergang geliebter Wesen; ich muß das Ende erfahren; aber ich lebe, indem ich seine Unausweichlichkeit und das Ende von allem vergesse.

Bin ich dagegen *existierend* im geschichtlichen Bewußtsein meines Daseins als Erscheinung in der Zeit gewiß: daß es Erscheinung, aber Erscheinung darin möglicher Existenz ist, so geht die Erfahrung des Endes aller Dinge auf diese erscheinende Seite der Existenz. Das Leiden am Ende wird Vergewisserung der Existenz.

In objektiver Betrachtung kann ich die Notwendigkeit von Tod und Vergänglichkeit nicht zwingend begreifen. Für Existenz aber ist dieses Verschwinden in der Erscheinung zu ihr gehörig. Wäre nicht das Verschwinden, so wäre ich als Sein die endlose Dauer und existierte nicht. Wohl muß ich als Existierender in der Erscheinung Verwirklichung und Entscheidung in der Zeit absolut wichtig finden, aber das Verschwinden darf ich darin weder passiv beobachten noch absichtlich herbeiführen, sondern muß es in innerer Aneignung ergreifen. Weder Verlangen nach dem Tode, noch Angst vor dem Tode, sondern das Verschwinden der Erscheinung als Gegenwart der Existenz wird zur Wahrheit. Ich verliere Existenz, wenn ich Dasein, als ob es das Sein an sich wäre, absolut nehme und mich so in ihm verfange, daß ich nur Dasein bin im Wechsel von Vergeßlichkeit und Angst. Ich gleite umgekehrt ab, wenn ich die Daseinserscheinung so gleichgültig finde, daß ich sie verachte und im Verschwinden mich nichts angehen lasse. Als mögliche Existenz bin ich wirklich nur, wenn ich daseiend

220

erscheine, in der Erscheinung aber mehr als Erscheinung. Kann ich daher das Leiden am Ende als Dasein zwar nicht aufheben, so doch in der Existenzgewißheit zugleich überwinden, d. h. seiner Herr bleiben. Der Tod ist für Existenz die Notwendigkeit ihres Daseins durch Verschwinden ihrer immer zugleich unwahren Erscheinung.

Das so Gesagte ist nicht allgemein zu begreifen; es ist nicht so; es gibt den Tod nicht als allgemeinen in der Grenzsituation, sondern allgemein ist er nur als objektives Faktum. Der Tod wird in der Grenzsituation zum geschichtlichen; er ist entweder der bestimmte *Tod des Nächsten* oder *mein Tod*. Er wird nicht durch eine allgemeine Einsicht überwunden, durch keinen objektiven Trost, der meine Vergeßlichkeit durch scheinbare Gründe schützt, sondern nur in der Offenbarkeit eines sich gewiß werdenden Existierens.

2. Tod des Nächsten. — Der Tod des Nächsten, des geliebtesten Menschen, mit dem ich in Kommunikation stehe, ist im erscheinenden Leben der tiefste Schnitt. Ich bin allein geblieben, als ich, im letzten Augenblick den Sterbenden allein lassend, ihm nicht folgen konnte. Nichts ist rückgängig zu machen; für alle Zeit ist es das Ende. Der Sterbende läßt sich nicht mehr ansprechen; jeder stirbt allein; die Einsamkeit vor dem Tode scheint vollkommen, für den Sterbenden wie für den Bleibenden. Die Erscheinung des Zusammenseins, solange Bewußtsein ist, dieser Schmerz des Trennens, ist der letzte hilflose Ausdruck der Kommunikation.

Aber diese Kommunikation kann so tief gegründet sein, daß der Abschluß im Sterben selbst noch zu ihrer Erscheinung wird und Kommunikation ihr Sein als ewige Wirklichkeit bewahrt. Dann ist Existenz in ihrer Erscheinung verwandelt; ihr Dasein ist durch einen *Sprung* unwiderruflich vorangeschritten. Bloßes Dasein kann vergessen, kann sich trösten, dieser Sprung aber ist wie die Geburt eines neuen Lebens; der Tod ist in das Leben aufgenommen. Das Leben erweist die Wahrheit der Kommunikation, die den Tod überdauert, indem es sich verwirklicht, wie es durch Kommunikation wurde und nun sein muß. Der eigene Tod hat aufgehört nur der leere Abgrund zu sein. Es ist, als ob ich mich in ihm, nicht mehr verlassen, der Existenz verbinde, die mir in nächster Kommunikation stand.

Radikal geschieden ist die *absolute* Einsamkeit in *Kommunikationslosigkeit* von der Einsamkeit durch den *Tod des Nächsten*. Jene ist der stumme Mangel als ein Bewußtsein, in dem ich mich selbst nicht weiß. Durch jede Kommunikation dagegen, die sich einmal verwirklichte, ist die absolute Einsamkeit für immer aufgehoben; der wahrhaft Geliebte bleibt existentielle Gegenwart. Die vernichtende Sehnsucht des einsam Zurückbleibenden, das leibhafte Nichtertragenkönnen der Trennung sind in der Erscheinung doch verbunden mit einer Geborgenheit, während die Verzweiflung des ursprünglich Einsamen zwar keinen Verlust zu beklagen vermag, aber ungeborgen ist in der Sehnsucht zum ungekannten Sein. Der wirkliche Verlust dessen, was war, zwar ohne Trost für mich als sinnlich daseienden Menschen, wird durch die mir mögliche Treue Wirklichkeit des Seins.

Wenn der Tod des Anderen existentielle Erschütterung und nicht bloß ein objektiver mit partikularen Gemütsbewegungen und Interessen begleiteter Vorgang ist, so ist Existenz in der Transzendenz durch ihn heimisch geworden: was zerstört wird durch den Tod, ist Erscheinung, nicht das Sein selbst.

Es ist die tiefere Heiterkeit möglich, die auf dem Grunde unauslöschlichen Schmerzes ruht.

3. Mein Tod. — Der Tod des Nächsten hat totalen Charakter und wird damit Grenzsituation, wenn der Nächste der eine und einzige für mich ist. Selbst dann bleibt die entscheidende Grenzsituation doch mein Tod als meiner, als dieser einzige, gar nicht objektive, nicht im Allgemeinen gewußte.

Den Tod als Vorgang gibt es nur als den des Anderen. Mein Tod ist *unerfahrbar* für mich, ich kann nur in Beziehung auf ihn erfahren. Körperschmerzen, Todesangst, die Situation scheinbar unvermeidlichen Todes kann ich erleben und die Gefahr überstehen: Die Unerfahrbarkeit des Todes ist unaufhebbar; sterbend erleide ich den Tod, aber ich erfahre ihn nie. Ich gehe entweder dem Tode entgegen in Beziehungen meiner als eines Lebendigen zu ihm oder erleide Vorstufen eines Prozesses, der zum Tode führen kann oder muß. Ich kann auch sterben ohne alle diese Erfahrungen. Sie sind als solche noch nicht Ausdruck der Grenzsituation.

Im Dasein erfahre ich, getroffen durch Beschränktheit, Enge und Zerstörung, doch die Möglichkeit, wie ich mir aus dem Abgrund wieder entgegenkomme; im Versagen kann ich mir als wiederentstehende Gewißheit selbst geschenkt werden und weiß nicht, wie es zugeht. Doch *sterbend* erleide ich mein *absolutes Nichtwissen* im Fortfall jeder Rückkehr; da ich mich aus dem Nichts nicht mehr in der Seinsbefriedigung einer lebendigen Gestalt meiner selbst *zurückerhalte*, stehe ich vor ihm ohnmächtig als dem mich erstarren machenden Punkt

222

meines Daseins. „Der Rest ist Schweigen." Aber dies Schweigen im Nichtwissen ist noch als ein Nichtwissen*wollen* dessen, was ich nicht zu wissen *vermag*, die *Frage*, auf die statt einer Antwort, vermöge der ich in Tod und Leben wüßte was ich bin, vielmehr der *Anspruch* an mich geht, mein Leben angesichts des Todes zu führen und zu prüfen.

So erzwingt die Gegenwart der Grenzsituation des Todes für Existenz die Doppeltheit aller Daseinserfahrung im Handeln: was *angesichts des Todes wesentlich* bleibt, ist existierend getan; was *hinfällig* wird, ist bloß Dasein. Es ist wie Versinken der Existenz, wenn ich angesichts des Todes nichts mehr wichtig finden kann, sondern nihilistisch verzweifle; der Tod ist nicht mehr Grenzsituation, wenn er die objektive Vernichtung als das übermächtige Unglück ist. Existenz schläft gleichsam angesichts des Todes, weil er nicht zum Erwecken ihrer möglichen Tiefe, sondern zum Sinnlosmachen von allem dient.

Ich verliere mich in der bloßen Erscheinung, wenn ich am Besonderen als endlosem Bestand, als wäre es absolut, hafte, an der Dauer als solcher; wenn ich durch Angst und Sorge in bezug auf endliche Zwecke beherrscht werde, statt daß sie nur das notwendige Daseinsmedium sind, in dem ich mich aufschwinge; wenn ich durch Lebensgier, Eifersucht, Geltungswillen, Stolz mich im Dasein gefangennehmen lasse, ohne in ihnen, denen ich als sinnliches Wesen augenblicksweise erliege, zu mir zurückzufinden. Zwar wird alles, was getan wird, in der Welt als Dasein getan und ist in der Endlichkeit seines Vergehens unwichtig. Wird jedoch ein Handeln als Erscheinung der Existenz wesentlich, so kann das objektiv Harmloseste dieses Gewicht haben. Dann wird der Tod Spiegel der Existenz, weil jede Erscheinung verschwindend sein muß, wenn Existenz Gehalt des Daseins ist. Der Tod wird daher in die Existenz aufgenommen, doch nicht schon als philosophische Spekulation und sprachlich mitgeteiltes Wissen von ihm, sondern als Bewährung ihrer selbst und als Relativierung bloßen Daseins.

Dem in der Grenzsituation Existierenden ist der Tod nicht das Nahe und nicht das Fremde, nicht Feind und nicht Freund. Er ist beides in der Bewegung durch die sich widersprechenden Gestalten. Der Tod bleibt nicht Bewährung des Gehaltes der Existenz, wenn diese eine eindeutig gradlinige Haltung zu ihm gewinnt: nicht in der harten Ataraxie, die sich der Grenzsituation entzieht durch die Starre eines nicht mehr betroffenen punktuellen Selbstseins; auch nicht in der Weltverneinung, die sich täuscht und tröstet mit den Phantasmen eines anderen jenseitigen Lebens.

Für den *unbeschränkten Lebenswillen*, der die Welt und sich selbst positivistisch sieht, das Dauern als Maßstab des Seins absolut nimmt, ist die Unausweichlichkeit des Todes Grund ratloser Verzweiflung. Die *Vergeßlichkeit* in dem Bewußtsein der zeitlichen Unbestimmtheit seines Eintritts läßt ihn darüber hinweggleiten.

Kann der bedingungslose Lebenswille sich der Grenzsituation durch Vergessen nicht entziehen, so *formt er den Sinn des Todes als Grenze um*. Er möchte sich etwa einreden, die Angst vor dem Tode beruhe auf einem bloßen Irrtum, der durch richtiges Denken aufgehoben werden könne. Sie beruhe auf Vorstellungen von einem qualvollen Sein nach dem Tode, das es nicht gebe, oder auf der Angst vor dem Vorgang des Todes, der als solcher ganz unmerklich sei, da ja aller Schmerz dem Lebenden zukomme, und es keinen Schmerz gebe, aus dem nicht Rückkehr zum Leben möglich gewesen sei. Es komme darauf an, sich klarzumachen: wenn ich bin, ist mein Tod nicht, und wenn mein Tod ist, bin ich nicht; darum geht mein Tod mich gar nichts an. Jeder dieser Gedanken ist richtig und bekämpft in der Tat unbegründete die vitale Angst fördernde Vorstellungen; keiner aber vermag das Schaudern auch vor dem Gedanken des Nichtseins aufzuheben. Sie scheinen zwar dem Tode ins Auge zu blicken, bewirken aber nur eine um so tiefere Vergeßlichkeit im Wesentlichen. Es wird beiseitegeschoben, daß ich noch zu Ende zu bringen habe, daß ich nicht fertig bin, daß ich noch wiedergutzumachen habe, vor allem aber, daß sich mir immer wieder ein Bewußtsein des Seins als bloßen Daseins aufdrängt, das durch die Vorstellung des absoluten Endes sinnlos wird, daß also als bloße Vergänglichkeit alles gleichgültig ist. Und drängt sich dieses vor, so wird nochmals durch Sinnverschiebung ein Vergessen ermöglicht in der Vorstellung der *sinnlichen, zeitlichen Unsterblichkeit:* ich gewinne eine andere Daseinsform, in der ich fortführe, was begonnen war, meine Seele wandert durch diese Daseinsformen hindurch, von denen die gegenwärtige nur eine ist. Ich lasse mir Beweise für die Unsterblichkeit geben und begnüge mich gar mit ihrer Wahrscheinlichkeit. Jedoch sind nicht nur alle Unsterblichkeitsbeweise fehlerhaft und hoffnungslos, ist eine Wahrscheinlichkeit in dieser absolut wichtigen Angelegenheit sinnwidrig, sondern es läßt sich grade die Sterblichkeit beweisen. Empirisch ist das Leben unserer

Seele gebunden an leibliche Organe; die Erfahrung des traumlosen Schlafes zeigt in negativer rückblickender Erfahrung das Nichtdasein; die Erfahrung der Abhängigkeit der Erinnerung vom Gehirn bei Erkrankungen zeigt sogar die Möglichkeit eines leiblichen Lebens bei sterbender Seele. Was uns das Dasein ist, ist durch Sinnenwelt, Erinnerung, durch Wollen und Bewußtsein bestimmt. Wenn immerhin der denkende Mensch, der sich so oft im Irrtum ertappt hat, wo er vorher zweifellos zu wissen meinte, seine Skepsis gegen sich selbst, auch im Falle dieser Gewißheit seiner Sterblichkeit nicht aufgibt, so sagt er in kritischer Tapferkeit: es ist sehr unwahrscheinlich, daß es eine Unsterblichkeit gibt, womit er die Unsterblichkeit als zeitliche Dauer in einer irgendwie sinnlichen Daseinsform in Kontinuität der Erinnerung mit unserem gegenwärtigen Leben meint.

Tapferkeit ist in der Grenzsituation die Haltung zum Tode als unbestimmte Möglichkeit des Selbstseins. Die Tapferkeit angesichts des Risikos, die Vorstellungen von Hölle und Fegefeuer und von der Macht kirchlicher Gnadenmittel für unwahr zu halten, ist zwar nur dort nötig, wo der Mensch sie von früh auf als Wirklichkeit in seine Lebenssubstanz aufgenommen hatte, während sie sonst nur in Zuständen völliger Haltlosigkeit wieder mächtig werden könnten, wenn er auf das Niveau sinkt, auf dem in bezug auf Transzendenz angstvoll nach dem „für alle Fälle" gehandelt werden kann. — Tapferkeit angesichts des Todes als des Endes von allem, was mir wirklich als sichtbar und erinnerbar ist, wird auf ein Minimum reduziert, wenn durch sinnliche Jenseitsvorstellungen der Tod als Grenze aufgehoben und zu einem bloßen Übergang zwischen den Daseinsformen gemacht wird. Er hat den Schrecken des Nichtseins verloren. Es hört das wahrhafte Sterben auf. Die Süße des Daseins, die verschwinden zu sehen dem natürlichen Lebenswillen so furchbar ist, wird in anderer Gestalt wieder sichtbar, die Hoffnung durch Garantien autoritativer Art fast zu einem Wissen. Der Tod ist überwunden um den Preis des Verlustes der Grenzsituation. Dagegen ist Tapferkeit, wahrhaft zu sterben ohne Selbsttäuschungen.

4. Die zweifache Angst. — Die Angst im Schaudern *vor dem Nichtsein* ist unaufhebbar für den Daseinswillen und bleibt das Letzte, wenn das Dasein schlechthin alles ist, nicht nur in dem bestimmten Sinne der erscheinenden Wirklichkeit als des Lebens in der Welt mit Erinnerung und Bewußtsein. Gegen die Verdeckung dieser Angst durch Vorstellungen von einer sinnlichen Unsterblichkeit ist radikal

das Nichts zu erfassen, das im Tode bleibt, sofern man an sinnliches Dasein denkt. Nur aus diesem Nichts kann mir die Gewißheit der wahren Existenz werden, die in der Zeit erscheint, aber nicht zeitlich ist. Diese Existenz kennt eine andere Verzweiflung des Nichtseins, die sie trotz ihres vitalen Daseins im Kontrast zu seiner gleichzeitigen Frische und Fülle überkommen kann. Die *Angst existentiellen Nichtseins* ist von so anderer Qualität als die Angst vor dem vitalen Nichtdasein, daß trotz gleicher Worte, Nichtsein und Tod, nur die eine Angst wahrhaft herrschen kann. Die die existentielle Angst erfüllende Gewißheit allein kann die Daseinsangst relativieren. Aus der Seinsgewißheit der Existenz ist es möglich, die Lebensgier zu beherrschen und die Ruhe vor dem Tode als Gelassenheit im Wissen des Endes zu finden. Der existentielle Tod aber, wenn kein Glaube einer Seinsgewißheit sich durch Kommunikation in geschichtlichem Bewußtsein verwirklicht hat, macht erst die Aussicht auf den biologischen Tod zu völliger Verzweiflung: es scheint nur noch ein Leben in Vergeßlichkeit und Verdeckungen und das leere Nichtwissen möglich. Wird auf diese Weise das empirische Dasein absolut, die existentielle Angst beiseitegeschoben, so muß gegen ein mögliches Gewissen der Existenz gehandelt werden, um zu leben um jeden Preis. Lebensgier relativiert die existentielle Angst, vernichtet Existenz und bringt die ratlose Angst vor dem Tod hervor.

Die existentielle Seinsgewißheit, selbst in der Schwebe erfüllten Nichtwissens, kann kein Trost werden für den Lebenswillen, der, solange Dasein ist, am Dasein hängt. Nicht durch ein Wissen kann diese Angst vernichtet, sondern nur *in augenblicklicher Gegenwart existentieller Wirklichkeit* aufgehoben werden: im Todesmut des heroischen Menschen, der aus Freiheit sich einsetzt; im Wagnis des Lebens, wo es in hellem Bewußtsein einem Menschen beschieden ist, zu wissen und zu wollen, daß er sich mit einer Sache identifiziere, und daß er sich, seines Seins gewiß, sagen kann: hier stehe ich und falle; überall wo existentielle Wirklichkeit dem Tode entgegenblickt in dem Bewußtsein eines Seins, das sich in der Zeit erscheint und von sich nur in der Zeit als Erscheinung wissen kann, sich aber darin eines Ursprungs gewiß ist, den es nicht weiß.

Weil jedoch der Gipfel nicht der Alltag ist, bleibt in existentieller Wahrhaftigkeit stets wieder *die Doppeltheit* der Todesangst und Lebenslust einerseits, der stets neu sich erwerbenden Seinsgewißheit andererseits. *Gefaßtsein* auf den Tod ist die ruhige Haltung, in der noch beide

226

Momente sprechen. In ihr wird das Leben überwunden, ohne es zu verachten; der Schmerz des Todes muß immer wieder erfahren, die existentielle Gewißheit kann immer neu erworben werden. Das Leben wird tiefer, die Existenz sich gewisser angesichts des Todes; aber das Leben bleibt in Gefahr, angstvoll sich selbst zu verlieren in der Leere, in der Existenz sich verdunkelt; wer tapfer war, gibt sich aus der Erinnerung seiner selbst den entschiedensten Ruck, aber er erfährt die Grenze seiner Freiheit.

Die Tapferkeit ist nicht möglich als stoische Ruhe in stabiler Dauer, denn in ihr würde Existenz leer. Das zweideutige Dasein, in dem die eigentliche Wahrheit nicht als Bestand ist, fordert, die Gefaßtheit stets aus dem Schmerze zu erwerben. Wer nicht die Verzweiflung im Verlust des geliebtesten Menschen in irgendeinem Sinne festhält, verliert seine Existenz ebenso wie der, der in der Verzweiflung versinkt, wer das Schaudern vor dem Nichtsein vergißt ebenso wie der, der in der Angst dieses Schauderns vergeht. Nur aus der Verzweiflung wird die Seinsgewißheit geschenkt. Unser Seinsbewußtsein hat den Charakter, daß nur ist, wer dem Tod ins Angesicht sah. Eigentlich er selbst ist, wer als Erscheinung sich wagte.

5. Der zweifache Tod. — Die Doppeltheit von Daseinsangst und Existenzangst läßt den Schrecken des Todes in zweifacher Gestalt erscheinen, als *Dasein, das nicht eigentlich ist*, und als *radikales Nichtsein*.

Das *Dasein, das im Nichtsein der Existenz doch ist*, wird der Schrecken eines endlosen Lebens ohne Möglichkeit, ohne Wirken und Mitteilung. Ich bin gestorben und muß ewig so leben; ich lebe nicht und leide als mögliche Existenz die Qual des Nichtsterbenkönnens. Die Ruhe des radikalen Nichtseins würde die Erlösung vor diesem Schrecken des dauernden Todes sein.

Wird so im Dasein dieses Nichtsein der lockende Tod, auf den hin ich lebe, so habe ich mich allem entzogen, kann keinen Menschen mehr mich angehen lassen, habe mir in meinem Inneren gleichsam schon das Leben genommen.

Das *Nichtsein, das restlos nicht ist*, wird zum Schrecken für Existenz in dem Maße, als sie im Dasein Möglichkeit verraten hat. Verwirklichte Möglichkeit aber erfüllt das Leben, das alternd dahin kommen kann, daß es lebenssatt sein darf. Ohne weitere Zukunft hat es Ruhe als Sein im Dasein, ohne Dasein nach dem Tode noch als Frage oder daseiendes Nichtsein noch als Schrecken zu kennen. Der Schrekken ist in dem Maße als ich nicht gelebt, d. h. nicht entschieden habe und darum kein Sein des Selbst gewann; Ruhe in dem Maße, als ich Möglichkeit verwirklichte. Je entschiedener vollendet wurde, zwar für kein Wissen in der Welt, aber in der Gewißheit des Selbstseins, je mehr die Möglichkeit sich verzehrt hat nicht zugunsten des Versäumens, sondern der Wirklichkeit, desto näher kommt die Existenz der Haltung, als Dasein gern zu sterben, hin zu ihren Toten.

Wird aber das drohende Nichtsein, statt auf Erfüllung von Existenz im Dasein zurückzuwerfen, in Umkehrung zu der Aufforderung, noch schnell so viel als möglich zu genießen, so ist dies nur ein Zurückwerfen auf das bloße Dasein, nach dem Satz: lasset uns essen und trinken, denn morgen sind wir tot. Diese Haltung bleibt in der Endlosigkeit sich nur erschöpfenden und wiederholenden Daseinsgenusses ohne Lösung. Es kommt nicht darauf an, daß hoffnungsloses Dasein in die Länge gezogen und nur als Dasein wiederholt wird, sondern daß es erfüllt wird durch Entscheidung in der Selbstidentifizierung mit geschichtlicher Wirklichkeit. Wiederholung ist nur in Gestalt der Treue nicht Endlosigkeit, sondern Erfüllung.

6. Geborgenheit im Tode. — Der Tod wird Tiefe des Seins nicht schon als Ruhe, sondern als *Vollendung*. In objektiven Gedanken ist zwar die Notwendigkeit des Todes als zugehörig zum Leben nicht einsehbar, aber dies Bewußtsein der Zugehörigkeit ist doch unauslöschlich. Im Leben ist uns alles Erreichte wie tot. Nichts Vollendetes kann leben. Sofern wir zur Vollendung streben, streben wir als zum Fertigen zum Toten. Daher ist uns im Leben das Vollendete partikular, Stufe und Ausgangspunkt. Was vorher Ziel schien, wird Mittel des Lebens. Das Leben bleibt übergreifend. Es selbst zur Vollendung zu bringen, ist ein uns widersinniger Gedanke. Als Schauspiel für andere kann ein Leben den Charakter eines vollendeten haben, als wirkliches hat es ihn nicht. Im Leben bleibt Spannung und Ziel, Inadäquatheit und Unvollendung. Sofern nun das aktivste Leben auf seine eigene Vollendung geht, geht es auf seinen eigenen Tod. Der wirkliche Tod zwar ist gewaltsam, er unterbricht; er ist nicht Vollendung, sondern Ende. Aber zum Tode steht Existenz trotzdem als zu der notwendigen Grenze ihrer möglichen Vollendung.

Doch genügt dieser Gedanke nicht, um zu erhellen, daß das eigentlichste Leben auf den Tod gerichtet, das matte Leben Angst vor dem Tode ist. Der Liebestod in der Ekstase der Jugend scheint als fragloser und naiver Heroismus auf der Stufe des Unbewußten vorwegnehmen zu können, was auf der Stufe von Bewußtheit und

Verantwortung als der aktive Heroismus des Einstehens härter und heller erscheint. Aber im Liebestod ist etwas vorweggenommen, was in diesem aktiven Heroismus des Wagens gar nicht mehr mitspricht: die Tiefe des Todes als das eigene Sein, die Möglichkeit, daß höchstes Leben den Tod will, statt ihn zu fürchten. In einer Entschleierung der Erscheinung öffnet sich wie eine Wahrheit der Tod nicht als Grenze, sondern als Vollendung. Er ist das Vollkommene, in dem versinkt, was als Sein im Dasein schien. Aber solche Sätze sind fragwürdig, ihr Mißverständnis notwendig. Nicht das unmutige Nichtmögen des Lebensleids, nicht der Haß seiner selbst, nicht das schwelgerische Verwirren von Wollust, Qual und Tod, nicht das müde Ruhebedürfnis sind gemeint. Tod kann Tiefe nur haben, wenn keine Flucht zu ihm strebt; er kann nicht aus Unmittelbarkeit und nicht äußerlich gewollt werden. Die Tiefe bedeutet, daß sein Fremdheitscharakter fällt, daß ich auf ihn zugehen kann als zu meinem Grunde, und daß in ihm Vollendung, aber unbegreiflicher Art, sei. Tod war weniger als Leben und forderte Tapferkeit. Tod ist mehr als Leben und gibt Geborgenheit.

7. Wandel des Todes mit der Existenz. — Es gibt nicht eine beharrende, als richtig auszusagende Stellung zum Tode. Vielmehr wandelt sich meine Haltung zum Tode in Sprüngen neuen Erwerbens durch das Leben, so daß ich sagen kann: *der Tod wandelt sich mit mir.* Darum ist es kein Widerspruch des Menschen mit sich selbst, wenn er mit allen Fasern seines Wesens am Leben hängt, jede Wirklichkeit des Daseins dem schattenhaften Nichtsein vorzieht, und wenn er das Leben, es noch in seiner Widersprüchlichkeit und Narrheit liebend, verachtet; wenn er am Tode zu verzweifeln scheint und sich angesichts des Todes seines eigentlichen Seins bewußt wird; wenn er nicht begreift und doch vertraut; wenn er das Nichts sieht und doch eines Seins gewiß ist; wenn er den Tod als Freund und Feind erblickt, ihn meidet und ihn ersehnt. Der Tod ist nur als ein Faktum eine immer gleiche Tatsache, in der Grenzsituation hört er nicht auf zu sein, aber er ist in seiner Gestalt wandelbar, ist so, wie ich jeweils als Existenz bin. Er ist nicht endgültig, was er ist, sondern aufgenommen in die Geschichtlichkeit meiner sich erscheinenden Existenz.

Leiden

1. **Das faktische Leiden.** — Das Heer der Leiden, die in manchen Situationen sich in den Vordergrund drängen, in anderen souverän übergangen, aber doch nie ignoriert werden können, ist unübersehbar. Die körperlichen Schmerzen, die immer wieder ertragen werden müssen; — die Krankheiten, welche nicht nur das Leben in Frage stellen, sondern den Menschen lebend unter sein eigenes Wesen sinken lassen; — die ohnmächtige Anstrengung, die zusammenbricht im Willen zur Überwindung und statt des wirklichen Gesichts meines Wesens unvermeidlich ein verzerrtes in die Erscheinung treten läßt; — geisteskrank werden, sich dessen bewußt sein und in einen kaum nachzuerlebenden Zustand geraten, ohne zu sterben sich selbst zu verlieren; — das krankhafte Altern im Sinne der Verkümmerung; — die Vernichtung durch die Macht anderer und die Folgen der Abhängigkeit in jeder Form der Sklaverei; — das Hungernmüssen. — Leiden ist Einschränkung des Daseins, Teilvernichtung; hinter allem Leiden steht der Tod. In der Art des Leidens und dem Maße des Gequältwerdens sind wohl die größten Unterschiede. Doch schließlich kann alle dasselbe treffen und jeder hat sein Teil zu tragen, keinem wird es erspart.

2. **Haltung des Daseins zum Leiden.** — Verhalte ich mich, als ob Leiden nichts Endgültiges, sondern vermeidbar wäre, so stehe ich noch nicht in der Grenzsituation, sondern fasse die Leiden als zwar endlos an Zahl, aber nicht als notwendig zum Dasein gehörend auf; sie sind einzelne, treffen nicht das Ganze des Daseins.

Ich *bekämpfe das Leiden* unter der Voraussetzung, daß es aufhebbar ist. Diese Bekämpfung hat in der Tat Erfolg und wird zu einer Daseinsbedingung des Menschen. Jeder ist an diesem Kampfe beteiligt und verlangt, solange er redlich ist und die Situation sieht, von sich die höchste Anstrengung in diesem Kampfe mit allen rationalen und empirisch sinnvollen Mitteln. Der Erfolg ist zwar immer begrenzt. Trotzdem wird aber das Leiden als nicht notwendig zum Dasein als solchem gehörig in einer Utopie fortgedacht: Wenn nur Biologie und Medizin erst ihren Gipfel und die politische Kunst vollendete Gerechtigkeit erreicht haben, werden sie alle Schmerzen und Krankheit und alle beengende Abhängigkeit zu vermeiden lehren; der Tod wird wie das schmerzlose, weder ersehnte noch gefürchtete Erlöschen eines Lichtes sein.

Diese das Leiden verendlichenden Gedanken scheinen zu retten, aber sie vermögen nicht zu befreien. Dasein, das der Notwendigkeit des Leidens nicht ins Angesicht blicken möchte, muß Wege der Täuschung suchen. Ich *weiche dem Leiden aus*, bei mir selbst dadurch, daß ich die Tatsachen nicht auffasse und darum nicht existentiell von ihnen betroffen werde, sie nicht umsetze in Tätigkeit, sondern nur erleide; ich begrenze instinktiv mein Blickfeld, will z. B. vom Arzt nicht die Wahrheit wissen, meine Krankheit nicht anerkennen, meine körperlichen und geistigen Mängel nicht sehen, meine soziologische Situation in der Wirklichkeit mir nicht klären; statt in aller Anstrengung um die Tilgung der Leiden klar zu sein über die Grenze ihrer Unaufhebbarkeit, gebe ich mit der Klarheit zugleich die vernünftige und wirksame Bekämpfung meiner Leiden auf, indem ich blindwütig nur Schuld in bösem Willen und in Dummheit Anderer behaupte und meinen Trost habe in dem passiven Gedanken an das Ende der Leiden, das mit der bloßen Vernichtung des schuldigen Bestehenden eintreten soll. Oder ich weiche dem Anderen gegenüber dem Leiden aus, indem ich mich fernhalte, mich von einem Menschen rechtzeitig zurückziehe, wenn sein Elend unheilbar wird. So erweitert man die Kluft, die zwischen Glücklichen und Leidenden sich auftut, durch Erstarren, Verschweigen; man wird gleichgültig und rücksichtslos, ja man verachtet und haßt schließlich den Leidenden, wie manche Tiere kranke Genossen zu Tode quälen.

3. Erweckung der Existenz durch Leiden. — In der Grenzsituation erst kann es das Leiden als unabwendbar geben. Jetzt ergreife ich mein Leiden als das mir gewordene Teil, klage, leide wahrhaftig, verstecke es nicht vor mir selber, lebe in der Spannung des Jasagenwollens und des nie endgültig Jasagenkönnens, kämpfe gegen das Leiden, es einzuschränken, es aufzuschieben, aber habe es als ein mir fremdes doch als zu mir gehörig, und gewinne weder die Ruhe der Harmonie im passiven Dulden noch verfalle ich der Wut im dunklen Nichtverstehen. Jeder hat zu tragen und zu erfüllen, was ihn trifft. Niemand kann es ihm abnehmen.

Wäre *nur Glück* des Daseins, so bliebe mögliche Existenz im Schlummer. Es ist wunderlich, daß das reine Glück leer wirkt. Wie Leiden das faktische Dasein vernichtet, so scheint Glück das eigentliche Sein zu bedrohen. Im Glücklichsein ist ein Selbsteinwand durch ein Wissen, das es nicht bestehen läßt. Das Glück muß in Frage gestellt sein, um als wiederhergestellt erst eigentlich

Glück zu werden; die Wahrheit des Glücks ersteht auf dem Grunde des Scheiterns.

Der Mensch, leichter er selbst im Unglück als im Glück, muß paradoxerweise *es wagen, glücklich zu sein.* Die Tiefe des Seins, das im Glück zu erscheinen wagt, kann nicht schon als blühende Vitalität offenbar werden; erst wenn Existenz den Grund erreicht hat, der erfordert ist, um im Glück sie selbst zu bleiben, wird dieses zur Erscheinung des Seins, vor der das erweckende Leiden zurücktritt, um in seinem Schatten das Glück als die transzendent erfüllte eigentliche Positivität des Daseins hervorgehen zu lassen. Es ist Existenz, die der Ohnmacht ihres Daseins Herr wird, wenn sie im Nicht noch eigentlich sein kann; es ist nur dieser Erfahrung, wenn sie im Rücken blieb, möglich, das Glück als die erst wahrhaft vollendende Erscheinung des Seins ohne Täuschung zu ergreifen, und, wenn es versagt ist, im Anderen zu lieben.

4. **Aneignen des Leidens.** — Fragen nach dem Zweck, Sinn und Recht des Leidens wird als vergeblich erkannt in der Resignation des Nichtbegreifens, aus der ein *aktives* Leben sich im Leiden auf sich selbst als den existierenden Einzelnen stellt. Er kommt zum Bewußtsein seiner selbst durch sein Leiden, dem er nicht ausweicht; er sieht es, bekämpft es nach Kräften und erträgt es, wo er ohnmächtig wird, bis er untergeht, um im Zugrundegehen nur noch die Haltung zu wahren, oder selbst diese zu verlieren, wenn der unbegreifliche Strudel ihn hinabreißt dahin, wo auch die Kraft des Selbstseins sich relativiert und unbekannten Mächten unterworfen sieht.

Oder ich werde in der Situation des Nichtbegreifens zugleich *passiv* im Tun und beschränke mich auf Daseinsgenuß. Wenn auch alles eitel und zuletzt Leiden ist, so kann man doch essen und trinken und Freuden haben auf Erden, solange es währt. Auf jeden Sinn, sowohl auf begriffenen wie auf aktiv geschaffenen, wird verzichtet.

Aus der Haltung zum Leiden in der Polarität von *aktiver* und *passiver* Resignation schwingt sich in der Grenzsituation mögliche Existenz auf zur Erfahrung im Sicheinswissen mit ihrer Transzendenz in einem *Ursprung*, der in der Grenzsituation des Seins gedacht wird.

Wird so das Leiden im Ursprung selbst gebunden, gewinnt es einen nichtbegriffenen Sinn, da es eingesenkt ist in das Absolute. Mein Leid ist nicht mehr zufällig das Verhängnis meiner Verlassenheit, sondern Daseinserscheinung der Existenz. Jetzt kann der transzendierende Ausdruck in dem Gedanken gesucht werden, daß, wenn ich andere leiden sehe, es ist, als ob sie in Vertretung für mich leiden, und als ob die Forderung an Existenz gehe, das Leid der Welt als ihr eigenes Leid zu tragen.

Kampf

Tod und Leiden sind Grenzsituationen, die für mich auch ohne meine Mitwirkung sind. In ihnen offenbart sich ein Angesicht des Daseins, sofern ich nur hinblicke. Kampf und Schuld dagegen sind Grenzsituationen nur, indem ich mitwirkend sie herbeiführe; sie werden aktiv von mir getan. Aber Grenzsituationen sind sie darum, weil ich faktisch nicht sein kann, ohne sie mir zu bewirken. Auf keine Weise kann ich mich entziehen, weil ich schon dadurch, daß ich da bin, mitwirke, sie hervorzubringen. Jeder Versuch, ihnen auszuweichen, erweist sich entweder als ihre Herstellung in anderer Gestalt oder als Selbstvernichtung. Tod und Leiden ergreife ich existentiell in der gesehenen Grenzsituation. Kampf und Schuld muß ich unvermeidlich zuerst selbst mit schaffen, um dann, in diesen als einer Grenzsituation stehend, mir ihrer existentiell bewußt zu werden und sie, wie auch immer, anzueignen.

1. Übersicht über die Gestalten des Kampfes. — Alles Lebendige führt, schon ohne Wissen und Wollen, einen *Kampf ums Dasein,* passiv um bloßes Dasein in scheinbarer Ruhe des Bestehens, aktiv um Wachstum und Mehrwerden. Die im Verhältnis zu möglicher Ausbreitung des Lebens immer begrenzten materiellen Daseinsbedingungen machen einen Kampf um diese Bedingungen notwendig. Dieser *unbewußte Kampf* wird dem Menschen bewußt, aber auch ihm wieder als einzelnen verdeckt, soweit der Kampf auf Gruppen, Gesellschaftsordnungen, Staaten übertragen und von diesen für ihn geführt wird, und soweit auch beim Menschen für den Einzelnen immer auch ungewußte ihn beengende Machtverhältnisse bestehen und ungewußte Beeinträchtigung anderer durch eigenen Erfolg bewirkt wird.

Der *bewußte Kampf* mit dem ins Auge gefaßten Gegner geht um das Ziel der Weite des Daseinsraums. Wirtschaftlich friedlich und kriegerisch gewaltsam, durch übertreffende Leistung, durch List und durch beeinträchtigende Veranstaltungen, überall wird im Effekt gleich grausam gekämpft, insofern die Breite materiellen Daseins, schließlich Dasein und Vernichtung in Frage steht und entschieden wird. Wenn die Anwendung von Gewalt nicht mit der Vernichtung einer

Seite endigt, geht sie in die Befestigung einer sozialen Beziehung über, in der der Siegende Macht gewonnen, der Unterliegende, weil er es vorzog weiterzuleben, Dienst im Beherrschtwerden auf sich genommen hat. In solche relativ fixierte Machtverhältnisse wird jeder Einzelne hineingeboren an eine Stelle, von der er seinen Ausgang nimmt.

Kampf von ganz anderer Art vollzieht sich im Dasein *aus der geistigen Idee und der Existenz*. Hier hat der Kampf nicht mehr den Charakter eines Faktums materiell bedingter Art, sondern wird im Dasein zum Ursprung der Offenbarung eigentlichen Selbstseins.

In geistigen Leistungen ist ein Kampf möglich, der in seinem reinen Sinn nicht um Dasein und Vernichtung, sondern um Rang und Widerhall geht. Dieser *Agon* hat nicht einen begrenzten Raum zur Verfügung, sondern den unendlichen Raum des Geistes, in dem jede Schöpfung und Leistung Platz hat und als Gehalt unzerstörbar besteht. Der Kampf ist nicht nur Infragestellung durch Rang und Maß, sondern zugleich tiefer ein Kampf, der fördert, weil er weckt und hervortreibt; er wird selbst Quelle der Schöpfungen, weil der Gegner dem Gegner gibt, was er erworben hat. Nur in den abgeleiteten Folgen: in der Wirkung auf die Mitwelt, in materiellen Prämien, nimmt der Agon die Formen des Verdrängens, Beeinträchtigens, Zerstörens an, die der Daseinskampf hat. Dadurch wird er in seinem Sinn verschoben. Zum Mittel für materielle Zwecke sich verlierend wird er in der Substanz falsch, weil er sich selbst verwechselt.

Ist schon im geistigen Agon Gewalt fremd, so vollends *im Kampf*, der als lebendiger Prozeß *der Liebe* Ausdruck dieser in ihrer Existenz ist. In der Liebe wagen Menschen sich restlos gegenseitig in Frage zu stellen, um an ihre Ursprünge zu kommen dadurch, daß sie in unerbittlicher Durchleuchtung wahr werden. Dieser Kampf ist in der Erscheinung der Existenz eine Bedingung ihrer Verwirklichung, rücksichtslos aber ohne Gewalt bis auf den Grund der Existenz gehend.

Kampf geht also um die materiellen Grundlagen meines Lebens, wird Quelle des Hervorbringens im geistigen Agon, Ursprung der Offenbarkeit der Existenz in der fragenden Liebe. Jedoch vollzieht sich der Kampf nicht nur im Verhältnis der Wesen zueinander, sondern auch im einzelnen Individuum. Existenz ist im Prozeß des *Selbstwerdens*, der *ein Kampf mit sich* ist. Ich knicke in mir Möglichkeiten, vergewaltige meine Antriebe, ich forme meine gegebenen Anlagen, stelle in Frage, was ich geworden bin, und bin mir bewußt, nur zu sein, wenn ich mein Sein nicht als Besitz anerkenne. —

234

Aus dieser Übersicht bleiben uns zwei wesensverschiedene Weisen des Kämpfens:

Kampf mit Gewalt kann zwingen, begrenzen, unterdrücken und umgekehrt Raum schaffen; in diesem Kampf kann ich unterliegen, Dasein einbüßen.

Kampf in der Liebe ist ohne Gewalt, die Infragestellung ohne Siegeswillen mit dem ausschließlichen Willen zur Offenbarkeit; in diesem Kampf kann ich mich versteckend ausweichen und als Existenz versagen.

Trotz Wesensverschiedenheit geht in faktischem Umschlag der eine Kampf in den andern über, entweder durch Abgleitung liebenden Kampfes in zwingenden Kampf, oder durch Überwindung gewaltsamen Kampfes in plötzlicher Berührung der Existenzen.

2. Kampf mit Gewalt um Dasein. — Mein Dasein als solches nimmt anderen weg, wie andere mir wegnehmen. Jede Stellung, die ich gewinne, schließt einen anderen aus, nimmt aus dem begrenzten zur Verfügung stehenden Raum solchen für sich in Anspruch. Jeder Erfolg, den ich habe, verkleinert andere. Daß ich lebe, beruht auf dem siegreichen Kampf meiner Vorfahren; daß ich unterliege, wird sich zuletzt darin zeigen, daß in der Folge der Jahrhunderte niemand mich als seinen Vorfahren kennt.

Aber zugleich gilt das Umgekehrte: alles Dasein beruht auf gegenseitiger Hilfe. Ich verdanke mein Dasein der Fürsorge meiner Eltern; ich bin lebenslang auf Hilfe angewiesen und leiste sie meinerseits in dem Zusammenhang menschlicher Gemeinschaft. Aber nicht die Hilfe, der Friede und die Harmonie des Ganzen ist das Letzte, sondern Kampf und dann Ausbeutung durch die jeweils Siegenden. Zwei Tatsachen zeigen es:

Geistiges Leben, das geschichtlich wirklich ist, beruht auf der Ordnung der Gesellschaft zugunsten der Freiheit und Muße Weniger. Die Meisten arbeiten in einem anderen Sinne; denn niemandem ist dabei die geistige Wirklichkeit der Wenigen der Zweck. Sondern eine Schicht durch eigene Kraft Herrschender, oder von Renten Lebender, oder solcher, die selbst relativ arm doch im Besitz der unentbehrlichen Subsistenzmittel nicht zum mechanischen Arbeiten gezwungen sind, vollzieht eine Funktion durch selbstdisziplinierte Arbeit am eigenen Sein, in Bildung und Hervorbringen. Einzelne in diesen Schichten werden Träger dessen, was nachher als immer einmalige Schöpfung für die Betrachtung aller einen Wert hat, den sie losgelöst von dem

Grunde, auf dem er erwuchs, besitzen möchten. Die grausame und an entscheidenden Punkten gewaltsame Ausbeutung ist die Bedingung, von der der Einzelne kein bewußtes Wissen zu haben braucht, da andere sie für ihn bewirken, der nur verzehrt, was ihm rechtens irgendwoher zufließt, ohne Bezahlung einer von seiner Seite kommenden materiellen Leistung zu sein. Das ökonomisch-soziologische Wissen hat diese Tatsache erst zu voller Anschauung gebracht. Wer die Ausbeutung aus der Welt schaffen will, muß auf die Wirklichkeit geistigen Lebens verzichten, das in der Kontinuität eines Bildungsprozesses je im einzelnen Menschen erwächst.

Die andere Tatsache ist: alle Gegenseitigkeit in der Hilfe baut, soweit wir empirisch sehen, nur Einheiten auf, die ihrerseits kämpfen; Hilfe in Gegenseitigkeit ist nur Enklave. So geht vor allem der Kampf im wirtschaftlichen Leben so sehr auf das Dasein als Ganzes zugunsten und zum Nachteil jeweils begrenzter Gruppen, wie der kriegerische Kampf. Er schafft Raum für die Nachkommen oder rottet aus. Nur die Langsamkeit des schrittweisen Prozesses, die Stille des schließlichen Sinkens, verdeckt die Kämpfe, ihre Siege und Vernichtungen, dem Auge, das nur das Plötzliche und Pathetische sieht. Scheinbar ist zuletzt nur das friedliche Blühen und Sichvermehren der Lebenden das allein Wirkliche. Wie sollte man schließlich sich blind machen vor der Tatsache, daß immer wieder Situationen auftreten, die nur durch Verschleierung sich von der der beiden Schiffbrüchigen unterscheiden, die nur einen Balken haben, auf dem Rettung möglich ist: wenn der Balken nur einen trägt, so müssen entweder beide umkommen, oder im Kampfe muß einer obsiegen, oder einer freiwillig auf das Leben verzichten.

Diesem Faktischen gegenüber ist eine *endliche Auffassung* möglich, für die keine Grenzsituation offenbar wird. Wegblickend vom Ganzen sehe ich die Kämpfe als vermeidbar an und versuche sie zu meiden, wenn ich unklar an ein Leben nach Recht, in Ruhe, mit Daseinsbedingungen für alle, glaube. Ich denke nicht bis zu den Grenzen, sondern lebe, solange die Verschleierung der wirklichen Grundlagen es zuläßt, zufrieden. Während für mich meine Daseinsbedingungen stabil scheinen, verkenne ich den Kampf als Bedingung und Grenze allen Daseins. Ich lasse mich täuschen in den Masken geselligen Umgangs und wähle die bequeme Neutralität in der nicht minder täuschenden Gestalt abwägender Objektivität. Doch in allen Selbsttäuschungen über die Bedingungen meines eigenen Daseins, deren Nutznießer ich

236

bin, ohne sie geschaffen zu haben, werde ich gelegentlich, wenn Bedrohungen als dunkel gefühlte Gefahren eintreten, nervös und gerate unter einen unklaren Druck, wenn Rechtlosigkeit, Unfrieden sich als mögliche Unlösbarkeit offenbaren. Oder ich werde ruhig, wenn keine Gefahr für mich fühlbar ist, und glaube wieder, faktisch von mir günstigen Kampfkonstellationen lebend, an ein Leben ohne Kampf.

Die *Grenzsituation* tritt nur ein für den Klarheitswillen der Existenz, sofern sie in der Betroffenheit ihr Dasein mit seinen Bedingungen ergreift. In der Grenzsituation des Kampfes gibt es nach ursprünglich wahrem Ansatz die Neigung zu den Lösungen, an denen als Kontrast sich erst die eigentliche Grenzsituation erhellt, in der ich ohne gewußte Lösung geschichtlich existierend bleibe.

Scheinlösungen der Grenzsituation sind auf zweifache Weise möglich: Entweder will der Mensch den Kampf nicht und beschreitet den Weg, ein kampfloses Dasein zu verwirklichen; in seiner Unbedingtheit der Utopie glaubend, geht er als Dasein zugrunde. Oder der Mensch bejaht den Kampf um des Kampfes willen; nur kämpfend, gleichgültig wofür und mit welchem Gehalt, und im Kampf schließlich sterbend erfüllt er seine Existenz.

Die erste Möglichkeit fordert das Evangelium: „Ich aber sage euch, daß ihr nicht widerstehen sollt dem Übel." Niemals Gewalt auszuüben, auch nicht in der Verteidigung, auf alle Daseinsbedingungen zu verzichten, die irgendwo auf eine Gewaltanwendung gegen Andere sich gründen, würde unmöglich sein, ohne das eigene Dasein preiszugeben. Auch die Rückkehr zur primitivsten Daseinsform würde sowenig als irgendein anderer Zustand menschlichen Zusammenlebens in der Zeit jenen Nichtwiderstand ermöglichen ohne die zu ihm gehörige Konsequenz des Untergangs der Nichtwiderstehenden.

Die andere Möglichkeit dagegen bejaht den Kampf als solchen. Der Mensch sucht nicht Lust, sondern ein Mehr an Macht, und soll es tun. Die Größe seiner Macht ist zugleich der Rang seines Wertes. Glück ist das herrschend gewordene Gefühl der Macht. Die Lehre des Sophisten sagt die Wahrheit: Jeder von uns möchte Herr womöglich aller Menschen sein, am liebsten Gott. Kampf ist unablässig notwendig und ist als solcher Wahrheit und Wert des menschlichen Daseins. Auf die Frage, wozu die Macht sei, ist keine Antwort mehr zu geben.

In beiden Positionen ist zwar die Grenzsituation einen Augenblick ergriffen, dann aber in der rational eindeutigen Gradlinigkeit des Nein oder Ja verloren. Der Verwerfung aller Macht als solcher steht gegenüber ihre Verherrlichung, der Würdelosigkeit des Sichunterwerfens und kampflosen Untergehens die Würde des Sichbehauptens und kämpfenden Erweiterns des eigenen Daseins. Die Täuschung ist im ersten Falle, daß auf diesem Wege ein Leben überhaupt möglich sei, im zweiten Fall, daß im Kämpfen als solchem schon Gehalt sei.

Gewalt richtet sich nicht nur *nach außen* gegen andere. Der Mensch richtet sie *auf sich selbst*. Wer einen großen Willen in kontinuierlicher Machtentfaltung nach außen entwickelt, hat auch einen starken Willen sich selbst gegenüber. Wer sich nicht selbst beherrschen kann, kann auch andere nicht beherrschen; er ist nur durch zufällige Situationen zu momentaner, nur brutaler, nicht nachhaltiger Gewaltanwendung fähig. Die Gewalt sich selbst gegenüber in der Spaltung, durch die ein forderndes Selbst einem gehorchenden gegenübertritt, verwirklicht sich als Selbstdisziplin im Gehorsam gegen sich. Sie bewirkt nach innen, was die Gewalt nach außen tut: Hemmung, Zerstörung, Formung, Herrschaft. Auch diese Gewalt kann einseitig verherrlicht werden als bloße Form, und umgekehrt vermag sich der Mensch gegen jede Gewalt aufzulehnen, die er gegen sich kehren könnte:

Die Rigoristen, die auf die eindeutige Geltung ethischer Gesetze als auf das Wahre blicken, *verherrlichen die Vergewaltigung des Selbst* als solche; denn dieses ist ihnen nichtig und nur von Wert durch die Form seines Sichbeherrschens. Die Brutalisierung der Individualität durch sich selbst am Maßstab rationaler Forderungen oder ästhetischer Formung ist ihnen das eigentliche Sein.

Die *Verwerfung der Gewalt gegen sich* fordert umgekehrt, jedem Instinkt, jeder Regung, jedem Antrieb unmittelbar zu folgen. Was ist, ist gut. Alle hemmende Gesetzlichkeit ist künstlich und daher unwahr. Wer in der Liebe zum Sein steht, bei dem sind alle Handlungen gut, der Rausch jeder Sinnenlust, Lüge, Diebstahl und Betrug. Diese Ablehnung jeder Störung der Unmittelbarkeit hat historisch in Sekten zu den äußersten Konsequenzen geführt; aber notwendig war auch, wie es bei der Verwirklichung der Lehre vom äußeren Nichtwiderstehen sein würde, Chaos und Untergang. —

Die Verherrlichung und die Verwerfung der Gewalt gegen andere oder gegen sich selbst lassen sich rational klar denken, denn sie sind außerhalb der Grenzsituationen. Ihre Konsequenzen in der Verwirklichung sind entweder Untergang durch Verzicht auf jede Nutznießung von Gewalt oder Entleerung zu gehaltlosem Dasein der

Vergewaltigung. Wenn ich nirgends auf Kosten anderen Lebens leben will, muß ich auf das Leben verzichten; die Gesinnung des Nichtwiderstehens bedeutet Selbstvernichtung, die nur durch zufällige Konstellationen oder durch Inkonsequenz aufgehalten werden kann. Die bloße Macht als Gewalt hingegen führt auf den Weg, an dessen Ende der Einsame stände, der alles vernichtet oder unterworfen hat, nun für sich grenzenlosen Raum gewann, aber nichts in ihm anfangen kann; nur solange noch etwas zu zerschlagen ist, hat er die Aufgabe; alles zu beherrschen oder alles zu vernichten, die eigene Macht grenzenlos zu machen, endet konsequent mit der Verzweiflung, keinen Gegner mehr zu haben.

Für den Verstand scheint die Wahl zwischen Verwerfung und Verherrlichung der Gewalt unausweichlich; die Folge der Wahl würde die unerbittliche Konsequenz nach der einen Seite sein.

Zunächst könnte *die Grenzsituation* der Gebundenheit von Dasein an Kampf durch Gewalt *bestritten* werden. Die Welt zeigt überall Hilfe, Verständnis, Vereinbarung, Geltenlassen, Raum für alle. Jedoch läßt sich empirisch kein Fall menschlichen Zusammenlebens aufzeigen, das Dauer hätte und nicht an der Grenze auf Gewalt und Macht beruhte, nach außen wie nach innen. Man könnte aber antworten: wenn es empirisch nicht zu finden sei, so sei es Aufgabe, es hervorzubringen. Auf Erfahrung dürfe man sich nicht berufen, wo der Wille zum Ideal erst schaffe, was dann auch für Erfahrung da sein könne. Dagegen ist jedoch hinzuweisen auf die Erfahrung von allgemeinen tatsächlichen Notwendigkeiten des Daseins: die natürliche Bevölkerungsvermehrung; den bei größter Erweiterung doch noch immer begrenzten Nahrungsspielraum; die für das Dasein irgendwo notwendigen, doch ruinösen Arbeiten; die ungeheure Artverschiedenheit der Menschen, die niemals Gegenstand objektiver, allen einleuchtender Feststellung wird, woraus sich die Unmöglichkeit einer Verteilung aller Aufgaben und Arbeiten nach dieser Artverschiedenheit ergibt. Alles das wird die Grundlage für die negative Feststellung: die Einrichtung des menschlichen Daseins als richtige würde selbst dann nicht stimmen, wenn eine vollkommene menschliche Einsicht als lenkend angenommen würde. Dem helleren Denken enthüllen sich um so tiefere Unlösbarkeiten, welche im Dasein als Bestand von Macht und als Austragung durch offene oder verschleierte Gewalt kenntlich werden. Alle zweckmäßige, richtige Einrichtung ist Enklave und jeweils erstrebtes einzelnes Ziel. Die Welt des Menschen wird nicht als

Ganzes Gegenstand des Handelns, jeder handelt in ihr, nicht sie übergreifend.

Wenn also die Wirklichkeit und Daseinsnotwendigkeit der Hilfe, Verständigung, Vereinbarung und des Zusammenwirkens nicht zu bestreiten ist, menschliches Zusammenleben vielmehr eine Ordnung zeigt und in dieser auch Gerechtigkeit und Freiheit, so ist doch dies alles begrenzt. Jeder Einzelne kommt in die Lage, an der Grenze zu stehen, wo nicht jene Ordnung, sondern faktische Gewalt entscheidet, die er selbst erleidet oder deren Nutznießer er ist. Aber niemand lebt auch, der nicht Hilfe leistet und annimmt, niemand lebt ohne Verständigungen als Kompromisse, welche ein Machtverhältnis nicht in einem wirklichen Kampf erproben, sondern den Austrag umgehen durch Abwägen, so daß beider Interessen zum Teil befriedigt werden, weil beide beim Kampf mehr zu riskieren meinen, als sie durch das Kompromiß gewinnen.

Der Gedanke, am Ende könnte, statt des vorläufigen Hinausschiebens eines Austrags durch Kampf, sich ein *wahres Recht* offenbaren; Macht würde nur noch das Vehikel der Rechtsverwirklichung sein, Recht die Macht suchen, um wirklich zu werden; die Macht bekäme das gute Gewissen und die verständige Durchsichtigkeit als Schützerin des Rechts — dieser Gedanke muß ohne Wirklichkeit bleiben. Es ist wohl wahr, daß Macht erst Gehalt gewinnt durch Idee und Existenz, die in ihr sich verwirklichen; und daß diese die Formulierbarkeit der Rechte als ihr Kommunikationsmittel haben; wahr auch, daß die gehaltvolle Macht sich zugleich selbst begrenzt und die Gradlinigkeit des Gegensatzes von Macht an sich und Nichtwiderstreben wieder aufhebt. Aber das Recht ist bestenfalls nur der Ausdruck jeweils bestimmter geschichtlicher Kräfte, die als Ideen von Existenzen getragen werden in einem Dasein, dessen Ordnung in Kampfentscheidungen wurzelt und durch drohende Gewaltanwendung besteht. Es ist noch immer vergeblich gewesen, ein richtiges Recht als allgemeingültig wißbares zur Anerkennung zu bringen. Denn gerecht ist ein Recht noch nicht als abstrakter Satz und in der Konstruktion eines danach möglichen Daseins, sondern erst in der Wirklichkeit seiner praktischen Folgen, an die vorher niemand gedacht hat. Das richtige Recht bleibt bloße Idee; es ist nicht nur nicht gegenständlich und bestimmt gewußt, sondern es ist als Verwirklichung unmöglich. Daher kann die Leidenschaft für die Verwirklichung des gerechten Rechts so leicht folgenden Weg nehmen: in einer Revolution wird Gewaltanwendung gerechtfertigt durch den Zweck, Gewalt aus der Welt zu schaffen; aber in unvermeidlicher Anpassung an die Wirklichkeit der Menschenmassen wird eine neue positive Ordnung hervorgebracht, welche wieder durch Gewalt besteht, d. h. am Ende steht die Daseinsform, die am Anfang stand, nur mit anderen Herrschern und anderem Inhalt. Durch dieses positive Recht besteht die relativ dauernde Ordnung, in der die Gewalt verschleiert, weil nur selten angewendet wird; jeder weiß ihr Dasein und sucht die Anwendung auf sich durch rechtzeitige Unterwerfung unter die faktischen Gesetze zu vermeiden. Ich ziehe Vorteil aus dem bestehenden Recht durch meine Machtposition mit dem Bewußtsein der Legalität, und ich leide in ungünstiger Position Nachteile aus dem Recht, zufrieden, solange sie in einem angesichts der äußersten Gewaltmöglichkeiten erträglichen Verhältnis zu 'den Vorteilen stehen. Hier scheint gerechter Frieden zu bestehen, nur weil in der geformten Gewalt die Grenzen verdeckt sind, durch die auch dieses Dasein überall auf den Bedingungen einmal entschiedenen und einmal noch weiterhin zu entscheidenden Kampfes ruht.

Jedenfalls ist ein endgültiger Ruhezustand menschlichen Zusammenlebens weder empirisch da noch als Möglichkeit konstruierbar, noch als zu verwirklichendes Ideal anschaulich vor Augen. Es *bleibt die Grenzsituation:* will ich leben, so muß ich Nutznießer einer Gewaltanwendung sein; so muß ich selbst irgendwann Gewalt leiden; so muß ich Hilfe leisten und Hilfe annehmen und dankbar werden; so muß ich das klare Entweder-Oder begrenzen und umbiegen in Vereinbarung und Kompromiß.

In dieser Grenzsituation ist also keine objektive Lösung für immer, sondern eine jeweilig geschichtliche Lösung. Existiere ich in dieser Grenzsituation, so ist die Folge nicht Passivität, sondern der Anspruch in der Polarität das Leben zu ergreifen mit den dazugehörigen Bedingungen in meiner geschichtlichen Situation. *Ich kann die Welt im Ganzen nicht aus ihrem Grunde anders machen wollen,* sondern *nur in ihr aus meinem Ursprung* verwirklichen. Ich begründe mein Recht nicht anders, als nur relativ und partikular; denn durch Recht kann ich nicht das Dasein überhaupt einrenken wollen. Aber ich bin gegenwärtig im Rechtsgedanken je nach der Wesentlichkeit seines Gehalts, von dem untergeordnetsten vitalen Opportunismus bis zum flammenden Enthusiasmus in einer mir im geschichtlichen Augenblick die Wahrheit des Handelns offenbarenden *Rechtsidee.* Unmöglich wird in

16 Jaspers, Philosophie II   241

der Grenzsituation die Ruhe der Unklarheit, die die Augen verschließt vor dem Kampf, als ob Leben ohne ihn möglich wäre; unmöglich wird der blinde Fanatismus, der den existentiellen Gehalt in abstrakten Rechtsprinzipien zugrundegehen läßt. In der Grenzsituation zeigt sich das Dasein unabgeschlossen und unabschließbar. Jene Abgleitungen des Verstandes nach der einen oder anderen Seite bedeuten ein Aufgeben der geschichtlich wirklichen Existenz. Es ist kein endgültiges Urteil über den Kampf mehr möglich, weder Bejahung noch Verneinung; sondern, weil Dasein auch Kampf ist, ist nur noch die Frage: *wo eine Machtposition ergreifen und nutznießen, wo nachgeben und dulden, wo kämpfen und wagen?* Und die Entscheidung erfolgt nicht aus allgemeinen Prinzipien, wenn auch nicht ohne sie, sondern aus der geschichtlichen Existenz in ihrer Lage. Jetzt schließt die Entscheidung durch Gewalt nicht die Bereitwilligkeit zu Vereinbarung und Kompromiß, der Kampfwille nicht die verstehende humanitas aus. Es ist immer nur die Frage: wann und wo?

Es sind abstrakte Grenzvorstellungen: der heroische Kampf und Untergang seiner selbst wegen, und das Sein der Seelen miteinander in grenzenloser Harmonie des Friedens. Wir sind entgegen diesen gradlinigen Möglichkeiten Wesen, die ihr Sein und Gehalt nur in endlichen Situationen des Kampfes in der Zeit haben. Unsere Wirklichkeit ist nichts Ganzes und nichts Zeitloses.

3. Kampf in der Liebe um Existenz. — Weil Existenz für uns nur in der Erscheinung ist, ist sie als Tun, in dem sie darüber entscheidet, ob sie ist oder nicht ist. Ganz anderen Ursprungs sind daher die Sorge um empirisches Dasein und die Sorge um Existenz.

Da Existenz sich nur in Kommunikation verwirklicht und diese in der Bewegung durch die Zeit im Wandel der Situationen sich vollzieht, ist der stille Einklang zeitlos werdenden Einsseins in der Ruhe innigen Erfassens von Existenz zu Existenz nur der verschwindende Augenblick eines in den jeweiligen Situationen wegen ihrer Dunkelheit entspringenden liebenden Kampfes. Daß die Gewißheit des Seins nur aus dem *Kampfe um Offenbarkeit* entspringt, ist die Grenzsituation für Existenz im Dasein, in der sie sich ihrer aufs tiefste bewußt werden, aber auch am ratlosesten verzweifeln kann. Daß auch dort, wo ich selbst zu sein scheine, noch Infragestellung bleibt als Bedingung des Werdens wahrhaft wirklicher Gegenwart in der Zeit, fordert diesen Kampf. Denn in der Erscheinung ist existentiell schlechthin nichts endgültig; Existenz ist dadurch, daß sich in der Grenzsituation offenbarenden Kampfes enthüllt, was eigentlich ist. Existentielle Kommunikation ist als dieser Prozeß des Kämpfens aus der Sorge um eigentliches Sein die Verwirklichung dieses Seins.

Dieser liebende Kampf sucht im Dunkel der Erscheinung in Gegenseitigkeit der Existenzen den *Ursprung:* nicht als die Veranlagung des empirisch daseienden Charakters in einer vermeintlichen Feststellung der eigenen und der anderen Artung, sondern als Freiheit, die in der sichtbar machenden Helligkeit des Wissens entscheidet. Der Kampf ist auf den letzten unoffenbaren Sinn in Ursprung und Ende gerichtet, aber dadurch, daß er sich in den augenblicklichen Situationen und Zwecken bewegt, daher am konkret Gegenwärtigen sich abspielt und das Geringste nicht als zu gering achtet.

Der Kampf sucht dieses Offenbarwerden auf dem *Weg über die Objektivitäten.* Im Medium der Richtigkeiten ergreift er alles Wißbare, aber sein Ziel ist nicht die allgemeingültige Richtigkeit, sondern die Wahrheit in der gegenwärtigen Situation als die des in dieser Kommunikation sich verwirklichenden Seins. Der Kampf kennt keine Grenze des Fragens als Mittel zur Kritik und Reinigung der Seele.

Dieser Kampf bleibt *ohne jede Gewalt.* Es gibt nicht Sieg oder Niederlage der einen Seite; beide sind gemeinsam; Sieg ist nicht durch Überlegenheit, sondern durch gemeinschaftliche Eroberung im Offenbarwerden, Niederlage nicht durch Mangel an Kraft, sondern durch Ausweichen im Verstecken infolge der Unbereitschaft zur Krise des eigenen und anderen Wollens. Der liebende Kampf hört auf bei der geringsten Anwendung von Gewalt, z. B. auch der intellektuellen Übermacht oder der suggestiven Wirkung. Er gedeiht nur bei vollständiger Gewaltlosigkeit, wenn jeder seine Kräfte dem anderen so gut als sich selbst zur Verfügung stellt, daher auch nur bei Ausschaltung des Rechthabenwollens, das nach Kampfmitteln statt nach Objektivität sucht. Der Kampf ist nur möglich, wenn er gleichzeitig gegen den anderen und gegen sich selbst in einem sich wendet; sich liebende Existenzen hören auf, einseitig vom andern zu fordern, weil sie gemeinsam alles fordern.

Dieser Kampf als äußerste Infragestellung des Anderen und meiner selbst ist nur möglich auf dem Grunde einer *Solidarität,* die im Anderen wie in mir die Möglichkeit der Existenz fraglos *voraussetzt.* Wird statt äußerster Infragestellung, die an die Wurzeln greift, Existenz selbst geleugnet, was sagbar nicht sinnvoll möglich ist, so wird faktisch in aller Stille schon der Kampf abgebrochen und aus der Grenzsituation getreten. Die Gewißheit meiner Existenz erkennt sich in dem Widerhall solcher unaussagbaren Voraussetzung. Darum kann der rücksichtsloseste Kampf gegen mich, weil er mich als Seinsmöglichkeit ernst nimmt, ohne daß ich weiß wie, meine existentielle Seinsgewißheit erwecken. Jene Voraussetzung wird nicht als Anerkennung ausgesprochen, denn Anerkennung bezieht sich auf Objektivitäten, auf Rechte, Leistungen, Erfolge und auf Eigenschaften, Charakter; sie befriedigt das Bedürfnis nach Geltung im Seinsbewußtsein eines sozialen Selbst. Aber sie ist ursprünglich sinnverschieden von existentieller Berührung in der Solidarität, welche durch Betonung jener sichtbaren Erscheinungen eher geschwächt wird. Ich bin nur in dieser existentiellen Kommunikation, welche unverlierbar ist. Aber Anerkennung in irgendwelchen Gestalten brauche ich als Dasein nach der Art meiner vitalen Konstitution mehr oder weniger, wie ich Nahrungsmittel brauche, um zu leben. Jedoch es droht Verwirrung der Existenz, wenn sich das Suchen nach existentieller Seinsgewißheit fälschlich versteht als Anspruch auf Anerkennung und Bejahung in dem Sinne, wie es das gesellige Zusammenleben mit sich bringt. Die existentielle Bejahung, die auszusprechen sogar sinnlos wird, wurzelt als die Solidarität zu liebendem Kampfe in einer anderen Tiefe. —

Daß ich in dieser Kommunikation *kämpfen* muß, kann über Tod, Leid und äußere Gewalt hinaus mich *erschüttern*, weil es den Ursprung der Erscheinung des Selbstseins trifft. Ich möchte, in ruhiger Liebe geborgen, dem Prozeß des Fragens enthoben sein, den Anderen wie mich selbst bedingungslos hinnehmen und bejahen dürfen. Aber existentielle Liebe ist nicht in der Zeit schon als Dauer das ruhige Scheinen der Seelen ineinander; würde der Augenblick, der diesen Charakter hat, gedehnt zu einem Zustand in der Zeit, so würde er sich zu einem Gefühlsschwelgen entleeren, das sich nicht versteht, weil es die Wirklichkeit ihres Daseins verdeckt; Liebe ist nicht als Besitz, mit dem ich rechnen kann. Ich muß kämpfen mit mir selbst und der geliebten Existenz des Anderen zwar ohne Gewalt, aber in Frage gestellt und in Frage stellend.

Ich kann die kämpfende Kommunikation nicht schon verwirklichen durch rationale Gewaltsamkeit der Argumente, aber auch nicht ohne das Äußerste an rationaler Klarheit; nicht schon durch einfach hingebende, restlos opfernde Liebe; aber auch nicht ohne diese; nicht durch das Ziel einer endgültigen Lösung, aber auch nicht ohne

244

jeweilige Bestimmtheit der Aufgaben. Sie ist stets *unvollendet* in der zeitlichen Erscheinung. Hier ist wohl die größte Gewißheit im Sinne eines absoluten Bewußtseins möglich, doch gar nicht die Sicherheit des Habens. Dieser Tiefe der Liebe von Existenz zu Existenz öffnet sich in ihrem Zeitdasein die *Grenzsituation als Frage von Auge zu Auge in gemeinsamer Gefahr,* wenn die bleibende Fragwürdigkeit alle gewonnenen Positionen in Stufen und Voraussetzungen verwandelt, alles sich Kristallisierende in Relatives, allen Besitz in Verschwindendes.

Leichter als dieser Kampf in seinem Wesen sind seine *Abgleitungen* zu sehen: in der geistigen Überlegenheit, die sich als Gewalt auswirkt; in der Passivität bedingungslosen Sichunterwerfens; im beleidigten Sichinsichverschließen, wo das Nichtantworten als gewaltsames Kampfmittel benutzt wird; in den sophistischen Fragen und der Verschiebung ins rein objektive Gerede endloser Art; in der bloßen Ritterlichkeit des Sorgens und formenden Gestaltens; in der schweigenden Duldung; im Karitativen des Mitleids und der äußeren Hilfe. Überall entsteht die Niveauungleichheit, welche ein liebendes Kämpfen ausschließt.

Der Kampf der Seelen kann scheinbar mit grenzenloser Bereitschaft gesucht werden, aber so, daß er in seinem Vollzug sich in jedem Augenblick *unwahr verstellt:* wenn im Grunde um die Bejahung meiner empirischen Individualität, nicht um existentielle Offenbarkeit gekämpft wird; wenn aus elementarer Rachlust des sich selbst Hassenden eine Lust entsteht, den Anderen mit sich selbst zugleich in Gefahr zu bringen und seelisch zu zerstören, um den Triumpf zu haben, daß alles nichts wert sei; wenn die Lieblosigkeit im Anderen einen Gott sehen will, um ihn an entsprechenden Maßstäben, an denen er standhalten soll, wenn er etwas sei, zu messen und zu vernichten. Die Auswirkung kämpfender Liebe scheint hier überall darin bestehen zu können, dem Anderen Fallen zu legen, um zu zeigen, daß er versagt; aber als unwahr zeigt sie sich durch den Mangel an Gegenseitigkeit und durch die Täuschung des Sichselbstversteckens.

Aus der *Kampflosigkeit* aber würde die Leere der Existenz entstehen bei vielleicht großer Fülle der Beziehungen des Daseins zu anderem Dasein. Der Kontrast der reichen Objektivität dieses Daseins zu seinem Nichtsein im Sinne von Existenz würde ungewußt gefühlt, wenn die Grenzsituation des Kampfes nicht erfahren würde. Es wird die Möglichkeit der Einsamkeit sichtbar als Ausdruck des

245

existentiellen Nichtseins, weil ich nicht liebend und in der Liebe kämpfend zur offenbaren Existenz wurde. Das Bewußtsein als Erscheinung möglicher Existenz sieht sich vor dem Abgrund. Es scheint eine Lösung zu geben in der Kommunikation mit der Gottheit, in einer religiösen Geborgenheit, welche der Weg wird, sich dem liebenden Kampfe zu entziehen, ruhig im isolierten Ich zu bestehen und keine Infragestellung seiner selbst zu wagen und zu dulden.

Ableitungen ließen sich im Medium verstehender Psychologie fast beliebig entwickeln, aber der wahre Weg kämpfender Kommunikation ist direkt und allgemein nicht aufzeigbar, da er als wirklicher immer einmalig und unnachahmlich ist.

Schuld

Jede Handlung hat Folgen in der Welt, von denen der Handelnde nicht wußte. Er erschrickt vor den Folgen seiner Tat, weil er, obgleich er nicht an sie dachte, sich doch als ihren Urheber weiß.

Dadurch, daß ich mit meinem Dasein *meine Lebensbedingungen* im Kampf und Leid Anderer *zulasse*, habe ich die Schuld, durch Ausbeutung zu leben, auch wenn ich meinerseits den Preis zahle durch eigenes Leid, Mühsal in der Arbeit um die Lebensvoraussetzungen und schließlich durch meinen Untergang.

Die Motive meines Handelns und Fühlens sind aus ursprünglichen Antrieben in den Situationen durch die vielfache Möglichkeit des Wünschbaren und die auf mich zurückwirkenden Erwartungen der Umgebung so vieldeutig, daß die Klarheit in der Entscheidung nur in seltenen Augenblicken oder nur scheinbar durch eine blinde rationale Abstraktion möglich ist. Ich lebe gleichsam im Stoff des sich im Ansatz des aktiven Lebens stets auch *verstrickenden Daseins*, um existierend die *Reinheit der Seele* zu erringen, die die Unschuld schlichter Eindeutigkeit wäre. Aber die Unreinheit des ins Dasein versenkten Seins bringt sich im Dasein im Überwundenwerden sogleich neu hervor. Ich habe nicht nur Schlacken abzuwerfen, sondern muß, sofern ich lebe, stets andere sich bilden sehen. Ich weiß gar nicht, was meine reine Seele ist, um die ich als mögliche Existenz mich kümmere, sondern werde zurückgeworfen auf mein konkretes Gewissen, das mich führt und in irgendeinem Sinne in meinen innersten Gefühlen auch schuldig findet. Reinheit der Seele ist die Wahrheit der Existenz, die im Dasein die Unreinheit wagen und verwirklichen muß, um stets

246

schuldig die Verwirklichung der Reinheit als unendliche Aufgabe in der Spannung des Zeitdaseins zu ergreifen.

Wenn ich im Dasein mögliche Existenz bin, werde ich wirklich durch das Eine. Das Eine ergreifen, heißt *anderes Mögliche*, wenn auch still und im Sinne rationaler Moral schuldlos, *zurückweisen*. Das Andere aber sind Menschen als mit mir mögliche Existenzen. Der Verstand glaubt zwar eine einfache Lösung darin zu finden, jedem sein Recht zu geben; aber das Sein in dieser Verteilung abstrakter Rechte zu finden, bedeutet die Aufhebung jeder existentiellen Wirklichkeit. Ich habe zu wählen zwischen dem Vielen in seiner Mannigfaltigkeit und Vertretbarkeit, aber mit der Konsequenz, daß dann alles nichts ist, und dem Einen, aber mit der Folge, Anderes zu verraten, das an mich als Möglichkeit fordernd herantrat und in augenblicklichem, sogleich verschwindendem Ansatz schon Wirklichkeit werden konnte. Durch die tiefste Entschiedenheit in der Wirklichkeit des Existierens gerate ich in eine objektiv unfaßliche Schuld, die als mir selbst unverständlich im schweigenden Hintergrund meiner Seele droht; diese Schuld zerschlägt am radikalsten jede Selbstgerechtigkeit wirklich werdender Existenz.

Dadurch, daß ich tätig das Leben ergreife, nehme ich also anderen weg, lasse ich in den Verstrickungen die Unreinheit der Seele entstehen, verletze ich durch meine ausschließliche Verwirklichung im Zurückweisen mögliche Existenz. Erschrecke ich vor diesen Folgen meines Tuns, so kann ich wohl denken, die Schuld zu vermeiden, indem ich, nicht eintretend in die Welt, gar nichts tue; dann würde ich niemandem nehmen, selbst rein bleiben, durch Verharren in universeller Möglichkeit keine abweisen. Aber *Nichthandeln* ist selbst ein Handeln, nämlich Unterlassen. Es hat Folgen: Konsequent und absolut festgehaltenes Nichthandeln würde notwendig zu schnellem Untergang führen; es wäre eine Form des Selbstmords. Nichteintreten in die Welt ist das Sichversagen vor der Forderung der Wirklichkeit, die als dunkler Anspruch an mich herantritt, zu wagen und zu erfahren, was daraus wird. In meiner Situation trage ich die Verantwortung für das, was geschieht, weil ich nicht eingreife; kann ich etwas tun, und tue es nicht, so bin ich schuldig für die Folge meines Nichttuns. Also ob ich handle oder nicht handle, beides hat Folgen, in jedem Falle gerate ich unvermeidlich in Schuld.

In dieser Grenzsituation bleibt, bewußt in Kauf zu nehmen, was durch mich geschieht, ohne daß ich es gradezu will. Sofern der

Handelnde bewußt diese Folgen zuläßt, weil er die Tat anderer Folgen wegen will, heißt er *gewissenlos*. In der Grenzsituation aber nennt er sich für seine Tat *verantwortlich*. Verantwortung heißt die Bereitschaft, die Schuld auf sich zu nehmen. Durch sie steht Existenz in der Erscheinung unter unaufhebbarem Druck.

Ich kann mich *der Spannung entziehen*, indem ich ohne Grenzsituation lebe. So kann ich unwahrhaftig sagen: es ist nun einmal so; es ist doch nicht zu ändern; ich bin für das Dasein, wie es ist, nicht verantwortlich; wenn dieses die Schuld unvermeidbar macht, so ist das nicht meine Schuld; dann ist es gleichgültig, ob Schuld auf mich fällt, da ich im Prinzip doch schuldig ohne meine Schuld bin. Also lasse ich durch die Folgen meines Handelns mich nicht drücken, lebe ruhig durch Ausbeutung, störe mich nicht an der Unreinheit der Seele, die ich mit Gelassenheit beobachte und konstatiere, und kann jenes dunkle Abweisen existentieller Möglichkeit als Schuld überhaupt nicht mehr verstehen.

Ich *verdecke* mir die Grenzsituation noch radikaler, indem ich nicht einmal diesen Weltlauf erblicke. Ich rechne etwa, daß wir in Gegenseitigkeit uns leisten, dienen und nutznießen, und daß die Ausbeutung durch rechtliche Ordnung aufgehoben werde. Oder ich versuche zu entweichen, indem ich in einer abstrakten moralischen Gradlinigkeit schon das, was ich als Motiv ausspreche, für mein Sein halte, das ich mit meiner erscheinenden möglichen Existenz verwechsle, die um ihre Reinheit kämpft. Ich leugne den dunklen Anspruch der Wirklichkeit an mich als mögliche Existenz und werde mir gar nicht bewußt, daß ich vor ihm mich versagt habe.

Schließlich *hebe ich die Grenzsituation* dadurch *auf*, daß ich jede Schuld als eine nur einzelne und damit als unvermeidbare deute. Ich habe entweder nennbare einzelne Schuld auf mich genommen, die ich auch hätte vermeiden können, oder ich bin mir keinerlei Schuld bewußt und habe ein ruhiges Gewissen. Ich sehe optimistisch ein mögliches Leben ohne Schuld und die Schuld als einzelne, die ich büßen kann, um mich von ihr zu reinigen.

Wenn *in der Grenzsituation* diese unwahren Verschleierungen für Existenz unmöglich werden, ist im tiefsten Grunde ein Halt verloren; ich bin ich selbst, aber als schuldig. Jetzt kann ich nur leben in der Spannung, in der ich den Aufschwung suche. Es handelt sich nicht mehr darum, schuldlos zu werden, sondern vermeidbare Schuld auch wirklich zu meiden, um zur eigentlichen, tiefen, unvermeidbaren

Schuld zu kommen — aber auch hier, ohne Ruhe zu finden. Die Verantwortung steigert sich zu ihrem existentiellen Pathos, die unausweichliche Schuld auf sich zu nehmen, vor der wir sonst uns scheuen, um gedankenlos in kümmerliche Schuld passiv verstrickt zu werden. Die ausbeutende Nutznießung verpflichtet zur Leistung. Die Unreinheit wird zu dem Anspruch, der fordert, nur in hellster Wirklichkeit zu wollen, um das ursprüngliche Wollen zum klaren Sprechen zu bringen. Das Wirklichwerden der Existenz in dem Einen findet die nicht zu hebende wahre Schuld, Möglichkeiten des Existierens abgewiesen zu haben.

DRITTER TEIL

Die Grenzsituation der Fragwürdigkeit allen Daseins und der Geschichtlichkeit des Wirklichen überhaupt

In jeder Grenzsituation wird mir gleichsam der Boden unter den Füßen weggezogen. Ich kann das Sein als Dasein nicht greifen in bestehender Festigkeit. In der Welt ist keine Vollendung, wenn selbst die liebende Kommunikation als Kämpfen in Erscheinung treten muß. Welches Dasein auch immer als das eigentliche Sein sich geben möchte, es versinkt vor der das Absolute suchenden Frage. Die Fragwürdigkeit allen Daseins bedeutet die Unmöglichkeit, in ihm als solchem Ruhe zu finden. Die Weise, wie das Dasein überall in den Grenzsituationen als in sich brüchig erscheint, ist seine antinomische Struktur.

1. Die antinomische Struktur des Daseins. — Man kann denken nur im Unterscheiden, das Denken artikulieren nur in Widersprüchen, die ausgeschaltet werden; die Wirklichkeit erscheint als ein Spiel sich entgegengesetzter Kräfte, die jeweils ein Resultat durch Ausschließung, Ausgleich oder Synthese haben; Motive bewegen nach entgegengesetzten Möglichkeiten, aus denen in der Wahl eine bestimmte Richtung des Wollens eingeschlagen wird. In allen diesen Fällen ist Entgegensetzung und Widerspruch nur ein Schritt auf einem Wege, der beide aufhebt. Man weiß, was man unter Aufhebung von Widersprüchen als widerspruchlosen Zusammenhang weiß. Man weiß, was man will, wenn man Bestimmtes will unter Ausschluß des Anderen, das nicht mehr relevant ist. Das Bemühen um Objektivität

249

und Einsichtigkeit kämpft mit den Widersprüchen und Gegensätzen, um ihrer Meister zu werden, indem es sich ihrer bedient.

Antinomien dagegen nennen wir Unvereinbarkeiten, welche nicht überwindbar sind, Widersprüche, die sich nicht lösen, sondern bei klarem Denken nur vertiefen, Entgegensetzungen, die kein Ganzes werden, sondern als unschließbare Brüche an der Grenze stehen. Die antinomische Struktur des Daseins bedeutet, daß Lösungen nur jeweils endliche von bestimmten Gegensätzen im Dasein sein können, während sich im Blick auf das Ganze an der Grenze überall die Unlösbarkeiten zeigen. Vollendung gibt es nur im Einzelnen und Relativen, das Dasein im Ganzen bleibt unvollendet; ein Sichabschließen des Daseins in sich wird überall durch Antinomien verhindert. Die Grenzsituationen von Tod und Leid, von Kampf und Schuld zeigten einzelne Antinomien; ihr Gemeinsames wird in dem Gedanken von der antinomischen Struktur des Daseins begriffen. Diese ist als das hoffnungslose Elend in der Welt und als die Bodenlosigkeit des sich als das endgültig Richtige suchenden Wollens bewußt. Im unerbittlichen Wissen des Besonderen erhellt sich jeweils dieser Daseinsaspekt als die Grenzsituation, in der alles Sein als Bestand im Zeitdasein und die Wahrheit des Ganzen als eine objektive in jeder Situation gültige sich auflöst.

In dieser Grenzsituation sieht man das Wertvolle gebunden an Bedingungen, die selbst wertnegativ sind. Überall ist etwas in Kauf zu nehmen, was nicht gewollt ist. Die Gegensätze gehören so zueinander, daß ich die eine Seite, welche ich bekämpfe und aufheben möchte, nicht loswerden kann, ohne die ganze Polarität und also auch das, was ich als Wirklichkeit will, zu verlieren. Freiheit ist gebunden an Abhängigkeit, Kommunikation an Einsamkeit, geschichtliches Bewußtsein an Wahrheit des Allgemeinen, ich selbst als mögliche Existenz an die Erscheinung meines empirischen Daseins.

2. Verhalten zur antinomischen Struktur. — Die antinomische Struktur des Daseins, dem hellen Auge gegenwärtig, kann diesem trotzdem als Grenzsituation wie verschleiert bleiben. Indem ich, statt in ihr zu existieren, mich zu ihr als *Zuschauer* verhalte, stelle ich die Antinomien immer neu nach ihren endlosen Abwandlungen in jeder Lage fest, beruhige mich bei ihnen und plädiere für den Reichtum der Welt und des Menschen in ihren Widersprüchen; ich lasse das Eine gelten und das Andere und trage auf zwei Schultern. Statt in der Grenzsituation für mögliche Existenz das Stauwerk der Hemmungen zu errichten, an dem sie im Dasein sich emportreibt, bleibt

vielmehr der Widerstand aus; mein Leben, statt in ihm ich selbst zu werden, fließt gleichsam hindurch, in spielendem Schaum schöne Bilder blickend, aber ohne Substanz in sich, weil ohne ausschließende geschichtliche Bestimmtheit. Es wird ein Leben aus der Welt, statt aus dem Ursprung, expansiv statt intensiv, in der Mannigfaltigkeit des Erlebens, statt in existentiellem Bezug auf seine Transzendenz. Stehe ich so in der antinomischen Struktur der Welt wie einem großartigen gegenständlichen Sein als ergriffener Zuschauer gegenüber, statt in ihr zu existieren, so sehe ich in unverbindlicher Betrachtung. Dann habe ich, gefesselt an ein bestehendes antinomisches Weltbild, die Grenzsituationen doch für mich verloren.

Die andere Möglichkeit des Ausweichens ist die *Blindheit* für die aneinandergebundenen Gegensätze. Man denkt verstandesmäßig Alternativen und vollzieht allgemeingültig die Wahl zugunsten der einen Seite. Solche endgültigen Entscheidungen, nach denen ich mich im Konkreten nur zu richten habe, sind durch *rationale Klarheit* verführend und bequem durch die Erlaubnis, auf geschichtliche Vertiefung, die an das gefahrvolle Horchen auf den dunklen Anspruch der Wirklichkeit in meiner konkreten Situation gebunden ist, verzichten zu dürfen. Weil ich abstrakt weiß, was richtig ist, brauche ich nur zu subsumieren, was vorkommt. Die gewonnenen Grundsätze sind dazu da, mich des in die Tiefe dringenden Denkens zu überheben; ich bin gewaltsam in dieser Gradlinigkeit, aber die Sicherheit, die ich in diesem Handeln habe, ist ohne Selbstsein. Es ist ein im Grunde negatives, in seinen Folgen substantiell zerstörendes Tun.

Als Existierender kann ich jedoch nur zu mir kommen in der Grenzsituation der Antinomien: was wahrhaft im Ursprung ergriffen werden muß, das wird der Existenz nicht abgenommen durch eine unabhängig von ihr bestehende objektive Geltung. Will ich, statt die Dinge in der Welt, *ein Sein an sich als absolutes Sein erkennen*, so sehe ich mich in Antinomien verstrickt, die all mein vermeintliches Wissen in Widersprüchen scheitern lassen. Will ich *das Wahre wissen als ein objektives Ziel des Handelns* in einer zu realisierenden Vollendung, über der keine weitere mehr ist, so gerate ich in Widersprüche schon in möglichen Vorstellungen von Idealen und Utopien, dann in jedem Versuch einer Verwirklichung.

Die Antinomik des Daseins ist die Grenzsituation, welche das Absolute als objektiven Bestand in jeder Weise des Gewußtseins vernichtet; weil das Absolute nicht gradezu als Gegenstand in der Welt auftaucht, muß es aus Existenz jeweils in geschichtlicher Gestalt aus Freiheit ergriffen werden. Verlange ich die Möglichkeit der richtigen, gerechten, endgültigen Welteinrichtung als Bedingung für den Sinn meines Handelns, so ist für mich die Welt als Welt alles; ich verleugne Transzendenz. Wenn ich so das absolute Ziel als ein objektives für jedermann und immer will, sinke ich angesichts der Antinomien vor dem Nichts in die Hoffnungslosigkeit des Unmöglichen.

Da also das wahre Sein nur in der Grenzsituation oder gar nicht erfahren wird, so hätte in einer Welt ohne Antinomik, mit bestehender absoluter Wahrheit als objektiv vorhandener, Existenz aufgehört zu sein und mit ihr das Sein im Dasein, dem Transzendenz fühlbar werden kann.

Eine *Umkehrung* solchen Philosophierens wäre die Absurdität, das Leid, die Schuld und alle Antinomik zu wünschen und zu fördern, um darin zu existieren, sein Kreuz zu suchen und die felix culpa zu verherrlichen, sich zu quälen, krank zu machen, mit Skrupeln aufzulösen, sein Liebstes zu ruinieren. Jedoch ist der Gedanke, der Existenz erhellen möchte, nur sinnvoll, um darin wiederzuerkennen und den Appell zu erfahren, sinnlos, wenn er als Einsicht genommen wird, mit der man durch Veranstaltungen herbeiführen könne, was man als das Wahre begriffen habe. Es ist vielmehr so, daß wir alles tun, um zu meiden und zu bessern, was, wenn es wider unseren Willen bleibt und überwältigt, nicht nur Vernichtung zu sein braucht, sondern in ihr die Möglichkeit des Offenbarwerdens eigentlichen Seins bergen kann.

3. Die Geschichtlichkeit des Daseins überhaupt. — Was ich im Dasein erfahre, kann ich weder als ein schlechthin Bestehendes in sich ruhen lassen noch des Bestehens berauben, ohne es seiner Wirklichkeit zu entkleiden; ich kann weder das Dasein in sich geschlossen als das Sein begreifen noch mögliche Existenz anders als im Dasein sein. Daß Dasein mir unausweichlich zum Sein gehörig, aber zugleich nirgends sich selbst genug erscheint, drängt zu der Frage: *warum ist überhaupt Dasein?* Ich könnte abstrakt den Gedanken denken von einer Gottheit ohne daseiende Wirklichkeit; die Gottheit wäre selbstgenug und vollendet, unbedürftig und selig; warum dann ein Dasein? Wie ist das Dasein, das in den Grenzsituationen sich zeigt, durch die Gottheit möglich?

Der Gedanke von einer isolierten Gottheit ohne Welt erweist sich uns ein als Abgrund des Nichts; andererseits ist das Dasein mit seinen der Existenz sich erhellenden Grenzsituationen der Antinomik unbegreiflich. So ist die letzte alle anderen in sich schließende unverstehbare Grenzsituation: daß Sein nur ist, wenn Dasein ist; daß aber das Dasein als solches nicht das Sein ist.

Doch wenn Dasein sein muß, damit Sein sei, so begreife ich dieses Müssen nicht. Es handelt sich vielmehr um den Ausdruck der tiefsten Unbegreiflichkeit. Sie zu erhellen erweitert sich die Geschichtlichkeit von der Erscheinung der einzenen Existenz im Dasein auf das Dasein im Ganzen, aber in unbestimmter Weise. *Das Dasein ist geschichtlich,* weil unvollendbar in der Zeit, unruhig sich hervorbringend, weil in keinem Zustand in Einstimmung. Das antinomische Gesicht ist die im Zeitdasein nicht aufhörende Forderung zum Anderswerden.

Was uns Bestand sein könnte, wäre das absolute Sein; was uns Bestand wird, ist nur Dasein. Das Absolute ist uns im Verschwinden durch die Wirklichkeit der Freiheit, das Relative ist uns als Bestand in zeitlicher Dauer und gültiger Objektivität. Diese Umkehrung des zu Erwartenden dadurch, daß Bestehendes nichtig und Verschwindendes Erscheinung des Seins wird, ist die Geschichtlichkeit des Daseins. Diese wird zunächst der Existenz offenbar, die sich in der Grenzsituation gespannt sieht zwischen Daseinsbestand und Freiheit. In einer Welt, die nicht als ein Ganzes zum wahren Bilde wird, sondern je wahrer gesehen auch desto zerrissener ist und als Objekt nur in relativen Perspektiven sichtbar bleibt, verwirklicht sich mögliche Existenz aus Freiheit gegen Widerstände. Wird Existenz ihrer Geschichtlichkeit im Ganzen des Daseins inne, so antwortet sie sich auf die Frage, was Dasein sei, daß seine keine Ruhe gewährende Bewegung die Erscheinung des Seins sei, das in ihr sich zwar für den Blick, der das Dasein zum Bestand mache und rein als Welt sehe, verdecke, aber offenbar werde, wo dieser Bestand in der uneingeschränkten Geschichtlichkeit sich auflöse. Diese metaphysische Anschauung drängt weiter, alles in Freiheit zu verwandeln. Daß ihr das Dasein Geschichtlichkeit ist, bedeutet, daß sie es als Erscheinung der Freiheit faßt, an der jeder Einzelne beteiligt und mitverantwortlich ist.

Die *Gebundenheit des Seins an Geschichtlichkeit des Daseins* gilt für Existenz und Transzendenz:

Es gibt *keine daseinslose Existenz.* Ohne das Moment des Bestandes in allem Dasein, die Widerstände und das Dauernde ist keine Freiheit. Würde ich reine Freiheit als losgelöst vom Dasein suchen, so würde ich mich ins Nichts verflüchtigen.

Es gibt für mich *keine Transzendenz ohne Dasein*. Ohne die Wirklichkeit der Erscheinung, wie sie für mögliche Existenz in Grenzsituationen sich zeigt, ist keine Transzendenz. Würde ich reine Transzendenz ohne Welt suchen, verlöre ich die Grenzsituation und sänke in eine leere Transzendenz.

Die Geschichtlichkeit als das sich stets zerstörende Hervorbringen ist die Erscheinung, in der allein ich meiner selbst und der Transzendenz gewiß werde. Nur in dieser Erscheinung ergreife ich das Sein.

ACHTES KAPITEL

Absolutes Bewußtsein

Seite

1. Bewußtsein als Erleben; Bewußtsein überhaupt; absolutes Bewußtsein — 2. Absolutes Bewußtsein und Existenz — 3. Seinsgewißheit im absoluten Bewußtsein und im Philosophieren

Bewegung im Ursprung 261
    1. Nichtwissen — 2. Schwindel und Schaudern — 3. Angst — 4. Gewissen

Das erfüllte absolute Bewußtsein. 276
    1. Liebe — 2. Glaube — 3. Phantasie

Die Sicherung absoluten Bewußtseins im Dasein 284
    1. Ironie — 2. Spiel — 3. Scham — 4. Gelassenheit

1. Bewußtsein als Erleben; Bewußtsein überhaupt; absolutes Bewußtsein. — Bewußtsein ist die individuelle Daseinswirklichkeit als *Erleben;* es ist die eine universale Bedingung allen Gegenstandseins für wissende Subjekte als *Bewußtsein überhaupt;* es ist die Seinsgewißheit der Existenz als *absolutes Bewußtsein.*

Das absolute Bewußtsein ist erstens *nicht Erlebnis* als Objekt der Psychologie. Es steht an der Grenze dessen, was für die Psychologie erfahrbare Wirklichkeit werden kann, denn es ist nicht für den Betrachtenden, sondern im Betrachtenden als das, was Richtung gibt. Es ist nicht zu verstehen aus einem Anderen, weil der Ursprung in ihm ist. Aber es ist nicht Grenze des Verstehbaren wie die Gegebenheiten von Trieben und Erfahrungen, die zu beschreiben sind, um von ihnen im Verstehen auszugehen, sondern es ist Grenze als das alles erlebende Dasein Übergreifende, Durchdringende und Verwandelnde. Unsichtbar für den psychologisch objektivierenden Blick macht es vielmehr alle psychologische Erkennbarkeit zu einem eigentümlich Unberechenbaren. Vergleichbar dem völlig heterogenen unverstehbaren aber erforschbaren Kausalzusammenhang der Dinge, von dem alle psychologischen Verstehbarkeiten in ihrem Dasein restlos abhängig sind, ist es das Unverstehbare, das die Weise der Seinsgewißheit im Bewußtsein hervorbringt; obgleich es keinem psychologischen Wissen gegenständlich wird, bestimmt es doch entweder seelisches Dasein zur Erscheinung eigentlichen Seins oder entläßt es in die Leere des Endlosen. Das absolute Bewußtsein ist nicht wie ein Erlebnis mit dem Erleben vorbei und nur fortwirkend als eine Ursache, sondern als Erscheinung existentiellen Seins mehr als Erleben. Es ist darum nicht an Erlebnisse als an bewegende Affekte gebunden, sondern der stete gehaltvolle Grund, der nur leise, aber immer entschieden, in Gefühlen anklingt. Es steht hinter den stillen und zuverlässigen Bindungen.

Was als Gegenstand der Psychologie Phänomen: Erlebnis, Bewußtsein, Gefühl, Wahrnehmung, Trieb, Wollen ist, ist als Erscheinung der Existenz die Gegenwart des Unbedingten, das ich selbst bin, das Sein, für das verantwortlich ich mir als mein eigenes Sein entgegenkomme. Es ist die positive Erfüllung durch die Erfahrung inneren Tuns. Darum ist es, statt nur Erlebnis zu sein, Freiheit.

Absolutes Bewußtsein ist zweitens *nicht Bewußtsein überhaupt* als Gegenstand von Daseinsanalyse und Logik. Wenn im Denken des Bewußtseins überhaupt als Bedingung aller Gegenständlichkeit, ihrer Formen und Regeln, schon über alles Gegenständliche transzendiert wird, so transzendiert das Denken des absoluten Bewußtseins noch einmal über dieses Bewußtsein des Allgemeinen und Zeitlosen als allgemeines und zeitloses, für das das individuelle Bewußtsein nur eine beliebige Stätte seines Auftretens ist, zum geschichtlich in der Zeit erscheinenden Einzelnen, sofern er aus sich unbedingt und doch nicht allgemein, unersetzlich und doch als nur empirisches Dasein gleichgültig ist. Erreiche ich das Bewußtsein überhaupt durch ein Transzendieren über alles Gegenständliche, so das absolute Bewußtsein durch ein *Transzendieren* dieses Allgemeinen *zurück in die Zeitlichkeit*, die damit, ohne aufzuhören empirisch zu sein, zugleich in ihrer Unbedingtheit einen neuen Charakter gewonnen hat, der ihr nicht unmittelbar, sondern erst in jenem doppelten Transzendieren eignet. Von jeder Unmittelbarkeit meines Daseins ist sie als hervorgebracht durch jenes mich mir offenbarende Transzendieren getrennt. Was absolutes Bewußtsein ist, erfahre ich aktiv, wenn ich meiner gewiß werde als erfüllte Freiheit, ohne je mein absolutes Bewußtsein als das, was es ist, vor mir zu haben.

Wir nennen *Bewußtsein*, was seine größte Klarheit im Denken des Verstandes gewinnt, in dem die doppelte Spaltung von Ich und Gegenstand und der Gegenstände untereinander ihre artikulierte Gestalt hat. Wir nennen das *Unbewußte* den Strom seelischen Lebens, der dieses Bewußtsein gleichsam als seine hell beleuchteten Wellenkämme trägt. Das absolute Bewußtsein ist keines von beiden: es ist weder in der größten Helligkeit des Denkens noch in der Tiefe des Unbewußten erreichbar. Für das absolute Bewußtsein werden jene Spaltungen zu einem Medium seiner eigenen Erhellung und alles unbewußte Leben zu einem Stoffe.

Im *Worte Bewußtsein* liegt die Zweideutigkeit: als ob es hervorgebracht werden könnte wie eine *psychische Zuständlichkeit*, während das absolute Bewußtsein sich grade nicht als zuständliches Erlebnis weiß. Ferner ist die Zweideutigkeit: als ob das absolute Bewußtsein ein *Wissen von etwas* als einem absoluten Sein sein könnte; während alles Wissen um ein Objekt nur Weg der Selbsterhellung und Mitteilung ist. Ich kann etwas als empirisch forschender Betrachter Religionen und Philosophien (in welchen die hellste Gewißheit absoluten Bewußtseins sich kundgibt) danach befragen, welche psychische *Zuständlichkeit*, versteckt unter Sinnerörterungen und dogmatischer Symbolik, in ihnen faktisch als absolutes Bewußtsein erstrebt werde. Und ich kann ebenso nach den *Objekten* fragen, worin sie ihre Wahrheit als absolute wissen. Aber im Bewußtseinszustand (der Heilsgewißheit, des auflösenden akosmistischen Liebesgefühls, der Ekstase usw.) und im Objekt (der Götter, des absoluten Geistes, der Trinität, der Gesetzlichkeit von Kulthandlungen, Riten usw.) erfasse ich nur Äußerliches, das zu kennen einen Sinn haben mag, um die eigentliche Berührung zu finden, in der ich aus meinem möglichen absoluten Bewußtsein mit dem andern in Kommunikation komme, nicht verstehend, nicht begreifend, sondern Ursprung erfahrend im Selbstwerden.

2. Absolutes Bewußtsein und Existenz. — Absolutes Bewußtsein ist nicht als allgemeine Form; in ihm ist Form und Gehalt nicht trennbar. Der Gehalt selbst in seiner ursprünglichen Erscheinung ist das absolute Bewußtsein als Gewißheit der Existenz, nicht als Wissen der Existenz von sich. Wie Bewußtsein nicht Gegenstand, sondern Wissen des Gegenstandes ist, so ist absolutes Bewußtsein nicht Sein der Existenz, sondern ihre Gewißheit, nicht die eigentliche Wirklichkeit, sondern ihr Widerschein. Existenz wird sich ihrer durch Erfüllung des gleichsam ihrer wartenden Bewußtseins gewiß, das die Möglichkeit ist, im Dasein des Seins inne zu werden.

17 Jaspers, Philosophie II

Absolutes Bewußtsein ist nicht „Lebensform", nicht „Einstellung", nicht „Geisteshaltung". Lebensform ist die objektive Regel des Sichverhaltens als Sitte, bewußte Disziplin, als angebbarer Sinn. Einstellung ist die in objektivierender Analyse bestimmbare Möglichkeit der Haltung des Subjekts zu Objekten und zu sich selbst auf angebbaren Standpunkten. Geisteshaltung ist die aktiv werdende Betroffenheit von Ideen, die sich als typisch vergegenwärtigen, wenn auch nicht definieren läßt. Die *existentielle Haltung* oder das *absolute Bewußtsein* dagegen ist der wirksame Grund dieser objektivierbaren Haltungen als Widerschein der Existenz in ihrer Unbedingtheit. Sie ist die jeweilige Grenze, in die Lebensform, Einstellung und Geisteshaltung einmünden, in denen als den Ableitungen das absolute Bewußtsein als das Gehaltgebende wirkt.

„Absolutes Bewußtsein" soll das ineinsfassende Signum für das Bewußtsein der Existenz sein. In ihm als dem Bewußtsein eigentlichen Seins aus unbedingtem Ursprung finde ich, sofern ich als empirisches Dasein haltlos und suchend bin, Halt und Befriedigung; sofern ich unruhig bin, Ruhe; sofern ich in Streit und Spannung liege, Versöhnung; sofern ich eigentlich frage, Entscheidung.

Eine Erhellung absoluten Bewußtseins führt zu dem unvermeidlichen Schein, es doch wieder in allgemeinen und darum wißbaren Formen zu fassen, und zu unterscheiden als Gewissen, Liebe, Glaube usw. Jedoch diese als Formen sind nicht das, was mit ihnen in der Erhellung intendiert wird. Sie sind nicht wie Kategorien ihrem Gegenstand adäquat, sondern nur wie Zeiger auf ein Ungegenständliches, ganz Gegenwärtiges, als Freiheit Seiendes, dem kein anderes Sein als das in seinem eigenen Tun zukommt.

Die Nichtwißbarkeit des im absoluten Bewußtsein bewegenden Ursprungs bedeutet: ich entspringe, aber kann mich nicht umwenden; ich komme her, aber kann den Grund nicht betreten. Kann ich auch weder sein Sein noch sein Nichtsein wissen, so doch als mögliche Existenz, die zu sich selbst und zur anderen Existenz sich verhält, ihn spüren. Sein Nichtsein ist in mir selbst fühlbar an der Leere, in der ich die Freiheit fliehen und mich an Objektivitäten klammern will; im Anderen, wenn die Ansprechbarkeit ausbleibt, er mir gleichsam entrinnt, als ob er gar nicht selber da wäre, wenn ich als ich selbst die Beziehung mit ihm selbst suche und immer wieder gezwungen bin, ihn zum Objekt zu machen. Was in gelingender Kommunikation im Anderen als das absolute Bewußtsein gegenwärtig, aber nie als ein

Gegenüber greifbar ist, wird im erhellenden Sprechen darüber zugleich auch verdeckt.

Gleichwohl begnüge ich mich philosophierend nicht mit dem Schweigen.

3. Seinsgewißtheit im absoluten Bewußtsein und im Philosophieren. — Wenn überall im Philosophieren trotz der Unmöglichkeit des Wissens und trotz der darin begründeten Schiefheit der Aussageform die Seinsgewißheit gesucht wird, so aus dem Grunde der Unvollendung jeder Existenz. Zu klarer Verwirklichung erfüllte Existenz würde nicht philosophieren; der Antrieb kommt aus der Spannung zwischen absolutem Bewußtsein und Bewußtsein als bloßem Dasein, zwischen der Wahrheit, die werden soll aber nicht ist, und der bestehenden zwingenden Richtigkeit.

Ursprüngliche Seinsgewißheit der Existenz will, weil sie im Dasein, es ergreifend und darin schon sich von ihm lösend, schwankend und zweideutig bleibt, sich vergewissern. Ohne sich zu denken hat sie keine Sicherheit in sich selbst. Die Gewißheit scheint ihr wegzugleiten.

Im Philosophieren wird das Seinsbewußtsein zu klarer Konstruktion. Entweder wird das Sein als *absolutes Sein* der Transzendenz gedacht und alles, was ist, aus ihm, worin es zugleich aufgehoben bleibt, entwickelt; das Sein selbst scheint der Gegenstand des Gedankens. Oder das Sein wird *als Dasein* konstruiert aus dem Bewußtsein überhaupt, worin alles als Gegenstand uns vorkommen muß, was für uns Sein haben soll; in den Gestalten seiner empirischen Erscheinung wird es der Weltorientierung durch eindringende Forschung zugänglich. In diesen beiden sich gegenseitig hervortreibenden Richtungen philosophischen Denkens wird vom Sein, dem ich zusehe, gewußt. Ich bin wohl der Form des Subjektseins nach, aber nicht als diese bestimmte geschichtliche Wirklichkeit, die ich selbst bin, in dieses Wissen hineingenommen, das als *ontologisches Bewußtsein* nicht das Ende der Philosophie, sondern die verfestigende Artikulation ihres Anfangs ist, von dem sie sich abstößt.

Das Philosophieren kehrt aus dem ontologischen Bewußtsein zurück zur Vergewisserung des Seins, das als die Wirklichkeit der sich erhellenden Gegenwart dieses geschichtlichen Selbstseins sich verifiziert. Das ontologische Bewußtsein bleibt erhalten: wenn es das absolute Sein zu treffen meinte, als die Möglichkeit des Lesens der Chiffreschrift — wenn es auf das Dasein ging, als das grenzenlose

Wissenwollen von allem Weltsein in seiner stets besonderen Bestimmtheit. Aber das eigentlich *philosophische Bewußtsein* macht beide zu seinem Medium, als das sie die Festigkeit eines endgültigen Wissens vom Sein verlieren. Denn die Vergewisserung der ursprünglichen Seinsgewißheit der Existenz findet in den Objektivitäten des absoluten Seins der Transzendenz und des Weltseins kein Genüge. Weil diese Seinsgewißtheit nicht als bloßes Wissen vom Sein, sondern nur in Einheit mit der konkreten geschichtlichen Gegenwart des Selbstseins, nicht als Wissen, sondern als Wissen, das ein Tun ist, wahr sein kann, so muß das *aussagende* Philosophieren die Form haben, das Feste aufzuheben, mögliche Existenz nur anzusprechen, das Sein der Transzendenz nur zu rufen; es muß die *ermöglichende Form* bewahren, in welcher alles verwirklichte Wissen als Stufe oder Artikulation eingeschlossen ist. Existentielle Seinsgewißheit, die sich im Denken vergewissern möchte, ist ursprünglich schon ein philosophisches Tun, ein Denken, das sich im Philosophieren nachdenkt und vordenkt, um in seiner Wirklichkeit entschiedener sein zu können.

Das *absolute Bewußtsein*, diese Seinsgewißheit, welche durch ihre Spannung zum Ungewissen Ursprung allen Philosophierens ist, zum *Thema* des Philosophierens zu machen, statt nur aus ihm zu philosophieren, scheint wie ein Sichüberschlagen, in dem nichts mehr ist. Es ist, als ob ich mich doch dahin umwenden wollte, wohin kein Blick dringt, als ob doch der Grund betreten werden sollte, aus dem ich komme, wenn ich eigentlich selbst bin. Das absolute Bewußtsein, nicht gegenständlich denkbar, nicht als Dasein erforschbar, nicht als Erlebnis vorstellbar, ist wie nichts.

Wie jedoch das Bewußtsein überhaupt Bedingung aller Gegenständlichkeit in der Welt ist, so das absolute Bewußtsein Widerschein des Ursprungs für das Erfassen des jeweiligen Weltdaseins in seiner unobjektiven geschichtlichen Tiefe, für die unbedingten Handlungen der Existenz, für das Offenbarwerden der Transzendenz. Es ist das Bewußtsein meines Wesens. Ist die Existenzerhellung für uns die Achse des Philosophierens, so trifft das absolute Bewußtsein das Innerste der Existenz selbst.

Es ist zu versuchen, Zeiger zu finden, die auf diesen Ursprung weisen. Die Paradoxie des Philosophierens im Sagen und Nichtsagen, im Zirkel und im Verschwinden des Gemeinten, ist der Ausdruck der Unerfüllbarkeit der Aufgabe.

260

In drei Zügen vergegenwärtigen wir absolutes Bewußtsein: in seiner *Bewegung aus dem Ursprung* als Nichtwissen, Schwindel, Angst, Gewissen; in seiner *Erfüllung* als Liebe, Glaube, Phantasie; in seiner *Sicherung im Dasein* als Ironie, Spiel, Scham, Gelassenheit.

Bewegung im Ursprung

Da das absolute Bewußtsein nicht als empirisches Dasein gewußt und überhaupt durch kein Wissen von ihm zum Besitz für mich wird, so kann es nur im *Sicherringen* sein. Das absolute Bewußtsein, das sich nur in der Bewegung hat, vollzieht sich daher mit dem Wissen der *Gefahr:* sich zu gewinnen oder zu verlieren, selbst zu werden oder zu zerrinnen.

Diese Bewegungen lassen sich erörtern, aber nicht als Regeln, nach denen sie vollziehbar wären. Denn, in ihrem wahren Gehalt jeweils geschichtlich, stehen sie jenseits von Übertragbarkeit und technischer Lenkung, sind sie nicht identisch wiederholbar. In ihrem Gedachtwerden aber kann der Einzelne, das Gedachte verwandelnd, seinem eigenen Ursprung zustimmen.

Die Bewegung läßt aus dem Negativen durch es selbst als Möglichkeit das Positive erstehen: im *Nichtwissen,* im *Schwindligwerden,* in der *Angst;* sie drängt aus dem Versinken grade durch dessen Erfahrung zum Aufschwung. Gegenüber dem darin Hervorgehenden läßt sie im *Gewissen* den unterscheidenden Maßstab und den Anspruch auf Entscheidung laut werden.

1. Nichtwissen. — a) *Nichtwissen als Wendepunkt im Ursprung.* Nichtwissen als nur negative Aussage wäre selbst nichts. Es ist Bewegung des absoluten Bewußtseins nicht als allgemeines Wissen meines Nichtwissens, noch bevor ich weiß, sondern als das erworbene Nichtwissen, das jeweils in der Aufhebung eines gegenständlichen Wissens zu sich kommt. Es ist nicht als leere Negation des Wissens vor dem Versuch des Wissens, nicht als Enthaltung, um sich jeder bestimmten Wirklichkeit zu entziehen; sondern es ist jeweils gehaltvoll durch das Maß des Wissens, in dem es sich als Nichtwissen findet. Da Nichtwissen, einfach hingesagt, nichts ist, sind die immer wiederkehrenden Wendungen: das kann man nicht erkennen, nicht begrifflich fassen, nicht aussagen, leer, sofern es bei ihnen sein Bewenden hat. Da sie Gewicht nur im Zusammenhang mit dem Wissen gewinnen, das in ihnen zum Nichtwissen überwunden wurde, ist das

Nichtwissen nur als spezifisches, auf inhaltlichem Wege hervorgebrachtes Nichtwissen gehaltvoll. Erst das auf Grund des umfassendsten Wissens erworbene Nichtwissen ist das eigentliche Nichtwissen.

Das erworbene Nichtwissen aber ist nicht ein ruhiger Punkt, sondern in der Bewegung der *Wendepunkt*, aus dem im Erreichen sogleich die Rückkehr erfolgt. In ihm ist kein Bleiben, sondern er treibt in das *Wissen* und in die *Gewißheit*, welche aus ihm den Ursprung ihrer Bewegung in sich tragen.

Daher genügt es nicht, nach vielen mißglückten Versuchen des Wissenwollens am Ende sie zu lassen und nur noch zu wissen, daß ich nicht weiß. Dieses Nichtwissen bliebe ohne Beziehung zum Wissen, unbewegt und nicht bewegend. Es kann mit sich nichts anfangen, weil es nur Aufhören ist. Es kommt darauf an, auch wirklich zu wissen, was man wissen kann, um zum wahren Nichtwissen zu gelangen. Dieses zerstört nicht das bestimmte Wissen, sondern überwindet es, seine Grenze überschreitend, weil es nicht Genüge tut. Es ist dann nicht das gleichgültige Nichtwissen, das vom Erkennenden an der Grenze stehen gelassen, und nicht das leere, das vom Verzichtenden als Rest seines Seins ergriffen wird, sondern das bewegte, das zugleich zurücktreibt.

Dieses Nichtwissen ist auch nicht das der Unsicherheit in bezug auf endliche Dinge, das aufhebbar ist durch bestimmtes Wissen; sondern es ist das unaufhebbare Nichtwissen, das um so entschiedener erfahren wird, je klarer das eigentliche Wissen wird. Es ist die Tiefe, die nicht betreten wird als nur im Wendepunkt der Bewegung, die ihre Erfüllung nie dort, sondern in dem hat, wohin sie zurückkehrt.

b) *Das Wissenwollen im Nichtwissen.* — Wenn die Tiefe des absoluten Bewußtseins als Nichtwissen nicht erreicht wird durch Verzicht, weil ich ja doch nicht wissen könne, so vielmehr grade durch Wissenwollen, das im Erreichen des Wendepunktes mit nur stärkerer Kraft sich vorantreibt. Ich kann selbst da nicht aufhören wissen zu wollen, wo ich nicht mehr wissen kann, möchte im Nichtwissen noch wissen, ertrage das Nichtwissen, wenn ich unter einem Stachel aus ursprünglichem Wissenwollen vorausschreite.

Das Wissenwollen in der Weltorientierung hat sein Pathos in der kritischen Begrenzung seines Sinns und seiner Möglichkeiten. Das Wissenwollen überhaupt hat keine Grenze; es überschreitet jede Grenze; es will nicht scheitern, sondern muß scheitern.

Der Mut zur Wahrheit ist daher nicht in der Blindheit des Behauptens eines Wissens vom Sein an sich. Er ist vielmehr in der Offenheit eines unbegrenzten Wissenwollens, das sich notwendig scheitern sieht. Dieses Wissenwollen kann in keinem Nichtwissen ermatten. Nur mit der Existenz selbst würde es erlahmen zum Nichtmehrwissenwollen. Als Bewegung der Existenz bringt daher das Nichtwissen nicht eine Unsicherheit in die Erforschung des mir möglichen Wißbaren, sondern verschärft vielmehr in mir jede entschiedene Weise des Wissens.

c) *Die Gewißheit im Nichtwissen.* — Absolutes Gewissen wird Gewißheit im Nichtwissen, nicht als das Wissen von etwas, sondern als die Entschiedenheit eigenen inneren Tuns und äußeren Handelns.

Diese Gewißheit entzündet sich am Nichtwissen des Wissenwollens, wenn aus ihr in das souveräne Wissenwollen eine neue Leidenschaft kommt, zu dem Nichtwissen zu gelangen, an dem, statt der Möglichkeit der Rückkehr zum Wissen, Ursprung existentieller Gewißheit wirksam ist. Es ist die Leidenschaft, in der das Nichtwissenkönnen des Seins nicht mehr nur ertragen, sondern ergriffen wird als der Preis der Gewißheit eigentlichen Selbstseins in bezug auf seine Transzendenz. Ich ergreife auch hier das Nichtwissen nicht um seiner selbst willen, da ich in ihm als in einer Leere nur versinken könnte, sondern weil es die mir beschiedene Situation der Wende ist, in der ich mich trotz und gegen das Nichtwissen finden muß.

In diesem Nichtwissen werde ich meiner selbst gewiß, wenn unbegründbar bleibt, daß ich liebe und glaube, daß ich in den Grenzsituationen doch leben kann, daß im Nichtmehrdenkenkönnen das Sein der Transzendenz fühlbar wird. Wie das Wissen in der Welt scheitert an dem undurchdringlichen Widerstand des Andern, das ich jenseits des von mir Gedachten als Materie gleichsam durch Nichtdenken denke, so denke ich überall, solange ich denke, schweigend das Undenkbare, die Gottheit, als das Unverstehbare, das sowohl im hellsten Licht wie im dunkelsten Grunde sich mir verbirgt.

Im Nichtwissen wird Existenz als Freiheit auf sich verwiesen. Würde absolutes Wissen in gegenständlich fixierter Form, ob als Satz für das Erkennen oder als Zweck für das Handeln, bestehen, so wäre das absolute Bewußtsein der Existenz aufgehoben; es bliebe nur übrig ein Bewußtsein überhaupt, in das das nunmehr objektive Absolute eintritt, das Dasein würde zum Marionettenspiel, dessen Fäden von diesen Objektivitäten gezogen werden.

Weil Existenz durch ihre Gewißheit das Nichtwissen, an dem sie sich selbst erfährt, erst erfüllen muß, ist das Wissen des Nichtwissens eine zwar allgemeine Formel für das absolute Bewußtsein, das doch als die wirkliche Gewißheit des Nichtwissens geschichtlich und unaustauschbar ist. Daß die Wirklichkeit als die Gewißheit und das Nichtwissen des Bewußtseins sich aneinander jeweils in konkreter Einmaligkeit hervortreiben, ist das Ursprüngliche, ohne das der dies treffende philosophische Gedanke ein leeres Spiel bleibt.

2. Schwindel und Schaudern. — Am Wendepunkt des Nichtwissens kehrt die Bewegung durch die alles in Frage stellende Ungewißheit hindurch um. Der Gang durch diesen Wendepunkt ist an seelischen Erscheinungen charakterisierbar. Der sinnliche Zustand des Schwindligwerdens und der des Schauderns ist ein Gleichnis für die Bewegung des absoluten Bewußtseins, das im Vergehen von allem den Ursprung berührend aus ihm emportaucht. Im Schwindel verliere ich meinen objektiven Halt, ich stürze; im Schaudern weiche ich zurück vor etwas, das ich dann doch ergreifen kann. Als Bewegung zum Unbedingten werde ich schwindlig im Denken der Grenzsituationen und schaudere vor der in aktiver Wahl angesichts der Grenzsituationen zu ergreifenden Entscheidung.

Schwindel *als Drehbewegung*, die nicht von der Stelle kommt und doch jeden festen Stand raubt, ist das Gleichnis für theoretische Gedanken der Metaphysik, in denen ich das Denkbare transzendiere. In dem Schwindligwerden wird negativ die Erscheinungshaftigkeit des Daseins, positiv die Gewißheit des Seins der Transzendenz fühlbar. In jedem Falle ist der Schwindel die Zerstörung der Objektivität; wo er auftritt, hört das Wissen auf. Daher wird bei der Voraussetzung, alles sei im Prinzip objektiv wißbar, der Schwindel ein Argument: wo er auftritt, muß falsch gedacht sein. Wenn aber Denkbarkeit nur eine Erscheinungsform als Dasein ist, dann wird der Schwindel umgekehrt möglicher Ursprung für den Eintritt in die Tiefe des Seins.

Daher ist das Schwindligwerden ein Ursprung des Philosophierens. Zwar ist der Schwindel, in dem nur alles turbulent in ein Chaos zurücksinkt, nichts. Er ist philosophisch als das besonnene Schwindligwerden im Denken, in dem sich wohl alles zu drehen scheint, aber dieses Drehen gleichsam in meiner Hand bleibt, so daß ich durch den Schwindel im Nichtverstehen verstehe. Ich trat zwar in ihm an die Grenze, wo der Mensch das Unmögliche will, über seinen eigenen Schatten zu springen, aber in der Bewegung wurde sichtbar, was nur

264

in ihr, nicht ohne sie, für mich offenbar wird und nun in der Rückkehr das bestimmte philosophische Denken lenkt.

Der Schwindel *über einem steilen Abgrund*, wenn es drängt, mich hinabzustürzen, und ich schaudernd zurückweiche, ist das Gleichnis für einen Zerstörungswillen, der in der Bewegung des absoluten Bewußtseins begegnet, als ob eine verführende Stimme spreche: alles muß ruiniert werden. In ihr wirkt die Anziehungskraft des Dunkels, darin zu versinken, im Willen zu ihr das Wagnis ohne Ziel, nicht aus Überschwang, sondern aus Verzweiflung. Diesem Willen ist die endliche Ordnung des Daseins in der grundlosen und darum oberflächlichen Lebensregulierung so entgegengesetzt wie der echte Enthusiasmus glaubender Liebe. Zwischen solchen Möglichkeiten bewegt der im Schwindel schaudernde Drang, nur weg von der Täuschung der Oberfläche, hin zum wahren Sein oder zum wahren Nichts; er steht dann plötzlich vor der Entscheidung. Wenn einem ersten Erfahren die Möglichkeit sichtbar geworden ist, wird im zweiten wissend gewählt: entweder kehrt Existenz zu sich zurück, eines Seins gewiß, oder es beginnt die Flucht in sich mehrender Schuld, die ein Ende nur im Nichts kennt.

Noch im Sturze des Schwindels ist die Wendung zum Sein möglich. Das Bewußtsein, es sei nicht rückgängig zu machen, kann zwar Ausdruck des Nichtwollens sein; der Fatalismus der Endgültigkeit wurde dann die Passivität des sich von sich nicht lösenden leeren Tuns. Daß aber in der Tat etwas nicht rückgängig zu machen ist, weil es ewige Entscheidung bedeutet, ist Maßstab des Seins in der Zeit, durch den es in seine Tiefe gedrängt wird. Das Äußerste an Möglichkeit angesichts des Abgrunds wird Ursprung der Wirklichkeit des Existierens in einem unbegreiflichen Zusichselberkommen.

3. Angst. — Die Bewegung des Erschreckens in Schwindel und Schaudern wird in der Angst der Wendepunkt als Bewußtsein des Vertilgtwerdenkönnens. Angst ist das Schwindligwerden und Schaudern der Freiheit, die vor der Wahl steht. Nur über die Angst, in ihrer Überwindung, ist die Entschiedenheit des absoluten Bewußtseins zu erreichen.

Auf das *Dasein* gesehen entspringt alle Angst aus der dahinterstehenden Todesangst. Lösung von der Todesangst würde alle andere Angst auflösen. Zum Dasein gehört die blinde Angst des Tieres und die sehende Angst des denkenden Menschen, weil Dasein sich erhalten will. Gegen die Bedrohungen sorgt es instinktiv oder vorausschauend

265

und ihre Minderung berechnend. Auch das Kleine noch ist Gegenstand der Angst, sofern es eine mögliche kommende Wirklichkeit bedrohenden Charakters anzeigt oder auch nur daran erinnert; und die Angst bleibt gegenstandslos als das alles durchdringende Bewußtsein der versinkenden Endlichkeit.

Je gesunder ich bin, desto eher lebe ich in *naiver Angstlosigkeit*, aber ganz abhängig von dieser Vitalität. Es ist keine Überwindung, sondern Vergessen der Angst, die sich sogleich fühlbar macht bei Krankheit, bei Vermehrung der Möglichkeiten der Bedrohung, bei Arbeitslosigkeit, bei Aufhebung meiner vitalen Gewohnheiten. Ohne Angst bleibt die als Daseinsbedingung notwendige Tätigkeit der *Vorsorge* aus; zu heftige Angst stört sie wieder. Lebensfürsorge durch vorausdenkende Berechnung mindert die Daseinsangst; man möchte objektive Sicherheit. Aber sosehr diese zu erstreben sinnvoll ist, sosehr ist es unmöglich, sie zu erreichen. Wahrhaft ist die sorgende Arbeit um jede Sicherung nur in Verbindung mit dem Wissen der Unsicherheit an den jeweiligen Grenzen. Umgekehrt ist es unwahrhaftige Passivität, die möglichen Sicherheiten nicht aktiv zu erstreben. Aber das in der Schwebesein zwischen Vorsorge und dem Wissen der Ungewißheit ist nur möglich durch eine Überwindung der Angst aus anderer Wurzel:

Der *Daseinsangst* ist wesensverschieden die *existentielle Angst* vor der Möglichkeit des Nichts. Ich stehe vor dem Abgrund, nicht nur bald nicht mehr da zu sein, sondern im eigentlichen Sinne gar nicht zu sein. Ich sorge mich nicht mehr um mein Dasein, habe nicht mehr die sinnliche Angst vor dem Tode, sondern die vernichtende Angst, schuldig mich selbst zu verlieren. Ich werde mir der Leere des Seins und meines Seins bewußt. Die vitale Verzweiflung in der Situation des Sterbenmüssens ist nur noch ein Gleichnis für existentielle Verzweiflung in dem Mangel der Gewißheit des Selbstseins. Ich weiß nicht, was ich wollen soll, weil ich alle Möglichkeiten ergreifen, auf keine verzichten möchte und doch von keiner weiß, ob es auf sie ankommt. Ich kann nicht mehr wählen, sondern gebe mich passiv dem bloßen Werden der Ereignisse hin. In dem Bewußtsein meines existentiellen Nichtseins fliehe ich vor diesem Bewußtsein zum blinden Tun von Beliebigem als bloßem Betrieb.

Die *Angst um das eigentliche Sein* als Existenz kennt nicht Vorsorge und Berechnung und nicht äußere Bedrohung. Hier muß die Möglichkeit des Nichtseins gesehen werden, ohne daß es irgendeine sorgende

Technik geben könnte, sie zu mindern. Nur im Selbstwerden durch geschichtliche Kommunikation von Existenz zu Existenz erhellt sich ein absolutes Bewußtsein, aus dem auch jenes Schweben im endlichen Dasein als Haltung der Ruhe möglich ist.

Nie führt ein *automatischer* Prozeß aus der Angst zurück.

Die *Daseinsangst* konnte nicht überwunden werden durch objektive Sicherheit; niemals ist eine Sorge rational zwingend zu widerlegen; alles Üble ist immer möglich, und das für das Dasein Furchtbarste schließlich gewiß. Die verzweifelte Melancholie in ihrem Gerichtetsein auf die Möglichkeiten der Angst hat rational immer recht. Überwunden wird sie nur durch Relativierung in der Beherrschung der Weisen des Wissens aus der Seinsgewißheit, welche aus der existentiellen Angst erwachsen kann. Dann ist Gelassenheit möglich, die die Angst nicht aufhebt, aber beherrscht.

Die *existentielle Angst* kann noch weniger überwunden werden durch eine objektive Sicherheit. Diese wird zwar ratlos gesucht in objektiven Garantien irdischer Autoritäten. Aber sie vermögen dem, der einmal in der Freiheit mit sich selbst war, nur eine krampfhafte Gewißheit zu geben. Das absolute Bewußtsein muß sich vielmehr stets ursprünglich wiederholen und bleibt in seiner Vergewisserung gebunden an faktische Angst. Daher heißt Überwindung nicht Aufhebung. Es ist möglich, aus der leeren Indifferenz heraus die Angst gradezu zu wollen, um wieder zu sich zu kommen. Der Mut zur Angst und ihrer Überwindung ist Bedingung für das echte Fragen nach dem eigentlichen Sein und für den Antrieb zum Unbedingten. Was Vernichtung sein kann, ist zugleich der Weg zur Existenz. Ohne die Drohung möglicher Verzweiflung ist keine Freiheit.

In der Grenzsituation kann Angst als der *vernichtende* Schwindel bleiben. Kein rationaler Grund kann bewegen, wenn der Einzelne ohne Glauben in der Verzweiflung verharrt. Auch noch sein negativer Glaube, wenn er sich für die Glaubenslosigkeit schuldig fühlt, zwingt nicht den Glauben herbei. Dem sich von seinem Ursprung isolierenden Menschen bleibt die Erfüllung aus; sein guter Wille scheint nichts zu bewirken. Statt die Bewegung durch den Wendepunkt zu vollziehen, ist dem Menschen auferlegt, die furchtbare Leere zu ertragen, deren Lösung ihm unmöglich scheint, bis sie ihm wie *geschenkt* zuteil wird.

Die Überwindung der Angst im absoluten Bewußtsein ist das nicht objektive, aber im Innersten erfahrene Kriterium philosophischen Lebens. Wer den Weg zum absoluten Bewußtsein aus eigenem

Ursprung sucht, ohne objektive Garantien gegen die Angst, lebt *philosophisch*, und die Mitteilungen rationaler Erhellungen von diesem Wege sind ihm die Philosophie. Wem objektive Garantien gewiß sind, lebt *religiös;* die rationalen Erhellungen von diesem Wege her sind Theologie. In beiden ringt der jeweils Einzelne als Seele um das Sein im Widerschein seines absoluten Bewußtseins, das von ihm in Bewegungen aus dem Wendepunkt zu erwerben ist.

4. Gewissen. — Wenn das Nichtwissen der Wendepunkt ist, aus dem der Ursprung aller Möglichkeit wirkt, wenn Schwindel und Schaudern zur Bewegung drängen, wenn Angst, als das Bewußtsein möglichen Vertilgtwerdenkönnens in verwirrter Freiheit, aus sich mich selbst als mir geschenkt hervorgehen läßt, so ist das Gewissen die Stimme am Wendepunkt, die in der Bewegung zu *unterscheiden* und zu *entscheiden* fordert.

a) *Bewegungen durch Gewissen.* — Im Gewissen spricht eine *Stimme* zu mir, die *ich selbst* bin. Sie ist nicht einfach jeden Augenblick da; ich muß hören können, um ihr leises Wecken zu vernehmen; ich muß in der Unbestimmtheit warten können, wenn sie schweigt; ihre Forderung kann dann wieder unabweisbar da sein; ich höre sie laut und habe Mühe, sie zu übertäuben, wenn ich gegen sie handeln will. Es ist wie in einer Zerspaltenheit meines Seins die Kommunikation meiner mit mir selbst, Ansprechen meines empirischen Daseins durch den Ursprung meines Selbstseins. Niemand ruft mich an; ich selbst spreche zu mir. Ich kann mir weglaufen und kann zu mir halten. Aber dies Selbst, das ich eigentlich bin, weil ich es sein könnte, ist nicht schon da, sondern spricht aus dem Ursprung her, mich in der Bewegung zu führen; es schweigt, wenn ich in der rechten Bewegung bin, oder wenn ich mich ganz verloren habe.

Im Gewissen habe ich *Distanz* zu mir. Ich bin mir nicht verfallen als einem Dasein, das gegeben ist und nur abgespielt wird. Ich greife in mich ein und bringe im Dasein hervor, was ich bin, soweit es an mir liegt. Zwischen mein Dasein und mein mir noch nicht offenbares eigentliches Selbstsein tritt als Wirklichkeit das Gewissen, aus dem anerkannt oder verworfen werden muß, was für mich Sein werden soll.

Das Gewissen ist das *Fordernde*, das im Aufschwung das Sein mit dem Bewußtsein der Wahrheit ergreifen läßt. Es ist das *Verbietende*, das sich in den Weg stellt, wenn ich das Sein verlieren kann. Was alles ich nicht tun darf, hat aber doch nur Wahrheit durch das, was ich positiv tue. Das neinsagende Gewissen, aus dem ich mir versage, ist der Arm des positiven Gewissens. Aber in der verbietenden Stellung ist es fühlbarer, sofern es darin mit mir uneins ist, während es als positives mit mir eins wird. Daher ist es als Stimme in festgehaltener Zerspaltenheit wesentlich das Nein. Das Daimonion des Sokrates konnte nur abraten. Sogar positive Handlungen, die ich aus der wie von außen an mich herankommenden Forderung des Gewissens tue, bleiben so lange leer, als sich in ihnen kein absolutes Bewußtsein des zur Einheit mit sich gekommenen Selbstseins erfüllt; sie behalten den Charakter der Negativität. Wenn jedoch die Stimme des Gewissens, eins mit mir im Dasein geworden, nicht mehr zu sprechen braucht, sondern schweigt, weil ich ich selbst bin, ist die Freiheit Notwendigkeit, das Wollen Müssen.

b) *Maßstab des Gewissens.* — Das Gewissen fordert, zu *unterscheiden* zwischen gut und böse. Aber es ist nur Instanz, nicht Ursprung, der hervorbringt. Sein Maßstab ist daher gehaltvoll nur aus dem erfüllten absoluten Bewußtsein, aus Liebe und Glaube; als unterscheidende Instanz aber ist er formal aussagbar:

Was ich tue, soll so sein, daß ich *wollen kann,* die *Welt überhaupt* sei so, daß es überall geschehen *müsse.* Im Gewissen zeigt sich mir das Sein, zu dem ich als allgemein seiendem für immer ja sagen kann.

Da ich im Gewissen, auf eine solche Welt überhaupt blickend, mich zwar von meiner geschichtlichen Gegebenheit, für einen Augenblick sie in Frage stellend, löse, aber doch nicht eine Welt überhaupt, sondern nur mein Sein in einer geschichtlichen Welt hervorbringen kann, so ist die Frage des Gewissens an sich selbst, wieweit es aus anfangsloser Freiheit, wieweit aus *geschichtlich sich bindender Freiheit* verwirklichen will. Maßstab der Gewissensentscheidung wird der *Gehalt eines geschichtlichen Grundes* im Übernehmen.

Im zeitlosen Ideal, das begrenzt und bestimmt wird zu zeitlicher Geschichtlichkeit, ist Maßstab des Gewissens, daß *ich das, was ich in meinem Tun bin, ewig sein will;* sei es, daß ich diesen Maßstab ausspreche als Bereitschaft zum Wiederholen in ewiger Wiederkehr; sei es, daß ich die Verantwortung für alle möglichen Folgen mit hineinzunehmen gewillt bin; sei es, daß ich in dem Tun als Erscheinung den Ausdruck eines darin sich offenbarenden eigentlichen Seins ablese.

c) *Entschiedenheit aus dem Gewissen.* — Ich kann nicht in der Unmittelbarkeit meines Daseins und Treibens bleiben. Hat Gewissen mich zur *Unterscheidung* gebracht, fordert es, mich zu *entscheiden:* nicht da zu sein, wie ich nun einmal bin, sondern zu ergreifen, als was ich sein will. Aus der Möglichkeit des Vielen gehe ich im *Entschluß* als ich selbst hervor.

Entschluß ist die *Antwort auf das Gewissen* in der Helligkeit des unterscheidenden Denkens. Er ist nicht die richtige Lösung eines partikularen Problems praktischer Ratlosigkeit für das Bewußtsein überhaupt, sondern existentielle Entscheidung als absolutes Bewußtsein. Der nur *endliche Entschluß* entscheidet auf Grund allseitigen Überlegens nach bestem Wissen das wahrscheinlich Richtige, dessen Erfolg zeigt, ob es richtig war; er ist bedingt, keine Antwort des Selbstseins auf sein Gewissen. Der *existentielle Entschluß* dagegen als eigentliche Gewissensantwort wählt unbedingt im Sichergreifen um jeden Preis; der Erfolg als Ausfall der Konsequenzen im Gelingen und Scheitern in der Welt ist kein Beweis für oder gegen. Jedoch ist auch der existentielle Entschluß nicht unmittelbar wie Gefühl und Antrieb, sondern erst die in unendlicher Reflexion bewährte, aber zuletzt grundlose Unmittelbarkeit, welche für ihre Verwirklichung alles Wissen, Erfahren, Denken grenzenlos nutzt.

Der Entschluß ist die *Reife* als die Wirklichkeit nach dem Möglichen, aber Reife, die nicht Vollendung, sondern Anfang der Bewegung ist, als die sie in der Zeit erscheint. Der beweisende Erfolg ist nicht mehr der Ausfall der Glücksumstände, sondern die Treue, die als Bindung an den Entschluß, an Herkunft und Entscheidung in allen Situationen sich bewährt. Diese Bewegung ist der Enthusiasmus, der noch findet und wie ewige Jugend des Entschlusses ist; sie ist die Leidenschaft, die, was möglich ist, auch verwirklichen will.

Ich und mein Entschluß sind nicht zweierlei; als entschlußloses Wesen bin ich in meinem absoluten Bewußtsein zerrissen. Bin ich aber entschlossen, so nur *ganz*. Der Augenblick des Entschlusses ist als Entscheidung der Keim, der als das ganze Leben sich entfaltet, das Selbstsein im ganzen, wie es in der Folge seiner Gestalten sich bestätigend wiederholt.

Im Entschluß ist eine Unvertilgbarkeit als Härte in aller Verwandlung seiner Erscheinung. Aber diese *Kraft der Entschlossenheit* ist nicht schon als vitale Kraft und unbekümmerter Mut, wie man etwa von entschlossenen Männern spricht; sondern aus der Entscheidung die in aller Weichheit des Hörens und Regierens bleibende Entschlossenheit des innersten Selbstseins, das alles wagen kann.

d) *Stufen des Gewissens.* — Die Bildungsformen ethischer Wahrheit, die das Gewissen historisch angenommen hat und die ihm

270

erlauben, nach allgemeinen Regeln zu entscheiden, haben doch ihre Quelle und Prüfbarkeit nur jeweils aus dem ursprünglichen Gewissen, das angesichts der Grenzen geschichtlich entscheidet, keinen Spruch über sich anerkennend, selbst das Wahre sprechend. Das Gewissen ist ungreifbar, aber, wo es rein bewahrt wird, ohne es zu verdecken, untrüglich.

Das Gewissen hat Stufen seiner Erscheinung. Obgleich es unbedingt und ursprünglich nur ist, wo es an der Grenze steht, braucht es im Zeitdasein seine Verfestigungen, die es zuläßt, solange sie ihm in seinem Ursprung nicht widersprechen, bis hinab zu den Regeln des Gehörigen. Aber ich kann in keiner dieser Gestalten mich beruhigen. Gewissen ist weder befriedigt durch ein absolutes Gebot von außen noch durch ein allgemeines im Bewußtsein überhaupt einzusehendes Gesetz; weder durch ein unmittelbares Gefühl für den Augenblick noch durch die Willkür: ich will nun einmal so; weder durch das Bewußtsein einer Ganzheit meines empirischen Wesens noch durch die Forderung einer objektiven Situation zur Erreichung eines Daseinszwecks. Alles dies gibt es als relative Formen, in die als Dasein sich das Gewissen übersetzt.

Das Gewissen wird durch alle Objektivitäten eingeschläfert, durch Konventionen und Sittengesetze, Einrichtungen und Gesellschaft. Es wird nicht zugelassen von der Masse, verworfen von jeder sich zur unbedingten machenden objektiven Ordnung. Das sich auf sich selbst stellende Gewissen ist darum, wo es anderen fühlbar wird, eher dem Hasse verfallen. Es ist von der Menge nur als gemeinsames, d. h. gar nicht, anerkannt. Daher hat das wirklich ursprüngliche Gewissen sich in der Welt nicht zu zeigen, vielmehr durch Schweigen zugleich vor unwahren Ansprüchen, zu denen es verführen kann, zu bewahren. Denn Handeln in der Welt hat sich durch die hier geltenden Gründe zu rechtfertigen. Berufung auf das Gewissen wäre so nichtig wie die auf das Gefühl. Es ist als Rechtfertigung nur der Abbruch der Verständigung suchenden Verhandlung. Sich hier auf sein Gewissen zu berufen hat Sinn als Ausdruck unbedingter Kampfansage. Offen und damit nicht objektiv fixierte Instanz ist das Gewissen nur in der existentiellen Kommunikation vom Einzelnen zum Einzelnen, in der es sich ausspricht und in Frage stellt, um mit dem Anderen zu seiner Wahrheit zu kommen.

e) *Das gute Gewissen.* — Das gute Gewissen ist möglich als jeweiliger Ursprung und Augenblick, aber ohne Täuschung nicht als

Bestand. Denn das Gewissen, da es nur an den Grenzen rein sich erfaßt, kann nicht getäuscht werden über die Schuld. Das gute Gewissen im Partikularen ist eine rationalistische Selbsttäuschung, die sich zufrieden gibt, das jeweils nach dem Verstande Richtige getan zu haben; darin wird alles Dunkle, aber Wirkliche ignoriert. Das gute Gewissen im ganzen ist unmöglich, da das Ganze nie rein aufgeht. Das aus dem Gewissen kommende Handeln überwindet nicht die Schuld; vielmehr ist sie als ein bleibendes Nichtstimmen in der Erscheinung des Seins der nie aufhörende Stachel des Gewissens.

f) *Gewissens Stimme und Gottes Stimme.* — Wenn ich auch im Gewissen angesichts der Transzendenz stehe, so doch ohne sie zu hören und ihr wie der Stimme aus einer anderen Welt gehorchen zu können. Des Gewissens Stimme ist nicht Gottes Stimme. Im Sprechen des Gewissens ist grade das Schweigen der Gottheit. Sie bleibt hier wie überall verborgen. Im Gewissen sehe ich mich auf Transzendenz gewiesen, aber bleibe auf mich gestellt. Die Gottheit hat mir die Freiheit und damit die Verantwortung nicht dadurch genommen, daß sie selbst sich mir zeigt.

Die Identifizierung von „Gewissens Stimme" mit „Gottes Stimme" verwirrt mir mich selbst und die Gottheit, wenn sie mich in die Haltung bringt, als ob Gott, sich mir gegenüberstellend wie ein Du, mich anspräche. Dann wird die Selbstkommunikation des Gewissens objektiv geformt zu einer vermeintlichen direkten Kommunikation mit Gott.

Dies würde in der Konsequenz zunächst die faktische Kommunikation von Existenz zu Existenz aufheben. Wer mit Gott direkt verkehrt, wie kann dem noch der einzelne Andere von absoluter Bedeutung sein! Gott als Du, mit dem ich in Verkehr bin, wird ein Mittel des Sichabschließens der verschlossenen Intoleranz gegen das fremde Gewissen. Jede Gottesbeziehung, die nicht sogleich als existentielle Kommunikation sich verwirklicht, durch die sie erst wahr sein kann, ist nicht nur an sich fragwürdig, sondern auch Verrat an der Existenz.

Dann aber würde in der Identifizierung der Gewissensstimme mit Gottes Stimme das Gewissen selbst und die Gottheit für mich verlorengehen. Die Gottheit wäre im Gewissen wie in eine Enge gebannt; und das Gewissen wäre nicht mehr die freie Ursprünglichkeit, die in der Bewegung sich findet.

Das Gewissen ist schließlich in geschichtlicher Gestalt jeweils das Gewissen eines Menschen. Gewissen steht gegen Gewissen; es gibt nicht das eine universelle Gewissen. Ist dann Gott gegen Gott, wenn die Wahrheit eines Gewissens gegen die eines anderen kämpft? Es wäre ein sich selbst vernichtender Übermut, die Gottheit nur für sich in Anspruch zu nehmen und für den anderen nicht gelten zu lassen.

Wenn Gott in der Welt keine objektive Wirklichkeit ist, sich nicht zeigt, und wenn er auch im Gewissen nicht selbst spricht, so könnte er doch im Gewissen indirekt sich kundgeben, und zwar am entschiedensten dort, wo das Gewissen ein Ringen mit der Gottheit wird: Ich bin im Gewissen als ich selbst am Ursprung meines sich immer wieder in Frage stellenden unbedingten Willens; durch ihn kehre ich im Dunkel des Daseins in den Grenzsituationen zu mir zurück; in ihm frage ich gleichsam die Gottheit, ohne Antwort zu erhalten, und beuge mich entweder, ihr vertrauend, ohne Einsicht dem Wirklichen, oder werde, zur Gottheit in der Frage stehenbleibend, mit dem Wirklichen nicht einig. Daher bedeutet im Gewissen das zu Gott Sein zugleich die Möglichkeit, aus dem Gewissen gegen Gott sich aufzulehnen. Gott suchen im Gewissen ist zugleich die Möglichkeit, die im höchsten Trotz als ein Gott Verwerfen ausgesprochen wird.

g) *Gewissen und religiöse Autorität.* — Aus vermeintlich direkter Kommunikation mit Gott folgt ein Anspruch, das von Gott Gehörte als gültig für alle zu vertreten, Gehorsam gegen das von Gott Gesagte zu verlangen. In der Tat, würde Gottes Stimme hörbar sein, niemand könnte sich ihr widersetzen. Aber der Anspruch, der in der Welt von Menschen und ihren Institutionen erhoben wird, ist nicht Gottes Stimme, die in ihnen behauptet wird. Dieser Anspruch muß von jedem auf sich stehenden, zwar armen, doch freien und wagenden Menschen abgelehnt werden. Sein Recht ist, vermöge seiner von der Gottheit durch ihre Verborgenheit indirekt geforderten Freiheit zu verlangen, Gott selbst zu hören, oder, falls die direkte Stimme ausbleibt, in der Welt für sich nur Gegenwart der Existenz, Bewegung in der Kommunikation und die ethische Wirklichkeit gelten zu lassen, welche in der Welt nie als nachahmbares Vorbild vollendet sein kann. Daher haben die eigentlichen Menschen so oft das Anhangen abgelehnt; sie wollten Freiheit um sich und wollten Freiheit erwerben zu möglicher Kommunikation. Der Anspruch eines Menschen, der zu uns spräche, wie es von Jesus überliefert wird: ich bin der Weg, die Wahrheit und das Leben, müßte den so Sprechenden endgültig von dem entfernen, dessen absolutes Bewußtsein in seinem Gewissen wurzelt.

Ein Mensch, der wie Jesus spricht, ist, wenn er die Wahrheit spräche, nicht mehr Mensch, unendlich entfernt vom Menschen, Gott.

Seine Stimme wäre die direkte Stimme der Gottheit; ihr zu folgen, wäre unausweichlich. Unser Gewissen aber ist angesprochen dadurch, daß Jesus Unterscheidung verlangt und Entscheidung. Wenn er sagt: ich bin nicht gekommen, Frieden zu bringen, sondern das Schwert, und wenn er eine Gestalt sich selbst absolut setzender Wahrheit in der Welt verwirklicht, so bleibt nur übrig, ihm entschieden zu folgen (was das heißt, steht in den Menschen, die durch die Jahrtausende die Nachfolge Christi ernst nahmen, ergreifend vor Augen; es ist in seiner Paradoxie und Konsequenz von Kierkegaard zu lernen) oder ihm entschieden nicht zu folgen. Alles Mittlere wäre in Wahrheit mehr gegen ihn als die entschiedene Feindschaft. Wer philosophisch lebt, ohne den Vorbehalt in einer religiösen Sicherung, muß mit dieser Möglichkeit innerlich kämpfen sein Leben lang.

Das Gewissen weicht einer anderen Macht, wenn es in dem *Gebetsleben*, aus dem die Gottheit direkt spricht, untergeht. Cromwell betete die Nacht hindurch vor Entschlüssen, die ihm nach seinem Gewissen unmöglich waren. Er fand im Gebet die Zustimmung und daraus die Gewißheit, mit der er sich zu tun erlaubte, was politisch notwendig war. Wer so im Gebet objektive Weisung erfährt, muß uns fragwürdig werden. Wem Gewissen und Gebet in ihren Resultaten identisch werden mit dem Ergebnis, daraus Ansprüche herzuleiten, steht abgründig getrennt von dem sich offenbarenden Menschen, der versucht, in grenzenloser Kommunikation in der Welt auf den Ursprung des Gewissens zu kommen, und nur an dessen Grenze in tiefster Einsamkeit ohne jeden objektiven Anspruch vor seiner Transzendenz zu stehen, die er Gott nennt.

Das Gewissen ist also entweder selbst Ursprung und hat keinen Richter mehr über sich, oder es wird ein täuschendes Wort. Wird jemand, der eine *Autorität* bekennt und in Entscheidungen diese neben seinem Gewissen fragt, aufmerksam gemacht: er könne doch kein freies Gewissen in sich anerkennen, wenn er der Autorität den Vorrang lasse, so antwortet er etwa: hier sei keine Wahl, auch ihm gehe das Gewissen vor; denn wenn Gottes Stimme in der Seele spreche, so würde er dieser folgen und nicht dem Wort der Kirche. Dieser Satz, der eine Definition des Ketzers wäre, ist zudem als solcher täuschend. Ist die Stimme des Gewissens als solche schon als Gottes Stimme gemeint, so kann ich Gott aus dem Spiel lassen; ist aber Gottes Stimme jene übernatürliche Weisung auf dem Wege über das Gebet, so lasse ich eigentlich das Gewissen fahren, und es wird

274

sinnvoll, daß über die Wahrheit sich als objektiv gebender göttlicher Weisungen wieder eine objektive Institution, die Kirche, entscheidet. Wer Gottes Stimme als direkte kennt, bekennt damit zugleich die unbefragbare Autorität. Ein eigentlicher Widerspruch ist nicht möglich, sondern nur das Unglück, daß sich zwei Objektivitäten widerstreiten können. In diesem Widerstreit wird die persönlich gehörte Stimme in ihrer Subjektivität gegenüber der objektiven Weisung der die Erfahrung von Jahrtausenden in sich bergenden Kirche relativiert werden.

Aber das direkte Hören von Gottes Stimme, die als solche mich nur niederschlagen müßte, wäre nicht das Hören der Gewissensstimme. Auf die Wahrheit eines Erlebnisses, das in rückblickender Prüfung gradezu als halluzinatorisch begriffen werden könnte, darf ich zugunsten einer anderen Stimme, die Gehorsam verlangt, verzichten, nicht aber auf die Wahrheit der Gewissensstimme. Der Inhalt der objektiven, unmittelbaren Weisung untersteht vielmehr selbst der Prüfung durch das Gewissen. Der Satz, man wolle Gottes Stimme auch gegen das Wort seiner Kirche folgen, ist also keineswegs als Ausdruck der Freiheit eigenständiger Existenz anzunehmen; denn es wäre der objektiven Kirche viel mehr Vertrauen zu schenken als einer solchen subjektiven Erfahrung, die kein Vertrauen verdient. Wenn man glaubt, mit jenem Satze trotz Gehorsams gegen Autorität die Freiheit im Gewissen gerettet zu haben, so täuscht man sich. Das Gewissen, grade nicht Gottes Stimme, ist der bewegte und bewegende Ursprung der Wahrheit meines Seins, die mich in grenzenlose Kommunikation mit dem Nächsten bringen kann, aber nicht zum Gehorsam, außer in partikularen und relativen Dingen und in den Ordnungen der Welt.

Denn es wäre nur ein Trick, wenn man sagen wollte, aus Gewissen verzichte man auf das eigene Gewissen, weil es der täuschenden Subjektivität unterworfen sei. Wahr ist nur, daß wir als Kinder und durch unser Leben hindurch in weiten Bereichen Autoritäten folgen, als den Formen unserer geschichtlichen Substanz; aber in jedem das Wesentliche für mich treffenden Konfliktsfalle gibt dem Selbstsein das Gewissen, nicht die autoritative Forderung den Ausschlag. In dieser Form der Anerkennung der Autorität ist die Autorität als die schlechthin gültige schon aufgehoben.

Das erfüllte absolute Bewußtsein

Unser Denken ist natürlich und es selbst, wo es bestimmte einzelne Gegenstände ins Auge faßt, und wo es seine eigenen Formen denkt. Aber wo es sich von aller Gegenständlichkeit zurückwendet und zu den Ursprüngen drängt, mit anderen Worten philosophisch wird, da wird es entweder in fälschlicher Gegenständlichkeit dogmatisch unwahr, oder es wird um so gespannter, indirekter, unvollziehbarer, je mehr es sich dem Ursprung nähert, aus dem ich sein, den ich aber nicht wissen kann. Hier wird alles schlechthin mißverständlich, bleiben für den bloßen Verstand nur leere Namen: sie nennen, was für ihn nicht ist. Die Erfüllung des absoluten Bewußtseins denkend auszusprechen, würde dem Ursprung am nächsten führen; daher wird hier die Schwierigkeit am größten. Sie wird sich darin kundgeben, daß statt einer mitzuvollziehenden Bewegung ein unmittelbares, sich häufendes Sagen auftritt.

Die bisher erörterte Bewegung, die in Nichtwissen, Schwindel, Angst erschüttert, im Gewissen durch Unterscheidung und Entscheidung bestimmt, würde sich ins Nichts verlaufen, das Gewissen vor dem Leeren zum Stillstand kommen, wenn nicht aus dem Ursprung käme, was die Bewegung auffängt. Da Gewissen am Wendepunkt zwar höchste Instanz, aber nicht Erfüllung, sondern auf anderen Ursprung angewiesen ist, kann es in seiner Unabhängigkeit nicht selbstmächtig als Sein schlechthin werden.

Dies Ursprüngliche, durch die Bewegung erweckt und unter die Instanz gestellt, ist in seinem Widerschein das *erfüllte* absolute Bewußtsein.

Das erfüllte absolute Bewußtsein wäre *außer der Welt* in der inkommunikablen unio mystica mit der Transzendenz, in welche das sich selbst und alle Gegenständlichkeit aufgebende Ich versinkt. Es ist für Existenz Erscheinung *in der Welt*, in der es sich durch Handeln und gegenständliches Denken objektiv wird.

Das absolute Bewußtsein läßt sich erhellen als die *Liebe*, welche aktiv *Glaube* ist und zum unbedingten Handeln kommt; welche kontemplativ *Phantasie* und zur metaphysischen Beschwörung wird. In unlösbarer Korrelation steht, was aus ihr erwächst.

Absolutes Bewußtsein in sich selbst zu unterscheiden, bedeutet, es sich zweimal überschlagen zu lassen: ins Gegenstandslose der Bewegung und noch einmal in eine inadäquate Gegenständlichkeit, so daß vom absoluten Bewußtsein gesprochen wird, als handle es sich darin um seelische Erscheinungen. Gegenüber der Erfüllung des absoluten Bewußtseins hält sich daher das Sprechenmögen am stärksten zurück; der Abstand von Wirklichkeit und Wort, in jeder Existenzerhellung unschließbar weit, wird hier wie Verletzung. Philosophie aber als der Wille zur größten Direktheit mit dem Wissen ihrer Unmöglichkeit setzt gegen den Druck des in konkreter Wirklichkeit in der Tat geforderten Schweigens ihr Sagen im Medium eines Allgemeinen durch.

1. Liebe. — Liebe ist die unbegreiflichste, weil grundloseste und selbstverständlichste Wirklichkeit des absoluten Bewußtseins. Hier ist der Ursprung für allen Gehalt, hier allein die Erfüllung allen Suchens.

Das *Gewissen* bleibt ratlos ohne Liebe; es verfällt ohne sie in die Enge des Leeren und Formalen. Die *Verzweiflung* der Grenzsituationen löst sich durch sie. *Nichtwissen* wird die erfüllte Wirklichkeit im Aufschwung der Liebe; sie trägt es, wie es getragen ihr Ausdruck ist. Aus dem *Schwindligwerden* und Schaudern ist Liebe Rückkehr zur Gewißheit des Seins.

Die tiefe Zufriedenheit des Seins im Dasein ist nur als die Gegenwart der Liebe, der Schmerz des Daseins, daß ich hassen muß, die Leere des Nichtseins, daß ich in schaler Gleichgültigkeit weder liebe noch hasse. Aufstieg ist in der Liebe, Abfall im Haß und in der Lieblosigkeit.

Der Liebende ist nicht hinaus über das Sinnliche in einem Jenseitigen, sondern seine Liebe ist die fraglose Gegenwart der Transzendenz in der Immanenz, das Wunderbare hier und jetzt; er meint das Übersinnliche zu schauen. Nirgends hat Existenz die Gewißheit ihres transzendent gegründeten Seins als nur in der Liebe; kein Akt wahrhafter Liebe kann verloren sein.

Die Liebe ist *unendlich;* sie weiß nicht gegenständlich, was und warum sie liebt, noch kann sie in sich selbst auf einen *Grund* stoßen. Aus ihr begründet sich, was wesentlich ist; sie begründet sich selbst nicht mehr.

Die Liebe ist *hellsichtig.* Vor ihr will offenbar sein, was ist. Sie verschließt nicht, sondern sie kann unerbittlich wissen wollen; denn sie erträgt den Schmerz des Negativen als Moment ihres Wesens. Sie häuft nicht blind alles Gute, und sie schafft sich nicht zur Erbauung matte Vollendung. Aber wer liebt, sieht das Sein des Anderen, das er als Sein aus dem Ursprung grundlos und unbedingt bejaht: er will, daß es sei.

In der Liebe ist *Aufschwung* und *gegenwärtige Befriedigung*, Bewegung und Ruhe, Besserwerden und Gutsein. Das enthusiastische Streben, das nie am Ziele scheint, ist selbst die Gegenwart, die in dieser Gestalt als Erscheinung in der Zeit immer am Ziele ist.

Liebe, als erfüllte Gegenwart nur *Gipfel* und *Augenblick*, ist wie umgeben von einem Heimweh. Nur die vollendet gegenwärtige Liebe verliert es.

Liebe ist *Wiederholung* als Treue. Aber die jeweils objektive sinnliche Gegenwart und ich selbst, wie ich war, sind unwiederholbar. Wiederholung ist der in jeweils gegenwärtig mögliche Gestalt sich kleidende ewig eine Ursprung der Liebe.

Liebe ist *Selbstwerden* und *Selbsthingabe*. Wo ich mich wahrhaft ganz, ohne Rückhalt, gebe, finde ich mich selbst. Wo ich mich auf mich selber wende und Reserven festhalte, werde ich lieblos und verliere mich.

Die Liebe hat ihre Tiefe in dem Verhältnis von Existenz zu Existenz. Dann wird ihr alles Dasein wie *persönlich*. Dem liebenden Schauen der Natur werden offenbar die Seele der Landschaft, die Geister der Elemente, der Genius jeden Ortes.

In der Liebe ist *Einmaligkeit*. Nicht Allgemeines liebe ich, sondern unvertretbar gegenwärtig Gewordenes. Alles Liebende und Geliebte ist jeweilig gebunden und nur als solche Einzigkeit unverlierbar.

In der Liebe ist das absolute *Vertrauen*. Die erfüllte Gegenwart kann nicht täuschen. Liebendes Vertrauen beruht nicht auf Berechnung und Sicherheiten. Daß ich liebe, ist wie Geschenk und doch mein Wesen. Ich habe in ihr die Gewißheit, die sich nicht täuschen kann, und werde im Ursprung meines Wesens schuldig, wenn ich verwechsle. Die Hellsichtigkeit wahrer Liebe kann nicht verwechseln. Trotzdem ist mir das Nichttäuschen wie ein Wunder, für das ich mir kein Verdienst gebe. Nur durch Wahrhaftigkeit und durch mein redliches Alltagstun kann ich die Möglichkeit bereiten, daß mich im rechten Augenblick die Liebe ergreife, vor der dann diese Voraussetzungen wie nichts sind.

Liebe ist in der kämpfenden Kommunikation, aber gleitet ab zur kampflosen Gemeinschaft des Besitzes oder zu lieblosem Zank. Sie ist im verehrenden Aufblick, aber gleitet ab zur Abhängigkeit im Kult von Autoritäten. Sie ist in helfender Karitas, aber gleitet ab zum

Selbstgenuß wahllosen Mitleids. Sie ist im Schauen des Schönen, aber gleitet ab zu ästhetischer Unverbindlichkeit. Sie ist in der grenzenlosen Möglichkeit ihrer Bereitschaft noch ohne Gegenstand, aber gleitet ab zum Rausch. Sie ist sinnliches Begehren, aber gleitet ab zu genießender Erotik. Sie ist im ursprünglichen Wissenwollen, das Offenbarkeit sucht, aber gleitet ab zu leerem Denken oder zur Neugier. Sie hat gleichsam zu ihrem *Leibe* zahllose Gestalten. Wird der Leib selbständig, so ist die Liebe tot. Überall kann sie gegenwärtig sein, und ohne sie versinkt alles in Nichtigkeit. Sie ist von hinreißender Macht und kann noch wahr sein, wo sie sich verdünnt in die Menschenfreundlichkeit und in die Naturliebe, auf deren Grund ihre Flamme sich neu entzünden wird.

2. Glaube. — Glaube ist die *Seinsgewißheit* der Liebe als ausdrücklich bewußte. Der Glaube, selbständig geworden, beseelt aus seiner Gewißheit die Liebe, die ihn hervorbrachte.

Glaube ist weiter die im unbedingten Handeln *aktiv* werdende Seinsgewißheit. Während das Wissen in seinen Konsequenzen es unmöglich machen müßte, zu leben, ist der Glaube das Lebenkönnen im Wissen.

Auch der Glaube ist als *Ursprung* unbegründbar. Er wird nicht gewollt, sondern ich will aus ihm. Er wird nicht bewiesen, aber er versteht sich jeweils in einer spezifischen *Gegenständlichkeit* von Gedanke oder Bild; sich erhellend ist er auf dem Wege zu einem Allgemeinen.

Glaube ist zu befragen, als *was* er glaubt, und *an was* er glaubt. Subjektiv ist Glaube die Weise, in der die Seele ihres Seins, Ursprungs und Zieles ohne ausreichende Begriffe gewiß ist. Objektiv wird der Glaube als Inhalt ausgesprochen, der als solcher in sich selbst unverständlich bleibt, vielmehr als nur gegenständlich wieder verschwindet.

a) *An was geglaubt wird.* — Der Glaube in seiner Erscheinung glaubt nicht etwas, sondern an etwas. Er hat nicht ein unsicheres Wissen von einem Gegenstand, etwa als das Meinen, daß etwas sei, was nicht sichtbar ist; er ist vielmehr die Gewißheit des Seins im gegenwärtigen Dasein, an das er als an die Erscheinung einer *Existenz* und *Idee* glaubt. Statt in einem unsicheren Wissen diese Welt zugunsten eines Jenseits zu verlassen, bleibt er in der Welt, in der er wahrnimmt, woran er glauben kann in Beziehung auf Transzendenz. So glaube ich an einen Menschen und glaube an Objektivitäten, die mir Erscheinung einer Idee sind, an der ich teilhabe, an Vaterland, Ehe,

Wissenschaft, Beruf. Der Glaube in der mich erfüllenden Idee ist die Einheit mit einer objektiv gewordenen gemeinsamen Sache. Der Glaube an einen Menschen aber als Existenz ist die Vorbedingung, ohne die der Ideenglaube seinen Boden verliert und schnell Betrieb eines nur noch objektiven Daseins in gewaltsamen Ordnungen, in ertragenen und aus Gewohnheit vollzogenen Regeln wird. Nur wo die Idee in Menschen als Existenzen wirklich ist, in deren je einzelner Wirklichkeit an sie geglaubt wird, ist sie wahr und wirksam. Wo Existenzen zunichte werden und bloße Individuen übrigbleiben, hören die Ideen auf. Wo aber alle Ideen zusammenbrechen, bleibt doch der Glaube an Existenz in den jeweils Einzelnen als Möglichkeit übrig. In einer versinkenden Welt bleibt die Liebe von Existenz zu Existenz, arm, weil ohne Raum des objektiven Daseins, mächtig, weil noch immer Ursprung der Seinsgewißheit. Aus dieser Existenz können neue Ideen geboren werden in der uns gegebenen, tätig und wissend durchdrungenen und dann durch diese Ideen wieder verwandelten Welt.

Auf dem Grunde des Glaubens an Idee und Existenz erwächst der Glaube an *Transzendenz*. Vor aller Vergegenständlichung hat mögliche Existenz ein Bewußtsein von Transzendenz. Vor allem Ausdenken bestimmter Transzendenz ist sie geborgen in ihr oder gespannt zu ihr. Die Geborgenheit oder ihre Gefährdung trägt die jeweils geschichtliche Gestalt gegenständlichen Sicherhellens, welche in ihrer konstruierten Systematik Metaphysik und Theologie ist.

Wird der gegenständliche Inhalt als solcher fixiert, so tritt die Verfälschung ein, daß die Glaubenserhellung zum bestehenden Objekt gemacht wird. An die Stelle des Glaubens tritt ein *abergläubisches* Wissen. Der Glaube wird starr; er nährt sich aus einem Gewußten statt aus der Seinsgewißheit, aus einem verengenden Fanatismus statt aus der Liebe; er hat mit seinem Ursprung in ihr seinen Gehalt verloren.

Verläßt der Glaube die *Welt*, so hört er auf; er verliert sich in der *unio mystica* mit dem Sein. Wo ich, mich und die Welt preisgebend, mit der Gottheit mich eine, selbst Gott werdend, glaube ich nicht mehr. Glaube ist fremd der unio mystica, welche nicht glaubt, sondern hat. Er ist die Gewißheit des Seins in der Erscheinung, der Glaube an die Gottheit, welche sich so vollkommen verbirgt, daß sie bei vorschreitendem Wissen nur immer unwahrscheinlicher wird. Er ist Gewißheit bei gleichzeitiger *Ferne*.

b) *Als was Glaube ist.* — Der Glaube entgleitet mir, wenn er rational zwingend gewiß wird. Wo ich begründet *weiß*, *glaube* ich nicht.

280

Objektiv Gültiges anzuerkennen erfordert kein Sein der Existenz. Es ist daher die Unwahrheit des Glaubens, wenn er sich als objektiv gewiß gibt. Glaube ist Wagnis. Die vollkommene objektive Ungewißheit ist Substrat eigentlichen Glaubens. Wäre die Gottheit sichtbar oder beweisbar, brauchte ich nicht zu glauben. Vielmehr alle objektiven Quellen des Glaubens versiegen zu sehen, ist die Erfahrung, an der die Freiheit der Existenz sich ihres Ursprungs in bezug auf Transzendenz bewußt wird.

Wissen trifft Endliches in der Welt, Glauben eigentliches Sein. Wissen untersteht in aller Sicherheit dem kritischen Zweifel in einem unendlichen Progreß; Glauben vollzieht sich, indem er sich bewährt als die Kraft der Existenz.

Was ich glaube, indem es mir im Gegenständlichen sprechend wird, bin ich *durch mein Selbstsein*, nicht passiv, nicht objektiv, nicht als nur Empfangender, sondern als mein Wesen, für das ich mich verantwortlich weiß, obgleich ich den Glauben mit Willen und Verstand nicht herbeizwingen kann.

Die Wahrheit meines Glaubens in seiner *Objektivierung* prüft mein Gewissen im Blick auf die geschichtliche Situation. Alle rationale Prüfung dagegen ist nur seine Freilegung als unbegründbarer Ursprung.

Glaube ist *Vertrauen* als die unzerstörbare Hoffnung. In ihm löst sich das Bewußtsein der Ungewißheit von allem in der Erscheinung als Vertrauen in den Grund des Seins. Die in ihm vollzogene Seinsgewißheit weiß sich angesichts der Transzendenz, ohne daß eine sinnlich reale Beziehung zu ihr sich täuschend Wahrheit geben könnte.

c) *Aktiver Glaube.* — Er ist als Seinsgewißheit im Ursprung unbedingten Handelns; er ist als Geschichtlichkeit.

Im Handeln, sofern dieses nicht zufällig für bloß augenblickliche Zwecke geschieht, sondern auf der Tiefe eines Grundes ruht, der zweckfrei bindet und führt, ist Glaube die Bereitschaft, alles zu ertragen. In ihm vermag sich die auf Zwecke gerichtete Tätigkeit zu vereinen mit der Gewißheit, das Wahre zu tun, *auch wenn alles scheitert*. Die Unerforschlichkeit der Gottheit gibt Ruhe und Antrieb zu *tun, was ich kann*, solange es möglich ist:

Im Dasein gibt es *keine sichere Prognose;* alles liegt zwischen den Grenzen einer sehr großen Wahrscheinlichkeit und Unwahrscheinlichkeit. Als daseiendes Leben suchen wir *Sicherheit;* wir verzweifeln an der Unmöglichkeit. Der Glaube aber vermag auf Sicherheit in der

Erscheinung zu verzichten. Er hält in aller Gefahr an der Möglichkeit fest; er kennt in der Welt weder Sicherheit noch Unmöglichkeit.

Dieser aktive Glaube hat seine höchste Bewährung, wenn die *tätige Verwirklichung* seiner geschichtlichen Einmaligkeit sich zusammenfindet mit dem anscheinend widersprechenden Bewußtsein des schließlichen *Untergangs von allem*, meines Nächsten, meiner selbst, meines Volkes, jeder Objektivierung und Realisierung. Wenn dieses Bewußtsein sich rein erhält, indem es keine Fixierung in einem Jenseits (als einem bestehenden Reich) oder einem Diesseits (als dauerndem Fortleben seines Volkes, als endlosem Fortschritt der Ideenverwirklichung) zuläßt, dann wird der Glaube einer transzendierenden Seinsgewißheit in einer durch kein Interesse mehr getrübten Verbundenheit mit der Gottheit möglich.

3. Phantasie. — Phantasie als absolutes Bewußtsein ist die Liebe, welche Erhellung der Seinsgewißheit im Schauen der Dinge, in Bildern und Gedanken wird.

Herausgenommen aus den Interessen, die mich als empirisches Individuum an die Dinge fesseln oder von ihnen abstoßen, lebe ich daseinswirklich in der Seinswirklichkeit. Das Dasein wird wie *durchscheinend*. Durch die Phantasie erfasse ich das Sein in der Chiffre alles Gegenständlichen als etwas, das nicht gegenständlich werden kann, obgleich es unmittelbar gegenwärtig ist.

Phantasie ist die positive *Bedingung für die Verwirklichung der Existenz*. Ohne Phantasie als den Raum des Möglichen bleibt sie gefesselt an die Enge bloßer Daseinswirklichkeit, mangelt ihr die in der Subjekt-Objekt-Spaltung nur durch das Chiffrewerden der Dinge fühlbare Wirklichkeit des Seins. Durch Phantasie wird das Auge frei, das das Sein sieht. Ohne sie ist das Dasein endloser Wirklichkeiten ein fahles Reich des Toten. Sie aber ergreift die tiefere Wahrheit gegenüber allem bloßen Wissen von der empirischen Wirklichkeit.

Die Inhalte der Phantasie stehen in einer *ursprünglichen Gewißheit* vor Augen, die ihren Maßstab in sich selbst hat. Es gibt da keine Prüfung aus Gründen oder Zwecken. Zum Mittel gemacht ist Phantasie ihres Wesens beraubt. In ihr ist das Sein, aus dem mir Dasein gerechtfertigt wird, nicht umgekehrt.

In der Phantasie vergewissere ich mich der übersinnlichen Herkunft meines Daseins, sofern ihre Inhalte mir *wirklich* werden *in der Verknüpfung* mit einem geschichtlich bestimmten Lieben und Handeln in der Welt. Das absolute Bewußtsein dringt als Phantasie in den

Seinsgrund, wo immer ich *wirklich bin*, im Augenblick der Entscheidung, in der Stetigkeit des Handelns, in der Lebensführung, im Weltdasein; sie ist in der Erinnerung und Stille des Sichversenkens.

Phantasie läßt mich das *Vollendete*, Insichruhende erfahren. In den Grenzsituationen scheint mir alles zerrissen, unmöglich oder unrein. In der Phantasie erfahre ich die Vollkommenheit des Seins als Schönheit und erfahre in vielleicht vermessenem Wagnis die Schönheit selbst noch des Furchtbaren und Zerstörten. Zwar ist diese unwirklich im Sinn von Dasein, aber sie ist aus der Liebe des absoluten Bewußtseins gesehen nicht Täuschung. Was als Idee, Existenz und Transzendenz wirklich ist, das wird als Schönheit gleichsam wahrnehmbar für Phantasie.

Phantasie verfährt *anschaulich* (bildend) oder *gedanklich* (spekulativ). In beiden Fällen ist das objektive Gebilde nicht der schon vollendete Inhalt der Phantasie, sondern nur ihre *Sprache*. Durch Anschauen allein erfahre ich nicht Gestalten der Kunst; ich muß mich darin verwandeln, in der Anschauung zugleich über sie hinaus sein, aber so daß nichts ohne die zur Gegenwart bringende Anschauung ist. Durch Denken allein bemächtige ich mich keiner Philosophie, sondern nur in der Aneignung, in der das Denken Mitteilung wird für Undenkbares, das aber in jedem seiner Momente durch ein Gedachtes gleichsam vertreten ist. Bildende Phantasie ist ein Leben in Gestalten als Seinssymbolen, spekulative Phantasie ein Leben in Gedanken als Seinsvergewisserungen. —

Durch die Gefahr der unverbindlichen Isolierung ist Phantasie als absolutes Bewußtsein *zweideutig;* sie kann tiefste Offenbarung und zunichtemachende Täuschung sein.

Phantasie sieht nur im Sinne eines *Möglichen* und noch *Allgemeinen*, solange sie nicht die geschichtliche Gegenwart der Existenz trifft. Ohne diese Verknüpfung sieht Phantasie nur den möglichen Raum der Existenz; sie bleibt noch das Spiel, durch das sie dem Sein in gegenständlichem Dasein nachspürt, ohne ihr eigenes Sein der Wirklichkeit des Daseins einzuprägen. Darum ist Phantasie als kontemplative Erfüllung im Möglichen die Gefahr der Ablenkung, der Schleier, der sich über die harte Wirklichkeit des Daseins legt. Sie verführt zu einem Leben in der Welt der Bilder und Gedanken als selbstgenugsamen Sein.

Denn immer bleibt der Unterschied zwischen der unverbindlichen Welt der *Möglichkeit* und der Einsenkung in existentielle *Wirklichkeit*.

Das enthusiastische Mitschwingen mit den Phantasiegestalten in Dichtung, Kunst und Philosophie, in der Geschichte menschlicher Größe, ist etwas anderes als Selbstvollziehen des Transzendierens in gegenwärtig entscheidender Existenz. Dort kann ich mich vergessen; hier ist die Wirklichkeit des Selbst. Erliege ich der Verführung, so kann sich mir das Nebeneinander zweier Welten fixieren: einer Scheinwelt, in der ich mich aufschwinge, und einer wirklichen Welt, in der ich mich verachte. Dann messe ich die Dinge an einem abstrakten Absoluten und zerstöre mir das Wirkliche zugunsten eines imaginären Möglichen, statt es zu erfüllen und in seiner Gegenwart groß zu sehen.

Zwischen Glaube und Phantasie ist nicht zu wählen. Glaube ohne Phantasie bleibt unentfaltet, Phantasie ohne Glaube unwirklich, aber beide sind unwahr ohne Liebe. Das absolute Bewußtsein läßt sich nur inadäquat in der Explikation zerlegen; seine Momente lassen sich nicht isolieren und gegeneinander ausspielen.

Die Sicherung absoluten Bewußtseins im Dasein

Wohl sind Liebe, Glaube, Phantasie als erfülltes absolutes Bewußtsein dessen reine Gegenwart, aber im empirischen Dasein ist alles in ihnen Gedachte und Gestaltete endlich und die Erscheinung absoluten Bewußtseins gestört.

Die Gefahr ist, sich an Gedachtes und Gestaltetes, obgleich es endlich ist, wie an absolute Wahrheit zu klammern. Während es Wahrheit nur für Existenz ist, die sich in ihrer Objektivität wiedererkennt, wird es *objektiv fixiert.* — Wird das Empirische, das nur Leib der Existenz in ihrem absoluten Bewußtsein ist, *als Dasein absolut* genommen, so schwindet seine Tiefe; es bleibt hintergrundloses bloßes Dasein.

Die andere Gefahr ist, im Dasein alles nur als endlich und verschwindend zu sehen und sich in der *Bodenlosigkeit subjektiver Unruhe* zu verlieren.

Gegen die Fixiertheit hält *Ironie* und *Spiel* alles nur Objektive in der Schwebe. Gegen die Verwechslung von Objektivität und Existenz wehrt sich die *Scham.* Gegen die Unruhe wirkt aus dem Grunde absoluten Bewußtseins in Zeiten, in denen es nicht als erfülltes sich aufschwingt, eine *Gelassenheit* durch die Gewißheit seiner Möglichkeit.

1. I r o n i e. — Das allgemeine Werden und Vergehen, das Verschwinden des Empirischen als des jeweils Einzelnen in der Zeit ist

284

gleichsam die Ironie der Wirklichkeit: das Daseiende, als ob es selbst sei, ist ein Schein; da ist, was verschwindet.

Die Relativität aller objektiven Geltungen für einen jeweils besonderen Standpunkt macht es *unmöglich, ein rein Objektives für absolut zu halten.* In der bloßen Objektivität einer Handlung, eines Wißbaren, Sagbaren, Bildbaren ganz selbst zu sein, scheitert für die Existenz an der Nichtadäquatheit jeder Objektivität als einer allgemeinen. Objektivität ist Funktion in der Seinsgegenwart für Existenz, aber als solche immer begrenzt und starr. In den Höhepunkten erfüllter Existenz übergreift ihr Seinsbewußtsein alles Objektive, das in seiner größten Erweiterung ergriffen im Übergreifenden doch wie eingeschmolzen ist. Tritt das Dasein, nicht mehr durchdrungen von Existenz, als solches hervor, tauchen die Objektivitäten als selbständige auf, so wird die Ironie gegen sie die Form der Sicherung des absoluten Bewußtseins, sei es in seiner Schwäche, um sich in der Möglichkeit zu bewahren, sei es in der noch unklaren Keimhaftigkeit, um zukünftig durchbrechender Existenz den Raum frei zu halten.

Da alles, was in der Welt des Daseins objektiv wird, als solches eine *Endlichkeit* hat, zeigt der Aufweis der Endlichkeit selbst im Größten, was es in Frage stellt. Ironie ist der alles vernichtende Blick des Denkens aus möglicher Existenz, vor dem nichts sich hält, das sich als gültig fixieren möchte.

Ironie kann Hohn sein; sie will dann *polemisch* nur vernichten und wird der künstliche Ausdruck von Verachtung, um eigene Schwäche zu verbergen. Lachen gibt es im Spott, hinter dem dieser Zerstörungswille steht. Aber in der gehaltvollen Ironie ist Lachen Ausdruck des Schmerzes der *Liebe* aus der Gewißheit gesehenen Seins. Absolutes Bewußtsein ist nicht in jener leeren und willkürlichen Ironie, die alles bloß verschwinden läßt, sondern in dieser dadurch erfüllten, daß im Verschwinden offenbar wird. In der Fragwürdigkeit von allem vergewissert sich die Sicherheit im Eigentlichen.

Die polemische Ironie weiß, daß das Lächerliche tötet, die liebende aber, daß sie nicht schaden kann. In der Ironie liebe ich, die Begrenztheit wissend, um so entschiedener. Wie Polemik zur Ironie drängt als einem Mittel der Vernichtung, so die Liebe, um sich in ihr als schlechthin gewiß zu bewähren.

Ironie hat keinen festen Punkt, von dem aus sie ihre Relativierung vollzöge; sie ist in einer Totalität, welche sie selbst mit einschließt. Nur als polemische ist sie partikular, ohne sich selbst mit einzusetzen.

Als liebende Ironie aber stellt sie sich auf dieselbe Ebene, auf der sie *sich selbst wie alles andere in Frage stellt*. In dem vollkommenen Schweben aller Objektivitäten bleibt ihr das Sein gewiß, vor dem sie alles und sich selbst vergehen läßt.

In der Ironie ist der Sinn *für Wirklichkeit*. Aber polemische Ironie sieht die Wirklichkeit gleichsam einäugig, im einzelnen und darum unwahr, liebende Ironie sieht sie ganz. Während aber nur im Überschwang der Existenz die Einheit wahrhaftigen Sehens des Wirklichen und alles durchdringender Liebe ist, bedarf der Zwiespalt des Alltags der Ironie, die liebt, ohne sich vorzutäuschen, aber noch nicht den Aufschwung zur Einheit erfährt.

Ironie ist als Haltung des Gemüts aus dem Ganzen der Existenz *Humor*. Diese Haltung sichert das Absolute im Unzulänglichen. Wirklichkeitsloser Idealismus braucht keinen Humor in der Verflüchtigung seiner nichtigen Erbaulichkeit. Der Moralist und Rationalist kann humorlos sein Dasein in gewaltsamen Konstruktionen aufbauen, und muß es doch existenzlos zerrinnen lassen, solange er nicht in den Grenzsituationen die Unwahrheit seines unfreien Ernstes durchbricht.

Ironie tritt als Scherz auf und ist doch Ernst. Sie läßt keinen Ernst zu, der nicht auch dem Scherze unterworfen wird. Sie bedeutet die Gefahr, zu unverbindlichem Vernichten im Spotten hinabzugleiten. Sie ist die Sicherung vor dem Abgleiten zu unwahrem Heiligsetzen von Objektivitäten.

2. Spiel. — Spiel ist als naive Lust der Vitalität ohne alle Last der Wirklichkeit. Es ist als Befreiung von dem Zwang der Wirklichkeit der Weg zum Unverbindlichen. Lachen begleitet die Lust des Spiels wie die Ironie.

Als Moment des absoluten Bewußtseins gibt es ein Hellwerden im Spiel. Auf dem Grunde des Ernstes wird in einem Raum des Möglichen entworfen. Daher bekommt das Spiel Gehalt. Es ist nicht Spielerei.

Philosophieren als aussagendes Erdenken ist in diesem Sinne ein Spiel. Sich im Philosophieren des Spiels bewußt zu sein, ist Sicherung, jede objektive Fixierung zu unbefragbar gehaltenen Wahrheiten zu verhindern. Nichts Gesagtes ist als objektiv feststehend so gewichtig zu nehmen, daß es unantastbar wird. Jeder philosophische Gedanke ist auch wieder zu relativieren. In der Feierlichkeit eines Besitzes der Wahrheit als einer objektiv auszusagenden ist das Spiel vergessen; sie wird lächerlich unter dem Blick der Ironie. Ich bin nicht gebunden an objektive Aufstellungen, sondern an die Verantwortung, sie gemacht zu haben. Ich schiebe sie nicht leichtherzig beiseite, aber bleibe ihrer Herr, statt mich ihnen zu unterwerfen. Der unwahre Ernst, der das Moment des Spiels in den philosophischen Objektivitäten vergißt, verschließt sich in seinen Wurzeln der Prüfung. Er bleibt nicht frei, weil er nicht mehr hören und verstehen kann. Nur im Medium des Spiels ist zugleich wahrer Ernst möglich. So ist die Spannung des Philosophierens zu erhalten, zugleich Sprache des letzten Ernstes, aber als Sprache nicht dieser Ernst selbst zu sein. Zwischen der Unverbindlichkeit beliebigen Denkens und der Erstarrung in endgültiger Objektivität bewegt sich das wahre Philosophieren als Freiheit dieses verantwortlichen Spiels. Wahrheit ist dort, wo der Ernst der geschichtlichen Wirklichkeit gesteigert wird durch das Bewußtsein des Spiels im philosophischen Gedanken. Erwarte ich im Philosophieren Appell an Grund und Ursprung, so bin ich enttäuscht, wenn mir vermeintlich objektive Richtigkeiten vom Absoluten gesagt werden, die ich nur hinzunehmen habe. Aber wahr ist das Philosophieren als Spiel, in dem ich Möglichkeiten sehen lerne.

3. S c h a m . — a) *Psychologische und existentielle Scham.* — Wo meine Unzulänglichkeit die Aufmerksamkeit auf sich zieht, schäme ich mich, oder wegen der möglichen Unzulänglichkeit überall, wo überhaupt ich auffalle. Nacktheit bedingt Scham, wo sie als solche sichtbar ist, sie hört auf, schamhaft zu sein, wo einer nackt unter lauter Nackten ist. Was alle tun, dessen schämt man sich nicht.

Während die Scham verloren hat, wer im Allgemeinen aufgeht und nicht mehr als Ich fühlt und denkt, wird dem, der sich an sich als mögliche Existenz bindet, im Selbstsein eine unaufhebbare Wurzel der Scham bleiben. Diese *existentielle Scham* ist jedoch anders als jene *psychologische.* Beide entspringen dem Selbstbewußtsein, die psychologische aber dem Geltungsbewußtsein des einzelnen Daseins im Spiegel der Anderen, die existentielle der Sorge um Unwahrheit und Mißverstehbarkeit vor anderer Existenz. Die psychologische Scham ist als endliche motiviert und verstehbar aus der Betroffenheit des empirischen Individuums; die existentielle, als unbedingte unfaßlich im allgemeinen, ist Funktion sichernder Haltung aus dem eigentlichen Selbst. Das Erröten z. B. im Blick auf mögliche Verachtung seitens anderer oder aus der Furcht eines Entdecktwerdens oder der Furcht, irrtümlich für etwas verantwortlich gemacht werden zu können, all dies ist durchaus verschieden von dem Erröten aus dem geheimen

Selbstsein, das beachtet, behauptet, befragt werden könnte. Jenes ist mit innerer Schwäche des Selbstbewußtseins verbunden, dieses bei innerer Stärke die Scheu, in der Welt der Objektivitäten, wo nur das Allgemeine gilt, inadäquat als Selbst genommen zu werden. Diese abweisende Scham schützt das Selbst vor der Verwirrung, daß es in der verfälschenden Auffassung durch die Anderen als es selbst widersinnige Ansprüche in der Sphäre des Allgemeinen zu erheben scheinen könnte.

Existenz schämt sich in Analogie zu dem Bewußtsein der Unzulänglichkeit in der psychologischen Scham, weil Existenz *in ihrer Objektivität als solcher* stets auch ein Bewußtsein der *Schwäche* hat. Denn sie wird unwahr, wenn ihre Objektivierung schon als die Existenz selbst und nicht als ihre in ihrer bloßen Objektivität auch fragwürdige Erscheinung genommen wird; sie kann weder als ein Behaupten ihres Existenzseins auftreten, noch Anspruch auf Anerkanntwerden als Existenz machen, noch als Wille zur Existenz die Existenz wie ein Ziel behandeln. Überall wo sie spricht und auch nur die Möglichkeit solcher Deutung auftritt, schämt sie sich ihrer Schwäche. Sie darf nicht objektiv werden als nur indirekt. Daher ist das *Schweigen* der Existenz vor sich selbst und anderen das Innerste ihrer wirkenden Erscheinung, gegen dessen unzeitiges Durchbrechen sich ihre Scham wehrt.

Existentielle Scham tritt schon dann auf, wenn in der Sphäre objektiven Zusammenseins der Einzelne als Existenz überhaupt auf sich selbst gelenkt wird. Wo ich selbst berührt werde, *ohne* daß auf gleichem Niveau eine Kommunikation von Existenz zu Existenz in gegenseitiger Rückhaltlosigkeit sich vollzieht, muß ich mich schämen.

Existentielle Scham vollzieht eine *Distanzierung*, in der als solcher sich noch kein Ursprung verwirklicht; aber sie bewahrt die Möglichkeit vor dem Zerfließen.

b) *Scham als Sicherung gegen die spezifische Gefahr des Philosophierens.* — In der existentiellen Scham ist ein Geheimnis geschützt, das doch auch mit Willen nicht ausgesprochen werden könnte; alles Sagen würde nur verwirren. Darum ist das *Sagen* in der Existenzerhellung *als Philosophie* zwar ein Versuch, in der Sphäre des *Allgemeinen* den Weg der Selbsterhellung zu finden; diese aber vollzieht sich nicht schon im Sagbaren, das vielmehr nur Weg bleibt.

Daher kommt eine spezifische Gefahr aus dem *Philosophieren selbst*, das als gedachtes Gebilde dem Existieren entweder nachfolgt als

Erhellung oder vorausgreift als appellierendes Weisen von Möglichkeiten. Es beruht nicht in sich und kann *verwechselt* werden mit der Wirklichkeit des Existierens, in der es erst Sinn und Bewährung hat. Ich kann abgleitend das aussagende Philosophieren schon für Existenz nehmen. Wenn die Philosophie als solche die Befriedigung geben soll, statt Funktion in der Existenz zu sein, aus der und für die sie denkt, wird sie ihres eigentlichen Gehalts beraubt. Statt Klarheit zu sein, wird sie zu einem Gegenstand der Schwärmerei, deren Schein um wirkliche Existenz betrügt. Im Sicherbauen am Gedanken des Ursprungs hängen zu bleiben, läßt grade den Ursprung verlieren; denn er erhellt sich uns erst in dem, was aus ihm kommt. Darum sind Wege der Existenzerhellung nicht Wege zu einer Einsicht, bei der zu verweilen wäre, sondern Wege zu einem Punkt, der zur Umkehr auffordert, um nun gewisser und hellsehender ins Dasein zurückzukehren.

Gegen die Gefahr des Mißverstandenwerdens, des Sichselbstmißverstehens und des unwahren Verweilens wirkt im Philosophieren eine Scham, die zu *durchbrechen* es jeweils wagen muß, um sich durch sie in die entschiedensten Formen der Objektivität als der Direktheit nur des Möglichen *zurückzwingen* zu lassen. Diese Scham steigert sich in der Reihe der Methoden des Ausdrucks von den logischen zu den psychologischen und zu den metaphysischen. Sie heftet sich an die *Schwäche des Gedachten*, die *im Mißverstandenwerden* für sich allein bloßliegt. Bei *logischen* Ausdrücken für die Existenzerhellung ist ein Grund zur Scham das verstandesmäßig Nichtige in Zirkel, Paradoxie und bloßer Negation. Bei verstehend *psychologischen* Entwicklungen wird die aufdringliche Nähe zum empirisch Wirklichen, das als solches nicht gemeint ist, schamerweckend. Bei *metaphysischen* Gedanken und Bildern ist die Möglichkeit, sie für handgreifliche Inhalte dogmatischen Glaubens zu nehmen oder ihre Tiefe zu bloßen Gleichnissen degradiert zu sehen, das Schamerregende. Überall könnte die Scham aufhören in dem idealen Falle, in dem der Sprechende des Verständnisses sicher ist, das jene Verwechslungen ausschließt und das Haften am logisch Negativen, am psychologisch Konkreten, am metaphysischen Gegenstand unmöglich macht. Aber die Scham würde auch dann nur aufhören, soweit Gedanke und Ausdruck von jener *Reinheit* sind, für die nur das philosophische Gewissen einen Maßstab hat. Jeder Philosophierende gleitet stets auch ab, macht sich unreiner Ausdrucksformen, überflüssiger Direktheiten, rationaler Schematismen schuldig. Er muß beständig, von seiner Scham gelenkt, an dem Ziel arbeiten, das

19 Jaspers, Philosophie II

Äußerste zu erreichen, ohne Scheu über jede Grenze hinaus zu fragen und zu formulieren, und doch das Maximum persönlicher Diskretion zu wahren. Das ist nur möglich durch ein Schweben von Ausdruck und Gedanke, der nirgends haftet und nicht zum Haften verleitet und doch erhellend oder gar erweckend sein kann. Wie in wissenschaftlichen Forschungen das logische Gewissen regulierend wird für den Schwung, der aus dem Gehalt der Idee entspringt, so wird in der philosophischen Existenzerhellung Scham regulierend für die aus der Leidenschaft des Existenzbewußtseins zur Formulierung kommenden Gedanken und Bilder.

c) *Sichernde und zerstörende Scham.* — Die tiefste Scham ist als das unendliche Schweigen aus der Existenz, die ihrer gewiß ist, aber sich nicht wissen kann. Sie mag nicht auf sich lenken, weil sie sich sichern will, nicht sich vor sich selbst im endlosen Wirbel unwahren Verstehens zu verlieren. Es soll nur alles wie selbstverständlich, natürlich, unauffällig bleiben; in der Welt sollen die Aufgaben schlicht erfüllt werden ohne Anspruch der schweigenden Existenz, nicht, weil Existenz nicht wäre, sondern damit sie in Augenblicken verschwindender Wirklichkeit rein bewahrt und wahrhaftig der Existenz des Nächsten sichtbar werde. Wenn sie in der Welt sich unablässig müht, was sie kann zu durchdringen, weil es nur dann für sie Gehalt gewinnt, so doch ohne ausgesagte Forderung; denn diese würde zum Ziel machen, was, als Ziel geradezu gewollt, verloren ginge.

Die behütende Scham kann daher wohl fragen: warum überhaupt reden, wo nicht treffend zu reden ist? warum nicht schlechthin schweigen? warum die Scham durchbrechen und direkt werden? Es wären in der Tat Gedanke und Worte nicht nötig, wenn sicher und zuverlässig in der Kontinuität eines Lebens und nicht nur in vergessenen Augenblicken aus dem Ursprung gelebt, getan, gehandelt würde. Da aber *nicht nur das Mißverstehen des Wortes,* sondern *das Dasein selbst verwirrt,* braucht mögliche Existenz erinnerndes Denken.

Das Sichsträuben der Scham gegen den Gedanken wird daher *zweideutig.* Als echte Scham wirkt es sichernd, wo an falscher Stelle, in falschem Sinn zur Unzeit geredet werden soll, wo das Reden nicht echt ist, wo es wie Wissen behandelt wird; es schützt *gegen die Gefahr abgleitenden Philosophierens.*

Umgekehrt kann jedoch das Sichsträuben, das sich als Scham gibt, sich *gegen den Ursprung sichern* als gegen die Forderung der Freiheit, an die man nicht als an seine Möglichkeit erinnert werden will; dies

290

Verleugnen möchte es sich leichter machen, indem es sogar das Wort verwirft; wenn gar nicht von ihr geredet wird, kann die Möglichkeit selbst verschwinden. Dies unwahre Sichsträuben des Daseins gegen Existenz ist die *Gefahr des Nichtphilosophierens.*

Ist das Sichsträuben echte Scham, so ist es still und verschweigend; es ist ein Nichtreagieren als Möglichkeit des doch noch Reagierens. Es ist ein ruhiges Verdecken, wo unechtes Gerede sich vordrängt.

Ist das Sichsträuben aber Schutz gegen die Möglichkeit, selbst zu werden, pflegt es verdächtig zu sein durch seine Wut und laute Polemik. Grade dieses Sichsträuben in betonter Scham ist vereinbar mit dem Verlust aller Scham.

4. Gelassenheit. — Es gibt Gelassenheit als Ruhe der Nerven, als kindliche Unstörbarkeit eines noch nicht sehenden naiven Gemüts, als ein Leben in glücklichen Situationen. Gelassenheit als Moment des absoluten Bewußtseins steht in den Grenzsituationen. Sie ist die Ruhe der Seinsgewißheit als erworbener Hintergrund und als künftige Möglichkeit. Sie ist nicht Erfüllung als die Höhe des Seins im Dasein, sondern die Stille der Gewißheit ohne gegenwärtige Entscheidung. Dieses Bewußtsein der Geborgenheit ist mögliche Haltung des Alltags, nicht Maßstab, sondern Sicherung. Es wird durchbrochen nicht durch die Stöße der Endlichkeit, die es erträgt, aber durch die Leidenschaft der Existenz in ihren Entscheidungen. Die schweigende Stille hört auf in den Offenbarungen des Seins in Grenzsituationen, die schließlich in der Gelassenheit wieder ihre Ruhe finden.

Gelassenheit ist nicht die Affektlosigkeit des disziplinierten Stoizismus, des bequemen Nichtausichherankommenlassens der Situationen, sondern sie ist Sicherung im Fernsein von der Höhe; sie vermag mich aufzunehmen, wenn das Sein glanzlos wird und ich mir ausbleibe. Aber sie ist sich ungenügend in sich selbst, daher in Bereitschaft, und drängt aus sich heraus in Bewegung und Erfüllung.

NEUNTES KAPITEL

Unbedingte Handlungen

Seite

1. Bedingte und unbedingte Handlungen — 2. Dasein und Unbedingtheit — 3. Unbedingtes Handeln als Durchbrechen des Daseins — 4. Richtungen unbedingten Handelns

Erster Teil: Unbedingte, das Dasein überschreitende Handlungen . 300

Selbstmord 300
    1. Der Selbstmord als Faktum — 2. Die Frage nach dem Unbedingten — 3. Warum bleiben wir am Leben? — 4. Unerträglichkeit des Lebens — 5. Verstrickung — 6. Existentielle Haltung zum Selbstmord in Helfen und Beurteilung

Religiöses Handeln 314
    1. Möglichkeit einer realen Beziehung zur Gottheit — 2. Spezifisch religiöse Handlungen — 3. Religiöse Weltverneinung

Zweiter Teil: Unbedingtes Handeln im Dasein 320

Inneres Handeln 322
    1. Psychotechnik und Unbedingtheit — 2. Philosophieren — 3. Unbedingtheit im Nichtwollen

Handeln in der Welt 329
    1. Gesetz und geschichtliche Bestimmtheit — 2. Die Zerstreuung und das Eine

1. Bedingte und unbedingte Handlungen. — Vom Wandel der Gestirne bis zu den Veränderungen auf der Erdoberfläche ist nur ein *Geschehen*. Pflanze und Tier leben in unbewußter Zweckbezogenheit ihres in sich geschlossenen Daseins. Nur der Mensch handelt. Im Handeln weiß er, was er will. Handeln ist die Aktivität, die sich wissend selbst bestimmt.

Das *triebhafte Handeln*, noch ohne eigentliche Reflexion, ist aus der Sicherheit eines Instinktes und in naiver Fraglosigkeit des nur zugreifenden Willens. Aus ihm wird das *Zweckhandeln*, wenn der Trieb nicht nur zum Bewußtsein seines Ziels gebracht wurde, sondern zwischen den Trieb und seine Befriedigung sich berechnende Veranstaltungen als eine Reihe von Zweck-Mittelverhältnissen einschieben. Wird die Triebbefriedigung nicht nur gehemmt und hinausgeschoben, sondern schließlich vergessen, so öffnet sich die Endlosigkeit

292

des Zweckhaften. Denn jeder Zweck wird der Frage unterworfen: wozu? Er wird relativ, und es wird weiter gefragt; einen Endzweck kann die Reflexion als Berechnung nicht finden; er müßte gegeben sein. Bleibt er aus der Triebhaftigkeit her bestehen als naive Befriedigung ohne Frage, so ist das Ganze von Trieb und Reflexion das unser bewußtes Dasein erfüllende und hervortreibende *vitale Handeln* aus Interessen und Zwecken.

Ob das Handeln unmittelbares Triebhandeln oder ein sich loslösendes verstandesmäßiges Zweckhandeln oder vom Trieb in der Reflexion erfülltes vitales Handeln ist, es ist ein in seinem Wesen *bedingtes* Tun des Daseins. Der Trieb zur Daseinserweiterung, zum sinnlichen Genuß, zu Geltung und Wirkung, alles, was die Philosophen seit alters als Lust, Reichtum und Macht zusammennehmen, bedingt das Handeln, durch das es seine Befriedigung sucht. Wunsch nimmt die Erfüllung vorweg. Angst das Nichterreichen; beide lähmen. Hoffnung und Sorge spornen die Aktivität.

Aber dieses Handeln kann nur einen Augenblick scheinbare Ruhe finden. Sättigung und Ermüdung, Schalwerden und Wollen eines Neuen treiben es voran ohne Möglichkeit, ein endgültiges Ziel zu erreichen. Das sinnlose Getriebensein ohne Endzweck ist wie eine Täuschung des Menschen, in der sein Lebenstrieb ihm vorgaukelt, was er nie finden kann; es ist die Qual der Lebensgier, welche blind sich selber wieder hervorbringt, bis das Leben abbricht.

Im Handeln des Menschen kann jedoch ein *Anderes* gegenwärtig sein, durch das es aus der zeitlichen Endlosigkeit zurückgenommen ist in ein Selbstsein, das handelnd sich gewiß wird. Es ist positiv gegenwärtig als Seinsbewußtsein, selbst im Scheitern, negativ als Unruhe des Sichverlierens, selbst im reichsten Dasein. Wir nennen es das *unbedingte Handeln*. Ist das Handeln bedingt durch Lust der Triebbefriedigung, durch Zweck und durch Daseinsinteressen, so kann unbedingtes Handeln zwar ohne diesen Daseinsleib des Lebenswillens nicht wirklich sein, ist aber in den bedingten Handlungen nicht nur in ihnen, sondern zugleich über sie hinaus.

Triebhandeln ist unsere tierische Natur in menschliches Bewußtsein gefaßt; als Daseinsgegenwart ist es ohne Transzendenz. Unbedingtes Handeln dagegen ist Ausdruck selbstbewußter Existenz, die in der Erscheinung des Daseins bezogen auf ihre Transzendenz tut, was ihr ewig wesentlich ist. — *Zweckhandeln* ist bedingt durch den aufzeigbaren Zweck und selbst nur Mittel. Unbedingtes Handeln dagegen ist in sich selbst als solches gewollt; sofern es als Handeln in der Welt Zwecke hat, ist es aus diesen Zwecken nicht zureichend begründet. Während das Zweckhandeln einen Endzweck kennen möchte, den es doch nie finden kann, braucht das unbedingte Handeln keinen Endzweck, weil es in sich selbst ist als Ausdruck eines Seins. — *Vitales Handeln* als das Ganze aus Trieb und berechnender Zweckhaftigkeit ist trotz aller partikularen Helle blind in dem Eigenwillen seines Daseins. Unbedingtes Handeln dagegen durchleuchtet Trieb und Reflexion mit einer Seinsgewißheit, die als solche weder im Trieb und seiner Befriedigung noch im berechneten Zweck liegt, vielmehr bleibt, wenn diese scheitern, weil das Handeln aus Existenz herkommt, welche den Eigenwillen relativiert hat.

2. Dasein und Unbedingtheit. — Handeln ist gebunden an Situationen in der Welt. Als unbedingtes Handeln vollzieht es sich zugleich in der *Grenzsituation*. Unbedingtheit als Existenz in der Grenzsituation ist objektiv nicht sichtbar. Für die psychologische Forschung ist sie nicht zu unterscheiden von der unbekümmerten Vitalität, die nicht fragt, was sie eigentlich will.

Man kann daher unbedingte Handlungen nicht zureichend definieren. Gedacht sind sie nur das *appellierende signum*, das nicht faßlich wird außer in der Umsetzung zu eigenem Wesen.

Ihr Denken trifft sie als Möglichkeit in *Kontrastierung* zu Handlungen in der Daseinsverabsolutierung. Handlungen aus bloßem Dasein sind wie heimatloses Irren in der Welt, als käme ihnen über das Partikulare hinaus weder Ziel noch Sinn zu; denn sie sind nicht mehr bloßes Naturgeschehen und sind schon herausgetreten aus der ungewußten Zweckbezogenheit biologischen Daseins.

Dann trifft das signum der unbedingten Handlungen in der *Identifizierung* mit dem Handeln aus der Geschichtlichkeit der Existenz die Durchdringung von Dasein und Unbedingtheit: verbunden mit allem Dasein unterscheidet sich Unbedingtheit von ihm dergestalt, daß sie in ihrer Geschichtlichkeit es bis zu völliger Einheit mit ihm wieder aneignet. Daher ist unbedingtes Handeln ganz *hingegeben an Verwirklichung* oder steht umgekehrt in radikalem Nein zum Dasein. Verwirklichend setzt es alle Kräfte ein in der unablässigen Bewegung des Planens und Berechnens und ist verwurzelt in der Konkretheit seiner Situationen in der Zeit.

Handeln hört aber auf, unbedingt zu sein, wo der Mensch *sich an die Welt verliert*. Da die Zwecke in der Welt für die Reflexion einer

294

Endlosigkeit von weiteren Zwecken angehören, ohne Sichtbarkeit des Endzwecks, so bedeutet, Zwecke in der Welt als solche absolut zu setzen, den Verlust der Unbedingtheit. Durch innerweltliches Verabsolutieren falle ich ins Nichts mit der Unschließbarkeit des Zweckhaften, dem gewissen Ende und Untergang allen Daseins und dem schließlichen Verlust des eigenen Lebens. Ist Alles bloß Dasein, so ist die Endlosigkeit der zerrinnenden Verwirklichungen ohne Halt. Es ist eines wie das andere nichts, weil es vergeht; eine scheinbare Unbedingtheit in der Welt bleibt nur als Klammern an das Leben um jeden Preis.

Unbedingtheit des Handelns in der Welt ist daher nur möglich, wenn ich die Welt gleichsam *verlassen* habe und nun erst in sie *zurücktrete*. Das Handeln in der Welt hat dann mit dem ganzen Dasein den Symbolcharakter gewonnen, der die Welt nicht unwirklich macht, sondern von ihrer Tiefe durchstrahlt sein läßt. Dann wird möglich, daß das nur Wirkliche relativiert und doch mit restlosem Einsatz jeweils ergriffen ist; daß die Relativierung es nicht gleichgültig macht, sondern gewichtig hält. Die Spannung im Dasein, daß ich handle, als ob daseiende Wirklichkeit selbst absolut wäre — und zugleich das Bewußtsein habe: es ist als nur wirklich alles nichts, diese Spannung ist die Wahrheit unbedingten Handelns in der Welt.

Ist die Unbedingtheit *nicht aus den Zwecken in der Welt verstehbar*, so möchte man doch verstehen in der Verstandesform, welche aus Zwecken herleitet. Dann wird die Unbedingtheit aus einem *transzendenten Zweck* metaphysisch interpretiert: Es werde durch das unbedingte Handeln in einem jenseitigen Reiche ein Schatz erworben; das Handeln in dieser Welt sei ein Mittel zum Gewinn des Lebens in der jenseitigen. Oder es wird die Unbedingtheit ausgedrückt durch den Zweck der Verherrlichung Gottes in der Welt. Solche metaphysischen Formulierungen als Versinnlichung und Vergegenständlichung der Transzendenz sind der hilflose Ausdruck des Verstandes für einen Bezug zu ihr, der in der Unbedingtheit mitergriffen, aber nie erkannt wird.

Nur diese Unbedingtheit macht *das Wagnis des Lebens begreiflich*. In ihm wird ein Zweck der Welt absolut wichtig genommen und doch ohne Widerspruch zu der scheinbaren Verabsolutierung eines Weltdaseins der Wille wirklich, sein Leben zu opfern für das, was selbst rettungslos vergehen muß. Beides zugleich ist nur möglich dadurch, daß dieses Dasein in einem relativiert und mit dem Sinn durchdrungen wird, Erscheinung des Seins zu sein. Wäre alles nur Dasein, so wäre es sinnlos, für etwas zu sterben, da dann das Leben nicht nur Vorbedingung jeden Daseins wäre, sondern auch nichts über ihm stehen könnte.

Nur diese Unbedingtheit ist ferner der Ursprung für die Möglichkeit des *radikalen Verzichts auf einzelne Möglichkeiten des Lebens in der Welt*. Die Verabsolutierung des Daseins als solchen sucht alle Möglichkeiten zu ergreifen, sich nichts entgehen zu lassen, die Mannigfaltigkeit als solche zu wollen. Die Unbedingtheit geht auf das Sein, das Eines ist.

3. Unbedingtes Handeln als Durchbrechen des Daseins.– Handeln ist bodenlos ohne Möglichkeit der Unbedingtheit. Durch seine Möglichkeit, unbedingt zu sein, stellt Handeln die Absolutheit des Geschehens unter Naturgesetzen, in deren Einsicht sich nur Bewußtsein überhaupt seinen immanenten Sinn zureichend bestätigt, in Frage; zwar durchbricht unbedingtes Handeln im Augenblick seiner Wirklichkeit nicht die Unausweichlichkeit der Naturgesetze des Daseinsgeschehens — dies bleibt unmöglich —, aber es läßt nicht nur deren Transparenzlosigkeit durchscheinend werden, sondern erweist im Durchbruch durch die Tat, daß nicht Gesetz war, was nur Gesetz zu sein schien; es zeigt durch Wirklichkeit, was möglich ist. Unbedingtheit hat keine ruhige Beziehung zum Dasein, ist vielmehr erst im Bruch des Daseins die Bewegung ihrer Verwirklichung.

Der Mensch, das einzige *handelnde* Wesen, steht in der Tat im *Bruch* mit seinem Dasein. Während die ungewußten Zwecke des Biologischen aufgehoben sind zu dem Ganzen eines jeweils fraglos selbstgenügsamen Lebens, entbehren alle Daseinszwecke des Menschen der Ganzheit, in der sie endgültig geborgen wären. Niemals geht der Mensch mit seinen Handlungen in einer Totalität auf; diese wird nicht daseinswirklich außer in Fragmenten; der Mensch wird *kein Ganzes;* er muß es unablässig suchen. Er kann sich umformen zu besonderen Leistungsfähigkeiten. Er kann seinen Körper zum sportlichen Spezialisten ausbilden, er kann in Übersteigerung einer konsequenten geistigen Möglichkeit seines Lebens diese isolieren; nie wird er ganz. Er kann in abgemessener Harmonie Körper und Seele bilden und ist dann am wenigsten natürlich wie ein Tier, sondern wie eine zweite selbstgeschaffene Natur als eine seiner Möglichkeiten, in der er wiederum nicht ganz ist.

296

Der Bruch des Menschen mit seinem Dasein kann ihn daher *weder* das Dasein rein *hinnehmen noch* ihm *entrinnen* lassen. Handelt er nur triebhaft und zweckhaft, so verkommt er als mögliches Selbstsein und leidet in dem Bewußtsein des Nichtseins; schwingt er sich auf zum Unbedingten, so bleibt er doch in seiner sinnlichen Daseinswirklichkeit gebunden, die der einzige Leib auch der Verwirklichung des Unbedingten ist.

Verglichen mit dem ungebrochenen Dasein des *Tieres* kann der Mensch einen Augenblick wie mangelhaft erscheinen. Sind im Tiere Leib und Seele als Natur eine ohne Spannung in sich ruhende biologische Einheit, so nicht mehr im Menschen. Das Tier kann in Generationen dasselbe Dasein wiederholen, nicht der Mensch. Das Tier hat seinen vorgezeichneten Lebensraum, den es wohlgeraten ausfüllt oder vor dem es mißraten sogleich zugrunde geht, der Mensch hat unabsehbare Möglichkeiten. Was aber durch ihn wirklich werden kann, ist nicht beschlossen in seinem natürlichen Lebensgesetz. Wie der Mensch wirklich ist als Gegenstand von Psychologie, Soziologie und Historie, so ist er nicht erschöpfbar. In der Sphäre dieses objektivierenden Erkennens kann man wohl, als Erkenntnis resignierend, psychologisch sagen: nur wer das Unmögliche will, kann das Mögliche erreichen. Für den Menschen selbst aber ist das Unmögliche nicht unmöglich. Mit gewaltsamen, von ihm selbst für sich geschaffenen, nicht automatischen, sondern sich geschichtlich verwandelnden Hemmungen betritt er den Schauplatz seines Daseins. Er bricht mit der Natur, um entweder aus Freiheit wieder eins zu werden mit ihr, oder um an sie zu verfallen in Roheit, die keine Rückkehr zur Natur, sondern Verkehrung des Menschen ist, der nicht aufhören kann, Mensch zu sein.

Gestalten des Menschen, die *einer Norm widerstreiten,* werden daher nicht zum Tier, weder der stigmatische Verbrecher, der aus eigenem Entschluß wird, was er ist, noch der Geisteskranke, über den total eine ihm fremde Macht gekommen ist. Die Norm ist, statt fest und eindeutig zu sein, vielmehr selbst auch fraglich. Verkehrung ist nicht in jedem Sinne nichtig:

Der *Verbrecher* ist nie von der Geschlossenheit des Daseins eines Raubtieres, an das er nur aus betrachtender Ferne erinnern kann. Obgleich der öffentlichen Gewalt unterworfen, bleibt er zugleich Frage an die Ordnung menschlichen Daseins und als eigene menschliche Möglichkeit.

Der *Geisteskranke* wird nicht tierisch, sondern eine Verrückung der Möglichkeiten. Seine Unverstehbarkeit ist nicht nur die des Naturgeschehens, sondern wie die Möglichkeit eines Anderen. Während das irrsinnige Tier sich nur gegen die Erwartung benimmt und zerfällt, kann der geisteskranke Mensch dazu noch seine eigene Welt schaffen, die wie ein ungeheures Fragezeichen vor dem gesunden Menschendasein steht. Der Mensch kann ferner in Krankheit, durch das, was diese hervortreibt, relevant für sich und andere werden.

Verlust der Geschlossenheit tierischen Daseins, Verbrechen, Geisteskrankheit, die Unlösbarkeit der wesentlichen Verwirklichung von einseitig gewaltsamer Formung bedeuten als solche keine Erscheinung der Unbedingtheit. Sie kennzeichnen aber das Dasein des Menschen in seiner Gebrochenheit, aus der Unbedingtheit möglich wird, weil das Dasein nicht mehr in sicherer, eindeutiger Notwendigkeit geschieht, und aus der sie *gefordert* wird, weil in dem Verlust der Geschlossenheit durch Unbedingtheit allein der Durchbruch des *Seins* im fragwürdigen Dasein erfolgen kann.

An dessen Ordnungen (als Natur, Leben, Seele, als Gesellschaft und Staat)gemessen kann das Unbedingte aus seinem höheren Gesetz maßlos, sinnwidrig, ruinös werden, um aus seinem Ursprung neue Verwirklichung zu schaffen. Aber kein Wagnis des Lebens, keine objektiv nachweisbare unverbrüchliche Treue, kein Selbstmord beweisen als äußere Fakta schon Unbedingtheit.

Im Bruch mit dem Dasein ist der Mensch nach seiner Erscheinung nie mehr eine natürliche Wirklichkeit: nur Sehnsucht zaubert ihn in solcher Gestalt im Bilde täuschend vor Augen. Er ist in seinem Bewußtsein gespalten in sich selbst, weil er die Sicherheit der Natur verloren hat. Wird der Maßstab der Natürlichkeit zum höchsten gemacht, so muß der Mensch als die Krankheit des Daseins gelten. Was ihn scheidet von der fraglosen Kraft allen Naturdaseins, gleichsam seine ursprüngliche Wunde, ist der Ursprung seiner höchsten Möglichkeit. Daß er unbedingt sein kann, setzt voraus, daß er aus den Kreisläufen des nur Lebendigen herausgetreten ist. So kann er eines Seins innewerden und der Möglichkeit eines Nichtseins, die beide im Leben als solchem nicht zu sich kommen. Sein Dasein fesselt ihn und gibt doch allein ihm Möglichkeit zum Sein. Der Mensch muß nach Daseinsmaßen mehr von sich fordern, als er verwirklichen kann, um seiner gewiß zu werden. Er ist, indem er über sich hinaus ist, das Zwischenwesen, das verloren ist, wenn es sich nicht im Unbedingten gewinnt.

4. Richtungen unbedingten Handelns. — Eine Erhellung des unbedingten Handelns macht dieses im Bruch des Daseins *nach drei Dimensionen* sichtbar, die sich in keinem fixierbaren Punkte treffen, sondern eines werden, indem sie sich gegenseitig zu vernichten scheinen.

Das unbedingte Handeln will als *ideenhaftes* statt der verlorenen Daseinsganzheit ein geistiges Ganzes verwirklichen in der Objektivität menschlicher Ordnungen, durch welche es Einheit wird mit dem umgeformten Dasein. Aus der Substanz der Idee verwirklicht sich eine Positivität des Lebens in der Welt menschlicher Gemeinschaft. Zum Beispiel ist Gerechtigkeit eine solche Idee. Sie kann im Unterschied von den Regeln utilitarischen Zweckhandelns und juristischer Ordnung als Maßstab nicht rational zureichend durchsichtig werden. Sie wirkt in jeweiligen rationalen Objektivierungen, sie argumentiert stets in diesen, aber sie lebt als ein Ganzes übergreifend aus den Ursprüngen, die die rationale Form lenken und ihr erst das Gewicht geben.

Als *existentielles Handeln* ist Unbedingtheit identisch mit dem ideenhaften, soweit dieses reicht, kann aber die Idee durchbrechen. Zum Beispiel wird die Gerechtigkeit in Frage gestellt, aber nicht aus vitalem Egoismus, sondern aus einem tieferen Ergreifen dessen, was die Seele verlangt, welche vor den Abgründen das Gesetz des Tages nicht mehr als das einzige sieht.

Als *transzendentes Handeln* bezieht sich die Unbedingtheit unmittelbar auf ihr Anderes, das sie in die Wirklichkeit ziehen möchte. Jede zweckwidrige, zerstörende oder für die Welt gleichgültige, weil in ihrer Wirkung verschwindende Handlung kann diesen Sinn haben, der Existenz und Idee in ihrer Erscheinung vernichtet.

Die Idee lenkt im Dasein zur Weltverwirklichung, die Seele existiert vor ihrer Transzendenz in der Welt und außer der Welt, die Transzendenz zieht beide in den Abgrund ihres Seins als eines weder Wißbaren noch Daseienden.

Die drei Dimensionen sind in jedem unbedingten Handeln als Möglichkeiten gegenwärtig. Dieses nimmt Teil an Ideen, wird getragen von einer Existenz und ist bezogen auf Transzendenz. Aber die Dreiheit macht es unmöglich, daß Unbedingtheit in eindeutigen Formeln durchschaubar wird. Sie scheint *zur Einheit* werden zu können, wenn Existenz die Idee trägt, in der sie sich auf Transzendenz richtet, ein Weltdasein aus dem einen ursprünglichen Sein erfüllend. Dann aber scheint sie *sich in sich zu spalten* und zu kämpfen, vermag im Weltdasein als Wirklichkeit sich nicht zu vollenden, ohne sogleich sich selbst aufzugeben, sei es in der Stabilisierung einer zum Ganzen gewordenen menschlichen Daseinsordnung, sei es in der extravaganten Existenz eines isolierten Einzelnen, sei es in der Daseinsvernichtung leibloser Transzendenz.

Unbedingtes Handeln durchbricht das Dasein, das es doch keinen Augenblick entbehren kann. Obgleich das unbedingte Handeln als solches in der Welt über die Welt hinaus ist, scheint es sich uns zu verlieren, wo es *die Welt schlechthin aufgibt.*

Jedoch ist es unmöglich, wissend zu verurteilen, was nur im Selbsttun gekannt sein kann. Das *Verlassen der Welt* ist als Möglichkeit das bleibende große Fragezeichen an alle Verwirklichung in der Welt.

ERSTER TEIL

Unbedingte, das Dasein überschreitende Handlungen

Die Grenzsituationen kann ich mir *verhüllen*, indem ich sie verendliche und vergesse. Ich kann sie *aushalten*, wenn ich in ihrem Angesicht in der Welt unbedingt tue, was möglich ist. Ich kann sie *überschreiten* entweder dadurch, daß ich in einem absoluten Schritt, dem *Selbstmord*, das Dasein verlasse, oder dadurch, daß ich es verlasse in einer *unmittelbaren* Beziehung zur Gottheit.

Religion ermöglicht, in der Welt zu bleiben, statt sich das Leben zu nehmen, erzwingt aber in ihrer Konsequenz, d. h. wenn sie nicht selbst zur Verhüllung der Grenzsituationen mißbraucht wird, das Verlassen der Welt *in* der Welt: die Askese, die Weltflucht, das Leben außerhalb der Welt im Erleiden des Daseins oder im Handeln ohne Daseinslust.

Selbstmord

Psychiater sagen „Suicid" und rücken durch Benennen einer Rubrik die Handlung in die Sphäre reiner Objektivität, die den Abgrund verhüllt. Literaten sagen „Freitod" und rücken durch die naive Voraussetzung höchster menschlicher Möglichkeit für jeden Fall die

Handlung in ein blasses Rosenrot, das wiederum verhüllt. Allein das Wort „Selbstmord" fordert unausweichlich, die Furchtbarkeit der Frage zugleich mit der Objektivität des Faktums gegenwärtig zu behalten: „Selbst" drückt die Freiheit aus, die das Dasein dieser Freiheit vernichtet (während „frei" zu wenig sagt, wenn die Selbstbeziehung darin als überwundene gemeint wäre), „Mord" die Aktivität in der Gewaltsamkeit gegenüber einem in der Selbstbeziehung als unlösbar Entschiedenen (während „Tod" ein dem passiven Erlöschen Analoges träfe).

Der Mensch kann weder passiv leben noch passiv sterben wollen. Durch Aktivität lebt er, nur durch Aktivität kann er das Leben sich nehmen. Unser Dasein, wie es ist, macht ein passives Auslöschen, wenn wir es wünschen, unmöglich. Reine Passivität ist nur im natürlichen Tode, durch Krankheit und äußere Gewalten. Das ist unsere Situation.

Selbstmord ist eine einzige Handlung, die von allem weiteren Handeln befreit. Der Tod, für Existenz eine entscheidende Grenzsituation, ist ein Ereignis, das kommt und nicht gerufen wird. *Nur der Mensch steht, nachdem er vom Tode weiß, vor der Möglichkeit des Selbstmords.* Er kann nicht nur mit Bewußtsein sein Leben wagen, sondern er kann entscheiden, ob er leben will oder nicht. Der Tod rückt in die Sphäre seiner Freiheit.

1. Der Selbstmord als Faktum. — Die Handlung, als solche nicht notwendig eine unbedingte, kann als Gegenstand statistischer und kasuistischer Untersuchung unter den Gesichtspunkten der Psychologie niemals als unbedingt erkannt werden. Erst an der Grenze empirisch forschenden gegenständlichen Erkennens taucht Selbstmord als philosophisches Problem auf.

Die *Statistik* lehrt über seine Häufigkeit: daß in Europa die germanischen Stämme die größere Neigung zum Selbstmord haben, daß Dänemark das selbstmordreichste Land, daß innerhalb Deutschlands die nördlichen Provinzen selbstmordreicher sind als die südlichen; daß der Selbstmord mit dem Lebensalter häufiger wird, seine größte Häufigkeit zwischen 60 und 70 Jahren hat und dann wieder abnimmt; — daß der jahreszeitliche Gipfel der Häufigkeit der Selbstmorde im Mai/Juni liegt; — daß in protestantischen Ländern die Selbstmorde häufiger sind als in katholischen.

Solche und andere Häufigkeitsverhältnisse, deren genaue Ziffern in den Werken über Moralstatistik zu finden sind, geben keine

Anschauung von der Einzelseele; sie lehren kein Gesetz, dem der Einzelne unterworfen wäre. Es sind quantitativ regelmäßige Verhältnisse nur bei großen Zahlen, die einen Hinweis geben auf eine Gesamtphysiognomie der Völker, Lebensalter und Geschlechter; sowie auf kausale Faktoren, die mitwirken, ohne im Einzelfall zu entscheiden.

Nur scheinbar dringt psychologisch tiefer eine Statistik *der angebbaren Beweggründe*. Diese gibt eine gewisse Regelmäßigkeit der Prozentzahlen für Selbstmorde aus Lebensüberdruß, körperlichen Leiden, Leidenschaften, Laster (darunter Morphinismus, Alkoholismus), Trauer und Kummer, Reue und Furcht vor Strafe, Ärger und Streit. Jedoch drückt sich in dieser Regelmäßigkeit wohl mehr die Typik in der Beurteilung seitens der Hinterbliebenen und der Polizeiorgane aus, als eine psychologische Wirklichkeit der Selbstmörder. Wer einmal in seiner Nähe einen Selbstmord erlebt hat, wird, wenn er menschenliebend und mit einer Spur psychologischer Hellsichtigkeit begabt ist, die Erfahrung machen, daß nicht ein einziger Beweggrund das Ereignis begreiflich macht. Immer bleibt zuletzt ein Geheimnis. Aber es ist darum keine Grenze zu setzen für die Bemühung, das zu ergreifen, was empirisch feststellbar und wißbar ist.

Am einfachsten scheint es, *Geisteskrankheit* anzunehmen; man ist so weit gegangen, jeden Selbstmörder für geisteskrank zu erklären. Dann hört die Frage nach Motiven auf; das Selbstmordproblem liegt als erledigt außerhalb der gesunden Welt. Doch so ist es nicht:

Es gibt die Geisteskrankheiten im eigentlichen Sinne, die zu einem bestimmten Zeitpunkt beginnen, ihren gesetzmäßigen, entweder fortschreitenden oder zur Heilung führenden Verlauf haben, die der gesunden Persönlichkeit als etwas Fremdes für den Beobachter und bei Heilung auch für den krankheitseinsichtigen Patienten gegenübertreten. Solche an spezifischen Symptomen kenntlichen Geisteskrankheiten vermag der kritische Sachverständige mit ziemlicher Sicherheit festzustellen. Man wird auf Grund statistischer Daten annehmen dürfen, daß nur etwa ein Drittel aller Selbstmörder in unserer Zeit in Deutschland geisteskrank sind. Damit hört die Frage nach verstehbaren Beweggründen auch für dieses Drittel nicht auf. Der Selbstmord ist nicht so die Folge der Geisteskrankheit, wie das Fieber Folge der Infektion ist. Wohl ist der völlig unverstehbare biologische Faktor der Krankheit in das Leben getreten, aber erst aus seelischen auf dem Boden der Krankheit gewachsenen Zusammenhängen entsteht der

Selbstmord bei einzelnen, nicht bei allen Kranken. Oft drängt der unerträgliche Zustand von Angst in der Melancholie elementar zum Selbstmord, der dabei mit Umsicht vorbereitet sein kann, fällt bei Verblödungsprozessen ein triebhafter Selbstmorddrang auf, zumal durch die angewandten grotesken Mittel. Wird hier einmal die psychotische Kausalität ausreichend scheinen können, so vermag ein andermal der Geisteskranke auf seine Erkrankung mit seinem eigentlichen Selbstsein zu reagieren, das sich im Selbstmord bewahrt.

Unter den zwei Dritteln nicht geisteskranker Selbstmörder befinden sich wieder ungewöhnlich viele abnorme Menschen. Das bedeutet aber nicht, daß man den Selbstmord nun unmittelbar aus der Abnormität begreifen könnte. Vielmehr lassen sich die nervösen und psychischen Abnormitäten so häufig feststellen, daß keinerlei Grenze ist zwischen ihnen und der normalen individuellen Variation. Noch weniger als durch Geisteskrankheit wird durch sie die Analyse verstehbarer Motive gehindert.

Weder Geisteskrankheit noch Psychopathie bedeuten Ausschluß von Sinn. Sie sind nur besondere kausale Bedingungen für die Existenz im wirklichen Dasein, wie wir in jedem Augenblick durch solche Bedingungen normaler, aber ebenfalls unverstehbarer Art (vitale Körperlichkeit, Luft, Nahrungsmittel) allein Dasein haben. Psychopathologische Feststellungen geben uns zwar empirische Kenntnisse über zuletzt meistens unbestimmbar wirkende kausale Faktoren. Aber nie erschöpfen sie als Analyse des Falls den Menschen als Existenz. Diese vielmehr, solange sie überhaupt im Dasein erscheint, ist in dieser Erscheinung zwar bedingt, aber nicht allein bestimmt durch reale Faktoren. Alles empirische Wissen vom Menschen fordert an seiner Grenze, die Existenz in möglicher oder wirklicher Kommunikation zu befragen.

2. Die Frage nach dem Unbedingten. — Wir treten schon in eine andere Sphäre, wenn wir ohne Rücksicht auf das Kasuistische nach den verstehbaren Motiven fragen. Das *Verstehbare* ist als gedacht nur der Entwurf einer Möglichkeit, aber nie die ganze Wirklichkeit. Es ist jeden Augenblick wirklich nur mit dem Unverstehbaren: unverstehbar sind nicht nur die *kausalen* Bedingungen des seelischen Daseins, sondern auch die *Unbedingtheit* der Existenz, die sich im Verstehbaren ausdrückt, aber der freie Ursprung ist, der als solcher für alles Verstehen Geheimnis bleibt. Der einzelne Selbstmord als *unbedingte* Handlung ist nicht nach einem allgemeinen Kausalgesetz

oder einem verstehbaren Typus zureichend zu begreifen, sondern wäre die *absolute Einmaligkeit* einer sich in ihm erfüllenden *Existenz*.

Die Handlung des Selbstmords kann also nicht *als* unbedingte, sondern nur in ihrer Bedingtheit aus Gründen erkannt werden. Sofern sie aber eine freie Handlung der Existenz in der Grenzsituation sein kann, ist sie offen für mögliche Existenz, ihre Frage, ihre Liebe, ihren Schrecken. Daher ist sie ein Gegenstand ethischer und religiöser Beurteilung, wird verworfen oder erlaubt oder gar gefordert.

Der unbedingte Ursprung des Selbstmords bleibt das inkommunikable Geheimnis des Einsamen. Wenn Selbstmörder Bekenntnisse darüber hinterlassen, so bleibt die Frage, ob der Selbstmörder sich selbst verstand. Wir können nirgends die Unbedingtheit des Entschlusses hören. Man kann nur versuchen, Möglichkeiten des Selbstmords zu konstruieren, mit dem Ziel, über alle Einsehbarkeit hinaus die Unbedingtheit in ihrem Ursprung nicht zu begreifen, aber zu erhellen.

Die Konstruktion scheint einen Augenblick den Selbstmord verstehbar zu machen, um nur um so entschiedener an der Unbegreiflichkeit zu stranden: Existenz in ihrer Grenzsituation verzweifelt an Sinn und Gehalt ihres und allen Daseins. Sie sagt sich: Alles ist vergänglich; was soll die Freude am Leben, wenn alles zugrunde geht! Schuld ist unvermeidlich. Das Dasein ist überall, wenn auf das Ende gesehen wird, Elend und Jammer. Jede Harmonie ist Täuschung. Nichts Wesentliches wird gewußt, aus der Welt erfolgt keine Antwort auf das, was ich wissen müßte, um leben zu können. Ich habe nicht zugestimmt, daß ich dieses Leben will, und vermag nichts zu sehen, das mich zum Ja bestimmen könnte. Ich wundere mich nur, daß die meisten, befangen in Täuschungen, dahinleben in ihrem Glück, wie im Garten die Hühner, die morgen geschlachtet werden. — Dem so Sprechenden bleibt der einzige Sinn, in voller Besonnenheit ohne den Zufall des Augenblicks oder des Affekts, diese Negation des Lebens aus dem Denken ins Handeln zu übersetzen. Eine bestimmte endliche Situation wird nur zum Anlaß, nicht Ursprung der Entscheidung. Deren negierende Freiheit kann zwar nicht in der Welt aufbauen; aber im Vernichten ihrer selbst vollzieht sie den punktuellen Rest ihrer Substanz. Sie ist sich mehr als die Nichtigkeit des Daseins. Ihre Souveränität rettet sie im Nein für ihr existentielles Selbstbewußtsein.

Hier aber überschlägt sich die Konstruktion: Die Substanzlosigkeit von allem war Grund des Selbstmords. Aber der Akt der Freiheit, in höchster Klarheit ergriffen, müßte im Augenblick beginnenden

304

Vollzugs zum Bewußtsein der Substanz führen. Der Rand des Abgrunds wurde berührt und plötzlich das Dasein wieder bejaht als der Raum der Verwirklichung der eben begonnenen Erfahrung. Der in dem Geheimnis der Unbedingtheit Entschlossene zwar kann nicht zurück; er müßte denn sagen: weil ich entschlossen bin, tue ich Einhalt; denn die Entschlossenheit ist der Sinn, zu leben. Aber daß ich die Grenze dieses Entschlusses als Möglichkeit erfuhr und darin keinen Zweifel hatte, es über mich zu vermögen, mir das Leben zu nehmen, vergewissert mich der Substanz; da für uns nur die Welt Stätte der Existenz in ihrer Wirklichkeit ist, muß die Substanz im Augenblick, in dem sie zu sich gekommen ist, sich in ihr entfalten wollen. Die Konstruktion, zu Ende geführt, läßt also den Selbstmord grade sich nicht verwirklichen. Wird er trotzdem vollzogen, so hört das Verständnis auf dem Wege dieser Konstruktion auf. Bleibe ich auf ihm, so müßte ich zum Begreifen des faktischen Selbstmords Unklarheit in einer Verstrickung annehmen, welche zum Selbstmord führte, ohne daß er noch eine unbedingte Handlung blieb. Oder ich müßte den Weg dieser Konstruktion verlassen: eine positive Nähe zum Nichts in seiner transzendenten Erfüllung als Ursprung der Unbedingtheit wäre zwar nicht zu verstehen, aber anzuerkennen. Mit dem Schicksal der Verstricktheit verbindet mich Mitleid und der Schmerz, vielleicht eine mögliche Lösung versäumt zu haben. Angesichts dieser transzendenten Erfüllung im Nichts aber ergreift mich ein Schaudern; die Frage: ist sie wahr? läßt keine Ruhe in der geordneten Welt.

Niemand kann einen Fall anführen, der diese Konstruktion beweist. Denn empirisch wirklich ist immer nur das Äußere, das wieder einen Grund außer sich haben muß. Da Existenz nur aus möglicher Existenz wahrgenommen wird, kann auch jene Konstruktion der Freiheit als Negativität und diese Möglichkeit einer transzendenten Erfüllung im Nichts nur mißverständlich als Wissen genommen werden. Als solches würde es gefährlich für die faktischen Verstrickungen, in denen für ganz andere Motive solche Philosophie dem unklaren Selbstmörder als täuschende Fassade seines Bewußtseins vor sich selbst dienen könnte.

Die *Freiheit* des *Negativen* nimmt in der Konstruktion *als Möglichkeit viele Gestalten* an: Bei armer Substanz des Selbstseins und außerordentlicher Begabung vermag der Mensch so reich zu erleben, zu verstehen, zu erfahren, daß er als er selbst sich unter der Fülle in seiner Vieldeutigkeit wie nichts fühlt. Es ist ihm alles Schale über Schale eines fraglichen Kerns. Fragt er sich nach sich, so scheint er sich zu zerrinnen. Dann sucht er sich entweder durch unaufhörliche Verwandlung in neuen für den Augenblick faszinierenden Erlebnissen, aber unfähig, irgendeines festzuhalten, da ihm verwirrend jedes als eigentliches Sein seiner selbst verschwindet, oder durch eine Folge negativer Akte, in denen er sich gewinnen will durch Verzicht, in der Askese, in der formalen Befolgung gegebener oder selbst gemachter Gesetze ohne andere Beteiligung als dieses Bewußtsein des Selbstseins im Verneinen. Als letzter Akt und Gipfel dieser Verneinung wird der Selbstmord ergriffen, in dem er endgültig seiner Substanz gewiß zu werden meint. Der Umschlag scheint in diesem Augenblick nahe. Wieder müßte der vollzogene Selbstmord daher seine Unbedingtheit aus anderer Wurzel haben: Ist etwa in der Leidenschaft zur Nacht der Tod längst verwandt und selbst positiv geworden, so wird die Umbiegung zum Leben zurück verhindert durch die Hingabe an eine inkommunikable Transzendenz.

In anderer Konstruktion wird der Selbstmord etwa möglich, wenn im Alltag die Last der regelmäßigen Pflichten nicht getragen wird mit dem konstanten Bewußtsein innerlicher Anerkennung, die sie weder als nichtig noch als wesentlich weiß, sondern die Sorgen der Alltagsordnung verarbeitet und gestaltet. Dann setzt sich diesem Dasein der unklare Gedanke eines eigentlicheren Lebens entgegen, und es entspringen Reibungen ohne Fruchtbarkeit. Das Selbstbewußtsein, statt in der Geschichtlichkeit kontinuierlichen Tuns zu wachsen, wird immer nur vernichtet. Der Mensch fühlt sich als überflüssig; er störe ja nur die Andern; er leide ohne Sinn. Vielleicht ergreift ihn leidenschaftlich ein Aufschwung, auf dessen Höhe er das Leben fortwirft, während er den Abfall in die Öde, die vorher war, schon kommen sieht. Er will nicht im Elend, sondern im Jubel verzichten; das Leben soll reich, ursprünglich oder gar nicht sein. Im Glück, nach Tagen der Vorbereitung in Heiterkeit verbracht, geht er aus dem Dasein ohne ein Wort — zuletzt nur von der merkwürdigen Ruhe sprechend, die über ihn kam —, einen Unglücksfall vortäuschend. Es wäre ein Selbstmord in einem klaren Rausch, in der Besonnenheit, die mit sich und ihrer Transzendenz des Nichts einig ist, aber in der Welt alle Kommunikation abbricht, niemand ein Zeichen läßt. Wie es der Frühling ist, in dem die meisten Selbstmorde geschehen, wie Natur ständig schafft und zerstört, so wäre hier ein Einstimmen in die Zerstörung von allem aus Lebens*bejahung*.

Was der Selbstmörder in unserem Vorstellen argumentiert (was jedoch in der Unbedingtheit grade nicht mehr geschieht), scheint der Ausdruck eines *ursprünglichen Nichtglaubens*, sei es, daß er seines Selbst im absoluten Bewußtsein nicht gewiß wird, daß er alles Dasein in seinen Grenzsituationen für nichtig erklärt, daß er die reine Negation des Daseins als seine einzige Freiheit erfährt, daß er im Lebensjubel den Tod als die Wahrheit des Lebens ergreift. Was so vom Selbstmörder auf Grund unausweichlicher Tatsachen etwa gedacht und dann verwirklicht wird, das ist nicht zu widerlegen. Solchen Gedanken zu folgen, würde vielmehr den Selbstmord zu dem begreiflichsten Ende machen, zumal jene Umbiegung zum Leben im Augenblick des Bereitseins aus dem darin entspringenden Substanzbewußtsein als solche keine logische Stringenz hat, sondern als Gedanke selbst nur Ausdruck eines möglichen Glaubens ist. Die Frage: warum der Selbstmord? kehrt sich um zur Frage:

3. Warum bleiben wir am Leben? — Zunächst aus fragloser Lebenslust. Selbst wenn wir gefragt haben, uns alle Transzendenz verschwindet, objektiv alles sinnlos wird, so leben wir doch weiter vermöge unserer *Vitalität*, vielleicht uns selbst verachtend, in dumpfer Unklarheit von Tag zu Tage. Da wir große Strecken des Lebens faktisch nur dieses vitale Dasein vollziehen, haben wir die Achtung vor dem Selbstmörder, der aus Freiheit gegen die Absolutheit des vitalen Daseins sich zur Wehr setzt. Aus unserer Vitalität haben wir zwar ein Grauen vor dem Selbstmörder, sagen wohl: es ist gefährlich, solchen Seelenbewegungen und Gedanken zu folgen; man solle sich an das Normale und Gesunde halten. Aber dieses Wegschieben ist eine Verschleierung, wenn wir durch sie verhindern, daß unsere blinde Vitalität in Frage gestellt wird; wir möchten die Grenzsituationen meiden und werden doch nicht ruhig, weil das Leben der Vitalität überantwortet bleibt, die uns eines Tages verläßt.

Oder wir leben nicht nur vital, sondern auch *existierend*. Das Dasein hat seinen Symbolcharakter vermöge der Selbstgewißheit unserer Freiheitsakte. Nicht ein gewußter Sinn in der Welt als Endzweck hält uns am Leben, sondern in den Lebenszwecken, die uns erfüllen, die Gegenwart der Transzendenz. Dieser Lebenswille ist als Konzentration im jeweils Wirklichen. Die Endlosigkeit des Möglichen und die absoluten Maßstäbe allgemeinen Charakters würden zur Daseinsverneinung treiben, wenn sie das Bewußtsein der Geschichtlichkeit vernichtet hätten. Wird daher angesichts der Möglichkeit des Selbstmords im Ernst der Situation aus einer Krise nicht nur vital, sondern existierend das Leben ergriffen, so ist diese Lebenswahl zugleich *Begrenzung in sich selbst.* Sofern diese Begrenzung Ausschluß von Möglichkeiten bedeutet, wird *das Verneinen,* statt auf das ganze Dasein sich zu erstrecken, *ins Dasein aufgenommen.* Sich etwas versagen, mit dem Verlust von Möglichkeiten einverstanden werden, das Scheitern ertragen, den Blick in die alles vernichtenden Grenzsituationen aushalten, läßt das Dasein anders werden. Es hat seine Absolutheit, die es für Vitalität besitzt, verloren. Sollte die Welt ganz und alles sein, so bliebe existentiell nur der Selbstmord. Erst der Symbolcharakter des Daseins erlaubt, ohne durch Harmonie zu täuschen, in der Relativität zu sagen: „wie es auch sei, das Leben, es ist gut". Zwar eigentlich wahr kann dieses Wort nur im erinnernden Rückblick sein, seine Möglichkeit aber genügt, das Leben zu ergreifen.

Auf die Frage: warum bleiben wir am Leben? ist zuletzt zu antworten: der Entschluß zu leben ist wesensverschieden von dem Entschluß, es sich zu nehmen. Während der Selbstmord als aktive Handlung das Ganze des Lebens trifft, ist alle Aktivität im Leben eine partikulare, das am Leben Bleiben angesichts der Möglichkeit des Selbstmords ein *Unterlassen.* Da ich *mir das Leben nicht selbst gegeben* habe, entscheide ich nur, bestehen zu lassen, was schon ist. Es gibt keine entsprechende Totalhandlung, in der ich mir das Leben gebe, wie es die Handlung ist, in der ich es mir nehme. Darum ist eine einzige Scheu vor dem Selbstmord, der eine Grenze überschreitet, über die kein Wissen dringt.

4. Unerträglichkeit des Lebens. — Der Satz, das Leben sei gut, ist nicht schlechthin gültig, oder er müßte den Selbstmord als gut einschließen. Das Leben kann durch Situationen und eigene vitale Wandlung für Existenz unerträglich werden. Ein Selbstmord könnte eine unter diesen Bedingungen unbedingte Handlung werden, nicht in absoluter Gesinnung auf das Dasein überhaupt gerichtet, sondern als in spezifischen Umständen zu ergreifendes persönliches Schicksal. Folgende weitere Konstruktion ist möglich:

In gänzlicher Verlassenheit, im Bewußtsein des Nichts, ist dem Einsamen der freiwillige Untergang wie eine Heimkehr zu sich selbst. Gepeinigt in der Welt, ohnmächtig, den Kampf mit sich und der Welt fortzuführen, in Krankheit oder Alter dem Versinken in Kümmerlichkeit ausgesetzt, von dem Herabgleiten unter das Niveau des eigenen Wesens bedroht, wird es ein tröstender Gedanke, sich das Leben nehmen zu können, weil der Tod wie eine Rettung erscheint. Wo unheilbare körperliche Erkrankung, Mangel aller Mittel und völlige Isolierung in der Welt zusammenkommen, kann in höchster Klarheit ohne Nihilismus das eigene Dasein nicht überhaupt, sondern das, welches jetzt noch bleiben könnte, negiert werden. Es ist eine Grenze, wo Fortleben keine Pflicht mehr sein kann: wenn der Prozeß des Selbstwerdens nicht mehr möglich ist, physisches Leid und Anforderungen der Welt so vernichtend werden, daß ich nicht bleiben kann, der ich bin; wenn zwar nicht die Tapferkeit aufhört, aber mit der Kraft die physische Möglichkeit schwindet; und wenn niemand in der Welt ist, der liebend mein Dasein festhält. Dem tiefsten Leid kann ein Ende gemacht werden, obgleich und weil die Bereitschaft zum Leben und zur Kommunikation die vollkommenste ist.

Der ganz Einsame, dem die im Dasein Nächsten noch deutlich machen, daß sie in anderen Welten leben, dem jede Verwirklichung verbaut ist, der in sich selbst die Reinheit des Seinsbewußtseins nicht mehr zu erringen vermag, der sich abgleiten sieht — wenn er dann ohne Trotz in Ruhe und Reife sich das Leben nimmt, nachdem er seine Angelegenheiten geordnet hat, kann dies vielleicht tun, wie wenn er sich zum Opfer gebe; der Selbstmord wird die letzte Freiheit des Lebens. In ihm ist Vertrauen, wird Reinheit und Glaube gerettet, kein lebender Mensch verletzt, keine Kommunikation abgebrochen, kein Verrat geübt. Er steht an der Grenze des Nichtverwirklichenkönnens, und niemand verliert etwas.

Auch diese Konstruktion eines Selbstmords in unerträglicher Situation bedeutet keine eigentliche Einsicht. Auf ihrem Grunde erst vermag jedoch das Ertragen des Lebens im tiefsten Elend aus der Unerforschlichkeit der das Leben — und seine in jedem Falle noch möglichen Erfahrungen — fordernden Transzendenz aufzuleuchten:

> Gloster: Ich will hinfort
> Mein Elend tragen, bis es selber ruft:
> Genug, genug und stirb...
> Ihr ewig gütigen Götter, nehmt mein Leben,
> Daß nicht mein böser Geist mich nochmals treibt,
> Zu sterben, eh es euch gefällt...

> Edgar: Dulden muß der Mensch,
> Sein Scheiden aus der Welt, wie seine Ankunft;
> Reif sein ist Alles.

5. Verstrickung. — Zuletzt ist die Möglichkeit des Selbstmords zu konstruieren, der nicht unbedingte Handlung aus der Grenzsituation heraus ist, sondern in Verstrickung sich vollzieht. Aus endlichen Motiven, ohne existentielles Bewußtsein, wird aus Affekten des Trotzes, der Angst, der Rache das Leben fortgeworfen, in unbestimmter, nicht zur Klarheit gebrachter Flucht. Im wirtschaftlichen Zusammenbruch, beim Bekanntwerden eines getanen Verbrechens, in der Kränkung des Ohnmächtigen durch eine Beleidigung, in der Verletztheit durch Bagatellen. Selbstmord wird psychologisch verständlich unter Voraussetzung von Verstrickungen, die sich dem Selbstbewußtsein weder klären noch lösen; der Mensch weiß nicht wirklich, was er tut. Das psychologische Verstehen bedeutet hier zugleich ein Beurteilen, weil es den Weg der Verstrickung sieht.

Beispiele: Der Selbstmord ist eine Verführung in der Verzweiflung des Nichtigkeitsbewußtseins bei Haß gegen sich selbst und den Anderen. Wie es eine elementare Wut bei körperlicher Verletzung gibt, so den elementaren Trotz im Ablehnen des Forderns von anderer Seite. Dann kann der Stolz, der sonst die Tendenz hätte, dem Anderen Vorwürfe zu machen, alsbald übersteigert alle Schuld in sich suchen, in der Verwirrung zunächst den Weg des Abbruchs der Kommunikation gehen. Dann aber droht die Gefahr, im existenzlosen Selbstmord sich zu vergeuden und darin zu entscheiden, was auch im Dasein zu entscheiden möglich gewesen wäre. Oder: Es wird von Selbstmord gesprochen; der Gedanke gewöhnt an die Möglichkeit. Er wird ausgespielt im Kampf als Drohung, sich selbst gegenüber als Trost im Nichtigkeitsgefühl. Es werden Vorbereitungen getroffen, sie sind ja noch unverbindlich. Die Situationen entwickeln sich, so daß es schließlich scheint: man könne nicht mehr zurück. Obgleich der Wille zum Selbstmord gar nicht mehr wirklich ist, wird er verzweiflungsvoll vollzogen aus Scham und unklarer Unausweichlichkeit.

6. Existentielle Haltung zum Selbstmord in Helfen und Beurteilung. — Scheint jemand in *Selbstmordgefahr*, so ist eine glaubhafte Rettung auf folgenden Wegen möglich: Bei Psychosen ist Bewachen für die Zeit der Gefahr das einzige Mittel. Bei verstehbaren endlichen Verstrickungen ist Lösung dieser Verstrickung die Aufgabe. Bei vermeintlichem Wissen hoffnungsloser Krankheit und anderer Bedrohung ist die überzeugende Eröffnung günstiger Möglichkeiten ein Weg des Aufschubs. Diese Hilfen treffen den Selbstmord als kausal oder verstehbar bedingte Handlung. Die Handlung aus

310

Unbedingtheit aber erreicht keine Hilfe; die Entschlossenheit, die größer ist als jeder Affekt und als solche das Dasein schon überschritten hat, ist von vollkommenem Schweigen.

In der Unklarheit des Seinsbewußtseins ist die Hilfe zur Entwicklung der Klarheit der Grenzsituation der eigentlich Leben erweckende, aber gefährliche Weg. Als erweckender löst er aus endlicher Verstrickung, als gefährlicher aber kann er auch grade die Unbedingtheit des Nichts im Willen des Selbstmörders zur Klarheit bringen. Wird dann die unverstehbare Unbedingtheit als Möglichkeit absoluter Negation wirklich, so gibt es scheinbar keine Rettung. Der Selbstmörder aus Unbedingtheit spricht mit niemandem vorher und deckt für die Überlebenden einen Schleier über sein Ende. Es ist die absolute Einsamkeit, in der niemand helfen kann.

Alle Handlungen in Grenzsituationen gehen dem Sinne nach so gradezu das Selbst an, daß kein Anderer bei der Entscheidung mitwirken kann, es sei denn, daß zwei in derselben Grenzsituation zu gleicher Bewegung sich in Kommunikation, auch sich selbst stets unzureichend sagbar, finden, wie im Doppelselbstmord Liebender. Man kann niemandem raten oder zureden zum Unbedingten. Niemand kann wegen unbedingter Handlungen andere fragen, ob er es tun solle. Im Medium von Erwägungen für das Bewußtsein überhaupt hört alle Unbedingtheit auf.

Die absolute Einsamkeit ist ohne Hilfe; die unbedingte Negation als Ursprung des Selbstmords bedeutet Isolierung; darum ist Rettung, *wenn* Kommunikation gelingt. Das Aussprechen des den Selbstmord Planenden ist schon ein Suchen, wenn es Ausdruck der Liebe zu dem ist, der ein Anrecht auf ihn hat. Es ist die Chance, weil das Geheimnis aufgegeben ist. Es ist darum entscheidend, ob dem in der Grenzsituation Stehenden eine Existenz antwortet. Ihre Antwort müßte so tief in die Seele greifen wie vorher das Bewußtsein: ich und das Dasein sind nichts wert. Nicht aber ist entscheidend, was argumentierend aus Gründen vorgebracht wird, nicht Freundlichkeit und Zureden, sondern in diesem allein jene *Liebe*, deren Verhalten nicht überlegt ist, nicht nach einem Plane leitet, obgleich sie überall unbedingt zur rationalen Klarheit drängt. Diese Liebe in ihrer größten Auflockerung und Hellsichtigkeit scheint alles zu erlauben und alles zu fordern. Doch die enthusiastische Liebe ist nicht möglich gegen jedermann, nicht gegen jeden Nächsten. Sie kann nicht gewollt werden. Sie ist nicht die Menschenfreundlichkeit des Beichtvaters und Nervenarztes, nicht die Weisheit des Philosophen, sondern die jeweils einmalige Liebe, in der der Mensch selbst seine Existenz einsetzt, keine Reserven und Hintergedanken in Distanz hält. Sie allein tritt darum gemeinsam mit dem gefährdeten Geliebten in die Grenzsituation. Hilfe ist diesem zuletzt nur, weil er geliebt wird; diese Hilfe ist unwiederholbar, nicht nachzuahmen und auf keine Regel zu bringen.

Sprach der Gefährdete von Selbstmord, so konnte er schlicht die Hilfe suchen. Das ist nicht zu verwechseln mit dem objektiv ununterscheidbar Ähnlichen, daß die *Absicht des Selbstmords ausgesprochen* wird, *um Wirkungen* auf den Anderen zu erzielen und sich Geltung zu verschaffen. Unbedingte Handlungen als beabsichtigt auszusprechen, beraubt sie ihrer Unbedingtheit. Sie werden ein Gegenstand des Für und Wider, werden Mittel für ein Anderes. In unbedingter Gesinnung kann ich nicht sagen: ich werde mir das Leben nehmen. Dieses Wort ist unwahrhaftig wie überhaupt die Ausdehnung der Urteile auf „alles", etwa: „es ist alles Schwindel", „ich habe mir alles nur vorgemacht", „mir ist alles gleichgültig". Ich verfalle mit ihnen der Selbsttäuschung, indem ich den Anderen täusche. Aus bedingten Affekten wird in ihnen Unbedingtes ausgesagt; die Aussage ist leer, weil unerfüllbar. Denn die Selbsttäuschung wird nur gesteigert durch den faktischen Selbstmord in solchen Zusammenhängen; er ist dann keine unbedingte Handlung mehr, sondern bedingt in unklarer Verstrickung. Die wirklich vollzogene Handlung ist als wirklich noch nicht existentiell. Gemütsbewegungen, wie Verzweiflung und Wut, machten blind. Jene Worte können in ihren dunklen Verschiebungen trotzdem der unklare Ausdruck einer Wahrheit sein, nämlich der instinktiven Hoffnung, so Hilfe zu finden und zu sich selbst zurückzukehren. Verstehende Psychologie aber muß sich bescheiden. Was im einzelnen Menschen wahr ist, sieht nur der Liebende. —

Dem *toten Selbstmörder* gegenüber ist die Stellung mit einem Ruck eine andere. Mögliche Existenz schaudert zwar vor dem Selbstmörder: vor der Glaubenslosigkeit, dem Abbruch aller Kommunikation, der Einsamkeit. Was nur als Grenze möglich schien, ist hier wirklich. Aber die souveräne Eigenmacht der Freiheit zwingt nicht nur Achtung ab. Über alle Kluft der Glaubenslosigkeit, die er in der Grenzsituation durch seine Selbstvernichtung ausdrückte, verbindet mit ihm in der sich zerspaltenden Transzendenz den Liebenden diese selbst. In seiner Tat spricht noch durch die unbedingte Negation ein Sein. Wenn alle Anklagen des nihilistischen Selbstmörders recht zu haben scheinen, durch seine Handlung und seine Existenz darin liefert er gleichsam den Gegenbeweis.

Dem Toten gegenüber hat die Beurteilung voreilig zugegriffen. Man nannte ihn einen Feigling und schützte sich selbst durch solche Verdunkelung eines Abgrundes. So führt kein Weg zu ihm.

Sagt man, er verletze Gott, so ist zu antworten: das geht den Einzelnen und seinen Gott an, wir sind nicht Richter.

Sagt man, er verletze Pflichten gegen Lebende, so ist zu antworten: das geht nur die Betroffenen an. Wohl bedeutet Selbstmord Abbruch der Kommunikation. Wirkliche Kommunikation ist nur in dem Maße, als ich das Vertrauen zum Anderen habe, daß er mir nicht davonläuft. *Droht* er mit Selbstmord, so schränkt er damit die Kommunikation auf Bedingungen ein, d. h. er steht im Begriff, sie in der Wurzel abzubrechen. Der Selbstmord wird dann wie eine ungeheure Täuschung des Anderen, mit dem doch nur in der Schicksalsverbundenheit ein solidarisches Leben in Kommunikation wahrhaftig war: ich nahm die Haltung ein, mit dem Anderen da zu sein und in Kommunikation zu treten und laufe gleichsam weg; bei verwirklichter Kommunikation ist Selbstmord wie Verrat. Und trotz alledem: haben die Betroffenen ein Bewußtsein von Verrat, fühlen sie sich im Stiche gelassen, so haben sie sich zu fragen, wie weit sie selbst mitschuldig waren durch Kommunikationslosigkeit und Liebesarmut. Lieben sie aber, so blicken sie vielleicht in den Abgrund einer Transzendenz, in deren Inkommunikabilität alles Urteil aufhört.

Sagt man schließlich, der Selbstmörder verletze die Pflicht gegen sich selbst, die ihm gebiete, sich im Dasein zu verwirklichen, so ist wiederum zu antworten: das ist das Geheimnis des Einzelnen mit sich selbst, wie und in welchem Sinne er in Wahrheit „ist".

Eine allgemeine Antwort auf die Frage: *darf* man sich das Leben nehmen, wäre nicht gleichgültig für die Möglichkeit von Verstrickungen. Wenn in diesen der Mensch nicht weiß, was er eigentlich tut, würde er abgeschreckt, falls der Selbstmord dem Fluche unterworfen ist, noch mehr verwirrt aber durch eine Verherrlichung des Selbstmords und Aussicht auf Nachruhm. Völlig gleichgültig wäre solche Antwort aber für jenen, der in völliger Isolierung in negativer Freiheit aus Unbedingtheit seine Tat vollzieht.

Die Geschichte des Selbstmords und der Selbstmordbeurteilung zeigt die Leidenschaft des Für und Wider. Sowohl die Verurteilung wie die Bewunderung des Selbstmords charakterisieren die Existenz des Urteilenden. Der Selbstmord kann der Akt höchster Eigenmacht des völligen Aufsichselbststehens sein. Wo in der Welt ein Wille zur Herrschaft über andere ist, ist Selbstmord der Akt, durch den sich der Mensch dieser Herrschaft entziehen kann. Er ist die einzige noch bleibende Waffe des Besiegten, sich gegen den Sieger als unbesiegt zu behaupten; so Cato gegen Cäsar. Daher verurteilt den Selbstmord, wer seine Herrschaft vom Innern der Seele her hat. Wer Menschen dadurch beherrscht, daß sie in ihm geistigen Halt und Hilfe erfahren, der verliert die Herrschaft, wenn der Einzelne in eigenständiger Freiheit niemanden braucht.

Der Selbstmord kann als Anklage und Angriff auf eine überlegene Macht und als Ausweg aus vernichtender Situation der Ausdruck der entschiedensten Eigenständigkeit sein. Darum ist, wo das Bewußtsein freier Selbstverantwortung galt, der Selbstmord von Philosophen nicht nur gestattet, sondern unter bestimmten Bedingungen verherrlicht worden. Es läßt sich nicht leugnen: der Mensch, welcher in klarer Besonnenheit sich das Leben nimmt, stellt sich unserem Blick als der völlig Unabhängige, ganz auf sich Stehende dar, der jedem Weltdasein, sofern sich dieses absolut setzen oder als Spender des Absoluten ausgeben will, trotzt, seinem Feind und Besieger den Sieg verkümmert. Aber es bleibt unser existentielles Schaudern.

Religiöses Handeln

1. Möglichkeit einer realen Beziehung zur Gottheit. — In der Welt habe ich ein reales Verhältnis zu Dingen und Menschen. Gott ist verborgen. Über ihn nachzudenken, um dann dieses Nachdenken dogmatisch zu einer Erkenntnis Gottes zu entwickeln, führt nicht zu ihm. Durch Nachdenken über Gott wird vielmehr Gottes Sein nur immer fragwürdiger.

Nur aus einem realen Verhältnis des Menschen zu Gott heraus könnte Belehrung als Kunde von Gott erfolgen; aber keine Belehrung kann es verwirklichen. In diesem realen Verhältnis würde eine Unbedingtheit des Handelns entspringen, welche weder als psychisches Erlebnis zureichend zu beschreiben, noch in ihrem Recht allgemeingültig wäre. Das religiöse Handeln wäre weder aus Zwecken in der Welt begründbar, noch auch ein sich hervorbringendes Selbstsein.

Philosophierend kann über das religiöse Handeln nur als Möglichkeit, nicht aus seiner faktischen Erfahrung gesprochen werden:

314

Als Handeln noch eine Wirklichkeit *in* der Welt, bringt es *ohne Zweck* in der Welt in sich die Transzendenz zur Gegenwart. Es ist in sich selbst befriedigt und will nichts außer sich selbst, nichts als die Gottheit, welche ihm da ist. Es vollzieht sich ohne Rücksicht auf Wirkungen in der Welt, die es ungewollt haben kann, aber nicht haben muß. Daher bleiben seine Tätigkeiten entweder für den zweckhaften Weltsinn wirkungslos. Oder es gründet Gemeinschaften als die Wirklichkeit Gottes im Dasein, welche zwar in der Welt die größten Wirkungen haben, aber nicht wegen dieser geplant sind; sie treten vielmehr meistens ein unter Verlust der ursprünglichen Gottbezogenheit der diese Wirklichkeit schaffenden Menschen.

2. Spezifisch religiöse Handlungen. — Die religiösen Handlungen sind entweder solche, die, nach dem Maße möglicher Zwecke in der Welt gleichgültig, daher ohne Konflikt mit der freien Unbedingtheit der weltlichen Existenz bleiben, so Gebet, Kultus, Sakramente; oder sie werden ethisch relevant in der Umsetzung: zu orgiastischer Zerstörung als einem ruinösen Tun, das in der Selbstgewißheit durch göttliche Gegenwart die Zweckhaftigkeit in der Welt und alle Unbedingtheit des Welthandelns vernichtet, zu welteroberndem Kriegertum, zur Ordnung sozialen Daseins, d. h. überall, wo die Unbedingtheit des religiösen Handelns die Welt ausschließend durch sich zu bestimmen verlangt.

Die erste Gruppe religiöser Handlungen tritt dagegen nur neben das Welthandeln. Sie ist eine Enklave, getrennt von profanem Tun.

Gebet ist Verkehr der Einzelseele mit Gott. Es darf nicht verwechselt werden mit der aktiven auf die Transzendenz gerichteten philosophischen Kontemplation. Merkmal des Gebets ist die reale Beziehung zu Gott, der als persönlicher hörend und wirkend gegenwärtig vorgestellt wird. In seiner reinsten Gestalt als Danken und Preisen ist es doch Gebet allein durch das Bewußtsein, daß Gott mich hört und annimmt. Im Gebet wird, in welcher Innerlichkeit auch immer, Gottes Antwort erfahren. Beten ist ein Handeln, die Paradoxie eines Einwirkens auf die Transzendenz, um von ihr Wirkungen zu erfahren. Es sucht das Heil der Seele durch Gottes Wirkung zu Gottes Wohlgefallen. Die Objektivität ist auf ein Minimum reduziert; Gott erscheint in der Innerlichkeit der Seele, und nicht in berechenbarer Weise; er bleibt aus, oder er zeigt sich. Die Grenze zur aktiven Kontemplation der Existenz in bezug auf den verborgenen Gott ist kaum merklich und doch haarscharf.

Das *reine* Gebet ist ein spätes und seltenes Resultat geschichtlichen Zusichkommens des Menschen. Es ist fast immer unrein; im Bitten um irdische Zwecke bleibt es verbunden mit der Magie, welche seinen Sinn ruiniert. Denn Gebet ist in der Haltung der Unterwerfung gegenüber einem persönlichen Gotte ohne Zwecke, Magie ein unpersönliches Zwingen der Gottheit durch den Menschen vermittels der Worte, Formeln, Riten zwecks Herbeiführung erwünschter Ereignisse in der Welt. Magie ist als Zauber eine vermeintliche Technik, welche mit nicht empirischen Mitteln durch die Macht Kundiger unvermittelt, Raum und Zeit überschreitend, in Raum und Zeit das Gewünschte bewirkt. Die Verbreitung der Magie ist universal, sie bleibt in Verschleierungen auch Bestandteil der großen Weltreligionen; völlig ausgeschieden ist sie geschichtlich einmalig in dem antiken Judentum der Propheten und auf dessen Grund in Teilen der protestantischen Welt. Die Ausscheidung erfolgte aus der Unbedingtheit eines religiösen Glaubens, während die Magie selbst keine Unbedingtheit mehr in sich trägt. —

Das Gebet des Einzelnen zu seinem Gott ist ein Sonderfall dessen, was historisch wirklich in der religiösen Gemeinschsft und deren *Kultus* ist. Wie außerordentlich die Mannigfaltigkeit religiöser Gemeinschaften sei, von Freundeskreisen bis zur Objektivität einer sakramentalen Kirche, von exklusiven Bünden Auserwählter bis zu Massenanstalten, in die jeder hineingeboren wird, von religiöser Staatlichkeit bis zum himmlischen Reiche, das in dieser Welt sich gegen alle Weltlichkeit abgrenzt: in jedem Falle ist die Unbedingtheit des religiösen Handelns in einer Gemeinschaft verwurzelt, die durch die im Kultus gegenwärtige Objektivität der Transzendenz verbunden ist.

Hier ist der Mensch, befreit von seiner möglichen Freiheit, nicht mehr auf sich angewiesen, sondern findet Bestätigung seines Seins in der Objektivität, die zuverlässig durch die Zeit hindurch besteht und ihm jeden Augenblick die Hand reicht. Der Kultus, nur durch religiöse Gemeinschaft in Tradition als Bestand möglich, erlaubt unbedingtes Handeln *ohne* eigenes Selbstsein; die reale Gegenwart Gottes gibt eine unersetzliche Erfüllung und Ruhe. Die Unbedingtheit schließt jede Begründung und Rechtfertigung aus. Wer darin jedoch nicht steht, könnte über den Kultus etwa so sprechen:

Der Mensch sei kein reines Geistwesen. Alles, was ihm wirklich sei, müsse Gegenstand und sinnlich für ihn werden. Sein Bedürfnis nach Leibhaftigkeit finde im Kultus in bezug auf Transzendenz berechtigte

316

Befriedigung. Ohne Kult sei Transzendenz für den Menschen eigentlich gar nicht. Die Notwendigkeit, das absolute Bewußtsein in realer Liebe zum je einzelnen Menschen, im unbedingten Handeln, in der aktiven Kontemplation allein zu gewinnen, schließe ihn von der Wirklichkeit der Transzendenz aus. In seiner Phantasie und dem unverbindlichen Spiel seiner Spekulation bleibe die Armut, die Blässe und Unzuverlässigkeit der so getroffenen Transzendenz. Er bleibe angewiesen auf die gute Stunde, und noch in der besten Stunde sei er verlassen im Mangel der realen Beziehung zu Gott. Der Kultus aber gebe durch sinnliche Gegenwart unter der Garantie ehrwürdiger Offenbarung und Überlieferung die tiefste Befriedigung eines reinen Gottesverhältnisses, ohne Spiel, faktisch, durch die Transzendenz selbst. Historisch zeige sich die Tiefe dieser Wirklichkeit darin, daß fast alle Kunst, Baukunst, Plastik, Malerei, Drama, Musik und Tanz hier im Kultus wurzele und in seinem Dienst die unbezweifelten Meisterwerke geschaffen habe. Hier sei offenbar das Herz des wahrhaft metaphysischen Lebens. Selbst die Substanz der freien Kunstschöpfungen stamme sichtlich noch aus derselben Quelle; die Kunst trage die Substanz des Kultus, von dem sie sich löse, nur eine Zeit lang in säkularisierter Gestalt mit sich fort. Wenn aber der Mensch in vermeintlicher Freiheit auf Kultus verzichte und in die Bodenlosigkeit falle, so verschaffe er sich täuschenden Ersatz für das Verlorene. Man sehe, wie die modernen psychoanalytisch angeregten visionären Prozesse unter dem Namen der Bilder nichts anderes hervorbrächten als ein sinnlich-gegenwärtiges Erleben unwahrer Tranzsendenz. Der Positivismus dieses Wissenschaftsaberglaubens lasse als das Blut des Daseins nur Sexualität und Macht gelten; so werde an Stelle echter Transzendenz eine mythische Steigerung dieser dunklen Daseinsmächte als Ersatz erlebt, statt daß sie, wie in wahrer Gegenwart der Transzendenz, als ein mögliches Symbol des Übersinnlichen in der Welt verwirklicht und damit verwandelt würden.

Soll aber aus solchen Erörterungen die Notwendigkeit der Rückkehr zum Kultus gefolgert werden, so wendet sich dagegen Freiheit in philosophischer Unerbittlichkeit:

Das Gesagte sei nicht ausreichend. Der Kultus sei der Weg, die Schwere der Freiheit zu meiden. Dem Menschen trete nur in dem Maße, als er sich selbst finde, Transzendenz näher, ohne sich jedoch je zu enthüllen. Daß Freiheit von sich den Gottesdienst ohne Kultus in Wahrhaftigkeit, Treue, Offenheit, in liebendem Kampfe und in der Wahrnehmung der Transparenz des Daseins fordere, werde in seinem Recht dadurch bestätigt, daß der religiöse Glaube selber immer wieder den Kultus gereinigt habe in der Richtung dieses Sinnes. Der Kampf der Propheten gegen Magie und Kultus, die Reinigung des heidnischen Reichtums des Kultus zur Begrenztheit der Messe, die Verwerfung dieses modifizierten Heidentums zur bloßen Verkündigung des Wortes im Protestantismus seien Schritte, in denen der Kultus jedesmal ärmer wurde, die Objektivität der Gottheit dürftiger. Allerdings bleibe ein Minimum der Objektivität, an dem das jeweils einzelne religiöse Bewußtsein sich entzünde, als an der Realität Gottes in der Welt. Daher sei allerdings das Entscheidende, daß auch der gereinigte Kultus noch wie durch einen breiten Graben getrennt bleibe von der philosophisch aktiven Kontemplation des je Einzelnen in bezug auf die verborgene Transzendenz.

Der Kultus wird die *Alltagsform* der Frömmigkeit. Durch seine Objektivität ist das Sichbesinnen erleichtert, weil es in eine typische Form gebracht ist. Er ist das Analogon zur philosophischen Besinnung: ein Ausderwelttreten und Zusichkommen in der Transzendenz, aus dem eine Kraft mit in den Tag genommen wird, Würde und Gehalt gegenwärtig werden. Das philosophische Besinnen dagegen bleibt gefährdet, weil ohne Regel. Seine Gestalt ist bei jedem Einzelnen in geschichtlicher Wandlung, immer neu zu erwerben, ohne eine sichtbare Objektivität, an die man sich in schwachen und leeren Zeiten halten könnte. Fehlt jedoch diese Besinnung, dieses aktive Ausderwelttreten, so erscheint die kultische Alltagsfrömmigkeit auch für die Freiheitsphilosophie wahrer als der Mangel jeglicher Transzendenz. —

Gebet und Kultus, ob unbedingt oder Gewohnheit geworden, brauchen als Enklave eines spezifischen Tuns nicht Konflikt zu veranlassen, wofern sie nicht als Handlungen von allen gefordert, oder andere sich selbst unbedingte Handlungen nicht verboten und verfolgt werden, d. h. wofern nicht von einer autoritativ geforderten inneren Haltung her die Ordnung der Welt überhaupt gewollt wird. Auch die Unbedingtheit religiösen Handelns in Kultus, Gebet, Sakramenten kann Toleranz kennen, wenn sie ihrer eigenen Wahrheit als geschichtlicher Gestalt des Seins gewiß ist, die andere Gestalten wohl für sie, aber nicht für andere ausschließt.

3. Religiöse Weltverneinung. — Trotzdem die Religionen faktisch die Welt des Menschen geordnet, den Menschen weltfromm gemacht zu haben scheinen, ist die Konsequenz des unbedingten religiösen Handelns, daß allein in ihm das eigentliche Sein ergriffen wird.

318

Wenn es absolut ist, kann nichts vor ihm bestehen. Auf nichts anderes kann es ankommen. Bleibt es nicht Enklave — als ein zweites Sein neben dem übrigen, von ihm nicht durchdrungenen Dasein —, so muß es daher alles nichtig finden, was nicht es selbst ist.

Wenn Magie, Aberglauben, die Mythologien der Völker uns nicht als Religion gelten, darf die engste Verknüpfung zwischen Religion und Weltverneinung behauptet werden. Waren dort Opfer, asketische Handlungen als einzelne Leistungen zum Zwang der Gottheit zu Zwecken in der Welt gemeint, so wird erst in den Religionen die Erscheinung der totalen Askese, des Mönchtums, wirklich. Die in ihm verwirklichte religiöse Seligkeit spricht aus Jahrhunderten der indischen, chinesischen, abendländischen Welt eine ergreifende Sprache.

Auf den entscheidenden Punkt gebracht — nach Entfernung aller Hüllen einer auf anderem Wege doch wieder Zugang findenden Weltfrommheit und unter Verwerfung einer Züchtung mystischer Bewußtseinszustände — ist die Verneinung der *negative Entschluß*. Ich identifiziere mich mit keiner Objektivität des Weltdaseins und mit keiner Subjektivität meines bloß eigenen Daseins; ich trete in keine unbedingte Kommunikation. Weltlos und kommunikationslos will ich, nur bezogen auf Transzendenz, *für diese alles negieren*, wenn auch solche Haltung in der Welt stets für mich und andere einen zweideutigen, nie gewiß werdenden Sinn hat, weil die spezifische Unbedingtheit der religiösen Handlung als gegenwärtige Erfüllung durch die reale Beziehung zur Gottheit fehlt. Denn in der Welt die Welt verlassen, das ist objektiv unmöglich zu vollziehen. Ein aufreibendes *negatives Dasein* der Existenz als verlorene Einsamkeit mit einer Gottheit, welche doch nicht direkt zu ihr spricht, vollzieht sich neben der Welt, in der sie doch bleiben muß. Dieses Dasein erweckt, obgleich es stets auch mögliche Täuschung ist wie kein anderes, den Blick auf die Fragwürdigkeiten allen Daseins; es wird Irrlicht, wenn es selbst als das Wahre objektiviert wird, Wahrheit, wenn es die ruhige Harmonie eines Weltdaseins überhaupt, als ob dieses durchaus in Ordnung wäre, stört. Daß in aller Zeit Menschen die Weltlosigkeit gesucht und gefunden zu haben scheinen, ist ein nie aufhörendes memento, gesprochen an das Dasein möglicher Existenz in der Welt, wenn es selbstgerecht werden will in seinem Glück.

Es ist das Beunruhigendste in der Orientierung der Existenz, daß ein Mensch in der Welt willentlich *nicht* verwirklichen kann, sein *negativer Entschluß* einer unbegreiflichen Unbedingtheit entspringt, aus

319

der er *existentiell lebt*, ohne zu leben. Es ist, wenn es ist, Ausnahme, ohne Vorbild werden zu können und bleibt Verführung zu abgleitender Verstrickung. *Kierkegaard* hat es mit Unerbittlichkeit ausgesprochen: der positive Entschluß geht ins Dasein, gewinnt seine Welt, der negative hält beständig in der Schwebe. Der positive Entschluß gibt dem Leben durch Glück in der Befriedigung und Enttäuschung an Verwirklichungen eine Sicherheit, er kann sich von Tag zu Tag weiter in den ursprünglichen Grund des Ergriffenen durch die Kontinuität eines geschichtlichen Werdens vertiefen; der negative Entschluß bleibt unsicher ohne Werden und zweideutig im Kampf mit dem Dasein, dessen Schauplatz nicht eigentlich das Dasein ist; er tut keinen Schritt voran und bringt nichts fertig. Der positive Entschluß gibt einen Halt; der negative Entschluß, ohne Inhalt eines Weltdaseins, muß gehalten werden. Dem positiven Entschluß droht nur die eine Gefahr, daß er sich selbst untreu werde; dem negativen wird für seine Treue als Festhalten an seiner Negativität keine positive Erfüllung. Wer den negativen Entschluß gefaßt hat, sieht das Leben um sich wie eine Öde. Er will nur das Ewige und vermag es doch nicht aus seiner Verborgenheit zu ziehen. Er kann keinen festen Fuß in der Welt fassen, ohne doch in einer anderen heimisch zu werden.

Der negative Entschluß ist wie ein Analogon des Selbstmords. Keine mögliche Existenz würde es wagen, beide für schlechthin unwahr zu erklären; es wäre, als ob sie aus der Positivität ihres Glücks sich zum Richter aufwerfen wollte über dieses Negative, das vielmehr zur Frage an das Glück wird. An der Grenze dessen, was Menschen möglich ist, stehen diese Heroen des Negativen und bringen sich zum Opfer. In ihrer furchtbaren Einsamkeit zeigen sie, was, einmal gesehen, in der Welt unverlierbar eine Wirklichkeit bedeutet, die jede selbstzufriedene Ruhe im Keim erstickt.

ZWEITER TEIL

Unbedingtes Handeln im Dasein

Konnten die Handlungen, welche das Dasein überschreiten, indem sie es verlassen, in ihrer spezifischen Faktizität eigentlich unbedingte Handlungen heißen, so ist in den Handlungen, die das Dasein nur dadurch überschreiten, daß sie es ergreifen und erfüllen, nur die Unbedingtheit in ihrer nicht mehr spezifisch faßlichen Erscheinungsweise zu erhellen. Wie sie sich in der Fülle der Weltzwecke und Daseinsmöglichkeiten manifestiert, ist unübersehbar.

Unbedingtheit ist als inneres Handeln absolutes Bewußtsein, ist Freiheit, ist im Medium der Selbstreflexion; als Handeln in der Welt ist es die Existenz in der Polarität von Subjektivität und Objektivität.

Nennen wir das Handeln dieser Unbedingtheit *ethisches* Handeln, so ist in ihm ein dem religiösen Handeln Analoges gegenwärtig. Das radikale Nein der Weltflucht und Gleichgültigkeit ist in die Unbedingtheit, welche sich *in* der Welt verwirklicht, hineingenommen, sowohl als das *Nichtwollen*, ohne das kein eigentliches Wollen ist, wie als die Infragestellung durch das andere Mögliche. Eine Analogie des Gebets ist die aktive Kontemplation des Philosophierens. Das ethische Handeln vollzieht sich in Spannung mit dem *religiösen*.

Die Großartigkeit des *schlechthin Zwecklosen* wäre der Unbedingtheit des religiösen Handelns eigen, während das transzendent bezogene Welthandeln und inneres Handeln nur in den *Zwecken* der Daseinswirklichkeit als Medium wirklich sind.

Aber die Unbedingtheit religiösen Handelns *kann* sich nicht rein halten. Mit jedem Schritt der Versinnlichung, welchen die Realbeziehung zu Gott in der Welt tut, wird das Handeln in der Zeit durch Zwecke auch empirisch bestimmt; in der offenen oder verhüllten Magie wird es Mittel zur Herbeiführung nüchterner irdischer Wunschziele und verliert alle Unbedingtheit. Auf der anderen Seite bleibt die ethische Unbedingtheit des Welthandelns und inneren Handelns nicht ohne Transzendenz. Es drängt zum verborgenen Gotte.

Beide Unbedingtheiten suchen sich zu *vereinigen*. Aber sie können es nur, wenn jeweils die andere relativiert wird. Eine spezifische *religiöse Ethik* läßt die Gesetze ihres Handelns direkt von Gott gegeben sein; ihre Befolgung wird kontrolliert durch das Dasein Gottes in der Welt in Gestalt einer sinnlich gegenwärtigen Autorität; die ethische Unbedingtheit von Welthandeln und innerem Handeln hört auf; es bleibt eine fremde Gesetzlichkeit, daher ohne Grund in sich selbst. Umgekehrt läßt die Unbedingtheit *ethischen Handelns* ein religiöses Handeln als ein zwar Überflüssiges, aber Erlaubtes zu, als ein Plus, das abhängig ist vom ethischen Grunde, nicht aus eigener Macht ist, sondern allenfalls eine hinzukommende Weihe; dieses religiöse Handeln hat seine Unbedingtheit verloren und lebt nur von der Wirklichkeit der Freiheit, gibt aber rückläufig dieser kein Gesetz und keine Impulse, sondern höchstens Bestätigung.

Daß kein Zweck im Zeitdasein als ein letzter gilt, daß aber darum jede Handlung als solche Selbstzweck in transzendenter Bezogenheit sein kann, ist beiden Unbedingtheiten *gemeinsam*. Beide sehen in der Transzendenz ihren Ursprung, stehen zu ihrer Gottheit. Aber der *Unterschied* ist, daß im einen Fall Gott verborgen ist und grade durch seine Verborgenheit die Freiheit der Existenz als Bedingung aller Wahrheit in der Zeit verlangt. Existenz gewinnt sich im Dunkel der Transzendenz ohne deren objektiv gewisse Forderung und Antwort.

Das unbedingte religiöse Handeln vollzieht die reale Beziehung zu Gott und erfüllt aus ihr Gottes geoffenbarte Forderungen. In ihm begibt sich Existenz ihrer persönlichen Freiheit, gleichsam hingeworfen vor seiner Übermacht. Die Erfüllung durch die Gegenwart des Übermächtigen läßt dem eigenen Sein keinen Raum mehr. Ich habe Hilfe in jeglicher Not, weil ich völlig aufgehe in Gott, nur sein Werkzeug bin und als sein Geschöpf von ihm gelenkt werde. Ich ergebe mich ihm in völligem Gehorsam.

Das ist nur dadurch möglich, daß ich eine sinnliche Wirklichkeit als die Transzendenz nehme. In irgendeiner Gestalt, wenn auch in noch so spiritueller Verdünnung, materialisiere ich die Transzendenz zu einem Objektiven in der Welt, sei es als mein inneres Gesicht, in dem mir Gott erscheint oder mich anspricht, sei es als Autorität eines Propheten, einer Kirche, eines Priesters, als Verbindlichkeit geschriebener Gesetze und heiliger Bücher.

Wenn auf dem geschichtlich vorhergehenden Grunde religiöser Wirklichkeit die Unbedingtheit des Handelns sich eigenständig als ethisches Handeln verwirklicht, so ist dieses als *inneres Handeln* und als *Handeln in der Welt*. Das innere Handeln läßt mit der ihm sich erhellenden Unbedingtheit des Selbstseins die Unbedingtheit des Welthandelns entspringen; das Handeln in der Welt ist in seinem Inhalt aus Zwecken begreiflich, wenn auch seine Unbedingtheit niemals aus diesen Zwecken zu verstehen ist. Das innere Handeln ist das dem äußeren voraufgehende und es bestimmende.

Inneres Handeln

Ich handle nicht, ohne auf mich selbst zu wirken. Ich entwerfe nicht nur Möglichkeiten des Welthandelns in innerem Versuchen und Planen, sondern bemerke, ihnen zusehend, meine Impulse, stelle mich zu ihnen in Bejahung und Steigern oder in Verwerfung und Hemmen.

Mit Maßstäben, die mir zeigen, was ich eigentlich sein und tun solle, wirke ich auf die ersten Ansätze meiner Gefühle, Sehweisen, Wertschätzungen. Ich greife in mein inneres Dasein ein und sehe mich in Kontinuität werden durch mich selbst; oder ich greife ein in gewaltsamer Augenblicklichkeit, störe und schaffe ein Durcheinander in Stimmungen und Willensantrieben ohne Wirkung.

In diesem Tun bin ich mir des eigenen Ursprungs für mich, wie ich jetzt bin, bewußt. Stehenbleiben beim bloßen Zusehen wäre Schuld. Was ich sein werde, dafür wird der Grund in jedem Augenblick durch mein Tun in mir gelegt. In meiner inneren Haltung auf mich selbst angewiesen, trage ich für mein Sein als Ergebnis inneren Tuns die Verantwortung.

Das innere Handeln ist vielfach, wenn es *technisch* ist, eines, wenn es *unbedingt* ist; es ist selbstbewußt im *Philosophieren;* es ist nicht wirklich ohne die Aktivität des *Nichtwollens.*

1. Psychotechnik und Unbedingtheit. — Durch die Geschichte geht in vielen Formen eine *Technik* inneren Handelns: durch Verfahrensweisen, welche in Vorschriften niedergelegt werden, nimmt der Mensch als Einzelner sich in Behandlung. Er arbeitet an seinem Bewußtseinszustand, seinen Gewohnheiten, Reaktionsweisen. Beispiele sind die Techniken mystischer Versenkung, die asketischen Übungen, die tägliche Selbstprüfung mit Tagebuchführung, historisch die Yogapraxis, die Exerzitien des Ignatius, die stoische Lebensregulierung, die Vorschriften moderner Nervenärzte.

Diese Techniken und ihre Wirkungen sind ein Gegenstand empirischer Untersuchung. Man sieht bei einigen die außerordentliche Wirkung in der Gestalt geprägter Menschen, bei anderen die Wirkungslosigkeit, als ob nur ein Daseinsaggregat in ein anderes verwandelt werde und im Wesen unverändert bliebe. Der entscheidende Unterschied ist, ob die Selbstbehandlung nur Handeln in der Welt an dem Gegenstand der eigenen Daseinswirklichkeit ist, oder ob ein inneres Handeln als Unbedingtheit glaubenden Selbstseins sich hervorbringt, das geprägt und prägend zugleich ist.

Wo ein inneres Handeln nach Vorschriften willentlich realisierbar ist, also der Wille etwas *Bestimmbares* tun kann, ohne es als Selbstsein zu wollen, da kann das Handeln äußerlich und mechanisch bleiben. Wie nur das Handeln in der Welt unbedingt ist, das vom Selbstsein erfüllt wird, so auch das in bezug auf das eigene Dasein als einen Teil der Welt. *Bedingt* wird das Tun in der Technik inneren Handelns,

z. B. als einer bloßen Gesundheitsveranstaltung oder Brauchbarkeitszüchtung.

Wo der Wille selbst in seiner Unbedingtheit will, er identisch ist mit seinem Tun, da ist keine Trennung von technischer Operation und Selbstdarinsein möglich. Das innere Handeln als Ursprung ist diese *Untrennbarkeit*. Es ist die Selbstschöpfung, aus der das eigentliche Fragen nach mir hervorgeht, vor dem sich Unbedingtheit bewährt, aber nicht selbst der Frage zugänglich wird; sie ist der Entschluß, der aus der Relativität den Rückweg zur Wurzel findet, das Hellwerden *absoluten Bewußtseins*, die Existenz, die ich durch ganzen Einsatz *erringe*, indem ich mir entgegenkomme.

Unbedingtheit ist wie im Kreise *durch sich selbst*. Ihr Kreis kann sich verlieren oder zur Erweiterung bringen. Er haftet für seine eigene Verwirklichung, wenn der *erste Ansatz* einmal hervorbrach.

Nur wer bereits innerlich unbedingt handelt, hat die Bereitschaft und Möglichkeit, im Äußeren nicht als Spielball von Einflüssen zufällig zu entscheiden in dem Betrieb, an dem er, statt durch Selbstsein, durch den Drang nach dem Fühlen seiner Daseinsindividualität als Funktion fremder Kräfte teilnimmt. Wie das innere Handeln als *Versuchen* im Raum des Möglichen Vorbereitung der Wege äußeren Handelns ist, so ist das *unbedingte* innere Handeln die Wurzel jedes echten Entschlusses in äußerer Tat.

Während eine Züchtung von Bewußtseinszuständen eine in ihren Quellen und Zielen trübe Psychagogik unter Verlust des Selbstseins wird, kann die Unbedingtheit inneren Handelns sich wohl einer Technik *bemächtigen*, aber ihr *nicht verfallen*. Nur bei Verlust der Unbedingtheit kann Handeln, wie in die Endlichkeiten des Daseins in der Welt, sich in die Endlichkeiten einer Selbstzüchtung verstricken. Technik ist als Mittel beweglich, nicht selbst die Wahrheit; sie schafft kein Selbstsein, sondern kann vom Selbstsein in entgegengesetzten Möglichkeiten genutzt werden. Daher sind Geschicklichkeiten in der Lebensführung, in dem Umgang mit sich selbst, in den Ordnungen des Alltags nicht zu verwerfen; Selbstsein ist ihr Herr, nicht ihnen unterworfen. Wenn es also auch keine Veranstaltungen geben kann zur Herbeiführung der Unbedingtheit inneren Handelns, vielmehr aus der Unbedingtheit dieses innere Handeln bestimmt wird, so können Veranstaltungen nach Regeln Veranlassungen für die Entschiedenheit des Unbedingten, ein Wachhalten und Erinnern, bedeuten. Zwar geraten die *Regeln der Selbstkontrolle* in der Alltagsreflexion (in ihren

Formen seit den Pythagoreern) und die *Übungen* inneren Verhaltens schon an die gefährliche Grenze einer entleerenden Pedanterie in egozentrischer Selbstzufriedenheit und Selbstquälerei. Aber disziplinierte *Tagesordnung* und *Regeln der Arbeit* sind Veranstaltungen, die, wenn auch nie selbst unbedingt, auf das Unbedingte gerichtet sind, wenn sie aus ihm entspringen. Das regelmäßige *Lesen* der unser Seinsbewußtsein begründenden philosophischen Texte, ihr Vertiefen im Wiederholen, das *Schauen* in Kunst und Dichtung sind als Erinnern Mittel, mich im Alltag doch am Wesentlichen zu halten, von dem ich, was ich auch tue, getragen sein kann. Die tägliche *Besinnung* in Augenblicken der Ruhe ist im Dasein die Erscheinung, ohne welche Selbstsein zerstreut und die Richtung schwankend würde.

Diese Besinnung ist das Philosophieren als Unbedingtheit inneren Handelns.

2. Philosophieren. — *Existenzphilosophie* ist auf Grund angeeigneter Überlieferung das jeweils gegenwärtige Erdenken der Möglichkeiten des transzendent bezogenen Menschseins. Der letzte Sinn aber allen philosophischen Denkens ist das *philosophische Leben* als das Tun des Einzelnen im inneren Handeln, durch das er selbst wird. Die ausgesprochenen, in Werken zur Lehre sich verfestigenden Gedanken sind Folge und werden Erweckung dieses inneren Tuns. Weil eigentlich philosophisches Denken das lebensnächste, im Ursprung das Sein im Selbstsein hervorbringende Tun ist, ist es als die größte Täuschung möglich und wird dann zum lebensfernsten, unwahrhaftigsten Denkbetrieb.

Will ich zu mir kommen, so kann ich es also weder *durch Nachdenken über mich* mit dem Ziel gegenständlichen Wissens von mir noch *durch Technik* als eine disziplinierende Bewußtseinshaltung in mich isolierender Züchtung. Ich wäre nur ein Dasein als Objekt, das ich als ein bestehendes Sein betrachte und bearbeite. Ich kann auch nicht zu mir kommen *durch Wiederdenken* der von Philosophen geschaffenen Begrifflichkeit. Philosophieren als bloßes Denken und Mitdenken von Gedachtem ist noch nicht bei sich. Es kommt darauf an, daß das philosophische Denken ein *unbedingtes Handeln wird*. Die Erfüllung des Gedankens, seine Wahrheit und Einsichtigkeit, ist nur in eins mit diesem inneren sich selbst hervorbringenden Tun.

Denken über mich als Psychologie, Technik als Ordnung der Lebensführung, Nachdenken philosophisch gedachter Gedanken sind Vorbereitung und Folge echten Philosophierens. Dieses ist unbedingt erst in der *Selbsterhellung* als dem gleichzeitigen Ergreifen und Wissen *absoluten Bewußtseins:* es ist der Ursprung dessen, was nicht mehr Mittel, sondern Erfüllung des Seinsbewußtseins ist.

Selbsterhellung wird *exemplarisch* vollzogen von den großen Philosophen. An ihrer Selbsterhellung entzündet sich die unsere, wenn die Fackel von Hand zu Hand geht. Aber die Berührung mit der Existenz der Philosophen hat ihre Konkretion erst in dem Augenblick des Einswerdens des Gedankensinns mit einem Selbstsein, oder in der Umsetzung zu gegenwärtiger Wirklichkeit.

Philosophieren ist als tägliche Selbstprüfung. Der Gedanke ist Stachel; er wirkt in seiner Offenbarkeit als Appell; er wird im Abgleiten zum Halt; er bringt beschwörend Transzendenz zur Gegenwart. Aber alles ist nur in der Wirklichkeit des Selbstseins, das sein muß, damit der Gedanke wahrhaft gedacht wird: dieses Denken ist nicht durch Wahrnehmung und Gegebenheit erfüllbar, sondern dadurch, daß ich *so bin*, wie ich jetzt *denkend werde*.

Leichter als die Bewährung in der Daseinskontinuität scheint es zu sein, einmal die großen Schmerzen, das Schicksal, das Entscheidende zu erfahren; es hebt noch, indem es zerstört, denn es zieht heraus aus dem Alltag. Aber erst im Alltag gibt es eine kontinuierliche Bewährung des Seins. Die einmaligen Erschütterungen schaffen das äußerst Mögliche, für alle Zukunft den Grund legende. Das Hervorgebrachte ist nur eigentlich wirklich, wo in der Länge der Jahre, in der Wiederholung der Erinnerung, in den unvermeidlichen Konsequenzen das Gleiche ergriffen wird.

Philosophieren wendet sich daher an die großen Erschütterungen wie an den Alltag. Die Unbedingtheit des einen ist Widerhall des anderen, eines ohne das andere fragwürdig.

Am Ende strandet Philosophieren an dem im Dasein *nicht zu Bewältigenden*, wenn es als *stoisches* lehrt, zu ertragen: die Reibungen mit Menschen, mit denen kein eigentliches und kontinuierliches Verhältnis besteht, und auf die man doch überall angewiesen ist; das Erschrecken vor der physiognomischen Wirklichkeit der Masse; die Quälereien des Alltags; das Besinnungsraubende der Hast; die körperlichen Zustände des Mißmuts, der Schmerzen und des Versinkens; das Versagen seiner selbst. Hier überall Gleichmut ohne Gleichgültigkeit und das Unterscheiden des Wesentlichen zu bewahren, gelingt nur auf dem Hintergrunde eines ganzen Philosophierens, und völlig niemals.

Die *Resignation* des Ertragens weiß sich als *Mangel*. Wo das innere Handeln des Philosophierens nicht Ursprung eines Tuns in der Welt, nicht Hervorbringen in der Gegenseitigkeit der Kommunikation werden kann, zieht es sich in die Isolierung eigenen Daseins zurück und muß hier auf einen leeren Punkt zusammensinken, wenn es endgültig diese Gestalt ergreift, und nicht nur, um sich in übermächtigen Situationen als Bereitschaft zu bewahren zu neuer Positivität.

Im Philosophieren ist als eine spezifische Erfüllung die *aktive Kontemplation* möglich als ein inneres Handeln durch Denken der Transzendenz. Sie ist ein Analogon religiösen Handelns, ohne zweckhaftes Wirken in der Welt. Als unbedingte ist sie vom unverbindlichen Anschauen, Nachdenken und gegenständlichen Forschen unterschieden: in ihr entspringt die Klärung und Reinigung des Selbstseins durch das Bewußtsein der Transzendenz. Wenn auch kein reales Verhältnis zu Gott in ihr ist, er nicht sinnlich gegenwärtig sein Wort hören läßt, wird doch in dieser Kontemplation in bezug auf verborgene Transzendenz aus Freiheit ein Weg gefunden. Existenz erfährt von der Gottheit indirekt nur so viel, als aus eigener Freiheit ihr wirklich wird. Die Kontemplation vollzieht sich in formalen transzendierenden Gedanken, im Ergreifen existentieller Bezüge auf Transzendenz und in dem unbestimmbaren Lesen der Chiffren des Daseins. Diese Kontemplation als der Gipfel des Philosophierens ist Vergewisserung des absoluten Bewußtseins durch Sichselbstfinden in der Transzendenz. Die Kraft, die in der sinnlichen Gegenwart der Gottheit durch die religiöse Objektivität gegeben wird, muß hier in der Freiheit persönlicher Existenz wurzeln. In dieser Angewiesenheit auf sich selbst ist die Erscheinung der Existenz schwankender, zweideutiger, kraftloser als die Erscheinung der in objektiven Gebundenheiten gesicherten und bejahten Existenz; denn bei der Schwäche unseres Wesens ist in der Freiheit die größere Gefahr durch Zweifel und Verzweiflung; Freiheit bleibt ein Wagnis. Sie kann die ratlosen Augen haben, während die Hingabe an real gegenwärtige Transzendenz die leeren Augen des gar nicht mehr selbst Seins annehmen kann. Die Freiheit ursprünglichen Seins und mit ihr die Beziehung auf Transzendenz muß jeden Tag mit anderer Entschiedenheit von neuem erworben werden, ist weder individueller Besitz noch objektiv tradierbar. In meiner Schwäche kann ich mich aus ihr an keine bestehende Objektivität halten außer an relative nur erweckende.

Wie die reale Beziehung zu Gott die philosophisch unzugängliche Unbedingtheit religiösen Handelns ist, so ist die aktive Kontemplation der Gehalt in der Unbedingtheit des inneren Handelns und des Welthandelns. Die Wirklichkeit des Seins ist in der Innerlichkeit und in der Zweckhaftigkeit nur insoweit für das Selbstbewußtseir gegenwärtig, als das Handeln durch kontemplative Erfüllung des Chiffrencharakters des Daseins gewiß wird. Darum kennt auch die ethische Unbedingtheit ein zweckfreies Handeln, in dem sie sich der Verborgenheit der Transzendenz im Lesen der Chiffren nähert, ohne dadurch etwas zu wissen oder zu enthüllen. In dem Sinn meines Tuns ebenso wie in dem Sinnwidrigen und Sinnfremden spricht die transzendente Wirklichkeit, ohne doch eigentlich zu sprechen, da sie in ihrer bleibenden Verborgenheit immer wieder alles auf den jeweils Existierenden wälzt, wenn dieser auch augenblicksweise sich wie von ihr geführt glaubt, ohne es sagbar zu wissen.

3. Unbedingtheit im Nichtwollen. — Unbedingtes Wollen im Zeitdasein ist gebunden an ein Nichtwollen. Nur auf dem Wege über Hemmung und Ausschluß ist Daseinserscheinung existentiell möglich. Es ist der Bruch im Dasein, der schließlich ein Nichtwollen als Vernichtungswillen möglich macht.

Objektiv ist im *Biologischen* der Aufbau der Reflexe nur durch eingeschaltete Hemmungen als das zueinander passende Reagieren eines Ganzen möglich. *Psychologisch* wird Trieb durch Trieb eingeschränkt: Furcht läßt verzichten; Hemmung ist eine Funktion im sich gegenseitig bedingenden immanenten Kräftespiel der Seele. Im Dasein des *Menschen* sind von Anfang an Verbote wesentlich, deren Ursprünge biologisch, psychologisch und soziologisch erforscht werden, wie sie in diesen empirischen Zusammenhängen beobachtbare Wirkungen und Verwendungen haben. Die Tabus, die Scheu vor denkbarem oder erlebbarem Unsinnlichen, das Vermeiden, die Askesen sind Aktivität gegen das eigene Dasein. Es werden Opfer gebracht, die sich zum Teil als bedingt verstehen: als magische Mittel zum Götterzwang, als Wege zur Ausscheidung des Bösen, als soziologische Funktion; sie sind aber aus solchen Bedingungen nicht zureichend begreiflich.

Die *Unbedingtheit* im Nichtwollen ist letzthin unbegründbar. Sie ist als formaler *Freiheitswille* die mögliche Negation von allem Dasein als Weg zur Gewinnung des Punktes außerhalb — und wird als solcher leer. Sie ist als *Ordnungswille* der Wille zu Maß und Begrenzung, nicht zur Ausschaltung, sondern zum Aufbau des Daseins in der Einheit eines Ganzen, darum Disziplin und Gestaltung — sie hört als solche schnell auf unbedingt zu sein zugunsten von allseitigen Bedingungsverhältnissen in einem geglaubten universalen Ganzen. Sie ist als *Ausschließung* in der Bindung an das Eine Erscheinung der Existenz in ihrer Geschichtlichkeit. Sie ist als *Vernichtungswille* Richtung auf Transzendenz: in dem Weltdasein als geschehenem Abfall ist ein Fehler; etwas soll absolut nicht sein; bedingungslose Askese, universelles Verneinen wird zu einer Offenheit für weltlose Transzendenz.

Die Unbedingtheit des Nein richtet sich daseinswidrig auf Transzendenz entweder *durch* Dasein als das eine ihr zugehörige — in Ausschließung von Möglichkeiten —, oder *ohne* Dasein — in absoluter Vernichtung. Im unbedingten Nichtwollen ist eine Tiefe der Negation, auf deren unzugänglichem Grund auch das Ergreifen des Daseins erst zur Erscheinung der auf ihre Transzendenz bezogenen Existenz werden kann, ein schwebendes Sein, das seinen Halt dort findet, wo nie zu sinnlicher oder gedanklicher Gewißheit für das Bewußtsein überhaupt gebracht wird, was eigentlich ist.

Handeln in der Welt

Welt als vom Menschen hervorgebrachte ist gleicherweise ein Chaos wirbelnden Durcheinanders der Einzelnen wie die Gefügtheit menschlicher Ordnung. Ein Weltdasein völliger Zerrüttung, in welchem nur noch ein Heros ganz aus sich für sich und die Seinen eine autonome Ordnung zu schaffen vermöchte, ist ihre Grenzvorstellung. Der einzelne Mensch ist nicht von übermenschlicher Größe; auf sich allein angewiesen könnte er bloß im Keime zur Welt werden.

Die Welt als geordnetes Dasein, in dem er mitwirkt, tut dem Menschen dennoch nicht genug. Sein Handeln in der *Bedingtheit* und Relativität aller Wünschbarkeiten und Zwecke vermöchte wohl Dasein zu erhalten und zu erweitern, aber nicht mögliche Existenz im Dasein zur Wirklichkeit zu bringen. Erst durch sein *unbedingtes Handeln in der Welt* ist er auf Weltzwecke gerichtet, in denen er über sie hinaus des Sinns inne wird.

Die Erhellung dieser Unbedingtheit führt in Antinomien, in deren Spannung sie zu sich kommt:

329

Unbedingtheit erfaßt sich als Handeln nach einem allgemeinen *Gesetz* und wird doch auf dem Wege über dieses nur wahr in *geschichtlicher Konkretheit*.

Sie ergreift die *Zerstreuung* des Vielen in der Welt und auf dem Wege über sie *das geschichtliche Eine*.

1. Gesetz und geschichtliche Bestimmtheit. — Bei allem Können in der Welt bleibt die Willkür des Zwecks. Mit technischen Mitteln kann ich so gut ruinieren wie aufbauen. Ich frage aber — denn mein Wesen widersteht bloßem Zufall —, was zu tun richtig ist. Mein Tun ist für mich ein Sein, das gesollt ist. Es ist, indem es sich in der Reflexion als gesolltes begreift.

Jedoch so wenig wie das Sein überhaupt schon begriffen ist als Dasein unter unverbrüchlich wirksamen Naturgesetzen, so wenig das Sein als Handelnkönnen unter dem allgemeingültigen Sollen. Das Sein des Sollens ist vielmehr das Sein, das im Sollen *sich selbst* findet. Ein rational ableitbares Sollen — als die allgemeingültigen Forderungen, welche Unterwerfung verlangen, weil sie dem vernünftigen Denken des Bewußtseins überhaupt evident sind als das jeweils Rechte — hat eine immer nur relative Bedeutung als technisches Mittel zu einem fraglos vorausgesetzten Zweck. Das Sein, das sein eigenes Sollen ist, ist dagegen Existenz, welche, was sie *unbedingt* tut, als gesollt *versteht*. Daß ich in Situationen mich finde, in denen ich einem Sollen gesetzlich fixierter Art *nicht* folgen kann, weil ich selbst in meinem eigentlichen Willen in der Gewißheit der Wahrheit nicht will, ist zwar in keiner Weise objektiv zu machen, sondern vom Standpunkt der Objektivität nur der schlechte Eigenwille. Wenn jedoch das jeweilige Selbst in der Gemeinschaft gegenwärtiger Geschichtlichkeit mehr ist als der Fall eines Allgemeinen oder die vertretbare Funktion in einem Ganzen, kann sich ein tieferes Sollen gegen ein zu allgemeiner Formel verfestigtes Sollen wenden. Aus dieser Quelle erst entspringt die dem vernünftig einsehbaren und als solchem nur relativen Sollen zugrunde liegende *Unbedingtheit*.

Sollen ist Form der Gewißheit des Unbedingten. Im Handeln aus ihr ist der eigentliche Aufschwung der Existenz. Es ist wie die Errettung aus Chaos und nichtigem Zufall, wenn ich mich überwinde im Bewußtsein des selbsterkannten Sollens. Darin erst werde ich meines Selbstseins eigentlich gewiß, welches ich ohne Widerspruch als Dienst einer übergreifenden Ordnung erfahre. Gehorsam gegen mich *selbst* ist identisch mit dem Gehorsam gegen ein *Übergreifendes*, das ich doch auf keinem anderen Wege als *durch* mein Selbstsein erfahre als die Quelle des unbedingten Handelns in der Welt.

Die Wahrheit des Unbedingten vollzieht sich in der *Spannung:* die einsichtig gewordenen schon gegebenen Gesetze inhaltlich bestimmten Handelns als *verbindlich* in die Gegenwart zu nehmen und sie doch bewußt für *relativierbar* zu halten, jedoch mit dem Willen, das neu getane Unbedingte, erst wenn es in Gestalt eines Gesetzes verstanden ist, als gültig anzuerkennen. Nun muß aber gehandelt werden, *bevor* das rational objektivierende Verständnis an sein mögliches Ende kommen kann. Es bleibt in der Unbedingtheit die Tiefe des Dunkels, wenn diese auch nur wahr ist als Grund der Helle gewonnener Gesetzlichkeit; allgemein ist nur das *Gesetz der Gesetzlichkeit überhaupt* als die Forderung, seine jeweilige Unbedingtheit im Gesetz zu verstehen.

Existentielle Möglichkeit ist, wenn sie wirklich wird, mehr als Pflichterfüllung, *Willkür* weniger; beide sind objektiv ununterscheidbar. *Existenz,* der die Pflichterfüllung nach gegebenem Gesetz ein wenn auch relativierbares Moment ihres Daseins ist, und *unbekümmerte Vitalität,* welche eine Pflichterfüllung als Bindung ursprünglich verwirft und nur gezwungen gehorcht, sind von außen gesehen beide negativ gegen das rational fixierte Gesetz. Für Vitalität ist das Gesetz der Widerstand, den sie zerschlägt, um unter es zu sinken. Für Existenz ist das Gesetz der Widerstand, den sie überwindet, um sich selbst als Unbedingtheit in der sie übergreifenden Ordnung zu finden. Denn nur an diesem Widerstand dringt sie in die Tiefe ihres geschichtlichen Augenblicks. Unbedingtes Handeln ist nicht im Leeren möglich, als ob das zeitlose Gesetz nur zufällig in diesem Augenblick in einer für alles jederzeit aufnahmefähigen gleichmäßigen Materie verwirklicht würde; als erscheinendes unbedingtes Handeln ist es zeitlich bestimmt und damit geschichtlich konkret in einer aus allgemeinen Prinzipien unzureichend bestimmbaren Weise.

Das Gesetz ist wie der Reiz, an dem ich *mich bewähre.* Es ist Reiz durch die Versuchung, es zu übertreten, nur weil es Gesetz ist, und Reiz durch die Verführung, in blinder Unterwerfung unter es mich meiner Freiheit zu berauben. Das Zerschlagen der Gesetze kann aus der Positivität einer werdenden Existenz hervorgehen; aber das Zerschlagen ist meistens aus der Verlorenheit in der Negativität erwachsen und bedeutet dann dasselbe wie die sich unterwerfende Unfreiheit als das Umgekehrte auf derselben Ebene. Nur gegen beide Reize des

Gesetzes gewinne ich die entschiedene Gewißheit des Unbedingten im Selbstsein. Diese wird dann nicht mehr verwechselt, weder mit der Lust der Willkür noch mit der Gewaltsamkeit von Moralhandlungen, die Aufsehen suchen.

In der Spannung von Gesetz und geschichtlicher Bestimmtheit kann ich *argumentieren* nur aus dem Allgemein, d. h. dem Gesetz. Gegen das Gesetz kann ich nur mit neuen Gesetzen argumentieren, gegen schlechtgewordene mit wahren aus der geschichtlichen Gegenwart gewonnenen Gesetzen. Diese Argumentationen im Allgemeinen der Gesetzlichkeit sind an sich beliebig. Sie gewinnen erst Richtung und Gehalt aus gegenwärtiger Existenz. Es ist aber unmöglich, daß diese mit behaupteter Unbedingtheit aus der Geschichtlichkeit überhaupt gegen Gesetzlichkeit überhaupt argumentiert. Nur im Medium der Gesetzlichkeit kann das Wahre gegen das Überwundene kämpfen. Dies tut es durch existentielle Lenkung der sonst endlosen Argumentationen. Es muß scheitern, wenn zwingendes Wissen des Rechten von einem Bewußtsein überhaupt gefordert wird. Im Medium der Gesetzlichkeit kann sinnvoll nur geschichtliche Existenz an andere geschichtliche Existenz sich wenden, sich darin verstehen, aufmerksam machen, erschüttern, ursprünglich erhellen. Aber nie kann im unbedingten Handeln die Spannung dadurch aufhören, daß die Geschichtlichkeit übersprungen und ein objektives Wissen der für immer gültigen Gesetzlichkeit des Handelns zwingend einsehbar würde.

Ungeschichtlich evident sind nur logische Konsequenzen aus Prinzipien, zu denen bei ihrer Anwendung die Voraussetzung präziser, d. h. ungeschichtlich vereinfachender Fassung von Situation und Tatbestand einer Handlung notwendig ist. Aus irgendwelchen Prinzipien, die stets eine Scheinbarkeit von Evidenz haben, läßt sich meistens jede Handlung rechtfertigen oder verurteilen, indem man an ihr irgendeine Seite für sich erfaßt und mit Geschick als das Wesentliche in den Blick der Aufmerksamkeit rückt. Diese Sophistik ist nur zu überwinden, wenn man niemals vergißt, daß alle Rechtfertigungen nur im Partikularen aus anerkannten Prinzipien möglich sind, daß aber in allem *unbedingten* Handeln mehr liegt, nämlich ihr Ursprung in der Tiefe der Gegenwart; und daß in dieser geschichtlichen Unbedingtheit an der Grenze alles Allgemeinen das Gewissen steht mit dem Willen, einzustehen, und mit dem hellen Bewußtsein, darin für die Ewigkeit ganz einem Übergreifenden, in mir Gehörten gehorsam zu sein. Wer im Durchbrechen gültiger Gesetze doch sich rechtfertigen will, ohne schon das Gesetz seiner Unbedingtheit als neue Gültigkeit aussprechen zu können, weiß nicht, was er tut. Hier hat an die Stelle der Rechtfertigung die Kommunikation zu treten, in der die Unbedingtheit hell wird dadurch, daß über alle bloße Interessengemeinschaft und täuschende Charakterverwandtschaft hinaus Menschen in ihrer Geschichtlichkeit das jeweilige Gesetz als die Erscheinung des immer dunklen Gesetzes überhaupt in rückhaltloser Wahrhaftigkeit finden.

In möglicher Existenz ist antizipierend gewiß, was von ihr als Bewußtsein überhaupt objektiv gedacht nicht ohne Einbuße fixierbar ist. Da es nicht das eine Richtige für alle gibt, muß ich die Schuld auf mich nehmen im Wagnis des Handelns, um in der Konsequenz selbst zu werden: noch in der Furchtbarkeit, welche das Gesetz des Tages als das Gesetz der Gesetzlichkeit überhaupt durchbricht, kann die Macht des Unbedingten möglich sein. Niemals ist ein Gesetz so zu wissen, daß ich ohne Wagnis, weil ich das schlechthin Richtige täte, danach mich richten könnte, oder daß der Andere als Existenz danach zu beurteilen wäre. Die absolute Entschiedenheit kann nur durch existentielle Kommunikation mit sich selbst in der Unbedingtheit sein.

2. Die Zerstreuung und das Eine. — Im Dasein ist die *Endlosigkeit* des Möglichen. Das an mich Herantretende in seiner *Mannigfaltigkeit* veranlaßt Tag für Tag, dieses und jenes zu ergreifen: das Handeln im Vielen ist Daseinsbedingung, denn nur dadurch schaffe ich mir Raum und Verfügungsmacht über Dinge.

Dieses Viele wird *nirgends identisch mit mir selbst*. Keine Handlung in ihm ist für mich unbedingt. Ich stehe in Distanz, nur wie mit Werkzeugen berühre ich die Dinge in der Welt, ich selbst bin noch an anderem Orte. Zwar meine empirische Individualität ist vital engagiert. Werde ich aber ganz hineingezogen in dieses Weltdasein des Vielen und vielfach Möglichen, so werde ich zerstreut. Meiner selbst ungewiß bin ich nur Schauplatz der Objektivitäten. Es bleibt eine sich auflösende Scheinidentität mit den jeweiligen Sachen.

Aus dieser Zerstreuung werde ich *unbedingt* im Handeln nur durch das Eine. Das Eine ergreifen heißt: ohne Reserven *selbst ganz darin sein;* im Dasein mit einer Erscheinung als Selbst identisch werden. Das Eine ist die jeweilige Wirklichkeit, in deren Offenbarkeit Existenz sich findet, weil mit dem Selbst identisch wird, was sonst in der Erscheinung des Daseins nur das Zerrinnende als Eines von Vielen ist. Dieses Selbst ist jetzt gleichsam eingewurzelt in der Wirklichkeit. Es ist als gebunden und begrenzt nun erst im Dasein seiner gewiß.

333

Das spezifische Glück des Sichfindens im Einen entspringt in der Unauswechselbarkeit des so möglich werdenden Daseins und Handelns in der Welt. Was in der Zerstreuung nur *mögliche* Existenz war, wird *wirkliches* Selbstsein. Es ist daher für jede mögliche Existenz die Frage ihres eigenen Seins, wo ihr Eines sich offenbart. Das ist ihre Frage, die nicht durch Nachdenken, nicht durch Mitteilung von anderer Seite und durch den Spruch einer Autorität gelöst wird. Sie findet ihre Antwort nur aus dem unbedingten Ursprung der Freiheit in der Wirklichkeit der konkreten Daseinserscheinung, wenn dieser Ursprung durch die Frage erregt, der Raum seiner möglichen Entfaltung durch orientierendes Wissen geweitet und das Bewußtsein philosophisch erhellt ist.

Das Eine, in dem ich aus der Zerstreuung zu mir selbst komme, ist *wieder vieles Eine*, sofern jedes Eine heterogen vom Anderen das Unbedingte in der Existenz ist. Die eine Idee im Beruf, die eine Frau, das eine Vaterland, der eine Freund, jedesmal hat das Eine einen anderen Sinn und eine wieder zu ihm in der Erscheinung gehörende Relativität. In jeder wesentlichen Situation kann man sprechen von dem Einen, das not tut, aber nicht als dem allgemeingültig Wißbaren, von dem das Gegenwärtige ein Fall ist, sondern als dem, worin diese Existenz sich verwirklicht.

Wohl sind wir im mitteilenden Denken angewiesen auf die Formen der Denkbarkeit, wir sprechen von Monogamie, von dem „nur einem Herrn dienen können". Aber sofern ich das Eine in der Erscheinung nenne, ist es das *bloß numerisch Eine*, das empirisch als ein Wesen unter Vielen da ist. Das Eine ist zwar ausschließend, aber nicht nach einem aussagbaren Gesetze. Wird das Eine in seiner Veräußerlichung als gültig fixiert, ohne die existentielle Geschichtlichkeit seiner Erscheinung, so bleibt nur der Begriff von einem numerisch Einen. Fanatische Exklusivität ist die Folge, und die abstrakte Nivellierung unter das Joch eines bloß gedachten Einen wird für alle die vernichtende Konsequenz. Die Herkunft aus dem Vielen ist vergessen, der Raum des Vielen als Horizont verloren, die Erscheinung des Vielen als Möglichkeit vernichtet. Allerdings erscheint jeweils das Eine auch in Objektivität als äußerlich sichtbar und dann numerisch Eines. Aber das Äußere ist nicht das Kriterium für die Wahrheit des Einen in der Existenz. Im existentiell Einen wird nicht im Begriff erkannt, sondern in Unbedingtheit verwirklicht und im Philosophieren erhellt. In jedem Begriff würde entweder eine objektive Starrheit an Stelle des existentiellen

Einen gesetzt (z. B. die Monogamie als moralisches Prinzip an die Stelle des Einen als transzendent bezogener Substanz des Selbstseins in der Liebe der Geschlechter). Oder es könnte beliebig alles begründet werden; z. B. es werde die Idee der einen Schönheit in der Unendlichkeit des Erotischen gesucht, in der von einer Liebe zur anderen gegangen werde; der Don Juan gehe den wahren Weg zum Einen durch unendliche Gestalten. Oder es würde aus einer faktischen Monogamie auf das existentiell Eine in den Beteiligten geschlossen, während die Ehe nur eine mögliche objektive Äußerung eines erscheinenden Existierens ist, die als objektive nichts beweist.

Das Eine ist der Ursprung als das Unbedingte, das im Vielen nicht allgemein das Viele, sondern jeweils ein Anderes ausschließt. Existenz selbst sieht die *Wahrheit des Vielen* und faßt *im Stadium ihrer Möglichkeit*, im Nachdenken und Raumschaffen, den Gedanken: es sei in unserem Dasein, wie es sei, Schicksal und Forderung, Vielem zu dienen und in den jeweiligen Situationen nach Kräften diesem und jenem sein Recht werden zu lassen. Das unerbittliche Durchdenken dieses Gedankens in der Weltorientierung — in der Lehre von den Sphären des Geistes und ihren Konflikten — erleuchtet dann um so heller das keinem Wissen Faßbare des jeweils Einen in der Existenz. Dieses wird ergriffen, im Konfliktsfall „der andere Gott" beleidigt, die Schuld des Ausschließens als die Bedingung der Verwirklichung der Existenz auf sich genommen. Der Kampf der Sphären geistiger Möglichkeiten bedeutet eine Situationsgebundenheit. Aber in ihr wird das Eine wirklich, das, wenn es sich ausspricht, nicht mehr die Sphären in ihrer Vielheit als absolut gültig bestehen läßt, sondern alle relativiert, und auch selbst nicht als die Geltung einer Sphäre besteht. Dieses Eine ist nicht als das Eine das Erste, sondern das aus der Zerstreuung zu sich Gekommene, in der Erscheinung des Daseins das als das eigentliche Sein Errungene. Das Leben als Erscheinung der Existenz ist der Weg von der Möglichkeit zur unbedingten Wirklichkeit; ihm ist das Viele als Möglichkeit, Spiel, Versuch, die Wirklichkeit aber als Entscheidung, Begrenzung, als das Eine.

VIERTER HAUPTTEIL

Existenz in Subjektivität und Objektivität

ZEHNTES KAPITEL

Die Polarität von Subjektivität und Objektivität

Seite

Gliederung in der Subjekt-Objekt-Spaltung 338
    1. Objektivität — 2. Subjektivität — 3. Unlösbarkeit von Subjektivität und Objektivität
    4. Einswerden von Subjektivität und Objektivität — 5. Existentielle Relevanz der Objektivität

Existenz als Bewegung der Auflösung der Subjektivität zur Objektivität und der
    Objektivität zur Subjektivität. 344
    1. Verrat der Existenz an die Subjektivität (sich isolierender Eigenwille) — 2. Verrat der
    Existenz an die Objektivität (sich isolierende Sache)

Unvollendbarkeit des Daseins der Existenz 348

Eine Folge des möglichen Mißverstehens aller Existenzerhellung
(Verwechslung der Existenz mit der empirischen Individualität des
Einzeldaseins, Identifizierung existentieller Innerlichkeit mit bloßer
Subjektivität) ist die Furcht, in diesem Philosophieren die Objektivität
in die Subjektivität zerrinnen zu sehen, die Welt in ihrem bestehenden
Reichtum zu verlieren, das Sollen zu untergraben, die Maßstäbe mit
ihrer verbindlichen Geltung zu zerstören. Philosophische Existenz-
erhellung hat sich durch die ausdrückliche Aneignung des Sinns von
Objektivität in ihrer Wahrheit zu halten.

Vor dem Philosophieren geht der Mensch auf die *bestehende* Objektivität, fraglos, selbstvergessen in ihrer Festigkeit; *durch* Philosophieren wird die Objektivität *in Frage gestellt*. Die Gefahr dieser
Reflexion ist die Auflösung allen Gehalts; denn die fragende, begründende und verwerfende Reflexion erfährt ihre Macht und ihren Abgrund entweder als Nihilismus oder als beliebig fragende in der *Sophistik*. Dagegen ist Ziel des Philosophierens der *schwebende*, existentiell

336

übergriffene *neue* Besitz der Objektivität, die nun Medium der Erscheinung der Existenz bleibt, welche — nicht mehr naiv — die Mächte der Zerstörung als begriffene in sich schließt. —

Existenz ist stets in Subjektivität und Objektivität. Sie erscheint für sich selbst nur in der Welt, die in Subjekt und Objekt gespalten ist, d. h. in der Bezogenheit beider. Diese existentielle Problematik — ihrem Sinne nach dialektisch und ohne Lösung — ist Ursprung und Ziel, der philosophische Anfang und das Nichtaufhörenkönnen des Philosophierens.

Existenz in der Erscheinung drängt nach zwei Seiten: Sie *sucht das Objektive* als Form und Gestalt des Lebens, möchte aufgehoben sein in ein objektives Ganze, dessen Glied sie wird. Sie verlangt den ihr gegenüberstehenden Maßstab, der ihr gültig ist. Ihr ist unerträglich das endlos zerrinnende bloße Fühlen und Erleben, das, sofern es existentiellen Sinn hat, sich doch nur deutlich wird im Objektiven. Dasein möglicher Existenz will tätig sich wiedererkennen im Werk, will anschauen den Reichtum der Welt und ihren Widerschein als Gedachtsein und Schönheit in der Schöpfung existentieller Geister. Es müßte in der Enge der Subjektivität untätig und unerfüllt ersticken.

Ebenso drängt Existenz *zum Subjektiven.* Das Objektive als solches bleibt ihr leer, ein fremdes Andere. Erst wo Objektivität gegenwärtig wird in der Subjektivität durch persönliche Vollzüge je einzelnen Daseins, *erscheint* sich Existenz als *jeweilige Totalität* von Objektivität und Subjektivität.

Die sich im Dasein als Möglichkeit erscheinende Existenz, deren Sein noch entschieden wird, weiß sich in der Gefahr des Abgleitens in die bloße Objektivität oder in die bloße Subjektivität, aber sie baut sich nicht auf aus beiden als ihren Elementen, die sich nur zusammenzufinden hätten. Nie *ist* sich Existenz als bestehende Totalität. Daher ist in der Erscheinung der Existenz eine stets sich erneuernde *Spannung.* Mögliche Existenz sucht, vor unwahren Lösungen sich bewahrend, den Weg abwechselnd in die sich für sich fixierenden Objektivitäten und dann in die entschiedenste Subjektivität. Da aber jeder Weg in seiner Isolierung schließlich zur Abgleitung würde, kehrt sie um, den Ursprung auf dem rückkehrenden Wege zu suchen. Beide Wege sind nicht als ein sich in sich rundender Kreis übersehbar. Ursprung und Ziel sind ungewußt. Der Weg in seinem Hin und Her ist niemals für sich selbst Alles; auf ihm *erschließen sich einander die Existenzen.* Keine

Erfahrung einer gegenwärtigen Totalität alles Subjektiven und Objektiven, kein Sinn des Ganzen im geschichtsphilosophischen Bilde löst die Spannung; sie löst in dem Zueinandersein der Existenzen der *Sprung zur Transzendenz.*

Was Existenz ist, wenn sie eigentlich ist, entschwindet ihr, wenn sie eine Seite ihrer Erscheinung direkt als das Absolute ergreift: Direkt und damit losgelöst wird das *Objektive* zu starrer Äußerlichkeit, als Wissen zu scholastischer Tradition, als Selbstgestaltung zu formeller Disziplin und Dressur, als Welt zu endlosem Stoff. Direkt und damit losgelöst wird das *Subjektive* zur Vielfachheit des Beliebigen und des Zufalls, als Gefühl zu blindem Dasein ohne Halt, als Wollen zu Willkür, als Seele zu chaotischem Erleben. Es ist, als ob Existenz jederzeit im Objektwerden den Abfall begänne, der unausweichlich ist, der sich aber nur in der Öde des fixierten Objektgewordenseins vollenden kann. Sie beginnt den Abfall ebenso im Subjektwerden, das zur Selbstverwirklichung unausweichlich ist, aber den Abfall erst in dem willkürlichen Eigenwillen des beliebigen Einzelseins vollenden würde. Existierend muß ich mich notwendig immer wieder aus dem Abfall zurückgewinnen. Es ist unaufhebbar, in der Zeit an der Grenze des Verfallens in Objektivität oder in Subjektivität als mögliche Existenz leben zu müssen, nur darin sein Sein gewinnen zu können. Wenn sich in der Bezogenheit des Objektiven und Subjektiven zu einer augenblicklichen Einheit eine Erfüllung als glückliche Gegenwart mir ergibt, ist sie ohne Bestand. Sie muß in der Zeit unabwendbar neuer Spannung weichen.

Gliederung in der Subjekt-Objekt-Spaltung

Objektivität und Subjektivität umfassen je eine Welt von Richtungen und Formen. Objektivität ist so vieldeutig wie Subjektivität. Die schematische Polarität beider bleibt daher unbestimmt.

1. Objektivität. — Objektiv ist erstens das *Gegenständliche*, das einem Ich als dem Subjektiven gegenübersteht. Das Gegenständliche ist das *Äußere* im Unterschied vom *Inneren* des Subjekts. Das Äußere ist das Andere und Fremde, aber auch Bestimmte und Klare. Das Innere ist das Unbestimmte und Dumpfe, das ohne im Gegenständlichen sich zu klären nicht eigentlich bewußt wird.

Das Subjekt wird am Objektiven nicht nur sich seiner bewußt, es erfährt von da her Anspruch: das Objektive ist zweitens das *Gültige.*

Es ist nicht als ungedacht im blinden Gewühl eines Daseins, sondern mit der Scheidung des Gegenständlichen vom Subjekt und des Gegenständlichen in sich ist Objektsein und Gedachtsein dasselbe. Als Gedachtes ist das Objektive das Allgemeingültige, sowohl als das *Richtige* des vom Daseienden geltenden Erkennens, wie als das *Rechte* eines Sollens, welches das Handeln des Subjekts fordernd bestimmt. Objektiv sind die Naturgesetze, durch welche die kausale Notwendigkeit des Geschehens erfaßt wird, nach der faktisch das so Begriffene geschieht; und sind die Sollensgesetze, welche allgemein aussagen, was zu tun sei, wenn es auch nicht getan wird. Aber das Gültige ist als bestehend doch wieder das Andere, das nicht für sich selbst, sondern für das Subjekt ist. Das Subjekt als das sich auf sich selbst Beziehende, das im Selbstbewußtsein für sich ist, stellt sich der allgemeinen Geltung gegenüber.

Das Gültige als das Allgemeine ist endlos und ungeschlossen. In ihm schlechthin das Wahre zu sehen, sträubt sich das selbstbewußte Subjekt, wenn es auch an die unüberwindliche Geltung wie an Granit stößt. Das Objektive als das Wahre ist drittens das *Ganze*, worin das Richtige ein Moment wird. Die Sache als Gegenstand und als Geltung von ihm ist totes Bestehen, die Sache als lebendiges Ganze ist *Idee*. Das Subjekt steht zuletzt nicht Gegenständen gegenüber, sondern lebt in einer Welt. Zwar ist sie ihm zerspalten, und es kommen ihm in ihr die Gegenstände in ihrer endlosen Mannigfaltigkeit vor. Aber die Welt ist relativ auf sein Dasein ein Ganzes, das Objektive die Substanz der von der Idee durchdrungenen Wirklichkeit.

Von den drei Stufen: der Gegenständlichkeit (Äußerlichkeit), der Gültigkeit (Allgemeinheit) und der Idee (Ganzheit) setzt die spätere die frühere voraus. Was jedoch auf jeder Stufe objektiv ist, ist für ein Subjekt als *Korrelat*.

2. Subjektivität. — Subjekt ist erstens als *Bewußtsein überhaupt* das nicht individuell gewordene, abstrakt gedachte Ichsein des auf das Äußere, Gegenständliche gerichteten Denkens, das alles, was uns vorkommt, als das umfassende Medium einschließt.

Subjekt ist zweitens als das *individuelle Bewußtsein* das Einzeldasein empirischer Bestimmtheit, das seinen Eigenwillen als Willkür und seinen undurchdringlichen vitalen Daseinsdrang hat.

Subjekt ist drittens das *Bewußtsein des Gültigen* als Vernunftwesen, das sich der zwingenden Einsicht unterwirft, und als Persönlichkeit, in der die Idee zur Wirklichkeit kommt.

Von den drei Stufen: der Bewußtseinszuständigkeit überhaupt (Innerlichkeit), des Einzeldaseins (Zufälligkeit, Willkür, Eigenwille) und des Gültigkeitsbewußtseins (Vernunftwesen, Persönlichkeit) setzt wiederum jede spätere die frühere voraus. Für jede hat das Objektive spezifische Gestalt: für das Bewußtsein überhaupt die Gestalt der Gegenständlichkeit überhaupt, für das Einzeldasein die der endlosen Mannigfaltigkeit, für das Vernunftwesen die der Geltung, für die Persönlichkeit die der Idee.

3. Unlösbarkeit von Subjektivität und Objektivität. — In der *Weltorientierung* ist anzuerkennen die *Bedingtheit* aller objektiven Gegenständlichkeit durch das Subjekt. Die Wahrnehmungsqualitäten der *Sinneswelt* sind bedingt durch psychophysiologische Eigenschaften des Organismus, die *Gegenstände der Erkenntnis* durch ein Bewußtsein überhaupt, für das sie sind. Denke ich mit Kant die Subjektivität als formendes Prinzip, so hat alle Form die Grenze ihres Materials oder Stoffes. Die Welt ist nicht rein, d. i. logisch aus Form und aus Formen der Formen begreifbar, sondern ursprünglich dualistisch; Objektivität ist das Ganze aus der von dem Subjekt kommenden Form und dem undurchdringlichen Material. Dieses Subjekt ist jedoch nicht das einzelne, sondern das Bewußtsein überhaupt.

Schon hier ist eine Depravierung des Gedankens zu *schlechtem Subjektivismus* möglich. Wenn dieser etwa behauptet: alle Objektivität sei vom Subjekt geschaffen, gewiß sei nur das eigene Dasein, alle Außenwelt und selbst die anderen Menschen seien in ihrem realen Dasein für mich fraglich, so ist zu bemerken: jenes Ich, das den Weg zur realen Außenwelt nicht zurückfindet, ist eine unwahre Abstraktion; ein solches Ich gibt es nicht, weil, wo immer ein „Ich" ist, auch Objekte für es sind, und zwar nicht erst erschlossen, sondern so unmittelbar gewiß wie jenes für sich zu sein meinte. Das Ich, das sich als daseiend weiß, und die realen Objekte sind in einem, eines nicht ohne das Andere und nicht realer als das Andere. Zwar ist das Vernehmen der Objektivitäten geknüpft an die subjektiven Bedingungen; die Dinge sind nicht an sich so, wie sie für das Subjekt sind. Aber ihre Formung durch das Subjekt und ihre Erscheinung für das Subjekt hat ein Gegebenes, Formbares, zur Erscheinung Kommendes im Objekt und im daseienden Subjekt zum Grunde.

Etwas ganz anderes als die Kantische transzendentale Konstruktion der Subjektivität als Bedingung der Objektivität ist die Analyse der Subjektivität in historisch-psychologischer Betrachtung des Menschen

340

als des *Schöpfers* geistiger Gebilde. Was an geistigen Werken, an Mythen und metaphysischen Inhalten geschichtlich aufgetaucht ist, wird nach seiner Herkunft untersucht und abgeleitet aus Kräften, Bedingungen, Situationen. Die Frage nach der objektiv feststellbaren Genese hat innerhalb der Weltorientierung ihren Sinn, soweit bestimmte empirische Ergebnisse erzielt werden. — Ohne diese schaffende Subjektivität tritt keine Objektivität ins Dasein.

Wird aber behauptet, die schöpferisch hervorbringende Subjektivität sei in diese *Zusammenhänge* restlos aufzulösen, so ist das unwahr. Selbst im Falle festgestellter Tatsachen bleibt immer nur ein Aspekt als Gegenstand der Forschung; was an Wahrheit und Sinn im Gebilde liegt, was an Objektivität darin ergriffen wurde, ist vermöge einer Einsicht in die Herkunft nicht durchschaut. Sowohl die Behauptung des notwendig zu diesem geistigen Ergebnis führenden Geschehens, als auch die der Schöpfung aus der Subjektivität ist in ihrer Allgemeinheit unhaltbar. Vielmehr ist in aller Schöpfung das Vernehmen eines Anderen, das in ihr kund wird. Daß dieses Vernehmen nicht mit der Selbstverständlichkeit einer jederzeit gegenwärtigen sinnlichen Wahrnehmung stattfindet, sondern als Voraussetzung ein Ergriffensein der Persönlichkeit durch die Idee erfordert, hebt es in eine andere, allem Vernehmen des Bewußtseins überhaupt unzugängliche Ebene.

Was für weltorientierende Forschung ein Dasein ist, das als ein *empirisches Individuum* aus psychologischen und anderen Ursachen gewisse Gebilde hervorbringt, was dann als Schöpfung der von der Idee ergriffenen *Persönlichkeit* erscheint, ist im Ursprung gebunden an die *Existenz*, die in diesem Ganzen aus Subjektivität und Objektivität sich erscheint. Wenn weiter Existenz als das Subjekt gedacht wird, für welches die *metaphysischen* Gebilde sind, so ist auch hier die Existenz Ursprung und Bedingung dafür, daß im Medium des Bewußtseins überhaupt solche Gebilde auftauchen. Aber die Existenz hat nicht schlechthin geschaffen, nicht aus dem Nichts etwas hingesetzt, sondern in dem, was als Schöpfung erscheint, ergreift sie ein ihr Objektives, durch das sie ihrer selbst inne wird. Diese metaphysische Objektivität ist zwar weder empirische, endliche Wirklichkeit (sondern dies nur als Chiffre) noch zwingende Erkenntniswirklichkeit, aber, obwohl geschichtlich, im Wandel und Verschwinden, für die Existenz nur gegenständlich. *In ihr vernimmt Existenz ihre Transzendenz.* Sie ist so weit entfernt, diese zu schaffen, daß sie vielmehr des Absoluten in dieser Objektivität gewiß wird.

341

Ist also das Subjekt als *Bewußtsein überhaupt* Bedingung, daß überhaupt gegenständliches Medium ist, als *Persönlichkeit* Schöpfer seiner Gebilde, als *Existenz* Ursprung für das Vernehmen der Transzendenz in einem gegenständlichen Medium und in den Gebilden, die, von außen gesehen, wegen ihrer Rätselhaftigkeit Schöpfungen heißen, aber existentiell Mitteilungen des durch das eigene Sein vernommenen Seins sind, so ist doch die Subjektivität immer nur *mit* ihrer Objektivität, deren sie sich durch ihr eigenes Sein bemächtigt. Wie Bewußtsein überhaupt nicht ohne Inhalt ist, vielmehr die Analyse dieses Bewußtseins zur Interpretation der Objektivität selbst führt, wie ferner eine schaffende Persönlichkeit nicht ohne objektive Idee ist, welche für sie und durch sie mitteilbar wird, so ist Existenz nicht ohne Transzendenz, zu deren Offenbarwerden ihre eigene Erhellung führt.

Von den drei Stufen der *Beziehung* von Subjektivität zu Objektivität — in Bewußtsein überhaupt, Persönlichkeit, Existenz — setzen die späteren für ihre eigene Möglichkeit die früheren voraus. Die Beziehung der Pole in ihnen geht von der Fremdheit des Andersseins bis zum Einklang des Identischwerdens.

4. Einswerden von Subjektivität und Objektivität. — Das Einswerden gelingt nur in der *Rundung zum Ganzen*, als Objektivität zur Idee, als Subjektivität zur Persönlichkeit. Das Ganze ist nicht objektiv gegenständlich für sich, sondern ist da im Subjekt, das als das Ganze einer Persönlichkeit nicht mehr nur Stätte ist als bloßes Subjektskorrelat. Die individuelle Idee dieser subjektiven Ganzheit trägt die Objektivität allgemeiner Ideen, in welcher als einer Welt die Vielzahl der Persönlichkeiten lebt, jede Glied des Ganzen und selbst Ganzheit. Persönlichkeit weiß sich grade da gegenwärtig, wo sie das Allgemeine der substantiellen Idee als ihre Sache im Weltdasein des Ganzen verwirklicht.

Solche Einheit ist nirgends als *Besitz ohne Täuschung* faßbar. Nur das Drängen vom Subjektiven zum Objektiven und umgekehrt ist wahr: Verborgene Innerlichkeit wird sich selbst nur wirklich, wenn sie sich im Äußeren objektiviert; Wille als Willkür wird erst entschieden am Maßstab allgemeingültigen Sollens; Einsicht des Subjekts in das Dasein von Gegenständen ist nur durch Richtigkeit seiner Urteile; Dasein ist wirklich in seiner Welt in der Leistung, die es vollbringt, im Werk, das es schafft. Umgekehrt wird alles bloß objektiv Bestehende vom Subjekt nur anerkannt in der Aneignung durch Übersetzung in subjektive Wirklichkeit: Wahrheit ist für mich nur, sofern ich sie begreife, Welt nur eine solche, in der ich tätig bin oder mich kontemplativ ergehe, Idee nur, was in mir bewegende Kraft wird.

Persönlichkeit ist jedoch *nicht* das in der Welt *zur endgültigen* Vollendung gelungene Einswerden von Subjektivität und Objektivität, sondern die selbst objektiv werdende Gestalt, durch deren Reichtum an subjektiver und objektiver Welt hindurch das Sein der *Existenz* hörbar ist, deren Bewegung das Einswerden beseelt, ohne es sich abschließen zu lassen. Daher lebe ich als Persönlichkeit mit diesem einzigartigen Bewußtsein, ein *Werkzeug* zu sein der Idee, die in mir zur Wirklichkeit kommt, und der Existenz, deren Ursprung sie trägt. Existenz ist immer noch in der *ganzen* Polarität, nicht auf nur einer Seite. Die Polarität des Subjektiven und Objektiven gipfelt für die Weltorientierung, an deren Grenzen schon transzendierend, in der Objektivität der Idee des Weltdaseins und in der Subjektivität der Idee der je einzelnen Persönlichkeit. Existenz tritt in die Objektivität durch Teilnahme an den Ideen, die als Geist ihre Wirklichkeit haben. Sie tritt in die Subjektivität durch Erscheinung in dem Einzelnen als Idee seiner Persönlichkeit, ohne mit dieser identisch zu werden. Ich bin nicht meine Idee, aber ich verwirkliche mich in ihr. Die Existenzerhellung in der tätigen Verwirklichung vollzieht sich nicht in objektloser Kommunikation bloß Einzelner, auch nicht in der Objektivität des Weltdaseins als betrachtetem und hervorgebrachtem Ganzen, sondern in der Teilnahme an beidem: an dem absolut Einzelnen meines Daseins in der Kommunikation zu anderen Einzelnen und an den Objektivitäten der Welt, in der ich den anderen Einzelnen begegne.

5. Existentielle Relevanz der Objektivität. — Ließen sich Objektivität und Subjektivität unter mehreren Gesichtspunkten *gliedern*, so doch nicht auf ein einziges Prinzip bringen und nicht als Totalität in sich runden. Es zeigte sich, daß sie nur in Beziehung sind: Objektivität ist für Subjektivität, die — ihrerseits keineswegs eindeutig — wiederum in der Weise ihrer Beziehung auf Objektivität ist.

Objektivität geht eine Verwandlung ein, wenn sie existentiell relevant wird:

Als das *Gegenständliche* ist Objektivität existentielle *Möglichkeit*: was in der Welt als empirische Realität, als rationale Geltung, als Natur und Geschichte, als tradierte Chiffreschrift zum Gegenstand

343

wird, ist Möglichkeit der *Aneignung*. Erst auf dem Boden der Existenz wird Objektivität zur gegenwärtigen Wirklichkeit, wenn sie ihre bloße Möglichkeit in der Identität mit existentiellem Selbstsein aufhebt.

Als das *Gültige* ist Objektivität *Sollen*. Das Sollen ist als ein relatives noch von dem Charakter des bloß Gegenständlichen. Als *unbedingtes* Sollen wird Objektivität die Erscheinung der Existenz für sich selbst im Wissen ihres Tuns. Es ist als Geltung, die nicht mehr möglich, sondern ausschließend und absolut ist, die objektiv gewordene Gestalt ihres Unbedingten.

Als das *Ganze* ist Objektivität das sich zur substantiellen *Idee* rundende *Dasein einer Welt*. Als an diesen Ort gebundenes geschichtliches Dasein erhält die Welt existentiell den Charakter einer Wirklichkeit, welche Möglichkeit und Unbedingtheit in sich schließt: in *Wagnis* und *Verantwortung* ist Möglichkeit als Nochnichtentschiedensein, Unbedingtheit als Einsatz des in dieser als seiner Welt zugreifenden und tätigen Menschen.

Existenz als Bewegung der Auflösung der Subjektivität zur Objektivität und der Objektivität zur Subjektivität

Was nur objektiv ist, ist so existenzlos wie das, was nur subjektiv ist.

Das *Nurobjektive* ist für das Subjekt das harte unausweichliche Andere: was der Wirklichkeit nicht gemäß ist, geht zugrunde; was der Richtigkeit nicht gemäß ist, gilt als im Widerspruch vernichtet. Dieses Objektive wird subjektiv im Anerkanntsein; Anerkennen des Bestehenden ist die erste und leerste Subjektivierung im Bewußtsein überhaupt. Die zweite und eigentliche Subjektivierung erfolgt erst auf diesem Boden: das Richtige wird mir wichtig, das Wirkliche geht mich an. Die Objektivität des Wahren ist die *Wesentlichkeit* des Richtigen, nicht mehr bloß seine Geltung. Die Objektivität des Wirklichen ist nicht schon das empirisch Bestehende; vielmehr kann sehenden Auges Untergang als wahres Sein erfahren werden, und muß empirische Wirklichkeit sich noch erst bewähren, um als Sein im Dasein zu erscheinen.

Das *Nursubjektive* ist das schlechthin Inkommunikable, das Fühlen und Erleben als solches ohne Inhalt und Gegenstand. Es ist die zufällige Individualität im endlos Beliebigen, das Bewußtseinsdunkel und die Unklarheit, das nie Sprache Werdende und nur Mögliche. Das Subjektive ist selbst erst, wenn es objektiv wird.

Weltorientierung sucht das Objektive als solches und das Subjektive, indem sie dieses zu einem Objekt macht. Die *theoretische* Weltorientierung als wissenschaftliches Tun ist aus dem Grunde möglicher Existenz; der *Sinn der Wissenschaft* ist als unbedingter existentiell. Daß Aufgaben im Weltdasein unter Zwecken bestehen, ist in der *praktischen* Weltorientierung sichtbar; das *Übernehmen* von Aufgaben zum Selbstsein ist aber existentiell. Für Weltorientierung ist ein *Zusammengehören des Persönlichen und Allgemeinen* nur relativ erforschbar; als *existentiell unbedingtes* ist dieses Zusammengehören nicht als Lösung eines Problems, sondern als wirkliches Tun, dessen Ergebnis als Zeitdasein wieder in Frage gestellt wird. In jeder ihrer objektiven Gestalten kann Welt existentiell werden, wenn in ihnen Existenz durch Selbstverwirklichung sich erscheint.

Trotzdem stößt keine Weltorientierung als solche auf Existenz. Es ist ein *Sprung* zwischen den Methoden des Denkens der Objektivitäten in der Weltorientierung und dem existentiellen Denken der Objektivität. Weltorientierung kann vom Subjekt des Denkenden absehen und tut es um so entschiedener, je reiner sie ist. Existenzerhellung in der Objektivität aber ist zugleich im Subjektiven. Subjektivität und Objektivität *schlagen* hier so *ineinander um*, daß kein festes *Resultat* zu gewinnen ist.

Aus der Subjektivität her wird die Objektivität gesucht. Die *Befriedigung am Gegenständlichen* als der Klarheit des Daseins in seinen Spaltungen und als der Erfüllung durch Inhalte erlöst von der Dumpfheit bloßen Gefühls. Die Befriedigung *am Gültigen* als dem objektiv Gewissen, von mir durchaus Unabhängigen, erlöst von chaotischer Haltlosigkeit, als ob das *Gerüst des Daseins* offenbar würde. Die Befriedigung an der Substantialität einer Idee erlöst von dem Versinken in die Isoliertheit eines atomaren Daseins: Dasein wird als Ganzes bewußt, dessen Glied und Mitträger ich als Einzelner werde. Die objektive Sache als Gegenstand, als Geltung und als Idee gibt mir Bewußtsein, Festigkeit und Gehalt.

Ebenso *wird aus dieser Objektivität her die Subjektivität gesucht.* Die *Befriedigung* an der *wirklichen Gegenwart meines Bewußtseins* befreit von der Unwirklichkeit des nur vorgestellten Seins. Die Befriedigung an dem *Vollzug des Anerkennens* der Richtigkeit und des Sollens erlöst von der Leere des bloßen Bestehens zur Freiheit der Aktivität, die

Befriedigung *am Gehalt der mitverwirklichten Idee* von der Zerstreutheit betrachtbarer objektiver Ganzheiten als Bildern zum substantiellen Dasein in einer Welt.

Die Gefahr der Existenz im Dasein ist entweder die Isolierung in der bloßen Subjektivität oder die Vollendung in der bloßen Sache.

1. Verrat der Existenz an die Subjektivität (sich isolierender Eigenwille). — Das Subjekt als einzelnes Dasein, unzufrieden mit den Objektivitäten der Weltwirklichkeit, mit den begegnenden Menschen und mit den Zwecken, an denen es teilnehmen muß, wo es in die Welt treten will, hat den Drang, sich abzukehren. Es macht den Versuch, sich als Subjektivität in sich zu schließen. Aber ein uneingeschränktes Fürsichsein ist unmöglich. In seiner Isoliertheit würde es unsicher. Alles verschöbe sich ihm. Es könnte nicht mit den Sachen sachlich, nicht mit sich selbst wahrhaftig sein. Der Eigenwille des sinnlichen Daseins müßte sich faktisch gegen sich selbst kehren und im Wirbel der Nichtigkeiten ohne Bestand und ohne Freiheit bleiben. Die Angst als das Bewußtsein der Existenzlosigkeit wäre der letzte negative Rest der Existenz vor dem Übergang in die Spannungslosigkeit nur vitalen Daseins.

Der Eigenwille des Daseins kann sich als der böse Wille in seiner Negativität zum Bewußtsein bringen. Dann werden die Dinge wieder richtig gesehen in bezug auf den wenn auch leeren Zweck des Durchsetzens des Eigendaseins. Diese Negativität allen Wollens in der Egozentrizität, welche sich der Idee und der eigenen möglichen Existenz entzieht, vermag in ihrer Bewußtheit jedoch nur äußerlich sachlich und erfolgreich zu werden; die Nähe zu Dingen und Personen kann sich nicht herstellen; der bewußte Eigenwille stürzt im Prinzip über die am entscheidenden Punkt unaufhebbare Ohnmacht infolge der Blindheit, die ihm vom Ursprung des sich in sich schließenden Eigendaseins her zugehört. Solche Möglichkeit ist in Shakespeares Richard III. zur Klarheit gebracht, dessen Bewußtheit: *„ich bin ich selbst allein"* nicht übertroffen werden kann.

Dem sich von der Objektivität lösenden Eigenwillen daseiender Subjektivität ist wesensverschieden der Eigenwille möglicher Existenz, der in *trotziger Würde* von dem Objektiven als dem immer Unvollkommenen sich abwendet. Weil er den Mangel in aller realen Objektivität sieht, wagt er den Kampf um Verwirklichung des *ihm* einzig Wahren, hält in seiner Unbedingtheit an den absoluten Maßstäben ohne Nachgiebigkeit fest, die er doch nicht einmal für sich selbst, soweit auch das eigene Wesen ins Übermenschliche zu wachsen scheint, verwirklichen kann. Hier vollzieht sich die Lösung von der Objektivität aus der existentiellen Leidenschaft der subjektiven Idee in der Gefahr, daß der mögliche Gehalt der Existenz verraten wird an eine bis zur Punktualität verschwindende Starre der Subjektivität. Es ist die heroische Größe des sich in einer Absolutheit ohne Objektivität vernichtenden Einzelnen. Sie wird zu hellem Bewußtsein in den Worten Coriolans: *„Ich steh', als hätt' der Mensch sich selbst erschaffen."*

2. **Verrat der Existenz an die Objektivität (sich isolierende Sache).** — Existenz sieht sich in ihrem Dasein als Subjektivität *unabhängigen Objektivitäten* (der bestehenden Natur, der zwingend gültigen Wahrheit, den vorgefundenen Institutionen in Staat und Kirche) gegenüber. Sie ist in der Offenheit für jene Objektivitäten und in der Bezogenheit auf Transzendenz. Die spezifische Befriedigung, die Existenz in der Hingabe an Objektivitäten erfährt, hat aber ihre Grenze in der Existenz selbst. Denn der *Ursprung,* aus dem Objektivität ergriffen und damit in Bewegung und Wandlung erhalten wird, bleibt die Existenz. Während die Abgleitung zur gewaltsamen Objektivität sich in blindem Gehorsam unterwirft, schaudert Existenz, wo Menschen, vom Gehorsam als solchem fast mechanisch angezogen, sich selbst aufgeben. Das Festwerden der Objektivität ist die Vernichtung der Existenz.

Der Verrat der Existenz an Objektivitäten geht in Formen vor sich, durch die er das Allgemeine absolut setzt. Was objektiv als allgemeingültig ist, ist als solches für das universale Bewußtsein überhaupt. Aber schon die Idee hat in der Mannigfaltigkeit der persönlichen Erfüllung ein Prinzip ihres Daseins; sie ruft die Existenz, die sie trägt. Wird die geschichtliche Objektivität aber, von der Idee entleert, zum „Interesse der Allgemeinheit" degradiert, so auch die Forderung der Gleichheit der Menschen zur fraglosen Selbstverständlichkeit. Jetzt gilt der Satz: ein großer Mann ist ein öffentliches Unglück.

Verrat des Selbstseins an die Objektivitäten verkehrt die Objektivitäten selbst. In der *Wissenschaft* z. B. wird das *Allgemeingültige* mit der Tendenz belastet, dem Anspruch der Massen in ihrer Allgemeinheit als Medium zu dienen. Wissenschaft zeigt dann das Gültige, woran die Masse glaubt, ohne daß sie es im besonderen aus eigener Einsicht begreifen könnte. Wissenschaft wird zum Vorbau von Interessen. Überall, wo diese in Frage kommen, hat man die Zweideutigkeit der Wissenschaft in ihrer Nutzbarwerdung für die Allgemeinheit erfahren:

sie erkennt und weiß, was und wie man es wünscht. Sie soll die Gestalt ihrer zwingenden Allgemeingültigkeiten hergeben, jedem zu dienen; Wissenschaft scheint alles zu beweisen, wenn sie nicht in aristokratischer Selbstzucht ihre jeweilige Methode im Sinn des Wissens festhält. Sie kann daher als Massenphänomen nicht bleiben, was sie, wo existentielle Wahrhaftigkeit sie begrenzt, eigentlich ist. Wenn Existenz sich verraten hat an die Absolutheit des vermeintlich objektiv Gültigen, kann nicht einmal mehr das wissenschaftlich wirklich Gültige rein begriffen werden. Dann geht durcheinander, was zu scheiden Bedingung klaren Wissens ist: das wahrhaft Zwingende für das Bewußtsein überhaupt, die Überzeugungen aus den Ideen, der Glaube, und dieses alles mit den gesellschaftlichen Abhängigkeiten des Meinens.

In der *einzelnen* Person ist *psychologisch* zu verstehen, wie die Fixierung der objektiven Allgemeingültigkeit zum Verrat an der Existenz wird. Das *Betonen der Objektivität* steht in Korrelation zu einem faktisch solipsistischen Eigenwillen. Ich erscheine als Vertreter der „Sache" und zwinge meine Umgebung in sie hinein, damit ich als ich selbst unberührt bleibe, aber als Dasein Geltung habe. Solipsismus wird nicht überwunden durch solchen gewaltsamen Sprung hinter die Objektivität, sondern durch Kommunikation von Existenz zu Existenz. Die Motivation durch sich isolierende Sachlichkeit vermag sich nicht dauernd zu halten; sie wird schon im Beginn sophistisch, wenn kein Kommunikationswille sie trägt. Falsche Sachlichkeit ist nur Selbstschutz des Eigendaseins, ihre scheinbare Objektivität wird radikale Subjektivität.

Unvollendbarkeit des Daseins der Existenz

Existenz, obwohl ihrer gewiß, findet sich als Zeitdasein in einer *Zerbrochenheit*, als ob ein Vollendetes vorausgegangen und verloren sei, das wieder zu suchen und dennoch nie zu erreichen ist.

Weil Existenz als Dasein in der Spaltung von Subjektivität und Objektivität bleibt, in dieser aber bei teilweiser Koinzidenz doch die *Inadäquatheit zwischen ihrer Subjektivität und Objektivität* unüberwindbar ist, vermag sie sich in keiner Gestalt zu vollenden. Dadurch kommt in alle Existenz unentrinnbar ihre Daseinsunmöglichkeit: der eigenständige Ursprung der Existenz findet sich in einer objektiv geschichtlichen Lage, die zugleich die ihre und nicht die ihre ist. Die Extreme titanenhafter Selbstmacht und weltläufiger Selbstverlorenheit umschließen als äußerste Möglichkeiten die wirklichen existentiellen Erscheinungen, die alle — auf das Ganze in der Zeit gesehen — scheitern. Im Dasein ist nur die Wahl zwischen *spannungslosem Versinken* der Existenz und *spannungsreicher, nie endgültiger Verwirklichung* der Existenz in Subjektivität und Objektivität.

Existentielle Wirklichkeit versteht sich daher nach ihrem letzten Gehalt nie zureichend aus Wirkung und Erfolg in der Welt oder aus einem endgültigen Bestand des Gewonnenen, sondern nur in bezug auf *ihre* Transzendenz.

Muß also Existenz in Subjektivität und Objektivität, beide durchdringend, ihre Verwirklichung suchen, so ergreift sie im dialektischen unschließbaren Ganzen ein jeweiliges Einswerden beider und findet darin sich selbst; als Zeitdasein unvollendet, kennt sie Vollendung nur als Erfüllung des Augenblicks. Oder sie taumelt undialektisch von einem ins andere, ohne ihr Ineinandergehören in sich zur Kraft der Bewegung des Daseins werden zu lassen — und verliert sich selbst.

Eine existenzerhellende Erörterung wird zunächst auf die *Gestalten der Objektivität* gehen. Diese bestimmen, erregen, überliefern der Existenz, was aus ihr selbst entgegenkommend werden kann. Die Subjektivität nimmt ihrerseits die Gestalt der Objektivität an, in der sie nicht mehr nur Subjektivität ist, als die sie jeder Mitteilbarkeit entginge.

Keine Gestalt der Objektivität wird aber zum Sein schlechthin. Es bleibt die Bewegung des Umschlagens von Objektivität in Subjektivität und umgekehrt. Die *Lösungsmöglichkeit* erfüllt sich dann für das Philosophieren positiv, in der Überwindung der Frage nach Subjektivität und Objektivität, durch die Erhellung des *ursprünglichen Seins der Existenz zu Existenzen*, aus dem niemand mehr heraustreten kann, es objektiv zu überblicken.

349

ELFTES KAPITEL

Gestalten der Objektivität

Seite

Anspruch des Sollens 354
1. Das objektive und existentielle Sollen — 2. Ein Beispiel: du sollst nicht lügen —
3. Ethische Sätze und Rechtssätze — 4. Sollen und Transzendenz — 5. Der Sinn des
Forderns — 6. Möglichkeit einer philosophischen Ethik

Anspruch der Daseinswirklichkeit in Staat und Gesellschaft 363
A. Die existentielle Relevanz von Staat und Gesellschaft 363
1. Elemente der Daseinssorge (Herrschaft, Eigentum, Ordnung) — 2. Das Ideal des
Weltwohlfahrtstaates — 3. Die Grenze der Weltwohlfahrt an der Existenz — 4. Gesellschaft und Staat — 5. Dienen, Organisieren, Handeln — 6. Ursprung von Staats-
und Rechtsphilosophie

B. Die Spannung zwischen dem Einzelnen und der Objektivität der Gesellschaft 382
1. Karitas und Liebe — 2. Öffentliche Meinung und Existenz — 3. Die objektive Institution und der Einzelne als Ketzer

**Anspruch der Wißbarkeit vom Menschen in seiner Geschichte und
persönlichen Größe** 393
A. Ursprung und Form der Geltung des Historischen 393
1. Die universale Geschichtlichkeit — 2. Tradition — 3. Dokumente der Überlieferung
4. Bildung

B. Geltung der Historie 397
1. Historie — 2. Geschichtsphilosophie — 3. Existenz im Kampf mit der Ganzheit der
Geschichte und mit dem Willen zur Geschichtslosigkeit

C. Geltung der Gestalten menschlicher Größe 403
1. Wesen persönlicher Größe — 2. Verabsolutierung persönlicher Größe — 3. Objektive Größe und Existenz — 4. Mögliche Existenz und das Sein des Philosophen

Die Gestalten der Objektivität sind als solche der unerschöpfliche
Gegenstand der Weltorientierung in den besonderen Wissenschaften.
Die philosophische Frage geht auf die *existentielle Relevanz* dieser
Gestalten.

Sofern Dasein für das Subjekt erst als hell gewußte Objektivität
und in Ganzheiten ist, heißt es *Geist*. Geist ist *Einswerden* von Subjektivität und Objektivität, aber in *Gestalt der Objektivität*. Er ist nicht
die vollendete oder vollendbare Einheit, daher im *Bruch*.

Während Geist für die Weltorientierung in den *Sphären* seines Daseins für das Wissen zugänglich wird durch sein Selbstbewußtsein, geht die Frage nach seiner existentiellen Relevanz auf die Ursprünge, wo für Existenz die *Entscheidungen* in dieser Objektivität liegen. So gesehen, sind statt der vielen Geistessphären drei Mächte (Jakob Burckhardt): Staat, Religion und Kultur.

Die Objektivität ist erstens die des Aufbaus des Daseins in der Zeit *(Staat)*, zweitens die der zeitlichen Teilnahme am eigentlichen Sein in der Ewigkeit *(Religion)*, drittens die der Sprache des Sichverstehens in der Welt und Ewigkeit *(Kultur)*:

a) Dasein in der Zeit ist als Gebilde menschlicher Gesellschaft. Der Wille zum Bestehenden und zur Dauer, entspringend aus der Sorge um das Dasein in der Zeit, sucht die Ordnungen, in denen Dasein gesichert, Lebensraum und Lebensmöglichkeiten erweitert werden. Welche Form auch die Sicherungen und die Möglichkeiten, die Bindungen und die Freiheiten haben, in aller Daseinssorge ist der *Staat* eine letzte souveräne Instanz: die verdichtete Macht der Gesellschaft, welche die Möglichkeit eines über das Ganze entscheidenden Handelns hervorbringt. Durch Macht will der Mensch in ihm verwirklichen, was er als dauerhafte und gerechte Einrichtung ansieht, um darin die Zukunft des Menschseins zu begründen.

Staat ist die Objektivität, durch die ich teilnehme am wirklichen Schicksal der Menschheit. Seine existentielle Bedeutung ist: ob ich in Anerkenntnis der Wirklichkeit diese mit auf meine Verantwortung nehme, weil ich wirksam werden will in der Gestaltung dessen, wovon alles andere menschliche Dasein am Ende direkt und indirekt abhängt; oder ob ich beiseite trete und in dem zufälligen Spielraum lebe, den mir die wirklichen Mächte lassen, diese selbst aber und alle Zukunft ansehe als etwas, das mich nichts angeht.

b) Der Mensch in bezug auf Transzendenz ergreift, bloße Daseinssorge und den Willen zur Dauer überwindend, die Möglichkeit, im zeitlichen Vergehen des Seins gewiß zu werden. In Unsicherheit und Machtlosigkeit bleibt Existenz im Dasein doch noch bei sich selbst in ihrer Transzendenz. Vom Endlichen gelöst wird dem Menschen auch das Zukünftige als Endliches relativ. Der Weg zur Ewigkeit, der quer zum Weg des Daseins in die Tiefe des Grundes führt, wird beschritten in den inneren und äußeren Handlungen, die das ganze Sein des Menschen radikal bestimmen. Als Wirklichkeiten für Weltorientierung unbegreiflich, von ihr nur als Wirksamkeit von Illusionen behandelt, sind sie in ihrer sich durch die Jahrtausende überliefernden Objektivität die *Religion*.

Religion ist diese Objektivität der Beziehung auf Transzendenz in Kultus und tradiertem Wissen, gebunden an kirchliche Institution und Autorität. Ihre existentielle Bedeutung ist die Möglichkeit der Übersetzung in die Existenz des Einzelnen oder die Möglichkeit der Regulierung eines beruhigten, aber existenzlosen Daseins oder die Möglichkeit des Kämpfens und Bejahens ihr gegenüber, die als ursprüngliche Wirklichkeit, wenn auch als fremde, anerkannt wird.

c) In Welt und Ewigkeit wollen Dasein und mögliche Existenz verstehen, was ist und was sie tun. Vom zweckhaften Herstellen und Benutzen des Werkzeugs für die Befriedigung vitaler Bedürfnisse bis zum Ausdruck transzendenter Wirklichkeit in Mythus und Dogma, in Kunst und Theologie und Philosophie wird eine zweite Welt hervorgebracht: *Kultur* ist Schaffen dieses Verstehens in Handlungen, Wissen, Werken und in der Sprache als des universalen Verständlichmachens selbst.

Kultur ist so vielfältig, wie verstehendes und hervorbringendes Tun vom praktischen Herrichten der Dinge bis zu Schöpfungen, von Leistungen Einzelner bis zu den Institutionen und Mechanismen der Gesellschaft. Ihre existentielle Bedeutung ist z. B. in den Wissenschaften gegenüber der reinen Objektivität der Weltorientierung: ob die Wissenschaft überhaupt ergriffen werden soll (das Problem des Sinns der Wissenschaft); ob das Zwingende und Tatsächliche als solches unbedingt anerkannt werden muß oder auch beiseitegeschoben werden darf (die Frage des sacrificium intellectus). Zum zwingend Gültigen der Wissenschaft, das nur ein Teil der Objektivität als des Mediums des *gemeinsam Verständlichen* ist, kommt hinzu das Gültige als das nur allgemein Anerkannte, das Gegenständliche als die gemeinsamen Vorstellungen, das Ganze als gemeinsame, wenn auch unbestimmte, Lebenssubstanz. Das Medium dieses Gemeinsamen hat die existentielle Bedeutung: ob ich durch Teilnahme an ihm in die Welt trete, der ich angehören kann, oder sie verlasse zu weltloser Einsamkeit ohne Inhalt; ob ich das Medium des Gemeinsamen annehme als Bedingung meines Daseins in der Gesellschaft und es in jeder Besonderheit zu relativieren bereit bin, oder ob ich mich ihm faktisch unterwerfe, mein Sein nur habe, soweit ich mit dem Allgemeinsamen identisch bin, bevor ich ich selbst war. —

Staat, Religion und Kultur sind *nur zusammen*. Für die Weltorientierung als Soziologie sind zwar ihre objektiven Bestimmbarkeiten

352

in endlosen Beziehungen und Verflechtungen sichtbar. Ihr eigentliches Zusammen ist aber nur aus der Existenz der Einzelnen, die sich in ihm verbinden, so zu ergreifen, daß sie gleichsam Ausstrahlungen eines einzigen unzugänglichen Grundes bedeuten. Existenz erfüllt sich in der Objektivität. Aber die Objektivitäten von Staat, Religion und Kultur *zerfallen*, wenn sie sich voneinander lösen. Staat würde seelenloser Mechanismus einer bloßen Dauer, Religion Aberglaube angstvollen Daseins, Kultur Bildungsgenuß ohnmächtiger Existenzvergeßlichkeit. Denn es gibt keine auf sich selbst ruhenden Objektivitäten als sich genügendes Sein. Staat wird machtlos ohne Glaube, d. h. ohne die Selbstidentifikation des Menschen als möglicher Existenz mit ihm. Religion, obgleich auf Sein im Verschwinden des Daseins gehend, und obgleich nur im Werden wirklich, wird in ihrer Objektivität zum Erbgut in der Geschichte; mit der objektiv gewordenen Sprache und Institution ist sie aber an die Welt des Staates und der Kultur gebunden. Kultur lebt nicht aus sich und wird als Bildung schließlich nichtig; getragen von Existenz, lebt sie aus dem Blute der Staatswirklichkeit und religiösen Substanz. Die drei Objektivitäten haben ihren Ursprung verloren, wenn sie nicht, statt sich zu isolieren und zu fixieren, durch neues Aneignen wieder eigenes Leben werden; Staat, Religion und Kultur kann beschieden sein, als Objektivität zu dauern, ohne daß Dauer ein Merkmal eigentlichen Seins würde.

Staat, Religion und Kultur sind daher in ihrer jeweiligen reinen Objektivität zu *relativieren*. Das Unbedingte liegt in der Existenz, die in geschichtlicher Wirklichkeit eine Identifizierung ihrer selbst mit einer konkreten Daseinserscheinung ergreift. Was den Vorrang hat, ist nicht allgemein, sondern nur in gegenwärtiger Möglichkeit geschichtlich zu wissen; denn es wird nicht durch Einsicht, sondern durch Entscheidung im Ursprung.

Was aber Objektivität hat, bleibt ein Allgemeines. Das *Selbstsein*, als solches ohne Objektivität, ist erst durch den Eintritt in das Allgemeine und kommt durch die Spannung, in der es zu ihm steht, zu sich. Es ist sein eigenes Werden, hineinzuwachsen in Objektivitäten. Kraft des Selbstseins ist nur in dem Maße, als dieses in der Lage ist, sich einem Objektiven eingliedern zu können, ohne zerstört zu werden, sich unterwerfen zu können bis zum bewußten Gehorsam in bezug auf endliche Zwecke, ohne die Freiheit autonomer Entscheidung im Absoluten aufzugeben.

23 Jaspers, Philosophie II   353

Kein Selbstsein ist, das sich abschließt. Da Existenz jeweils in der Härte des Allgemeinen, an der Führung durch das Gesetzliche und aus der Substanz der Idee lebt, die sie wohl durchbrechen und überwinden, aber nicht liegenlassen kann, wird sie sich selbst fragwürdiger in dem Maße, als sie solcher Voraussetzungen und Gerüste entbehrt, die als für sie gültige Objektivitäten in ihrer faktischen Situation zu erwarten wären. —

Statt die unermeßliche Welt von Religion[1], Staat und Kultur zu durchschreiten, suchen wir die Bedeutung für Existenz auf:

erstens den *idealen* Anspruch der Objektivität in der Gestalt des *ethischen Sollens;*

zweitens den *realen* Anspruch als Daseinswirklichkeit in der Gestalt von *Staat und Gesellschaft;*

drittens den das *Übernehmen* des überlieferten Gehalts *fordernden* und dadurch *bildenden* Anspruch in der Gestalt der *Wißbarkeit:* die Objektivität des Menschen erweitert sich zur *Geschichte*, in der das Ganze des menschlichen Daseins zwischen Anfang und Ende, soweit es zugänglich ist, erforscht, soweit es nicht zugänglich ist, erdacht wird; und sie verdichtet sich als Bildwerdung: *persönliche Größe* läßt als menschliche Gestalt sichtbar werden, was Staat, Kultur und Religion in ihrem sonst unzugänglichen Grunde sind. In beiden Fällen wird gewußter Inhalt vom Sein des Menschen zur Möglichkeit für die ihn wissende Existenz.

Anspruch des Sollens

Ich handle nicht vernünftig, wenn ich blind und zufällig handle. Indem ich mir klarmache, was ich will und welchen Weg ich zum Ziele wähle, bringe ich mein Handeln in *Zusammenhang:* durch die Wahl der Mittel, die für den noch fraglosen Zweck geeignet sind, und durch Befragung des Zwecks selbst. Ich suche für mein Handeln die Richtung gebende Objektivität als ein *Sollen*. Bei diesem Fragen aber komme ich ins Endlose. Denn kein Zweck ist für ein Wissen in der Welt Endzweck, jeder untersteht erneut der Frage: wozu?

Im Handeln bin ich mir bewußt, *richtig* zu handeln in der allgemeinen Berechenbarkeit meines Daseins und wenn ich mein Handeln durch ein allgemeines Gesetz als ein richtiges bestimmt weiß. Wo ein

---

[1] Für die Objektivität der Religion ist zu vergleichen der Abschnitt „Philosophie und Religion", Band I, S. 294.

Zweck vorausgesetzt wird, sind diese Mittel richtig, andere falsch: das Sollen ist relativ auf den Zweck. Wenn aber der Zweck selbst befragt wird, der nicht mehr Mittel ist, so kann er nur entweder ins Nichts versinken oder muß absolut sein: mit diesem Zweck ist für mich ein *unbedingtes* Sollen verknüpft, an das ich mich für Zeit und Ewigkeit gebunden weiß. Ich handle als eigentlich ich selbst, nicht weil es mir nun eigentlich so gefällt, sondern weil ich das Bewußtsein habe, das Rechte für immer zu tun. Handeln nach Willkür stört mein Gewissen und unterwühlt die Kraft meines Seins: ich werde gewaltsam oder schwankend und unbestimmt. Handeln, weil es so recht ist, gibt mir ein Bewußtsein, daß ich so handeln muß, weil ich so handeln soll. Das Müssen, entsprungen aus der Existenz, spricht im Gewissen als Sollen, wenn sein Inhalt objektiven Ausdruck gewinnt.

1. Das objektive und existentielle Sollen. — Ist das Sollen eine vorgefundene Welt ethisch gültiger Gesetze des Handelns, nach denen ich mich zu richten habe, so ist es reine Objektivität. Existentielles Sollen ist in der Gestalt der Aneignung durch eine Subjektivität die sich als objektiv gegenüberstellt, wodurch sie bestimmt wird. Ob das objektive Sollen Anerkennung findet, ist noch Entscheidung der Existenz, von der aus das Gesetz des Sollens in dieser geschichtlichen Lage als Ausdruck ihres Wollens ergriffen wird, so daß die Subjektivität sich bestimmt weiß durch ein Sollen aus dem Ursprung des Müssens. Als mögliche Existenz habe ich durch ein Sollen Klarheit und Entschiedenheit in meiner Subjektivität, weil ich vom Wesentlichen berührt bin, wenn ich das Sollen mich ansprechen höre. Ich bin als Subjekt ruhig, wenn ich folge, unruhig, wenn ich widerstrebe, enthusiastisch, wenn ich faktisch im Einklang mit dem Sollen bin. Aber als mögliche Existenz habe ich auch die Kraft, gegen jedes objektiv fixierte, als Gesetz ausgesprochene Sollen mich zu wehren, wenn es nicht als dasjenige Sollen an mich kommt, das ich selbst für mich bin. Existieren bedeutet: Objektivität zu verlangen und sie anzuerkennen, aber Objektivität nicht bestehen zu lassen als nur, soweit sie der wahre Ausdruck des existentiellen Weges für diese Subjektivität ist.

Ist existentielle Wahrheit in dem freien Handeln, das nicht Zwang durch ein Fremdes, sondern *Einheit* des *eigenen Willens* mit der Unerbittlichkeit eines *gehörten Sollens* ist, so muß, was als diese Wahrheit nicht mehr allgemein begriffen wird, zunächst für den Gedanken unzugänglich bleiben. Greift der trennende Verstand nach dieser Einheit, so muß ihre Wahrheit aufgelöst werden, als ob sie gar nicht sei. Dann trennt sich das Sollen nach dem allgemeingültigen *Gesetz* von dem Willen als *Willkür*, und wird die Einheit nur zum *widerstrebenden Gehorsam* des Einen gegen ein Anderes. Diese drei getrennten Daseinsweisen, fixiertes Gesetz, Willkür und Gehorsam im Widerstreben, sind als solche schon Abgleitungen der Existenz:

Das *Gesetz* wird als reine Objektivität ein toter Mechanismus. Als äußerer Zwang des Gebotes verlangt es blinde Unterwerfung. Was die Notwendigkeit war, welche von möglicher Existenz als ihr eigentliches Selbstsein gehört wurde und im Sollen sich objektivierte, wird starre Äußerlichkeit. Der Aufschwung zum Selbstsein wird der gewaltsame Wille zu einer leeren Notwendigkeit von Ordnung und Form.

Willkür ist der Eigenwille, der nicht aus der Notwendigkeit eines zur Objektivität drängenden Existierens, sondern aus der Vitalität eines bloßen Daseins entspringt. Er bedient sich der Objektivitäten des Sollens und verwirft sie ebenso, jedesmal in sophistischen Begründungen zu seinen beliebigen Zwecken.

Gehorsam im Widerstreben folgt dem Sollen als einem Fremden. Dasein, in dem mögliche Existenz sich nicht hört und keinen Weg findet, und doch sich unbestimmt spürt, sucht als Rettung die Unterwerfung.

Gegen das tote Gesetz steht die Existenz in ihren nie zu fixierenden Möglichkeiten auf; gegen die Not der chaotischen Willkür das Pathos des Gesetzes; gegen den Gehorsam die Erweckung des Selbstseins.

Aber Willkür und Gehorsam finden sich als in ihrer Gegensätzlichkeit verwandt. Sie kennen die Objektivität des Sollens nicht als die ihre, sondern als fremde. Nicht nur die Willkür wird sophistisch; auch der Gehorsam sucht im Medium der Objektivität das Objektive, dem er gehorcht, sich umzubiegen und zurechtzulegen. Denn im bloß Objektiven ist die endlose Reflexion möglich, die alles in Frage stellt, weil keine Objektivität als fixierte noch absolut und für alle Zeit gültig und jede eine vereinzelte ist. Vielmehr: in isolierter Objektivität stehen die ethischen Gebote, die zumeist Verbote sind, zweideutig da.

2. Ein Beispiel: du sollst nicht lügen. — Jeder stimmt dem Satze: du sollst nicht lügen, nicht nur zu, sondern fühlt sich innerlich von einer Wahrheit angesprochen. Aber alsbald macht er auch Einschränkungen in objektiven Argumentationen: Notlügen seien erlaubt, wenn sie unentbehrlich im Interesse eines Anderen, z. B. um ihm das Leben zu retten, geschehen. Lügen für das Vaterland seien nicht nur

erlaubt, sondern im konkreten Fall zu fordern. Schlechthin immer die Wahrheit herauszusagen, sei unsittlich. Man dürfe nicht nur schweigen, sondern müsse, wo Schweigen Reden sei, gradezu und direkt das Unwahre sagen, wenn ein höheres Interesse es verlange.

Zu solchen objektiven Einschränkungen des Verbotes und Rechtfertigungen der Lüge ist zu sagen, daß diese Begründungen nie eigentlich überzeugen. Wer einmal von der Möglichkeit, ausschließlich Wahrheit zu sprechen ergriffen ist, wird immer solche Begründungen scheuen, die sich an Wirklichkeiten anpassen und über den Ursprung des Sollens täuschen. Denn wer entscheidet, ob das Wohl des Vaterlandes, ob das Leben eines Anderen die Lüge erfordere, wer, ob Vaterland und Leben des Anderen von der Existenzweise seien, daß Aufgabe der Wahrhaftigkeit für sie überhaupt gefordert werden könne? Wenn ich ausspreche, daß es Fälle gibt, wo ich lügen dürfe, so weiß niemand mehr gewiß, ob ich ihm gegenüber nicht den Fall für gegeben ansehe; die Zuverlässigkeit in der Erwartung der Wahrheit hört auf. Wenn ich lüge, so habe ich im selben Augenblick jene Würde vor mir selbst verloren, die ich besitze, wenn ich schlechthin nur sage, was ich für wahr halte. Ich habe mich einer Macht gebeugt, die mich zum Lügen zwingen konnte. Philosophen haben daher mit einem absoluten Radikalismus jede Lüge verboten: sie sei als Handlung ein Widerspruch in sich selbst und hebe alle Sittlichkeit auf.

Wenn ich lüge, so kann ich es nicht rechtfertigen. Der Versuch, in die Objektivität zu bringen, was ich mit der Lüge getan habe, kann wohl erörtern und vertiefen, was wirklich war, aber daraus kein Gesetz ableiten. Im Gegenteil bleibt das Gesetz „du sollst nicht lügen" als allgemeines unausweichlich. Es ist nur die Frage, ob es wahres, existentielles Handeln geben könne, das *nicht* aus allgemeinem Gesetz als Wahres begriffen werde, darum in seiner Eigentlichkeit nicht ausgesagt werden kann, also kein Vorbild wird. Diese Frage muß in der Schwebe bleiben. Objektiv kann sie nur verneint werden. Aber sie will ja nicht objektiv wissen, sondern den Blick in ein Existieren werfen, das in Subjektivität und Objektivität, in beiden sich bewegend, durch keines adäquat zur Erscheinung kommen kann und doch für sich in der Gewißheit des Sollens sich so vollzieht, daß es einer Verallgemeinerung nicht zugänglich ist. Man kann nur erörtern, ohne zu bestimmen:

Ein absolut offener, stets wahrhaftiger Mensch wird, außer unter günstigen und vorübergehenden Lebensbedingungen in materiell sicherer Lage, unfehlbar durch die Anderen zugrunde gerichtet. Er kann nicht darauf rechnen, daß ihm in gleicher Weise begegnet wird. Darum ist es ein wesentlicher Unterschied, ob der Andere, an den ich mich wahrhaftig wende, mir in Kommunikation auf gleicher Ebene in gleicher Gesinnung antwortet, oder ob er wie die „Natur" entscheidend als das Fremde mir gegenübersteht. Auch der Wahrhaftigste scheut sich nicht, etwa gegen gefährliche Tiere Täuschung und List zu brauchen. Wenn mir der Mensch begegnet in der unausgesprochenen und halb unbewußten Haltung des homo homini lupus, so bin ich wie dem Tiere auch ihm gegenüber verloren, wenn ich nicht vorsichtig bin und den Kampf aufnehme. Wenn mir der Mensch aber begegnet als mögliche Existenz, die sich als er selbst an mich selbst wendet, so ist, auch bei größter Unvollkommenheit und stetem Abgleiten, die Situation im Prinzip anders: ich kann mich auf Vernunft und mögliche Existenz des Anderen in dem Maße verlassen, als ich sie selbst mitbringe, d. h. unbedingt, nicht im Sinne der Berechenbarkeit, aber im Sinne gegenseitiger Korrigierbarkeit aus wahrhaftiger Bereitschaft.

Es gibt die Möglichkeit eines Daseins absoluter Wahrhaftigkeit mit Gefahr oder Gewißheit des Untergangs, wie es überall ein Dasein möglicher Heiligkeit gibt, das, wenn es keine Kompromisse macht, immer nur zugrunde gehen kann. Ein unaufhebbares Schuldbewußtsein ist mit dem sich bewahrenden Dasein verbunden. Darin liegt allein die Scheu begründet, so billige Sätze wie: du sollst nicht lügen, als absolute Forderung auszusprechen. Grade wer sie leichthin ausspricht, wer vielleicht mit aufdringlicher Sensation danach handelt, pflegt am ärgsten der Unwahrhaftigkeit verfallen zu sein und um so auffälliger, wenn die Haltung zur Schau getragener Wahrhaftigkeit und überflüssiger Drastik das Gegenteil zu sagen scheint.

Die absolute Wahrhaftigkeit der Existenz ist grade objektiv, d. h. allein durch äußere Handlungen, nicht charakterisierbar. Wer *objektiv* nie lügen will, hilft sich durch endlose Sophismen und Rechtfertigungen, durch Erklärungen und Vergeßlichkeiten, und durch eine Verschwiegenheit, die er wie einen Nebel über sein ganzes Dasein breitet. Wer dagegen *eigentlich* nie lügen will, meidet den Dunst. Er vertieft sich in sein Dasein mit radikaler Unerbittlichkeit, mit dem Bewußtsein der ersten und letzten Aufgabe: nie sich selbst, nie den Freund zu belügen. Hier ist Wurzel und Grund aller Wahrhaftigkeit, *ihre* Erfüllung ist absolut gefordert. Aber diese Wahrhaftigkeitsforderung, gerade an ihrem eigenen Maßstab, läßt nach, wo keine Kommunikation sich vollzieht: gegen das schlechthin feindliche Dasein gebrauche ich List, gegen den bloßen Bekannten, oberflächlich mir Begegnenden Schweigen, gegen Viele die konventionelle Halblüge auf Gegenseitigkeit. Wahrhaftigkeit verlangt, als Tatsache anzuerkennen, daß überall gelogen wird. Wahrhaftigkeit verlangt, es für möglich zu halten, daß Lügen in Situationen ein wahrhaftes Tun sein kann, aber ohne Wahrheit als objektiv gültiges Gesetz zu werden.

Es sind aber nur vorübergehende Hilfen, daß man scheidet: die zu mir Gehörigen und die Masse in ihrer Schwäche, Triebhaftigkeit, Treulosigkeit. Eine Binnenmoral von einer Außenmoral zu trennen ist empirisch-soziologische Faktizität; es wird ein Behelf, wo der Untergang einer in sich existentiell verbundenen Gruppe nicht gewollt wird, wo darum die Wahrhaftigkeit um jeden Preis als weltlose Negativität unwahr erscheint. Immer bleibt der Anspruch, daß jedes Menschendasein als Vernunftwesen und mögliche Existenz sich wandeln, zu mir in andere Beziehung treten, gar Freund werden kann. Der Mensch steht dem Menschen in einem unaufhebbaren Anspruch auf eine Gegenseitigkeit gegenüber. Selbst wenn jemand mir freundlich begegnend schmeichelhafte Dinge sagt, zugleich aber mich anderen gegenüber verneint und beiläufig überall gegen mich arbeitet, wenn er durch anscheinend zufällige Fragen aus mir herauszieht, was er wissen will, mich aber gänzlich im unklaren läßt über sein Tun und Wollen, so kann ich doch nie den endgültigen Strich ziehen: es sei nun einmal so. Sondern es bleibt, wo der Mensch ist, alles möglich, nur in der Situation kann ein konkretes Handeln notwendig werden, das zur Schuld wird und doch Wahrheit ist für ein Zeitdasein in der Welt.

3. Ethische Sätze und Rechtssätze. — Sollensgesetze, welche, wie der Satz: du sollst nicht lügen, als objektive, aussagbare allgemein gelten, sind in ihrer objektiven Isolierung nicht mehr rein ethische; sie erhalten als solche den Charakter von Rechtssätzen. Wie diese sind sie gleichsam mechanisch und tot, sie sagen immer dasselbe und bedeuten, wenn sie befolgt werden, die Berechenbarkeit des Handelns. Sie scheinen absolut gültig. Es fehlt ihnen in ihrer Geltung nur die Zwangsgewalt, welche den Rechtssätzen eignet, wenn sie faktisches Recht sind. Ethische Sätze sind daher gar nicht eindeutig; unter sie läßt sich nicht in einfacher Gradlinigkeit rational subsumieren. Sie bedürfen der Deutung, nicht nur wie die Rechtssätze durch objektive

Erwägungen, sondern durch den Widerhall der aus Freiheit verwandelnden Subjektivität. So weder gültig noch ungültig, vielmehr unberechenbar, sind sie in ihrem durch Ansprechen zu erweckenden Gehalt dennoch gewiß.

Wird man jedoch in der Analyse ethischer Sätze zu einer doppelten Moral geführt, die einen engeren Kreis von Menschen aus den übrigen heraushebt, so trügt dieser Schein. Ethische Sätze lassen sich nicht begrenzen und unter Bedingungen stellen, wie Rechtssätze — sie würden denn selbst wie Rechtssätze behandelt —, sondern sie lassen sich in ihrer objektiven Dialektik bewegen, um die in ihnen sprechende Unbedingtheit existentiell fühlbar zu machen.

Objektiv bleibt das eine wahre sittliche Handeln, das in seinen *allgemeinen* Regeln von *allen* Menschen ähnlich anerkannt wird: du sollst nicht lügen, nicht töten, nicht stehlen, nicht ehebrechen usw. Es sind äußerlich faßbare Sätze, die nicht beliebig wechselnd in der Geschichte auftreten, sondern in ihren Modifikationen begrenzt als gültig ein allgemein Menschliches zum Ausdruck bringen. Sie wurden oft verleugnet; aber sie traten wieder spontan und wie selbstverständliche auf. Sie sind trotzdem erstens *nicht absolut;* denn dann würde das Leben nach diesem objektiven allgemeinen Sollen schon der alleinige Weg des Existierens sein — und zweitens *zu wenig;* denn sie bedürfen der Freiheit in geschichtlicher Aneignung. Objektiv gibt es zwar in allgemeinen Grundsätzen nur eine einzige Moral als gültige. Aber das objektiv Gültige erschöpft nicht, was Wahrheit existentiellen Handelns im Bewußtsein seines Sollens ist. Die Objektivität bringt eine unwahre Unbedingtheit äußerlich rationaler Konsequenz, sie liefert das Richtige, das scheinbar da ist wie ein Bestand. Das Rechte aber ist erst in der Spannung des Kampfes — nicht nur in der des Gültigen mit dem Triebhaften, sondern wesentlich des Objektiven mit dem Subjektiven und des Objektiven mit sich selbst. Das nur Objektive erhebt Anspruch auf Allgemeingültigkeit; Existenz in Subjektivität und Objektivität will Wahrheit. Gibt es auch nur eine Moral, so doch gegenüber dem objektiv Allgemeinen die *Ausnahme*. Die Ausnahme ist ihrem Wesen nach das, was unbegründbar ist, daher ist sie grade objektiv nicht nur ungewiß, sondern, weil gegen Objektivität, absolut fragwürdig. Die Ausnahme muß sich wagen. Sie erfährt beides: das eigentliche Selbstsein als Wahrheit und als ein objektiv nicht zu Rechtfertigendes die Schuld. Sie gibt sich nicht willentlich jedermann kund; sie will nicht Nachahmung. Sie kann sich nicht zu dem allgemeinen Satz

360

objektivieren: in solchen Fällen sei das oder jenes richtig. Denn es ist keine Grenze zu ziehen. Das Handeln der Ausnahme geht auf eigene Verantwortung und Gefahr ohne Vorbild und Allgemeinheit. Im Falle des äußerlichen Bekanntwerdens würde ihr Tun, wenn es im Widerstreit mit dem verbreiteten gesunden Menschenverstand, mit gesellschaftlichen Regeln oder Strafgesetzen stünde, geahndet durch Lachen, Ausschluß oder Strafe wegen der dem Menschen in der Gesellschaft schlechthin verwehrten Eigenmächtigkeit seines Entscheidens. Es könnte sein, daß die wahrhaftigsten, die eigentlich existentiellen Handlungen die sind, die einen Zug dieser Unobjektivität haben, der nur darum nicht fühlbar wird, weil ein direkter Konflikt mit einem objektiven Gesetz nicht auftritt.

4. Sollen und Transzendenz. — Das Sollen in seiner Objektivität ist als existentielles die Unwiderstehlichkeit der Forderung der Gegenwart meines Selbstseins an mich. Überall, wo ich eigentlich ich selbst bin, bin ich doch nicht nur ich allein. Daher spüre ich *in der Unbedingtheit des Sollens* an mich *die Transzendenz*. Es ist die Unbedingtheit im echten Sollen, die es, statt es für Chiffre zu nehmen, die es unvergleichlich ist, gradezu als das Gebot der Gottheit erscheinen ließ. Der Imperativ des Sollens ist nicht schon das Wort Gottes; Gott bleibt als er selbst verborgen. Nur der naive Glaube und die Anmaßung usurpiert ihn für sich. Das unbedingte Sollen ist das autonome der Freiheit der Existenz, die sich selbst hört, und darin in bezug auf ihre Transzendenz steht. Was sie als das Rechte hört, ist ihr Selbstsein. Daß Gott es will, ist der gefährliche und fragwürdige Ausdruck der metaphysischen Geborgenheit der Existenz, wenn Existenz ihrem innersten Grunde treu bleibt.

5. Der Sinn des Forderns. — Mit dem Sollen ist ein Fordern verknüpft. Das Allgemeingültige, das die Form des Rechtssatzes hat, wird unpersönlich von jedermann erwartet. *Eigentliches* Fordern ist von dem Charakter, wie ich von mir selbst fordere; es geht nur an den, mit dem ich in Kommunikation als möglicher Existenz trete. Ich fordere aus möglicher Existenz, wo ich vom Anderen das gleiche auf gleichem Niveau erfahre oder erwarte. Nicht das allgemein Formulierte wird in seiner Objektivität gefordert, sondern auf dessen Wege ein Aneignen und Selbstsein, nicht die Äußerlichkeit des Gehorsams, sondern die Innerlichkeit des Existierens. Es ist ein Fordern nicht in der Distanziertheit, nicht Besserwissen und nicht Leiten, sondern gleichsam wie im Selbstgespräch des Gewissens mit sich; es ist nicht

ein Fordern als Vorwegnehmen des Bestimmten, sondern in der Kommunikation berührt absolutes Bewußtsein das absolute Bewußtsein, obgleich es selbst inkommunikabel bleibt.

Die *Bedingungen* für die Möglichkeit solchen Forderns sind nicht objektiv formulierbar; nur appellierend sind sie auszusprechen. Es sind: die Offenheit; der Vorbehalt bei allem Sagen, daß Korrektur möglich ist; das Sprechen mit der Verantwortlichkeit für das Gesagte, das ernst und nicht zufällig gemeint ist; das Gebrochensein des Eigenwillens, der als Geltungswille, Rechthabenwollen sogleich distanzieren würde; das Ausbleiben aller Schutzmaßnahmen, etwa daß man unwahr fordere, man solle nicht zu nahetreten; die Unmöglichkeit des Verrats durch Schweigen, abweichendes Sprechen mit Dritten, kluges Arrangieren der Beziehung, das Bewußtsein, ohne den Anderen gar nicht zu sein, was man ist; — ferner auch: der Sinn für Situation und Zeit, für die Formen und für die seelischen Unausweichlichkeiten unseres Daseins; nicht jederzeit alles als gegenwärtig verlangen; aber das Eigentliche als schlichte Voraussetzung nie vergessen, und es doch immer wieder in sich selbst und im Anderen wecken.

6. Möglichkeit einer philosophischen Ethik. — Wenn die festen Gebote und Verbote, die rational wie Richtsätze denkbar und anwendbar sind, ihre Absolutheit verloren haben, bleibt aus dem Philosophieren möglicher Existenz zwar keine Ethik möglich, die das Wahre kündet, aber eine solche, die um so entschiedener im Selbstsein den Gehalt durch dialektische Erörterung weckt. Diese Ethik wäre nicht abstrakt zu entwerfen, sondern müßte das Sollen ergreifen in der Daseinswirklichkeit der Gemeinschaft der Familie, der Gesellschaft, des Staates, aus dem Anspruch der Religion, dann in dem Raum der die Menschen verbindenden Mitteilbarkeit des Hervorgebrachten und Verstandenen in der Kultur. Sie würde sich in der Konkretheit wirklichen Gehalts an die Ursprüge des Menschen in seinem Selbstsein wenden, indem sie die Möglichkeit des Tuns in der geschichtlichen Welt nach allen Seiten durchschritte. Als Voraussetzungen ihres Denkens hätte sie die Bereitschaft, anzuerkennen und sich einzugestehen, was wirklich ist, ohne Daseinswirklichkeit als Maßstab und Quelle absolut zu setzen; ferner in der unendlichen Reflexion, deren Fragen und Erdenken keine Grenze kennt, die verläßliche Scheidung von abbrechender Gewaltsamkeit und hervorbringender Unbedingtheit; endlich im Sprechen und Hören das Entgegenkommen des Grundes eines Selbstseins, das ist und für sich einsteht.

Diese Ethik könnte sich darum nicht auf einer einzigen Ebene des Allgemeinen bewegen. Ihr erhellendes Erörtern aller aktiven Wirklichkeit müßte umgreifen den über die durchschnittliche Möglichkeit des Menschen hinausragenden Adel und die primitivsten Keime erwachenden Selbstseins, den hell gewordenen Aufschwung und die in sich verstrickte Unentschiedenheit, kurz die objektiv nicht fixierbare, aber alles menschliche Leben durchdringende Abgestuftheit.

Anspruch der Daseinswirklichkeit in Staat und Gesellschaft

Menschliches Dasein ist nur in Gesellschaft. Diese war für jeden Einzelnen die materielle Bedingung seines Werdens. Sie gab ihm Lebensbedingungen und die Tradition, durch die er geistig erwachte und wurde, was er ist. Sie bleibt Bedingung seines Daseins: er würde sie innerlich mitnehmen, wenn er sich auf einer Insel isolieren könnte.

Die Gesellschaft ist objektiv in jeweils gegebenen Institutionen, in den Berufen und Funktionen, im Staat, in den als selbstverständlich gültigen Forderungen für das Sichverhalten. Diese Objektivitäten sind aber nur wirklich in dem faktischen Wollen und Tun der in ihnen lebenden Menschen, durch Erfüllung auf dem Boden der Subjektivitäten. Gesellschaft ist ein Daseinsganzes, das gegenüber dem Einzelnen besteht, der die Wahl hat, in seiner Subjektivität sich ausschließend zunichte zu werden, oder in die Objektivität eintretend sich in ihr zu entfalten.

Die Objektivität der Gesellschaft ist die allumfassende *Daseinswirklichkeit* als die *Welt des Menschen*. Will ich sie mir zum Gegenstand machen und erforschen, weil ich aus ihr der Möglichkeit nach auch heraustreten kann, so ist sie nichts weiter als Objektivität. Aber mehr als das ist sie — nämlich zugleich objektiv und subjektiv —, wenn ich in ihr lebe. Denn sie wird Schauplatz möglichen Existierens und Erscheinung einer Transzendenz, wo ich eigentlich in ihr wirklich bin.

A. Die existentielle Relevanz von Staat und Gesellschaft

1. Elemente der Daseinssorge (Herrschaft, Eigentum, Ordnung). — Wären nur vollendete Existenzen in unendlicher Durchsichtigkeit ihrer Gemeinschaft, so wäre nicht Dasein. In diesem

aber ist mit dem Widerstand der Existenzlosigkeit die Unvollendung jeder Existenz: Der *Raum für Existenz* ist erst zu schaffen: ich will *herrschen*, wo ich nicht in existentieller Kommunikation lieben kann, weil Herrschaft notwendig ist zur Daseinserweiterung, in der Existenz sich verwirklichen soll.

Dieser *Herrschaftswille* ist unbekümmert der Natur gegenüber; eine andere als diese Beziehung ist zu ihr nicht möglich (denn die kontemplative ist selbst eine Weise des Herrschens). Dem Menschen gegenüber aber ist Herrschenwollen Folge des eigenen Versagens und des Versagens der Anderen; es ist das Unausweichliche, ohne das menschliches Dasein in der Tat nicht möglich ist, weil es sich in die Anarchie des Daseinskampfes aller gegen alle auflösen würde: Herrschaft lenkt das objektive Gebilde, in dem eine Ordnung des Ganzen jedem Einzelnen erst seinen wirklichen Raum gibt.

Selbstsein braucht und will einen *Daseinsraum*, in dem ihm die *Verfügungsmacht* zusteht über Dinge als über das, was nicht der Mensch ist. Diese Verfügungsmacht ist *Eigentum*, wenn es gegen die Verfügungsmacht anderer abgegrenzt ist. Es ist das Pathos im Eigentum, daß es die Daseinswirklichkeit des Selbstseins ermöglicht: Der Umgang mit Dingen, die in meiner Macht stehen, die Objektivität meines Tuns an dem im Stoff der Dinge Hervorgebrachten, das Werden meiner eigenen Welt, wie sie in der Kontinuität meines Lebens geschichtlich durchdrungen ist. Dadurch ist Plan und Sinn des Lebens auf eine begrenzte Dauer möglich; den Erbenden überkommt eine Verpflichtung, auf Grund der von den Vätern schon vorher getanen Arbeit mit diesen Voraussetzungen seine Möglichkeit zu ergreifen, und die Verantwortung für seine Nachkommenden, daß er ihnen den Grund gebe. Daher ist in der Eigentumsfreude, die zunächst nur der Genuß der Verfügungsmacht ist, ein höherer Stolz durch den im Eigentum liegenden Anspruch und die Chance. Der Erbende und der Erwerbende leben nicht von Tag zu Tag, sondern in der geschichtlichen Perspektive, aus überkommenem Grunde zu zukünftiger Möglichkeit hin. Daher ist auch überall ein faktischer Respekt vor den Besitzenden, auch noch in der grundsätzlichen Bekämpfung privaten Besitzes, und darum ist überall die Verachtung gegen den, der leichtsinnig seine und seiner Nachkommen Möglichkeit verschleudert.

Da das Weltdasein des Menschen an Eigentum gebunden ist, ist nur die Frage, wie dieses Eigentum erworben, begrenzt, verteilt wird, welches dem Einzelnen, der Familie, größeren Gruppen, dem Staat gehört. Abschaffung des Eigentums bedeutet seine Wiederherstellung in neuer Gestalt. Es ist überall dort, wo Verfügungsmacht nicht allen, sondern bestimmt begrenzten Einzelnen zukommt; was dem Staat gehört, steht in der unter Bedingungen gestellten Verfügungsmacht seiner Funktionäre. Soviel auch zum Eigentum umfassender Gemeinschaften würde, es bliebe immer ein wenn auch enger privater Daseinsraum, oder der Mensch hörte auf, er selbst sein zu können, würde zum Sklaven derer, die im Namen der Allgemeinheit über das Gesamteigentum verfügen.

Weil Eigentum teils durch Glück und Zufall, teils durch Hinterlist und Gewalt, teils durch Verdienst planvoller Arbeit zunächst und in jedem Falle Abstufungen schafft, die mit dem Daseinsraum auch der einzelnen Existenz erst ihre gehaltvolle Verwirklichung in voneinander abweichender Weise ermöglichen, verbindet sich mit dem Eigentum Haß und Neid, die Angst um seine Sicherung, der Übermut der einen und die Ohnmacht der anderen, steht niemand ganz auf sich, sondern in dem Zusammenhang der Generationen oder in dem Chaos augenblicklichen Zufallens und Verschwindens eines Eigentums, aus dem nichts Rechtes wird.

In dieser Situation des menschlichen Gesamtdaseins, das an die Gestalt des Eigentums gebunden ist, kann eine weltlose Heiligkeit in der Gesinnung: gib es hin, um der Welt zu entsagen, zugrunde gehen. Oder es kann der Besitzlose sagen: nimm es weg, damit niemand es habe und keiner mehr als der andere sei. Gerechtigkeit, die die „richtige" Verteilung will, wird sogleich ungerecht, wo sie diese faktisch einzurichten meint. Denn da die Ungerechtigkeit in der Ordnung des Ganzen, obgleich bekämpft, immer wieder auftaucht, fragt sich nur, in welcher Gestalt sie in Kauf genommen wird. Daher ist auch mit dem Eigentum die Schuld verbunden, die in der erhellten Grenzsituation der Existenz im Dasein unausweichlich ist.

Der Anspruch aber der Objektivität des Eigentums ist, zu ihm nicht nur im ursprünglichen Bewußtsein eigenen Daseins sich zu verhalten, sondern es dem Sinne dienen zu lassen, der für Existenz der einzige ist: die höchste Möglichkeit des Menschen hervorzubringen.

Immer ist Eigentum gebunden an das *Ganze* der *Ordnung* der Gesellschaft.

Daß ich Ordnung will, ist Ausdruck für den Willen der Existenz zu ihrer Verwirklichung in der Welt. Herrschaft ist Bedingung einer Ordnung; in ihr ist das Eigentum die Bedingung des Daseinsraumes des Einzelnen. Die Geltung von Form und Gesetz in der Institution ist daher für den, der am Ursprung ihres Sinnes lebt, nicht äußerlich: ihre Befolgung ist nicht Formalismus, sondern die Sache selbst, deren Härte verlangt, daß das nicht verletzt werden darf, dessen unverbrüchliche Verläßlichkeit den Zusammenhalt des Ganzen zur Verwirklichung des Menschen in ihm bedeutet.

Wie ich die Ordnung will, in der der Anspruch des Eigentums als freier Beherrschung des jeweiligen Daseinsraumes zur Entfaltung eigener Existenz möglich ist, bedeutet mit der Weise, wie ich Institution und Lenkung der menschlichen Dinge im Ganzen will, zugleich die Weise, wie ich den Menschen als Einzelnen will: ich will die Formen der Ordnung, in denen Menschenwürde, die mir sichtbar geworden ist, am unbeschränktesten möglich ist. Das weiß ich jedoch nicht nach einem allgemeinen Plan für immer und für alle, sondern auf Grund jeweiligen weltorientierenden Wissens nur in geschichtlicher Situation und mit entschiedenem Resultat nur im Augenblick für das, was jetzt zu tun, zu fordern, zu wünschen ist.

Der Anspruch der Objektivität der Daseinswirklichkeit ist nach seiner allgemeinen Seite philosophisch zu erhellen, ohne daß daraus ein konkretes Handeln abzuleiten wäre:

2. Das Ideal des Weltwohlfahrtstaates. — Soweit die Objektivität des Weltdaseins als Gesellschaft das Ganze der *Daseinssorge* und *Daseinssicherung* ist, läßt sich eine Konstruktion entwerfen, in welcher der Zweck die Daseinserhaltung und -ausweitung als Gesundheit und Glück aller Einzelnen durch universelle Bedürfnisbefriedigung ist, und die Mittel nach ihrer Nützlichkeit beurteilt werden, diese stets handgreiflich bestimmten Zwecke herbeizuführen. Dauer, Breite und Weite des Lebens und Sehens sind Endzwecke; Macht und Verfügung über materielle Güter Mittel. Es ist das Ideal eines Weltwohlfahrtstaates.

Diese Ziele, die in ihrer Gesamtheit das allgemeine, überall gleiche, nur quantitativ zu steigernde Leben in der Welt meinen, sind in der Tat für alles Dasein eine Bedingung. Jedes Dasein muß sie wollen. Wollte es sie ganz und gar verleugnen, müßte es zugrunde gehen. Aber sie können nicht die letzten Ziele sein; eine Welt vollendeter Erfüllung nur allgemeiner Zwecke erwiese sich als in sich nicht haltbar.

a) Sie ist *nicht konkret auszudenken.* Zwar scheint das Ziel deutlich: der gesicherte Lebensgenuß aller. Dieser setzt Befriedigung der Bedürfnisse voraus. Die dafür notwendigen Produkte sind nicht ohne

Arbeit zu gewinnen. Daher kommt es darauf an, mit einem *Minimum von Arbeitszeit* ein *Maximum an Produkten* zu gewinnen. Dazu sind die Mittel: Technisierung der Arbeit durch Erfindungen bei Rationalisierung der Arbeit durch höchste Vereinfachung des Arbeitsvorganges, Ausschaltung aller überflüssigen Zwischenglieder, Massenproduktion nach *Typen*. Ferner ist für *Arbeitsfreude* zu sorgen, d. h. für einen seelischen Zustand, bei dem die Arbeit mit einem Minimum von Widerstand schmerzlos verrichtet wird, und bei dem ein Bewußtsein — etwa vom Dienst an seinem Platz — zum mindesten eine unbestimmte Sinnerfüllung bringt. Die *Begabungsprüfung* des Menschen bringt jeden an den rechten Platz. *Geburtenregelung* sorgt für die genügende, weder zu geringe noch zu große Zahl des Nachwuchses.

Aber wie sehr auch dieses Ideal ausgedacht und streckenweise verwirklicht wird, es wird *niemals* zu einem *bestehenden Dasein*, sondern stets wieder durchbrochen. Die für seinen Bestand notwendigen gleichbleibenden Bedingungen unterliegen einem unberechenbaren Wandel. Die ungleiche Bevölkerungszunahme der Gruppen, der Verlust von Menschenmassen durch Naturereignisse und Krankheiten, eine die Grenzen der möglichen Versorgung überschreitende Bevölkerungsvermehrung, ein Sinken der Bevölkerung durch Abnahme der Geburten schaffen Situationen, die nicht mehr rational zu meistern sind. Es versiegen Rohstoffquellen. Neue technische Erfindungen ruinieren bestehendes Dasein. Die immer bleibenden und in anderer Gestalt wiedererstehenden für das Dasein aller unvermeidlichen Arbeiten, welche für den Arbeiter das Leben gefährden, sein Dasein mehr oder weniger verelenden, müssen getan werden. Rationalisierung stößt an die Grenze der persönlichen Qualität der Menschen, der Eigenschaften der Mehrzahl und der Fähigkeiten der sich zeigenden Führer. Die jeweilige Organisation des Ganzen, ob sie zentral gelenkt oder in unbestimmter Kooperation faktisch hervorgebracht wird, bringt unvorhergesehene Störungen zutage: falsche Verteilungen, Arbeitslosigkeit und die daraus erwachsenden Nöte. Die Situation wandelt sich mit anderem und neuem Wissen und mit dem Bewußtsein der frisch heraufkommenden Generationen. Es verändern sich die Menschen in ihrer Rassenqualität und in dem Gehalt der von Geschlecht zu Geschlecht weitergetragenen Tradition. Es wandelt sich, woran sie Freude haben. Wie auch immer die Ordnungen gelingen: für jeden Einzelnen bleibt die Grenze seiner Wohlfahrt Krankheit und Tod, für alle die unvermeidliche Auslese der Menschen, das

Zertretenwerden durch immer noch nötigen Zwang, und zuletzt die Gewalt in Kriegen. Wie auch immer man sich einen Dauerzustand vorstellen wollte, selbst unter Voraussetzung vollendeter Erkenntnis: stets stimmt etwas nicht wegen der Endlosigkeit aller sich unablässig wandelnden Bedingungen.

b) Würde die Verwirklichung einer universellen Bedürfnisbefriedigung in einem *stabilen Zustand* des Weltdaseins der Menschheit *vollendet gedacht:* der Mensch wäre doch *ohne Befriedigung.* Schon psychologisch ist eine Befriedigung durch den bloßen Lebensgenuß unmöglich. Der Sättigung und der Regelmäßigkeit folgt Überdruß; das Abwechslungsbedürfnis ist elementar. Zwar kann den Menschen in seiner Not einen Augenblick die Idee eines stabilen Zustandes bezaubern. Aber im Glück der Vollendung wäre ihm sein Dasein öde. Unerträglich würde das Bewußtsein, wenn der Gedanke ernstlich geglaubt oder gar als unausweichlich wahr gefaßt würde: so werden die Dinge jetzt dauernd bestehen. Schon inmitten der Regelmäßigkeiten unserer Welt der Not durchbricht noch die Lust am Abenteuer, an Lebensgefahr, am Unerwarteten und Unberechenbaren die Ordnung, die sich verfestigen will. Die Sicherheit des durchschnittlichen Daseins ist verachtet, das Extravagante als solches geliebt. Was so der Einzelne in seiner für das Ganze blinden Subjektivität aus seiner Langeweile heraus gegen die Ordnungen der Welt nur ins Leere verwirklicht, wird faktisch erfüllte Gegenwart auch für eine das Ganze der Objektivität ins Auge fassende und in ihr lebende Subjektivität. Dieses Ganze, undurchsichtig in Herkunft und Ziel, ist in steter Unruhe; es mutet wie ein einziges ungeheures Abenteuer der Menschheit an, das aber grade dadurch begangen wird, daß der Weg in die Objektivität und Ordnung bis an die mögliche Grenze tatsächlich versucht wird. Dauer und Bestand zu suchen, bedeutet, das eigentliche und notwendige Scheitern zu erfahren. Das Abenteuer der vereinzelten Subjektivität ist zwar ein antizipierendes und darum unwahres Scheitern ohne Notwendigkeit, aber das *Bewußtsein des Schicksals* des Menschen schlechthin im Gang der Dinge ist die alle Rationalität des Wohlfahrtstaates übergreifende Wahrheit, die sich in den durch restloses Eintreten in die ganze Objektivität selbstseienden Menschen verwirklicht.

c) In der Vollendung immanenten Weltdaseins wäre der Mensch *ohne Würde.* Die Endlichkeit als immanentes Glück ist erniedrigend, wenn sie Endzweck wird: der Mensch verliert seine Transzendenz. Dieses immanente Glück ist ihm gehörig nur als Abglanz eigentlichen

Seins, als ein Erfüllen seiner Weltgegenwart unter einschränkenden Bedingungen, als Heiterkeit auf dem Grunde des Bewußtseins schlechthin vergänglichen und scheiternden Zeitdaseins.

3. Die Grenze der Weltwohlfahrt an der Existenz. — Die Welt menschlicher Gesellschaft ist also weder faktisch in sich abschließbar, noch existentiell möglicher Endzweck, sondern in ihr kommt sich zur Erscheinung, was als Zweck nicht gewollt werden kann. Wir müssen zwar, um zu leben, nach unserem eudämonistischen Idealzustand trachten, aber dieses Trachten und relative Verwirklichen ist selbst nur ein Existieren, welches als Zeitdasein scheiternd sich gewiß werden kann, jedoch in dem Scheitern, welches unbedingte und grenzenlose Verwirklichung in der Daseinsobjektivität voraussetzt. Alle immanenten Utopien von dem endgültig richtigen Weltdasein sind Verrat an der Existenz, aber alle subjektivistischen Vergeudungen eigenen Daseins im abenteuerlichen Spiel ebenfalls.

Die Vorstellung der Objektivität der Gesellschaft als der gemeinsamen Daseinssicherung faßt zunächst die *Wirtschaft* ins Auge. Diese beschafft die materiellen Mittel und damit die Befriedigung aller vitalen Bedürfnisse. Hingewiesen auf die Begrenztheit des Ökonomischen und auf die Tatsache, daß es sich in der Gesellschaft noch um Anderes als Dasein und Vergnügen handele, erweitert sich der Zweck: in dem Apparat haben auch „*Kulturaufgaben*" ihren Platz. Erziehung als die Vermittlung der Tradition und als Schulung zur Leistungsfähigkeit im Dienst des Ganzen, dann die Sorge für die geistigen Genüsse in Museen, Bibliotheken, Theatern, Ausstellungen, schließlich Orientierung und Unterhaltung durch Zeitungen wird ein planvoll gelenktes Tun. Es wird ferner nicht nur Dasein durch eine Weise des Eigentums innerhalb gewisser Grenzen gesichert, sondern auch die Form des Zusammenlebens in Ehe und Familie, in den zahllosen Beziehungen unter Menschen; sogar der religiöse Kultus erhält wie alles, was die Gesellschaft fördert oder sie nicht stört, seinen Schutz. Kampf und Krieg gelten als etwas, das auszuschalten ist, weil sie nicht zu sein brauchten.

Wird so schließlich alles, was im Weltdasein des Menschen vorkommt, in diese Objektivitätsvorstellung einbezogen, so doch nur als Vorkommendes, darum Äußerliches. Es wird eingegliedert als Mittel und als ein relativer Zweck, *verstanden nur als Bedürfnisbefriedigung*. Die Gesellschaft ist die Welt der Vielen als einig in einem Bewußtsein überhaupt, in den allgemeinen Rollen, welche zu ergreifen sind, in spezifischen, aber vertretbaren Leistungsfähigkeiten. Selbstsein und

Transzendenz kommen darin nicht vor. Alle Einzelnen bleiben hinter dem Schleier der objektiven Wirklichkeit als dunkle Punkte eines unberührbaren Reservats, das niemand angeht, dem niemand zu nahe treten darf, es sei denn, daß auch hiernach ein Bedürfnis auftritt, das durch den Priester oder Nervenarzt befriedigt wird, scheinbar ohne der Grund des Ganzen und damit seine Sanktion werden zu müssen. Das Dasein ist als Wirklichkeit dieser Objektivität der Rahmen, welcher allein durch das Bewußtsein überhaupt und die Durchschnittlichkeit des Menschseins erfüllt wird; es wird der gegenseitige, gleichgültige Respekt vor dem Unverständlichen des Einzelnen, sofern dieses in seinem Kreise bleibt, der keinen anderen stört.

Würde aber diese reine Objektivitätsvorstellung der Gesellschaft verwirklicht, so ginge ein *Riß durch die Welt:* auf der einen Seite stände alles zweckhaft Verständliche, die Bedürfnisbefriedigung in der Kooperation aller — auf der anderen Seite das Chaos der sich und den Anderen unoffenbaren dunklen Subjektivitäten, die kein Sein haben dürfen außer in Gestalt allgemeiner, zu befriedigender Bedürfnisse. Doch kann sich dieser Riß nur auftun, um sogleich als *Abstraktion* erkannt zu werden. Denn die *eine Seite* ist die Gesellschaft, wie sie aussieht für die Weltorientierung, als das, wovon ich auch von außen Kenntnis und Erkenntnis bekommen kann, und welche als rein immanentes Gebilde erforscht wird, in dem religiöse Vorstellungen nur als äußerliche Fakta vorkommen, welche gewisse verständliche und kausale Folgen haben. Die *andere Seite* ist die Gesellschaft als das Daseinsganze jeweils geschichtlicher nicht bloß äußerlich historischer Gestalt, in der Existenzen sich miteinander und in bezug auf ihre Transzendenz erscheinen; sie kann ich nicht erkennen. Von dem Einen oder dem Anderen zu reden, bedeutet daher jedesmal einen Sprung, nicht einen Übergang durch Zwischenglieder. In der *Wirklichkeit* des Daseins ist das Eine durch das Andere, doch nicht immer und nicht selbstverständlich. Vielmehr ist ein *Auseinandertreten* möglich; die Abstraktion verwirklicht sich: Die Welt der Gesellschaft, in der ich mich finde, offenbart sich in ihrer Gehaltlosigkeit. Der Einzelne löst sich von ihr, um nur noch äußerlich als Lebewesen, weil technisch auf sie angewiesen, in ihr zu sein. In ihm verwirklicht sich, gleichgültig für die Öffentlichkeit, auf sie nicht blickend und von ihr nichts wollend, geheimes Sein, das jetzt nur aus der Negativität gegen die Welt noch seine Inhalte hat: aus der Punktualität des Selbst mit seinem Tode und seiner unbestimmten Transzendenz, die eine nur immer dünner werdende positive Erfüllung finden kann. Dieses wirkliche Auseinandertreten, in der die Welt zur bloßen Weltlichkeit, ihre Substanz zur Möglichkeit des nur Einzelnen sich reduziert, ist nicht bis zum Ende zu verwirklichen. Die vollzogene Trennung wäre das Ende von Dasein und Existenz. Die Richtung dahin beschritten zu sehen bringt dem Einzelnen den *Anstoß*, der ihn *zur Umkehr* ruft.

Denn Gesellschaft ist in der Tat *niemals als Wirklichkeit erschöpfbar*, wenn sie als Gegenstand weltorientierenden Wissens erforscht und als Apparat eingerichtet wird. Die nur planende Weltorientierung stößt immer wieder an Elemente, die sie zwar als Kausalfaktoren gegebener Art objektiviert, welche aber von sich her gesehen eigentliches Selbstsein sind, das nie erkannt wird. Wohl wird geplant und gemacht, Maschinerie entworfen und ein Mechanismus in Betrieb gehalten. Aber alles ist für den Menschen zugleich mehr als das Geplante und Gemachte. Sein Sein in der Gesellschaft spannt sich ihm zwischen die Pole: einer Maschinerie, welche geht, wenn sie bedient wird, aber selbst substanzlos, weil ohne den Charakter der Erscheinung von Sein ist, und einem Anderen, das ihm vermöge des Hervorbringens seiner Apparate erst durch sein eigenes Sein als Transzendenz offenbar wird. Das Bewußtsein dieser Polarität führt für ein sich erhellendes Bewußtsein möglicher Existenz zum Appell: daß alle Objektivität des Daseins nur eigentlich wirklich ist als subjektiviert, so daß *Existenz erst in dem Ganzen* des Objektiven und Subjektiven sich *unberechenbar* als Zeitdasein verwirklicht und versteht. Darum fällt bei allem bloß verständigen Planen und Arrangieren das existentiell Wesentliche durch die Maschen, verwirklicht sich Gesellschaft als gehaltvolles Dasein nur auf dem Grunde substantieller Gemeinschaft im Medium solchen immer partikularen Planens. Die Sorge für die Wohlfahrt des Ganzen ist ein Willensziel gesellschaftlichen Handelns, ohne der letzte Sinn dieses Handelns und der Gesellschaft zu sein. Allein die geschichtliche Gegenwart dieses nicht allgemein wißbaren Sinnes gibt dem Handeln Gehalt.

4. Gesellschaft und Staat. — Die Unabschließbarkeit des Weltdaseins und die Wahrnehmung des Scheiterns wirft zurück auf die Situation: Dasein kommt nur *im Kampfe* und in der Möglichkeit des Kampfes zur Wirklichkeit.

Keine Gesellschaft besteht für sich. Sie ist als *Staat* und steht als solche im Kampf: als Staat mit anderen Staaten und als Staat mit sich selbst um die Willensbildung, die in ihm entscheidet.

Eine Gesellschaft, welche die vollendete Bedürfnisbefriedigung als Dauerzustand verwirklichte, wäre kein Staat mehr, weil der Kampf aufhörte: die so vorgestellte *Gesellschaft* wäre ein stabiles, in sich funktionierendes, nach Regeln automatisch arbeitendes kampfloses Dasein. *Staat* entspringt aus der Notwendigkeit der Situation, daß die Menschheit kein Ganzes ist und auch als Weltreich nur unter Vernichtung zahlloser Möglichkeiten ein gewaltsames, fragmentarisches Ganzes werden könnte. Staat ist das Gebilde, das, als Instanz über allen zu planenden Mechanismen stehend, in geschichtlicher Situation an seinem Platz durch die Existenz des politischen Willens entscheidet, was geschieht, und vermöge seines Besitzes an Mitteln seine Entscheidung mit Gewalt durchsetzen kann. Er ist die Objektivität des wirksamen Willens einer geschichtlichen Gemeinschaft in steter Unruhe und Gefährdung als Macht im Kampf mit anderen Staaten und mit sich selbst.

Wohl erdenkt sich unser Träumen aus der Not ein Weltreich der menschlichen Gesellschaft überhaupt, das keine Macht mehr außer sich hat und einen ewigen Frieden bedeutet, sowie eine Organisation dieses Reiches, in der jedem Menschen nach seiner Artung, seinem Können und seinen Bedürfnissen der ihm grade angemessene Ort in der Funktion des Ganzen zuteil wird. Wohl bleiben solche Vorstellungen Maßstäbe, an deren Leitung nach immer besserer Welteinrichtung gesucht wird. Aber die Aufgabe ist nicht nur endlos, sondern es liegen im Dasein des Menschen Wirklichkeiten, die die Vollendung im Prinzip ausschließen; sie ist nicht möglich, ohne das *Menschsein* selbst *aufzuheben*. Vor allem ist die Ursprünglichkeit, mit der Menschen im Dasein auftreten, so wesensverschieden, daß nicht nur die quantitative Ungleichheit in Anlagen, sondern unversöhnliches Anderssein im Seinsbewußtsein und Wollen trennt. Jedes Dasein hat seinen Daseinswillen im Kampf sich zu erhalten und seinen Lebensraum zu erweitern.

Das Bewußtsein des eigenen Wertes macht den Unterschied der Menschen relevant; *es kommt darauf an*, welche *Art* von Menschen in Zukunft *leben werden*. Solange zwar ein gemeinsamer Rahmen des Bewußtseins überhaupt, eine Solidarität des Menschen als solchen zu einem Daseinsaufbau in Gegenseitigkeit zusammenhält, tritt nicht in Erscheinung, was bei Kollision der materiellen Lebensbedingungen erst für alle sichtbar ist. Jetzt wird eine tiefere Solidarität der Menschen, die sich im Ursprung ihres Seinsbewußtseins geschichtlich als

372

zueinander gehörend bewußt sind, den Kampf um Sein und Nichtsein gegen das Fremde aufnehmen. Jetzt geht die Wahl nicht darum, ob Krieg oder Frieden sei, sondern darum, welche Menschenartung leben soll. Die immanenten eudämonistischen Ziele verbinden nur das Bewußtsein überhaupt in der Allgemeinverständlichkeit, am meisten in der zwingenden Wissenschaft. Für die Weltorientierung ist darum jenes Wählen des eigentlichen Menschen schlechthin unbegreiflich oder wird brutal vitalisiert zu einem Wählen zwischen gegebenen Artungen in Rassentheorien, welche jedoch grade die Wahrheit eigentlichen Menschseins in seiner geschichtlich fundierten Würde aufheben. Für die Subjektivität, in der sich mögliche Existenz vergewissert, bekommt jedoch Sinn und Wesen, was in der Weltorientierung nur Störung war: Kampf und Krieg, Scheitern und Siegen. Doch weder das objektive Scheitern noch der faktische Sieg ist Beweis für die Wahrheit dieses Daseins. Nur *fraglose Immanenz* beurteilt nach dem Erfolg und hebt von dorther wiederum alle Existenz und Transzendenz auf. Nur *Weltflucht* könnte das Scheitern als solches schon für gut halten. Es ist jedoch eine Frage in dem großen Abenteuer der Menschheit, die nicht entschieden ist, ob und in welchem Sinne und in welchem Maße das Wahre auch Dauer haben könne: denn daß es absolute Dauer als endloses Bestehen hat, ist für Existenz im Dasein unmöglich.

Was der Krieg zwischen den Staaten, das ist der *innerstaatliche Kampf zwischen den Menschen* um Durchsetzung ihres Willens und ihrer Geltung im Staat. Würde jeder die Verwirklichung seines eigentlichen Lebens finden, stünde jeder an einem Platz, wo der Gehalt seines Wesens sich in der von ihm mithervorgebrachten Objektivität fände, so fände kein Kampf statt. Eine absolut gerechte, die letzten Wurzeln des Menschen kennende Auslese und Verteilung aller an die ihnen angemessene Stelle im Ganzen ist eine utopische Vorstellung. Auch die vollständigste psychologische Erkenntnis könnte die gerechte Verteilung von Arbeitsaufgaben und Befriedigungen nicht leisten, nicht nur, weil der Mensch immer noch mehr ist als alles von ihm Wißbare, sondern, weil auch die Situation des Ganzen immer so wäre, daß ein Zusammentreffen zwischen Zahl und Art der zur Verfügung stehenden Menschen und der zur Verfügung stehenden Arbeitsaufgaben und Mittel nie einträte. Aber es handelt sich noch um anderes: in diesen Vorstellungen wird gedacht, als ob es angeborene und endgültige Menschenartung gebe und ein zu konstruierendes richtiges

Ganzes mit seinen möglichen Orten zur Besetzung mit Menschen, welche das Ganze in Bewegung halten. Da es beides nicht geben kann, vielmehr beides sich wandelt und in der Zeit zutage kommt, stets verfallend und stets neu und anders bauend, so ist in diesem unruhigen Prozeß der Kampf selbst ein mitschaffender, den Menschen erst hervorbringender und prägender Faktor. Er kann als solcher in der Weltorientierung untersucht und erforscht werden, auch wenn Wille und Plan als immanentes Wissen mit Recht dahin tendiert, ihn so anzusehen, daß man ihn nach Möglichkeit ausschließen müsse.

Kampf und Krieg, in welcher Gestalt auch immer, sind im Ergebnis gleich furchtbar, ob der Untergang ein sichtbarer durch augenblickliche Gewalt oder ein stiller durch den Zwang einer herbeigeführten und festgehaltenen Situation ist. Diese Ereignisse, die in der immanenten Welt als Störung, als vorläufig und schließlich ausschaltbar betrachtet werden müssen, sind mögliche Erscheinung transzendenten Seins für die in Gefahr und Scheitern sich offenbarende Existenz. Jedoch können sie als solche in der Welt nicht gewollt und herbeigeführt werden. Grade dadurch würden sie ihres Wesens als möglicher Erscheinung von Transzendenz für Existenz beraubt. Alles Planen und Wollen muß grade auf ihre Ausschaltung gehen. Nur dann können sie, wenn sie eintreten, auch wirklich nicht nur das immer Drohende, vermeidbar scheinende sein, sondern, wenn trotzdem nicht Vermiedene, schließlich zu Übernehmende werden, dessen historische Notwendigkeit niemals objektiv völlig gewiß zu werden vermag. Alle Arbeit geht auf Frieden, Aufbau, Schlichtung, Kompromiß, Einrichtung der eudämonistischen Weltgesellschaft. Im immanent zu planenden Ganzen der Menschheitsgesellschaft haben die Störungen keinen positiven Sinn.

Der Staat hat sein Gewicht als das Kristallisationszentrum eigentlichen *Wollens* in der unstabilen Welt, in welcher noch entschieden wird, was für Menschen jetzt sich verwirklichen und welche in späteren Zeiten leben werden. Not und geschichtliches Bewußtsein zwingen, seinen Mann zu stehen. Ich erfahre, daß die Welt, unschließbar, nicht nur ist, was ich planend will, sondern auch *jeweilige Situation* ist, in der ich, ohne das Ergebnis kennen zu können und auch ohne zu wissen, was im Falle des Sieges oder der Niederlage am Ende daraus entspringen wird, *kämpfen muß um Dasein*, aber den Kampf nicht als solchen suchen kann, weil ich auch das Übel, aus dem Erwünschtes entspringen könnte, wegen dieser Möglichkeit nicht herbeiführen will, und weil ferner kein Wissen vorher sagen kann, wann Kampf nur Übel, wann Quelle der Verwirklichung von Existenz ist. Es fehlen Maßstab und Abschätzungsmöglichkeit, da das Existentielle objektiv keinen allgemeingültigen Charakter hat, sondern außerhalb des zu Planenden liegt. Ich kann den Kampf nur im Kampfe planen. Was aus dem Menschen wird, kann kein auf Grund von Wissen technisch überlegtes Handeln ins Auge fassen, sondern nur ein transzendent bezogenes Schicksalsbewußtsein im Medium aller Wißbarkeiten.

5. Dienen, Organisieren, Handeln. — In die Objektivität der Gesellschaft zu treten, ist Bedingung für das Selbstsein. Ganz aus ihr herauszutreten, ist wie ein Fallen ins Nichts. Gegen sie kämpfend aufzutreten oder sich von ihr, jedoch im Blick auf sie, abzukehren, ist eine unaufhebbare Daseinsqual und bedeutet den Willen zu einer Umgestaltung der gegenwärtigen Objektivität der Gesellschaft.

Das Hineintreten vollzieht sich als *Dienst;* man nimmt durch Arbeit teil am Bestand des Ganzen, daß es fortdauere und durch eigene Leistung wieder die anderen Leistungen ermöglicht werden, deren ich bedarf. Es vollzieht sich als *Bauen;* man richtet ein und richtet um, was dann als organisiert seinen besseren Betrieb durch eigenen und anderen Dienst ermöglichen soll. Es vollzieht sich als *Handeln;* man kämpft für eigene gegen andere Möglichkeiten, man entscheidet und wagt. Dienen, Organisieren, Handeln sind aneinander gebunden. Dienen behandelt einen Zustand als relativ endgültig, Organisieren als klar geplanten, aber noch zu vollendenden, Handeln als Grund mehrerer Möglichkeiten. In jeder dieser Funktionen bin ich in der Objektivität wirksam, habe meine Welt und in ihr eine Befriedigung, wenn die Objektivität nicht als fremde dasteht, sondern auf dem Boden meiner Subjektivität eigene Sache ist. Im *Dienst* wird die Arbeit unerträglich, wenn ich sie als bloßen Zwang erfahre. Ich füge sie, und sei sie noch so eintönig und untergeordnet, nach Möglichkeit ein in meine Welt. Ist dieses schlechthin unmöglich, so ist hier ein Punkt steter Unruhe, welcher eine Umgestaltung des Ganzen verlangt. Im *Organisieren* wird die Arbeit zu bloßer Betriebsamkeit, wenn nicht erdacht und erprobt wird, sondern eine mechanische Einrichtung als Übertragung nach festem Muster erfolgt. Es muß ein Moment des Hervorbringens einer Welt, darum Sachnähe, Kontinuität und lange Sicht darin sein, um Organisieren als eigenes zu vollziehen. Im *Handeln* erlahmt der Impuls, wenn das Ergebnis als in jedem Falle sinnlos, das Ganze hoffnungslos erscheint. Dann sucht man um

375

Entscheidungen herumzukommen, man möchte nicht handeln und läßt sich treiben oder handelt zufällig, weil gar nicht selbst dabei seiend.

Es gibt dem Menschen eine *spezifische Würde*, nicht nur seine Welt in Beruf und menschlich naher Wirkung zu erfüllen, sondern mittätig oder wenigstens mitwissend zu sein *im Leben des Staates*. Nur dadurch kommt er in Berührung mit jener Macht, von der alles Dasein, sei es in seinem Wesen selbst, sei es in bezug auf den Spielraum seiner Verwirklichung, irgendwie abhängig ist. Jeder ist, ob er es weiß oder nicht, von den politischen und wirtschaftlichen Vorgängen gleichsam wie von Naturmächten in seinem Dasein bedingt. Da aber in Politik und Wirtschaft Menschen durch ihren Willen bestimmen oder doch faktisch bewirken, was geschieht, und darum dieses Geschehen stets mehr ist als bloße Naturnotwendigkeit, so kann der Einzelne aus seiner passiven Lage heraustreten und mitwirken durch Einfluß auf den Willen Anderer und durch Kampf um den Platz am Steuer, wo etwas entschieden wird. Nichts kann er hier ausrichten durch bloßes Ausdenken seines Verstandes, nichts durch seine Willkür, nichts durch befehlendes Herrentum. Hier kann nur mit Anderen gehandelt werden und nur in dem Maße, als der eigene Wille der Wille vieler ist. Die Nähe zu den Dingen durch faktische Reibung mit den Widerständen, durch den Umgang mit Menschen aller Artung, den Kontakt mit ihrer Wirklichkeit und Möglichkeit, durch die Arbeit in Hartnäckigkeit auf lange Fristen, durch die Erfahrung der Ohnmacht und der Chancen, gibt ein Bewußtsein der eigenen Kräfte und ihrer Grenzen. Die Tiefe des öffentlichen Tuns liegt in seiner Nüchternheit.

Die *geschäftliche Arbeit*, durch die alltäglich Dasein ermöglicht und geschützt wird, hat zwar nicht die Würde der politischen Führung, aber eine andere Würde verläßlichen Tuns: der Mensch lebt durch sie in einer Objektivität, welche gegenwärtig stets die partikulare Bestimmtheit eines sachkundigen Tuns für diesen Tag fordert. Wie im weltorientierenden Wissen, so ist im weltbestimmenden Handeln die eigene Leistung an der Grenze der Irrelevanz (es scheint alles seinen Weg zu gehen auch ohne mich, jeder scheint ersetzbar zu sein), und hat doch ihren Aufschwung durch die aktive Teilnahme an der Wirklichkeit eines Ganzen, mit dessen Schicksal mein Schicksal identisch wird.

6. Ursprung von Staats- und Rechtsphilosophie. — Der Eintritt in die Objektivität der Gesellschaft bedeutet, daß ich etwas tun soll, und daß ich fordern darf. Was gesollt wird und was zu

fordern Sinn hat, wäre *eindeutig* in einer geschlossenen Weltanschauung, die sich nicht nur als wahr, sondern als allgemeingültig weiß, das Ganze, wie es sein soll, und den Weg dahin zu kennen meint. Wo eine Kirche sich für das Organ der allein wahren Religion hielte, als Stellvertreterin der Gottheit theokratisch das Weltdasein der Gesellschaft formte, da wäre alles bestimmt. Wo autonome Philosophie als System sich als allgemeingültige propagierte, da würde auch sie die Daseinssphären in einem einzigen Sinne durchdringen, gegen die Kirche und jede andere Philosophie mit der Tendenz stehen, ausschließlich selbst, weil sie wahr und gültig sei, die Welt zu formen. Denn die Kirche und diese Philosophie sehen die Objektivität des Daseins sich schließen, sei es als eine ephemere Institution eines übersinnlichen Geschichtsprozesses, der sein schon gewußtes Ende finden wird, sei es als unendliche Annäherung auf einem Wege zur einen Idee des Ganzen. Wo aber Philosophie als Transzendieren in Weltorientierung, Existenzerhellung und Metaphysik auftritt, wird das eindeutige Fordern problematisch. Da diese Philosophie nicht das Ganze unter eine einzige Gültigkeit stellen kann, scheint sie alles gelten lassen zu müssen wie es ist. Es scheint unausweichlich, daß sie sich in ihrer jeweiligen Vereinzelung isoliert und nichts mehr will.

Gegenüber dieser Infragestellung die Antwort zu finden, sind zunächst die *Weisen des Forderns* zu unterscheiden:

Die Anerkennung des *zwingend* Richtigen und empirisch *Tatsächlichen* ist *nicht* zu fordern. Wer es versteht, kann sich dem Anerkennen gar nicht entziehen. Beim Verständnis trotzdem gegen das Richtige sich zu verhalten, es zu leugnen oder zu verdrängen bedeutet Unwahrhaftigkeit, durch welche ich die Kommunikation als Vernunftwesen abbreche. Fordern heißt hier: in der Diskussion und im gemeinsamen Handeln den Anderen nur ernst nehmen zu können unter der Bedingung, daß er zwingende Richtigkeit und Tatsächlichkeit sowohl in ihrem Bestehen wie in ihren Grenzen anerkennt. Ich kann nicht erst einen Kampf führen, um diese Forderung durchzusetzen. Denn ihre Erfüllung ist nach der Natur der Sache unerzwingbar, weil nur aus der Freiheit des Bewußtseins überhaupt vollziehbar. Das Nichtverstandene auf Autorität des Sachverständigen hin anzuerkennen, ist grade hier nicht zu verlangen.

Fordern kann ich auch *nicht* das *Unbedingte* oder die *Anerkennung eines Absoluten.* Mögliche Existenz wird zu wirklicher in der Unbedingtheit. Nur wo Unbedingtheit ist, bin ich eigentlich. Wo ich

377

in Relativitäten handle und mir nichts absolut ist, bin ich zerstreut. Kommunikation der Existenzen vollzieht sich nur aus Unbedingtheit zur Unbedingtheit und im Einklang von Unbedingtheit mit sich, jedoch so, daß diese auch hier nicht adäquat sagbar werden oder einem objektiven Kriterium unterliegen könnte. Fordern der Unbedingtheit in existentieller Kommunikation ist selbstverständlich, aber unnötig, da ohne Unbedingtheit diese Kommunikation gar nicht eintreten würde. Durch keinen Kampf ist solche Unbedingtheit erzwingbar, sondern nur im kämpfenden Appell an sie die existentielle Kommunikation, wenn sie zu verschwinden droht, wieder zu erwecken.

Anders ist das *Fordern innerhalb der Objektivität der Gesellschaft.* Im *Dienst* fordert man auf Gegenseitigkeit Erfüllung der jeweils nach Regeln bestimmten Aufgaben; wer seine Pflicht nicht erfüllt, erleidet Nachteile oder wird ausgeschieden. Im *bauenden Organisieren* fordert der Hervorbringende Zustimmung und Teilnahme: er sucht zu überzeugen, aus Gründen zu entwerfen, an möglichen Erfolgen zu bewähren; er steht in Zusammenhang mit anderen, die mit ihm gemeinsam am Werke sind oder sich ihm zur Verfügung gestellt haben; er hört, eignet an, modifiziert durch bessere Vorschläge seine Entwürfe. Hier ist im Ansatz schon die Möglichkeit des Kampfes, der durch Widerstand der Gegner manifest und erst im *Handeln* ergriffen wird. Man fordert nun vom Gegner Anerkennung des eigenen Rechten oder den Kompromiß, oder man läßt es auf realen Kampf, in welcher Gestalt auch, ankommen, damit die Kommunikation bis zur Entscheidung abbrechend. In der Objektivität der Gesellschaft verschieben sich aber die Gegnerschaften, je nachdem, um was es sich handelt. Viele sind aus Gewohnheit für alle Fälle bei einer Partei, einem Namen, einem Schlagwort. Wenige wissen eigentlich, worum es sich handelt. Dieses zur eigenen Anschauung und wirklichen Entscheidung zu bringen, fordert in allem Wesentlichen die gesamte Bildung und die geistige Welt des Anderen sich herzustellen, in der und aus der die Dinge gesehen werden. Niemand aber vermöchte irgendwo alle Konsequenzen zu übersehen.

Da sich weder die Anerkennung des zwingend Richtigen noch des Unbedingten fordern, sondern nur voraussetzen läßt, so ist entweder auf Grund beider Voraussetzungen in Kommunikation ein zu gemeinschaftlichem Verstehen werdendes Fordern möglich oder ohne diese Voraussetzungen bei faktischer Kommunikationslosigkeit ein durch Mittel der Suggestion, Überredung, Gewalt *erzwingbares* Fordern.

Auf die Frage, ob aus einem *Philosophieren*, das sich nicht als der Ausdruck der einzigen Wahrheit, jedoch als unbedingt wahr weiß, *ein Fordern in der Objektivität der Gesellschaft zu entwickeln* möglich sei, ist nach den gewonnenen Unterscheidungen zu antworten:

Im Blick auf das Ganze der Gesellschaft ist nicht das Wissen des Ganzen und daraus die Technik des Machens und Erreichens allein maßgebend, sondern diese erst, wenn sie *im Dienst jeweiliger Unbedingtheit* einen *geschichtlich* gegenwärtigen Weg erhellen.

Das Unbedingte bloßen Daseins in vitalen Machtinteressen ist äußerlich sichtbar und objektiv auszusagen, wenn es sich selbst auch durchweg um seine Verschleierung bemüht. Die existentielle Unbedingtheit aber, die sich in Ideen bewußt wird, ist einer adäquaten objektiven Aussage unfähig. Während das Unbedingte bloßen Daseins aber Ursprung der Sophistik wird, wenn es nicht in zynischem Positivismus verharrt, wird diese existentielle Unbedingtheit *Ursprung von Staats- und Rechtsphilosophie*. Diese jedoch kann allerdings nicht aus einem eindeutig durchschauten Ganzen das Fordern in der Gesellschaft systematisch in einem allumfassenden Zusammenhang entwickeln. Die Philosophie bleibt auch hier Erhellung eines Daseins als geschichtliche Erscheinung der Existenz:

Erstens: Diesem Philosophieren ist *ein Ganzes* der Gesellschaft überhaupt, wie sie sein soll, *nicht zugänglich*. Es findet sich in einer bestimmten Gesellschaft und, wieweit auch in der Weltorientierung historisches und soziologisches Erkennen reicht, es bleiben unübersehbare Möglichkeiten. Daher *wartet* dieses Philosophieren *auf das Andere*, durch das es *in seiner Erscheinung ergänzt* und korrigiert werden kann, und auf das Andere, das sein *absoluter Gegner* ist: und dieser ist stets der, welcher ein Ganzes für das allein Wahre und das Allgemeingültige hält, sei es eine Kirche, die außerhalb ihrer selbst kein Heil kennt, weil sie ausschließend sich allein für Wahrheit hält, sei es ein Marxismus, der im Kleide soziologischer Wissenschaft den allein richtigen Weg kennt, zu dem er alle Menschen gewaltsam zwingen will, seien es andere autoritative Ansprüche.

Zweitens: was *in der geschichtlichen Lage gewollt* werden soll, als Forderung zu entwerfen, ist Bedingung, um überhaupt sinnvoll handeln zu können. Dieses Fordern dann *systematisch* zu entwickeln, wenn auch nie zum Abschluß zu bringen, da in ihm selbst notwendig unlösbare Schwierigkeiten und Brüche bleiben, ist für Philosophieren jederzeit eine Aufgabe.

Drittens: Dieses Philosophieren besteht nicht in dem Entwurf der Pläne und Techniken, welcher vielmehr Aufgabe spezieller Sachkunde ist, sondern in dem *Erhellen der Ideen,* aus denen heraus der substantielle Gehalt in der Objektivität der Gesellschaft und ihrer Verwirklichung in der Subjektivität bewußt wird, und ohne den alle Technik sinnlos wäre.

Die Ideen sind die der konkreten Berufe, der Institutionen, der Volksgemeinschaft, dieses bestimmten Staats mit den natürlichen und historischen Gegebenheiten seiner Weltlage. Jede Idee wird die Erhellung der Selbstverwirklichung einer Welt.

Wo etwa die Idee des Arztes verloren ist, werden die Bedingungen dieses nun zu bloßer Technik gewordenen Berufes in der Gesellschaft zufällig bestimmt aus heterogenen Interessen, die seine Substanz vollends ruinieren. Ebenso ergeht es allen Berufen, denen ein Selbstzweck als das Ganze eines Daseins in seiner dienenden Funktion eigen ist; denn Leistungen können nicht durch Arbeitsauftrag berechnet und erzwungen werden, sondern erwachsen aus dem für sich selbst verantwortlichen Antrieb des die Berufsidee tragenden Einzelnen (so auch beim Lehrer, Richter, Verwaltungsbeamten, Pfarrer, Unternehmer usw.). Nur solche Berufe sind, weil den *ganzen* Menschen ergreifend, auch eigentlich menschenwürdig, andere, welche nur eine partikulare Tätigkeit bis zur Ermüdung als ein Abarbeiten bloßer Quantität beanspruchen, bleiben die unausweichliche Schuld des Menschendaseins gegen sich selbst. Ideen sind die Substanz und die alle verstandesmäßige Berechnung *lenkende* Führung in den Institutionen, wie Universität, Schule, schaffenden Unternehmungen; ohne Ideen wird alles zum Betrieb in hoffnungsloser Eintönigkeit und sinnloser Gefahr. Idee ist die geschichtliche Substanz eines Staates, durch die er Kontinuität eines Willens und Schicksal hat.

Doch Ideen sind nicht rein objektiv, sondern entweder subjektiv die *Kräfte* wirklichen Daseins oder objektiv werdend *in Erhellungen* durch Entwürfe des Tuns und im Appell durch indirekte Mitteilung. *Teilnahme an Ideen* ist erfülltes Dasein in gesellschaftlicher Objektivität. Aus der Idee entspringen erst sinnvolle Forderungen, die an diesem geschichtlichen Platz und in diesem Beruf unbedingte und damit wahre sind. Da aber die Idee nie Gegenstand ist, den man endgültig besitzt, da ferner viele Ideen in der Gesellschaft wirklich sind, so ist das Fordern selbst eine Bewegung, in sich und durch Konflikt mit anderen Ideen, die sich in ihren materiellen Daseinsbedingungen in Zeit und Raum stoßen.

Jedes Fordern hat eine einende Macht. Es verbindet *technisch* zu gemeinsamem Plan, *ideell* in der Substanz der Idee, *existentiell* in der Kommunikation der Einzelnen. Die *technische* Verbindung ist bei der Voraussetzung eines gemeinschaftlichen Wollens durchsichtig vermöge des sachlichen Verstehens aus dem Bewußtsein überhaupt. Die *ideelle* Verbindung ist selbst schon die Gemeinschaft eines sich in der Zeit bewegenden Ganzen. Die *existentielle* Verbindung muß am Ursprung wahrhaftig und wirklich sein, da von ihr jede andere getragen werden muß.

Alles Fordern wird zum Kampf mit anderem Fordern, da der *Kampf* für jedes Weltdasein eine Grenze ist, von der her es in Frage gestellt wird. Da das *Scheitern* über Wahrheit und Ursprung nichts beweist und der *Sieg* in seinem Sinn fraglich bleibt, weil ich nicht weiß, es sogar nach allen geschichtlichen Erfahrungen bezweifle und eher verneine, ob Erfolg auch stets bei der Wahrheit und dem Besseren sei, so erweckt der Kampf auch die Scheidung von Welt als Weltlichkeit und Transzendenz, in der alles Rechtsein entspringen muß. *Fordern heißt* darum: In der Welt dasjenige auszusprechen, was getan werden muß, damit im Kampf um das Dasein der Mensch in jeder Besonderheit der gesellschaftlichen Möglichkeit die Daseinsgestalt gewinnt, welche am entschiedensten des Menschen würdig ist, weil er in ihr seines eingeborenen Wesens in seiner transzendenten Bezogenheit innewerden kann. Es ist zu fordern, daß diejenigen Menschen leben, die den höchsten Adel zur Erscheinung bringen, und daß alles getan wird, jeder menschlichen Daseinssituation die Möglichkeit menschlichen Adels zu verschaffen.

Diese Wirklichkeit wollen, bedeutet: in geschichtlichen Situationen dem Kampf nicht ausweichen dürfen, das Scheitern wagen zu müssen, aber so, daß grade die Wirklichkeit und das Nichtscheitern gewollt wird. Für das Scheitern fällt die ganze Verantwortung auf den Wagenden, die nur dann, wenn sie echt war, ihn schließlich in der Möglichkeit und Wirklichkeit des Scheiterns ein Anderes transzendent offenbaren läßt.

Aus *immanentem Endzweck* das eine Richtige zu begründen, ist unmöglich. Wo er in durchsichtiger Rationalität als das letzte ausgesprochen wird, und doch der restlose Einsatz des Menschen dafür erfolgt, ist eine andere, noch verdeckte Transzendenz wirksam, ohne verstanden zu werden. Was gelten soll in der Welt, muß als Unbedingtes außerhalb der Weltlichkeit seinen Ursprung haben.

Daher ist eine wirkliche Begründung des Forderns in Staat und Gesellschaft nur in bezug auf *Transzendenz* möglich. Rein immanent bleiben kann die sachliche Prägnanz der Technik juristischen Denkens in der Auffassung der Tatbestände, auch die Erfassung der Mittel zu Sicherung und Schutz. Aber wo das *Staatsbewußtsein* und das *Recht als Form des Gehalts unserer Gemeinschaft* seinen *Grund* hat, ist es weder allgemeingültig noch aus der Welt herzuleiten.

Während aber Religion eindeutige Bestimmungen des Forderns in der Welt treffen kann, hat das Philosophieren nicht abzuleiten, was das allein Richtige ist, sondern zunächst in der Unbedingtheit staatlichen Handelns und dem Ursprung der Rechtssätze die Transzendenz überhaupt fühlbar zu machen, und dann in seiner geschichtlichen Situation das ihm Wahre zu erhellen.

B. Die Spannung zwischen dem Einzelnen und der Objektivität der Gesellschaft

Der zufällige Eigenwille vitaler Interessen führt das Individuum in den begehrlichen Kampf, in Genuß und Bequemlichkeit und dann in den Zerstörungswillen und den Haß gegen das Dasein seiner selbst und der Anderen; er verzehrt sich in leerer Subjektivität. Aber auch die Objektivität der Gesellschaft, zumal als Staat mit dem Glanze eines Ansichbestehens ausgestattet, entartet als sich isolierende Objektivität in jedem Augenblick.

Da die Objektivität der Gesellschaft nicht das Wahre als Bestand in sich ist, sondern nur in der Befriedigung der Subjektivität wird, die sich in ihr findet, da aber wiederum Subjektivität und Objektivität in der Gesellschaft kein Ganzes werden, das sich in sich schließt, so bleibt eine *Spannung* zwischen dem Einzelnen und dem Ganzen der Gesellschaft. Subjektivität und Objektivität sehen die Wahrheit in Gestalt des Einzelnen gegen sich auftreten.

Der Einzelne wird ein erfülltes Selbstsein zwar nur, wenn er in der Gesellschaft steht, in der er identisch wird mit einer Idee, aber auch nur dann, wenn er die in keine Gesellschaft auflösbare Unabhängigkeit bewahrt. Der sich isolierende Einzelne fällt ins Nichts, jedoch auch der in die Allgemeinheit der gesellschaftlichen Objektivität und Subjektivität Verlorene:

1. Karitas und Liebe. — Da der Mensch nicht nur im Kampf, sondern auch in *gegenseitiger Hilfe* lebt, hat diese Hilfe eine jederzeit

in der Gesellschaft durch Sitten und Einrichtungen in ihren Grenzen unbestimmte Regelmäßigkeit. Hilfe hat zwei heterogene Ursprünge:

Ich helfe diesem bestimmten Menschen, weil ich ihn *liebe* in seinem Wesen und seiner Möglichkeit als diesen für mich *unvertretbaren Einzelnen.* Ich sehe ihn in der Rangordnung der Wesen, ohne diese Rangordnung zu objektivieren und ihm etwa einen Ort zu bestimmen. Ich wende mich innerlich an das eigentliche Selbst in ihm, helfe nicht nach allgemeinen ethischen Sätzen aus Pflicht nach einer Theorie, sondern weil ich offen bin für diese Seele. Das Materielle des Helfens ist nur Folge der zufälligen Situation. Ich bleibe auf gleichem Niveau, handle nicht als der Überlegene, sondern aus der Selbstverständlichkeit der Liebe, aus der ich nur in matten Augenblicken mich mir selbst als Sollen gegenüberstelle.

Anders ist es, wenn man *ohne* Ansehen der Person *jedem* Menschen als Nächstem hilft, der zufällig in den Situationen begegnet. Dieses Helfen ist unbedingt nur bei dem Heiligen, der, alles wegschenkend, sich selbst als Weltdasein aufgibt und nur lebt, solange Zufall und die Hilfe anderer für ihn es zulassen; das faktische Dasein aber fordert Festhalten des Eigenwillens zum Leben und damit notwendig Raumbeschränkung für anderes Leben. Die Hilfe gegen die Benachteiligten ist dann relativ. *Karitas* heißt im Unterschied von der Liebe die Haltung des Helfens ohne Nähe des eigenen Selbstseins zum Selbstsein des Anderen, bei ungleichem Niveau und bei mangelnder Unbedingtheit.

Die *Motive der Karitas* sind mannigfach:

Das Bewußtsein der ausnahmslosen *Daseinsschuld* aller drängt zum ausgleichenden Handeln; die Hilfe ist wie ein fortdauerndes Tilgen der Schuld, ohne die Schuld zu verringern.

Wer Hilfe leistet ist sich bewußt, daß *auch* er in solche Lage hätte kommen können oder noch kommen kann.

Beweggrund der Hilfe ist ferner ein *Genießen des Wohltuns* in der eigenen Überlegenheit, der Selbstgenuß der Gefühle des Erbarmens und des Mitleids und der Lust an der von mir verursachten Freude des Anderen, an den kleinen Freundlichkeiten bei eigenem guten Befinden je nach Neigung, und an der Überraschung und Dankbarkeit des Anderen.

Karitas kann sich am lebhaftesten in Situationen vordrängen, wo der Helfende grade der *aktiven Liebe* ausweichen will, die ihn durch wirkliche Suspension des Eigenwillens in die restlose Offenbarkeit eigentlicher Freundschaft brächte; er wagt nicht, ihm selbst dunkel, in der Liebe zu gemeinsamem Aufschwung zu kommen. Darum ist es möglich, daß extensive Karitas mit Härte des Herzens und egozentrischem Machtwillen einhergeht und daß sie versagt, wo es gilt, liebend in der Rangordnung des Daseins den Adel nicht zu verraten gegen die rational endlos zu rechtfertigende bloße Leistungsfähigkeit und Moralität des Gemeinen.

Ferner entspringt Karitas einer *Sentimentalität*, welche Bewegungen des eigenen Herzens, aber ohne Erschütterung sucht. Die heftigen Gemütsbewegungen, die doch den Kern des eigenen und fremden Seins gar nicht berühren, werden wie ein Ersatz wirklichen Lebens. Ein *Drang zum Elend* macht diejenigen, denen geholfen wird, zum Reiz, der anzieht und abstößt, aber eigentlich unwirklich bleibt. Die Rolle der *Bettler* ist in der Geschichte daher eine vieldeutige gewesen. Der Bettel ist *verworfen* worden, sowohl weil die Neigung zum Geben in ihren möglichen Wurzeln erkannt wurde als auch im Interesse der Hilfsbedürftigen, denen nach Recht und Regel, nicht nach Laune und Zufall, zukommen soll, was ihnen gebührt. Aber der Bettel ist auch *gepflegt* worden im Interesse der Durchschnittlichkeit des Menschen, der sein Erbarmen ohne eine ihn bedrückende Leistung genießen will.

Liebe zeigt sich nicht in Affekten des Mitleids, des Bedauerns und Tröstens, diesen Funktionen bloßen Leidens oder der Lieblosigkeit, sondern in der daseinsnahen Vertiefung jeder herantretenden besonderen Situation aus der Innerlichkeit, der der Verstand nur dient, und dann in dem nie restlos begründbaren eigentlich helfenden Handeln, bei dem mit kühler Seele zuverlässig und in kontinuierlicher Treue geschieht, was für das eigentliche Sein des Anderen materiell möglich ist. Das kann nur, wer der Möglichkeit nach oder wirklich in Grenzsituationen steht.

Ist *Karitas* helfendes Tun nach *allgemeinen* Kategorien, blind gegen die Besonderheit des Wesens, messend, abwägend und richtend nach moralischen Allgemeinheiten, so ist sie ohne Liebe. In der Karitas ist die Möglichkeit einer *anderen Liebe* zum Menschen überhaupt, die in ihrer eigentlichen Kraft auch das Vergleichen, Abwägen und Messen gänzlich fallen läßt und wie die Sonne über alles, über Blumen und Kehricht, scheint. Jedem Nächsten, möglichst vielen, allen soll geholfen werden. Diese Karitas kann zu einem in der *sozialen Objektivität* wirksamen Impuls werden. Was für das Leben der Gesellschaft mit zunehmender Verwicklung zur bloßen *Erhaltung der Ordnung* der

Massen immer notwendiger wird, hat hier auf subjektivem Boden einen Ursprung des Wollens. Die Lebensmöglichkeiten der Masse bedürfen eines organisatorischen Aufbaus zur Sicherung gegen Arbeitslosigkeit, Krankheit, Invalidität, zur Hilfe und Versorgung für Irrgehende und Verwahrloste. Die Gesellschaft kann nur bestehen, wenn die Menschen, welche in Verzweiflung alles ruinieren möchten, in solcher Minorität sind, daß die öffentliche Gewalt als Funktion des Durchschnittlichen ihrer stets Herr werden kann. Die Gesellschaft besteht nur bei einer relativen Zufriedenheit der Mehrzahl, die nicht verzweifeln darf, sondern mindestens Hoffnung und Chance und ein Minimum gegenwärtiger Daseinsfreude haben muß. Daher hat die sozial gewordene Karitas auch die Tendenz: was als Elend größere Gruppen befällt, dafür wird unpersönlich gesorgt. Das Seltene und Eigentümliche im Unglück Einzelner wird von dieser Fürsorge nicht getroffen. Man kann den einzelnen Unglücklichen hassen, während man ihm, wenn er in Mengen auftritt, hilft.

Die soziale Objektivität der Karitas geht zwei Wege. Als *kirchliche* Wirklichkeit bleibt sie in ihrem Sinn Karitas als der Ausfluß einer Solidarität aller Menschen. Als *staatliche* Wirklichkeit wird sie zu einer Organisation von Rechten und Pflichten.

Die Objektivität der Hilfe in Fürsorge und Versicherungseinrichtungen wird *seelenlos* als eine Funktion der Bürokratie und ihres Mechanismus. Als solche hat sie den Bezug auf den Ursprung der Menschenliebe verloren. Der Mechanismus der weltlichen Einrichtung *erfüllt* die durch Gesetz festgelegten Rechtsansprüche, und er *gewährt* darüber hinaus nach dem Maße seiner finanziellen Kraft, was sachlich notwendig erscheint. Dabei wird erwartet, daß der Leerausgehende die Ablehnung aus sozialer Solidarität billigt, obwohl die sachliche Berechtigung seines Anspruchs bestehen bleibt.

Es ist verständlich, daß heute die karitativen Unternehmungen von kirchlicher Seite echter erscheinen als staatliche und kommunale. Da es überall auf die Menschen ankommt, die beruflich die Ansprüche der Einzelnen hören, die Hilfsmittel vergeben und versagen, so ist es begreiflich, daß unter kirchlich Gläubigen der Sinn für das Eigentliche unbedingter, das Gewissen das empfindlichere, das Erbarmen das ursprünglichere sein kann, während das weltliche Beamtentum zum Mechanismus drängt, sofern nicht hier der Einzelne aus seinem Glauben, der sich nur im freien Philosophieren klar wird, schafft, was diese Gemeinschaftsatmosphäre von sich aus nicht gibt.

Keine objektive Organisation vermag als solche der helfenden Liebe und der Bedürftigkeit des Selbstseins nach Hilfe zu verschaffen, was sie *eigentlich* wollen. Was der Einzelne dem Einzelnen gibt und von ihm nimmt, muß sich in der Objektivität und oft auch gegen sie erst Raum schaffen. Rechtliche Verpflichtung zu Leistungen gibt partikulare Berechenbarkeiten, Erbarmen eine Hilfe, die zugleich kränkt; weder Rechtsanspruch noch Aussicht auf Erbarmen können hervorbringen, was die im Medium materiellen Tuns wirksame Liebe will: den Raum für menschlichen Adel, der erst in der Solidarität erwächst, welche nicht nur äußerlich abmißt, sondern innerlich eins macht im gemeinsamen Anspruch an Niveau, Offenheit, Klarheit, Bereitschaft zu Beschränkung und Dienst.

2. Öffentliche Meinung und Existenz. — Die Objektivität der Gesellschaft gibt sich kund als ein Allgemeines an Meinungen, welche sich nicht zur Diskussion stellen. Es sind die Selbstverständlichkeiten an Regeln, Maßstäben und Urteilen, die ungewußt bleiben, weil sie gar nicht in Frage gestellt sind. Wo sie ausgesprochen und damit fragwürdig geworden sind, bleiben sie noch zum Teil als eine unbestimmt abgegrenzte Summe von Stellungnahmen, die, wenn sie auftauchen, von jedermann erwartet und überall sofort zugegeben werden. Sind sie gewußt, so ist allerdings kein Verlaß auf sie im Sinne der Berechenbarkeit, denn sie werden auch plötzlich einmal verweigert. Durchweg zugegeben, sind sie doch nur in unbestimmtem Maße wirksam; denn sie sind *der Schleier der Objektivität der Gesellschaft*, hinter dem jeder Einzelne sich versteckend sein Eigenes tut.

Diese Selbstverständlichkeiten wandeln sich. Sie modifizieren sich zu besonderen Gestaltungen; als allgemeine für die gesamte Menschheit bestehen sie nur in abstrakter Verdünnung. Unwillkürlich vollzieht sich statt dessen die anspruchsvolle Steigerung des spezifisch eigenen Wesens einer dauernd zusammenhaltenden Menschengruppe zum vermeintlich Allgemeinmenschlichen. In dieser Gruppe geschehen die Handlungen und Auffassungen scheinbar auf einer Ebene des Gemeinschaftlichen, wenn sie in die Öffentlichkeit treten. Wer daher vor diesem Normalen schwankend bleibt, durch sein Tun und Sein abweicht, muß als Folge erfahren, daß er fremd und unerwünschtes Glied, verlassen und schließlich ausgeschieden wird. Aber die Berührung in dieser Objektivität, deren Verletzung so gefahrvoll ist, ist doch ganz oberflächlich für das Selbstsein. Während existentiell der Einzelne mit dem Einzelnen und der Einzelne mit der Idee aus seinem

386

Grunde sich berührt, besteht hier nur das Gemeinsame als das Übereinstimmende, das sich notwendig auf das durchschnittlich zu Erwartende, von Eigenschaften dieser Masse Bestimmte bezieht. Vom Standpunkt des Beobachters ist es die Abgeschliffenheit einer besonderen Menschengesellschaft als das Resultat der Reibungen von wirklichem Dasein, in dem nur erhalten blieb, was allen zugänglich und zugleich bequem war, um das Zusammenleben reibungsloser zu machen. Diese Durchschnittlichkeit und Abgeschliffenheit ist für die Beteiligten die Objektivität ihres gesellschaftlichen Daseins und für sie gültig.

Die Objektivität dieser allgemeinen Meinung ist notwendig für den *Bestand* der Gesellschaft. Die Formen des *Verdeckens* sind Bedingung, um eine Friedlichkeit, wenn auch nur in Grenzen und für Zeit, herzustellen.

So sind z. B. die *Umgangsformen* der Ausdruck einer Haltung, als ob jeder jedem zu helfen gewillt sei, als ob man nur diene und nachgebe, als ob man stets zufrieden und heiter sei. So ist man in reibungslosem Miteinander, aber ohne eigentliche Befriedigung. Diese Freundlichkeit und Hilfe ist ohne Gewicht. Sie schafft aber die Atmosphäre, in der Roheit gebändigt, Eigenwille verborgen wird und das Selbstsein sich verschließt.

Es gilt ferner überall, daß die *Allgemeinheit* den *Vorrang* vor dem Einzelnen habe. Das Allgemeine ist der Götze, dem zwar niemand mit wirklichem Enthusiasmus anhängt, der aber jede Eigenheit zu der für den objektiven Bestand der Gesellschaft notwendigen Gleichförmigkeit nivelliert. Darum wird jedes Sichopfern, jedes Wegschenken, jeder Akt, in dem jemand sein Selbstsein aufgibt, und je drastischer es sichtbar ist, desto mehr verherrlicht. Es gilt ferner alles Kompromißwesen, weil es Frieden schafft. Solche Selbstverständlichkeiten des Instinkts, in ihrer Formulierung immer schon zu bestimmt, sind eine *anonyme Macht*.

Diese Objektivität ist als solche ein bloßes Medium des Daseins, in dem alle sich bewegen und ausgleichen. Solange die Selbstverständlichkeiten noch die objektiven *Ausläufer* einer *substantiellen Idee* sind, in welcher Menschen sich finden, kann die Identifizierung des Einzelnen mit der Objektivität sich rein vollziehen. Dann ist Objektivität nicht nur Schleier, sondern wird die organische Haut als Äußerlichkeit des eigentlichen Seins. Wenn aber die Idee erstorben ist, werden die Objektivitäten zu *Spielregeln* der Gesellschaft. Es ist dann die Forderung für die Existenz im Dasein, wenn sie sich verwirklichen will, mit diesen

Spielregeln zu arbeiten. Denn Dasein ist in Gesellschaft nicht mehr ein Ganzes aus wenigen Existenzen in ihrer Kommunikation, sondern eine Ordnung von Massen, Interessen, Organisationen, innerhalb deren jeder Einzelne die Möglichkeit zur Kommunikation als bloßes Glied der Gesellschaft, aber noch nicht deren Wirklichkeit ist. Existenz assimiliert daher, doch widerstrebend und versagend, diese Regeln, die sie in dem so gewordenen Dasein als seine gegenwärtig unerläßlichen Bedingungen anerkennt. Sie haben einen technischen, keinen substantiellen Ernst. Es ist nur die Frage, wo die Spielregeln zu ergreifen, wo dagegen und wie sie zu durchbrechen sind. Denn stets ist für Existenz die Gefahr der Verwandlung des Daseins zum Dasein in Gesellschaft als einem statischen Leben in der Ordnung des Äußeren; so aber würden Menschen Sandkörner und verlören ihr Selbstsein.

Der Durchbruch des gesellschaftlichen Schleiers erfolgt aus zwei Ursprüngen: aus dem *Eigenwillen* des empirisch-vitalen Einzeldaseins und aus der möglichen *Existenz:*

Der selbstische *Eigenwille* fühlt sich nur gezwungen und im Grunde zu nichts verpflichtet. Er gehorcht den Regeln, solange er wegen seiner Ohnmacht keine Chance hat, sie ohne Gefahr des Untergangs zu verletzen. Er bedient sich der Regeln und betont sie sogar von sich aus, um jede Gelegenheit zu ergreifen, hinter ihnen rücksichtslos das Eigene zu fördern. Er beschränkt die Vergewaltigung der Regeln auf entscheidende Augenblicke, welche möglichst nicht öffentlich sichtbar werden sollen. Nur der nächsten Umgebung wird vielleicht fühlbar, wie er jedes Gesetz durchbricht, während er sich sonst in der Geselligkeit restlos verbirgt. Daß die Wirklichkeit der menschlichen Beziehungen nur ein pazifizierter Kampf aller gegen alle sei und daß letzthin der Eigenwille des Einzelnen rücksichtslos entscheide, ist immer wieder aus solchem Aspekt gesehen worden. Daß in der Masse diese Wirklichkeit die vorwiegende ist, kann kaum bezweifelt werden; ebensowenig, daß trotzdem das Maß von wirklichen Opfern, von Rücksicht und Verzicht, von echter Geselligkeit, von Schenken und Dankbarkeit, von stillschweigendem Fördern und von Suchen des eigenen geistigen Gegners ein außerordentliches ist, nur daß dies alles nie ausreicht, die Ordnung einer Gesellschaft zu bestimmen, da es nicht das regelmäßig zu Erwartende ist.

Der Durchbruch hat seinen anderen Ursprung in *möglicher Existenz*. Im Schleier zu leben ist so viel wie *nicht* sein. Wo immer Existenz zu sich kommt, in jeder Kommunikation, in jeder unbedingten

Handlung, wird er durchbrochen. Aber wie der selbstische Eigenwille sucht auch Existenz den Durchbruch zu verdecken. Allein für Existenz möchte sie sichtbar sein; denn der Öffentlichkeit des Allgemeinen kann sie nur im Medium des Allgemeinen gegenübertreten. Was sie will, nimmt objektiviert zwar die Gestalt einer für alle zugänglichen, allgemeingültigen Forderung an; denn Existenz kleidet ihren Dienst in den Sinn des Sorgens um das Dasein aller. Aber sie will es nicht täuschend, sondern weil es ihr unbestimmt bleibt, wo mögliche Existenz aufhört; denn zuletzt dient Existenz grade darum dem Ganzen, um Existenzen die Hand zu reichen oder sie möglich zu machen. So in steter Spannung mit den Objektivitäten der Gesellschaft als den allgemein und instinktiv anerkannten Selbstverständlichkeiten macht mögliche Existenz diese in den äußersten Polen einerseits zu bloßen Spielregeln, in denen jede Täuschung möglich ist, und andererseits zu ihrer eigenen Objektivität, mit der sie in ihrer Subjektivität identisch wird.

Wird aber der *Allgemeinheit* der Menge das *Eigendasein* als selbstischer Eigenwille oder als mögliche Existenz *fühlbar*, so sind beide ihre Feinde, die sie vernichten will; mehr aber noch die Existenz. Weit eher erträgt die Menge den egoistischen Eigenwillen, weil ihn ein jeder in sich gegenwärtig fühlt in stillschweigend kongruierender Solidarität, um ihn nur, wo er sich als zu dreist zeigt, in die Schranken zu verweisen. Aber die selbstmächtige unabhängige Existenz wird von der Menge, die sich scheinbar rechtfertigt in einem Nebel von Sachlichkeit, wie der Todfeind eigenen Daseins bekämpft; vor der Existenz scheinen sich zu fürchten, die diese Möglichkeit in sich selbst ahnen und nicht wollen.

3. Die objektive Institution und der Einzelne als Ketzer. — Was die instinktive Meinung aller ist, das gewinnt Macht in den öffentlichen Institutionen der Gesellschaft.

Die *objektive Institution* schließt ein den zur Realisierung von Zwecken notwendigen *rationalen Apparat*. Sie ist, wenn sie mehr ist, in ihren persönlichen Trägern beseelt von dem Geist eines Ganzen, das in keinem nennbaren Zweck aufgeht. Die staatlichen und kirchlichen Körper und die vielen kleinen Körperschaften, die mit diesen und durch sie leben, sind aus ursprünglichen Ideen im Kampf mit den Daseinsnotwendigkeiten erwachsen.

Jedoch bleibt in jedem gesellschaftlichen Gebilde die *Spannung*. Weder der Wille der Idee noch die Rationalität zweckmäßiger Einrichtungen läßt mit Sicherheit dem Einzelnen sein Sein.

Historisch wird die Spannung darin sichtbar, daß die Kirchengeschichte begleitet ist von einer *Ketzergeschichte*, die Geschichte der Staaten von der Geschichte der *Abtrünnigen* und *Hochverräter.* Wollte jemand meinen, dies sei nur der Ausdruck für das immerwährende Dasein minderwertiger, egoistischer und verbrecherischer Menschen, so ist darauf zu verweisen, daß diese Stigmatisierung stets nur die zeitgenössische Auffassung der herrschenden Mächte ist oder einer die Legitimität der eigenen Vergangenheit begründenden Argumentation. Daß die *Ketzer*geschichte zu gutem Teil eine Geschichte der Wahrheit sei, von Menschen, die aus ursprünglicher Existenz heroisch für ihre Wahrheit alles litten, ist seit Jahrhunderten bewußt geworden. Daß neben der Kirchengeschichte auch eine friedliche Geschichte der Mystiker, von einzelnen, je vorübergehenden Freundschaften einhergeht, die sich nicht zu soziologisch-historischer Wirkung vereinigten, ist ein weiteres Kennzeichen für das in immer neuen Formen eintretende *Ungenügen* an jeweiligen *Institutionen.* Die *staatlichen Verbrecher* aber haben nicht selten den für sie wahren Staat, das eigentlich Vaterländische, oder die höheren Interessen des Menschen als Existenz gewollt gegen augenblickliche Interessen derer, die im bloßen Besitz der Macht waren. Diese Gegner wurden entweder die schöpferischen Führer des Ganzen, hatten Erfolg und begründeten neue Institutionen, von denen aus dann die eigenen Anfänge im Prinzip nicht mehr begreiflich waren; oder sie verschwanden und lebten in der Erinnerung als Ketzer und Abtrünnige, wenn sie nicht als heroische Gestalten verstanden wurden, in deren Anblick spätere Existenz Mut zu sich selbst bekommt.

Die zweifache Tendenz in der Spannung ist unüberwindbar; die drohende Alleinherrschaft der einen ruft die andere um so leidenschaftlicher hervor: die Tendenz, aus der Idee objektiven Seins eines Ganzen die Institution und ihre Ordnung, ihren Apparat und ihren geistigen Gehalt zu pflegen und hingegeben an dieses Ganze darin als Glied aufzugehen; und die entgegengesetzte Tendenz, die Freiheit des Einzelnen nicht nur zu schützen, sondern in der Existenz als Einzelner die letzte Erfüllung des Daseins in dieser Welt in bezug auf Transzendenz zu suchen.

Daß die Pflege der objektiven Ideen und ihrer Institution Weg und *Beruf* zunächst für *jeden* ist, kann der Existenzphilosophie ebensowenig zweifelhaft sein, als daß im *Konfliktsfall* die Existenz als solche den *Vorrang* hat. Das Bild einer Synthese von objektiver Weltangemessenheit und der Möglichkeit eines Lebens der Existenz in ihr ist ein immer nur vorübergehendes; in einem Individuum realisiert, bleibt es doch im Ganzen Utopie. Aus der Synthese wird Kampf, wenn die Frage nach dem Vorrang im Konfliktsfall auftaucht. Dann wird die Menge immer auf seiten der von Existenz durchbrochenen Idee oder der der Idee beraubten Allgemeinheiten stehen, nur wenige aber auf seiten der Existenz. Dieser Kampf gehört notwendig zum Dasein des Einzelnen in der menschlichen Gesellschaft. Ohne diese Gefahr ist kein Ernst im Leben. Dieser Kampf kann still und in der Seele des Einzelnen bleiben; er kann zermürben im Zwiespalt; er kann zu lebendiger Lösung gegenwärtiger Situation führen; er kann erlahmen, so daß ein jeweils äußerlich angepaßtes existenzloses Dasein in zynischem Sonderwillen und hohler Weltläufigkeit möglich wird; es kann sich schließlich ein leerer, existenzloser Kampf aus verbrecherischem Trotz des Einzelnen oder aus doktrinärem Fanatismus des als Glied eines Ganzen verlorenen Menschen entwickeln.

Was ein Ketzer ist, wandelt sich historisch. Jede Zeit hat ihre spezifische Intoleranz, während sie vergangene Ketzer als ihre Ahnen verherrlichen kann. Würde der kirchliche Ketzer der Vergangenheit sich dahin kennzeichnen, daß er sagt, ihm gehe, wenn Gott in der Seele spreche — und er selbst allein könne entscheiden, ob Gott spricht —, diese Stimme allen kirchlichen Geboten vor, so gibt es auch Ketzer in den Zeiten, die sich völliger Toleranz und Freiheit rühmen. Ein unwahres, nicht mehr ursprüngliches Wissenschaftsbewußtsein etwa würde die Universität ideenlos werden lassen und sich ketzerrichterlich zu allererst gegen Existenz wenden; bei Habilitationen und Berufungen würde die Auslese, statt durch die Solidarität auch der sich fernsten geistigen Existenz vielmehr durch die sich selbst ergänzende glanzlose Durchschnittlichkeit unter Bezug auf Objektivität von Fächern und auf wohlfeile wissenschaftliche Weltanschauung unter Ausschluß eigenständigen Geistes erfolgen und den stillen Niedergang bewirken. Jederzeit ist die Frage, wo die Opfer sind, auf welche sich der Haß der in ihrer Wurzel sich getroffen fühlenden Objektivität der Menge wendet.

Die *Einwände* von der Art, daß wenn man dem Ketzer Gottes Stimme in seiner Seele zugebe, in der Welt keine Ordnung möglich sei, oder sich dann jeder auf Gottes Stimme berufen könnte, oder daß es unmöglich sei, ohne beratende Autorität Gottes Stimme von der des Teufels zu unterscheiden, und entsprechende Umformung solcher Einwände in rationalistischen Zeiten wollen beweisen, was unbeweisbar ist. Ordnung in der Welt ist ein utilitaristischer Gedanke, der erst durch den Gehalt der Ordnung einen Sinn hat. Aber Gottes Stimme als Argument anführen, ist sinnlos auch für den Ketzer. Für ihn handelt es sich darum, mit seinem Dasein für diese Stimme einzustehen. Und der historische Blick muß anerkennen, daß glaubende Menschen, die ihr ganzes Dasein einsetzten, auch *gegen*einander gekämpft haben. Der Einzelne, der als Einzelner die Wahrheit überhaupt sein möchte, stößt an *andere Wahrheit*, sei diese die einzelne andere Existenz oder Gestalt einer übermächtigen Institution, die getragen ist von der Masse als möglichen Existenzen, welche sich in Identität mit dieser Objektivität gefunden haben.

Aus der Existenzphilosophie besteht notwendig eine *Neigung* zu jenen Menschen, denen die Wahl eigener Existenz und ihrer Wahrheit zu unbedingtem Ernst wurde, zu den *Ketzern* oder den Einzelnen; zu denen, die in Treue zu sich selbst und ihren Freunden, im Enthusiasmus der Liebe, im Blick auf ihre Transzendenz im geschichtlichen Verschwinden ihr Dasein erfüllten; sie blieben unwirksam, was die Gesamtordnungen der Gesellschaft angeht. Aus dieser Philosophie muß es zwar sinnwidrig sein, gegen die Institutionen, deren Notwendigkeit sie ja vielmehr relativ bejaht, andere Institutionen stellen zu wollen, die nur dieselben Mängel wiederholen, aber keinen neuen Gehalt bringen könnten. Aber Existenzphilosophie hat das Bewußtsein freizuhalten für Möglichkeiten, sie hat Raum zu fordern, und zu sorgen, daß die Spannung nicht verlorengehe.

Existenz *bejaht* von sich aus das Dasein der Institutionen, weil sie für sie selbst unentbehrlich sind. Als Zeitdasein kommt sie ohne sie nicht zu sich. Zwar kämpft Existenz in der objektiven Geschichte, der sie als der jeweils gegenwärtigen Gesellschaft überliefert ist, und in der sie nur gliedhaft mitwirkt, um ihre *Unabhängigkeit;* denn Freiheit in der Gesellschaft fällt ihr nie zu, als könnte sie für immer garantiert sein. Aber Existenz, dem sich verabsolutierenden Individualismus fremd bleibend, *schränkt sich selbst ein*, weil ihre Unabhängigkeit in der Gesellschaft ihr nicht das Dasein überhaupt ist. Sie respektiert das Andere, das sie zugleich als Widerstand *braucht*, als Bewährungsmöglichkeit und als Verführungsgefahr für sich und die kommenden Generationen. Freiheit als Dasein und Freiheit als Selbstsein hören auf, wo sie ohne Gefahr sind. Jede neue Existenz muß aus eigenem Ursprung, im Blick auf andere Existenzen und mit ihnen in Kommunikation, die Freiheit gewinnen. Nur als selbst gewonnene ist Freiheit.

Anspruch der Wißbarkeit vom Menschen in seiner Geschichte und persönlichen Größe

A. Ursprung und Form der Geltung des Historischen

1. Die universale Geschichtlichkeit. — Geschichtlichkeit ist objektiv und subjektiv als die absolute Unruhe der Bestandlosigkeit in der Zeit. Sie ist nicht das bloße Vergehen, als das uns das Naturgeschehen erscheint, sondern in ihr bezieht sich Gegenwart auf Vergangenes und Künftiges, um in der Kontinuität der Kommunikation das bloß Zeitliche zu durchdringen.

Geschichtlich ist die Objektivität der *Gesellschaft;* denn die je gegenwärtige Ordnung des menschlichen Daseins ist gültig als objektive nur in dieser Zeit, aber nicht als objektiv richtig in zeitloser Geltung. Sie ist auch nicht vorläufig geschichtlich, etwa, weil sie ihre rechte Form, in der sie fortbestehen könnte, noch nicht gefunden hätte, sondern wesentlich geschichtlich, weil sie diese nie erreichen kann. Aber als geschichtlich ist sie nicht nur das trostlose Stürzen zu einem nie gegebenen und nie erreichbaren Ziel, sondern darin das gegenwärtige adäquate und gültige Sein ihrer geschichtlich bewegten Ordnung.

Ohne Festigkeit als Dauer ist ferner die *Objektivität des Ethos,* etwa als das ausgesprochene der Humanitas. Es hat sein anderes Gesicht zur Zeit der Scipionen, zur Zeit der italienischen Renaissance oder im deutschen Idealismus. Wohl ist, was ethisch gemeint und getan wird, in seiner Erscheinung jeweils objektiv und absolut gültig. Die Bestandlosigkeit des Ethos ist nicht deshalb, weil es richtiger sein könnte, sondern ist im Gegenteil mit der Idee möglicher Vollendung, verkörpert in Gestalten, aber nur in *dieser* Zeit. Es scheint zwar, als müßte aller geschichtlichen Besonderheit das Allgemeinmenschliche als ein Ethos entgegengestellt werden, das von aller Geschichtlichkeit frei, überall als das Wahre emportauchen könnte; aber dieses Allgemeinmenschliche ist nur als ein formales vorstellbar, so daß im Konkreten alles erst darauf ankäme, womit es sich erfüllt. Sprechen wir vom Menschlichen, das überall zu finden sei, von der Nähe zum Menschlichen in der Geschichte, dem Abgestoßensein vom Verknöcherten und Verkrampften, Ekstatischen und Fanatischen, so ist das nichts anderes als die Nähe zur lebendigen geschichtlichen Existenz selbst, die ihre Gehalte nur immer als besondere hat.

Auch das *Wissen vom Ungeschichtlichen* als dem Dasein der Natur und zeitlos gültiger Bestände ist geschichtlich. Zwar: die Objektivität der reinen Sachen ist der Sinn dieses Wissens; in ihm ist die entschiedene Kommunikation des Bewußtseins überhaupt durch die Jahrtausende; etwas scheint restlos identisch erkannt zu werden, das Fremdeste versteht sich in dessen gemeinsamem Begreifen; die Objektivität dieses Wissens bedarf für seine Geltung keiner existentiellen Verwirklichung; der Inhalt weltorientierenden Wissens ist daher eine Objektivität an sich. Aber: die jeweilige Gegenwart dieses Wissens hat geschichtliche Gestalt; geschichtlich ist die Form, in der es zum Besitz wird, die Auswahl, aus der es interessiert, die Möglichkeit, dieses oder jenes zu entdecken. Ferner tritt der zum philosophischen Grunde seiner Probleme kommende Forscher notwendig in die Geschichte seiner Wissenschaft. Die Geschichte der Wissenschaften ist ein Glied in der Objektivität des Daseins des Menschen als seines faktischen Wissensbesitzes und als seines bewußten Wissens von seiner Geschichte.

Jedes dieser Beispiele zeigt, daß für ein betrachtendes Bewußtsein überhaupt das Geschichtliche so aussieht, als würde in ihm alles schlechthin relativ. In der Tat kann der Relativismus in seiner radikalen Unverbindlichkeit mit der Interpretation der Objektivität in existentieller Geschichtlichkeit äußerlich verwechselt werden. Absolute Geltung erscheint wie eine Illusion der jeweils Lebenden. Betrachtung, die universale Relativität erfassend, erkennt alle Objektivitäten als zu ihrer Zeit berechtigte an und denkt sich solche Berechtigung für ihre eigene Gegenwart aus, als ob auch diese schon Vergangenheit wäre, indem sie, ohne Legitimität, sagt, „was die Zeit fordere". Doch nur Existenz sieht für sich in der Objektivität, welche äußerlich historisches Objekt ist, ihr geschichtliches Dasein. Ohne Geschichtlichkeit der Existenz ist keine Geschichtlichkeit der Objektivität ihres Daseins in Gesellschaft, Gesetz und Sollen, sondern nur Historie der endlosen Relativitäten. Existenz steht als dieses Dasein, das historisch nur ein einzelnes und bestimmtes ist, in der *universalen Geschichtlichkeit* als in ihrem sie *umfassenden* und sie in sich aufnehmenden *Grunde*. Dieser ist ihr in *Gestalten der Objektivität* gegenüber, welche sie mit ihrer Subjektivität ergriffen hat und beseelt. Die Tiefe dieses Grundes ist die *Geschichte überhaupt*, die aus ihm der Existenz entgegenkommt.

Die unmittelbare Unruhe gleichgültigen Vergehens als Dasein in der Zeit löst sich also zunächst im Bewußtsein der *Objektivität*, diese aber als *Relativität* dann in der *Substantialität* des gegenwärtigen und darin zeitüberwindenden Existierens.

2. Tradition. — Da Gesellschaft ein Zusammenleben ist, dessen Formen und Gehalt durch eine Vergangenheit bestimmt sind, sich ständig wandeln, sei es unmerklich mit der Zeit, sei es in plötzlichen Krisen, ist sie nicht wie aus dem Nichts in bloßer Gegenwart, sondern durch eine Tradition. Die geschichtliche Substantialität des gesellschaftlichen Daseins ist daher in Verhältnissen der Pietät, Ehrfurcht, Unantastbarkeit gegenwärtig. In dem Maße der Auflösung der historischen Tiefendimension wird das Dasein zum nur gegenwärtigen wie von heute auf morgen, eng im Horizont und kurz in der Perspektive, atomisiert und funktionalisiert, ohne den Gehalt eines Bewußtseins, das sich auf einem Grunde weiß.

Die Tradition formt zunächst und erfüllt absichtslos die neue Generation in ihrer Kindheit; dann wird sie bewußt durch innere Beziehung auf die Geschichte als auf das Überkommene und auf die Gestalten großer Menschen. Als das gewußte und darin angeeignete Vergangene wird Geschichte der faktische Gehalt der Gegenwart, welche nur in Kontinuität mit der Vergangenheit Zukunft schafft, und damit die Objektivität menschlichen Daseins, ohne welche ich nicht zu mir komme.

3. Dokumente der Überlieferung. — Wohl hat jedes Existieren seine Transzendenz gleichsam quer zu der Richtung des in geschichtlicher Objektivität erscheinenden Daseins; auf die Ewigkeit gesehen, könnte es gleichgültig sein, ob Existenz in absoluter Verborgenheit zu ihrem Gotte steht, oder ob sie dazu noch durch Taten und Leistungen sichtbar in einem geschichtlichen Weltdasein an diesem Platz zu dieser Zeit ist und damit sowohl innerlich auf Objektivität bezogen als auch selbst in einer Objektivität für ein mögliches historisches Wissen aufgehoben bleibt. Aber wenn auch jene absolute Verborgenheit als Grenze und Quelle in ihrer Möglichkeit unberührt bleibt, so ist doch Existenz im Dasein und damit für uns überhaupt nur wirklich durch *Eintritt in die Objektivität.*

Existenzen, die mir nicht im Äußeren begegnen, sind für mich gar nicht. Darum muß ich als mögliche Existenz jede andere in ihrer Objektivität *bewahrt* wissen wollen und muß selbst sprechend für andere in der Welt da sein. Die Idee des Geisterreichs wird, statt Phantasie eines bestehenden Seins, der Wille zu der allseitig vordringenden, entschiedenen und uneingeschränkten Kommunikation. Zwar ist der Gedanke eines Abschlusses ebenso unvollziehbar, wie der

Gedanke, daß diese Verwirklichung in ihrer als Erscheinung unvermeidlichen Beschränkung sich selbst genug werden könnte. Sie ist immer nur angesichts des grenzenlosen Dunkels, aus dem mögliche Existenzen unabsehbar leuchten mögen, wenn ich sehen könnte, und angesichts des anderen objektiv durchaus Gegenwärtigen, das sich mir als Existenz nicht öffnet, oder dem ich als mögliche Existenz verschlossen bin. Denn alle Objektivität ist als solche erst aufzuschließen, um des Seins in ihr ansichtig zu werden. Was aber als objektiv besteht, kann einmal wieder als Sprache gehört werden. Darum ist uns auch die noch undeutbare und nur tatsächliche Objektivität unersetzlich. Der Untergang der Dokumente vergangenen Menschendaseins ist für den empirischen Blick wohl selbstverständlich, unbegreiflich aber für das Wissen um eigentliches Existieren. All der Zerfall in Trümmer und Staub ist wie ein Abreißen der Kommunikation. Es ist daher der Schmerz in der geschichtlichen Aneignung: die Masse des nicht eigentlich sprechenden Gleichgültigen, das Fragmentarische manches einzigen Daseins, das nur grade fühlbar macht, was war, die völlige Verlorenheit unbestimmbar Vieler, von deren Dasein nichts mehr zeugt, wenn nicht vielleicht ein Widerhall in anderen und dritten, worin der Ursprung bis zur Unkenntlichkeit verwischt ist. Darum ist es, wenn man an die mögliche geschichtliche Kommunikation späterer Generationen denkt, existentieller Verrat, diese Sprache zu fälschen, etwa Dokumente wegen möglicher Mißverstehbarkeit zu vernichten, ein Bild des Daseins zu formen nach gegenwärtigen Gesichtspunkten des Wesentlichen, auszuscheiden, was von da aus als nicht zugehörig, als privat gilt, und damit ein ursprüngliches Sein für die Zukunft sprechen zu lassen, wie ich es möchte, statt seine Objektivität nach allen Richtungen zu erhalten, da vielleicht der Mensch erst geboren wird, in dem ihr Inneres eigentlich anspricht. Unablässig wird der Schleier der Unwahrheit über alles gezogen und verhüllt die Vergangenheit. Die furchtsame Anwendung der Redewendung, für einen Kammerdiener sei kein großer Mann, aber das liege am Kammerdiener, löst zu Unrecht von der Aufgabe, Wirklichkeiten restlos kennenzulernen, und gibt nicht das Recht, ihre dokumentarische Objektivität zu zerstören. Die Neigung zu Harmonie und geschlossenen Gestalten bringt eine falsche Scheu, an Wirklichkeit existentiell heranzutreten, und überläßt der existenzlosen Brutalität den billigen Sieg, durch die ebenso unwahrhaftige bloße Entschleierung wahrhaft zu erscheinen.

4. Bildung. — Ein Element der Kultur des Menschen ist seine Bildung als die Weise seines geschichtlichen Wissens. Sie ist lebendig als je einmalige Sprache einer geschichtlichen Wirklichkeit in Welt und Religion, für die sie Medium der Kommunikation, des Erweckens und des Erfüllens ist. Der Anspruch der Wißbarkeit von Vergangenem, angeeignet zu werden, ist der Anspruch an den Menschen, aus den erworbenen Möglichkeiten eigentlich er selbst zu werden.

Diese Bildung kann in scheinbarem Allverstehen, statt in der Aneignung Wirklichkeit des Menschen zu werden, vielmehr im Wissen stehenbleiben. Solche Bildung blüht wie Blumen, die von ihrer Wurzel gelöst sind; sie ist nicht mehr das Licht der eigenen Möglichkeiten. Umgekehrt bleibt der im Abstand von einem nicht mehr selbst darin stehenden Dasein festgewordene Bestand eines Allgemeinen in seiner objektiven Fülle doch noch wahr als Moment eines in der Kontemplation sein Selbstsein gewinnenden Existierens, das der Weite der für Andere möglichen Geschichtlichkeit inne wird durch den Eintritt in vergangene Wirklichkeit.

B. Geltung der Historie

Damit Existenz sich mit Existenzen in dem gemeinsamen geschichtlichen Grunde verstehe, bedarf es des *Wissens* vom Vergangenen. Dieses Wissen, als Wissen methodisch-kritisch geprüft, ist *Historie als Wissenschaft;* verwandelt in existentielles Selbstverständnis, ist es *Geschichtsphilosophie*. Beide sind als Anspruch Gegenstand eines *Kampfes*, der schließlich im *Willen zur Geschichtslosigkeit* versinken kann.

1. Historie. — Wenn die historische Forschung die Tendenz hat, sich vom geschichtlichen Bewußtsein der Existenz zu lösen, um als historisches Bewußtsein nur noch Wissen zu sein, so bringt diese Verwandlung zwei *Gefahren:* die eigentliche Geschichtlichkeit kann mir verlorengehen bis zu der Resterscheinung eines *endlosen historischen Wissens;* oder ich will mich von ihr lösen zu einem allgemeinmenschlichen Wahren für alle, das ich in historischer Objektivität als *Autorität* kenne:

Solange historische Forschung im Dienst geschichtlichen Bewußtseins steht, hält sie zwar in radikaler Wahrhaftigkeit am kritisch Erforschbaren leidenschaftlich fest, aber dringt durch dieses zu dem, was Existenz war. Im Sehen des Seins jeder historischen Gestalt als

„unmittelbar zu Gott" liegt der Ursprung des Sinns der Forschung. Im historischen Wissen und Sehen ist gleichsam in der Tarnkappe Existenz gegenwärtig, im Sehenden sowohl wie im Gesehenen. Liebe zu dem, was war, noch im Kleinsten, sofern in ihm Existenz fühlbar ist, Ehrfurcht vor dem Unergründlichen, die Gegenwart der eigenen heimatlichen und vaterländischen Wurzeln, der Sinn für alles Vergangene, das, weil es für uns groß war, auch zu unserer Welt gehört, das Suchen auch des Fernsten, aus dem noch der Mensch zu uns spricht, beseelen das Wißbare, das den Anspruch stellt, mit solcher Bereitschaft aufgefaßt und angeeignet zu werden. Die *Verwechslung* von Erforschbarkeit und Anspruch der Historie beginnt in dem Augenblick, wo für ein historisches Bewußtsein die Sache *nur* objektiv wird. Dann wird das historisch Wißbare zu dem unermeßlichen, sich durch die Ereignisse weiter unabsehbar vermehrenden Schutt, dessen Kenntnis und Sammlung nichts mehr bedeutet.

Solange historisches Wissen im Dienste geschichtlichen Bewußtseins steht, bleibt das Vergangene in allen Objektivitäten der unobjektivierbare Grund, aus dem die Gegenwart zu eigenem Ursprung ihrer Geschichtlichkeit kommt. Dann ist keine Geltung eines bestimmten für immer errungenen Wahren, sondern der unbestimmte Umfang der Bewegung, in der jede Gegenwart unableitbar wieder sie selbst werden muß. Die *Verwechslung* von Größe mit anscheinend bestehender Geltung für uns beginnt, wenn das Bewußtsein der Relativität von allem aus Mangel eigenständigen Selbstseins zu einer künstlichen Steigerung des Vergangenen führt. Zunächst versucht Romantik eine pathetische Ergänzung des eigenen existenzlosen Daseins. Dann wird schließlich Relativierung alles Objektiven, welche aus der echten Geschichtlichkeit erfolgt, gewaltsam in ihr Gegenteil verkehrt: das historisch Gewußte wird einseitig zu autoritativer Geltung objektiviert und fixiert.

Aber wenn ich auch, geschichtlich bewußt, zu fremdem geschichtlichen Bewußtsein in Kommunikation treten kann, so kann ich doch weder auf andere übertragen, was ich bin, noch Fremdes aus seinem Grunde übernehmen wollen. Die Wahrheit der *geschichtlichen* Existenz wird nie eine *einzige* Wahrheit für *alle*, sondern bleibt als Anspruch Appell. Die Verabsolutierung solcher Wahrheit über ihren Erscheinungskreis hinaus, die vermeintliche Bindung dieser verallgemeinerten Wahrheit an ein historisches Faktum als ihren Grund hebt das geschichtliche Existieren auf, weil sie an die Stelle des *immer dunklen* geschichtlichen Grundes *objektive* Geltung setzt, als könnte diese jemals auf Historie gegründet sein; denn für kein Wissen vermag das logisch Allgemeine und das existentiell Geschichtliche identisch zu werden.

Solange historisches Wissen im Dienst geschichtlichen Bewußtseins steht, wird es relevant in der Aneignung. Die *Verwechslung* beginnt, wenn das Anschauen der Größe historischer Welt als solches schon zur Erfüllung des Lebens wird. Dann scheint eine Aufhebung der Einsamkeit des Menschen ohne gegenwärtige Kommunikation möglich. Das Erschrecken vor dem Abgrund des Nichts in sich trieb dazu, sich hinzugeben an die objektiven Gestalten, von ihnen entzückt in der Anschauung menschlicher Größe und ihrer Werke; daß diese Größe da war, ist genug. Dieser Bewunderungswille ist von allem Gegenwärtigen abgestoßen, dessen Wunden und Häßlichkeiten offen am Tage liegen und jeden, der nicht darin lebt und zu ihrer Besserung mitwirkt, nur verstimmen. Daher ergreife ich die historische Welt, welche als unerschöpfliche Fülle in ihrer Ruhe vor Augen steht. Aber sie ist gleichsam für mich hinter Gittern, und tritt darum nicht in mein wirkliches Leben ein. Trotz der realistischen Auffassung, mit der ich ihr nahe, hat sie eine unvergleichliche Schönheit durch ihre Ferne. Statt selbst zu existieren, befriedige ich mich in der Existenz als historische Seele, der auch Gegenwart schon Geschichte ist und in künstlicher Ferne wie angeschaute Vergangenheit Gegenstand der Bewunderung werden kann. So lebe ich überall im Anderen und Fremden, das ich nur vergegenwärtigend zu mir bringe, und bleibe einsam, im Gestalteten hingerissen vor dessen Großartigkeit.

Wenn ich den *drei* Gefahren des gleichgültig gewordenen historischen Wissens, der zur ausschließenden Wahrheit gewordenen bestimmten historischen Faktizität und der hingerissenen Verlorenheit an die Mannigfaltigkeit historischer Größe ausgewichen bin, bleibe ich als geschichtliches Bewußtsein *in meinem Grunde*, ihn nur für das Wissen in der Erscheinung, nicht in der Existenz relativierend. Ich kann mich nicht von ihm lösen, aber die jeweilige Gestalt der Objektivität *überwinden* im geschichtlichen Voranschreiten.

Was also in historischer Erkenntnis letzthin bloßer Wandel des überall nur Vergänglichen ist, das in kausalen Beziehungen der Wirkung und Nachwirkung steht, ein endloses Auf und Ab, eine beliebige Mannigfaltigkeit ohne Anfang und Ende, das ist für Existenz das Dasein als Geschichtlichkeit: nicht bloß verschwindend, sondern, wie hörend auf das Vergangene, so selbst Sprache für mögliche Zukunft, Gegenwart als Zusammenwachsen von Vergangenheit und Zukunft zum *substantiellen Jetzt;* die Vergangenheit ist als kommunikativ angeeignete nicht mehr nur kausale Bedingung meines Daseins, von der ich nichts zu wissen brauche, damit sie wirke, sondern gegenwärtige Wirklichkeit als in der Sprache des Vergangenen an mich gekommener Grund. Das heißt die Bestandlosigkeit des historischen Daseins hebt sich auf in dem geschichtlichen Bewußtsein der Existenz, wenn dem Anspruch dieser Sprache des Vergangenen Genüge geleistet wird. Für diese Existenz allein ist die Geschichtlichkeit der sie umgreifenden Objektivität sichtbar als Gehalt, in dem sie mit dem zeitlich und äußerlich zerstreuten Existieren, soweit es ihr in dieser Äußerlichkeit durch Dokumente und Zeichen begegnet, ein ewiges Sein in der zeitlichen Erscheinung ist, in welcher sie es gewinnt.

2. Geschichtsphilosophie. — Aus dem Ursprung geschichtlichen Bewußtseins entspringt mit dem Sein des Aneignens der Historie die Selbsterhellung der Existenz als Geschichtsphilosophie. Diese verwirklicht sich in drei Stufen:

a) In der *Weltorientierung* bringt sie die *Grenzen* der Geschichte als Historie zum Bewußtsein. Sie zeigt die Bedingungen und Formen historischen Wissens, erfaßt die Grenze des Verstehens, dann die Unbeweisbarkeit des Sinnes der Historie als Wissenschaft, schließlich die Abgleitung in ein Wissen endloser Nichtigkeiten.

b) Sie wird gegenwärtige, gehaltvolle *Existenzerhellung,* sofern sie die Objektivität der Geschichte ergreift als das Ganze, worin ich mit den anderen existiere. Im Gegenwartsbewußtsein wird alle Vergangenheit auf das Heute bezogen, werden Zukunftsmöglichkeiten konstruktiv entwickelt, um das Seinsbewußtsein des Augenblicks zu vertiefen. Das Bewußtsein der Spezifität dieses geschichtlichen Augenblicks ist durch die Umsetzung des Wissens als bloßen Betrachtens in ein Wissen als Existieren selbst Mitursprung der Zukunft.

c) Die Geschichtlichkeit des Ganzen wird zuletzt Chiffreschrift. Es entsteht ein Bild des Geschichtsganzen vom Anfang bis zum Ende als Chiffre *transzendenten* Wesens. Die gegenständlichen Mittel des Ausdrucks werden aus der objektiven Wissenschaft der Historie genommen, und in faktisch vollzogener Kommunikation zu bestimmten geschichtlichen Ursprüngen ein *Mythus* begründet, der für den geschichtlichen Augenblick die Gegenwart der Transzendenz durch die Geschichte in transzendierender Phantasie vorstellt.

3. **Existenz im Kampf mit der Ganzheit der Geschichte und mit dem Willen zur Geschichtslosigkeit.** — Die Geschichte als ein Ganzes zu denken, ob als Chiffreschrift oder in immanenten Einheitsgestalten, bringt sie zu einer *geschlossenen* Objektivität: dem einen ungeheuren Prozeß, in dem alles seinen Ort und seine Aufgabe hat. Das Wissen von ihm zeigt mir die bestimmten und begrenzten Möglichkeiten der Gegenwart. Das Vergangene und das Bild des aus ihm gewordenen Ganzen wird zu entschiedener Autorität, der zu gehorchen ist. Das Dasein ist das mit Recht so seiende, weil so gewordene; denn aus der Geschichte erwächst, was sein kann. Mit Bewußtsein konservativ doch das Neugeborene anerkennen, wenn es sich bewährt hat, ist dann die Grundhaltung, welche tun will, was die Zeit erfordert, das heißt was an dieser Stelle im Ganzen das Gehörige ist.

Gegen diese Ganzheit revoltiert zunächst unser *Wissen:* wir wissen, daß dieses Ganze nicht zu wissen ist, sondern sich nur vorschiebt, sei es als immanent werdende und nun als Weltwissen mißverstandene Chiffreschrift, sei es als ein Bild der Rechtfertigung eigenen Daseins, das so, wie es ist, bestehenbleiben will, sei es als Bild eines Ganzen, aus dem der Kampf um andere Daseinsformen bei den Unzufriedenen sich sein Recht herleitet. — Ferner aber revoltiert das *Selbstsein* der Existenz gegen die Einordnung in ein vorher gewußtes Gesetz ihres Daseins. Die historischen Bindungen verleugnend, erklärt sie, daß *alles möglich* sei: es kommt darauf an, was der Einzelne aus den Situationen macht. Es gibt kein Ganzes der Geschichte, sondern die jeweilige Schöpfung durch die Tat. Geschichte kann dem Selbstsein Enthusiasmus für Größe erwecken, aber sie ist nicht die eindeutig zwingende Last, die als solche den Weg der Gegenwart bestimmt.

Weil die Objektivitäten der menschlichen Ordnung und ihre Ideen sich mit der geschichtlichen Lage wandeln müssen, gibt es kein objektiv richtiges Bild menschlicher Einrichtungen. Dieses möchte sich etwa darstellen als ein Apparat, der zwar jetzt falsch funktioniert, aber richtig eingestellt werden kann. Doch ist das nur ein möglicher Gesichtspunkt *innerhalb* des Ganzen menschlicher Ordnungen jeweils für diese, nicht für das Ganze. Wird aber die Relativität und Unabschließbarkeit menschlicher Ordnungen gesehen, so entsteht wohl die entgegengesetzte Verkennung: unter Leugnung aller Objektivität (außer der der Kausalitäten) der elementaren Gewalt der Einzelnen und der Massen, ihrem Willen zu Ausbreitung und Herrschaft freie Bahn zu geben.

Der so entspringende *Wille zur Geschichtslosigkeit* wird blind für das mögliche Ganze. Er stützt sich allein auf den vitalen Daseinswillen einer Menge, die sich als beherrschbare zu einheitlichem Willen verbinden läßt und durch Interessensolidarität beieinanderzuhalten ist, ihr eigenes bloßes Dasein vergoldend als Nation, deren Egoismus heilig sei, oder als Menschheit überhaupt, die sich für alle verwirklichen werde.

Existentielle Wahrheit liegt jedoch nicht in der Mitte zwischen den Extremen des Glaubens an geschichtliche Ganzheit und der Geschichtslosigkeit, wenngleich sie beide verneint; sie ist Polarität, nicht die Entladung der Spannung:

Sie *kennt das Ganze nicht*, horcht aber hin, ob ein Ganzes ihr den Weg zeigen könnte. Sie weiß zwar, daß es geschichtliche Entscheidungen gibt, welche jeden endgültig geglaubten Weg durchbrechen; aber sie will das Maximum an Sinn, das heißt sie meidet gleichgültige, nichts entscheidende Kämpfe. Sie sieht die Gegenwart als das faktische Ganze, in dem für unsere Einsicht nebensächliche, den Weg der Geschichte in keiner Weise bestimmende Zwistigkeiten erheblichen Umfangs vorkommen, da sie nicht mehr zu entscheiden scheinen als Metzeleien und Prügeleien abseitiger Naturvölker in der Weltgeschichte. Sie fragt nach den Ordnungen, die als weltgestaltende obsiegen, nach dem zukünftigen Menschen, und sie setzt sich ein, wo sie sich identisch glaubt mit Mächten, die das ihr Wahre erwirken. Sie relativiert das vitale Dasein als solches, in äußerster Entscheidung auch das der Nation: so, wenn der Grieche Polybius die historische Weltbedeutung des Römertums, der Jude Paulus den Weltweg des Christentums erfassen konnte.

Ebenso wirft sich die existentielle Wahrheit *nicht weg an die Geschichtslosigkeit;* aber sie sieht die transzendenzlose Tüchtigkeit bloßen Lebens. Wo jedoch nur noch nach der Chance gefragt wird, die ich selbst als Dasein habe, wenn ich mir nur noch als mein eigenes Herrschen bin, da spricht nicht die Revolte der Existenz, sondern die des Einzeldaseins. Dieses bleibt, wenn es nicht identisch wird mit Idee und geschichtlicher Möglichkeit in einem ungekannten Ganzen, die Leidenschaft des Dunkels und scheint nur noch den Sinn zu haben: dem Tage der geschichtlichen Mächte die Aufgabe zu stellen, sich zu bewähren dadurch, daß sie entweder den Wilden erschlagen, mit dem keinerlei redliche Verständigung, geschweige denn Kommunikation mehr möglich ist, oder zugrunde gehen.

Aber die existentielle Wahrheit weiß in konkreter Gegenwart durch kein Wissen, wo tote historische Gebundenheit bloß wiederholenden Gehorsams und wo revoltierende Geschichtslosigkeit bloßen Daseins ist. Da sie selbst das Ganze nicht kennt und es als das Eine, für sie selbst geschichtlich, nur in der Transzendenz spüren kann, ergreift sie im *Wagnis der glaubenden Selbstidentifikation* ihre geschichtliche Aufgabe.

Als solche hört sie auf das Andere und auf den unbegriffenen Gegner; und horcht auf das, was in der Geschichte gescheitert ist. Das eine Ganze der Menschheitsgeschichte wird ihr *fragwürdig* zugunsten einer Transzendenz, welche auch das noch in sich schließt, was in der Welt verlorengeht. Sie hört aus allen Zeiten den Schrei des Protestes gegen den Gang der Geschichte. Sie sieht das Zertretene, das ihr oft nicht das Nichtige, sondern das Bessere ist.

Die Objektivität der Geschichte *verfestigt* sich *nicht*. Sie schließt das Nichtgewordene ein, das im Kampfe unterlag. Als dieser Gesamtraum des Daseins zeigt sie keinen eindeutigen, nicht einmal einen in Möglichkeiten bestimmt zu begrenzenden Weg. Ihre Gesamtheit, je heller sie wird, steigert nur das Bewußtsein des Möglichen und hebt auf das Niveau, auf dem sichtbar werden kann, was eigentlich entschieden wird. Wir sind immer abgefallen in Kämpfen, in denen niemand weiß, worum es sich zuletzt handelt. Je klarer wir in der Objektivität der Geschichte stehen, desto mehr sind ihre vergangenen Entscheidungen über das Menschsein auch wieder in Frage zu stellen. Was besiegt wurde, kann wieder Bundesgenosse sein. Was scheiterte, kann zum Leben erwachen.

C. Geltung der Gestalten menschlicher Größe

In einer nicht übersehbaren Vielfachheit wird so der Mensch als Subjekt zur objektiven Gestalt, die als Vorbild oder Gegenbild, als eigene Möglichkeit oder fremde Wirklichkeit, als das fordernd zu sich Heranziehende oder das verführend Herabziehende den Raum füllt, in dem der *Einzelne* zu sich kommt durch die Weise, wie er *folgt* und *verwirft*.

Diese Vielfachheit läßt mir, da mein Selbstsein im Blick auf den Menschen erweckt werden will, keine Ruhe. Sie trennt sich mir in die Durchschnittlichkeit des Menschen und die Eigenständigkeit Weniger. Aber in jeder durchgeführten Konstruktion sind beide nur abstrakte Möglichkeiten. Ich entwerfe mir ein *Bild des Menschen,* wie er etwa *durchweg* sei; uneingestanden oder eingestanden gibt es mir die Begründung für die Art meines Umgangs mit ihm im allgemeinen Medium gesellschaftlichen Daseins: Der Mensch, der Kindheit entwachsen, arbeitet, doch Peitsche und Zuckerbrot treiben ihn an; der Freiheit überlassen, ist er träge und genußsüchtig. Sein Dasein ist Essen, Sichbegatten, Schlafen und, wenn ihm diese in ungenügendem Maße zukommen, das Elend. Zu anderer als mechanischer, übungsfähiger Arbeit ist er nicht imstande. Ihn beherrschen Gewohnheit, ferner das, was man in seinem Kreise als allgemeine Meinung kennt, und ein Geltungsbedürfnis, das Ersatz für sein fehlendes Selbstbewußtsein sucht. In der Zufälligkeit seines Wollens und Tuns wird seine Schicksalsunfähigkeit offenbar. Vergangenes entrinnt ihm schnell und gleichgültig, Voraussicht beschränkt sich ihm auf das Nächste und Gröbste. Er wird seines Lebens nicht inne, sondern nur seiner Tage. Kein Glauben durchseelt ihn, nichts wird ihm unbedingt, außer dem blinden Daseinswillen und dem leeren Drang zum Glück. Sein Wesen bleibt das gleiche, ob er an der Maschine arbeitet oder im Wissenschaftsbetrieb mitmacht, ob er befiehlt oder gehorcht, ob er ungesichert nicht weiß, wie lange er noch zu essen hat, oder sein Leben gesichert scheint. Hin und her geweht durch Situationen und Zufallsneigungen ist er beständig nur in dem Drange, seinesgleichen nahe zu sein. Ermangelnd einer gegründeten Kontinuität in der Gemeinschaft und der Treue von Mensch zu Mensch bleibt er das Eintagswesen ohne den Gang eines Lebens aus dem Schwergewicht substantiellen Seins.

Keine Erfahrung entscheidet, wieweit ein solches Bild wahr sei. Daß im Massenhaften Wirklichkeit des Durchschnittlichen vorkommt, die diesen Aspekt zeigt, ist nicht zu bestreiten, auch kaum, daß ein jeder diese Möglichkeit noch als eine sieht, aus der er sich erretten muß. Aber was ist es, warum sich alles in uns sträubt, diesem Bilde zuzustimmen, obgleich Beobachtung und Verstand es immer wieder zu rechtfertigen scheinen?

Es ist eine unlösbare Korrelation zwischen Menschenachtung und Selbstachtung, zwischen Menschenverachtung und Selbstverachtung. Als was bewußt oder unbewußt ich meine Möglichkeiten weiß, als das sehe ich auch den Menschen. Wo aber die psychologische und soziologische Beobachtung matt gewordene Ideale zerstört, da möchte sie wohl als das normalerweise Rechte das Empirische und Durchschnittliche unterschieben; was der Mensch „wirklich" sei, das auch sein zu wollen, sei die eigentliche Menschlichkeit; das Andere suche als unredlicher Idealismus und heimtückisch für eigene Zwecke Menschen um den Genuß ihres Lebens zu betrügen.

Bin ich aber meiner als möglicher Existenz im Blick auf den Menschen so bewußt, daß darin noch durch mich über mich selbst entschieden wird, so stelle ich gegen mein Bild vom Menschen in seinem Durchschnitt notwendig das Außerordentliche als die Gestalten menschlicher Größe, die mich auf meinem Wege lenken, wenn ich mir zu versinken drohe. Dann aber glaube ich auch keinem Einzelnen, daß er sei, wie der Durchschnitt an der Oberfläche von außen aussieht, sondern darf noch an Möglichkeit appellieren. Dann mache ich die Erfahrung, daß keineswegs gleichgültig ist, *was ich vom Menschen erwarte*. Ich selbst bin abhängig von dem, was die Anderen von mir erwarten. Die Erwartung vom Menschen ist Faktor seiner Wirklichkeit. Nie steht Mensch vor Mensch als vor einer faktisch endgültigen Wirklichkeit; aber nur einige Menschen werden mir sichtbar, weil ich ihnen mit anderer Erwartung entgegenkomme, als sie sich mir dem Durchschnittlichen gegenüber aufzwingt.

Wie ich selbst mir der Maßstab werde für das, was ich von Menschen erwarte, so wieder werden mir die Menschen von höchstem Rang *Maßstab* für das, was mir möglich wäre und sein sollte, wird mein Selbstsein bestimmt durch die Substanz der Menschen, die mir leibhaftig im Leben begegneten, und, auf diese ursprüngliche Erfahrung gegründet — dann freilich blasser —, durch die Größe der Menschen, die aus der Vergangenheit sprechen.

1. Wesen persönlicher Größe. — Leidenschaftlich in der Jugend und unablässig ein Leben lang schaue ich aus auf Menschen. Ich werde, was ich bin, durch die, die mich angesprochen und die mir geantwortet haben. Maß meines Wesens aber und die Kraft meines existentiellen Impulses wird mir vor der menschlichen Größe, deren ich ansichtig wurde. Auch die Toten sind für mich noch jeweils in wirksamer Weise da oder nicht da. Einzelne leben in mir; es ist, als ob sie sich mir genaht hätten und als Ehrfurcht gebietende Gestalten mir Rat erteilten.

Was der große Mensch eigentlich sei, ist für keine Wissenschaft objektiv und für kein Verstehen zwingend. Es ist im geschichtlichen

405

Bewußtsein selbst dem Wandel unterworfen, ob und wie der Mensch ergriffen wird. Wo ich so angesprochen bin, da ist jeweils ein Einzelner. Er ist wesentlich nicht mehr ein allgemeiner Typus, nicht ein Vorbild, nicht Genie als Wirklichkeit des Geistes, sondern jedesmal für mich ein einziger Einzelner, nur dieser.

Aber was als Dasein nur ein Einzelner zu sein scheint, wird für mein Wissen wie ein Allgemeines zum Bilde. In der Weltorientierung wird der Mensch als historische Größe sichtbar. Er gilt durch Taten, durch schöpferische Werke, durch nutzbringende Leistungen. Das Außerordentliche seines Wirkungsgrades in der Umgestaltung des Daseins ist jedoch noch nicht das, was uns in jedem Fall angeht, obgleich wir unser Dasein durch ihn bestimmt finden. Groß ist der Mensch erst als eine in Subjektivität und Objektivität zu einem universalen Gesamtausdruck sich rundende Gestalt.

Die Gestalten der Größe werden als Typen objektiv denkbar und anerkannt. Die positivistischen Typen (der Entdecker, Erfinder, Organisator) scheinen einen zeitlos allgemeinen Charakter zu haben, die idealistischen Typen (der Prophet, der Weise, das Genie, der Held) zu bestimmten, geschichtlichen Situationen zu gehören, so der Prophet zum israelitischen Altertum und zu religionsursprünglichen Zeiten, der Weise zum antiken philosophischen Selbstbewußtsein, das Genie zur idealistischen Bildung des 18. Jahrhunderts, der Held zu den Anfängen und Untergängen abendländischer Geschichte. Sie werden ihrerseits zu positivistischen, das heißt stets gegenwärtigen Möglichkeiten umgeformt in der Verwandlung zu natürlicher Veranlagung (Genie), zu stets möglicher Funktion (Prophet), zu einem geschichtlich unabhängigen intellektuellen Lebensideal (der Weise).

Was so an menschlicher Größe gewußt wird, ist Gegenstand der *Geisteswissenschaften*. Der Geist ist wirklich nur in dem Maße, wie er sich objektiviert als die persönliche Gestalt jeweils Einzelner, die ihn schaffen und wiederschaffen. Diese menschliche Größe ist offenbar und zugänglich, ihr Inneres ist ihr Äußeres. Von der persönlichen Gestalt als ihrem Gegenstand leiten alle geisteswissenschaftlichen Untersuchungen ihren Sinn her, ob sie sekundäre und bedingende Gebilde (die Apparatur des geistigen Daseins) oder die Ausbreitungen von Ideen, oder die Ganzheitsformen in Völkern, Staaten, Gesellschaften verfolgen. In historischer Forschung fällt noch auf das unbedeutendste Objekt der Widerschein des Geistes, wenn es Zugang ist zum Menschen in seiner Größe, sei es unmittelbare historische

406

Persönlichkeit, oder persönlich unzugänglich im Dunkel des Hintergrundes der geistigen Gebilde (z. B. der Sprachen und Mythen).

Es ist kein zufälliges Unglück, daß heute auf dem Erdenrund niemand ernstlich ein Genie finden kann, daß Propheten höchstens in sektiererischen Zirkeln eine den Zeitgenossen komische Rolle spielen, daß, jemand einen Weisen zu nennen, als Phrase wirkt. Wo uns aber begegnet, der uns Gegenwart und Maß des Menschen ist, scheint es inadäquat, ihn ein Genie, einen Weisen, einen Propheten zu nennen, weil sein Wesentliches nicht allgemeingültige Gestalt gewinnt; es gehört zu ihm heute vielmehr als wesentlich seine Unsichtbarkeit und Anonymität.

2. Verabsolutierung persönlicher Größe. — Nur in der Weltorientierung hat es Sinn und Geltung, im Blick auf einen konkreten Menschen von Größe zu sprechen. Hier wird mir im Anblick dieser Größe die unendliche Befriedigung durch vergegenwärtigendes Studium. Diese Befriedigung ist für mich als von Geist und Ideen erfülltes Bewußtsein überhaupt, für welches das Individuum als ein wie von den historischen Ideen hervorgetriebenes Glied eines Ganzen erscheint, das für diese Betrachtung sich aber auch sogleich in einen ästhetischen Gegenstand verwandelt.

Wo ich suche, was objektiv Wirkung und Geltung hatte, kommt es allein auf diese Individuen an. In der Welt will ich Gestalt und das Ausstrahlen auf Andere. Aber die Verabsolutierung wäre für Existenz verhängnisvoll; persönliche Größe in objektiver Gestalt ist nicht alles. Denn wir werden gewahr, wie nicht selten der Mensch als historische Größe in seinem Wesen schillert, so daß es fraglich bleibt, ob unser Leben in sein Wesen eintauchen muß, um wahr zu sein, oder ob seine Wirkung zwar für das Dasein erschütternd, aber im Gehalt des Daseins ohne umwälzende Bedeutung war; ob etwa in einer politischen Persönlichkeit die Identität ihres existentiellen Seins und ihrer politischen Wirkung uns ergreift, oder das Existentielle bis zur Unkenntlichkeit verkümmert schien.

Eine mögliche Innerlichkeit der Existenz, die sich liebender Nähe öffnet, aber historisch unsichtbar bleibt, weil sie nicht das zu ihr adäquate Außen hat, ist nicht historische Größe, denn hier ist der Wirkungsgrund in das objektive Dasein ein verschwindender. Aber die seltenen Menschen, die wahrhaftig die Grenzsituationen ertragen, aus denen ihnen die Wucht der Unbedingtheit ihres Tuns und die erfüllte Klarheit ihres absoluten Bewußtseins hervorgeht, deren souveränes Walten zwischen Tag und Nacht in der schlichtesten Gewißheit die Bescheidenheit ihres Daseins durchdringt, sind die anonyme Größe, deren Dasein bestimmt, was jeweils Menschen in ihrem Füreinander werden können. Sie scheinen so groß wie das Schicksal selbst; in ihrer Nähe kann unser Leben nicht bleiben, was es ist, sondern muß sich aufschwingen oder sich in der Verlorenheit verachten.

Das, was jeder Mensch der Möglichkeit nach ist, und worauf es sogar entscheidend ankommt, wenn ich von der Größe der historischen Gestalten getroffen wurde, kann im Verabsolutieren verlorengehen.

Folge dieser Verabsolutierung ist erstens die absolute statt relative Wertschätzung der Leistung *als* Leistung, was sie auch sei. Sie macht das Selbstbewußtsein durch objektiven Widerhall eigener Leistungen, während Existenz ihrer als Objektivität absolut ungewiß bleiben kann, doch nur täuschend möglich. Existenz kommt zwar nach den Möglichkeiten ihrer geschichtlichen Lage und ihrer Begabung nur durch Teilnahme an den Ideen, Ergreifen von konkreten Aufgaben zu sich, doch geht sie darin nie absolut auf, auch wenn sie in der Erscheinung bis zum Einsatz des Lebens sich identifiziert. Niemals gewinnt sie allein durch die Welt und ihre Objektivitäten ihr Sein, das seinerseits in keiner Weltorientierung objektiv sichtbar wird.

Die Verabsolutierung hat die zweite Folge, daß sie zu der Haltung verführt, auch das Wesentliche sei zu *planen* und zu *machen*. Ihr entspringt etwa die Auffassung, die aristokratischen Menschen sollten zusammenhalten; aber während sich Massen wirksam durch Daseinsinteressen und Zwecke und nur durch sie verbinden, sind existentielle Solidaritäten nur ursprünglich ohne Absicht und ohne triebhafte Daseinsinteressen, daher nur in kleinsten Gruppen möglich; Cliquen und Orden als solche sind der Wahrhaftigkeit der Existenz zuwider; sie müßte, statt ihre Kraft in der notwendigen Schwachheit ihrer Daseinslage zu entfalten, durch eine organisatorische Stärkung ihres Zusammenhaltens in dieser scheinbaren Erstarkung untergehen, weil sie dann mit den Mitteln kämpfte, die nur dem Dasein in seiner blinden Brutalität selbstverständlich scheinen. Sie kann nur in der gesamten Daseinswirklichkeit indirekt, nicht gradezu in vermeintlichem Zusammenschluß ihrer Besten wirken. — Es gibt ferner die Meinung, es komme auf die Persönlichkeit an, man solle überall auf diese sein Augenmerk richten und sie bevorzugen; die so sprechen, tun jedoch oft gleichzeitig alles, um jeder wirklichen Persönlichkeit das Dasein dadurch abzugraben, daß ihr Bedingungen gestellt werden, die jeder andere, aber grade keine Persönlichkeit, annimmt. Weiter die Ansicht, der Geist wechsle historisch seinen Standort, von Volk zu Volk, von Klasse zu Klasse, von Institution zu Institution; aber wer so denkt, um sich jeweils dahin zu begeben, wo der Geist ist, wird ihn sicher verfehlen.

Eine dritte Folge der Verabsolutierung ist die *unwahre Vergötterung des einzelnen Menschen*. Im Übersehen der Endlichkeit und Weltlichkeit jedes menschlichen Daseins auch des großen Menschen, wird die Distanz zur Transzendenz als dem einen verborgenen Gotte aufgehoben. Die Verabsolutierung ist möglich auch oder grade bei faktischer Unsichtbarkeit der Wirklichkeit des zum Absoluten übersteigerten Menschen; Gläubige helfen mit, diese Wirklichkeit mythisch zu verschleiern. Ist die Verabsolutierung nicht eine Religionsstiftung — und dann philosophisch als das Andere unbegreiflich —, so sind ihre Motive mannigfach: Sie wird ein Mittel der anspruchsvollen Abhebung eines Menschen und seines gemeinschaftlich glaubenden Kreises; sie wird bei Herrschenden ein Mittel zur Legitimierung des Bestehenden; sie dient im Verkehr zur Vernichtung derer, die, daran gemessen, nicht bestehen. Es ist charakteristisch, daß entweder Tote vergöttert werden, die nicht mehr selbst Einspruch erheben können; oder daß, wenn es Lebende sind, sie als Repräsentanten des Seins der Wählenden, daher instinktiv unter Bedingungen gewählt werden, bei deren Nichterfüllung man sie wieder fallen läßt; oder daß psychologisch verstehbare Hörigkeitsbedürfnisse eine Unterwerfung verlangen und den Menschen finden, der sie annimmt.

3. Objektive Größe und Existenz. — Hebt die Verabsolutierung der Gestalten menschlicher Größe die Existenz auf, so ist doch Existenz der Größe *nicht entgegengesetzt*.

Nur was nach außen tritt, wird für andere wirklich. Existenz ist in Kommunikation um so mehr wirklich und hell, je klarer sie im Medium dessen spricht, was objektiv die Größe des Menschen ist. Die entschiedenste Existenz ist im großen Menschen möglich. Absolute Innerlichkeit, wenn sie nicht in Kommunikation zum Offenbarwerden kommen kann, ist nur noch für ihre Transzendenz. Sie bedeutet in der Welt nichts, sie ist nicht einmal da. Niemand kann sie für sich anderen gegenüber oder von anderen schlechthin behaupten. Aber Innerlichkeit wird kund in den Objektivierungen, welche in der menschlichen Größe eine unvergleichliche Möglichkeit der Sprache zum Erwecken anderer Existenzen gewinnen.

Die Objektivität der existentiellen Gestalt, als ihr schöpferischer Ausdruck, wird Verführung zu betrachtendem Genusse seitens eines existenzlosen Verstehens. So ist eine Klassifikation der geschichtlichen Persönlichkeiten in geistige Sphären zum Erfassen ihres existentiellen Wesens unwahr. Was ihr Wesen ausmacht, ihr Glaube als Freiheit in der Verwirklichung, ihre Liebe als Ergreifen der Wirklichkeit in der Tiefe, ihre Phantasie als Gegenwart der Transzendenz, ist als ihr eigentliches Sein nicht durch Subsumtion unter eine Geistessphäre zu fassen. Der Heilige, der Held, der Dichter, der Weise als ideale Gestalten in den Sphären Religion, Politik, Kunst, Philosophie werden sogleich auch zu nur ästhetisch gesehenen Menschentypen. Unter ihrem Namen wird Existenz nicht mehr getroffen, wenn in ihnen eine plastische Gestalt in Entfernung zur allgemeinen Bewunderung aufgestellt ist; mit ihnen bleibt mögliche Kommunikation versagt, der wirkliche Mensch hinter einer Maske verborgen, welche ihm der Kultdrang der Menge übergeworfen hat. Die Richtungen des Menschseins, die in diesen Idealen als vollendet vorgestellt werden, sind so miteinander verknüpft, daß ihre Trennung den Zugang zur Wurzel des Menschseins selbst verbaut. Der Mensch ist nicht ein Zerstreutes, das für mehrere der Sphären etwas „geleistet" hat oder „bedeutet" und durch sie zureichend charakterisierbar wäre.

Die Heroisierung als *Persönlichkeitskult* richtet zwischen Menschen eine absolute Distanz durch Wesensunterschied auf, statt im Rangunterschied gemeinschaftlich ansprechende Maßstäbe und Forderungen zu bewahren. Ist jeder Mensch Möglichkeit der Existenz, hat darum keine Größe als solche hier einen Vorrang (wenn sie auch als Rang in ungeheurem Abstand steht), so entspricht als existentiell wahr doch die *Kraft der Verehrung und Liebe* dem Persönlichkeitskult. Sie vermag die großen Menschen aus ihrer Wurzel zu sehen; sie kann auch in der Gegenwart den Rang anerkennen, überall zugleich treu und beweglich mit der Wirklichkeit des faktischen Lebens. Es ist Ausdruck des Selbstseins, wahrhaft zu verehren. Die Kraft der Verehrung ist die wahre Bescheidenheit dessen, der selbst etwas ist. Er behält Selbständigkeit und Freiheit innerer Entscheidung auch dem Größten gegenüber; er folgt, solange es ohne Bruch des Selbstseins geht; denn er beugt sich keinem Menschen, keinem Toten und keinem Lebenden, absolut.

Während Größe für das gebildete Bewußtsein als solches sichtbar ist, ist ihr existentieller Grund objektiv verborgen. Existenz von menschlicher Größe zu *unterscheiden*, ist darum Bedingung existentieller Wahrhaftigkeit, wird aber zu irrendem Denken in der für alle Existenzphilosophie typisch möglichen *Verkehrung*, wenn man Existenz *gegen* Größe ausspielt, und damit falsche Ansprüche für Existenz erhebt.

Existenz ist vielmehr ohne Anspruch in der Welt; sie kann nicht als sie selbst gelten wollen, sondern in der Welt nur durch Leistungen. Es liegt um sie ein für die Weltorientierung undurchsichtiger Schleier, der sich nur in stets einzelner Kommunikation lösen kann. Es ist das scheinbare Nichtdasein des Einzelnen in den Objektivitäten der Welt.

4. Mögliche Existenz und das Sein des Philosophen. — Daß Existenzerhellung nicht wiederum durch Aufstellung einer *objektiven Gestalt* des Menschen, die als die *wahre* zu erreichen wäre, oder eines anwendbaren Kriteriums zur objektiven Unterscheidung des rechten Weges vom falschen geschehen kann, liegt in ihrem Sinn. Existenz gewinnt *keine Rundung* als Bild, weder für andere noch für sich selbst; denn der Mensch muß in der Welt *scheitern*. Existenz, auf die Bestandlosigkeit allen Gestaltwerdens in der Welt blickend, strebt in aller Objektivität, in die sie eintritt, für sich selbst nicht mehr nach Gestalt.

Der Mensch als mögliche Existenz ist *Philosoph*. Was aber ein Philosoph sei, gewinnt wie Existenz nie endgültige Objektivierung. Philosoph zu sein, ist kein spezifischer Beruf; der Philosoph ist auch kein gestaltetes Ideal, nach dem der Mensch sich formen könnte, um es zu werden; das Sein des Philosophen ist das Selbstwerdenwollen, das in der Breite des Philosophierens sich Raum, Möglichkeit und Ausdruck schafft. Der Philosoph wird nicht im Bilde schaubar. Die geschichtlichen Gestalten des philosophischen Menschen haben untereinander das Verwandte: sie lebten in Befreiung von den Fesseln, die an objektive Autoritäten oder an die Welt als blindes Glücksstreben und als Betrieb der Daseinsfürsorge binden, unabhängig aus eigenem Grunde in gegenseitigem Appell, eine Gemeinschaft selbstseiender Geister.

Nur die *Welt* des Philosophen in seinem Dasein und die Vorbedingungen in seiner *Subjektivität* lassen sich erfassen:

Da er, was ist, durch keine direkte Offenbarung hört, so muß er in die Welt treten, um zu *erfahren*. Aus ursprünglichem *Wissenwollen* wendet er sich in der Weltorientierung allem zu, was vorkommt oder ihm begegnet. In Wissenschaften methodisch bei der Sache zu sein, erachtet er als Vorbedingung redlichen Denkens. Zu forschen, gibt ihm das Bewußtsein von dem, was und *wie* und in welchen Grenzen *gewußt* wird. Er setzt sich in den Besitz von *Erkenntnissen*, die er als allgemeingültig anerkennt; und von *Bildern* und *Gestalten* aller Wirklichkeit — der Natur, des Menschen und seiner Geschichte —, die ihm Dasein in anschaulicher Unmittelbarkeit zeigen. Nicht in der Betrachtung allein, erst im *Tun* kommt der Mensch den Dingen und Objektivitäten nah, im experimentierenden Tun den Gegenständen der Natur, im faktischen Handeln dem Menschen und der Gesellschaft. *Sachlichkeit* des Handelns, welche allein ein klares Selbstbewußtsein dessen gibt, was ich tue, bringt in die Einstimmigkeit oder in die Konflikte, die offenbaren, was wirklich ist.

Wird dem philosophischen Menschen in der Weltorientierung jede Weise der Objektivität zugänglich, so bleibt doch immer noch zurück: er selbst und der Andere, mit dem er in Kommunikation steht; *sie* lösen sich in keine Objektivität restlos auf. Er erfährt von dem Sein seiner selbst in der Unbedingtheit seines Handelns, in der Treue und dem Einen. Ein anderes als das forschende Denken schärft ihm als *Existenzerhellung* das Gewissen für das Eigentliche. Wahrhaftigkeit, die das bloß zwingend Richtige übergreift, aber dieses ohne Sophistik rein zu erfassen auch erst ermöglicht, wird seine Führerin. Sein Sinn für Redlichkeit und Echtheit, versagend und dann wiederhergestellt, bringt ihn in die Antinomien dieser Wahrhaftigkeit selbst. Im Lesen der *Chiffreschrift* rührt er dann an die tiefsten Gründe in geschichtlicher Gestalt.

Doch erreicht der Philosoph, weil im Zeitdasein bleibend, auch im Transzendieren nicht das Ziel. Wie er selbst nichts, was sich verallgemeinern läßt, endgültig sein kann, nicht kontemplativ allein, nicht nur aktiv, nicht irgendwo Typus, so ist auch kein Ergebnis als letztes da. Sein unablässiger Impuls als Ganzwerdenwollen drängt voran, hat an keiner Stelle dauernde Ruhe, will nicht scheitern, aber muß es erfahren und kann seine Notwendigkeit begreifen. Das Ganzwerdenwollen hält sein Wesen offen für Wirklichkeiten und Möglichkeiten, solange er lebt.

Da aber der Mensch als Philosoph keine endgültige Form seines Daseins findet und einsieht, daß er sie als Zeitdasein nicht finden kann, bedarf er zu seinem Schutz einer *Haltung*, daß er nicht im

Gewühl seiner Erschütterungen sich verliert, erwirbt er sich als Wirklichkeit seiner Seele eine *Humanitas*, die ihn bereit macht und offen für den Anderen, sieht er als seine Gefahr eine *Leidenschaft*, die ihm Grenze zeigt durch Möglichkeiten des dunklen Grundes.

Haltung als Schutz vor sich selbst ist als solche in der zurückhaltenden Gebärde, der Begrenzung des Ausdrucks auf die Situation; sie erlaubt nicht, sich zu verschwenden an die beliebige Öffentlichkeit und an den Alltag. Sie hält Distanz und macht Unterscheidungen der Dinge nach ihrer Wesentlichkeit, der Menschen nach ihrem Rang. Sie vermag allem ein Maß zu geben. Sie ist die fortdauernde Hemmung des Daseins, das sich Würde gibt, die Stauung der blinden Gemütsbewegungen, die sie umsetzt in geformte Energie. Sie ist Tapferkeit und Gelassenheit. Ohne Fanatismus vermag sie mit Energie an die konkrete Aufgabe zu gehen und ruhig zu sein angesichts des Nichtgelingens.

Humanitas ist Aufgeschlossensein: sich auf den Standpunkt jedes anderen stellen, auf Gründe hören, in die Vernunft der Sache eintreten und in den Ideen sich grenzenlos erweitern. Sie widersteht den Sophismen, dem Druck des eigeninteressierten Willens und den zufälligen Empfindlichkeiten. Sie ist die Offenheit, das Verstehen, die Zugänglichkeit und Möglichkeit. Ihr eignet ein ursprüngliches Anerkennen des Anderen, Ritterlichkeit im Kampf, der Wille, nicht zu beschämen, die Liebenswürdigkeit im Umgang. Durchsichtigkeit ist ihr Wesen; aus ihrer Klarheit und Sauberkeit strahlt Heiterkeit.

Leidenschaft ist die Gefahr, in ungeklärter Wildheit durchzubrechen zum Chaos. Sie ist das Ungezähmte, das auch nicht Motor einer Energie des Tages wird, sondern drohend im Hintergrund der humanen Wirklichkeit steht. Sie ist die Möglichkeit gegen Ordnung und Dasein, der Abgrund, der nicht nichts ist. Sie ist, was Kommunikation abbricht; sie ruiniert, was wirklich ist.

Haltung, verabsolutiert, macht starr und tot. *Humanitas*, verabsolutiert, weicht vor Entscheidungen aus, ist die Bildung als die universale Weise, alles zu kennen und mit allem verstehend durch Betrachtung fertig zu werden. *Leidenschaft*, frei gelassen, läßt den Menschen seine Welt und sich selbst zerstören.

Nur als getragen von Existenz bleiben Haltung, Humanitas und Leidenschaft mögliche Wahrheit. Nicht das Sein des Menschen als Philosophen ist Haltung, sondern er erwirbt sich Haltung und stellt sich unter Bedingungen, bei deren Fehlen er sie aufzugeben wagt. Erst auf dem Grunde existentieller Entscheidungen hat Humanitas die Wärme und Kraft, welche die Festigkeit schaffen, auf der ein Leben steht; nur geschichtlich erfüllt und damit selbst dem Wandel unterworfen ist sie als universaler Typus leer. Nur als existentielle Möglichkeit ist Leidenschaft nicht die beliebige Triebhaftigkeit.

Der Philosoph hat gleichsam diese Felder seines Daseins, in die er eintritt. Er wird nicht mit ihnen identisch, wie er nicht ohne sie ist. Was er selbst ist, ist nur im Werden, ist ohne Vollendung im Zeitdasein.

ZWÖLFTES KAPITEL

Existenz unter Existenzen

Seite

Die Wahrheit im Zueinandersein 416
1. Wahrheit als eine und viele — 2. Wahl der Wahrheit — 3. Der Sinn der Nichtzählbarkeit der Existenzen

Sein als Existenz und Sein für Alle 421
1. Totalität und Ursprünglichkeit — 2. Existenz und Betrachtung der erscheinenden Existenz — 3. Das allen Gemeinsame und existentielle Gemeinschaft

Existenzerhellung ist nicht Ontologie. 429
1. Pluralismus und Monadenlehre — 2. Die Versuchung im Wissenwollen

Glaube gegen Glaube 434
1. Kampf um den Aufschwung des Glaubens — 2. Die Frage nach dem einen Glauben — 3. Kampf von Glaube gegen Glaube — 4. Das Sein der Existenz unter Existenzen als Grenze

Da Existenz nicht im Sinne eines Seins von Objekten, auch nicht im Sinn des Seins der der Psychologie zugänglichen Subjekte ist, sondern sich in der vielgliedrigen Spaltung des Daseins in Subjektivität und Objektivität erscheint, kann sie weder zu ihrer endgültigen Objektivität kommen, noch als Subjektivität zureichend begriffen werden.

Hat man durch weltorientierende Forschung und Wissen, durch zweckhaftes Handeln und zweckfreies Erleben, durch vorsorgendes und dienendes Leisten seiner Arbeit im Dasein nach allen Seiten Fuß gefaßt, so hat man damit zugleich die Möglichkeit eines Seinsbewußtseins des Selbstseins gewonnen, zu dem ich aus allem Dasein, wenn ich es auch nur in ihm finde, zurückgeworfen werde. Selbstsein aber kann sich weder als das alleinige Sein nehmen noch zulassen, daß irgendein anderes, universales Sein als das Sein schlechthin behauptet werde. Welt und Transzendenz können in ihrer Objektivität erstarren; aber mögliche Existenz nimmt sich daraus zurück zu dem, woraus allein Transzendenz fühlbar wird, das aber selbst nur gegenwärtig und gewiß ist als Freiheit.

Das *Seinsbewußtsein* möglicher Existenz ist kein beobachtbares Phänomen. Es gibt es nicht außer für *diese* Existenz selbst und die in Kommunikation ihr verbundene. Davon zu sprechen, bringt die

415

unvermeidliche und täuschende Objektivierung, als ob es da sei in so vielen Exemplaren, als es der Beobachtung vorkommt, während die Aussage nur den Appell bedeutet, als Selbstsein dessen inne zu werden, was, wenn es ist, nur *unvertretbar* dieses ist. Die Subjekte sind in der Welt wohl die vielen konkreten Erscheinungsformen der möglichen Existenz. Existenz aber ist nur selbst und, in eins mit ihrem Selbstsein, kommunikativ verbunden. Existenzen, nicht als Objektivitäten und nicht als Subjektivitäten zu betrachten, daher weder festzustellen als vorhanden noch zu zählen, wie viele, sind vielmehr im Unterschied von dem Dasein des Vielen in der Welt als *Sein von Existenz zu Existenzen*. Zwar sind sie so nicht zu erkennen, aber als Möglichkeit zu erhellen. Es ist die *Bindung von Sein an Sein*, das wir selbst sind, wenn wir *eigentlich zu sein* glauben; es wird für uns, soweit wir existentiell in den Kreis eintreten.

Statt daß also das Sein als Objektivität und als die eine allgemeingültige Wahrheit für alle gefunden werden könnte, ist im Ursprung des in der Welt möglichen Seinsbewußtseins, quer zur Spaltung in Subjektivität und Objektivität, Existenz zu anderer Existenz. Ihr Ursprung ist die *übergreifende* Möglichkeit des Seins, aus dem wird, was eigentlich ist, ohne im Zeitdasein in objektiver Einheit sich abzuschließen oder zur Nivellierung der Subjekte in der Einartigkeit zu kommen. Daher muß eine Vergegenwärtigung der Wahrheit der Existenz ein Wissen vom Sein (Ontologie) als für sich unmöglich begreifen, vielmehr das Sein im Weltdasein als *Glaube gegen Glaube* statt als Weg des einen wahren Glaubens erhellen.

Die Wahrheit im Zueinandersein

1. Wahrheit als eine und viele. — Daß Existenz Wahrheit unterscheidet — die Wahrheit, die ich als *zwingend* weiß, die Wahrheit, an der ich *teilhabe* (Idee), die Wahrheit, die *ich selbst bin* —, ermöglicht ihr Wirklichwerden. Nur die durch Rationalität und empirischen Befund zwingende Wahrheit ist, weil für das Bewußtsein überhaupt, allgemeingültig für jedermann. Wo sich jedoch die Wahrheit der Idee und des existierenden Ichseins objektiv und direkt ausspricht, sehe ich, sie betrachtend, daß Menschen Verschiedenartiges und Entgegengesetztes als für sich Wahres genommen haben. Doch verstehe ich auf diese Weise keine dieser Wahrheiten in ihrem Ursprung, weil in der objektiven Gestalt, im Bilde einer Mehrzahl

416

geglaubter Wahrheiten, nur ihre Erscheinung für mich als Bewußtsein überhaupt da ist, das sich in der Welt orientiert. Wahrheiten widerstreiten sich, aber an ihnen teil hat nicht, wer sie alle kennt, sondern selbst mit einer identisch ist. *Meine* Wahrheit, die ich, sofern ich existiere, schlechthin bin als Freiheit, stößt an *andere* Wahrheit als existierende; durch sie und mit ihr wird sie selbst; sie ist nicht einzig und allein, sondern einzig und unvertretbar als zu anderen stehend.

Aus dieser Wahrheit kann ich nicht heraus; ihr vermag ich nicht zuzusehen und sie nicht zu wissen. Heraustretend müßte ich ins Leere fallen. Wohl kann ich ihr objektivierendes Sichselbstverstehen als ihre jeweilige Erscheinung der unendlichen Reflexion überliefern. Ich kann sie als Erscheinung noch im geschichtlichen Augenblick absolut nehmen, um sie sogleich wieder zu relativieren; dies aber nur aus der Wahrheit der als zeitlich immer werdenden Existenz, nicht intellektuell und ursprungslos. Erst im Dienste der Existenz kann der relativierende Verstand durch Vernichtung jeder Objektivität Gehalt haben, weil Denken als existierendes überwindend zugleich neue Objektivität hervorbringt. Ich bin als Existierender nicht anderswo zu Hause (es sei denn in der Transzendenz, die für diese Existenz sich offenbart), sondern in existentieller Identität mit mir. Diese steht hinter aller scheinbaren Auflösung; aber sie verfällt ihr nicht, weil nur ihre jeweiligen Erscheinungen — nicht sie selbst — der Befragung zugänglich sind. Nur in Kommunikation sehe ich die Wahrheit anderer Existenz; mich abwendend von den täuschenden Spiegeln derer, die mich nur anerkennen oder ausstoßen, lebe ich gewiß werdend allein in dieser Berührung von Wahrheit mit Wahrheit.

Objektive Wahrheit ist als die eine für alle und als jeweils besondere in bezug auf ihre Begründung für einen Standpunkt; von existentieller Wahrheit aber gilt: Weil ich aus der Wahrheit als der Möglichkeit meiner Existenz nicht heraus kann, um sie zu betrachten, kann ich nicht sagen: „*es gibt mehrere Wahrheiten*"; denn alles Vielfache gilt nur in der äußeren Erscheinung der sichtbaren Gestalten, der sagbaren Gedanken und Dogmen; die Wahrheit der Existenz ist aber nicht vielfach, da sie nicht als vielfache von außen gesehen werden kann und nicht als Bestand fixierbar ist. Ebensowenig kann ich sagen: „*ich selbst bin die einzige Wahrheit*"; denn ich bin nicht ohne die Anderen, zu denen ich bin; die Unbedingtheit in meiner Existenz ist ohne die Gültigkeit des Allgemeinen; sie ist die nie identisch übertragbare Unbedingtheit.

27 Jaspers, Philosophie II

2. Wahl der Wahrheit. — Wahrheit ist entweder zwingend und wird daher nicht gewählt oder Wahrheit wird *durch* Wahl unbedingt.

Wären viele unbedingte Wahrheiten als daseiende, so daß ich ihnen gegenüberstehen und eine für mich wählen könnte, so wäre jeder Sinn von Wahrheit aufgehoben. Dann würde ich Wahrheiten, die sich — in ihrer Unbedingtheit — ausschließen, als viele Wahrheiten kennen können, was unmöglich ist. Ob ich Wahrheit weiß, an ihr teilhabe oder sie bin, es kann in jedem Fall nur eine Wahrheit sein, die das Unwahre als ein Anderes *ausschließt*.

Gegenüber dem Satze, welche Weltanschauung einer wähle, zeige, was für ein Mensch er sei, besteht die Frage, *zwischen* was zu wählen sei. Alle Alternativen objektiver Art gelten in der Bestimmtheit eines Besonderen und dies in einer Situation. Sie gelten aber nicht für eine Anzahl von Weltanschauungen, zwischen denen gewählt werden könne, weil keine Bestimmtheit als ein Besonderes den Ausschlag geben kann, wenn es sich um das Ganze handelt. In der Idee einer Totalität allen gedanklichen Möglichkeiten einen Platz anzuweisen, bleibt sinnvoll für die Weltorientierung über sprachlich mitgeteilte Gedanken. Aber Weltanschauungen als gedankliche Gebilde zu übersehen, hebt sie als Weltanschauungen auf, macht den ihre Gedanklichkeit Übersehenden vielmehr fähig zur Wahl in dem radikal anderen Sinn: Die Wahl, von der ich als Ursprung der Wahrheit ausgehe, ist Wahl der *Existenz*, worin sie *sich selbst wählt*. Statt durch Auswahl einer Wahrheit aus der Vielheit angebotener Typen gelange ich zu ihr aus der Wahl der Freiheit, durch die Existenz in der für sie *allein* wahren Weltanschauung sich erhellt.

Selbst*verstehen* setzt bei den einzelnen konkreten Wahlakten an, die in unbestimmbarer Folge das Leben erbauen; man kann dann fragen: warum wurde so gewählt? Welchen Sinn und welche Konsequenzen hatte die Wahl? Welche ungewußten Voraussetzungen oder Prinzipien lagen zugrunde? In der Antwort auf solche Fragen entfalten sich Zusammenhänge rationaler Konsequenz, die auf grundsätzlich letzte Möglichkeiten zu führen scheinen, zwischen denen als den Voraussetzungen rational geformter Weltanschauungen zu wählen sei. Jedoch führt diese Methode des Suchens der Konsequenzen und der letzten selbst nicht mehr begründbaren und doch nicht als objektlos gemeinten Voraussetzungen für sich immer nur zu einem relativen Ende: ich werde nicht befriedigt und bleibe skeptisch, wenn letzte Alternativen der Weltanschauung als notwendig behauptet werden.

Der Weg des rationalen Selbstverstehens aus letzten Grundsätzen — ausgehend von den konkreten Wahlakten — behält vielmehr als Grund und unauflösliches Ende die Existenz selbst, die für alle Erkenntnis vermeintlich letzter sich ausschließender Grundsätze noch als Möglichkeit übergreifend bleibt. Auf dem Wege eines nur theoretischen, darum nicht auf die Wahl ihrer als Existenz zielenden Interpretierens versteht sich Existenz nur relativ in ihren jeweiligen Objektivierungen, nicht in der Unbedingtheit des Ursprungs ihrer selbst.

Die Wahl der Wahrheit der Existenz versteht sich nach unendlicher Reflexion ihrer Erscheinung im Sprung zum wahrhaft *Ursprünglichen*, das sich zugleich *anderem Ursprung* gegenüber weiß.

Diese Wahl des Ursprungs bringt das Philosophieren in der Wirklichkeit der einzelnen Existenz zur *entschiedensten* Gewißheit. Weil es sich selbst als das Wahre und als Eines erfaßt, kann es nicht alle andere Wahrheit als im gleichen Sinne wahr *begreifen*, wohl aber mit ihr in die Kommunikation des Fragens und Kämpfens treten. Denn wenn sie sich als das eine Wahre erfaßt, so ist sie sich doch nicht alles, sondern als *zu Anderem hin existierend*. Sie kann niemals Überblick gewinnen über ein Nebeneinander von Wahrheiten, sondern nur über deren Erscheinungen in ausgesprochenen Lehrstücken als den capita mortua, um durch diese hindurch in Fühlung mit dem Ursprung der anderen Wahrheit zu kommen.

Solche Stellung des Wahrheitsbewußtseins eines als Existenzerhellung sich wissenden Philosophierens bedeutet nicht, daß sie das allgemein Gültige für ungültig erkläre; sie hält sich im Gegenteil mit unerbittlicher Kritik am Zwingenden und wehrt dessen Verwechslung mit jeder anderen Wahrheit ab. Sie kann ferner nicht bedeuten, daß sich Existenz wieder aufgebe, weil sie ihre Wahrheit nicht wollen und sich lieber zu einem Falle des Allgemeinen machen möchte. Sie bedeutet erst recht nicht, daß sie sich verabsolutiert.

Für den Verstand bleibt die Urparadoxie der existentiellen Wahrheit: daß Wahrheit als einzelne sei und doch zu anderen Wahrheiten ist, daß viele Wahrheiten zu sein scheinen und doch nur die eine Wahrheit ist. Und: daß absolute Geltung und Relativität sich nicht ausschließen sollen, weil Geltung jeweils absolut nur in der Existenz ist und die Relativität immer nur die objektive Erscheinung des Gedachten und Ausgesagten betrifft.

3. Der Sinn der Nichtzählbarkeit der Existenzen. — In der Welt ist alles Gegenständliche jeweils eine Einheit, es gibt dann

abzählbare Vielheiten. Ich denke das psychische Subjekt als eins und zähle in einem Umkreis, wie viele solche Subjekte da sind; oder ich denke die Welt menschlicher Ordnung, worin jeder nicht bloß beliebiger Teil, sondern Glied eines Ganzen sei. Existenz unter Existenzen vermag ich so nicht zu denken. Existenz ist nicht als solche da; ich kann sie als Erscheinung in das Blickfeld meiner Betrachtung rücken, wobei ich keinerlei objektives Kriterium dafür habe, was existentielle Erscheinung ist und was nicht.

Daher sind außer den keinen Gegenstand erfassenden signa der Freiheit auch Kategorien auf Existenz nur inadäquat anwendbar. Könnte man den Existenzen zusehen, so wären sie je eine und dann viele und als solche in der Kategorie der Quantität zählbar. Aber Einheit und Vielheit sind gegenständliche Formen des Daseins in der Welt, nicht des Seins der Existenz, von der doch in ihnen unvermeidlich, aber inadäquat und darum in der Weise des Wiederrückgängigmachens gesprochen wird. Existenzen sind also als *viele, nicht* aber als *zählbare*. Jede Existenz ist nur für mich als Existenz in Kommunikation einmaliger unvertretbarer, sich aufeinander hin bewegender, nicht konkurrierender Art. Umfangen von einem unbestimmten Dunkel bin ich nur als diese mögliche Existenz mit diesen anderen Existenzen. Nicht einmal dieser Kreis existentieller Erfahrung wird ein Ganzes; der Gedanke aber eines Reiches der Existenzen als einer *Totalität*, deren Glied ich wäre, ist als bestimmter Gedanke bodenlos.

Unsere unausweichliche Neigung, Existenz doch zu denken als eine, als viele, als ein Reich von Existenzen, beruht auf dem Drang, wie alles so auch die Existenz zu objektivieren. Ich kann der Möglichkeit nach, betrachtend, *aus der Welt* gegenständlichen Daseins und damit aus der Welt des Daseins der Subjekte *hinaustreten;* so gewinne ich als Bewußtsein überhaupt einen, wenn auch imaginären „Punkt außerhalb"; ich bin in der Welt doch gleichsam außer der Welt. Aber *aus der Existenz* kann ich *nicht heraustreten*, nicht ihr zusehen, nicht sie mit anderer Existenz vergleichen, davon mehrere objektiv nebeneinanderstellen. Daß ich selbst dieser eine bin, immer wieder „ich" bin, ob ich es auch anders versuche, ist zwar zunächst nur die Identität eines empirischen und eines logischen Subjekts. Daß ich darin aber als die Wirklichkeit des „ich selbst" diesem nicht mehr gegenübertreten kann als nur im Schein formaler Rede, in der ich es wirklich doch nicht kann, ist das *Gewurzeltsein* der Existenz in sich. Dieses als solches auszusprechen wird aber zum Mißverständnis; denn es ist nicht ein Gewurzeltsein in der Fesselung oder Bindung an einen Grund, von dem ich frei werden möchte, aber nicht kann; sondern grade in dieser Unmöglichkeit des Nichtdavonloskommens will ich, weil ich es anders gar nicht wollen kann, ich selbst sein. Hier ist allein die Wahrheit des „ich bin", die es unmöglich macht, gleichsam noch einmal, noch anders oder vielfach ich selbst zu sein. Dieses Sein, als das und worin allein ich bin, aber neben oder hinter dem ich nicht bin, ist mein Sein als einmalige, unauswechselbare Freiheit, die kein Fall einer allgemeinen formellen Freiheit ist, sondern sich als das Nächste und doch immer noch Fremde weiß, das nie als solches Objektive und doch das allein Gewisse, worauf es mir ankommt. Daß etwas ist, das zu sich sagt: „*ich bin*" und schlechthin kein Gegenstand der Betrachtung wird, ist der *feste Punkt* in dem universellen Relativieren des Gegenständlichen und Geltenden.

Sein als Existenz und Sein für Alle

Welt wird im ersten Erfassen gedacht als Dasein im absoluten Raum und in der absoluten Zeit; sie wird dann in Relativitäten aufgelöst und in ihrem perspektivischen Charakter gesehen; in dieser Betrachtbarkeit und Erforschbarkeit verliert sie jede Absolutheit und gerät in die Schwebe. Als was sie aber ist, ist sie Sein für alle als identisch bleibende Objektivität.

Existenz ihrerseits steht in der Welt; sie ist im Zueinander von Ursprung zu Ursprung, der inmitten der Bedingtheiten allen Weltdaseins aus sich die Unbedingtheit erfährt. Dies Sein aus dem Grunde ist nie ein Sein für alle.

Das Sein als *das eine universale Sein für alle* ist das Weltdasein, dessen Relativität Bedingung seiner allgemeingültigen Erkennbarkeit bleibt. Das Sein als die je eine Existenz ist in der Welt Erscheinung, deren Absolutheit nicht wißbar für jedermann und deren Unbedingtheit nicht gültig wird außer für sie selbst in ihrem kommunikativen Kreise. Sein als Universalität und Sein als Existenz sind wohl aufeinander angewiesen wie miteinander im Kampfe. Ihr Zusammen und ihre gegenseitige Infragestellung lassen weder eine zum Bestand führende Synthese zu, noch lassen sie eine der beiden Seinsweisen verschwinden. Was existentiell den Vorrang hat, ist für weltorientierende Erkenntnis nichts; was für diese Erkenntnis allgemeingültig ist, ist für Existenz nicht an sich und ist kein eigentliches Sein.

1. **Totalität und Ursprünglichkeit.** — Die Objektivität und die Subjektivität in ihrer sich isolierenden Weltwirklichkeit lassen mich in sich verschwinden: an sie hingegeben werde ich zu bloß daseiendem oder bloß gehorchendem, von außen bestimmtem Dasein, es sei denn, ich nehme mich zurück zu mir als Existierendem. Objektivität und Subjektivität sind aber zugleich das Medium, in dem mir aufleuchtet, was sich als Existenz an mich als Existenz wendet. Ich bin angesprochen und spreche an in jener Sprache, für welche die objektive Sprache nur Durchgang ist. Aber ich werde und erreiche kein Ganzes.

Das existentiell Viele ist nicht in objektivierten Wahrheiten als solchen; im Objektiven gibt es entweder richtig oder falsch, gut oder böse, teilnehmen oder verwerfen (und gibt es als dialektische Möglichkeiten synthetische Verbindungen), gibt es die eine Wahrheit. Das existentiell Viele ist das Ursprüngliche. Es bedeutet, daß es keine Totalität wird, weil ich ich selbst bin und der Andere er selbst ist. Es bedeutet ferner, daß ich, wie ich nur einer bin, das Viele nicht *als* Vieles und nicht in einer Totalität als Aufhebung aller Vielheit kenne; ich kenne es nur, sofern ich mit ihm kommuniziere. Es ist mit mir, und ich mit ihm auf dem Wege zum Einen.

Existenzen sind also in ihrer Erscheinung *nicht subsumierbar* in das totale Ganze eines Wissens. Sie sind *nicht übertragbar* als das wißbare Sein, das immer für alle dasselbe wäre. Denn während alle Unterschiede und Gegensätze des *Daseins* allgemein gedacht werden können, können die Unterschiede von *Existenzen* nicht eigentlich gedacht werden, da niemand denkend außerhalb ihrer treten kann. Was in ihnen als Unterschied gedacht werden könnte, wäre grade darum sogleich wieder existentiell aneinander gebunden zu nehmen als Möglichkeiten, die dieser so denkenden Existenz selber angehören. Durch alle Scheidungen geht der Strom der Wahrheit, meine Wahrheit, deren ich aktiv mich vergewissere.

Dem Sein der Existenz geht erst eigentlich Wirklichkeit auf. *Was* jedoch *Wirklichkeit sei*, ist damit weder bestimmt, noch ist sie dieselbe für alle. Sie zeigt sich vielmehr dem Ursprung der Existenz nicht auf die gleiche Weise. Es fragt sich, *wer* Wirklichkeit sieht, und *als was* sie gesehen wird. Die Antwort ist jeweils von allem Wissen im Sprunge geschieden. Was ich bin in der Verknüpfung zur Transzendenz, steht in Korrelation zu dem, was mir als Wirklichkeit aufgeht. Diese ist zwar als Gegenstand zwingender Erkenntnis in der Weltorientierung universal, aber sie wird als solche niemals die volle

422

Wirklichkeit, die ich erfahre und tue. Jene ist begrenzt, partikular, relativ, diese ist das Ganze der Wirklichkeit für mich. Wie ich jene erkenne, bin ich als Bewußtsein überhaupt; wie ich diese erfahre, bin ich in ihr bezogen auf Transzendenz mögliche Existenz.

2. Existenz und Betrachtung der erscheinenden Existenz. — Der Mensch ist nicht Gipfel der Schöpfung, denn es gibt ganz Anderes, auf ihn nicht Bezogenes. Aber er ist für sich notwendig Mitte. Aus dieser kann er betrachtend und forschend — als Bewußtsein überhaupt — heraustreten, die Standpunkte wechseln, den „Standpunkt außerhalb der Welt" wenigstens als möglichen gewinnen. Aber da er existierend nicht aus seiner Existenz treten kann, soviel er sich in der Erscheinung auch betrachten, verstehen, in seinen Bedingungen analysieren mag, so macht er die Erfahrung, daß alles Wissen (als Psychologie und Soziologie) nicht ihn selbst faßt, daß bereits, wenn er in der Möglichkeit des Gedankens aus der Existenz heraustritt, sie ihm zu entgleiten droht. Aber der Mensch macht nicht willkürlich halt, setzt seiner Betrachtung und Analyse keine Grenze, sondern weiß sich in seinem eigentlichen Sein immer jenseits oder vorher, von allem Betrachtbaren noch durch einen Sprung geschieden.

In der Welt der Erscheinungen sich umsehend, *sucht* Existenz wiederum die Existenz auf dem Wege der Betrachtung der Erscheinungen. Dann geneigt, von den Erscheinungen auf eine Weise zu sprechen, wie es bloße Betrachtung nie tun würde, hat sie die Tendenz, *alles* als Existenz zu sehen. Aber die betrachtbare Welt der Natur wird nicht wirklich Existenz; nie kommt es zu einem eigentlich Gemeinsamen zwischen dem Menschen und dem in der Welt Anderen. Menschsein will Frage und Antwort, aber nur der Mensch antwortet dem Menschen. Doch auch zwischen Menschen ist keine Gleichheit. In der Welt sind sie charakterologisch und soziologisch verschieden und machen sich nur für besondere Rechte und Zwecke gleich. Gleich und darin zueinander auf derselben Ebene sind sie in der unbestimmt möglichen Bezogenheit auf Transzendenz. Aber zugleich ist ihr ewiges Sein doch gleichsam in transzendenter Rangordnung. Zu wem ich so stehe, daß ich mit ihm vor der Transzendenz stehe, und wer mich dort verläßt, das sind existentiell sich offenbarende, abgründige Unausweichlichkeiten, die kein Verstand fortschafft, wie sie selbst nur Gleichnisse sind für eine in keine Kategorien faßbare Ungleichheit.

Die Betrachtung der Ungleichheit der Menschen in der Erscheinung, in ihren Lebensformen und Zwecken, ihrem Daseinsbewußtsein und ihrer faktischen Welt kann zwar nie die Existenz treffen, steht aber unter dem existentiellen Interesse des sich selbst Suchens. Was der Mensch überhaupt sei, expliziere ich mir notwendig aus *meiner* geschichtlichen Situation. Ich gehe weder objektiv von dem Primitiven der Naturvölker aus noch subjektiv von den eigenen gewußten oder möglichen Anfängen oder von dem Alltäglichen meines Daseins, sondern von den hohen Augenblicken als von der eigentlichen Gegenwart. Aus einem existentiellen Interesse erst öffnet sich der Blick auf das scheinbar Primitive, auf Dasein und Denken der Naturvölker, auf die Stufen der Menschheit, vermag ich historische Geistigkeit zu sehen als das Angeeignete und Überwundene oder als das Fremde, und gewinne ich Sinn für charakterologische oder soziologische Typik, und sehe den eigenen zurückgelegten Weg und meinen Alltag.

Betrachtung verliert sich aber, sobald ich nicht mehr von Existenz angesprochen werde. In der Welt forschende Betrachtungen können nur Weg sein, nicht als Betrachtung schon irgendwo Existenz vor sich haben. Es wäre ein Mißverstehen, das die Wurzeln des Philosophierens verliert, wenn Existenz wiederum in ihrer geschichtlichen Erscheinung betrachtet würde, und man Existenzformen aufstellte als Typen, deren Mannigfaltigkeit man überblickt, wie sie sich historisch ablösen. Was sich für objektive Betrachtung wandelt und ablöst, sind psychologische Charaktere, Weltbilder, Verhaltungsweisen, soziologische und ökonomische Zustände, weltgeschichtliche Situationen usw.; Existenz dagegen ist immer dasselbe in anderer Gestalt. Durch Betrachtung des Historischen gelange ich erst im Überschreiten und Vernichten des Historischen zum geschichtlichen Bewußtsein als eigentlicher Seinsgewißheit.

Stets bin ich beides: Möglichkeit der Existenz und Betrachtung. Für meine Betrachtung wird offen das Theater der Weltgeschichte, auf dem ich die Mannigfaltigkeit des menschlich bisher Möglichen und die mir überkommene Welt als eine unter vielen sehe; als historisch Vereinzelter bin ich eine Figur unter Milliarden auf diesem Theater. Als mögliche Existenz aber bin ich dieser ganzen Betrachtung mächtig, ohne in sie als Objekt einzugehen, und fähig, durch sie hindurch mit fremder Existenz Berührung zu gewinnen.

Wird jedoch die Betrachtung, statt universale Bereitschaft existentiellen Suchens zu bleiben, zum Auftürmen von Bildern des Menschen in seiner Geschichte und seinen Möglichkeiten, so ist sie bei dem Gesehenen nicht als Selbstsein. Dieses Dabeisein der Bildung kann als

424

Sinn für die Vielfachheit in der Universalität ihrer Betrachtung bis an die Grenze des existentiellen Interesses gehen und doch von ihm *abgründig getrennt* sein: Die Weltgeschichte, meint Ranke, sei kein zufälliges Durcheinanderstürmen der Staaten und Völker. Auch die Förderung der Kultur sei nicht ihr einziger Inhalt. Es seien schöpferische, lebendige Kräfte, moralische Energien, die wir erblicken. Zu definieren seien sie nicht; aber anschauen, wahrnehmen könne man sie; ein Mitgefühl ihres Daseins könne man sich erzeugen. In ihrem Leben, ihrem Vergehen, ihrer Wiederbelebung, die dann immer größere Fülle, höhere Bedeutung, weiteren Umfang in sich schließe, liege das Geheimnis der Weltgeschichte. Die Vielfachheit der Nationen und ihrer Literaturen sei Bedingung, daß die Geschichte uns anziehe. Nicht diejenige Gesellschaft gewähre Genuß und Förderung, wo einer das Wort führt, noch auch die, wo alle auf gleicher Stufe oder in gleicher Mittelmäßigkeit nur immer dasselbe sagen; da erst fühle man sich wohl, wo sich mannigfaltige Eigentümlichkeiten, in sich selber rein ausgebildet, in einem höheren Gemeinsamen begegnen, ja, wo sie dies, indem sie einander lebendig berühren und ergänzen, in dem Momente hervorbringen. So würde es nur eine leidige Langeweile geben, wenn die verschiedenen Literaturen ihre Eigentümlichkeit verschmelzen sollten. Die Verbindung aller beruht auf der Selbständigkeit einer jeden. Nicht anderes verhalte es sich mit den Staaten, den Nationen. Aus Sonderung und reiner Ausbildung werde die Harmonie hervorgehen.

Diese Formulierungen scheinen Existenz im Auge zu haben, jedenfalls nicht preiszugeben an ein Allgemeines. Die *scheinbare Nähe* der Sätze verlangt jedoch die *radikale Scheidung* von dem Ganzen des in ihnen zum Ausdruck kommenden Sinns: Dieser geht panoramisch-bildhaft auf den Reichtum der Erscheinungen. Mannigfaltigkeit, Fülle, Umfang scheinen letzte Wertmaßstäbe, Langeweile wird ein negatives Kriterium, die Harmonie des Ganzen Voraussetzung einer Befriedigung der universalen Kontemplation. Das sich noch fremde Eigentümliche läßt er sich berühren, aber sofort auch sich zum Ganzen ergänzen. Selbständigkeit hält er wohl für eine Bedingung auch der Verbindung; diese aber ist ihm als ein einziges umgreifendes Ganzes fraglos möglich. Er nimmt fast die Haltung eines unverbindlichen Geltenlassens von allem an, das nicht mittelmäßig sei. In faktischer Durchführung dieser Haltung, zumal, wenn nicht mehr Ranke, dieser rätselhafte Geist von einziger Bedeutung, sie einnimmt, würden

Vorlieben maßgebend, die in aller Weite bildhaften Sehens eng bleiben müssen, weil nicht das eigentümliche Schicksalsbewußtsein der Existenz in ihnen zum Ausdruck kommt: denn sie steht nicht am Abgrund des Seins, an dem die Harmonie aufhört, sondern im Einklang mit einem Sein, das, mit Worten der Existenzerhellung ausgesprochen, durch diesen Einklang deren Sinn aufheben, wenn wir aber mit ihnen befriedigt wären, die Möglichkeit eigener Existenz vernichten würde. Die Großartigkeit der Betrachtung zeigt durch Kontrast, daß ihr als bloßer Betrachtung der Ursprung im Sein der Existenz unter Existenzen verschüttet wird.

3. Das allen Gemeinsame und existentielle Gemeinschaft. — Das Viele sucht die Einheit, durch die es, wenn sie Bestand gewinnen könnte, aufhören würde zu sein. Das eine Sein für alle ist aber für Existenz in Subjektivität und Objektivität nur ein Wegweiser ihres Wirklichwerdens; wird das eine Sein antizipiert, so ist es der Ruin der Existenz; wird es verworfen, so bleibt Existenz nur die leere Möglichkeit. Wäre das Sein für alle aber die Gemeinschaft der Existenzen, so würde es erst wirklich als Vollendung der Existenzen in dem einen Geisterreich. Was vorher ist, wiese nur dorthin.

Was gemeinsam wird als verstehbar und gültig für alle, ist zu vergegenwärtigen als Aufgabe der Existenz im Dasein, um es dann zu kontrastieren dem, was Gemeinschaft der Existenz im Ursprung selbst sein kann.

Das Gemeinsame ist *erstens* das Dasein als Gegenstand empirischer Forschung und zwingenden Wissens. Es ist die Gemeinschaft des *Bewußtseins überhaupt* als die Möglichkeit, das Allgemeingültige identisch zu *wissen*. Die sachliche und kritische Hingabe an dieses Wissen wird in dieser gemeinsamen Verwirklichung Beginn einer möglichen existentiellen Verbundenheit.

Das Gemeinsame ist *zweitens* das Sein, das alle identisch *sind;* dieses zu denken führt auf eine Objektivität des Menschen überhaupt, die jedoch nicht das Selbstsein ist:

Die *Situation*, die der Mensch mit dem Menschen identisch gemeinsam hat, ist beschreibbar: Alle haben dieselben vitalen Bedürfnisse; zu deren Befriedigung sind sie in ihrer Tätigkeit aufeinander angewiesen (das Gemeinsame der Daseinsfürsorge und der möglichen Lust); alle müssen sterben; alle sind in ihrem Geschick Zufällen ausgesetzt usw. Aber die Gemeinsamkeit der Situation ist nur das Gemeinsame des Rahmens der im übrigen geschichtlich verschiedenen

Faktizität. Denn die vermeintlich allgemeinen Situationen werden Situationen eines Selbstseins erst in der Weise, wie es sie ergreift und erfüllt. Der Tod ist nie ein Gleiches. Von fast völliger Gleichgültigkeit bis zu einem das Leben bestimmenden, weil stets gegenwärtigen Ende, wechselt er Sinn und Gewicht in dem, wie der Mensch ihn erfährt und ausspricht. Möchte ich diese oder eine andere Grundsituation des Menschen mit dem Bewußtsein ihrer Relevanz mir klären, so richte ich mich grade nicht auf ihr zeitlos Allgemeines, das allen Menschen eignet, sondern erhelle mein Selbstsein, wie es mit Anderen in Kommunikation steht, fragend, wie es für sie damit stünde.

Auf die Frage schließlich, was als das Gemeinsame es also möglich macht, daß sich die Menschen durch alle Zeiten und Räume *verstehen können*, ist zunächst die Voraussetzung zu begrenzen: dieses Verstehen ist keineswegs gegeben, seine Vollendung im Prinzip fragwürdig, sein Weg bleibende Aufgabe. Innerhalb dieser Grenzen ist *logisch* die Antwort: das Bewußtsein überhaupt, dessen Struktur alles verbindet, was Dasein als gegenständlich gerichtetes Bewußtsein hat, in der Möglichkeit auch über die Grenzen des Menschen hinaus; *psychologisch:* die immer gleiche Menschenartung als Charakter dieser Gattung des Daseins; *idealistisch:* der eine Geist, als der wir alle sind; *religiös:* Gott als der eine, von dem und zu dem wir leben.

Keine dieser Einheiten des Gemeinsamen ist im Zeitdasein vollendet. Jede ist eine Antizipation, wo sie als gegenwärtiger Bestand oder als erreichbar behauptet wird. Das vollendete Wissen; der Mensch als ganzer Mensch in Ungebrochenheit und Daseinsdauer; die abgeschlossene Welttotalität des Geistes, in der alles durch Gliedschaft sein Sein im Ganzen hat; die dogmatische Gottheit — nichts von dem hat sein endgültiges Dasein. Sondern: das Sein des Allgemeinen für alle oder die Einheit, in der als einer vollendeten Gemeinsamkeit das Sein der Existenz aufhört, ist nicht, außer in objektiven Relativitäten. Das Sein der *Existenz* aber, von dem getragen für uns im Dasein anderes Sein erst Gewicht hat, ist als die sich verwirklichende Unbedingtheit die *Gemeinschaft*, welche *gestiftet* wird, geschichtlich bleibt und nie beständig wird. Als gestiftete ist sie aber *nicht universal:*

Sie ist als *Freundschaft* die Gemeinschaft derer, die füreinander wirklich sie selbst sind, statt der Gemeinschaft aller, die sich nicht als Existenzen sind und sein können.

Sie ist als *Gefolgschaft* die Bindung des Selbstseins an ein führendes Selbstsein, zwar unter Bedingungen, aber in Treue und Vertrauen.

Gefolgschaft ist unterschieden von bloßem Gehorsam, weil sie unvertretbare Gemeinschaft ist, in der der Gehorchende zugleich versteht: er bleibt ein Selbstwerden in Kommunikation, als hinzukommender zwar in nehmender, der Möglichkeit nach aber jeden Augenblick auch gebender Kommunikation. Gefolgschaft geschieht daher nicht in Begrenzung auf Daseinsinteressen als ein objektiv Allgemeines, sondern in der Wurzel eigentlichen Seins der sich bindenden Existenzen.

Sie ist als die in unbewußter Kontinuität gewordene *substantielle Lebensgemeinschaft* durch den Gehalt einer *Idee*. Innerlich ursprünglicher zwar ist Existenz zu Existenz als Sein vom Einzelnen zum Einzelnen; äußerlich früher ist die Idee, wenngleich sie in der Existenz wurzelt. Idee ist die ungewußte Existenz einer Gemeinschaft, durch die der Einzelne er selbst ist, ohne schon der Unruhe des Selbstseins überliefert zu sein. Die geschichtlichen Ideen sind die Mächte, in denen Existenz sich findet, indem sie teilnimmt an ihnen als den Objektivitäten der den Einzelnen übergreifenden Tradition und an den in ihnen sich orientierenden Aufgaben der Daseinsordnung.

Sie ist als *Gemeinschaft des Handelns* die Verwirklichung, welche über Dasein entscheidet: am sichtbarsten in den Aktionen des Staates.

Sie ist als *Tätigkeitsgemeinschaft* die Verwirklichung von Aufgaben, welche im Dasein Wissen, Erfindungen, technische Gebilde, Werke, die alltäglich notwendigen Arbeitsprodukte erwerben.

Jede dieser Gemeinschaften braucht als *Medium* die Durchsichtigkeit eines Gedachten und Zweckhaften; löst sich dieses von der Wurzel existentieller Gemeinschaft, so verdünnt es sich zu einer bloßen Gemeinsamkeit und wird Betrieb. Gemeinschaft der Existenzen ist nur dort, wo das Selbstsein bleibt als die jeweils geschichtliche Weise des *Sichverstehens im Unverständlichen*. Die Grenzen des allgemeinen und durchsichtigen Verstehens sind für die Gemeinschaft der Existenzen nicht die Grenze, sondern ihr Beginn. Aber ihre Wirklichkeit ist um so entschiedener, je umfassender und grenzenloser die Verstehbarkeit durchschritten und jeden Augenblick als Ausdrucksmedium festgehalten wird.

Die Existenzen erkennen sich durch alle Standpunkte hindurch als Wirklichkeiten an, die sich in einer anderen Seinswelt berühren. *Eigentliche Wahrheit* bleibt unbedingt, nicht Standpunkt; existentiell, nicht allgemein; miteinander, nicht isoliert; geschichtlich, nicht zeitlos gültig; auf dem Wege, nicht vollendet.

Es ist also unmöglich und sinnwidrig, die Wahrheit der Existenzen in einem Ganzen ihrer Objektivierungen als Eine übersehen und aneignen zu wollen. Zwar gibt es eine allgemeine Welt der Philosophie und der philosophischen Möglichkeiten. Diese zu wissen, ist aber noch *Weltorientierung* über die Philosophie, welche als Summe gedanklicher Gebilde historisch vorkommt. Es bleibt möglich, alle objektiven Weltanschauungen und Formeln in einem Kopf zu vereinen und zu wissen. Aber alles dies ist immer nur Mittel, nicht selbst schon Wahrheit. Ich bleibe dieses geschichtliche Wesen, das sich *in seinem Ursprung nicht* durch Wissen *überspringen* kann. Indem ich eintrete in die Objektivitäten des Seins als allgemeinen, der Verstehbarkeiten und Denktechniken, finde ich die Möglichkeit meines Selbstseins als Gehalt in diesen Medien wieder. Mich transzendieren kann ich nur zu meinem Grunde, und dieses nur dadurch, daß ich immer entschiedener zu mir selbst komme.

Existenzerhellung ist nicht Ontologie

Ontologie faßte entweder den Gedanken des *Alls*, aus dem das Viele in Subjektivität und Objektivität als aus seinem Grunde hervorgeht. Oder sie faßte ursprünglich das *Viele* in seiner Einzelheit, Diesheit, Einmaligkeit, wie es in Subjektivität und Objektivität da ist.

Aus dem All kam sie nicht zum wahrhaft Einzelnen, aus dem Einzelnen nicht zum Einen, das Alles ist.

Als Lehre vom All wurde sie, wenn sie auf die Objektivität ging, ein metaphysischer Realismus; ging sie auf die Subjektivität, wurde sie dagegen ein alles Sein im Selbstbewußtsein auflösender Idealismus. Als Lehre vom Einzelnen wurde sie, wenn sie auf Objektivität ging, Pluralismus, ging sie auf Subjektivität, wurde sie Monadenlehre; in beiden näherte sie sich der Befragung der Existenz.

Pluralismus und Monadenlehre würden auch heute Gestalten philosophischer Gedankengebilde, welche Existenz aussprechen, werden, wenn Existenz als objektivierte Subjektivität sein könnte. Da aber Existenz nicht als Objekt und nicht als objektiviertes Subjekt sein kann, sondern Ursprung bleibt, der in Subjektivität und Objektivität nur appellierend zu erhellen ist, so würde Existenzerhellung vereitelt, wenn sie sich als ontologische Lehre entwickelte.

1. **Pluralismus und Monadenlehre.** — Der Pluralismus behauptet, daß nicht *ein* Absolutes ist, aus dem für gegenständliche Erkenntnis alles in seinem Dasein und Wesen begreiflich ist. Es sind

statt dessen viele *Seiende*, die sich zum Teil berühren, und dadurch vielleicht auf eine Einheit hindrängen; wenn darum Einheit ist, so nur als Ziel, nicht als Dasein. Das Sein der Vielen sei die Quelle von aktivem Leben und Sinn; aus seinem Bewußtsein entspringe die echte Erfahrung als Offenheit für die Fülle.

Es ist richtig, daß in jeder *gegenständlichen* Lehre von der *Welt* Vielfachheit auftreten muß. Relativ auf das jeweilige Wissen und den Gesichtspunkt der Weltorientierung ist die Vielfachheit der *Dinge*, der *Kategorien*, der *Sphären des Geistes*. Aber es ist auch Einheit für diese gegenständliche Lehre vom vielfachen Weltsein:

Es sind nicht nur zerstreute *Dinge* da, die zu keiner Einheit kommen, sondern in der realen Erkenntnis bestätigt sich stets die Voraussetzung universaler Wechselwirkung, wie sie in dem Grundsatz entwickelt ist: was nicht in Wechselwirkung eintritt, ist nicht da. Diese ist zwar nicht Einheit; sie bedeutet aber, daß nirgends Etwas vom Anderen so getrennt ist, daß es in absoluter Unberührtheit und Unberührbarkeit besteht. Nichts ist absolut für sich, alles steht zu allem in realer oder möglicher Beziehung.

Die *Kategorien* werden in einem System gedacht. Wenn sie auch für unser Wissen kein endgültiges System sind, so ist doch die Idee ihrer Einheit, in der sie sich hervortreiben, in dem Sinne ihres gegenseitigen logischen Sichbedingens.

Die *Sphäre des Geistes*, zunächst nebeneinander stehend, berühren sich im Kampfe; sie schaffen sich zu Einheiten um aus einem jeweils ursprünglichen Gehalt, in welchem sie nicht mehr kämpfende Mächte bleiben, sondern zu einem Ganzen geworden sind, das sich zur Einstimmung des Vielen in sich ergänzt hat.

Alles aber ist wieder vereint im Mikrokosmos des Menschen: die Dinge als seine Welt, die Kategorien als die Strukturen seiner Weltorientierung, die Sphären des Geistes als in seinem Dasein vereinte Gegenwart. Jedoch ist auch dann nicht das eine Ganze, sondern alles wieder im Griffe der Existenz, welche sich durch das Ganze zur Erscheinung bringt.

In *wahrer, weil ursprünglicher Pluralität* ist allein Existenz. Existenz zu Existenz in Kommunikation stehend, unfähig zwar, in Betrachtung eine Welt der Existenzen vor Augen zu bekommen, wird sich des Dunkels einer Möglichkeit bewußt, das — als ob es sich um objektive Vielfachheit handelte — mißverständlich ausgesprochen wird in den Sätzen: es muß viele Existenzen geben, die sich nie begegnen, und

430

solche, die in der Erscheinung sich berühren, ohne in Kommunikation zu treten, d. h. ohne sich als Existenz gegenseitig zu erfassen.

Es gibt den *Monismus* als wahre *Idee der Einheit* in der wissenschaftlichen Weltorientierung (auch wenn die letzte Einheit hier nicht gewonnen wird, sondern wegen der Bestandlosigkeit der Welt in sich immer wieder zerbricht) und als das Eine in der Transzendenz, in deren metaphysischem Erdenken er seinen ursprünglichen Platz behält. Aber es ist ein *bleibender* Pluralismus der Existenzen, da sie der Idee eines sich schließenden Geisterreichs für uns schlechthin unzugänglich sind. Mit dem sich unserem Wissen erbauenden Geisterreich würden wir den einzigen Weg verbauen, der der Existenz zu ihm offen steht: aus dem Dunkel der Möglichkeit in seiner unobjektivierbaren Weite durch Tun der Freiheit in Kommunikation zu verwirklichen, was Selbstsein mit Selbstsein verbindet.

Der Pluralismus der Existenzen, als solcher ausgesprochen, ist kein *objektiver;* er zeigt daher nicht die ihn aufhebende universale Einheit. Zwar die Erscheinung der Existenz in Charakteren, Ideen, Weltgestalten wird in der Weltorientierung sichtbar (ohne dabei Existenz von Existenzlosigkeit objektiv unterscheiden zu lassen), und so von außen gesehen auch zu einer Vielfachheit und wieder zu geistiger Einheit. Diese Einheit und Vielfachheit ist aber, etwa in ausgesagten Glaubensinhalten, in Staatsgebilden und religiösen Lebensformen, erstens nie selbst die Wahrheit und der Ursprung, und zweitens besteht in der Weltorientierung die nur für sie notwendige und sinnvolle Tendenz, die von außen gesehene Vielfachheit unter Verlust der existentiellen Wurzeln in einem Kosmos des Geistes zu ordnen. Wirkliche Existenz und eine objektiv gewußte Einheitsbildung der existentiellen Welt stehen also in radikalem Widerstreit miteinander. —

Leibniz' durchdachter Pluralismus der *Monaden* läßt diese in ihrer Ursprünglichkeit unbeschadet ihrer absoluten Eigenständigkeit in prästabilierter Harmonie stehen. Die Welt würde aus zahllosen einzelnen Existenzen gebildet, die, obgleich sie ohne Austausch von Wirkungen und Gegenwirkungen zueinander sind, sich als einzelne Welten, die jede das Ganze sind, entfalten und verkümmern. In den Monaden ist das Sein zu einer Vielfachheit von Subjekten geworden, die als Objekte gedacht werden.

Eine Monadenlehre, die sich der Existenzphilosophie *bemächtigte*, daraus ein Wissen vom Sein vieler Existenzen machte, würde verwechseln: das Bewußtsein überhaupt, das denkend den Standpunkt außerhalb dessen gewinnen kann, was es denkt, und die Existenz, die im Prinzip immer nur bei sich selbst ist. Im Bewußtsein überhaupt kann ich die Anderen nur verstehen, als Existenz trete ich in wahre Kommunikation.

Nimmt man aber die Monadenlehre als *Verbildlichung* der Existenzphilosophie, so würde als Widerspruch sichtbar, was in der metaphysischen Monadologie begreiflich ist, daß nämlich die Monaden „keine Fenster" haben. Für Existenz würde nicht einmal genügen, daß die Monaden Fenster haben, um sie als Gleichnis für ein Sein von Existenzen zu nehmen — Fenster würden nur zu einem Verstehen führen —, es muß die Möglichkeit innigerer Verbindung sein von solcher Art, daß man sich nicht nur gegenseitig sieht, sondern im Sein und Gehalt erweckend zum Leben bringt.

Die einzelne Monade ist Bewußtsein und Unbewußtsein überhaupt, die *ganze Welt* in der *Besonderheit*, die durch den *Klarheitsgrad* dieser Monade bestimmt ist. Monaden sind die Vervielfachung des Weltganzen. Jede ist, wenn auch in den verschiedensten Graden der Bewußtheit, alles. Existenz ist nicht für sich, sie ist sich nicht alles, sondern in ihrem Sein zu anderer Existenz und bezogen auf Transzendenz.

Monade ist nicht Existenz, nicht geschichtliche Bestimmtheit, nicht verschwindende Erscheinung der Existenz in der Zeit, sondern die durch *alle* Zeit *bestehende* metaphysische *Einheit*. Sie ist daher ein Gebilde *hypothetischer* Metaphysik, nicht Existenz und ihre Erhellung. Ihr Gedachtwerden bringt *keinen Appell* an Existenz.

2. Die Versuchung im Wissenwollen. — Existenzerhellung benutzt zwar Objektivitäten und Subjektivitäten, aber sie schafft nicht Orientierung über deren Sein. Objektivitäten und Subjektivitäten sind in ihr nicht als sachliche Feststellungen gemeint, sondern werden als Fakta der Weltorientierung gleichsam abgehört. Statt noch einmal zu tun, was Wissenschaft getan hat, wird unter Voraussetzung ihres Wissens mögliche Existenz evoziert. Ein Vertiefen in das Sosein der Tatbestände bringt diese nicht zu besserer Erkenntnis, aber zum Sprechen in ihrer Relevanz für das Selbstsein.

Würde Existenzerhellung durch ontologische Aussagen über Existenz zu einer *neuen Objektivität* des Subjektiven führen, so wäre solche Erstarrung appellierenden Denkens in ihrer Erkenntnisbedeutung nichtig und Werkzeug des *Mißbrauchs*:

Fixiere ich etwa einen vorübergehenden existenzerhellenden Gedanken zu dem Satz: es gibt so viele Wahrheiten wie Individuen, so

432

dient dieser Satz in der Folge fälschlich zur Bestätigung jeden beliebigen Eigendaseins in seiner Willkür; jedes Dasein kann unter Berufung auf die Geltung solchen Satzes den Anspruch erheben, sich durch sein bloßes Dasein wertvoll zu finden. Ein Atomismus der Vielen lehnt sich in brutaler Vitalität dann gegen die Möglichkeit des Selbstseins auf, das erst in der Kommunikation wird. Der Sinn der Existenzerhellung erweist sich in sein Gegenteil verkehrt.

Fixiere ich in umgekehrter Richtung objektivierend den Satz: das Dasein der Existenzen ist in Kommunikation und hat seine Wahrheit im Werden der Gemeinschaft zur Einheit, so kann ich in einem Äußeren zu haben meinen, was nur existentiell möglich ist; ich behaupte damit dogmatisch die Notwendigkeit einer Geselligkeit und Verbrüderung mit jedermann, des Organisierens um jeden Preis, bin für das immer größere Staatswesen, für die Einheit des orbis terrarum, für das Imperiale in jeder Gestalt. Aber das äußere Eine und Ganze kann für mögliche Existenz nur Medium sein; sie werden ihr Ruin, wenn durch die Verabsolutierung der äußeren Einheiten die wahre Einheit in der Transzendenz verloren geht.

Derselbe Mißbrauch ist in der Breite menschlichen Geredes als Rechtfertigung, Begründen, Sichhaltgeben und Sichern. Durch ein objektivierendes Sagen von Existentiellem wird im Alltag fortlaufend das Unbedingte zum Gegenstand degradiert. Es wird gefordert und vermißt, versichert und bekräftigt. Man redet von Liebe, lamentiert über die Grenzsituationen und läßt am behaupteten Unbedingten, das selbst unwirklich bleibt, alle Möglichkeit und Wirklichkeit zu nichts werden. Darin liegt die Unwahrheit: was in Höhepunkten in artikulierenden Momenten als Ausdruck und Appell Sinn und Gewicht hat, wird als täglicher Inhalt des Sagens leer. Gegen diesen Mißbrauch ist Schweigen der regelmäßige Ausdruck faktischer Unbedingtheit. Kälte und Härte des Ausdrucks, Sachlichkeit und Indirektheit knüpfen echte Kommunikation leichter als die antizipierende und alltäglich machende Affektivität des Sprechens in existenzphilosophischen Redeweisen. Der Alltag wird getragen von der Gewißheit des im entscheidenden Augenblick Möglichen, nicht von der als gesagt gewußten, sondern von der schweigenden Treue.

Jeder Satz der Existenzerhellung, der nicht als Appell, sondern als *Seinsaussage* genommen wird, die er nur der unmittelbaren Form nach ist, ist *Versuchung* zu diesem Mißbrauch. Des Appells beraubt, der in der Forderung zur Umsetzung liegt, wird mit den signa der

28 Jaspers, Philosophie II

Existenzerhellung ein *anwendendes* Reden möglich, als ob etwas sei oder so nicht sei. Von demselben Sinn wäre eine durchgeführte Lehre, ja schon der Ansatz einer Existenzontologie. Es entsteht daraus die spezifische alle Existenzphilosophie begleitende Sophistik. Scheinbar in der größten Nähe zum Eigentlichen wird der tiefste Sturz getan.

Glaube gegen Glaube

Glaubend stoße ich als Wahrheit, die ich selbst bin, mit dem Glauben als anderer Wahrheit zusammen; nur im Zusammenstoßen wird mein Glaube und werde ich selbst.

Der Einwand, dann gäbe es keine Wahrheit mehr; darin werde klar der bodenlose Relativismus ausgesprochen; denn sich widersprechende Wahrheit müsse notwendig unwahr sein und in der Auseinandersetzung nur eine sich als wahr erweisen; — dieser Einwand setzt *erstens* als einzige Wahrheit die zwingende, objektiv bestehende voraus (und spricht damit von anderem, als worum es sich hier handelt); *zweitens* hebt er die Existenz auf zugunsten einer angeblich bestehenden absoluten Objektivität, die nur zu erfassen und zu befolgen wäre; *drittens* reduziert er alle Kommunikation auf gemeinsames Verstehen von objektiv Gültigem, das Übrige vielleicht auf beliebige erotisch-vitale Sympathie- und Antipathiegefühle, hebt also echte Kommunikation (in kämpfender Liebe) auf.

Erst wer seines *glaubenden* Existierens sich bewußt wird, sich unterscheidend sowohl von dem zwingenden und objektiven Wissen (das er sucht und hat, aber nicht ist), wie sich abhebend vom anderen Glauben, steht in der Unbedingtheit eines Ursprungs und in der wahren Gefahr. Er allein gewinnt die Achtung vor Existenz als solcher im Anderen, sie von bloßem Dasein und sich selbst unterscheidend. Der Glaube nur kann Glauben begreifen. Ihn begreifen heißt hier nicht, ihn sich zu eigen machen, oder ihn nur in seinem Gehalt zu verstehen, sondern an der Grenze des Verstehens das Unverstehbare als sich verwandt, aber als sich fremd in der anderen Ursprünglichkeit des Glaubens zu erfahren.

Wahrheit als Selbstsein steht in der sich nicht schließenden Welt *gegen* andere Wahrheit. Sie ist vor der *Transzendenz* ein Untergang in der Zeit. Wahrheiten sind *Weisen des Untergangs* als Weltdasein in zeitlicher Erscheinung.

Kampf, in der Welt als passives Geschehen und aktives Tun um Dasein, welcher Art es auch sei, wird erst zum Medium existentiellen Kampfes, wenn die objektiv unbegreifliche *Zwiespältigkeit* eintritt, daß alle Existenz *gebunden* ist *an empirische Erscheinung,* worin sie sich verwirklicht und um deren Dasein sie kämpfen muß wie alles Dasein — und daß sie zugleich *mehr* ist als empirische Erscheinung und darum *fähig,* sie nicht nur zu *wagen,* sondern *aufzugeben.* Sie ringt zwar um ihr Dasein selbst, aber dann nicht um jeden Preis.

1. Kampf um den Aufschwung des Glaubens. — Mögliche Existenz kämpft als Dasein *mit sich selbst: gegen das Böse* als den unüberwindlichen und doch existenzlosen Widerstand des Eigenwillens in blindem Trotz bloßen Daseins, als die Umkehrung der letzten Bedingung meines Handelns aus der Bewährung vor meiner Transzendenz zum bloßen Bedingtsein meines Handelns durch den Vorteil für mein Dasein; *gegen* jede Weise des *Abfallens* ins Nichtige durch Ausweichen und Geschehenlassen; *gegen* den eigenen *Unglauben* in transzendenzlosem Daseinsgenuß oder in Daseinsverzweiflung. Mögliche Existenz verwirklicht sich nur in diesem Kampf, der nach jedem Sieg neu entsteht, nach jeder Niederlage unter erschwerten Bedingungen wieder aufgenommen wird. Der Sieg kann durch die Ruhe einer Sicherheit zum Verderben werden, die Niederlage am Rande des Abgrunds zum entschiedensten *Aufschwung* führen.

Der Kampf mit sich selbst wird bei gleichem Inhalt in anderer Gestalt *Kampf nach außen.* Als solcher ist er der Kampf möglicher Existenz gegen die Übermacht des Nichtselbstseins als die Nichtigkeit des bloßen Daseins, das als solches Anspruch macht und in der Zeitfolge als der immer steigende Schlamm seine Nichtigkeit durch sein Bestehen, das kein Sieg ist, offenbart. Von dieser Seite ist es der Kampf aus dem Haß des Nichtigen gegen das Seiende. Er sucht sich selbst zu beweisen und findet diese Selbstbestätigung, sich täuschend und doch ohne Zufriedenheit, in der Vernichtung der Daseinserscheinung von Existenz. Sein Wille zum Nichts — als dem Nichtigen, das er selbst ist — verdeckt sich vor sich. Er betrügt alles echte Sein und wird selbst betrogen dadurch, daß ihm das Erreichen seines Fortbestands in der Zeit als Sein erscheint.

2. Die Frage nach dem einen Glauben. — Im existenzlosen Weltdasein entscheidet der Nivellierungswille als die Nichtigkeit der Selbstlosigkeit und die vitale, charakterologische Gegebenheit des Einzeldaseins. Jeder will vom Anderen, daß er ihm gleich sei. Erst

für Existenz drängt die Frage zur Entscheidung: kann ich, sofern ich in der Wahrheit zu stehen glaube, wollen, jeder andere solle so sein wie ich? Darf ich *meinen* Glauben, der mir der einzig wahre ist, für den *einen* Glauben *schlechthin* halten und alle anderen zu ihm bringen wollen?

Die Verneinung folgt aus der Daseinssituation der Existenz. Sie muß, um *wirklich* zu sein, *geschichtlich* sein. Nur wo existentielle *Leere* ist, kann aller Inhalt *widerstandslos* einströmen, dann aber nur zu einem imaginären Totalwissen und Verstehen, nicht zu einem Sein. Grade weil ich ich selbst bin, kann ich ein anderes wahrhaft Seiendes nicht aufnehmen, dessen Wirklichwerden in mir mich ruinieren würde. Ich möchte es aufnehmen — denn ich möchte wahrhaftig sein auch in dem Sinne, in allem Sein zu stehen —, aber ich muß zufrieden sein, daß der Andere es ist. Ich liebe, was ist, grade auch dann, wenn ich selbst es nicht sein kann. Ich verzichte auf die Gleichheit des Niveaus, erblicke das schlechthin Überlegene und auch das Unterlegene, verzichte auf Beurteilung und auf Kampf und stehe doch in der liebenden Kommunikation, beruhigt, daß das Andere ist, dessen Sein, wenn es mich auch notwendig von sich abstößt, mich nur entschiedener zu mir selbst bringt.

Es ist jedoch eine psychologisch-soziologische *Regel*, daß die meisten Weltanschauungen und religiösen Glaubensgehalte die *Tendenz* haben, sich für *einzig allgemeingültig* zu halten. Sie machen Propaganda, um in ihrem Sinne allen das Heil zu bringen. Sie haben in sich den Keim der Intoleranz, die sie dazu bringt, auf allen Stufen ihrer faktisch gewordenen Macht die jeweils mögliche Gewaltsamkeit zu nutzen, um sich anderen aufzuzwingen. Sie sind insofern ihrem Willen nach für alle, katholisch. Erst für Freiheitsphilosophie und die ihr entsprechenden Gestalten religiösen Glaubens ist die Frage, was sinnvoll als erzwingbar gewollt werden darf und kann, und was nicht.

Daher ist die Antwort auf jene Fragen: ich will, daß jeder andere sei, wie ich zu werden mich *bemühe:* in *seiner* Wahrheit er selbst zu sein. Existentiell ist die Forderung: Folge nicht mir nach, sondern folge dir selbst! Selbstsein erweckt Selbstsein, aber zwingt sich ihm nicht auf.

Es wird jedoch eine Frage, ob dem Anderen *sein* Selbstsein *zuzumuten* ist, wenn er zu ihm *unfähig* ist; ob dann nicht vielmehr ein aufgezwungener Glaube die Wahrheit sei, weil die Menschen, die nicht sie selbst sind, nur in ihm leben können. Es ist weiter die Frage, ob nicht der Anspruch an das Selbstsein die unmenschlichste Gewaltsamkeit bedeute, die ohne äußere Gewalt sich in die Seele schleiche;

436

ob nicht gar Selbstsein und Appell an Existenz eine phantastische Illusion sei.

Solches Fragen bewegt sich jedoch auf der Ebene psychologischer Betrachtung der Daseinswirklichkeit, auf der Selbstsein und Freiheit von vornherein nicht vorkommen. Dieser Positivismus ist nicht schlagend; denn gegen ihn ist das Selbstsein solange in Anspruch zu nehmen, als der Andere noch in ernst gemeinter Kommunikation bleiben will. Was der Mensch sei, der nicht mehr er selbst sein will, liegt auf einer Ebene, auf der Philosophie, aber auch Religion zu Ende sind, und die politisch-soziologische Frage als die rein positivistische übrig bleibt, wie Ordnung der Gesellschaft möglich und ob nicht vielleicht ein Aberglauben dazu zweckmäßig sei.

Statt dem einen Glauben aller anzugehören, in dessen objektiver Gestaltung der Machtwille eines Einen sich auswirkt, wird aus allen Gestaltungen der Mensch in entscheidenden Augenblicken ganz auf sich zurückgeworfen. Daher *bleibt* der Kampf — nicht mehr um Dasein, sondern um Offenbarkeit — auch in der Solidarität kommunikativen Glaubens. In der Liebe verbinde ich als ich selbst mich mit dem Anderen als ihm selbst. Aber in aller Identität durch die Bezogenheit zum eigentlichen Sein bleibt zugleich die dauernde Getrenntheit: jeder lebt auf *eigene* Verantwortung, ohne Abhängigkeit, aber in der Vergewisserung und im Widerhall des Anderen. Die *Möglichkeit* von Glaube *gegen* Glaube bleibt noch in der *engsten* Verbundenheit.

3. Kampf von Glaube gegen Glaube. — Wäre nur der Kampf von Sein gegen Nichtsein, wahr gegen unwahr, gut gegen böse, so ginge die eine allumfassende Bewegung durch das Dasein. Aber aus der *Vielfachheit der Existenz* entsprang als ein anderes Pathos, daß Existenz nicht mit Existenzlosigkeit, sondern mit anderer Existenz kämpft. Das Existenzlose ist nur das Widrige und Nichtige, die fremde Existenz aber hat ihre eigene Tiefe; der *Kampf zwischen Existenz und Existenz* als zwischen Glaube und Glaube fällt unter keine der Alternativen zwischen wahr und falsch, gut und böse, Glauben und Glaubenslosigkeit. Er hat einen im Ursprung anderen Charakter als der in seinem letzten Sinn unbegreifliche Kampf gegen den innerlich als gleichwertig anerkannten Anderen möglicher Kommunikation. Obgleich die Situation im Dasein den Austrag notwendig macht, wissen hier die Kämpfenden sich als in der Transzendenz zusammengehörend.

In diesem Kampf ist ein *Haß* des Selbstseins gegen ein fremdes Selbstsein als dessen Sosein gepaart mit *Liebe* zu dem Sein, das doch

Selbstsein ist. Endziel bleibt, ohne rational bewußt sein zu müssen und ohne zweckhaft gewollt werden zu können, durch diesen Kommunikationsabbruch hindurch doch die eigentliche *Kommunikation zu finden*. Kampf ist nur wie eine Artikulation in dem Prozeß des Sichoffenbarwerdens und bedeutet dadurch einen Aufschwung, der dem bloßen Daseinskampf fehlt, welcher nur die Wirklichkeit des Lebenswillens kennt. Im Kampf ist eine Solidarität, die plötzlich durchbrechen und dem Kampf ein Ende machen kann.

Weil also die Vielfachheit der Existenz ist, in ihrem Dasein der Kampf nicht aufhören kann, so sucht Existenz zwar Kommunikation mit anderer Existenz, doch diese gelingt nicht als Gemeinschaft aller, sondern als die wirkliche geschichtliche Gemeinschaft Zueinandergehörender, verbindlich in ihre existentielle Solidarität Eintretender, die durch ihre gegenseitige Wahl faktisch sogleich im Kampf gegen Andere, in dieser Wahl Ausgeschlossene stehen. Alle *wahrhafte* Kommunikation ist *wenigen* eigen. Eine Gemeinschaft ist je größer, desto kommunikationsloser. Keine Glaubensgemeinschaft mehr, ist sie die unpersönlich werdende Sicherheit eines Gesamtdaseins. In der Welt scheint die letzte Alternative zwischen individualistischer Vereinzelung und kollektivem Ganzen zu gelten. Sie ist aber eine Alternative des Daseins als solchen. Existentiell wäre die Wahl zwischen der Möglichkeit der auf Transzendenz bezogenen Existenz und einer existenzlosen Weltvollendung. Die Möglichkeit der Existenz schließt im Dasein noch den Kampf des Glaubens gegen Glauben ein; die Weltvollendung vollzieht aber, wenn auch utopisch, den Kompromiß aller Unbedingtheiten zu der transzendenzlosen Ordnung eines Ganzen für alle.

Im Kampf von Glaube gegen Glaube sind *Unduldsamkeit, Duldsamkeit, Gleichgültigkeit* Haltungen, die nicht nur zeigen, wie sich mögliche Existenz zu anderer möglicher Existenz verhält, sondern das Wesen des sich so verhaltenden Glaubens selbst enthüllen. Aus unwahrer Objektivierung entspringt die *Unduldsamkeit* unter Verlust der Existenz. Nichtselbstseiende wollen ihre Objektivität aufzwingen, und sei es nur die Nichtigkeit der Farbe ihrer Fahne. — *Duldung* entspringt aus der Bereitschaft zum Anerkennen in kämpfender Kommunikation; sie läßt gelten, wogegen sie kämpft, mit dem Sinn, am Ende den Kampf aufzuheben. — *Gleichgültigkeit* zeigt die Berührungslosigkeit an: der Andere, nicht einmal als mögliche Existenz anerkannt, fällt außerhalb des existentiellen Interesses, sei es, weil ich an ihm nur noch vital, nicht mehr glaubend interessiert bin, sei es aus der Enge der eigenen Existenz, die unzugänglich macht.

Unduldsamkeit ist vor allem die Begleitung des Mißbrauchs der Objektivität in der Versuchung des Wissenwollens. Um mich darin zu behaupten, werde ich *rationalistisch intolerant*. Dann wird rationale Argumentation, deren Wesen Besonnenheit und Klarheit ist, animos und erregt; ich bin von psychologisch-verstehbaren Macht- und Geltungsbedürfnissen bewegt, diesen irrationalen Motiven der Flucht zu mich selbst täuschenden Ersatzformen der Existenz.

Es ist die eigene Glaubensschwäche, die sich durch Gewaltsamkeit überwinden möchte: wenn der andere nicht dasselbe Objektive glaubt, so vermute ich, daß ich ihm als schlechter, als unwahr glaubend gelten könnte. Denn ich kann, bei meiner Verwechslung von existentieller und objektiv allgemeingültiger Wahrheit, keine andere Wahrheit sehen, als die eine, welche alle andere als Unwahrheit gewaltsam ausschließen muß.

Etwas anderes ist die wahre Empörung als der Zorn gegen das Niedrige, gegen das Existenzlose und Täuschende, sofern es nicht bloß da ist, sondern Anspruch macht, gilt, herrscht, vergewaltigt. Hier steht Glaube gegen Glaubenslosigkeit.

Während die Unduldsamkeit die eigene Existenz zugunsten von Allgemeinheit und Objektivität aufgibt, ist wahre Duldung nur in innerer Anerkennung des Anderen ohne das Aufdrängen von etwas. Aus der Stärke des Glaubens erwächst die Offenheit der Kommunikation, Bereitschaft und Wille, sich in Frage stellen zu lassen, sich in seinem Glauben selbst zu prüfen, zu sich zu kommen in der freien Luft, in der jeder positive Glaube, noch im Kampf gegen ihn, gelten gelassen wird. Hier wird weder die Synthese allen Glaubens zum einen Glauben als mögliches Ziel erstrebt (der Irrweg des Idealismus, der ohne Transzendenz die Totalität des Geistes als Idee faßt), noch wird ein Glaube zum Glauben aller Existenzen und aller Zeiten gemacht. In dieser zeitlich-geschichtlichen Welt ist das Letzte die Selbstverwirklichung der jeweiligen Existenz in dem gefährlichen Prozeß, der sein Ziel und Ende in keinem Wissen weiß. Aus diesem Prozeß geht der Sprung zur Transzendenz in einer nicht fixierbaren und nicht nachahmbaren Weise, als ob es sich um eine Technik handelte. Er ist das jeder Existenz für sie selbst bleibende Geheimnis. Toleranz kennt Maßstäbe, nur keine endgültigen, ist als positiver Vollzug der Anerkennung selbst in Bewegung, sich irrend und treffend, immer noch zu erwerben. Als Haltung ist sie die Bereitschaft zu solcher Positivität, nie Gleichgültigkeit.

Gleichgültigkeit ist das Bestehenlassen ohne jegliches Interesse. Ist die Toleranz ein jeweils persönliches Anerkennen, so die Indifferenz in der gesellschaftlichen Ordnung, in der wegen seines Glaubens niemand verfolgt oder beeinträchtigt werden soll, die unvermeidliche Verdünnung und schließlich die Pervertierung der Toleranz. Indifferenz läßt die Anderen ungestört gelten, solange sie keine vital beeinträchtigenden oder Ärgernis erregenden Handlungen begehen; bei den unbedroht Herrschenden wird Gleichgültigkeit, die sich Toleranz nennt, zur Gesinnung ursprünglicher Inhumanität, daß jeder ein Narr auf seine Weise sein möge, oder freundlicher: daß ein jeder nach seiner Façon selig werden solle. Gleichgültigkeit ist ohne Glauben, ohne Kommunikation und ohne Bereitschaft dazu. Wegen der Begrenzung der Kräfte und Wirkungssphären jeder Existenz ist sie als soziologische Haltung unvermeidlich. Der entscheidende Unterschied zur echten Toleranz ist aber, daß diese, auch wo sie bis an die Grenze der Gleichgültigkeit kommt, doch im Prinzip bereit bleibt, möglicherweise zu hören und berührt zu werden.

4. Das Sein der Existenz unter Existenzen als Grenze. — Die Vielfachheit der Wahrheit bleibt Grundfaktum für Existenz; dieses objektiv auszusprechen mißlingt. Es ist zu einfach, zu sagen, das eine Transzendente zeige sich in vielen Aspekten. Denn niemals können wir, von ihm ausgehend, als Existierende es als ein im Prinzip Begreifbares dadurch fassen, daß wir alles Sein als aus ihm hervorgegangen zu einem Ganzen werden lassen. Das Eine wäre in der Explikation der Vielfachheit von Aspekten nicht zu treffen. Ebensowenig aber sind die Existenzen die vielen Aspekte des einen Seins; denn sie sind nur stets sie selbst, nicht Bild für andere; sie werden nicht Aspekte, sondern für sie sind Aspekte. Keine Lösung ist als nur die der Transzendenz für Existenz: das Unergründbare, schlechthin Andere offenbart sich nur hier, nur für sie und nur, wenn sie nicht vergißt, was in der Welt da ist. Nicht schon die Grenzsituationen, sondern erst diese Vielfachheit der Wahrheit im Sein von Existenz zu Existenz bringt ganz in jenen *Schwindel* am Abgrund, der von jedem Boden reißen mußte und aus dem Transzendenz befreit oder das Dasein sich rettet in begrenzende Selbsttäuschungen, die es eigensinnig und angstvoll festhält.

440